humain/animaux sim
droits p574 +575... engage TP2'.

HUMAIN

AUTRES OUVRAGES DE ROGER-POL DROIT
(sélection)

101 expériences de philosophie quotidienne, Odile Jacob, 2001 (Prix de l'essai France Télévisions 2001)
Dernières nouvelles des choses : une expérience philosophique, Odile Jacob, 2003
L'Oubli de l'Inde : une amnésie philosophique, Seuil, coll. « Points Essais », 2003
Le Culte du néant : les philosophes et le Bouddha, Seuil, coll. « Points Essais », 2004
Généalogie des barbares, Odile Jacob, 2007
Les Héros de la sagesse, Flammarion – Champs n° 1044
Une brève histoire de la philosophie, Grand Prix du livre des professeurs et maîtres de conférences de Sciences-Po 2009, Flammarion, 2008 – Champs n° 992
Maîtres à penser. 20 philosophes qui ont fait le XXe siècle, Flammarion, 2011 – Champs n° 1093
Voir www.rpdroit.com pour plus d'informations

Monique ATLAN
Roger-Pol DROIT

HUMAIN

Une enquête philosophique
sur ces révolutions
qui changent nos vies

Champs essais

© Flammarion, 2012, pour l'édition originale
© Flammarion, 2014, pour la présente édition en coll. « Champs »
ISBN : 978-2-0813-1301-9

« Qu'est-ce que peut bien être l'homme ?
Que doit faire ou subir une telle nature,
qui la distingue des autres êtres ?
Voilà ce que le philosophe cherche,
voilà ce qu'il se donne tant de mal
à explorer soigneusement. »
Platon, *Théétète*, 174 b.

Préface à cette nouvelle édition

UN OUTIL POUR AGIR

Nous nous en doutions : dans le domaine des mutations scientifiques et technologiques, il se passe toujours quelque chose ! La question se posait donc avec une acuité particulière, au moment du passage de notre enquête philosophique parue en janvier 2012 au format de poche : dans ces domaines où les mutations sont rapides, les innovations innombrables, les nouveautés hebdomadaires ou même quotidiennes, nos propos n'étaient-ils pas exposés à une usure rapide, voire une obsolescence au moins partielle ? Le temps écoulé entre la première édition d'*Humain* et cette nouvelle publication imposait-il des remaniements, des actualisations de notre réflexion ?

En relisant attentivement notre travail, en rapprochant l'enquête de tout ce qu'entre-temps nous avons appris et continué de découvrir, au cours des dizaines de conférences et séminaires auxquels nous avons participé dans le sillage de ce livre, nous avons finalement décidé de n'en presque rien modifier, d'ajouter seulement des compléments bibliographiques correspondant à chacun des chapitres thématiques.

Ce choix se justifie par notre conviction que, dans ce que nous avons tenté de décrire et de mettre en débats, peu de choses ont bougé. Non pas dans les faits, mais dans la validité des questionnements que nous voulions soulever.

En réalité, tous les éléments inédits s'inscrivent finalement dans la continuité des changements décrits et analysés, chapitre par chapitre, dans les pages qui suivent. Dans les faits, tout ce qui s'est produit prolonge et complète les processus déjà mis en lumière.

Ainsi, le remplacement des organes humains par des artefacts s'est poursuivi avec la première mondiale de l'implantation d'un cœur artificiel ou la mise au point d'un bras électronique contrôlé par les muscles de son utilisateur. Dans le domaine des sciences cognitives et de l'exploration du cerveau, il semble devenu possible de provoquer des rêves lucides, de visualiser comme dans un miroir son activité cérébrale et en partie de la contrôler volontairement. Dans les transformations du vivant et la fabrication de formes de vie inexistantes à l'état naturel, la création d'un nouvel ADN semi-synthétique à six lettres au lieu de quatre déjoue l'alphabet précédent. Sur le registre purement technologique, il devient envisageable de fabriquer par impression 3D des implants sur mesure. En revanche, comme on pouvait aussi l'envisager, le développement exponentiel de la puissance des ordinateurs semble trouver ses limites à la fois physiques et financières, contrairement à certaines prédictions fantasmatiques.

On l'aura compris : des faits nouveaux, multiples, de tous horizons, s'ajoutent sans cesse aux lignes de développement ici tracées. Aucun, pour l'instant, ne bouleverse ces « carrefours de pensée » que nous avons souhaité ébaucher pour éclairer ces mutations en cours. En revanche, ce qui a incontestablement bougé depuis la publication de notre enquête, ce ne sont ni les faits ni les questions, mais leur place dans le débat public. Elle s'amorçait à peine, du moins en France et en Europe ;

elle est aujourd'hui largement installée et a conquis sa légitimité.

Il n'est plus de semaine, en effet, où l'on n'évoque et n'évalue les conséquences heureuses ou apocalyptiques des nanotechnologies, des sciences cognitives, des transformations génétiques que la biologie permet, ou des réseaux sociaux et de leur pouvoir de métamorphose. Sans oublier le transhumanisme, l'homme augmenté, l'avènement des robots et les relations entre nous et ces machines intelligentes, autonomes, presque humaines. Plutôt discrets sur ces questions il y a quelque temps, les médias s'en sont désormais emparé. Non sans écueil parfois.

Car ce qui domine, ce sont encore et toujours les fantasmes, les peurs extravagantes, les prophéties du meilleur des mondes. Soit on fabrique des fictions comme *Real Humans*, soit on annonce pour bientôt une vie humaine de mille ans. Mais on ne se demande toujours pas assez quelle silhouette de l'humain se dessine, de quelle figure nous voulons, et dans quelle mesure elle est en notre pouvoir. La question de l'humanisme de demain reste ouverte. Comme aussi celle de notre responsabilité, individuelle et collective.

À sa manière, l'outil que constitue ce volume pourrait servir, c'est notre vœu, à alimenter cette réflexion, à s'approcher de cet objectif qui demeure, selon nous, crucial. La participation de tous ceux qui se sentent concernés aux débats des instances institutionnelles déjà existantes, tels les comités d'éthique nationaux ou régionaux, mais aussi la création de lieux de parole citoyens, réels ou virtuels, pourraient permettre de réendosser peu à peu cette responsabilité. Car, au-delà de la philosophie ou de l'éthique, la question posée est bien essentiellement d'ordre politique.

Ce livre ne se veut pas prescripteur de solutions mais participe à la réflexion et incite – pourquoi pas ? – à l'action. Il souhaite donner à chacun(e) des informations claires, des éléments d'analyses contrastés et quelques perspectives philosophiques pour forger, à partir de ces éléments, sa propre conclusion.

Dernière précision : les compléments à cette édition consistent en une série d'ajouts aux bibliographies de chaque chapitre, qui figurent en fin de volume (p. 703-705). On y trouvera les références des principaux ouvrages parus après le nôtre qui approfondissent ou complètent les travaux déjà signalés.

M. A. et R.-P. D.
Paris, juin 2014

Prologue

L'HUMAIN EN CHANTIER

> « Enfin, après s'être communiqué l'un à l'autre
> un peu de ce qu'ils savaient
> et beaucoup de ce qu'ils ne savaient pas,
> après avoir raisonné pendant une révolution du soleil,
> ils résolurent de faire ensemble un petit voyage
> philosophique. »
>
> Voltaire, *Micromégas*, chap. II.

Humain, qu'est-ce que cela signifie ? En quoi consiste sa nature, sa définition ? Comment en délimiter les contours ? De quelle façon cerner ce qui le caractérise en propre ?

Mais aussi : faut-il « dépasser » l'humain ou, au contraire, le protéger ? Le respecter ou le transgresser, le transformer, le refaire ? Faudrait-il l'oublier, tourner la page, passer à autre chose ?

Quelle que soit la réponse donnée, il est nécessaire, chaque fois, de préciser ce qui la motive et la justifie. Au nom de quoi choisit-on de soutenir cet avis plutôt que tel autre ? Sur quel socle s'appuyer ? Quelle croyance, quel postulat, quelle valeur soutiennent cette position ? Voilà ce qu'il faut rendre explicite.

À quoi bon pareilles questions ? À quoi servent-elles ? Ont-elles même sens et même portée autrefois et aujourd'hui ? Parlent-elles, finalement, d'hier ou de demain ?

De théorie ou d'action ? Les formule-t-on par plaisir ou par nécessité ? Juste pour savoir, ou bien pour décider, en fonction des réponses, d'emprunter tel chemin ou tel autre ?

Notre conviction : il est temps d'examiner ces interrogations, de les mettre en lumière, de rassembler les éléments des débats d'aujourd'hui, de les approfondir – à plusieurs, car tout cela, par définition, est trop vaste pour une seule tête. Il faut confronter les conceptions de l'humain, les mettre à l'épreuve des faits, se demander, selon les domaines, lesquelles résistent ou font voir autrement le paysage, lesquelles flanchent ou masquent l'essentiel.

Pourquoi faut-il donc ouvrir ce chantier ? Pour faire de la philosophie, uniquement ? Sûrement pas. Avec tout le respect qui lui est dû, la philosophie n'est pas une fin en soi. Disserter sur la définition de l'humain peut sans doute se révéler brillant, cultivé, érudit, intelligent ou subtil. C'est tout à fait vain si cela demeure simple dissertation, ou même, plus élaboré, discours théorique. Après tout, on sait depuis fort longtemps que l'humain n'est pas définissable, que pareille quête est vaine.

Dans la cacophonie des doctrines, tout a été dit et son contraire. Que l'humain est porteur d'une intelligence d'origine divine, qu'il est né du hasard et de la boue, qu'il est la plus souveraine des créatures, ou la plus vile et la plus détestable. Qu'il est d'abord et avant tout une âme, immatérielle et éternelle, qu'il n'est qu'un assemblage d'atomes, éphémère et périssable. Singe raté, roi de la création, ange et bête ou ni l'un ni l'autre, clown cosmique, artisan créateur, bouffon dément, démon vivant, enfant innocent et vieillard pervers, savant lumineux et prince des ténèbres… on lui a fait endosser toutes les panoplies. Aucune ne lui va. En tout cas durablement.

La seule définition qui vaille est connue, et ne va pas fort loin. Elle dit en substance que l'homme est une page blanche, le seul des vivants à se construire, à se confronter à ce vide qui le constitue, et à devoir y inscrire, à mesure, une histoire que nul ne connaît, et surtout pas lui-même, avant qu'il ne l'invente. D'où cette conséquence, autre version de la même idée : l'humain se définit par le fait qu'il se demande ce qu'il est. De tous les vivants, lui seul est taraudé par l'énigme insoluble de son existence, de sa place, de son identité.

Un étrange hiatus

Pour redire cela, nul besoin d'une longue enquête, de périple à travers les sciences, ni de dizaines d'interlocuteurs. Ce n'est pas cette évidence, aussi banale qu'intéressante, qui a motivé notre travail. Ce qui nous a mis en route, et résolus à faire de multiples voyages, au propre comme au figuré, est d'une autre nature. Pour le dire vite : le sentiment d'un étrange hiatus entre les mutations scientifiques et techniques innombrables de notre époque et la réflexion sur l'humain.

De tous côtés, l'impossible d'hier pourrait devenir le possible d'aujourd'hui. Fabriquer des cellules artificielles, congeler des embryons pour les implanter quelques années plus tard, conserver des cerveaux hors du corps, implanter des électrodes dans la matière grise, perfectionner les capacités sensorielles, augmenter la mémoire, la résistance à la fatigue, la durée de l'existence, voir les pensées dans la tête, changer d'identité sexuelle, vivre connecté nuit et jour, dans un présent permanent, produire sans détruire l'environnement, habiter des villes-mondes. D'une manière ou d'une autre, voilà qui touche à la continuité même de l'espèce, aux capacités immémoriales du corps et de l'esprit, à la reproduction, à la place de l'humain et à ses limites de toujours.

Premier constat : les savoirs et les technologies semblent donc à présent en mesure, pour la première fois dans l'histoire, de transformer l'humain radicalement. « Changer la vie » ne serait plus un slogan politique ni une utopie sociale, mais le grand chantier du XXIe siècle. Il faut prendre l'expression au pied de la lettre : la biologie « à l'ancienne » – naturelle, organique, issue de l'évolution des espèces – est à modifier, repenser, recréer. Nous savons presque, désormais, comment la rendre plus performante, plus efficace, plus cohérente. Nous pourrions bientôt libérer la vie des contraintes du corps, de l'âge, de l'usure, des maladies... Autrefois, cet horizon appartenait à l'univers des rêves et des mythes. Aujourd'hui, nous dit-on, il serait à portée de main.

Ce qui justifie pareille annonce n'est pas simplement l'accélération des découvertes et des applications industrielles. Ce serait la « grande convergence » des technologies : informatique, nanotechnologies, neurosciences et biotechnologies sont désormais interconnectées et se développent en se renforçant mutuellement. Leur interdépendance fait penser que des métamorphoses radicales sont proches. À côté de ces bouleversements, la vieille aventure du clonage n'est que balbutiement.

Deuxième constat : la question de l'humain – nature, limites, objectifs, perspectives... – est partout présente aux avant-postes des sciences et des technologies. Les chercheurs comme les ingénieurs ne cessent d'en rencontrer des facettes innombrables au cœur de leur pratique. Peut-on, par exemple, insérer du matériel génétique humain dans un animal ? ou, inversement, du matériel génétique d'un singe, ou d'un porc, dans un organisme humain ? Peut-on, somme toute, hybrider l'humain et l'animal ? La question n'est évidemment pas technique : du seul point de vue biotechnique, la faisabilité est acquise. Il ne s'agit pas de vérifier qu'on a bien la capacité matérielle de le faire, mais de dire si – moralement, légitimement – on estime avoir le droit d'effectuer cette manipulation. La réponse est éthique, et non factuelle. Quelle qu'elle soit, elle mobilisera nécessairement une certaine conception de l'humain.

Des dilemmes de ce genre, il en surgit à tous les coins de laboratoire. Notre époque en fourmille. À tout instant, la réflexion sur l'humain se trouve requise. Des décisions pratiques en dépendent. Parfois des politiques entières. Ou des reformulations profondes des règles de droit. On n'obtient pas le même monde si on proclame l'existence d'une différence radicale entre humain et animal ou si on professe que l'humain est un animal comme un autre. On ne voit pas l'avenir, ni les décisions à prendre, avec le même œil selon qu'on juge l'humain destiné à devenir « comme maître et possesseur de la nature » (Descartes) ou qu'on voit en lui le grand dévastateur incontrôlable de la planète, qu'il s'agirait, avant tout, d'empêcher de nuire.

Le terrain déserté

Cela signifie-t-il que les scientifiques désormais arpentent continûment les traités des philosophes ? Qu'ils s'interpellent ainsi : « Dis-moi quelle est ta définition de l'humain, je te dirai ce que tu préconises » ? Pas du tout. En fait, la situation est paradoxale. Au moment où l'exigence d'une réflexion philosophique sur l'humain paraît s'imposer, les philosophes eux-mêmes, dans leur ensemble, ont déserté ce terrain.

Tel est le troisième constat : cette réflexion sur l'humain est en panne au moment où sa nécessité se fait de plus en plus sentir. Au cours de son histoire, la philosophie n'a pas été avare de définitions de l'humain ni de méditations sur sa place dans la nature. L'humain est ainsi apparu tour à tour comme « animal parlant doué de raison » (Aristote), « animal social » (Aristote encore), « union d'une âme et d'un corps » (Descartes), « partie de la nature » (Spinoza). Au siècle des Lumières, Kant considère que le but ultime de la philosophie consiste à répondre à la question « Qu'est-ce que l'homme ? ». À ses yeux, elle rassemble et prolonge, à elle seule, les interrogations fondatrices de la pensée rationnelle : « Que puis-je savoir ? », question de la connaissance ; « Que dois-je faire ? », question de la morale ; « Que m'est-il permis d'espérer ? », question de la religion.

Ainsi, la philosophie n'aurait pas d'autre horizon que l'élucidation de l'humain. Pourtant, globalement, cette recherche s'est absentée de la scène philosophique contemporaine. Elle n'a pas été simplement délaissée, mais, si l'on ose dire, ringardisée. Au long du XIXe et du XXe siècle, un vaste mouvement de pensée « antihumaniste » s'est développé. En dépit de sa diversité, deux axes lui donnent une unité : contester la place centrale accordée à l'humain, écarter les réflexions sur ce que seraient sa nature et son identité propres.

Des penseurs clés de la modernité se retrouvent dans cette critique de l'humanisme. Freud, par exemple, insiste sur les humiliations successives que la science a infligées au narcissisme humain. Copernic a révélé que la Terre n'était pas au centre du cosmos. Darwin a fait comprendre que l'humain n'était pas le roi de la création mais un cousin anormal des grands singes. Avec la découverte de l'inconscient, Freud déloge l'humain du centre de lui-même : il n'est plus le maître dans sa propre pensée !

En fait, la figure de l'homme, que l'on jugeait absolument centrale autrefois, s'est vue dépouillée de ses principaux traits par le développement des sciences humaines.

Au lieu d'étudier l'homme comme « être parlant », la linguistique s'est consacrée aux mécanismes du langage. Au lieu de scruter l'*Homo œconomicus*, fabriquant-échangeant des marchandises, l'économie a mis en lumière les règles des marchés. Et ainsi de suite... Chaque domaine d'étude s'est constitué en extrayant un élément pour le traiter en objet d'étude spécifique.

Sans doute la figure de l'homme s'est-elle estompée, également, pour d'autres motifs. Les totalitarismes ont rêvé de créer un « homme nouveau ». Le résultat fut une série de massacres de masse, sans équivalent dans l'histoire. Ces cadavres amoncelés par millions n'ont pas seulement marqué l'échec de l'humanisme, signé la vanité de son optimisme. Ils ont aussi contribué à faire croire qu'une réflexion sur l'humain n'avait plus, somme toute, ni objet ni raison d'être.

Pis encore : cette question semblait constituer un obstacle à la pensée. Toute analyse théorique qui se voulait pertinente et lucide devait s'en passer. Nietzsche, le premier, insista sur le fait que « l'homme doit être dépassé ». À sa suite, des penseurs comme Heidegger ou, sur un autre versant, Michel Foucault, ont renforcé la tendance antihumaniste de la pensée contemporaine. Certes, ce changement de perspective n'a pas été dépourvu d'avantages. Il a permis notamment de se débarrasser d'une kyrielle de naïvetés et de fausses évidences dont étaient trop souvent truffés les discours boursouflés sur le propre de l'homme, la grandeur de l'homme, la servitude de l'homme, et *tutti quanti*.

Pourtant, les conséquences néfastes de ce tournant antihumaniste, après avoir été longtemps masquées, se font sentir à présent. Une réflexion philosophique indispensable a été laissée en jachère. Elle s'avère centrale pour notre époque, cruciale pour notre avenir. Au moment où la continuité de l'espèce humaine est peut-être mise en cause, où le statut de l'homme semble en voie de bouleversement, il est cruel que les éléments d'une réflexion philosophique forte fassent défaut.

Trois constats, un projet

Le projet de cette enquête est donc né du rapprochement de ces trois premiers constats : 1 – l'humain pourrait être transformé radicalement par les moyens d'action des technologies actuelles ; 2 – les débats concernant les choix, les enjeux et les limites mobilisent des représentations divergentes de l'humain ; 3 – les philosophes modernes ont dans l'ensemble délaissé ces questions, alors même qu'elles se révèlent cruciales.

Faut-il le dire ? Nous n'avons pas la prétention de résoudre ce nœud de questions gigantesques. Nous n'ambitionnons même pas d'en faire entièrement le tour. Notre choix : amorcer la réflexion, rassembler assez de faits, d'avis, d'idées pour que chacun puisse prendre conscience, aussi clairement et nettement que possible, des enjeux principaux et des lignes de force.

Pour prendre la mesure du grand chantier que constitue notre époque, il est indispensable de ne pas s'en tenir aux bibliothèques. Nous avons donc mené l'enquête, en Europe et aux États-Unis, auprès de physiciens, de biologistes, de généticiens, de médecins aussi bien que d'anthropologues, de sociologues, de psychanalystes ou de philosophes. Leurs propos dessinent une agora ouverte, où se répondent, se questionnent ou se confrontent les disciplines et les points de vue.

Certains de nos interlocuteurs sont des prix Nobel, des personnalités connues du grand public, d'autres sont reconnus seulement du cercle des experts. Nous les avons choisis comme interlocuteurs, parmi ceux que nous respectons le plus, qui nous paraissaient les plus pertinents, les plus stimulants pour la pensée, à propos de chacune des questions que nous souhaitions voir éclairer.

Pour les interroger, il nous a fallu nous instruire quelque peu, découvrir des domaines de recherche qui ne nous étaient pas nécessairement familiers. Soyons nets : nous ne sommes pas devenus des spécialistes, ni des encyclopédistes omnicompétents, ni des journalistes scientifiques. Nous avons simplement tenté de comprendre l'essentiel, et d'être en mesure de l'expliquer. Surtout, nous avons tenu à discerner, autant que faire se peut, où sont les questions vives.

Pour mieux tresser ensemble trois fils : celui des faits, celui des témoignages recueillis et celui des outils qu'offre la philosophie. Avec pour seule boussole quelques interrogations directrices.

L'humain, fin ou suite

La première est de savoir si l'on doit parler de rupture ou d'évolution. Il y a des arguments en faveur de la continuité, affirmant que le vieil *Homo sapiens* n'est pas près de disparaître. Qu'il vive dans un environnement de plus en plus technologisé et qu'il s'en trouve transformé, c'est une évidence. Mais des tournants de ce genre ont déjà souvent été pris dans la longue histoire de l'humanité. Même si les transformations actuelles sont plus nombreuses, plus profondes, plus spectaculaires qu'à d'autres périodes, elles ne seraient pas en mesure de provoquer une rupture avec ce que fut, jusqu'à maintenant, l'espèce humaine.

Mais ceux qui annoncent une rupture véritable, qu'ils la désirent ou la redoutent, ne manquent pas non plus d'arguments. Pour eux, rien ne permet d'exclure l'émergence d'une humanité 2.0, d'un monde où presque rien de ce nous appelons à présent « humain » ne demeurerait reconnaissable. Par habitude, nous disons encore « humanité » en parlant de cet autre monde futur, mais il est concevable que ni ses modes de vie ni ses manières de sentir, ni son mode de reproduction ni ses structures psychiques ne correspondent à ce que nous connaissons.

Pareille révolution, il y a quelque temps, appartenait seulement à la science-fiction. Ce n'est plus le cas. Bon nombre de scientifiques, dans le monde entier, envisagent aujourd'hui, comme un avenir possible, peut-être bientôt réalisable, un bouleversement total. Ils divergent à propos du calendrier et des modalités de cette métamorphose radicale. Ils sont en désaccord sur son caractère souhaitable ou néfaste. Mais ils sont nombreux à reconnaître qu'une rupture radicale est désormais concevable.

Implanter dans notre cerveau des extensions de mémoire, des bases de données, des outils de calcul ou d'aide à la décision, reprogrammer nos cellules pour éviter la maladie, la déficience ou l'usure des organes, relier directement notre organisme aux systèmes informatiques, réguler son fonctionnement en permanence, hybrider corps et machines, reculer les limites de l'existence, transformer la succession des générations, les identités sexuelles, tout cela est devenu envisageable. Et la liste s'allonge de ces métamorphoses qui pourraient faire disparaître l'humain classique.

Fini, cet humain qui s'use, se dégrade et finit par mourir. Fini celui qui doit apprendre pour savoir, s'exercer pour acquérir une technique, s'autodiscipliner pour maîtriser connaissances et tours de main. Fini celui qui distingue clairement entre son corps et les objets, sa chair et les choses, et qui – sauf folie – jamais ne confond sa personne avec les outils à sa disposition. Terminé, celui qui doit faire l'amour pour se reproduire, qui naît de l'union de deux humains de sexe différent, qui est masculin ou féminin…

Cet humain-là, demain, aura-t-il disparu ? Si advient cette rupture que certains prophétisent, émergeraient des êtres nouveaux, ni hommes ni machines, brouillant la frontière entre corps biologiques et systèmes électroniques. Alors le vieil humain, celui que nous sommes tous, ne serait plus que souvenir, histoire ancienne, objet d'archéologie.

Cet éventuel « néohumain », « posthumain » ou « transhumain », nous ne pouvons connaître précisément ni ses modes d'existence ni ses manières d'être. Mais nous concevons qu'il pourrait être sans commune mesure avec ce que nous sommes. Identité, conscience de soi, représentation de son existence, de ses droits et devoirs, conceptions éventuelles du bien et du mal, des relations aux autres… Rien ne serait semblable aux nôtres. Son espace et son temps, ses repères généalogiques, ses émotions, ses souvenirs et projets pourraient être totalement différents de ce que les humains d'à présent désignent par ces mots.

En effet, si l'on imagine que ni sa mémoire ni sa façon de se rapporter à soi-même ne ressemblent plus aux nôtres, si l'on songe que sa manière de devenir un sujet, ses chemins pour construire son identité soient organisés d'une manière qui nous paraît inconcevable, alors tous nos termes deviendraient tout à fait inadéquats, et le nom même d'humain ne lui conviendrait plus du tout.

Réalité ou fiction ?

Reste à demander, bien sûr, s'il s'agit là vraiment de science ou de pure fiction. Ne serait-ce pas une histoire qu'on se raconte pour rêver, pour s'inventer des possibles, pour jouer à se faire peur ? Pourrait-ce être, à l'inverse, une réalité ? Non seulement projetée, mais déjà en marche ? Il faut tenter de faire le tri, même si ce partage, cette délimitation n'est pas toujours commode à opérer. Il serait déjà utile d'offrir et de partager un état des lieux, d'esquisser un catalogue raisonné des interrogations.

Dans ces domaines, les prises de position semblent inconciliables. Certains soulignent que ces mutations qui semblent imaginaires sont déjà là : les *smartphones* font désormais partie intégrante de nous-mêmes, agencent le rapport quotidien au temps, à l'espace, aux autres. Les ordinateurs sont devenus une partie de notre mémoire, de nos réflexions, de nos rêves, de notre capacité de création. D'ores et déjà, même si ces changements sont loin de concerner tous les êtres humains, des centaines et des centaines de millions d'habitants de la planète organisent leurs pensées, leurs relations aux autres, leur travail aussi bien que leurs loisirs, en étant connectés.

Doit-on dire que les machines numériques appartiennent à leur corps ou à leur cerveau comme autant d'extensions ? Ou bien est-ce déjà le cerveau de chacun qui appartient à ce réseau planétaire qui se bâtit d'heure en heure, à cette mégamachine qui ne cesse de croître ? La question se pose avec une acuité grandissante.

D'autres, au contraire, pensent que cette perspective a tout d'un mythe, rien d'une réalité. La science peut aussi susciter des rêves, réactiver de vieux mythes, en forger de plus ou moins nouveaux. Les alchimistes travaillaient au « Grand Œuvre », les savants du XIXe siècle au bonheur du genre humain. Les fantasmagories d'aujourd'hui, *mutatis mutandis*, puiseraient aux mêmes sources.

À peine a-t-on dit cela qu'on se prend à douter. Sommes-nous si assurés de ce qui est possible et de ce ne l'est pas ? Jamais nos grands-parents n'auraient pu giner qu'un jour on allait congeler du sperme et des ryons, cloner des mammifères, reprogrammer des cellules, pouvoir faire tenir des milliers de livres dans nos poches, connaître en quelques instants notre profil génétique ou installer de gigantesques calculateurs sur une tête d'épingle. Pourtant, tout cela est devenu bien banal.

Nous avons enquêté avec toujours en tête l'exigence de ne céder ni à la fascination ni à la terreur. Il est aujourd'hui fréquent de diviniser comme de diaboliser la technologie. On prétend que le monde où nous vivons est un bateau devenu fou, sans carte ni capitaine, drossé droit vers les récifs. Naguère, au temps des ingénieurs triomphants, on a prétendu que nous faisions route vers le Paradis. Il arrive qu'on le dise encore. Nous ne croyons ni à la perte inéluctable de l'humain ni à son salut assuré. Car ce sont là des mythes.

Ces mythes, il faut évidemment les prendre en compte. Non pas pour y adhérer, ni même simplement pour les mettre à l'écart, mais pour les étudier, pour mesurer leur impact sur les représentations de l'humain, aussi décisives que les faits. Car l'humain n'est jamais une pure et simple donnée, un fait qu'on rencontrerait, tel quel, dans la nature. Il s'élabore, se façonne, s'auto-construit, en grande partie, à l'aide des images qu'il se fait de lui-même.

En fin de compte, c'est une expérience de philosophie prospective que nous allons mener. Hegel, en rappelant que « la chouette de Minerve se lève au crépuscule », soutenait que la compréhension vient après les événements. Une fois que les événements ont eu lieu, il est possible d'en tirer la leçon. La philosophie ne comprendrait ce qui s'est passé dans la journée que le soir, quand le soleil décline.

La situation présente impose un mouvement inverse. Si nous attendions, il n'y aurait plus moyen, dans ce qui s'annonce, de choisir l'avenir, et l'humain que nous voulons. Il n'y aurait plus qu'à subir. Nous devons donc, à nos risques et périls, penser à l'avance. Avant coup, et non après coup. Par définition, l'humain du XXIe ou du XXIIe siècle n'existe qu'en pointillé, voire en point d'interrogation. Mais, si nous voulons qu'il perdure au lieu de s'égarer, il s'agit d'y penser maintenant.

Nous avons voulu rassembler assez d'éléments, en arpentant les principaux domaines, pour que chacun puisse organiser sa propre réflexion. Le parcours ici proposé a sa logique et ses enchaînements. Mais en aucune manière il n'est imposé. Libre à chacun d'inventer ses itinéraires, de rebattre les cartes autrement, en fonction de ce qui le passionne, ou simplement le motive.

Introduction

CETTE RÉVOLUTION QUI VIENT D'EN BAS

Non, ce n'est décidément pas le ciel qui va nous tomber sur la tête, c'est bien du dessous, du cœur des choses, de l'invisible, que commence à se dessiner un futur incroyable. L'avenir vient d'en bas, il se décide dans l'infiniment petit. Voilà ce qu'on entend dire. Si, peut-être, un jour pas tellement lointain, l'humain est entretenu et réparé en permanence par des robots microscopiques, s'il devient résistant aux virus, s'il voit sa mémoire augmentée, découvre une capacité de vision démultipliée, voit sa vie largement prolongée, connaît un monde du travail transformé, s'il vit dans une nature recomposée de façon inédite, un environnement totalement reconstruit, dont la matière même aurait été refaçonnée atome par atome, ce serait d'abord, avant tout, à cause d'une révolution née de l'infiniment petit.

Le temps du ciron

Ce séisme de l'infime vient de loin. Il commence au XVIIe siècle, avec un modeste acarien qui fascine bon nombre de classiques. Le ciron, c'est son nom, traverse quelques fables de La Fontaine et triomphe chez Pascal comme chez Malebranche. En ce temps-là, c'est le plus petit animal visible. On le discerne à peine. En dessous, plus moyen de voir. La « petitesse de son corps » sert à Pascal, dans un fragment célèbre des *Pensées*, à illustrer les deux infinis. On connaît l'infini du toujours plus grand, des étoiles, des galaxies et des distances interminables. L'autre, celui qui descend, sans fin, vers l'étage du dessous, progresse dans le même mouvement.

Pascal part du ciron pour entraîner son lecteur dans un voyage mental des plus extraordinaires, où le plus petit, à son tour, se subdivise, étape par étape. Dans l'organisme déjà minuscule de cet acarien, on trouve en effet « des parties incomparablement plus petites, des jambes avec des jointures, des veines dans ces jambes, du sang dans ces veines, des humeurs dans ce sang, des gouttes dans ces humeurs, des vapeurs dans ces gouttes ». Parvenu jusque-là, arrivé au plus infime de l'infime, dans « l'enceinte de cet atome imperceptible », le lecteur aura sans doute le sentiment d'être descendu au plus loin que la pensée peut aller.

Qu'il se trompe, ce n'est pas fini. Le génie de Pascal est d'imaginer dans cet atome ultime une nouvelle « infinité de mondes, dont chacun a son firmament, ses planètes, sa terre [...] dans cette terre, des animaux, et enfin des cirons, dans lesquels il retrouvera ce que les premiers ont donné ». Ainsi, « sans fin et sans repos », faudrait-il sombrer dans ces univers emboîtés, en chute libre, sans jamais buter sur un socle définitif marquant l'arrêt de la descente.

Ce n'est encore qu'une vue de l'esprit. Elle a comme inconvénient d'imaginer l'infiniment petit sur le même modèle que notre monde, en se contentant de le miniaturiser. Elle passe donc à côté d'un univers éventuellement tout autre, aux propriétés singulières. Mais cette conception a le mérite d'attirer l'attention sur l'infini d'en bas, cette pluralité de mondes que nous ne voyons pas.

Blaise Pascal est mort depuis une dizaine d'années seulement quand un marchand hollandais, inconnu des cercles savants, fait une troublante découverte. Cet Antonie Van Leeuwenhoek, qui se pique de percer les secrets de la nature, a suffisamment perfectionné le microscope pour apercevoir, dans l'eau des lacs, des étangs et des mares, des myriades d'animaux minuscules. Pour certains, leur « diamètre ne dépasse pas celui d'un poil de ciron », toujours lui !

Cette vie qui grouille partout, ce bestiaire fantastique à la « petitesse incroyable » suscite d'abord l'incrédulité la plus complète. « Nombre de philosophes à Paris et ailleurs n'accordent aucun crédit à mes découvertes [1] », écrit Leeuwenhoek à Huygens. Car l'essentiel, somme toute, n'est pas de voir, mais plutôt de comprendre ce qui devient soudainement visible. Or ce n'est pas le cas. Le microscope est là, les images qu'il transmet aussi. Mais aucun cadre mental n'existe pour les accueillir et les déchiffrer. On les perçoit, on ne peut les comprendre.

Dans le fond, il se pourrait que ce soit un phénomène fréquent. Ce que nous donnent aujourd'hui à voir nos microscopes, dont la puissance est évidemment gigantesque par rapport à ce vieux bricolage de lentilles hollandaises, pouvons-nous vraiment le situer dans un paysage cohérent ? Ne sommes-nous pas, face à d'autres objets que les protozoaires, aussi déconcertés, incrédules ou rêveurs que Leeuwenhoek et ses contemporains ?

Car l'infinitésimal n'a cessé de nous réserver des surprises. La révolution pastorienne ou la découverte de l'ADN en font évidemment partie. Mais il ne s'agit pas de retracer ici l'histoire de l'infiniment petit et des bouleversements qu'il a provoqués dans la pensée. Il faut en rappeler le dernier épisode crucial, celui qui a ouvert la voie à la révolution qui vient d'en bas.

Californie 1959. Tout est en place.

Cette grande aventure a commencé exactement le 29 décembre 1959. Ce jour-là, le physicien Richard Feynman, qui recevra plus tard le prix Nobel, donne une conférence au Caltech, l'Institut de technologie de Californie, dans le cadre de l'American Physical Society. Son exposé décrit en visionnaire ce qui se vit aujourd'hui. Il suffit de le lire attentivement, tout y est – c'est le privilège du génie.

Feynman intitule cette conférence « Il y a plein de place en bas » (*There Is Plenty Of Room At the Bottom*) [2]. Son propos : montrer qu'il doit être possible de « manipuler et contrôler des objets à petite échelle ». En effet, quand on parviendra à intervenir dans « ce monde vertigineusement petit » s'ouvriront des perspectives non moins vertigineuses.

Imaginons, dit-il, que l'on veuille faire tenir les vingt-quatre volumes de l'*Encyclopædia Britannica* sur une tête d'épingle. Il faut que la taille des lettres soit vingt-cinq mille fois plus petite, et qu'on puisse les lire avec un microscope. L'opération serait plus aisée si les lettres étaient codées comme dans les systèmes informatiques. Quelques calculs de plus, et l'on constate qu'en réduisant à ce format les millions de volumes de quelques grandes bibliothèques pratiquement tout le savoir de l'humanité tiendrait sur deux ou trois mètres carrés, l'équivalent de quelques feuilles de papier. Voilà en quel sens on trouve « de la place en bas ».

Mais aussi la possibilité de transformer la matière. Feynman imagine ainsi qu'on parviendra un jour à manipuler directement les atomes un par un, et donc à construire des substances nouvelles, comme par un jeu de construction et d'assemblage. Il situe cette éventualité

« dans un lointain futur ». Aujourd'hui, elle devient réalité. Désormais, les physiciens peuvent s'adresser aux chimistes en leur disant presque : « Voilà la molécule dont j'ai besoin, à vous de construire. »

En organisant différemment les atomes, en les assemblant de manière inédite, les ingénieurs peuvent fabriquer des substances qui n'existaient pas, et dont les propriétés sont littéralement extraordinaires. De proche en proche, nous échapperions donc à la nécessité impérieuse de nous soumettre aux arrangements limités que fournit la nature. Cette fois, c'est nous qui concevons les plans ! Au lieu d'extraire des minerais, de les purifier pour obtenir des métaux, il deviendrait possible de les créer de toutes pièces. Sans oublier l'essentiel : dans ce registre où tout présente des propriétés différentes de celles du monde à grande échelle, les nouveaux objets posséderont des capacités inédites.

Ce sont aussi des machines infiniment petites qu'il devient possible d'élaborer, à ce niveau où les forces de frottement, la dissipation de la chaleur, la gravitation terrestre ne sont pas les mêmes. En 1959, Feynman envisage aussitôt que ces robots infiniment petits puissent remplir des fonctions médicales sans précédent. Au lieu d'avoir affaire à un chirurgien maniant son bistouri, on pourrait ingérer, dans un peu de sirop ou de gel, les robots microscopiques destinés à nous opérer. Il suffirait, somme toute, d'« avaler le chirurgien »…

Bien que Feynman n'en dise rien, ces interventions dans l'infiniment petit ouvrent aussi la voie à l'idée de modifier les informations codées dans l'ADN, ce qui permettrait de transformer la vie elle-même. À côté des atomes, les molécules du vivant sont des objets immenses…

Le plus stupéfiant, dans cette conférence historique, c'est que le savant établit explicitement un lien avec l'intelligence artificielle. Il affirme que des ordinateurs aux composants miniatures verront leur puissance démultipliée. À terme, ils pourront rivaliser avec nos cerveaux, deviendront capables de reconnaître des visages ou de formuler des jugements.

Dans l'exposé de Feynman, si le terme « nano » n'est pas utilisé – il n'est pas encore en usage –, l'essentiel est donc déjà en place. Le physicien indique l'existence de ce nouveau monde « d'en bas », en dessine les grandes lignes, en discerne les applications multiples. D'emblée, il souligne que ce n'est pas simplement un univers à part, mais un domaine pourvu de connexions multiples, relié à l'informatique, la biologie génétique, l'intelligence artificielle. Il y a une cinquantaine d'années, ce qu'on nomme à présent la « grande convergence » était en vue. Il restait à la mettre en œuvre. Ce serait désormais chose faite. En tout cas, on l'entend beaucoup dire.

Est-ce justifié ? Quelles sont les perspectives, quels sont les risques éventuels de cette révolution proclamée ? Quel est son impact sur l'identité humaine ? C'est l'objet de notre enquête. Pour l'entamer, nous choisissons de rencontrer le physicien Étienne Klein.

Paris. Rencontre avec Étienne Klein
*« Les nanotechnologies peuvent induire
une véritable rupture au sein de l'humanité. »*

Chef du laboratoire de recherche sur les sciences de la matière au Centre de l'énergie atomique de Saclay, il enseigne la physique quantique et la physique des particules à l'École centrale, ainsi que la philosophie des sciences. Alpiniste convaincu, grand amateur d'anagrammes, pédagogue attentif, toujours soucieux de s'adresser clairement au grand public, Étienne Klein n'a rien d'un savant coupé du monde ni d'un chercheur enfermé dans ses équations. Son exigence de rigueur dans la connaissance lui fit un jour choisir la voie de la science plutôt que celle de la philosophie, qui le tentait, et dont il n'abandonne pas les questionnements.

Nous lui avons d'abord demandé de nous raconter ce qui s'est passé, depuis le discours de Feynman. En fait, la vision d'ensemble du précurseur s'est révélée exacte. Elle s'est en partie réalisée, ouvrant la voie aux perspectives multiples des nanotechnologies, dernier épisode, aujourd'hui en cours, des grandes aventures du minuscule qui donnent lieu aux plus folles espérances comme aux plus grandes craintes.

Leur nom, forgé en 1974 par le Japonais Norio Taniguchi, vient d'une unité de mesure : un nanomètre, c'est un milliardième de mètre – soit, à peu près, la taille d'une dizaine d'atomes (le terme fut forgé à partir du mot *nanos*, qui désigne un nain, en grec ancien). L'appellation sera définitivement popularisée en 1986 par Eric Drexler, qui, dans son livre *Engins de création*[3], imagine un monde entièrement transformé par l'omniprésence de machines infimes, les « nems » (*nanoelectromecanical systems*), nanorobots capables de surveiller et de modifier pratiquement toutes nos conditions d'existence.

Ingénieur visionnaire et imaginatif, Eric Drexler n'hésite pas à prophétiser que les nanotechnologies vont changer radicalement la face du monde et transformer la nature elle-même. Au lieu d'extraire les minerais de la terre, il suffira de les fabriquer de manière synthétique. Au lieu de construire des machines, il suffira d'en confier la fabrication et la maintenance aux nanorobots, qui transformeront également les plantes. Ces éléments mécaniques infiniment petits pourraient même, promet Drexler, nous réserver un environnement quotidien inusable et configurable à la demande : ils s'assembleraient sur commande en formes de meubles ou d'ustensiles et changeraient de formes et de fonctions selon nos instructions...

Excessifs, et plus proches de la fiction que de la science, ces rêves d'avenir nanorobotisé appartiennent presque au passé. Mais les nanotechnologies progressent. Ce qui les caractérise, en premier lieu, c'est leur capacité de manipuler la matière à l'échelle atomique, et d'en obtenir ainsi des capacités tout à fait nouvelles. Un milligramme d'or a des propriétés physiques et chimiques classiques. Quelques atomes d'or, si on les isole pour constituer une nanoparticule, vont présenter des propriétés inédites.

C'est le premier point essentiel qu'Étienne Klein veut souligner : à l'échelle du nanomonde, les propriétés des matériaux changent. Pascal, quand il imagine, dans le ciron, des mondes emboîtés à l'infini, ne les conçoit pas différents les uns des autres. Chacun d'eux est identique aux précédents, la taille seule fait la différence. Le plus petit, pour Pascal, est analogue au grand, mais en miniature.

Dans la nanoréalité, explique Étienne Klein, il n'en va pas du tout ainsi : « *À ce niveau, plus un objet est petit, plus sa surface est grande, pour une raison simple à comprendre : plus on divise un objet en petites parties, plus on augmente le rapport entre la surface totale de cet objet et son volume. Imaginez une boîte avec à l'intérieur un seul gros bloc de sucre. Pensez ensuite à la même boîte mais la quantité de sucre, au lieu d'être d'un seul bloc compact, est subdivisée en une multitude de petits morceaux cubiques. Vous voyez tout de suite que la surface du sucre à l'intérieur de la boîte est bien supérieure.*

Dans les nanomatériaux, cette surface plus grande génère des propriétés nouvelles. Plus isolés, les atomes deviennent plus actifs. L'or, par exemple, est habituellement inerte du point de vue chimique, mais, sous forme de billes nanométriques, il devient très réactif. À partir de matériaux bien connus, de très nombreuses propriétés nouvelles apparaissent ainsi, qui sont intéressantes par les applications qu'elles permettent. Certains éléments réfléchissent la lumière, d'autres l'absorbent, des propriétés catalytiques se révèlent, c'est-à-dire la capacité de certains corps d'accélérer ou de ralentir une réaction chimique sans y participer. Les utilisations de ces nouvelles propriétés sont innombrables dans l'électronique, l'aéronautique, la cosmétique, la médecine, la mécanique, l'agriculture, l'environnement... »

Des pneus qui ne s'usent presque plus, des textiles capables de respirer, de passer du chaud au froid, de se réparer tout seuls, des peintures où la saleté ne peut trouver prise, des vitres qui s'autonettoient, des enregistreurs où l'on stocke mille fois plus d'informations mille fois plus vite, des lubrifiants intelligents, des kits de diagnostic médical immédiat à domicile, des pièges à polluants pour les rejets industriels, des batteries électriques légères et puissantes pour les automobiles – ce ne sont que quelques-uns des produits dont les nanotechnologies promettent l'arrivée dans nos vies.

En fait, les perspectives semblent pratiquement infinies. Toutes ces merveilles ne tombent pas du ciel. Elles viennent d'en bas, et il a fallu les chercher. Si l'on peut désormais envisager des innovations qui défient l'imagination, c'est notamment grâce aux prodiges que permettent les fullerènes ou les nanotubes de carbone – principaux nanomatériaux issus de la nanotechnologie (à la différence de nanoparticules qui peuvent être d'origine naturelle). Étienne Klein nous rappelle les principales étapes de leur découverte : « *On connaissait le diamant et le graphite, mais en 1985, Richard Smalley, Robert Curl et Harold Kroto découvrent par hasard cette forme jusqu'alors inconnue, baptisée fullerènes. Il s'agit des premiers nanomatériaux, de minuscules molécules de carbone pur composé de soixante atomes. Leurs découvreurs recevront le prix Nobel de chimie en 1996. En 1991, le physicien japonais Sumio Lijima met en évidence les nanotubes de carbone, désormais produits industriellement, plus durs que le diamant, meilleurs conducteurs thermiques et dotés de propriétés électriques supérieures à tout ce qu'on connaissait. On les trouve à présent dans l'électronique, l'aéronautique et cent autres domaines, et ce n'est qu'un début.* »

Étienne Klein a consacré un essai lumineux à la naissance du nouvel univers, *Le Small Bang des nanotechnologies*[4]. On y apprend qu'un tournant décisif se situe en 1981 avec l'invention par Gerd Binnig et Heinrich Rohrer du microscope à effet tunnel (STM) qui permet pour la première fois de voir des atomes. Un nouveau moment non moins décisif intervient en 1990, lorsque Donald Eigler, chercheur chez IBM, parvient grâce à ce microscope à déplacer des atomes un à un et réalise la première « mise en ordre » d'atomes de toute l'histoire, en disposant trente-cinq atomes de xénon de manière à écrire... IBM. Au premier regard, cet exploit peut paraître bien insolite et radicalement superflu, mais, en 1993, le même chercheur dispose quarante-huit atomes de fer en un tambour électrique, fabriquant ainsi le premier transistor électronique, composé d'un seul nanotube de carbone !

Dès lors, toutes les constructions, les assemblages les plus inédits deviennent imaginables. Dans les années suivantes, le mouvement s'accélère : les grandes puissances commencent à comprendre que les enjeux sont colossaux. Aux États-Unis, la date inaugurale est celle du lancement par Bill Clinton, en 2000, de la National Nano Science Initiative[5], destinée à coordonner les recherches. En France, à Grenoble, le pôle Minatec est inauguré en 2006 pour rassembler sur un même site des unités de recherche et des industries centrées sur tout ce qui est nano.

À côté de l'incroyable bouleversement industriel et technique qu'elles annoncent, les nanotechnologies provoquent surtout un trouble conceptuel inédit lié au sentiment de voir se défaire des frontières que nous tenions pour évidentes. Étienne Klein le confirme : « *La frontière entre le naturel et l'artificiel, ou celle entre le vivant et le non-vivant, par exemple, sont estompées. Normalement, il n'y a pas d'entremêlement possible. C'est l'un ou l'autre. La démarcation semble absolue, donnée comme un destin. Or les nanotechnologies déplacent ces frontières, elles mêlent les domaines que l'on croyait séparés, comme "vivant" et "non vivant". Elles hybrident ces réalités, elles estompent les délimitations. Du coup, ces remises en cause de ce qui crée le fondement de nos valeurs nous donnent l'impression que ce sont ces valeurs mêmes qui deviennent arbitraires. Ou encore, nous avons le sentiment que nous ne savons plus les appliquer.* »

Le seul risque, en fin de compte, serait-il de voir nos cartes mentales remaniées ? Ce serait cela, vraiment, l'unique danger des nanotechnologies ? Évidemment pas. À mesure qu'on les découvre, on commence aussi à s'inquiéter de la possible toxicité des nanoparticules. Le fait est que leur taille – cent mille fois plus petite que celle de nos cellules – leur permet (par inhalation, ingestion, contact cutané) de pénétrer directement la peau, les poumons, le cerveau des adultes aussi bien que le placenta des fœtus. Et même si toutes ces particules ne sont pas volatiles, il est vrai que les conséquences sont actuellement inconnues.

« Les informations disponibles sont extrêmement limitées et tout à fait insuffisantes », note en 2010 un rapport de l'Institut de recherche en santé et sécurité au travail [6] (IRSST, Canada), qui indique pourtant en même temps que plus de huit cents produits commercialisés contiennent des nanoparticules, dont on sait déjà que plusieurs ont « des effets délétères indésirables »… Les conclusions de l'Agence française pour l'évaluation des risques sanitaires (AFSSET)[7] vont dans le même sens : de nombreux nanocomposants, que les industriels ne sont d'ailleurs pas tenus de déclarer, figurent dans des produits quotidiens, sans que leur toxicité éventuelle soit connue. Le code de bonne conduite adopté en février 2008 par la Commission européenne[8] constitue une recommandation, mais ne comporte, lui non plus, aucune obligation.

De même qu'elles ont leurs prophètes et leurs thuriféraires, les nanotechnologies ont leurs adversaires acharnés, qui les vouent aux gémonies et les considèrent comme le pire des dangers qui nous menacent. ETC Group (Groupe d'action sur l'érosion, la technologie et la concentration)[9], une ONG environnementale d'Ottawa vouée d'abord à la lutte contre les OGM, a inclus dans son combat les nanotechnologies, ainsi que le mouvement « pièce et main-d'œuvre » en France qui évoque un avenir « de dictature, de robots, et de moutons », dénonce « la ligne de front qui traverse désormais nos cerveaux » et constate qu'« avec la douceureuse et tacite complicité des autres secteurs du pouvoir (politique, économique, militaire), le pouvoir scientifique s'attaque désormais à l'organe matériel de notre libre arbitre, nous envahit, nous épie, et nous contraint jusque dans notre for intérieur »[10].

Il y a bien, on le constate, une situation manichéenne : les bonnes nanotechnologies nous préparent un Paradis, selon les uns, dans le même temps où les mauvaises nanotechnologies, selon les autres, nous feront bientôt vivre en Enfer. Voilà qui explique que les débats indispensables sur les enjeux des nanotechnologies, au lieu d'être productifs, tournent court, en se transformant en divinisation ou en diabolisation de la science et de ses pouvoirs sans limites.

INTRODUCTION

Pour Étienne Klein, il existe bien un effet de miroir et de symétrie inverse entre les excès de ceux qui divinisent les nanotechnologies et les outrances de ceux qui les diabolisent : « *On retrouve ici les surévaluations et les méfiances dont la science ne cesse de faire l'objet. D'un côté, on demande aux scientifiques tout ce qu'on demandait aux prêtres, de faire notre salut et de nous dire comment vivre. De l'autre côté, on se méfie des sciences, on craint leurs pouvoirs, on ne cherche plus réellement à les comprendre, on tente plutôt de s'en éloigner pour se protéger...* »

En fait, Étienne Klein ne masque pas que peuvent exister des risques majeurs, à évaluer au cas par cas sur le plan toxicologique. Mais il situe aussi ces risques sur un autre plan : « *Si on les pousse à l'extrême, les nanotechnologies peuvent induire une véritable rupture au sein de l'humanité. Ce qui semble d'abord remis en cause, ce sont nos valeurs spirituelles et morales. On se trouve donc d'emblée dans un champ de discussion qui n'est pas scientifique. Pour ma part, je ne pense pas que nos valeurs, celles de l'humanisme, soient si fragiles. Elles ont montré, au cours de l'histoire, leur plasticité et leur résistance. Je crois plutôt que ce qui est interrogé par les progrès de la technique, ce ne sont pas les valeurs elles-mêmes, mais, je le répète, leur application. À mes yeux, il n'y a aucune raison sérieuse de penser que les nanosciences vont – tout d'un coup, par leur seule existence – contester nos valeurs morales. En revanche, elles interrogent indiscutablement la façon de les appliquer, parce qu'elles ouvrent un nouveau champ de potentialités. Du coup, cela nous angoisse. Comme on ne sait pas encore comment ajuster nos valeurs à ce nouveau monde, on les croit menacées, ou même détruites, par ces progrès des découvertes et des techniques.* »

De plus, la distinction entre science et technique est de plus en plus ténue. Si classiquement la science s'est toujours souciée des éventuelles applications pratiques de ses découvertes, celles-ci revenaient aux ingénieurs et formaient le domaine de la technique, censée agir sur les choses plus directement. Désormais, cette division du travail se brouille : « *En fait, ce qui a changé le plus profondément, ce sont les manières de chercher. Le métier d'ingénieur a été mis sens dessus dessous. Autrefois, l'ingénieur était capable de dire ce qu'il allait faire, parce qu'il jouait sur des déterminismes qu'il maîtrisait. Il pouvait évidemment les utiliser pour fabriquer de la nouveauté, mais cette nouveauté était aussi, en quelque sorte, toujours inscrite dans l'étape antérieure. Aujourd'hui, on essaie d'abord puis on regarde le résultat : l'ingénieur ne sait pas à l'avance ce qu'il va obtenir. Il est récompensé, symboliquement, par les surprises qu'il éprouve, et non par la maîtrise qu'il possède.* »

Changement de méthode, changement d'échelle, changement de technique, changement de monde, changement d'époque... est-ce que cela signifie, au bout du compte, changement de l'humain ? Dans la réponse d'Étienne Klein, le philosophe perce sous le scientifique : « *Il faut garder en mémoire ce que montre Hannah Arendt dans* La Condition de l'homme moderne *: définir l'homme est vain, c'est vouloir, dit-elle, "sauter par-dessus son ombre". L'homme ne pourrait être défini qu'à partir d'un regard divin, non pas à partir d'un regard humain, qui est pris dans la condition qu'il veut décrire. C'est pourquoi préciser ce qu'est la nature de l'homme constitue un exercice impossible. Mais, comme Arendt le voit clairement, la technique change les conditions de vie de l'homme, sa façon de se déplacer, de communiquer, de travailler, d'interagir avec ses semblables. L'invention de la roue change les conditions de la vie humaine. Cela dit, je reconnais que la frontière est de plus en plus difficile à tracer entre changer les conditions de vie et changer la condition humaine elle-même. À force de modifier les conditions de vie des hommes par la technique, nous risquons de changer le rapport à la* *vie, à la mort, à autrui, c'est-à-dire la condition humaine. Cela me préoccupe d'autant plus que cette rupture ne concernera pas tout le monde ! Le changement atteindra seulement ceux qui ont accès à un usage très intense de la technique. Le vrai risque qui se profile alors est celui de voir apparaître une humanité à deux vitesses. »*

Convergence et dissensus

Cette éventuelle rupture dans l'unité du genre humain sera d'autant plus à examiner que les nanotechnologies ne sont, en fait, qu'une partie d'un ensemble bien plus vaste. Loin d'être isolées, elles s'inscrivent dans l'entrecroisement de quatre domaines de recherche et d'applications techniques qui se renforcent l'un l'autre, se combinent et se connectent. Ce phénomène a reçu plusieurs noms. Les uns parlent des « NBIC », pour Nanotechnologies, Biotechnologies, Intelligence artificielle et sciences Cognitives. D'autres utilisent le terme de « Grande Convergence », pour souligner comment interagissent, de plus en plus étroitement, l'infiniment petit, la fabrication du vivant, les machines pensantes et l'étude de notre cerveau.

Nous allons suivre, au long de notre enquête, divers aspects de cette convergence. Si nous l'avons abordée par le biais des nanotechnologies, c'est parce qu'elles constituent le domaine à la fois le moins bien connu et sans doute le plus riche en mutations radicales. Mais ce pouvoir de transformation fait l'objet de multiples débats. Car les nanotechnologies, et plus généralement la grande convergence des nouvelles technologies du vivant, de l'informatique et de la robotique, ne sont pas conçues de la même manière, par exemple, aux États-Unis et en Europe.

Ainsi, dans la perspective américaine, le fameux rapport de Mihail Roco et William S. Bainbridge de 2002 sur les « Technologies convergentes pour l'amélioration des performances humaines : NBIC [11] », établi à la demande de la National Science Foundation, se présente comme la bible, si l'on peut dire, d'un nouveau projet pour l'humain, mettant clairement l'accent sur l'amélioration, l'augmentation des capacités, l'obtention d'un individu renouvelé aux performances et aux possibilités accrues. Ce rapport attribue aux nanotechnologies et à la grande convergence la capacité quasi miraculeuse « d'unifier les sciences et les techniques, d'assurer le bien-être matériel et spirituel universel, l'interaction pacifique et mutuellement profitable entre les humains et les machines intelligentes, la disparition complète des obstacles à la communication généralisée, en particulier ceux qui résultent de la diversité des langues, l'accès à des sources d'énergie inépuisables ou encore la fin des soucis liés à la dégradation de l'environnement [12] »...

Fortement teintée de cette idéologie « transhumaniste » qui vise à constituer une humanité toute nouvelle – nous aurons l'occasion de la retrouver et de l'examiner de près –, la vision américaine officielle de la convergence n'hésite pas à fixer à la science et aux techniques une feuille de route évoquant les *space opera*.

Les optiques européennes [13] ou canadienne s'affichent, elles, comme nettement plus mesurées. Évitant les promesses radieuses d'augmentation de l'humain, d'accroissement des performances, elles insistent plus sur l'idée de la connaissance, le pluralisme des techniques, pour mettre la grande convergence au service de la prévention en matière de santé, de l'alimentation dans le monde, du renforcement de la sécurité et du bien-être.

La question demeure de savoir si, entre ces deux approches, d'Amérique et d'Europe, existent seulement des différences de style ou des divergences de fond. Ce n'est pas, et de loin, la seule question qui fait l'objet de débats. Car la grande convergence, dans son ensemble, suscite de vives discussions, opposant partisans enthousiastes, sceptiques ironiques et adversaires résolus.

Pour ceux qui les soutiennent, les NBIC sont d'ores et déjà en mesure de produire un changement de monde. En se connectant les unes aux autres, ces techniques deviennent plus puissantes : chacune est dynamisée par les autres et les potentialise à son tour. Cette interdépendance et ce renforcement réciproque rendraient donc envisageables des bouleversements comme l'humanité n'en a jamais connu. Les prophètes de l'ère nouvelle ne cessent de le répéter, de mille côtés, sur tous les tons : toute l'existence humaine va se trouver prochainement métamorphosée, depuis la procréation (repensée) jusqu'à la mort (repoussée), depuis les soins médicaux (automatisés) jusqu'aux communications (miniaturisées), depuis les objets quotidiens (humanisés) jusqu'à la production d'énergie (définitivement assurée).

Les sceptiques, eux, considèrent que cette révolution globale est plus un mythe qu'une réalité. La grande convergence serait une invention fantasmatique des médias, pas une authentique réalité de la recherche. Il y aurait bien convergence, mais essentiellement entre les intérêts des groupes industriels plutôt qu'entre les savoirs, les techniques et les objectifs. Toujours dans leur rôle de l'Antiquité à nos jours, les sceptiques rappellent qu'il est nécessaire de ne pas tenir trop vite tous ces discours pour vrais, de les évaluer au cas par cas. Mieux vaudrait suspendre son jugement, et exercer son esprit critique – même quand ce sont des scientifiques qui parlent.

Quant aux adversaires radicaux de la grande convergence, il ne s'agit pour eux que d'une idéologie de plus, voire une religion technologique où se retrouvent – projetés cette fois sur les processeurs, les génomes et les synapses – aussi bien les rapacités du capitalisme que les fantasmagories de la gnose. Leur objectif est de dénoncer ce monde illusoire, et surtout d'arrêter, autant que faire se peut, la construction d'un avenir qu'ils jugent asservissant et inhumain.

Notre périple va s'efforcer de cartographier ce paysage où s'entrecroisent questions anciennes réactivées et interrogations vraiment neuves, horizons utopistes ou millénaristes et cauchemars d'apocalypse, réalités inédites et fantasmes connus. Entre l'humain affranchi de toute limite et l'humain contraint par de nouvelles règles, nous allons tenter de suivre les principales lignes de fracture.

« Le pays où il ne manque rien »

Dans ce genre de voyage, heureusement, nous avons eu quelques prédécesseurs. De brillants esprits ont scruté les paradoxes de l'infiniment petit, la relativité des géants et des nains, et même la dangereuse arrogance des savants. Il y en a plein les bibliothèques. Jonathan Swift, en 1721, invente le personnage de Gulliver pour l'envoyer voyager successivement chez les Lilliputiens, créatures minuscules, et chez bien d'autres peuples imaginaires, où il découvre notamment que les détenteurs des savoirs veulent faire le bonheur des peuples sans le consulter. Voltaire, en 1752, dans une perspective pas si éloignée, publie à Berlin *Micromégas* (« Grandpetit », en grec ancien), où sont mis en scène également les paradoxes de la taille et de l'intelligence.

Un point précis, dans ce conte célèbre qu'on ne lit plus beaucoup, nous intéresse directement. Même si l'habitant de Sirius vit des milliers d'années et mesure des kilomètres de hauteur, ce n'est pas sa longévité ni sa taille qui nous retiennent. Ce n'est pas non plus le fait qu'il découvre des intelligences dans « l'abîme de l'infiniment petit », dans ces cirons que sont pour lui les humains, qu'il ne peut apercevoir à l'œil nu et ne distingue qu'avec un microscope de Leeuwenhoek. Le seul point essentiel, le plus philosophique, le voilà : à tous, toujours, il manque quelque chose. Ce qui fait l'humain, de ce point de vue, c'est en fin de compte un désir insatiable, et donc une insatisfaction éternelle.

Si l'on envisage cette hypothèse, on aura beau faire converger tous les savoirs et toutes les techniques, dire adieu à une contrainte, puis à une autre, cent fois de suite, ce ne sera jamais assez. Le désir, celui d'un humain ou celui de sa copie extraterrestre gigantesque, est impossible à satisfaire intégralement. Vivrait-on dix mille ans, ce serait encore trop peu. Voilà ce que Voltaire nous suggère de garder en tête. Qu'on ait cinq sens ou soixante-douze, comme le compagnon de voyage de Micromégas, ou plus de mille, comme Micromégas lui-même, on jugera toujours ne pas en avoir assez. Invariablement, on murmure et maugrée, parce que l'insatisfaction traverse ce qu'on possède, et fait juger limitée toute situation.

Micromégas le dit parfaitement : « J'ai un peu voyagé : j'ai vu des mortels fort au-dessous de nous ; j'en ai vu de fort supérieurs ; mais je n'en ai vu aucuns qui n'aient plus de désirs que de vrais besoins, et plus de besoins que de satisfaction. J'arriverai peut-être un jour au pays où il ne manque rien ; mais jusqu'à présent personne ne m'a donné de nouvelles positives de ce pays-là. »

De ce « pays où il ne manque rien », nous continuons pourtant à recevoir, chaque jour en ce XXIe siècle, de plus en plus de nouvelles. Elles nous disent que l'humain s'y rendra bientôt, la grande convergence aidant. Elles nous indiquent par quels chemins on devrait pouvoir enfin y accéder. De multiples guides proposent d'y aiguiller les voyageurs. Nous allons les suivre, les écouter, les observer. Non sans quelque distance, cela va de soi.

Bien des discours qui traitent de notre avenir se présentent en effet comme des brochures touristiques vantant les séjours qui nous attendent dans ce pays où enfin, demain, nous ne manquerons de rien. Un pays sportif, diététique et toujours en forme, où nous disposerons jusqu'à un âge avancé d'un corps toujours jeune et toujours suractif. Une contrée digitale et siliconée, où nous serions en symbiose avec les écrans et toutes les données imaginables, assurés de transmettre éternellement notre conscience de disque dur en disque dur. Une société sans identité psychique, sans contrainte de procréation, sans filiation ni parenté, tout entière connectée sans cesse et sans cesse déconnectable. Tout serait allégé, le travail comme la nourriture, les pensées comme les sentiments, et tout serait flexible, les écrans tactiles comme les horaires de travail. Il n'y aurait que la nature, sans division, sans frontière, sans démarcation aucune, englobant animaux et humains, vivants et choses, dans le grand pays sans manque.

On serait enfin débarrassé du corps, du sexe, du temps, du psychisme, du travail, des autres et de soi-même. Bref, de l'humain. Il faut aller voir ça.

I
LA FABRIQUE DU CORPS

« *Le rêve est désormais à portée de médicaments, de régimes, d'entraînement sportif, de bistouri.* »
Isabelle Quéval, *Le Corps aujourd'hui*.

« *Ce que peut le corps, personne jusqu'à présent ne l'a déterminé.* »
Spinoza, *Éthique*, III, 2, Scolie.

Hier l'âme, demain le corps

Pourquoi ne faut-il pas avoir de trop gros muscles ? Pourquoi éviter de « faire travailler ses bras, s'élargir l'encolure, se fortifier la poitrine » ? Parce que ce poids du corps va handicaper l'âme. « Le bagage d'un corps épais écrase l'âme, paralyse son agilité. Dans ces conditions, réduis autant que possible la part du corps, et mets ton âme au large. » Sénèque donne ces conseils à son disciple Lucilius [1]. Nous sommes à Rome, sous le règne de Néron. En ce temps-là, les gens avaient une âme, et les philosophes préconisaient d'en prendre soin. La priorité revenait à la santé de l'âme, celle du corps passait en second.

Sénèque, si on le promenait dans notre XXIe siècle, n'en reviendrait pas. Nos salles de gym, machines à musculation, tapis de course et rameurs, nos régimes minceur et nos obsessions hypocaloriques, nos kyrielles de cosmétiques et de soins esthétiques, nos chirurgies, nos implants, nos thérapies, tout cela le laisserait pantois – sans parler du dopage génétique. Ce que Sénèque comprendrait le moins, ce n'est pas le monde technique, mais la place du corps, et surtout la fantastique quantité d'énergie et d'intelligence que nous mobilisons pour l'améliorer, l'entretenir, le prolonger, le façonner, et même, à la limite, le reconstruire. Fabriquer notre corps est devenu la tâche principale – et interminable – de notre nouvelle existence.

Cette préoccupation multiforme est récente, même si sa nouveauté ne nous frappe plus. Pourtant, il n'y a pas que Sénèque qui aurait la berlue. Platon, Aristote, Augustin, Descartes et... l'immense majorité des philosophes de l'histoire occidentale seraient stupéfiés de l'attention sans limites que nous accordons à notre enveloppe charnelle et de la multitude des rôles que nous lui faisons jouer. En effet, pour eux tous, durant de longs siècles – en dépit de la diversité de leurs écoles ou de leurs époques –, l'humain n'était, d'abord et avant tout, qu'une âme.

Oui, une âme, non un corps. En tout cas, quand l'interrogation portait sur ce qui était véritablement propre à l'humain. Le corps, à lui seul, ne pouvait le définir : il est commun aux animaux et aux humains. L'âme seule était jugée spécifique, elle seule distinguait les humains et justifiait leur statut à part. Elle marquait leur appartenance à un monde distinct. Ce monde à part se nommait, selon les cas, intelligent, divin, logique, pensant, savant, sage, moral, éthique ou politique. Parler et penser, ressentir et vouloir – telles étaient les activités centrales de l'âme.

Si elle était toujours là pour définir l'humain, ce n'était pas nécessairement en raison de convictions religieuses, de postulats de survie et d'immortalité de l'esprit. Les conceptions de l'âme étaient diverses, mais son existence et sa suprématie étaient toujours les marques de l'humain. En gros, trois types d'âme se concurrençaient, mais le résultat d'ensemble était toujours le même.

L'âme du premier type, on la trouve par exemple chez Platon, chez Plotin et les néoplatoniciens, chez les penseurs chrétiens. C'est un principe immortel, purement spirituel. La chair s'égare, l'âme discerne la vérité. Le corps périt, l'âme demeure. C'est elle qui fait l'humain, fondamentalement.

Le deuxième type, c'est l'âme « forme du corps », principe organisateur du vivant. On la trouve d'abord chez Aristote. Pour lui, en ce sens, les plantes ont une âme qui organise leur croissance, tout comme, pour les animaux, elle organise les fonctions biologiques. Seule l'« âme intellective », capable de raisonner et de connaître, est propre aux humains. Dans l'*Éthique à Nicomaque*, Aristote le précise : « La pensée constitue essentiellement l'homme. » Ce n'est donc toujours pas le corps qui prime.

L'âme du troisième type, si l'on ose dire, est celle des matérialistes. Mortelle, destinée à disparaître, elle constitue un élément du corps naturel des humains. Les humains sont doués de raison comme les lions sont carnivores, par nature. Cette conception, qu'on trouve par exemple chez Épicure ou chez le stoïcien Épictète, écarte l'idée d'une origine surnaturelle de l'âme ou d'une survie éternelle, mais elle maintient que le corps est subordonné à cet élément de lui-même jugé supérieur.

La supériorité reconnue à l'âme sur le corps était donc indépendante des clivages entre idéalistes et matérialistes. Pour ceux qui croyaient aux dieux comme pour ceux qui n'y croyaient pas, l'âme dirigeait, le corps était subordonné. Le tout définissait l'humain, gouverné par une âme pensante. Le reste, en fin de compte, paraissait accessoire.

Du coup, devenir « plus humain », c'était devenir « moins corporel ». Ce fil court à travers l'histoire. Constamment, les philosophes préfèrent la vérité des démonstrations aux dessins visibles sur le tableau. Les démonstrations sont les « yeux de l'âme », dit Spinoza. Se détourner des sens, s'orienter vers les idées, voilà la tâche la plus conforme à l'humain. De ce point de vue, le corps paraît source d'erreurs, obstacle à la pensée, fardeau dont il faut diminuer le poids. Sénèque, on vient de le voir, prend cet allégement à la lettre : évitons la musculation, parce que trop de corps nuit...

Partagé en deux, l'humain était donc fait d'éléments distincts et asymétriques – âme et corps. Cette division majeure se prolonge jusqu'aux Temps modernes. Descartes, par exemple, étudie scientifiquement la mécanique du corps, qu'il soit animal ou humain. Pour lui, la pensée s'en distingue radicalement : elle est immatérielle, censée n'occuper aucun espace. Elle est humaine et divine, rien d'autre. Au siècle des Lumières, dans l'*Encyclopédie*, un matérialiste convaincu comme Diderot, rédacteur de l'article *Homme*, définit toujours notre être comme « composé de deux substances, l'une qu'on appelle *âme*, l'autre connue sous le nom de *corps* ».

Voilà qui n'a plus cours, depuis quelques générations. Désormais, l'étonnement a changé de camp. Nous ne comprenons plus ces histoires d'âme et de corps, cette tournure de penser nous est devenue extraordinairement étrangère. À la question « Qu'est-ce l'humain ? », la réponse la plus simple et la plus immédiate, pour nous, à présent est : son corps. Pas uniquement « un » corps – parmi d'autres, semblables et différents –, encore moins « du corps » – anonyme, indifférencié. Chacun devient « son » corps – celui qu'il se choisit. Là se joue son identité, sa construction de lui-même, une grande partie de tout ce qui, autrefois, était désigné par les termes de « salut », « sagesse » ou « bonheur ».

Pourquoi, quand et comment l'âme a-t-elle disparu ? L'enquête n'a pas encore abouti. Plusieurs dossiers semblent se mêler. On ne passe pas d'un coup d'une représentation de l'humain à une autre. Dans ce long processus, on a signalé la présence de La Mettrie, Helvétius, Holbach, le gang des penseurs matérialistes du XVIIIe siècle. Un certain Schopenhauer et un dénommé Nietzsche sont également suspectés. Le premier aurait mis en lumière, derrière la pensée qui se croit lucide, le règne des instincts, et la domination de la volonté aveugle de la nature. On se croit amoureux, on devient poète, ce n'est qu'une ruse de l'espèce pour se perpétuer. Nietzsche, à sa suite, a réhabilité le corps contre ceux qui le méprisaient et se croyaient plus malins que leurs entrailles. Fini, avec lui, ce temps où « jadis l'âme regardait le corps avec dédain ». Celui qui est « éveillé et conscient » peut dire « je suis corps tout entier et rien autre chose ». Dire « le » corps est trompeur, car pour Nietzsche il est pluriel, à la fois sage et fou, « une guerre et une paix, un troupeau et un berger » [2]. Le corps est à ses yeux une « grande raison » traversée de tensions, habitée d'énergies disparates et de capacités insoupçonnées.

Au bout du compte, le corps d'aujourd'hui est sans doute moins grandiose. Mais il se donne bien comme le carrefour de toutes les expérimentations, de tous les espoirs – et de toutes les illusions. Il tient lieu d'horizon et d'identité, il apparaît aussi comme matériau à travailler, œuvre à construire. On ne le subit plus, on le transforme, on le refait, on le booste et le cultive. De tant de manières qu'il est devenu le premier laboratoire où l'on peut discerner ce qu'est l'humain aujourd'hui, et les chemins qui l'attendent.

Le « médico-sportif », modèle total

Se construire un corps svelte, toujours en forme – exercice régulier, alimentation surveillée, crèmes adaptées –, tel est le modèle d'aujourd'hui. Dynamique, quel que soit son âge. On croit reconnaître un projet fort ancien : « Un esprit sain dans un corps sain », et on se trompe. Car, pour les Grecs de l'Antiquité, beauté du corps et beauté morale allaient de pair : le corps laissait voir l'âme – l'homme beau était donc bon. Cet homme était « bel et bon », *kalokagathos*, mot-valise unissant le beau (*kalos*) et le bon (*agathos*).

Pour nous, au contraire, le corps sain ne renferme plus l'esprit : il est devenu cet esprit même. La beauté physique ne renvoie plus à la beauté morale, elle se suffit à elle-même. En un sens, le corps aujourd'hui ne « représente » rien – il n'est rien d'autre que lui-même, il absorbe en lui la totalité de l'existence possible et intègre presque toutes ses dimensions.

Ce n'est donc pas le sport qui compte, comme une activité séparée. C'est le modèle médico-sportif qui prescrit l'existence et dessine, en creux, un humain d'un type particulier, façonné par les sciences et les techniques. Au-delà de l'exercice physique, c'est un modèle de société qui se dessine. L'humain se construit désormais sous cette emprise du « médico-sportif ». La médecine sait ce qui est bon pour nous, elle nous dit comment vivre, que manger ou ne pas manger, comment dormir, comment marcher, comment courir, comment respirer.

Voilà pourquoi la vie saine, sportive, est désormais partout. Le quotidien y trouve une bonne partie de son style – vocabulaire, voitures et vêtements compris. Le sport ainsi dilué, transformé en vapeurs, en images, en mille microrègles pratiques, a envahi la vie et dicte quantité de nos faits et gestes.

D'un autre côté, les professionnels du sport sont de moins en moins semblables à Madame ou Monsieur Tout-le-monde. Un tournant a été pris vers la fin du XXe siècle : les sportifs de haut niveau sont maintenant usinés depuis l'enfance pour la compétition, entraînés à plein temps, contraints à une alimentation sur mesure,

« supplémentés » pour être constamment capables d'efforts inhabituels. Leur corps n'est plus tout à fait, ou plus du tout, celui des autres.

C'est toujours un corps humain, mais transformé, travaillé. Certes, les coureurs de l'Antiquité s'entraînaient aussi, surveillaient leur régime et augmentaient déjà leur résistance à l'effort. Certes, il n'est pas simple de fixer le point où se termine l'humain « normal » et où commence l'organisme d'un autre type. Chacun pourtant a en tête les champions olympiques de l'ex-RDA (République démocratique allemande), des années 1960 aux années 1980, truffés de corticoïdes, testostérone, anabolisants et amphétamines – toute la panoplie de première génération. Ils collectionnaient les médailles au prix de leur existence abrégée et de la transformation profonde de leur organisme. Les rouages du mécanisme combinaient pression politique, désir de gloire, parfois appât du gain. Avec toujours le même résultat : une intervention scientifiquement programmée dans les processus du corps.

En fait, de la compétition de haut niveau à la vie de tout un chacun, ce sont les mêmes fées – bonnes ou mauvaises, c'est une autre affaire – qui se penchent sur nos corps avec une minutieuse sollicitude : elles s'appellent sciences, médecine, pharmacie et performances. Et ne se quittent plus.

PARIS. UNIVERSITÉ PARIS V-DESCARTES.
RENCONTRE AVEC ISABELLE QUÉVAL
« *Un corps indéfiniment en chantier.* »

C'est ce que commence par nous confirmer Isabelle Quéval, chercheuse au Centre national de la recherche scientifique (CNRS). L'auteur de *S'accomplir ou se dépasser. Essai sur le sport contemporain* et *Le Corps aujourd'hui*, deux ouvrages passionnants sur ces thèmes [3], est aujourd'hui une des meilleures observatrices et une des plus fines analystes de cet ensemble complexe de mutations qui affectent actuellement le vécu du corps et les pratiques qui l'entourent.

L'apport essentiel de son travail est de montrer que le corps est aujourd'hui « produit par la raison », fabriqué méthodiquement. Il n'est donc pas « libéré », mais au contraire contrôlé, planifié, pris en charge par un projet de transformation rationnelle, soutenu par une connaissance scientifique et une idéologie de la santé qui réintègre des perspectives métaphysiques et morales.

Isabelle Quéval nous reçoit à la cafétéria de l'université Paris V-René Descartes, dans l'ancienne faculté de médecine, au cœur de Saint-Germain-des-Prés. Blonde, mince et sportive elle-même, elle va d'emblée à l'essentiel. Le corps est bien devenu la scène où se déroule désormais la totalité de l'existence, et le médecin n'est plus là seulement pour s'occuper des maladies : « *Le médecin est devenu le nouveau moraliste. Celui qui dit en quoi consiste la vie bonne n'est plus aujourd'hui le philosophe, ni le prêtre, ni même le professeur, c'est le médecin, parce que nous avons identifié la "vie bonne" à la "vie longue". Ce processus "idéologico-philosophique" croise l'incroyable progrès médical qui s'est développé ces dernières décennies, avec pour marqueur principal l'allongement considérable de la durée de la vie. Une vie tellement plus longue et dans un corps tellement plus confortable, cela ne s'était jamais produit dans toute l'histoire de l'humanité ! C'est bien une révolution du corps.* »

On comprend ainsi que le corps devient le lieu d'enjeux bien plus vastes que la bonne mine ou la bonne forme. Il ne s'agit même pas de la bonne santé, mais bien de la « vie bonne », avec toutes les harmoniques métaphysiques et morales que cette expression a pu charrier. Comme si, dans l'attention portée au corps, les transcendances perdues se retrouvaient – de manière tantôt implicite, tantôt visible : « *Dans la deuxième partie du XXᵉ siècle, on constate un affaiblissement des grandes transcendances, des idéologies politiques et religieuses. Elles structuraient les identités parce qu'elles fédéraient des communautés et que l'individu se pensait à partir de collectifs. L'affaiblissement de ces transcendances a deux conséquences principales : l'essor du matérialisme et l'essor de l'individualisme. L'essor du matérialisme nous conduit à investir, ici et maintenant, sur la vie "terrestre", puisque nous avons abandonné les ailleurs et les au-delà qui pouvaient laisser espérer quelque chose de meilleur après. C'est pourquoi nous vivons dans l'attrait pour les biens matériels, pour la consommation – y compris pour la consommation de soi !*

Deuxième conséquence : l'individualisme. Les individus ne comptent plus que sur eux-mêmes pour réussir leur vie. Ils doivent devenir leur propre héros et construire, à partir d'eux-mêmes et de leur propre valeur, la réussite de leur existence... Et cette construction passe par l'élaboration d'un corps indéfiniment perfectible, indéfiniment en chantier. »

Du coup, la quête de soi se transforme en une interminable amélioration d'un corps-Graal, toujours à parfaire et toujours inaccessible. Car quand pourrait-on enfin dire : « Je demeure toujours en forme, grâce à mes efforts, mais j'ai atteint le terme, la limite ultime, et maintenant, j'arrête » ? Jamais ce moment n'est atteint, cela va de soi : le corps qu'on a à fabriquer est toujours devant soi. Il n'est jamais là, entièrement présent. Parce qu'il s'inscrit dans le temps d'un projet indéfini : « *Il y a en fait plusieurs temporalités qui peuvent se succéder ou se superposer. La temporalité du régime n'est pas la même que celle de l'entraînement physique, ou du soin cosmétique, ou de la chirurgie esthétique. Mais ces diverses temporalités renvoient toujours, de territoire en territoire, à des imperfections.*

À mes yeux, si l'on peut parler d'une sorte de nouvelle quête de transcendance, c'est dans la mesure où il y a bien une double temporalité. Il y a, d'une part, la temporalité de l'investissement dans le présent : je consomme, ici et maintenant, parce que je n'aurai rien après ma vie terrestre. Mais il y a également, d'autre part, une projection permanente dans le futur, qui commence dès le plus jeune âge. Des adolescents se projettent déjà dans une retraite idéale, une vieillesse parfaite qu'ils anticipent en pratiquant très tôt la chirurgie esthétique, en se mettant précocement au régime, etc.

Cette manière d'espérer de soi quelque chose de meilleur dans le futur ressemble effectivement à une quête de transcendance. Mais elle est comme rabattue sur soi, sur son corps. Le paradoxe, c'est qu'aujourd'hui l'espoir vient par le corps. Or ce corps, fatalement, se détériore. »

Du coup, le salut qu'on pouvait en attendre ne viendra jamais. Car, à l'évidence, tous les efforts que l'on fait pour être svelte, en forme, toujours jeune, insensible aux années… finissent, nécessairement, par rencontrer une limite. Même en mettant de côté le hasard de l'accident ou de la maladie, inéluctablement le corps s'use, se détraque et s'enlaidit. Or, si l'on a intégré l'idée qu'on est responsable de sa santé, on se considérera en situation d'échec. Responsable, donc coupable : « *On peut parler d'une néoculpabilité. Je sais mille choses qu'il faut faire pour me maintenir, je suis plus libre de mes actes que jamais dans les générations antérieures, mais je suis aussi responsable. Potentiellement, je serai coupable de manquer ma vie, de ne pas parvenir à l'existence longue. La maladie ou la mort précoce risquent d'être de ma faute ! Regardez les injonctions qui défilent sur les chaînes de télévision – ne pas fumer, ne pas boire, manger cinq fruits et légumes par jour, éviter les aliments trop gras, trop salés, trop sucrés, bouger… ce martèlement de consignes s'adresse à un individu libre, sommé de réussir son existence par le respect des règles. Les individus se consacrent à la réussite de leur existence par son prolongement. Voilà le cœur de la situation.* »

Faut-il en conclure qu'en prenant soin de nos corps pour les façonner et les prolonger nous quittons la nature, nous entrons dans le monde de l'artifice, nous forgeons un univers factice ? C'est généralement ce qui vient à l'esprit. On critique notre mode de vie en le jugeant déviant, en soulignant qu'il s'éloigne de ce qui est donné. Mais pour la philosophe, cette critique tombe à plat. Car depuis toujours nous nous éloignons de cette nature première, qui n'est qu'un mythe. L'idée même d'une activité sportive intégralement naturelle est un leurre : *« On parle toujours d'un sport "naturel", qu'on oppose à cet artifice que serait le dopage. Les trois dernières définitions officielles du dopage comportent toutes cette expression : une amélioration artificielle de la performance. Or, dans le sport, tout est amélioration artificielle depuis l'origine !*

L'entraînement lui-même est un artifice. Il mobilise depuis toujours un ensemble de savoirs, de matériaux, de techniques et de gestuelles dans le but d'une amélioration de la performance qui est forcément artificielle, au sens le plus strict. Aujourd'hui, qui pourrait nier le caractère artificiel des guidons profilés, des chaussures personnalisées, des perches dont les matériaux ont changé plusieurs fois ? En fait, la vraie question n'est pas celle de l'artifice mais de sa perception. Avec le dopage chimique et pharmacologique, c'est une perception nouvelle de l'artifice – une perception éthique et juridique – qui se constitue.

Le sport contemporain est un grand spectacle, à l'avant-scène de la médiatisation. C'est aussi un laboratoire du dépassement de soi humain, un laboratoire de ce que peut être la performance, au travers de ces artifices. Donc, il parle, en ce sens-là. Le sport nous montre – comme dans une sorte d'éprouvette – ce qui se passe, ce qui pourrait se passer, ce qui va se passer, et aussi la manière dont on peut interroger ces processus. On se trouve confronté à une sorte de plasticité interne du corps, qui peut désormais être obtenue par la chimie et la pharmacologie. Mais cette plasticité ne se limite pas, et de loin, au domaine du dopage, ni au seul registre du sport. Elle imprègne pratiquement toute la société. Parce qu'on assiste à une "sportivisation" des mœurs qui excède le champ du sport. Un activisme permanent pousse chacun à s'entretenir, à surveiller son alimentation, sa ligne, sa santé et sa forme. »

Tous performants, tous dopés

Le paradoxe est donc le suivant : sur l'injonction d'être en bonne santé, de vivre sainement et de maintenir longtemps son équilibre, chacun prend le contrôle de son corps, au risque de le soumettre à des excès par souci de la performance. Ce qui est affiché, c'est donc le respect de la mesure. Ce qui est pratiqué, c'est la démesure. Le dopage, dans ses multiples dimensions, est un révélateur très parlant de cette tendance, que ce soit dans la compétition de haut niveau ou dans la vie de tous les jours.

Dans les compétitions, le dopage a changé de registre en même temps que les efforts exigés. Au lieu d'être ponctuel, il est devenu constant, parce que l'exploit lui-même n'est plus un geste isolé, limité dans le temps. La fréquence des tournois et des matchs impose des cadences soutenues, des dépassements quotidiens, un rythme de performances que l'organisme ne peut soutenir qu'au prix d'une métamorphose programmée de ses métabolismes. C'est là que les sciences ont leur mot à dire.

Les développements du dopage ont accompagné de près ceux de la chimie et de leurs applications biomédicales. Le corps des sportifs, à partir des années 1950 et 1960, s'est trouvé stimulé, et parfois déjà transformé, par une première série de nouveaux traitements, détournés de leurs usages thérapeutiques pour entrer dans la compétition : sympathicomimétiques, qui imitent la stimulation du système sympathique, améliorent les performances en accélérant la fréquence cardiaque, en dilatant les bronchioles. L'hormone de croissance a été elle aussi fréquemment utilisée, notamment parce qu'elle permet une augmentation de la masse musculaire.

Au fil des ans, l'apparition de nouvelles molécules a rendu les métamorphoses plus ciblées, plus nombreuses et plus profondes. L'érythropoïétine, plus connue sous le nom d'EPO, a fait l'objet de synthèses augmentant ses capacités d'aide à la production de globules rouges et sa durée d'action. Comme chacun sait, les globules rouges permettent la transmission de l'oxygène nécessaire à l'effort musculaire. Plus ils sont nombreux, plus le corps peut endurer un effort intense pendant une longue période.

C'est en 1985 qu'a été cloné le gène de l'EPO, ouvrant la voie à une production industrielle. Parmi les sportifs utilisateurs d'EPO de synthèse figurent en premier les cyclistes et les footballeurs, qui, pour bénéficier d'une oxygénation leur permettant de soutenir le rythme exigé, prennent le risque d'accidents cardiaques ou cérébraux liés à l'épaississement du sang que l'EPO provoque. Ces nouvelles EPO de synthèse, bien plus puissantes que l'érythropoïétine naturelle, que sont la NESP et depuis 2008 la CERA ne font qu'accroître les risques en même temps qu'elles augmentent les performances.

Il faut insister sur cette difficulté déjà signalée par Étienne Klein puis par Isabelle Quéval : entre artificiel et naturel, la distinction n'est pas aussi commode qu'on le croit. Personne ne songe à redire quand l'équipe de France de football, avant un match important, va passer quelques jours en montagne. Le but de ce séjour en altitude est bien d'augmenter la quantité de globules rouges dans le sang des joueurs, mais le moyen est considéré comme naturel. En revanche, si les joueurs stockaient alors quelques flacons de leur propre sang pour se le réinjecter au moment où se dissipe l'effet du séjour en montagne, ils seraient coupables de dopage. De même s'ils prennent de l'EPO, naturelle ou de synthèse, sous quelque forme que ce soit. Malgré tout, si un joueur, à côté du terrain de foot, séjourne dans un caisson hypobare, dont les effets sur son taux de globules rouges sont identiques à ceux de l'altitude, il sera considéré comme « préparé » et non « dopé ». Le caisson n'a pourtant rien de « naturel » !

Évidemment, ce n'est pas seulement dans la compétition sportive que s'estompe la frontière entre naturel et artificiel. La compétition sociale, la pression professionnelle conduit elle aussi à des formes de dopage qui remettent en question le partage tranché entre nature et artifice. Dans la vie de tous les jours se multiplient en effet des « conduites dopantes », selon la formule forgée par le médecin et sociologue Patrick Laure [4]. Cette catégorie englobe le dopage sportif comme un cas particulier, car les conduites dopantes désignent tous les recours à un produit permettant de surmonter un obstacle. Cela peut aller du verre d'alcool qu'on prenait naguère pour se « donner du courage » au cachet que l'on avale pour dormir. Les vraies questions, évidemment, sont celles de la fréquence, de la dépendance et de la combinaison éventuelle de diverses conduites.

Dans le vécu quotidien du travail, tout laisse penser que l'on va de manière croissante vers la « médicalisation de l'existentiel », pour reprendre une expression du docteur Édouard Zarifian. Pour obtenir de son corps les performances exigées, chacun se bricole son cocktail de pilules. Au premier regard, on pourrait croire que ce ne sont que des pratiques isolées. Un commercial prend du Sudafed, médicament contre le rhume, pour tenir contre la fatigue ; un ingénieur utilise du Modafinil, qui permet de tenir jusqu'à soixante heures sans dormir, pour mettre au point un dossier urgent ; d'autres utilisent des antidépresseurs comme le Seroxat, ou le Rohypnol, connu pour ses propriétés euphorisantes.

Il y a seulement quelques années, ces recours étaient le fait d'une très petite minorité. Quelques traders et artistes utilisaient régulièrement de la cocaïne ou des amphétamines. À présent, ces pratiques se sont généralisées et diversifiées. Désormais, dans les services publics comme dans les entreprises privées, la nécessité des performances impose des rythmes soutenus, l'inquiétude d'être mal noté ou licencié s'ajoutant à la fatigue. C'est ainsi que des infirmières en nombre croissant s'accoutument à des intraveineuses de paracétamol et vitamine C, tandis que sont de plus en plus nombreux les médecins ou les pompiers travaillant sous anxiolytiques pour tenir dans les situations difficiles [5].

Les résultats à atteindre fixés par les entreprises poussent chacun à se surpasser de jour en jour. S'y combinent l'angoisse des salariés de se retrouver à la rue et le stress qui en découle. D'où la banalisation des produits dopants et les conséquences qui s'ensuivent : entraînement collectif, habitudes sociales, addictions individuelles.

Il n'existe pas encore de statistiques officielles sur ces nouvelles situations. Mais les rares chercheurs qui s'en préoccupent jugent déjà la situation alarmante. Au service des addictions de l'hôpital Marmottan, à côté des junkies de toujours, de plus en plus de cadres moyens viennent consulter parce qu'ils ont « un problème avec... » telle ou telle boîte de gélules – ou plusieurs. Le risque principal devient celui des combinaisons et des mélanges. D'une heure à l'autre, suivant les circonstances, on demandera aux molécules chimiques de produire un certain état du corps et des humeurs, à volonté.

Prozac pour ne pas se sentir déprimé, amphétamines pour travailler plus vite, Ecstasy pour aller danser, Viagra pour obtenir une érection, Stilnox pour enfin dormir...

« L'humeur que je veux, quand je veux »... Voilà vers quoi tend cet usage extensif de médicaments, détournés de leur fonction première, à quoi s'ajoutent drogues douces ou dures et diverses substances dopantes. La frontière devient de plus en plus floue entre les produits comme entre leurs usages : médecine, dopage et toxicomanie s'entrecroisent. Le phénomène n'est pas seulement social, il est aussi scientifique et technique. Car ces comportements sont facilités par le fait que les drogues de synthèse sont de plus en plus nombreuses, de mieux en mieux ciblées, et chaque année plus aisément disponibles.

L'alliance de la science et de la médecine avec la société de performance ouvre désormais la voie à une régulation chimique des sentiments. Tout tient dans la boîte à pilules : l'entrain, l'endurance, le courage, l'allégresse, la sérénité... le bonheur, en fin de compte. Ou bien la démission, la vie déresponsabilisée ? Difficile à trancher d'une phrase. Au nom de quoi, en effet, devrait-on décréter qu'un malheur naturel doit obligatoirement être enduré parce qu'il est préférable à une euphorie provoquée par une molécule de synthèse ? Au nom de quoi, inversement, devrait-on envisager comme souhaitable, heureuse et bonne, une existence tout entière composée d'états d'âme provoqués, de moments de vie où, quel que soit ce qu'on éprouve, on ne le devrait pas à sa propre réalité mais à une modification chimique de son corps ?

Ce qui compte, principalement, c'est la silhouette que dessine, peu à peu, la superposition de ces différentes mutations. Cette silhouette n'est évidemment pas celle d'un humain éternel et immuable. Au contraire, c'est la silhouette – actuelle, et somme toute récente – d'un individu qui cherche toujours, dans la compétition sportive comme dans la concurrence professionnelle, à dépasser les limites de son corps. Qui n'hésite pas, pour atteindre ses objectifs, à recourir à des substances multiples, combinées ou juxtaposées. Qui supporte de moins en moins d'attendre ou de renoncer. Qui veut plier son corps à des modifications permanentes et trouve auprès des sciences, de la médecine et des techniques les moyens d'y parvenir, de manière de plus en plus efficace.

Cet individu apparemment souverain, évidemment capricieux, désireux d'obtenir tout de suite ce qu'il désire n'est sans doute pas aussi libre et autonome qu'il le croit. Certes, chacun, dans ses décisions, a le sentiment de faire comme il l'entend. Être en forme, performant, svelte, diététiquement correct, ce sont ses choix et ses décisions. Toutefois, le modèle – avec ses règles, ses méthodes, ses buts – est proposé par la société. La ruse, somme toute, est que chacun choisit, en croyant que c'est bien sa seule volonté, le modèle qui lui est proposé – et donc subtilement imposé – par l'époque.

On le voit très nettement sur cet autre versant du modèle médico-sportif qu'est la construction de l'apparence du corps. Cette apparence est désormais choisie par chacun, plus librement, au premier regard, que ce ne fut jamais le cas dans l'histoire. En réalité, dans le même temps, ces choix signent – à 99 % environ – la soumission à des critères esthétiques qui ne sont pas créés par les individus.

L'apparence que je veux

Ne plus subir son corps, comme ce fut le cas depuis la nuit des temps. Pouvoir enfin, vraiment, le façonner, le transformer, le rectifier. Voilà le rêve, déjà en cours de réalisation. L'extraordinaire expansion de la chirurgie esthétique le confirme. Mais on n'a pas toujours conscience de l'ensemble qu'elle forme avec les techniques de pointe, les mutations de la médecine et les métamorphoses de l'individu. Pourtant, à sa manière, l'histoire de la chirurgie esthétique liée à celle du début du XXe siècle, préfigure les enjeux actuels [6].

Grâce aux progrès de l'anesthésie dès la première moitié du XIXe siècle et ceux de l'asepsie et de l'antisepsie en 1860-1870, les corrections d'oreilles décollées et de nez se multiplient, mais c'est bien la Première Guerre mondiale et son tragique cortège de « gueules cassées » revenues des tranchées qui imposera la création d'unités de chirurgie maxillo-faciale. C'est là que toute une génération de chirurgiens à orientation d'abord plus plasticienne qu'esthétique développeront leurs techniques. Mais c'est aussi à ce moment qu'apparaît le lifting, dont Sarah Bernhardt sera l'une des premières bénéficiaires en 1911. La tragédienne n'hésite pas à traverser l'Atlantique pour se faire opérer à Chicago. La Société française de chirurgie plastique naît en 1931. Et à mesure que les techniques se perfectionnent, les interventions se font de plus en plus précises et personnalisées. Elles se répartissent aujourd'hui en un grand nombre de possibilités à la carte.

Entre-temps, ce qui aura changé n'est pas le désir très ancien d'imitation d'un modèle ou le rêve, immémorial, de changer d'apparence. Ce sont les moyens d'y parvenir. Désormais, c'est sous la peau qu'on intervient. La partie se joue en profondeur, les métamorphoses touchent la substance. On raccourcit là, on allonge ici, on gonfle ailleurs... Georges Vigarello, historien spécialiste de l'histoire de la beauté, le confirme : « Les sociétés ont toujours créé des artifices. Au XVIe siècle, les femmes se plâtraient le visage avec de la céruse et du mercure, aux effets dévastateurs. Mais jamais on n'avait, comme aujourd'hui, été aussi loin dans la transformation de la chair [7]. » À coups d'implants, d'injections, d'os rabotés, de Botox, de silicone ou d'acide hyaluronique, on façonne le corps dont on rêve, celui qu'on n'avait pas. Ou celui qu'on veut conserver malgré les injures du temps.

Car la plupart des nouveautés médico-scientifiques retrouvent sur ce point les plus archaïques espérances : effacer les effets de l'âge, combattre le vieillissement, la décrépitude, l'affaissement – l'usure qui enlaidit. Il s'agit de refuser le vieillissement. Se fabriquer un corps sans changement, inaltérable, insensible aux ans, toujours en forme, toujours le même et toujours plus beau. Effacer tout ce qui marque, tout ce qui conserve mémoire du temps écoulé – voilà l'horizon ultime. Pour certains, il s'agit même « à travers ces interventions de rechercher une chirurgie de la personnalité par "physique interposé" [8] ». Parvenir à neutraliser les effets du temps, à immobiliser le corps dans un éternel présent – tel est le but suprême. Somme toute, ce qui change, c'est de pouvoir ne plus changer car, pour la première fois, on peut se convaincre que ce ne sont plus des rêves. Bientôt, ce corps immuable, contrôlé, remodelé, sera réalité. Cette « révolution du corps » est liée à l'allongement effectif de la durée de la vie, aux thérapeutiques nouvelles proposées par la médecine, à l'amélioration sociale du suivi médical et des hygiènes de vie. On va y retrouver les nanotechnologies, et découvrir quelques modifications des individus, déjà en cours mais encore inaperçues.

On peut changer toutes les pièces

Imaginons un catalogue. On pourrait y choisir, selon ses besoins, une trachée ou des bronches, ou les deux.

Un urètre, une vessie, ou les deux. De la peau, une oreille interne, un nouvel œil, ou bien un pancréas. Au gré de ses maladies et de ses nécessités de réparation. Le choix fait, il n'y aurait qu'à prendre rendez-vous pour la pose... Bien sûr, ce n'est qu'un rêve. La réalité est fort éloignée de cette fiction. Néanmoins, en constatant à quel rythme progresse la médecine, on a le sentiment qu'on pourrait s'en approcher à grands pas.

En effet, d'année en année, on voit se succéder les « premières » historiques. Si l'on greffe depuis longtemps, presque banalement, cœur, reins, et même foie ou poumons, un pas nouveau fut franchi avec les premières greffes de visage. On se souvient de l'émotion provoquée en 2005 par la prouesse de l'équipe du professeur Jean-Michel Dubernard du CHU de Lyon qui a réalisé la première greffe partielle du visage au monde (greffe du triangle formé par le nez et la bouche) sur Isabelle Dinoire, une femme de 38 ans que son labrador avait tenté de réveiller après une tentative de suicide. Cette opération eut lieu au CHU d'Amiens [9].

Ces greffes spectaculaires suscitent évidemment des interrogations vertigineuses sur l'identité, car elles touchent au plus visible et au plus intime de l'individu [10] : c'est à son visage qu'un être humain est reconnu et se reconnaît lui-même. Avoir un autre visage reviendrait donc à toujours être soi-même, sans toutefois l'être complètement. Depuis, l'équipe du professeur Laurent Lantieri, du CHU Henri-Mondor de Créteil, a réalisé en 2007 une deuxième transplantation de la face, au cours d'une opération qui aura duré quinze heures, sur un patient âgé de 27 ans souffrant d'une forme très grave de la maladie de Von Recklinghausen, une pathologie incurable qui peut déformer le visage au point, pour le malade, de ne plus pouvoir affronter le regard des autres.

C'est enfin une équipe espagnole qui a réalisé, en mars 2010, la toute première transplantation totale d'un visage. Plus de vingt heures d'intervention ont été nécessaires pour rendre un visage humain à un homme d'une trentaine d'années. Pour reconstruire la face du patient, les chirurgiens lui ont greffé toute la peau et les muscles du visage ainsi que le nez, les lèvres, l'os maxillaire supérieur, les dents, le palais, les pommettes et la mandibule. Le tout à partir d'un même donneur.

Ces situations d'exception, qui frappent à juste titre l'imagination, ne doivent pas masquer les phénomènes de fond, moins visibles, mais plus décisifs pour l'avenir proche des soins. Une mutation essentielle est l'arrivée d'organes artificiels, qui commencent à concurrencer les traditionnelles greffes d'organes prélevés sur des donneurs, qu'ils soient vivants ou « fraîchement morts ». On connaît les difficultés et les aléas de ces greffes : des greffons moins nombreux que les patients demandeurs, des processus de rejet difficiles à maîtriser – sans compter les multiples difficultés éthiques et juridiques, différemment traitées d'un pays à l'autre, que soulèvent les relations entre donneurs et receveurs, les trafics d'organes et la constitution d'un marché international du corps.

C'est pourquoi la voie la plus prometteuse se situe aujourd'hui du côté des organes « artificiels ». S'il faut mettre ici des guillemets, c'est que la dénomination ne convient pas totalement. En effet, cette appellation ne recouvre pas seulement des machines – faites de résine, de plastique, d'éléments métalliques et d'équipements électroniques – destinées à se substituer à des organes naturels, par exemple une pompe automatique remplaçant un cœur défaillant. Il s'agit également de fabrications mêlant de la silicone et des tissus vivants, autrement dit de combinaisons de matière inerte et de cellules.

Dans ce registre, les « premières » mondiales se succèdent à un rythme accéléré, ouvrant la perspective d'une extraordinaire révolution médicale, qui touche, organe par organe, tout le corps humain. Inventaire :

— Les bronches : en mars 2011, le professeur Emmanuel Martinod, chirurgien cardio-vasculaire et thoracique de l'hôpital Avicenne de Bobigny, rend publics les résultats d'une greffe de bronche artificielle effectuée deux ans auparavant sur un homme atteint d'une tumeur du poumon [11].

— La trachée : en juin 2011, une équipe de chirurgiens suédois de l'hôpital Karolinska de Huddinge, près de Stockholm, a effectué la première greffe mondiale d'une trachée-artère totalement synthétique recouverte des propres cellules souches du patient.

Ces nouvelles techniques peuvent permettre, à terme, de sauver des dizaines de milliers de patients atteints de cancer du poumon. Il faut savoir que, chaque année, trente-six mille cas de cancers du poumon sont recensés en France.

— L'urètre : mars 2011, l'équipe du professeur Anthony Atala de l'Institut Wake Forest de médecine régénérative (Caroline du Nord) annonce, dans la revue scientifique *The Lancet*, avoir reconstitué l'urètre de cinq jeunes enfants à partir de leurs propres cellules cultivées en laboratoire [12].

— La vessie : cette même équipe avait déjà, en 2006, reconstruit une vessie fabriquée par la bio-ingénierie (différents types de cellules de vessie avaient été cultivés sur un moule en polymère biodégradable).

Dans un livre d'enquête remarquablement documenté auquel nous nous référerons pour ce chapitre [13], Michèle Biétry, journaliste médicale rigoureuse, met en lumière l'énorme potentiel de ces nouveaux organes sans rien oblitérer de leur caractère avant tout expérimental et donc soumis à de nombreuses interrogations encore irrésolues. Il n'en demeure pas moins qu'à moyen terme ces avancées pourraient contribuer à changer l'existence de millions d'humains.

Ainsi encore, dans le domaine de la cécité, principalement provoquée par la cataracte, le glaucome et les dégénérescences maculaires, les réalisations des nouvelles technologies semblent prometteuses, malgré le chemin qui reste à parcourir. Quelques exemples : au printemps 2008, la première cornée artificielle est posée en France à l'hôpital de la Timone à Marseille sur un homme accidentellement atteint par un jet d'acide dans les yeux. Et depuis 2004, le projet Cornea Engineering mené par un consortium de quatorze équipes de recherche de neuf pays (Allemagne, Belgique, Finlande, France, Israël, Italie, Royaume-Uni, Suède et Turquie) travaille à la mise au point d'une cornée artificielle en polymère grâce aux techniques d'ingénierie tissulaire [14].

Les premières rétines artificielles sont posées en Californie, et en France en 2008 par le professeur José-Alain Sahel à l'hôpital des Quinze-Vingts. Il faut y ajouter des prototypes en cours d'essai, comme l'œil artificiel de Hongrui Jiang, chercheur à l'université du Wisconsin, fait d'un réseau de microlentilles assemblées comme un œil d'insecte [15], ou encore l'œil bionique de Babak Parviz, de l'université de Washington, qui permettrait d'afficher sur les lentilles toutes sortes d'informations utiles, à la demande [16].

Du côté de la surdité, les espoirs ne sont pas moindres. Des implants cochléaires, insérés dans l'appareil auditif interne, existent depuis de longues années et se perfectionnent à grande vitesse. Leur principe : un capteur électronique recueille les sons, un processeur les analyse et transmet à l'implant les signaux électriques destinés à stimuler le nerf auditif. Pour que des sourds profonds puissent demain entendre clairement paroles et musiques, on compte aujourd'hui sur les nanotechnologies pour réduire le bruit de fond et sur l'informatique pour affiner les algorithmes et miniaturiser les machines traitant les signaux.

Dans le domaine du diabète, qui concerne un nombre immense de patients, les recherches sur le pancréas artificiel, permettant d'obtenir une régulation permanente de l'insuline sans injection quotidienne, s'intensifient. L'équipe du professeur Éric Renard (université de Montpellier) est la première au monde à développer un pancréas artificiel entièrement implantable.

Novembre 2009 : le professeur Marc Peschanski – patron de l'Institut I-Stem, qui dépend de l'Institut national de la santé et de la recherche médicale (Inserm) – et son équipe réalisent pour la première fois un épiderme humain à partir de cellules souches embryonnaires, ouvrant la voie aux soins des grands brûlés, des maladies génétiques de l'épiderme et à une « nouvelle forme de thérapie industrialisable et d'usine à produire de la peau en quantité illimitée [17] » dans le futur.

De façon plus décisive encore, en septembre 2011, du sang « artificiel » est fabriqué pour la première fois en laboratoire à partir de cellules souches par le professeur Luc Douay, de l'hôpital Saint-Antoine à Paris, ouvrant la voie à une possible production industrielle dans les années à venir et à un bouleversement dans le domaine des transfusions sanguines.

Finalement, la fiction du catalogue d'organes n'est pas si irréelle. De la tête aux pieds, si l'on ose dire, toutes les parties du corps humain semblent devenir remplaçables, à moyen ou à long terme. Mais il faut voir au-delà de la chirurgie, des soins d'urgence, et même des pathologies lourdes. En fait, c'est toute la médecine qui semble destinée à se transformer, notamment sous l'effet des nanotechnologies.

Des nanos pour tout

L'arrivée massive des nanotechnologies dans le champ médical laisse augurer une série de mutations qui concernent toutes les étapes de l'activité thérapeutique. Ainsi se dessinent les contours d'une véritable « nanomédecine ». Le diagnostic pourrait devenir extrêmement rapide et presque infaillible. Au cœur de cette possible révolution, la puce à ADN, qui a fait sa première apparition en 1995, avec la publication d'un article de Mark Schena et Ron Davis dans la revue *Science*[18]. Son principe repose sur le dispositif suivant : sur la puce se trouve un brin d'ADN d'un porteur de la maladie que l'on cherche à diagnostiquer – par exemple la lèpre ou le sida. En plaçant sur cette puce un brin d'ADN du patient, on observe si les deux brins s'apparient ou non. Si c'est le cas, la maladie est présente.

Il suffit donc d'une goutte de sang, de salive ou d'urine posée sur ce petit carré, et quelques minutes plus tard le diagnostic peut s'afficher. Le dispositif est mobile, fiable et peut devenir peu coûteux. On imagine donc déjà ces laboratoires de poche en train de bouleverser la médecine. On les voit triompher dans les armoires à médicaments familiales, dans les trousses des médecins de régions isolées.

Un pas de plus et l'on aura, avec ce diagnostic immédiat, un traitement complet personnalisé. En effet, en couplant l'information donnée par la puce à ADN avec celles fournies par le déchiffrage de votre génome, il devient possible de délivrer, presque instantanément, l'ordonnance qui convient non seulement à votre maladie, mais à vous-même – individu unique, avec telle ou telle prédisposition génétique – affecté de cette maladie. Au-delà des analyses si rapidement effectuées par ces « laboratoires de poche » que sont les puces ADN, ce sont donc tous les aspects de l'acte médical qui sont concernés.

En prolongeant ces prévisions, on rencontre – sans doute plus près du rêve que des réalisations effectives, mais qui sait ? – le grand chambardement de la prévention médicale par des nanotechnologies embarquées dans l'organisme. Ainsi, on imagine déjà qu'avec une série de nanocapteurs disséminés dans le corps et de l'encre nano dans les pores de la peau on transformerait le dessus de la main en un écran de peau affichant sur demande les informations médicales relatives au patient. On peut s'attendre à ce que la main affiche évidemment l'heure, la météo ou les titres de l'actualité, mais aussi et surtout la tension artérielle, le taux de glycémie ou le dosage des cholestérols LDL et HDL de l'organisme.

Pour en savoir plus, il suffit de se promener sur le site de Robert Freitas [19], l'un des plus actifs militants de la nanomédecine. Avant le moindre trouble, avant tout symptôme, il serait ainsi possible de contrôler en permanence tous les indicateurs du fonctionnement corporel, depuis la pression sanguine jusqu'à la composition du sang. Les plus petites variations pourront être repérées, transmises à un centre de diagnostic ou directement interprétées en fonction du génome du patient. Rien n'interdira donc, bientôt, d'obtenir en permanence, et avec une grande précision, des résultats d'analyse qui aujourd'hui sont sporadiques et parfois lents. Le laboratoire une fois intégré dans le corps du patient, les résultats deviennent instantanés.

Les nanotechnologies bouleverseront également l'imagerie médicale. On pourra voir des éléments encore invisibles autrement. Il deviendrait donc possible d'observer en permanence les processus qui se déroulent dans le corps. Que la motivation thérapeutique soit puissante, que les avantages médicaux soient considérables, personne n'en doute. En même temps, on peut s'interroger sur le sens et la portée de ce désir de « tout voir tout le temps », y compris à l'intérieur même du corps, là où nul n'avait idée, autrefois, que le moindre regard pût pénétrer.

Métamorphosant le diagnostic, instaurant la surveillance permanente des équilibres et déséquilibres du corps, les nanotechnologies annoncent également une métamorphose des médicaments déjà en route. Le grand rêve, c'est de pouvoir cibler avec une parfaite exactitude : le médicament intervient précisément dans tel organe, telles cellules, et nulle part ailleurs. Au lieu d'être répandus dans le sang, d'imprégner toutes les fibres, les médicaments transportés dans des nanotubes de carbone pourront atteindre exactement les cellules où ils ont à intervenir.

Il sera également possible, dans le traitement de certains cancers, comme par exemple ceux de la prostate, d'injecter dans la tumeur un liquide contenant des nanoparticules métalliques. Une fois qu'elles auront pénétré dans les cellules malades, il suffira d'échauffer ces nanoparticules par ondes magnétiques pour qu'elles détruisent, de manière immédiate et indolore, les cellules malignes.

Plus fort encore : les nanorobots. Cette fois, on a le sentiment d'être vraiment dans la fiction. Quand la fabrication de ces machines sera maîtrisée, des automates intelligents de quelques dizaines d'atomes de haut, bien plus petits que nos plus fines cellules, se rendront dans n'importe quel organe pour assurer la maintenance. On n'en est pas là, cela va de soi. Mais d'innombrables ingénieurs et médecins en rêvent – et y travaillent d'arrache-pied, dans le monde entier. Une fois résolus les principaux problèmes – notamment ceux relatifs à l'énergie alimentant ces nanorobots –, rien n'interdit d'imaginer que notre corps puisse être maintenu en bon état pendant une durée de plus en plus longue.

Car les nanorobots pourraient nettoyer en permanence nos artères, fluidifier le sang, équilibrer les échanges d'oxygène, prévenir les accidents vasculaires, réparer les tissus défaillants ou les vaisseaux donnant des signes d'usure. Du coup, certains prophètes annoncent une nouvelle étape de l'histoire humaine et croient voir déjà, sans hésiter, l'immortalité à portée de main. Nous avons bien l'intention d'aller les rencontrer, eux aussi. Il faut en effet comprendre comment les nouvelles technologies suscitent une forme de religiosité particulière. Il est nécessaire de mesurer combien elles ressuscitent – si l'on peut dire – des mythes très anciens.

Il faut le redire : la réalisation de tous ces prodiges techniques est encore plus ou moins lointaine, et sans doute plus que moins. La route est fort longue entre le stade expérimental actuel et l'application à tous de ces changements. Des questions techniques, éthiques, sociales sont à résoudre pour y parvenir, si toutefois on le juge souhaitable.

Pourtant, toutes ces ouvertures peuvent d'ores et déjà être interrogées. L'allongement de l'existence humaine, la réduction des souffrances physiques, le recul des maladies s'annoncent, même si cet horizon demeure encore lointain. Ces modifications affectent-elles les représentations de l'humain ? C'est ce que nous sommes allés demander au philosophe et historien Marcel Gauchet.

PARIS. RENCONTRE AVEC MARCEL GAUCHET
« En rupture avec la totalité de l'expérience humaine. »

Son œuvre porte sur la naissance de l'espace politique moderne, à partir du *Désenchantement du monde*, qui ouvre l'espace où va se déployer la science. Marcel Gauchet explore de façon magistrale, dans le sillage des analyses de Claude Lefort, l'histoire des démocraties et des totalitarismes au XXe siècle. Pourtant, ce n'est pas le théoricien des religions ni de la politique que nous souhaitons rencontrer. Ni le directeur de l'importante et influente revue *Le Débat*.

Celui que nous voulons entendre, c'est le philosophe qui n'hésite pas à parler de « rupture anthropologique[20] » à propos des modifications qui affectent, aujourd'hui, le rapport de chacun à lui-même, à son corps, à ses relations aux autres. La formule nous intrigue. Quelle est cette rupture ? Comment la cerner ?

Marcel Gauchet nous reçoit dans son étroit bureau des éditions Gallimard. L'espace, plutôt exigu, croule sous les manuscrits, dossiers, livres, piles de courriers si bien que nous tenons à peine à trois dans ce lieu stratégique. D'emblée, Marcel Gauchet précise : « *Si je parle de "mutation anthropologique", c'est parce que je suis convaincu que les mutations scientifiques et techniques ont aujourd'hui des effets profonds sur l'identité humaine, d'autant plus profonds qu'ils sont la plupart du temps indirects, et différents de ce qui est le plus visible. Nous sommes effectivement en présence, dans le monde contemporain, de phénomènes de subjectivation absolument inédits, en grande partie créés par l'univers technologique dans lequel nous évoluons.*

Ainsi, la médecine a pour but de débarrasser les gens des entraves qui les empêchent d'être eux-mêmes, ces souffrances et ces maladies qui gâchent leur vie et l'abrègent. En fait, la réalité est moins simple. Le progrès médical a provoqué, au cours du XXe siècle, un allongement considérable de la vie, sans que personne ne semble réellement prendre en compte les problèmes que cela pose. Pour les médecins, il suffirait de créer une discipline gériatrique pour s'occuper de gens qui, en devenant très très vieux, posent des problèmes qu'on ne connaissait pas. Ce n'est pas, à mes yeux, l'essentiel.

Les petites filles qui naissent aujourd'hui ont une espérance de vie de cent ans. Cette donnée va changer très profondément leur manière de vivre. Et, à ce titre, leur identité personnelle. D'autant plus qu'au moment même où la durée de la vie augmente considérablement, la médecine est en train de brouiller la définition de la mort. On avait autrefois l'impression d'une frontière nette. Avec les prélèvements d'organes pour les greffes et la nécessité de définir exactement le moment où agir est licite, on s'aperçoit qu'on ne sait plus très exactement quand on meurt.

De même, la procréation médicalement assistée ne permet pas simplement la naissance d'enfants qui autrement ne seraient pas nés. Elle modifie le désir même d'enfant. Avant, la nature fonctionnait seule au travers des individus. Désormais, pour avoir un enfant, il faut le vouloir. Or savoir ce qui nous a permis de venir au monde est une question centrale de notre identité subjective. Sa modification bouleverse profondément ce que veut dire être humain. »

L'« impact anthropologique » déborde donc le simple changement de nos conditions de vie. Il concerne des transformations dans la représentation que nous nous faisons de nous-mêmes, les manières de penser qui nous sommes, et ce qu'être humain veut dire.

Ainsi la question centrale, pour Marcel Gauchet, est-elle avant tout la façon dont on envisage la vie, et dont on s'envisage soi-même, quand on vit plus longtemps. Ce n'est pas l'invention d'un nouvelle technique de procréation qui compte, mais ses conséquences sur la représentation de la procréation et sur l'image de soi-même. Comment on devient un individu, ce qu'on se dit de soi-même, de l'humanité, de son statut : voilà ce qui change.

Ces considérations sur la « subjectivation » – la manière dont un être humain devient un sujet, se représente son rôle et son destin – pourraient sembler loin des questions médicales. En réalité, pas du tout. Car c'est bien une modification fondamentale du rapport au corps qui rend possibles ces nouveaux modes de subjectivation. Pour le comprendre, Marcel Gauchet rappelle ce qu'était le rapport des humains à leur corps, dans les sociétés antérieures : « *Le fond de la pensée humaine, avec toutes sortes de variantes, a constamment tourné entre, d'une part, une intériorité (âme, conscience, esprit) dont le statut est un mystère, souvent considérée comme liée à une surréalité (un monde divin) et, d'autre part, un corps, une objectivité corporelle, appartenant au monde physique, avec laquelle il faut s'arranger. Ce corps a été identifié le plus souvent au principe métaphysique du mal, du bas, de ce qui fait problème. C'est une constante, dans toutes les cultures. Or, de ce point de vue, nous sommes en train de vivre un renversement radical. L'objectivité du corps est pour ainsi dire neutralisée. Nous nous le sommes approprié subjectivement, nous nous donnerons le corps que nous voulons, au lieu de subir celui que la nature nous impose. Parce que nous avons une intériorité qui ne renvoie à aucun au-delà, à aucun invisible.*

Le corps ne représente plus un obstacle pour la part intérieure, invisible, psychique de nous-mêmes. Pour les sujets d'aujourd'hui, il devient d'ailleurs très difficile – les médecins ne cessent d'en témoigner – de se représenter l'objectivité de leur corps. Ils n'en ont qu'une faible conscience.

À présent, le corps est ce qu'on vit de l'intérieur. Et on le vit globalement comme un corps de bien-être. Et même exclusivement comme un corps de bien-être. C'est pourquoi nous sommes devenus pratiquement incapables de faire place réellement aux problèmes que pose la persistance de la maladie, de la mort, de la douleur. Culturellement, on ne sait plus ce que c'est. Il s'agit soudain de l'horreur absolue, ce à quoi il ne faut surtout pas penser. Ces éléments, il faut les refouler complètement, pour privilégier notre seule expérience du bien-être corporel. »

Résumons. Ce n'est pas seulement la médecine qui change, c'est aussi notre rapport à la santé, à la douleur, au temps, à la mort et à la transmission de la vie. Donc notre manière de nous représenter l'humain, et sans doute, par voie de conséquence, le destin et l'évolution de l'humain dans sa réalité : « *C'est là,* conclut provisoirement Marcel Gauchet*, qu'on voit ce que veut dire "rupture anthropologique", car tout ceci ensemble constitue une cassure par rapport à la totalité de l'expérience humaine.* »

En abordant aux rivages de la biologie cellulaire et de la biologie de synthèse contemporaine, désormais capables d'intervenir directement dans l'architecture interne de la matière vivante, de reprogrammer des cellules, de cultiver des organes et des tissus, des bouleversements plus étonnants encore s'annoncent, qui donnent toute sa mesure à l'inquiétude du philosophe que nous laissons sur cette interrogation vertigineuse.

PARIS. RENCONTRE AVEC JOËL DE ROSNAY
« *Inventer des formes de vie nouvelles.* »

Pour aborder ce nouveau continent, nous rencontrons un de ceux qui en parlent avec le plus d'enthousiasme et de clarté. C'est avec passion que Joël de Rosnay évoque toutes les promesses de la biologie de synthèse. Et c'est en pédagogue avisé que ce biologiste sait en expliquer les lignes de force. Grand sportif et surfeur émérite, cet éternel jeune homme a été chercheur et enseignant au Massachusetts Institute of Technology (MIT) à Cambridge dans le domaine de la biologie et de l'informatique avant d'être directeur des applications de la recherche à l'Institut Pasteur, puis directeur et conseiller de la présidence à la Cité des sciences et de l'industrie de la Villette, et actuellement président de Biotics International, une société de conseil.

On lui doit, depuis une quarantaine d'années, de multiples analyses sur l'évolution de la science et de la technique, un bon nombre de termes et de notions inédits et parlants – tel le « macroscope » ou le « cybionte » –, et une vigilance toujours en éveil pour détecter les prochaines vagues. Son travail actuel, en grande partie axé sur l'émergence des biotechnologies, se caractérise par une vision synthétique, parfois prophétique, des évolutions en cours.

Ce que voit Joël de Rosnay, c'est d'abord que le XXIe siècle sera celui du triomphe de la biologie, comme le XXe a pu être celui de l'informatique. Pour la première fois en effet dans toute son histoire, l'humain est sur le point de fabriquer des formes de vie nouvelles : *« Le nouveau pouvoir exorbitant dont nous allons disposer est d'intervenir dans l'écriture même de la vie, de pouvoir modifier les espèces. C'est ce que va permettre la biologie de synthèse. De quoi s'agit-il ? En gros, de reprogrammer entièrement des organismes vivants, monocellulaires ou pluricellulaires. Le plus étonnant, c'est que ces manipulations sont aujourd'hui pratiquement à la portée de tout le monde. En Californie, et dans d'autres lieux des États-Unis, il y a en ce moment même des centaines d'étudiants et d'amateurs – on les appelle d'ailleurs "biohackers" – qui, sans règle aucune, bricolent des morceaux d'ADN, sous forme de "biobriques", dans leur garage ou dans leur cuisine. Le matériel n'est pas très coûteux, les données sont disponibles à l'achat sur Internet, et avec un peu de patience et d'ingéniosité on peut se lancer dans ce bricolage biologique. »*

Ces « bricoleurs du vivant », comme les appelle Joël de Rosnay dans son livre *Et l'homme créa la vie*[21], ne sont pas des hors-la-loi ni des clandestins. Ils ont depuis 2003 leur concours officiel, l'IGEM (The International Genetically Engineered Machine Competition)[22], destiné à récompenser les meilleurs organismes fabriqués. Chaque équipe reçoit en début d'été un kit d'éléments biologiques et doit y ajouter avant l'automne ses propres éléments et les mettre en œuvre dans des cellules vivantes. De cinq équipes en 2004, on est passé à cent douze en 2009... : « *Comment ça marche ? En schématisant, il s'agit de prélever de l'ADN sur une plante, une bactérie ou un animal – ce qui est facile à faire –, puis de le décomposer, et d'en recomposer une partie pour obtenir un organisme autrement programmé. À partir de là, tout devient imaginable...* »

Cette science-fiction à portée de main rêve de transférer le parfum d'un fruit dans un autre, de modifier la couleur des plantes, de rendre des animaux fluorescents ou transparents, de rendre aquatiques des formes de vie terrestre ou de fabriquer des bactéries protectrices contre nos maux les plus courants. Évidemment, rien n'empêche d'imaginer qu'un bricoleur fou fabrique au fond de son jardin un virus résistant à tous les traitements. Pour parer à ce danger, ces pionniers font confiance au système de l'*open source* : tous leurs travaux sont en ligne, accessibles à tous, et le réseau peut ainsi s'autocontrôler.

Entre ce qu'on imagine et ce qu'on parvient à faire, le fossé reste immense. En découvrant cet univers, on est pris entre l'envie de sourire (« Vous ne trouvez pas la race de chien qui vous convient ? Faites-la vous-même ! ») et l'inquiétude (« Où est la liste des espèces nouvelles mises en circulation cette semaine ? »). Mais il existe aussi des motifs d'espérance et des « *débouchés médicaux extraordinaires* », souligne Joël de Rosnay.

Encore faut-il comprendre la méthode, et pas seulement la cuisine des manipulations. Il semble que ces bricoleurs essaient des combinaisons nouvelles en tâtonnant, plus ou moins au hasard, pour voir ce que ça va donner, en attente de toutes les surprises : « *Le maître mot de leur méthode, c'est ce qu'on appelle le "bottom-up" : il s'agit d'aller de bas en haut, des éléments inertes à l'organisme vivant. C'est une des deux grandes voies de la biologie de synthèse aujourd'hui, et c'est sans doute la plus prometteuse en termes de développement. C'est vraiment la voie royale de la création de la vie : au lieu de partir d'un organisme vivant pour le déconstruire progressivement jusqu'à sa plus simple expression, il s'agit de reconstruire le vivant à partir de l'inerte. Cette stratégie relève de la biologie fondamentale. Le grand défi, c'est l'amorce du processus, car la stratégie du* bottom-up *doit permettre d'assembler les pièces fondamentales de la vie – donc inertes – pour démarrer un organisme.* »

L'autre voie de recherche suit une démarche inverse, du haut vers le bas. Dénommée « *top-down* », cette stratégie descendante s'efforce de cerner, à partir d'un organisme vivant simple, mais tout à fait naturel, le minimum d'équipement génétique qui lui est nécessaire afin de reproduire ce minimum ou de le modifier : « *Ça ressemble au jeu qu'on appelle le "mikado". On prend le génome d'un organisme simple, on lui retire progressivement des gènes, jusqu'au kit minimum qui lui est indispensable pour vivre et se multiplier. On part donc d'en haut, du niveau global, pour descendre vers le niveau le plus élémentaire. À partir de ce kit minimum, on va reconstituer un génome entièrement synthétique.* »

Cette stratégie du *top-down* a porté à la une des médias, le 20 mai 2010, le biologiste américain Craig Venter, à l'annonce du faire-part de naissance à San Diego, publié sur le site de la prestigieuse revue américaine *Science*, de la bactérie *Mycoplasma laboratorium* – première cellule artificielle, première créature vivante synthétique au génome entièrement fabriqué par l'homme. Cet exploit a été réalisé au sein d'une fondation à but non lucratif, le John Craig Venter Institute.

Cet objectif était, depuis 2007, l'obsession de ce chercheur. Si, avec d'autres, il fut un des pionniers du séquençage du génome, Craig Venter est aussi doté d'un sens des affaires aiguisé : il dirige la Synthetic Genomics, une société privée chargée d'exploiter de multiples brevets sur les procédés mis au point pour fabriquer la cellule artificielle.

Si elle demanda trois ans pour être mise en œuvre et s'il n'est pas simple pour le profane de la comprendre, on peut au moins tenter d'expliquer cette prouesse et la méthode employée par Craig Venter et l'équipe d'une quarantaine de chercheurs, dont deux prix Nobel, mobilisés sur ce projet.

Il s'agissait dans un premier temps, selon cette stratégie du *top-down*, de partir du génome d'une bactérie – ici *Mycoplasma mycoides* –, puis de le déchiffrer jusqu'à sa forme élémentaire et de le reproduire synthétiquement sous la forme d'un chromosome artificiel à transplanter dans une autre bactérie, la *Mycoplasma capricolum*, dont l'ADN avait été préalablement ôté pour aboutir à la fameuse *Mycoplasma laboratorium*, première du nom !

D'emblée, certains ont crié au génie, à la révolution : « Venter et son équipe ont mis au point un équivalent génétique de la presse de Gutenberg [23]. » Mais, si certains pensent que Craig Venter a « franchi le mur du son », d'autres demeurent sceptiques : « On est très loin d'avoir réinventé la Genèse. Ce génome n'était pas nouveau, il s'agit de la copie d'un chromosome naturel, qui s'exprime dans une cellule naturelle », remarque Jean Claude Ameisen, président du Comité d'éthique de l'Inserm. Pour le biologiste Jean-Didier Vincent, ce ne serait qu'une « copie simplifiée d'un génome ». De même, pour Joël de Rosnay, il s'agirait d'un simple « copié-collé », en aucun cas d'une création au sens strict. Pour eux tous, on s'est contenté de recopier ce qui existe dans la nature.

En outre, l'ADN n'étant qu'un des éléments constitutifs du développement de la bactérie, il faudrait également tenir compte de tous les autres, encore en partie énigmatiques, qui entrent en action au cours de ce processus qu'on appelle l'épigenèse. Tant que l'on parlait seulement de « programme génétique », on imaginait la mise en œuvre inéluctable d'une suite de directives rigides. Avec l'épigenèse, on privilégie au contraire l'idée d'une réalisation ou d'une « expression » des gènes qui diffère et varie selon l'histoire individuelle de chaque organisme vivant, en fonction de son environnement, de ses interactions avec son milieu, des situations spécifiques qu'il traverse.

Il n'en demeure pas moins que l'exploit de Craig Venter n'est pas négligeable. Comme il l'annonce lui-même : « *Cette découverte va déboucher sur une nouvelle industrie* » pouvant produire aussi bien des OGM aux propriétés inédites, des médicaments, des biocarburants fabriqués à partir de microalgues pourvues d'un génome artificiel, etc.

Réparer, guérir, régénérer

Qu'on aille du haut vers le bas (*top-down*) ou du bas vers le haut (*bottom-up*), il s'agit toujours d'avancer vers la fabrication d'une vie synthétique, artificielle, fabriquée. Inévitablement, on songe à tous les mythes de l'humain créateur d'organismes vivants qui lui échappent et se retournent contre lui, depuis le Golem jusqu'à Frankenstein. Pourtant, par-delà la silhouette de l'apprenti sorcier, les usages bénéfiques de ces manipulations sont très nombreux.

« *Ce sont d'abord de nouveaux médicaments que l'on peut attendre, pour bientôt, des avancées de la biologie de synthèse. Un seul exemple : depuis 2005, la Fondation Bill Gates soutient les recherches de Jay Keasling, professeur à Berkeley, pour produire de l'artémisinine de synthèse afin de lutter contre le paludisme. Si l'on parvient à produire cette molécule artificielle pour un coût très faible, plus de 250 millions de patients seront concernés dans le monde.*

Mais c'est sans aucun doute dans le vaste domaine de la médecine régénérative que la vie artificielle ouvre les perspectives thérapeutiques les plus impressionnantes. À terme, au lieu de transplanter des organes, on devrait pouvoir les faire pousser directement dans le corps, les reconstituer du dedans. Actuellement, les chercheurs s'efforcent notamment de comprendre comment fonctionnent les mécanismes biologiques qui permettent à un lézard ou à une salamandre de refabriquer entièrement une queue ou une patte perdue, avec la totalité des nerfs, muscles et tendons. Il semble bien qu'au cours de l'évolution qui a conduit à l'espèce humaine la cicatrisation ait été "choisie" plutôt que la reconstitution complète.

Pourtant, dans notre corps existent des organes, comme le foie, capables en grande partie de s'autorégénérer et de reconstituer leurs cellules. C'est de ce côté que s'orientent les recherches, notamment avec les possibilités offertes par les cellules souches adultes qui existent dans notre corps, notamment dans la moelle osseuse pour renouveler les globules sanguins, mais aussi dans les vaisseaux sanguins, les follicules pileux, et même dans les dents. »

Les enjeux, à terme, sont considérables. On imagine d'ores et déjà de reconstituer des organes entiers, de cultiver des tissus, de réparer biologiquement l'organisme au lieu d'avoir recours à des interventions chirurgicales et des médicaments : « *En fin de compte, aujourd'hui,* conclut Joël de Rosnay, *il existe deux grandes voies dans les possibilités d'action de la biologie. L'une passe par la reprogrammation cellulaire : son objectif est de parvenir à transformer les capacités des cellules en agissant sur leurs modalités de différenciation. Avec cette technique médicale, on peut espérer par exemple, comme s'y emploie Douglas Melton à Harvard, faire des cellules productrices d'insuline avec des cellules qui n'en produisent pas, et donc supprimer le diabète. L'autre voie passe par la génomique, l'introduction dans l'ADN de nouvelles séquences, pour produire des organismes aux propriétés nouvelles. L'un des grands maîtres de cette technique est George Church, de la Harvard Medical School. »*

Dès lors, la rencontre de ces deux chercheurs de pointe, qui incarnent chacun un versant de ce qui change actuellement, s'impose.

BOSTON. RENCONTRE AVEC DOUGLAS MELTON
« Nous pouvons certainement arrêter la mort. »

Aller à Boston n'est habituellement qu'un voyage dans l'espace. Cette fois, les rencontres que nous faisons à Harvard nous font aussi carrément changer de paysage mental. Soudain, parler de « nouveau monde » retrouve un sens aigu.

Sur le campus de Harvard, le petit immeuble du Howard Hugues Medical Institute, où Douglas Melton nous reçoit, ne se remarque pas particulièrement. Professeur au département de biologie régénérative et d'étude des cellules souches ainsi que codirecteur du Harvard Stem Cell Institute, ce chercheur est, sans nul doute, l'un des plus en pointe dans le domaine de la reprogrammation cellulaire. En 2008, l'année où furent publiés ses travaux les plus décisifs, le magazine *Science* a classé ses découvertes parmi les dix plus importantes de l'année, et *Times* le faisait figurer dans la liste des vingt-cinq personnalités parmi lesquelles choisir « l'homme de l'année ».

Dès l'abord, il se dégage de cet homme, d'apparence discrète, une rare impression : le sentiment d'avoir affaire à quelqu'un de parfaitement résolu, comme habité d'une détermination aussi calme qu'inébranlable. Cette impression, on la comprend mieux quand on connaît son histoire familiale. En 1993, Douglas Melton est l'heureux père d'un petit garçon. Six mois plus tard, il apprend qu'un diabète de type 1 a été diagnostiqué chez son enfant, ce qui signifie que son pancréas est incapable de générer de l'insuline. Alors, Douglas Melton décide de réorienter tout son travail. Objectif : trouver un moyen de guérir son fils, et par là même tous ceux qui sont atteints de la même maladie. Pour cela, il décide de consacrer ses recherches à la reprogrammation cellulaire, afin de comprendre comment partir de cellules malades pour les retransformer en cellules saines. Quatre ans plus tard, le biologiste a une fille, chez qui on diagnostique également la même maladie. Depuis, ce scientifique n'a pas cessé une seule journée de travailler avec l'espoir de parvenir par son travail à aider ses enfants.

Réussir à fabriquer, à partir d'autres cellules, des cellules capables de produire de l'insuline signifierait en finir avec le diabète. En s'engageant sur cette voie, Melton ouvre une voie résolument nouvelle et prometteuse. Voici comment il a procédé : après avoir provoqué un diabète chez une souris adulte en lui détruisant toutes ses cellules qui produisent normalement de l'insuline, il a transféré des éléments de l'ADN d'une cellule de pancréas d'une autre souris adulte dans les cellules de la souris diabétique, déclenchant au bout de trois jours la re-production d'insuline de la part de ces cellules ainsi reprogrammées [24]. Limite de l'expérience, pour l'instant : 20 % des cellules seulement se sont réactivées. Mais une brèche sans doute décisive est ouverte en direction de nouveaux traitements. Et surtout, Douglas Melton a désigné la voie d'une reprogrammation directe de cellules adultes en d'autres cellules adultes, sans passer par les cellules souches et leurs difficultés techniques de maniement.

Pour prendre toute la mesure du changement qu'opère ce travail, une brève leçon de biologie cellulaire classique est indispensable : quand se développe un embryon, les premières cellules qui se multiplient ont devant elles, si l'on peut dire, une multitude d'avenirs possibles. Elles ne sont pas encore différenciées et portent en elles toutes les possibilités. On dit de ces cellules qu'elles sont *totipotentes* – « capables de tout » – parce qu'elles renferment en elles toutes les possibilités. Chacune de ces cellules souches embryonnaires pourra donner naissance, à terme, à des cellules de foie, de rein, de peau, de cœur ou de cerveau.

Au fur et à mesure que l'organisme se développe, que les organes se constituent, les cellules se spécialisent et donc se différencient. Les unes deviennent des cellules de peau, d'autres de foie, de pancréas, de moelle épinière, etc. Cette spécialisation progressive des cellules était considérée jusqu'à nos jours comme irréversible. Ainsi une cellule de la peau ne pouvait revenir en arrière, rebrousser chemin dans son évolution. Le devenir des cellules n'était pas effaçable.

C'est ce qu'on croyait jusqu'à ce que, presque par hasard, par tâtonnements, soient apparus des chemins qui permettent de faire régresser des cellules développées. On a découvert les moyens de « dédifférencier » certaines cellules, de les faire repartir en arrière, vers leurs multiples capacités initiales. Retournant ainsi à la case départ, on leur donne une nouvelle capacité de développement.

C'est ainsi qu'est née la brebis Dolly, en 1996, sous la houlette de l'embryologiste anglais Ian Wilmut. Premier mammifère cloné de l'histoire, cette brebis provient tout entière d'une cellule de la peau de sa mère, qu'on a prélevée sur une patte. On a réussi à faire régresser cette cellule, qui est passée de son état évolué de cellule de peau à un état de cellule embryonnaire, à partir duquel le redéploiement complet de tout un organisme devient possible. Avant cet exploit, tous les scientifiques professaient que pareille régression était rigoureusement impossible. Depuis, dans le domaine de la reprogrammation cellulaire, on ne compte plus les réalisations qui déplacent les frontières du possible et de l'impossible.

Bien d'autres chocs ont suivi la naissance de la brebis Dolly. Ainsi le biologiste américain d'origine japonaise Shinya Yamanaka est-il parvenu en 2007 à faire revenir des cellules développées à leur état initial de cellules totipotentes sans repasser par l'état embryonnaire [25]. Autrement dit, à partir de cellules de la peau, par exemple, il parvient à obtenir des cellules indifférenciées, capables d'emprunter d'autres voies de développement, et donc de devenir à volonté des cellules de cœur ou de foie…

Ce qu'a réalisé Douglas Melton, qui nous ouvre à présent la porte de son bureau, vêtu d'un blouson de sport et d'un tee-shirt, est encore plus étrange. Ce héros tranquillement radical a inventé des chemins de traverse. Au lieu de faire revenir les cellules à l'état initial, celui où elles possèdent le maximum de possibilités, il a imaginé de les reprogrammer directement pour qu'elles passent d'un genre de cellules à un autre, sans repasser par leur point zéro : « *Revenir au tout début de l'état de la cellule, comme l'ont fait d'autres chercheurs,* explique Douglas Melton, *n'était pas une mauvaise idée, mais j'ai pensé que ce n'était peut-être pas nécessaire. Prenons une comparaison. Vous êtes journaliste, vous êtes philosophe, imaginons que vous vouliez devenir médecins. Va-t-on vous demander de retourner au jardin d'enfants, de vous inscrire au cours préparatoire pour apprendre à lire ou à compter ? Non, on vous demandera seulement de fréquenter une école de médecine, sans tout reprendre depuis le début ! Avec les cellules, c'est à peu près la même chose. Si vous voulez faire des cellules capables de produire de l'insuline avec des cellules de la peau, il n'est pas indispensable de les faire régresser jusqu'à l'état totipotent.*

Aujourd'hui, nous savons que la solution existe pour transformer une cellule en une autre. Pour l'instant, nous savons le faire pour certaines cellules, mais pas pour toutes. Mais rien n'empêche de penser que nous pourrons changer la graisse en muscle ou la peau en nerf, aucune raison théorique ne s'y oppose. Actuellement, il ne nous manque plus rien pour pratiquer ces reprogrammations. Nous les avons déjà expérimentées sur des souris, nous les expérimentons sur des cellules humaines. Pour les expérimenter sur des organismes humains, il faudra l'accord de personnes malades qui consentent à ces essais pour avoir une chance de guérison. »

Il ne faut pas longtemps pour comprendre les horizons vertigineux qu'ouvrent ces techniques de reprogrammation cellulaire. On peut non seulement envisager la transformation des cellules malades en cellules saines, mais aussi des cellules âgées en cellules jeunes. Et le tranquille professeur Melton prend sans le vouloir des allures de Docteur Faust : « *Aujourd'hui, nous considérons le vieillissement comme un processus naturel et inéluctable. Or, à mes yeux, le vieillissement n'est pas inévitable. Deux facteurs le rendent, pour l'instant, inéluctable. Le premier, ce sont les maladies. Je crois qu'on devrait pouvoir les éliminer, car les maladies sont sensibles aux interventions humaines. Elles sont très vulnérables aux investissements financiers, qui sont encore nettement insuffisants pour résoudre le problème. Aux États-Unis, nous dépensons des sommes astronomiques pour soigner les diabètes, et très peu pour essayer de trouver un traitement. Cela n'a aucun sens... »*

Poursuivant son raisonnement, le biologiste est convaincu qu'une fois les maladies vaincues rien ne s'opposerait à l'allongement considérable de la vie humaine : « *Nous avons grandi habitués à l'idée qu'un humain ne peut vivre plus de cent ans. Comme si, au-delà, nous n'avions plus le droit de vivre ! L'exemple des animaux nous montre que cette prétendue barrière est insensée et qu'il n'y a aucune raison de la maintenir. Les tortues, notamment, vivent bien plus longtemps. Cette limite est purement arbitraire.* »

Et au-delà, que se passerait-il ? Une fois les maladies écartées, la vie allongée, allons-nous devenir immortels ? Sur ce point, Douglas Melton est encore une fois tranquillement catégorique : « *Nous pouvons certainement arrêter la mort. Si on élimine les cancers et les autres maladies, le deuxième facteur qui intervient dans notre vieillissement et notre mort est l'usure de notre corps. Mais je suis convaincu qu'on peut trouver les moyens d'allonger la durée de vie des vertébrés grâce à des modifications génétiques.* »

Douglas Melton n'est ni un visionnaire illuminé ni un utopiste délirant. Il incarne ce que pense la grande majorité des scientifiques de sa génération aux États-Unis. S'il fallait résumer la base de leurs convictions, on pourrait parler d'un effacement presque total de l'ancienne frontière entre possible et impossible. Melton le dit fort clairement : « *Ce qui reste impossible, quand j'y pense, c'est bien peu de chose. Très peu. Bien que cela me soit difficile, je peux même concevoir un univers avec des lois physiques totalement différentes. Le seul obstacle qui me paraît réellement infranchissable, c'est de voyager dans le temps. Mais pour tout le reste, franchement, je ne vois aucune difficulté insurmontable à stopper le vieillissement ou à atteindre l'immortalité, je n'y vois aucune impossibilité.*

C'est ce que j'aime dans la science : elle réalise ce qu'on disait impossible ! Tout ce que nous pensons pourrait être autrement. En réalité, ce qui me surprend, c'est qu'il n'y ait pas plus de gens qui veuillent faire de la science ! »

Et l'humain ? A-t-il aux yeux de Douglas Melton une place à part ? Un lieu réservé, une nature propre ? En fait, du point de vue biologique, il s'inscrit dans une continuité telle que la barrière des espèces semble une fiction plus qu'une réalité : « *J'ai mis vraiment beaucoup de temps, en ce qui me concerne, à comprendre ce qui sépare les différentes espèces. Car si vous regardez les relations entre un individu d'une espèce et d'autres animaux, vous verrez qu'il s'agit bien plus d'un spectre continu, où l'on passe d'une espèce à l'autre, plutôt que d'unités séparées aux frontières bien délimitées. Habituellement, la reproduction nous convainc que les espèces sont à définir comme des unités. En réalité, ce n'est pas le cas. Si on pouvait laisser de côté le comportement, on parviendrait à obtenir l'interfécondation de n'importe quelles espèces. La plupart des obstacles aux interfécondations entre espèces relèvent plus du comportement que des cellules et de la biologie. Je suis convaincu qu'en moins de dix ans – si tel était notre objectif, si nous voulions des variantes nouvelles dans le monde vivant –, on pourrait trouver les moyens d'interféconder les humains et les singes. Du point de vue biologique, aucun obstacle insurmontable ne s'y oppose.* »

Douglas Melton est indiscutablement un homme estimable et estimé. Ce chercheur n'a rien d'un irresponsable ni d'un démiurge. Malgré tout, ses propos peuvent laisser perplexe car ils pourraient aussi déboucher sur des univers de cauchemar. Imagine-t-on, en route vers l'immortalité, des hybrides d'humains et d'autres espèces ? Briser la barrière de l'impossible n'est pas nécessairement heureux. Les espoirs de guérison sont une chose, les risques de changement de monde en sont une autre. Et pourtant, nous ne sommes pas au bout de nos surprises. En poursuivant notre périple, nous allons entendre des propos peut-être plus étonnants encore de la part d'un des grands spécialistes mondiaux du génome humain.

BOSTON. RENCONTRE AVEC GEORGE CHURCH
« Il n'y a pas de séparation entre la vie et la non-vie. »

Retour à Boston. On n'entre pas facilement dans la Harvard Medical School, l'institution est bien protégée. Une fois franchies les portes vitrées, il faut présenter ses papiers d'identité aux officiers de sécurité derrière le comptoir. Quelques minutes sont nécessaires aux vérifications concernant le rendez-vous que nous a accordé

George Church. Car cet homme est un personnage important.

Ce fut un des artisans du séquençage du génome humain, et c'est aujourd'hui non seulement l'un des promoteurs de la généralisation du décryptage du génome individuel, mais aussi, et surtout, l'un des maîtres de la biologie de synthèse, un des rares scientifiques au monde capables d'envisager dans le détail la production d'une vie artificielle au niveau industriel.

À la sortie de l'ascenseur, nous traversons les laboratoires où s'affaire son équipe. Rien de spectaculaire. Ce qui s'expérimente ici est extraordinaire, mais le décor est banal et ressemble à tous les labos du monde. Seule singularité visible, sur le bureau du patron, la construction multicolore, comme un jeu de Lego, de la double hélice de l'ADN. Pour le reste, on n'est pas au cinéma.

George Church, pourtant, ne déparerait pas à l'écran. Mais pas dans un film de science-fiction. Plutôt un classique western. Géant grisonnant, yeux bleu vif, sourire franc, on lui aurait confié le rôle du pasteur généreux qui mène la caravane aux confins des terres à conquérir. Le moins qu'on puisse dire est qu'il ne manque pas de présence. Difficile d'imaginer, au premier abord, que cet homme à l'apparence rassurante, au regard attentif et bienveillant, est pour certains un novateur dangereux.

En tout cas, c'est bien l'un des chefs de file de la biologie de synthèse. Objectif : la vie artificielle. Joël de Rosnay nous l'a expliqué : avec des éléments chimiques, il s'agirait de fabriquer des organismes vivants. De vrais organismes, qui croissent, se nourrissent et se reproduisent, mais ne correspondent à aucune espèce « naturelle » répertoriée, pour la bonne raison qu'ils sortent du laboratoire...

George Church est un partisan de la stratégie du *bottom-up*, de bas en haut. Il la juge scientifiquement plus efficace : au lieu de vouloir tout refaire à l'identique, mieux vaut chercher ce qui se passe si on change telle partie, si on remplace cette pièce par une autre, telle séquence de l'ADN par telle autre.

Tout cela, finalement, dans quel but ? S'agirait-il de réinventer l'homme ? La formule fait sourire George Church : « *Nous n'arrêtons pas de nous réinventer ! Chaque fois que je mets à niveau mon ordinateur ou mon téléphone portable, ou ma coupe de cheveux, ou quoi que ce soit d'autre, je me réinvente ! À présent, cette réinvention va devenir plus moléculaire, plus profonde. On peut considérer que c'est plus difficile ou spectaculaire, ce n'est pas ce qui importe. Tout ce qui n'a pas d'impact sur la vie des gens, à mon avis, ne sert à rien. Quand on est parvenu à envoyer un homme sur la Lune, c'était sans doute important philosophiquement. Mais pratiquement, cela n'a eu aucun impact : les traces de pas et le drapeau planté dans le sol lunaire, c'est du cirque... En revanche, ce qui a eu un impact réel, c'est notre capacité de mettre des satellites en orbite, de mettre en service les GPS et les télécommunications. C'est cela qui a changé la vie des gens et l'économie mondiale...*

Si on intervient dans la complexité de la vie, c'est bien pour obtenir de nouvelles propriétés. Créer artificiellement une vie identique à celle qui existe, c'est sans doute très intéressant philosophiquement, comme d'avoir envoyé un homme sur la Lune, mais ça ne change rien ! Mieux vaut trouver des choses qui servent. »

Par exemple ? Quelles sont ces nouvelles formes de vie, ces « choses qui servent » avec des propriétés inédites ? Sur ce point, George Church devient enthousiaste : « *Imaginez des bactéries ou des plantes capables d'absorber et de transformer les déchets chimiques toxiques, des organismes résistants aux virus. Ce serait un grand bond pour l'agriculture si les espèces étaient résistantes aux agents pathogènes. La médecine ne serait plus la même si les organismes humains ne connaissaient plus les infections, devenaient immunes à tous les virus. Je crois que c'est possible.* »

Pour quand ? Comment ? La réponse est inattendue : *« Aujourd'hui même, et le plus simplement du monde. Depuis plusieurs années, nous savons exactement comment modifier des cellules humaines avec de l'ADN artificiel pour les rendre réellement différentes. Nous pouvons opérer des changements radicaux de manière très aisée, prendre une cellule humaine ayant une maladie génétique et la transformer en cellule humaine n'ayant plus cette maladie. Cela n'a pas encore été mis en œuvre, mais nous savons théoriquement comment le faire depuis des années. »*

Mais ne serait-ce pas se lancer dans une bien périlleuse aventure ? Prendre le risque, cette fois, d'ouvrir la porte à d'autres changements de l'humain, pas forcément positifs ? En fait, George Church, lui non plus, n'a rien d'un savant fou. Il croit au contraire à la nécessité de favoriser, avant d'agir, l'élaboration d'une réflexion collective. Il a la conviction que les enjeux de la biologie de synthèse sont trop importants pour être laissés à la seule appréciation des scientifiques.

Il a donc créé dans son laboratoire un groupe de travail interdisciplinaire, et lui-même participe à plusieurs instances de réflexion sur les risques des biotechnologies : *« Il est de plus en plus facile, mais aussi de plus en plus nécessaire, d'organiser ces groupes interdisciplinaires, afin de chercher quelles sont les décisions qui préservent notre humanité et, dans une certaine mesure, notre sécurité, les deux étant d'ailleurs reliées. Aujourd'hui, je crois que nous sommes dans une situation où l'on doit faire constamment travailler ensemble les scientifiques, les ingénieurs et les penseurs humanistes. Selon moi, c'est un trio inséparable.*

Les ingénieurs sont devenus un élément essentiel, car ce que les scientifiques imaginent et découvrent doit pouvoir être adapté et appliqué industriellement. Mais les penseurs humanistes sont également indispensables. Parce qu'il est dangereux de faire de la science sans savoir ce que la société en fera, comme il est dangereux de développer des outils nouveaux pour la société sans avoir réfléchi à toutes les manières dont on risque d'en faire un usage abusif. C'est là que les penseurs humanistes ont leur mot à dire. Donc, si l'on peut connecter ingénieurs, scientifiques et humanistes et faire qu'ils soient en mesure de réfléchir ensemble constamment, cela ne garantit pas une sécurité totale, mais cela oriente dans la bonne direction. »

Pour parer aux risques d'une utilisation destructrice des découvertes de la biologie de synthèse – par des organisations terroristes, des individus irresponsables, par exemple –, George Church croit fermement aux vertus de l'*open source*, qu'il met en œuvre à tous les niveaux : toutes les découvertes sont exposées, mises en ligne, reformulables par chacun. Sa certitude, partagée par beaucoup de ses confrères, est que le réseau est ainsi mieux capable de contrôler les utilisations qu'une politique de secret et de non-divulgation.

C'est également dans cet esprit de mise en commun de toutes les données que George Church a lancé le Personal Genome Project [26]. Il s'agit de mettre en ligne le séquençage de milliers de génomes individuels, pour que les études statistiques et comparatives soient facilitées. Objectif de départ : cent mille génomes en ligne. George Church a évidemment commencé par le sien, et ceux de ses collègues qui voulaient bien en faire autant. De nombreuses personnalités ont suivi.

Les recherches de George Church et de son équipe donnent, de façon renouvelée, l'impression d'effacer des délimitations classiques. Prendre l'ADN d'une espèce (végétale ou animale), en isoler une phrase ou un chapitre pour le réécrire, y faire des ajouts et des transformations, remettre le tout en route, avec parfois des surprises, c'est effectivement rêver d'estomper la frontière entre ce qui est vivant et ce qui ne l'est pas. Pourtant, George Church refuse de penser la situation en ces termes : « *Je ne crois pas qu'on puisse parler d'une frontière qui s'estompe, comme si nous faisions intentionnellement ce qu'il faut pour l'effacer. Cette frontière, à mes yeux, a toujours été floue, au sens où il n'y a pas de séparation entre la vie et la non-vie. Il n'y a pas de séparation entre une personne de grande taille et une autre de petite taille. Pour le vivant, c'est du même ordre : on passe graduellement du non-vivant au vivant. Il n'existe pas de véritable frontière. »*

Cette question de la frontière, dès qu'on commence à y réfléchir, se révèle redoutable, bien plus décisive qu'il n'y paraît. Si nous ne sommes vraiment ou essentiellement que des assemblages de matériaux inertes, il devient bien plus difficile de comprendre ce que signifie le fait que nous nous éprouvons comme des êtres humains vivants, pensants et parlants, différents du reste de la nature, responsables de leurs faits et gestes. Pour le comprendre, il nous faut donc poursuivre le périple le long de cette frontière, justement.

Retour sur terre, provisoirement

En écoutant ces chercheurs qui se projettent si aisément dans l'avenir, transforment les cellules, inventent des organismes inédits, on a vite le tournis. On éprouve le sentiment que tout va radicalement changer, que tout change déjà. Aujourd'hui devient demain. Les rêves deviennent réalité. L'humain ne se distingue plus qu'à peine, malaisément. On se prend à croire qu'il est presque déjà défunt. Il est temps de se dégriser, de revenir sur terre, d'envisager autrement les mêmes questions.

Est-il si sûr que l'espèce humaine approche d'un point de rupture ? Est-il certain que la mise en cause des lignes habituelles de démarcation balaie du même coup la spécificité de l'humain ? Pour partager notre réflexion, il nous faut à présent des interlocuteurs à la fois scientifiques et philosophes. Assez biologistes pour connaître à fond les tenants et les aboutissants des mutations actuelles, assez philosophes pour ne pas prendre pour argent comptant les paradis et les apocalypses qui surgissent à tous les détours du chemin.

JÉRUSALEM. RENCONTRE AVEC HENRI ATLAN
« Une autre espèce humaine est une illusion. »

Henri Atlan est d'abord un grand chercheur dans le domaine de la biologie médicale, où il a contribué en particulier à renouveler profondément l'approche des mécanismes du vivant par sa théorie de l'« auto-organisation ». Professeur à l'Hôtel-Dieu et directeur d'un centre de recherche au Hadassah Medical Center de Jérusalem, il a également été directeur d'étude à l'École des hautes études en sciences sociales. Mais cet homme de laboratoire, inventeur de modèles mathématiques pour la recherche en biologie, est également un philosophe d'envergure, lecteur assidu et passionné de Spinoza, mais aussi de Wittgenstein, de Russell ou de Quine.

L'homme est aussi passionnant, et aussi paradoxal que les thèses qu'il défend. À la fois rêveur et dialecticien, raisonnable et provocant, il porte sur les questions scientifiques et éthiques de notre époque un regard tour à tour – ou tout ensemble – ironique, lucide, rieur et aigu. Celui qu'on retrouve dans une bonne quinzaine de livres où se conjuguent travaux de biologie et analyses philosophiques. Car Henri Atlan ne cesse de tisser toutes ces données.

Le lieu où il nous reçoit symbolise cette interdisciplinarité. Nous sommes non loin de Jérusalem, au Hadassah Medical Center, le plus important hôpital d'Israël. Henri Atlan, depuis de longues années, partage son temps entre Paris et ce centre de recherche en biologie humaine qu'il a créé et qu'il dirige. Ici, l'interdisciplinarité est reine : le centre est relié à une unité d'imagerie médicale de pointe, un laboratoire de biologie cellulaire, un autre d'immunologie clinique et un centre d'informatique... Au milieu de tout cela, Henri Atlan circule à son aise.

Quand on lui demande, tout de go, si les biotechnologies peuvent changer l'humain, il commence par proposer de changer de terrain de réflexion : « *J'ai envie de vous répondre par une autre question : "L'invention de la roue, de l'agriculture, de l'élevage a-t-elle modifié l'homme ?" Évidemment oui, mais seulement du point de vue des relations de l'homme avec son environnement. Les biotechnologies, à mon avis, vont probablement avoir des conséquences similaires, mais pas plus. Bien sûr, je n'ignore pas que ces inventions techniques anciennes portaient sur l'environnement, et pas sur la nature biologique de l'homme. Cette fois, il s'agirait d'intervenir directement sur le vivant, de modifier l'homme dans sa nature biologique, de le faire passer à une autre espèce, plus développée ou moins développée, plus évoluée ou moins évoluée, etc. Je suis très sceptique envers ces possibilités. Depuis deux siècles, la nature biologique de l'homme a effectivement évolué, grâce simplement à l'hygiène et à la médecine ; le résultat en est un allongement considérable de la durée de vie, aussi bien que l'apparition de nouvelles maladies...*

En fait, toutes les innovations technologiques – y compris celle des lunettes ou de l'imprimerie – entraînent des bouleversements profonds dans les conditions de vie. Faudrait-il cette fois y ajouter une modification de l'espèce humaine proprement dite ? Je n'y crois vraiment pas. À mes yeux, ceux qui annoncent ces changements radicaux sont encore sous l'influence du "tout-génétique" qui a dominé pendant les trente ou quarante dernières années. En un mot, on croit que si on modifie les gènes, on va modifier l'espèce humaine, on va modifier l'essence de l'homme. Or ce n'est pas vrai, les gènes ne sont pas l'essence de l'homme ! »

Voilà ce qu'on pourrait appeler, au regard de tout ce que nous avons entendu auparavant, un discours fortement déflationniste. Mais, dans cette hypothèse basse, quel serait le rôle réel des biotechnologies ? « *À mes yeux*, poursuit Henri Atlan, *elles vont vraisemblablement jouer le rôle de prothèses, parfois très spectaculaires, évidemment. Par exemple, il est question actuellement de développer des prothèses qui permettraient à des aveugles de voir. Dans la mesure où la cécité ne provient que de lésions périphériques, c'est-à-dire de l'œil et du nerf optique, et que l'aire visuelle est intacte, il s'agirait de faire parvenir les signaux jusqu'à l'aire visuelle, de transformer ces signaux arrivant sur des capteurs en signaux visuels pour permettre à des aveugles, en quelque sorte, de voir. C'est évidemment beaucoup plus sophistiqué que des lunettes...*

Il existe ainsi de très nombreuses pistes de recherche impressionnantes. Supposons qu'on parvienne à ce résultat, on aura trouvé une nouvelle façon de permettre à une catégorie de population de voir. C'est important. Mais est-ce une réelle modification de l'espèce humaine ? »

Il faudrait donc se dire que la brave vieille humanité ne risque pas de laisser place de sitôt à ces cohortes de néohumains qu'annonce une futurologie fantastique. Pourrait-on alors en conclure qu'il existe une nature immuable de l'homme, une essence, et que toutes les techniques du monde ne sauraient l'altérer ? Ce n'est pas ce que pense Henri Atlan, qui dénonce au contraire, dans cette conviction d'une essence immuable, une complète illusion : « *Quand on imagine l'avènement d'une posthumanité – c'est bien de cela qu'on parle –, on suppose précisément qu'il y aurait une essence immuable de l'homme. Elle serait à présent sur le point d'être modifiée, par l'intervention des biotechnologies, alors qu'elle ne l'aurait jamais été auparavant. Or tout cela est faux ! Non seulement les biotechnologies ne changeront pas grand-chose, mais surtout, de façon plus décisive, il n'existe pas d'essence immuable de l'homme. L'idée d'Homme, avec un grand H, personne ne sait vraiment à quoi elle renvoie. »*

Voilà qui demande explication. N'existe-t-il pas des traits spécifiques de l'espèce humaine ? Et si ces traits existent, pourquoi ne définiraient-ils pas une essence de l'humain ? La réponse d'Henri Atlan mérite la plus grande attention, car elle évite de tomber dans des malentendus fréquents, qui consistent à penser que si l'homme est une partie de la nature, alors rien ne l'en distingue : « *Je soutiens pour ma part qu'il n'y a pas d'essence de l'homme, mais bien une place particulière de l'homme, de la même façon d'ailleurs que n'importe quelle espèce a sa place particulière. Et avec des propriétés que l'homme n'a pas. Les oiseaux font l'expérience du vol, nous ne la faisons pas – même en avion… Donc, les oiseaux ont des propriétés spécifiques que l'homme n'a pas. Et l'homme a évidemment des propriétés spécifiques que les autres espèces n'ont pas, comme le langage articulé ou la fabrication des outils. Il est vrai qu'on peut observer des éléments analogues dans d'autres espèces proches de l'homme, comme les primates. S'il existe un continuum, il n'empêche pas l'apparition de propriétés nouvelles.*

À mes yeux, il existe des spécificités sans rupture absolue. Ce qui ne veut pas dire non plus qu'il n'y ait pas d'évolution : le langage des humains est différent du langage des animaux, il est capable de parler de lui-même, ce que les communications animales ne semblent pas capables de faire. De même, les outils que sont capables de faire les hommes sont extrêmement sophistiqués. »

De nouveau, des éclaircissements semblent nécessaires. Notre interlocuteur est un biologiste mondialement connu, il a souvent écrit et affirmé que la différence entre l'inerte et le vivant est sans pertinence. Il a maintes fois souligné que toute la biologie moderne est résolument mécaniste, au sens où les « lois de la vie » sont rigoureusement les mêmes que celles de la physique et de la chimie. Du coup, il paraît difficile de comprendre comment les humains peuvent revendiquer la moindre spécificité, alors qu'ils ne sont, comme tout le reste, que des amas de molécules...

« Je ne dis pas que nous ne sommes que des molécules ! Je dis que nous sommes bien des assemblages de molécules, mais avec plusieurs niveaux d'organisation. Et ces niveaux d'organisation créent des propriétés irréductibles à celles des constituants. La propriété d'une cellule, qui est un assemblage de molécules, c'est d'avoir quantité de capacités que justement n'a pas chacune des molécules. Il y a plus dans l'assemblage que dans les parties !

Par exemple, quand un ensemble de cellules s'auto-organise et fabrique un cerveau, ce cerveau a des capacités cognitives que ne possède aucun de ses neurones. Et ainsi de suite... Il existe donc des différences entre les espèces, même si ces différences s'inscrivent dans une continuité. Il ne faut donc pas céder à cette facilité qui consiste à prendre appui sur la continuité pour dire qu'il n'y a pas de différence. Ce n'est pas vrai : il y a continuité, et il y a différence ! »

Il serait donc possible de soutenir qu'il n'y a dans le monde, dans nos corps et dans nos cerveaux, que des atomes et du vide, comme le disaient Épicure ou Lucrèce, et en même temps de se soucier d'éthique, de valeurs morales, de règles politiques. N'être fait que de molécules ne supprime en rien la question de la responsabilité. Henri Atlan l'affirme, pour conclure momentanément : *« Une des propriétés de l'espèce humaine, dont on voit mal comment on pourrait penser qu'elle ne lui est pas spécifique, c'est ce que nous faisons en ce moment : se poser des questions sur ce qu'il faut faire et ne pas faire, envisager le problème moral. Le fait de se poser des problèmes moraux, de chercher comment organiser la société de la meilleure façon possible en fonction de nos critères, c'est quand même spécifique de l'espèce humaine, ne trouvez-vous pas ? »*

La manière qu'a ce scientifique et philosophe de rabattre les prétentions des biotechnologies, son insistance sur la complexité du vivant comme sur la responsabilité morale de l'humain trouvent un écho dans les réflexions de Jean Claude Ameisen, dont le regard critique s'avère différent mais complémentaire.

Paris. Rencontre avec Jean Claude Ameisen
« Copier le vivant, ce n'est pas vraiment créer. »

L'interface entre éthique et science, Jean Claude Ameisen en est également familier. Médecin et homme de réflexion, il est immunologiste, président du Comité d'éthique de l'Inserm et membre du Comité consultatif national d'éthique. On pourrait dire que ses trajets se placent tous sous le signe de la frontière et des délimitations.

Professeur de médecine à l'université Paris-Diderot et à l'hôpital Bichat, il a profondément renouvelé l'approche de la mort en biologie en étudiant les mécanismes de l'apoptose, c'est-à-dire la « mort programmée » des cellules. Jean Claude Ameisen a modifié la réflexion biologique comme la réflexion philosophique sur ce sujet en montrant que cette mort des cellules est la condition indispensable de leur renouvellement, et donc de la vie. Son livre majeur, *La Sculpture du vivant. Le suicide cellulaire ou la mort créatrice*[27], fait date.

Passionné par Darwin, il lui a consacré un essai remarquable, *Dans la lumière et les ombres. Darwin et le bouleversement du monde*[28], qui célèbre le rôle inaugural, pour la science contemporaine, du père de la théorie de l'évolution. Rien d'étonnant à ce qu'il évoque Darwin quand nous lui demandons, autour d'une tasse de thé, à Paris, s'il pense que la biologie de synthèse peut effectivement, comme il est dit un peu partout, créer la vie : « *L'être humain n'a pas été créé, il provient d'un primate non humain, qui s'est modifié par rapport à l'ancêtre commun qui a donné aussi naissance aux orangs-outans, chimpanzés ou bonobos. Voilà le grand changement qu'a introduit Darwin dans la science depuis cent cinquante ans. Il montre que l'évolution du vivant ne fait toujours que modifier. Il n'y a jamais de création au sens absolu du terme.*

Quand on parle de créer la vie, c'est donc un abus de langage. Ainsi, quand Craig Venter dit j'ai "créé" une bactérie artificielle, on devrait plutôt dire "il a modifié", "il a joué avec". C'est aussi ce qu'a fait Ian Wilmut en clonant Dolly : prendre un noyau, le mettre dans un ovule et obtenir le développement d'une brebis. Dans tout cela, il n'y a pas de création !

Si j'implante aujourd'hui un embryon humain dans un utérus de femelle chimpanzé, je ne crée rien. C'est une manipulation d'une banalité extraordinaire. Inversement, si je mets un spermatozoïde de chimpanzé dans un ovocyte d'humain, je n'ai rien créé, je fais une simple fécondation in vitro. *Évidemment, ce sont des interventions qui ne se font pas d'habitude, mais la question centrale est alors : jusqu'où nous autorisons-nous à jouer avec le vivant ? C'est cela, la question qui compte, ce n'est pas celle de la création. Et ce n'est pas non plus le fait de passer par telle machine ou tel dispositif compliqué comme Craig Venter ou Ian Wilmut qui est déterminant. Ce n'est pas le moyen utilisé qui est déterminant. La fascination technique nous empêche de voir que l'essentiel est avant tout la façon dont nous jouons, et ce que nous nous autorisons ou non. »*

Toutefois, si on ne crée pas la vie, en la modifiant on transforme également le regard que l'on porte sur elle : « *Nous avons tendance à considérer que les choses sont d'autant moins mystérieuses et respectables que nous avons la possibilité de les modifier. Si je deviens capable de modifier une chose, je ne la comprends pas forcément beaucoup mieux, mais elle appartient désormais à l'ordre des choses que je maîtrise. Or l'ordre des choses que je maîtrise, ce n'est justement pas ce qu'il y a d'incompréhensible. Il est très difficile, lorsqu'on est capable d'intervenir sur un domaine, de ne pas le trivialiser. Quand on devient capable d'intervenir sur du vivant et de l'humain – ce qui est par ailleurs hautement souhaitable –, le premier risque, c'est la trivialisation, c'est de se dire : "Au fond, ce n'est pas tellement important, puisque je peux le manipuler." On a également la conviction de posséder ce qu'on instrumentalise. Et, du coup, on devient juge de ce qu'on peut en faire. C'est ce qui risque de nous arriver avec le vivant. L'avancée des connaissances et des techniques, c'est justement ce qui risque d'entamer le mystère du vivant, ce questionnement, cette incertitude… »*

Ne pas croire qu'on a percé les mystères parce qu'on peut modifier quelques formes de la vie. Ne pas cesser de respecter le vivant parce qu'on parvient à le manipuler. Voilà les bornes éthiques que dessine Jean Claude Ameisen contre les possibles dérives des biotechnologies. Mais comment conserver ce respect du vivant ? « *L'essentiel est de bien voir que ce qu'on comprend et manipule n'est qu'une partie et peut-être pas la partie essentielle de la vie. Il existe ainsi toute une série de phénomènes profondément mystérieux qui peuvent à bon compte me paraître moins mystérieux, et donc moins questionnables, à partir du moment où je peux "jouer avec". C'est contre cette simplification illusoire que nous devons nous battre.* »

Tout en mettant en garde contre l'illusion qui nous ferait croire que la vie est devenue totalement transparente, Jean Claude Ameisen, comme l'a fait aussi Henri Atlan, critique l'illusion du « tout-génétique » et met l'accent sur l'importance de l'épigénétique : « *La transparence totale, merveilleusement simple, de la dimension génétique a appauvri, pendant très longtemps, la révolution darwinienne. On a cru que tout n'était que génétique, ce qui est un très grand appauvrissement de notre regard sur l'humain. La révolution épigénétique d'aujourd'hui, c'est la redécouverte du rôle que Darwin attribuait aux modifications dues à l'environnement, bien avant la génétique.* »

Finalement, il n'y aurait donc rien à retenir des biotechnologies ? La grande convergence des disciplines de pointe, les bouleversements dont on ne cesse de parler, tout cela serait donc à balayer d'un revers de main ? « *À mes yeux, c'est le rêve technologique d'une science ancienne : la génétique de la "posthumanité", c'est une génétique déjà vieille ! C'est une génétique sans la compréhension que fournit l'épigénétique. Les nanotechnologies, c'est de la physique grossière, par rapport à la physique qui se joue au niveau quantique. C'est de l'ingénierie très au point, mais extraordinairement grossière par rapport aux vrais problèmes que la physique se pose aujourd'hui dans les recherches. Ce rêve technologique extrapole sur la science ancienne qui a permis son développement, mais ne tient pas compte du tout de la science en train de se faire.*

Évidemment, on peut toujours dire que si je modifie la matière, j'aurai des conséquences. Mais si je la modifie selon un modèle conceptuel qui a vingt, trente ou quarante ans, les effets sont décalés par rapport à ce que la science connaît aujourd'hui. La fascination pour la technologie donne à ce rêve d'un nouvel humain ses côtés merveilleux et effrayants, mais à mon sens archaïques.

Que nous puissions modifier l'être humain, c'est évident : la révolution scientifique nous a donné des moyens technologiques immenses. Que nous puissions modifier la nature, c'est évident également. Que nous ayons peur, que nous souhaitions nous modifier profondément, cela fait partie des possibles. À condition de ne pas appauvrir la vision que nous avons de l'humain dans cette volonté de transformation. »

Conserver une conception de l'humain dans toute sa richesse, protéger sa part de mystère, aux frontières sans cesse repoussées. Voilà ce que le désir de maîtrise des technologies risque d'oublier.

— Pause 1 —
L'ÉCLIPSE DE LA CHAIR

Prendre le temps de s'arrêter un instant. Pour reprendre le fil, et mettre en lumière la réflexion qui émerge de ce que nous venons d'entendre au cours de ce premier périple. À propos de ce que nous cherchons – ce que devient l'humain à l'époque des sciences et techniques triomphantes –, la fabrique du corps offre un premier enseignement. Partiel, subjectif ou provisoire, soit, mais qui éclaire notre lanterne.

Première évidence : le corps n'est plus ce qu'il était. Bichonné, entraîné, dopé, soigné, scruté, connecté, scanné, séquencé, il n'a plus rien d'une malédiction. Fini l'instrument du péché, le fardeau de l'âme – curiosités pour archéologues. Faute d'avoir le corps qu'on veut, on fait construire. Mais est-ce encore le corps humain, sans une âme pour l'habiter ?

Car, deuxième évidence, ce qu'on appelait l'âme a fini d'être crédible, pris en compte, omniprésent. Souvenez-vous... Dans les représentations anciennes, le corps humain pouvait être admirable, objet de contemplation, voire de vénération – mais seulement parce qu'une âme l'habitait. Elle était la présence divine dans la glaise, même pour ceux qui ne croyaient en aucun dieu. Par cette présence, un certain « ailleurs » infusait toujours la chair. Ce qu'on appelait la beauté n'était pas autre chose que la présence diffuse de cet ailleurs. Voyez Platon, *Le Banquet* : dans le corps visible et palpable, c'est cet impalpable invisible qui est pressenti, désiré, aimé déjà. Cet infini incarné est encore ce qui rend fascinant le galbe des statues, et ce qui peuple l'art occidental d'une suite interminable de corps nus. Histoire ancienne, semble-t-il.

Mais alors, sans âme, que devient le corps humain ? Une mécanique corporelle ? Un amas d'organes ? Une chose à lifter ? Ce n'est pas si simple, ni si brutal. La première idée qui vient, en repensant à tout ce que nous avons entendu, c'est que l'âme, quoi qu'on en dise, est sans doute toujours là. Pas comme autrefois, assurément. Elle n'est ni pur esprit ni souffle éternel. Elle semble plutôt masquée dans le corps, tapie dans les muscles, cachée sous la peau. La preuve ?

L'âme ne vieillissait pas. Elle n'avait pas de rides. Dire qu'elle se fatiguait n'aurait aucun sens : seul le corps est sensible à la lassitude. Le corps était âgé, fripé, malade, l'âme non – ou alors en un sens plus métaphorique que réel. Eh bien, alors qu'on croit s'être débarrassé de l'âme, que fait-on donc aujourd'hui ? On demande dorénavant au nouveau corps d'être sans âge, sans ride, sans fatigue, sans maladie. L'âme était immortelle, on exige du nouveau corps, à présent, de fournir un substitut, ou un semblant, d'éternité.

Savoir où est passée l'âme n'est donc pas trop difficile : elle s'est réfugiée dans le corps, voilà tout. Clandestinement, anonymement, déguisée en bien-être, en jeunesse, en santé, en pleine forme... Tout ce qui définissait l'organisme comme éphémère, fragile, vulnérable se trouve ainsi remis en question. Cette transformation du corps serait donc bien, en fait, une transformation de la conception de l'humain. Au lieu d'avoir un corps, il est tenu de le construire.

Du coup, on peut même se demander dans quelle mesure, sous couvert de façonner le corps, on n'est pas en train de le nier. On veut l'améliorer, le renforcer, le réparer, le prolonger, et on s'emploie – de façon paradoxale, mais cohérente – à se débarrasser ainsi de tout ce qui le définissait : ses imperfections, sa fragilité, son impermanence. En l'augmentant, on tendrait à le réduire... L'attention méticuleuse, omniprésente, obsessionnelle que nous accordons au corps deviendrait donc une manière subtilement efficace de le nier, de refuser ses limites, donc sa nature et sa réalité propres.

Voulant plus de corps rêvé, nous travaillons en fait à obtenir moins de corps réel. Au point de ne plus en avoir ? Pour donner sens à cette interrogation nous avons à nous intéresser à la question de la chair, à ses métamorphoses.

La vie sensible

Où est passée la chair ? Malgré l'actuelle omniprésence du corps, elle peut donner l'impression de s'éclipser. Voilà qui peut paraître surprenant : la chair ne triomphe-t-elle pas, autant que le corps, dans le sport, l'esthétique, les soins permanents ? Dans la profusion des images ? N'est-elle pas joyeusement étalée, exhibée, à peu près partout ? Il faut préciser les mots – et leur emploi.

Le philosophe allemand Edmund Husserl, père de la phénoménologie, a été le premier, au début du XXe siècle, à élaborer conceptuellement la différence entre corps et chair, en s'appuyant sur les nuances de la langue allemande, qui distingue entre les deux.

Körper désigne tous les corps : corps inertes – hydrogène, morceau de cire, bout de sparadrap –, corps vivants – végétaux, chiens errants –, aussi bien que corps humains. De ce point de vue, le corps humain est une chose parmi d'autres, avec des propriétés physiques comparables à d'autres corps : on peut le peser, le mesurer, le transporter. Il peut être objet d'investigations, d'observations, de rentabilisation.

Leib – la chair – dit autre chose : le corps vivant vécu du dedans, la sensibilité, la sensation qui s'éprouve et, chez les humains, se pense et se parle, s'évoque, se commente, se partage. Ainsi, « du dehors » je peux faire l'expérience de mon corps comme de n'importe quelle autre chose existant dans le monde, et par exemple le peser, mesurer, photographier... Mais je ne peux faire l'expérience de ma chair que « du dedans », car elle constitue la condition de possibilité de toute expérience, ce qui fait qu'il y a pour moi un monde et des sensations. La chair, c'est l'existence incarnée.

Reprenant cette perspective, le philosophe français Maurice Merleau-Ponty a approfondi cette analyse de la chair en en faisant le point d'ancrage de la perception, ce lieu singulier qui appartient à la fois à la réalité objective et à la vie consciente et sensible personnelle : « C'est à l'intérieur du monde que je perçois le monde », écrit Merleau-Ponty. Il a ensuite étendu cette notion de la chair au point de la rendre synonyme de ce monde que nous percevons par tous nos sens. « L'épaisseur du corps [...], dit-il, est le seul moyen que j'ai d'aller au cœur des choses, en me faisant monde et en les faisant chair. »

À l'évidence, la chair ainsi entendue ne saurait à proprement parler disparaître. Pourtant, il semble bien qu'elle s'éclipse, comme perdue de vue, laissée hors du champ visuel principal. Ce qui occupe désormais l'attention, ce sont plutôt les différentes parties du corps, ses multiples fonctions, ses usages divers. Ce qui mobilise les recherches, les efforts, les espérances, ce sont les images du corps, les organes, les processus de développement. Pas leur unité.

Seules importent les parties, non le tout où elles s'unifient. Remplacement des organes, maintenance électronique des équilibres vitaux, reprogrammation des cellules, substitution d'une séquence d'ADN à une autre... tout semble considéré élément par élément, pièce par pièce. Les liens, les relations, les ensembles, la totalité ne sont pas pris en compte. Ou si peu.

Si le corps humain, comme tout corps, est effectivement composé de parties, et comporte des fonctions distinctes, ce n'est pas le cas de la chair, qui, elle, est unifiée, sans parties, sans éléments dissociables. On peut démembrer un corps, ou simplement en prélever un morceau. Pour la chair, au sens de Husserl et plus tard de Merleau-Ponty, ce morcellement est rigoureusement impossible : elle est indécomposable, toujours tout entière. Un demi-corps peut exister. Une demi-chair n'aurait aucun sens. L'humain amputé de bras et jambes n'a pas moins de chair que celui qui a quatre membres.

On serait donc, somme toute, en présence de deux mouvements contradictoires, actuellement en tension : l'un étend l'idée de chair aux dimensions du monde, l'autre mouvement, plus contemporain, fait l'inverse – pour étudier ou façonner le corps, il dissout cette idée de la chair dans la mécanique du monde, la considère comme un simple assemblage.

Donc, plus on insiste sur les organes, les pièces, les éléments du corps, plus on laisse de côté la dimension vitale de la chair. À mesure que s'impose la représentation du corps humain comme ensemble d'éléments séparables agencés les uns aux autres, la chair s'éclipse en tant qu'unité ouverte, sensible, vivante.

Éternel lendemain

Beaucoup semblent penser que c'est là une éclipse sans gravité. À encourager, à privilégier. Il faudrait donc nous délester des derniers liens qui nous retiennent encore – anciens préjugés, vieux scrupules. Pour s'en défaire, quelques règles suffiraient : se convaincre que la distinction entre inerte et vivant devient presque sans objet, construire des formes de vie comme des jeux de cubes, juger ces aventures pleines de surprises et réjouissantes, malgré un reste d'appréhension.

Quand naturel et artificiel deviennent ainsi indistincts ou interchangeables, on s'approche de ce qu'il va falloir maintenant explorer : l'horizon d'une fusion de l'homme et de la machine.

Aujourd'hui, dans les prospectus imaginaires du pays où rien ne manque, une partie du catalogue nous fait miroiter que nous pourrons un jour, annoncé comme pas si lointain, télécharger notre conscience sur un disque dur, passer de notre vieux corps pétri de chair à un beau support de silicone et de processeurs. Nous pourrions alors « vivre », éternellement, des pensées, voire des sensations et des sentiments, quasi à l'infini. Il deviendrait possible de changer de « corps », de décor également, quasi à la demande. La belle vie ? Allons voir.

II

LA MACHINE PENSANTE

> *« Chaque corps organique
> est une espèce de machine divine,
> ou un automate naturel,
> qui surpasse infiniment
> tous les automates artificiels. »*
> Leibniz, *La Monadologie*.

> *« L'univers est composé d'histoires,
> pas d'atomes. »*
> Muriel Rukeyser, *The Speed of Darkness*.

Une transfiguration annoncée

La vie sera-t-elle plus belle quand les machines penseront ? Ou bien serons-nous menacés, réduits au rôle d'accessoires, considérés comme quantité négligeable ? Pire : serons-nous anéantis, sans même pouvoir résister ? Chacun reconnaît là des thèmes rebattus de la science-fiction. La nouveauté, à présent, c'est que ces interrogations s'évadent des romans. On les retrouve dans des laboratoires de recherche en intelligence artificielle, dans le débat public, dans les instituts militaires et les réflexions des philosophes. L'idée a fait son chemin que des machines, dans un avenir plus ou moins proche, pourraient nous dépasser. Pour le meilleur ou pour le pire. Et que nous devrions y réfléchir sérieusement, au lieu de hausser les épaules.

Ici, nombre de questions s'entrecroisent. Que signifie, pour une machine, être « intelligente » ? Est-il possible qu'une machine pense ? Si oui, à quelles conditions ? Sinon, pourquoi ? Si des machines devenaient effectivement plus intelligentes que les humains, serait-ce pour eux une chance ou un désastre ? Les humains pourraient-ils fusionner avec cet univers de machines pensantes ?

Pourraient-ils devenir « autre chose », plus qu'humains, posthumains ? Ou inhumains ?

À ce carrefour, on est pris de tournis. Là aussi, les frontières se brouillent : entre science et fiction, humain et machine, présent et avenir, rêve et réalité. Les repères chancellent. Pas étonnant qu'au milieu de ce tourbillon certains s'enthousiasment, d'autres s'effraient. Que disent ceux qui s'impatientent de voir advenir ce nouvel horizon, cette nouvelle promesse ?

En substance : préparons-nous, car c'est pour bientôt ! Dans peu de temps, grâce à la grande convergence, nous pourrons vivre des siècles. Nos capacités mentales seront démultipliées, augmentées. Nous serons débarrassés des maladies, de la vieillesse et de la mort. Nos pouvoirs deviendront vertigineux. La souffrance sera réduite à néant, notre environnement obéira à notre volonté. Les problèmes d'énergie, de travail, de matières premières seront tous résolus. Définitivement.

À première vue, on songe à des annonces délirantes ou à des prophéties religieuses. Il suffit d'ajouter à ce qui précède quelques « bien chers frères » pour obtenir une sorte de prédication millénariste standard, l'annonce d'une prochaine apocalypse, d'une transfiguration du monde. Eh bien, pas du tout. Cela s'appelle le « transhumanisme » et, aux États-Unis, en Grande-Bretagne comme en France, de plus en plus de gens s'y intéressent. Et non des moindres.

Parmi les partenaires et sympathisants, on compte une belle brochette de milliardaires en dollars, comme Larry Page et Sergey Brin, les fondateurs de Google, Peter Thiel, cofondateur de Paypal, gérant de *hedge fund*, qui fut un investisseur précoce dans Facebook, devenu depuis conseiller et soutien financier du Singularity Institute for Artificial Intelligence. Peter Thiel contribue également au financement de toutes les recherches et fondations d'Aubrey de Grey, ancien informaticien et développeur d'intelligences artificielles de l'université de Cambridge devenu biogérontologue. Au sein de la SENS Foundation, ce scientifique s'active à mettre en œuvre son projet SENS (Strategies for Engineered Negligible Senescence), identifiant sept causes de vieillissement contre lesquelles il serait dorénavant possible de lutter pour ralentir, voire inverser, le vieillissement des cellules et parvenir à une régénération complète des tissus, et donc de l'espérance de vie humaine. À l'infini, selon lui. Parallèlement, sa Methuselah Foundation (Fondation Mathusalem) accorde le Methuselah Mouse Prize à toute recherche visant à allonger l'espérance de vie d'une souris dans des proportions encore jamais atteintes.

Dans ce cercle transhumaniste se croisent aussi Peter Diamandis, qui a contribué à la privatisation et la commercialisation des voyages spatiaux, ou encore l'ingénieur Eric Drexler, l'auteur des *Engins de création*, qui fut le fondateur du Foresight Institute, où se retrouve encore toute la nomenklatura du transhumanisme ou assimilé, notamment le futurologue Max More, radical fondateur de l'Institute Extropy et du mouvement des extropiens, « néophiles, expérimentateurs, prêts à explorer des technologies nouvelles de transformation de soi et à défendre l'usage de la science pour accélérer notre passage d'une condition humaine à une condition posthumaine [1] », sans oublier son étonnante épouse, Natasha Vita-More, artiste extropienne, body-buildeuse technophile, cryoniste convaincue, ou le philosophe Nick Bostrom, d'Oxford, le mathématicien et auteur de science-fiction Vernor Vinge, de l'université de San Diego, ou le célèbre roboticien Hans Moravec, qui a développé l'idée d'un robot fractal et rejoint les prédictions d'Isaac Asimov sur l'avènement des robots comme nouvelle espèce artificielle aux environs de 2030-2040. Malgré des orientations différentes, tous ont deux points communs.

En premier lieu, ils ont pour la plupart écrit ou inspiré des romans de science-fiction. Ainsi les romans de Vernor Vinge – tels *Un feu sur l'abîme*, *Au tréfonds du ciel* ou *Rainbows End* – sont peuplés de races d'extraterrestres ou de superintelligence éveillée par des scientifiques, et détruisant plusieurs civilisations. Le romancier Dan Simmons nomme *moravecs* – du nom du roboticien – les cyborgs autorépliquants de son roman *Ilium*[2]. Ce ne sont pas simplement des anecdotes : dans la nébuleuse transhumaniste se mêlent en permanence science et fiction, réalités actuelles et anticipation. La part du rêve, le fantastique, l'impossible devenant banal demain ne cessent de composer le kaléidoscope transhumaniste, capable de passer cent fois par heure des faits les mieux avérés aux hypothèses les plus folles.

D'autre part, une conviction centrale rassemble tous les courants : la nouvelle convergence des technologies transformera radicalement l'existence d'une manière bien spécifique. Quand existera la machine pensante, l'espèce humaine pourra se métamorphoser, l'humain pourra être augmenté. En fusionnant avec les machines, nous pourrons sortir de nos limites, étendre nos capacités. Le « plus » est le leitmotiv central du transhumanisme : « H+ » est son signe de reconnaissance.

Pour atteindre ce but, le corps serait prolongé, restructuré, investi de milliers d'ordinateurs microscopiques. À terme, il serait même possible de quitter définitivement le corps « version 1.0 ». Télécharger son esprit sur un disque dur, faire partie intégrante de la machine pensante garantirait une forme de vie éternelle. Il n'y a donc rien de miraculeux ni de surnaturel, pour les transhumanistes, dans leurs prévisions fantastiques. Uniquement la croissance exponentielle de la puissance technologique. Pour cela, ils se fondent notamment sur la loi de Moore[3], du nom du cofondateur de la société Intel, Gordon Moore, qui constatait dès 1965 que la puissance de calcul des ordinateurs allait doubler tous les dix-huit mois environ. Cette croissance, en extrapolant sa courbe – quitte à faire fi des contraintes incontournables des lois de la physique –, laisse présager que l'intelligence humaine sera bientôt brutalement larguée.

La vie évolue très lentement, ses métamorphoses se comptent par millions d'années. Au contraire, les capacités des ordinateurs augmentent à un rythme vertigineux. Bientôt, les machines seraient plus intelligentes que nous, capables de penser plus vite, communiquant entre elles. Alors le monde devrait s'attendre à basculer.

C'est en 2030, environ, que tout changerait. L'intelligence humaine, autrefois enfermée dans la boîte crânienne, limitée aux capacités de notre cerveau, pourrait alors s'installer pour de bon dans les transistors et les processeurs. En un court laps de temps, cette intelligence serait elle-même devenue immensément plus puissante qu'aujourd'hui. Cet avènement d'un univers dont on n'a pas idée a pour nom de code, aujourd'hui, la « Singularité ».

Ce terme, chez les transhumanistes, a un sens particulier. Dans la vie courante, il désigne évidemment le caractère unique, ou un peu bizarre, de quelque chose ou de quelqu'un. Chez eux, il faut l'entendre comme en mathématiques, où on parle de « singularité » quand un objet change de configuration ou d'état. On emploie aussi le terme en astrophysique, pour désigner les mutations qui se produisent à proximité d'un trou noir, quand les forces gravitationnelles deviennent immenses. L'idée est toujours la même : il s'agit d'une rupture provoquée par l'irruption d'une surpuissance.

Cette Singularité signerait donc l'émergence d'un monde surpuissant, où les machines pensantes mobiliseraient une intelligence telle que tout deviendrait différent. Portée par la grande convergence, la Singularité se révèlerait capable de repousser toutes les limites actuelles de nos capacités et de celles des machines.

C'est dans les années 1950 que l'on assiste au premier déplacement de cette notion mathématique : Stanislaw Ulam, mathématicien polonais enrôlé par John von Neumann dans le projet Manhattan d'élaboration de la première bombe atomique à Los Alamos, élargit insensiblement le sens de cette notion de singularité. Il rapporte une conversation avec son collègue von Neumann en mai 1958 : « Notre conversation portait sur le progrès en accélération constante des technologies et des changements dans les modalités de la vie humaine qui donnent le sentiment de nous rapprocher d'une singularité essentielle dans l'histoire des hommes au-delà de laquelle l'activité humaine, telle que nous la connaissons, ne pourrait continuer [4]. » Il faut souligner qu'il n'est nulle part question ici d'une quelconque prévision sur une intelligence dépassant celle des humains, comme certains s'empressèrent par la suite de l'interpréter, déformant les propos tenus [5]. Il n'empêche, le mot est lancé...

Années 1960 : le mathématicien britannique Irving John Good, qui fut aussi le conseiller scientifique de Stanley Kubrick pour *2001, l'Odyssée de l'espace*, précise l'usage nouveau du terme. La singularité devient le nom du seuil où la machine va dépasser l'humain en intelligence : « Supposons qu'existe une machine surpassant en intelligence tout ce dont est capable un homme, aussi brillant soit-il. La conception de telles machines faisant elle-même partie des activités possibles de la machine, elle pourrait à son tour créer des machines meilleures qu'elle-même ; cela aurait pour effet une réaction en chaîne de développement de l'intelligence, pendant que l'intelligence humaine resterait presque sur place. Il en résulte que la machine ultra-intelligente sera la *dernière* invention que l'homme aura besoin de faire, à condition que ladite machine soit assez docile pour constamment lui obéir [6]. »

Vernor Vinge, le mathématicien romancier, finit de donner au terme son sens actuel : le moment où l'intelligence des machines surpasse celle des humains, entrant dans un développement accéléré et soulevant la question de la place future de l'humanité dans cette évolution. Pour Vinge, si la situation peut devenir incontrôlable, c'est évidemment parce qu'une intelligence qui fonctionnerait, par exemple, mille fois plus vite que la nôtre aurait toujours une avance vertigineuse sur nos réactions, nos plans et nos décisions. Autrement dit, si cette mutation se produit – et apparemment tout y conduit –, alors on peut s'attendre au pire.

Ou au meilleur. Du moins, selon certains. Car la Singularité n'est pas forcément un cauchemar pour tous. Elle peut devenir rêve, nouvelle frontière, horizon d'un monde meilleur. La métamorphose de ce risque mortel en chance d'immortalité, c'est avant tout à Ray Kurzweil qu'on la doit. C'est lui qui, depuis 2005, rend populaire cette conception de la Singularité radieuse, optimiste et attirante.

Il y croit tellement qu'il crée, sur un site de la NASA, au sein du Ames Research Center, exactement Building 20, une très sélect et hypertendance université de la Singularité, avec toujours l'active participation de Nokia, des fondateurs de Google, et de Peter Diamandis, devenu directeur général de cette université et qui rêve d'en faire un Harvard du futur [7]. Quatre-vingts places seulement, 25 000 dollars pour sept semaines de stage, et déjà des listes d'attente interminables. On y croise le concepteur de jeux vidéo Will Wright, créateur des *Sims*, l'astrophysicien George Smoot, prix Nobel de physique en 2006, des astronautes de la NASA, Bob Metcalfe, le co-inventeur d'Ethernet, des professeurs de Stanford, des *geeks* inventifs, des hommes d'affaires qui flairent les marchés porteurs. Sans oublier Jason Bobe, directeur de personnalgenome.org, qui travaille aussi sur le Personal Genome Project avec George Church, que nous avons déjà rencontré, ou Steve Jurvetson, un des responsables de Synthetic Genomics, la société du biologiste de la cellule artificielle, Craig Venter.

Car c'est aussi cela, le transhumanisme : un curieux cocktail de recherches de pointe et d'opportunités commerciales, d'utopies millénaristes et de rêves spirituels transplantés dans les technologies actuelles et futures de la Silicon Valley californienne. De la prospective et du mythe, de la science et de la fiction, des scénarios possibles pour des résultats impossibles, des calculs vertigineux pour des résultats naïfs, des inventions réellement prometteuses et des fantasmes présentés comme réalisables sous peu. Ce qui attire et éloigne, dans ce mouvement, c'est aussi ce mélange, dont la décantation paraît impossible. Ray Kurzweil en est la plus parfaite incarnation.

Wellesley, Massachusetts. Rencontre avec Ray Kurzweil
« L'existence humaine ne dépend pas d'un corps biologique. »

Dans ses activités et ses propos se trouve en effet portée à son paroxysme cette cohabitation d'éléments hétérogènes. Ce génie de l'informatique et de la prospective est aujourd'hui au cœur de tout ce qui s'agite, aux États-Unis, autour de la Singularité et du transhumanisme. Visionnaire d'exception pour ceux qui l'admirent, Ray Kurzweil passe pour un champion de l'autopromotion aux yeux de ceux qui l'aiment moins.

Il s'est révélé précocement surdoué en programmation informatique. À 15 ans, il conçoit un programme capable de reconnaître la structure des compositions musicales. Peu après, le voilà qui invente la première machine capable de lire à voix haute, pour les aveugles, des pages imprimées. Le chanteur Stevie Wonder est le premier acquéreur de la machine, commercialisée par Kurzweil Computer Products, qui met ensuite sur le marché les premiers synthétiseurs, les premiers logiciels de reconnaissance vocale.

À 22 ans, il perd brutalement son père, compositeur et chef d'orchestre. Cette disparition précoce fut pour Kurzweil une véritable tragédie, dont il ne s'est jamais vraiment remis. D'autant, pense-t-il, qu'à quelques années près la malformation cardiaque de son père aurait sans doute pu être réparée. À cette conviction que la marche des technologies est toute-puissante s'ajoute, chez le fils, cette nostalgie futuriste paradoxale de retrouver le père perdu, de converser de nouveau avec lui dans l'univers des machines pensantes.

Nous avons rendez-vous avec ce Géo Trouvetou, « technoprophète », au siège de sa compagnie, Kurzweil Technologies, à Wellesley, une banlieue entre chic et no man's land de Boston. L'immeuble ne paie pas de mine. Dans l'entrée, kitsch à souhait, nous attend « l'auteur », assis sur son fauteuil, en complet-veston, jambes croisées, une pipe éteinte à la main. Un papier dépasse de la poche de sa veste sur lequel est écrit : « Je suis l'auteur, j'attends le lecteur. » Déjà un clone ? Non, un simple mannequin de cire ! très ressemblant… auprès de qui nous patientons quelques instants. Une machine à enregistrer fabriquée par Edison avec ses rouleaux de cire, une kyrielle de prix, diplômes, célébrant les succès de Ray Kurzweil, des photos en compagnie de Bill Clinton ou de Bill Gates, qui le considère comme « la personne la plus douée qu'il connaisse en matière d'anticipation de l'avenir de l'intelligence artificielle », complètent le décor.

La légende dit que Kurzweil avale entre cent soixante et deux cents comprimés par jour pour reprogrammer son ADN et retarder son vieillissement. Ce traitement, inspiré des travaux du chef de file des « anti-âge », Aubrey de Grey, est destiné à lui permettre de passer le cap qui nous sépare de la Singularité prévue par lui entre 2030 et 2045.

Pour nombre de transhumanistes, ceux de la génération des plus de 50 ans, une course contre la montre est aujourd'hui engagée. Le moment est proche où l'on pourra vivre des siècles, voire éternellement. Il s'agit donc de tenir jusqu'au grand décollage, au moment où les machines vont penser et où nous penserons avec elles, éternellement. Mourir dix ou vingt ans avant l'immortalité, ce serait trop bête, non ? Il faut donc prolonger comme on peut le vieux corps, ralentir son usure et son déclin, le temps qu'advienne le grand bond en avant.

À 63 ans, Ray Kurzweil porte réellement son âge – alors qu'il affirme volontiers avoir biologiquement vingt ans de moins, grâce à son traitement. D'un abord sympathique, on le prendrait plus facilement pour un artiste, jazzman ou peintre, que pour l'ingénieur businessman qu'il est effectivement.

Où est la frontière, à ses yeux, entre ce qui est encore humain et ce qui ne l'est plus ? Si nous quittions notre corps pour télécharger notre conscience, nous serions sans doute en mesure d'échapper à l'usure, à la douleur, à la mort. Mais serions-nous encore des êtres humains ? Ray Kurzweil, auteur de plusieurs best-sellers sur la question[8], n'en doute pas : « *Je considère que l'existence humaine ne dépend pas d'un corps biologique. La biologie elle-même n'est qu'un ensemble de machines. Elle nous apprend qu'il existe des ribosomes, qu'on peut considérer comme des sortes de nanomachines. Tous ces minuscules mécanismes, dans le cerveau, dans nos cellules, dans la reproduction, sont à la base de nos pensées. Nous pouvons les modéliser sur ordinateur et comprendre que ce sont des machines complexes imbriquées les unes dans les autres.*

Quand je parle de fusion entre nous et les machines, les gens ont parfois des réactions négatives, parce qu'ils pensent aux machines que nous connaissons aujourd'hui, qui nous paraissent froides, pas aussi subtiles, complexes et tendres qu'un être humain. Du coup, on n'a pas envie de fusionner avec ces choses-là.

Pourtant, en fonction de la croissance exponentielle des technologies, les "machines" – nous aurions besoin de trouver un mot nouveau – vont devenir aussi subtiles et souples que les êtres humains. C'est ça, la biologie de l'avenir ! Elle ira au-delà de toutes les limitations et les problèmes de la biologie. Car la biologie est très limitée. Les machines, en fin de compte, deviendront équivalentes à nos capacités biologiques et les dépasseront. En fusionnant avec elles, nous n'allons pas nous amoindrir ! »

Nous avons tendance à imaginer que l'on quitterait la chair pour entrer dans un univers machinique. En fait, pour notre interlocuteur, nous sommes déjà des machines. Mais des machines imparfaites, mal construites, peu fiables, peu performantes. Améliorer cette mécanique pensante que nous sommes, c'est nous perfectionner de plus en plus : « *Nous évoluerons vers quelque chose qui est un hybride de biologie et de non-biologie, parce que l'intelligence non biologique va doubler de puissance chaque année, ou même plus vite encore, alors que l'intelligence biologique est relativement fixe. Au final, la part non biologique prédominera. Il ne s'agit pas d'un saut, mais d'une transition graduelle.* »

Objection, quand même : les êtres humains risquent fort de ne jamais accepter de quitter leur peau, leurs sensations, leurs jouissances, leur sexe pour devenir des machines spirituelles, même très intelligentes. La grande immersion dans le plastique et le silicium fera-t-elle disparaître les caresses et les orgasmes ? « *La sexualité peut parfaitement être préservée dans toutes ses jouissances. Quand nous pourrons avoir des nanorobots à l'intérieur de notre système nerveux pour créer un environnement virtuel, nous ne pourrons pas le distinguer de la réalité, parce que nous le ressentirons réellement, en trois dimensions. Nous pourrons dupliquer dans la réalité virtuelle ce que nous vivons maintenant, y compris dans le domaine sexuel.* »

Serait-ce donc le Paradis qui nous attend, une fois que nous aurons dit adieu à notre vieille carcasse ? Ce n'est pas encore gagné. Car il existe aussi, sur le chemin vers la Singularité et ce fantastique monde d'après, quelques dangers de taille. Dès 1986, dans *Engines of Creation*[9], Eric Drexler, le pionnier des nanotechnologies, a souligné le risque d'une destruction rapide de toute la biosphère terrestre en cas d'une perte de contrôle.

Schéma du scénario : des nanorobots détraqués se multiplient. En quelques heures ou quelques jours, ils recouvrent et asphyxient tout, sans que personne puisse arrêter leur prolifération. Cette couche visqueuse qui engloutirait le monde, Drexler l'a dénommée « glu grise » (*grey goo*), et elle a fait couler beaucoup d'encre. Face à ce risque de catastrophe planétaire, Ray Kurzweil a encore la réponse : « *La technologie a toujours été une arme à double tranchant. C'était déjà le cas avec le feu et les premiers outils. Les dangers vont devenir de plus en plus sophistiqués, mais nous ne sommes pas désarmés. Nous pouvons créer des systèmes de défense. Pour cela, nous avons besoin d'hommes de science responsables, capables de se soumettre à des normes éthiques. Nous avons des directives dans le domaine de la biotechnologie comme dans celui des nanotechnologies pour prévenir la "glu grise".*

Le plus grand danger demeure toutefois une intelligence artificielle "non amicale". C'est réellement, aujourd'hui, le plus grand de tous les défis. On peut imaginer des solutions techniques pour sécuriser les autres domaines, mais c'est plus compliqué pour l'intelligence artificielle... On m'accuse souvent d'être optimiste ; je le suis, mais je ne suis pas un utopiste. Nous avons à identifier à la fois les promesses et les dangers. Mais, à terme, ce qui demeure incontournable, c'est bien le pouvoir de ces technologies. »

En fin de compte, tout repose sur une option métaphysique. Pour Ray Kurzweil, l'humain ne se caractérise pas principalement par son ancrage dans un corps. Quitter le corps, si cela devenait possible, ne signifierait donc pas quitter l'humanité. Au contraire, à ses yeux, ce serait l'affirmer plus fortement, car l'identité humaine la plus profonde réside pour lui dans le seul fait d'aller toujours plus loin, de s'affranchir de toutes les contraintes : « *Pour moi, le but de la vie est d'aller toujours au-delà des limites. Parmi toutes les espèces, ce que les êtres humains ont d'unique, c'est bien de transcender toutes les limitations. Nous ne restons pas rivés au sol, ni bloqués sur cette planète, et nous ne restons pas non plus dans les limites de notre biologie, qui nous accordait il y a quelques milliers d'années une espérance de vie de vingt ans. Il y a dix mille ans, personne n'avait entendu parler de philosophie, mais nous n'avons cessé, depuis, de créer de plus en plus de domaines de connaissance. Cette évolution est aussi, je le crois, un processus spirituel.*

En effet, comment a-t-on décrit Dieu ? Comme un être sans limites par sa beauté, son amour, sa créativité, son intelligence, son omniscience... Et comment voyons-nous que les choses évoluent ? Dans l'évolution biologique et technologique, nous constatons que tout devient plus complexe, plus savant, plus intelligent, plus créatif, plus capable de grandes émotions comme l'amour... plus beau, somme toute ! Plus semblable à Dieu, en un sens, bien que nous ne serons jamais infinis, car jamais nous ne réaliserons cet idéal, qui n'est qu'un idéal. On y tend, de manière exponentielle, mais on ne peut jamais l'atteindre totalement. »

Avec cette vision d'apothéose cosmique, nous ne sommes pas loin de diverses conceptions religieuses. Il y a longtemps que s'est exprimée l'espérance en une spiritualisation générale du cosmos et de l'ensemble de la matière. Ray Kurzweil, en décrivant une ultime évolution de l'univers où tout deviendrait intelligence, y compris le moindre grain de sable et la plus lointaine galaxie, rejoint ces visions grandioses.

La galaxie « trans » et « post »

Figure centrale, Ray Kurzweil ne représente malgré tout qu'une des variantes du transhumanisme. Le thème de la machine pensante avec toutes ses conséquences suscite des attentes et des craintes disparates. On aurait donc tort d'imaginer le mouvement transhumaniste comme une école de pensée unifiée, dont tous les membres seraient étroitement soudés. Mieux vaut parler d'une nébuleuse où s'entrecroisent attitudes et attentes multiples sans unité rigide.

Signe de cette malléabilité, le sens exact du terme « transhumaniste » lui-même n'est pas rigoureusement fixe. Plusieurs versions de son acte de naissance circulent. Selon les uns, c'est Julian Huxley, biologiste, frère du romancier Aldous Huxley – l'auteur du *Meilleur des mondes* –, qui forge le terme dans les années 1950. Premier directeur général de l'Unesco, Julian Huxley professait une croyance parfois démesurée dans les capacités bienfaitrices du progrès des sciences. En créant le mot « transhumanisme », il insisterait donc sur le dépassement des limites de l'humanité actuelle, la manière dont les bornes anciennes peuvent être transcendées.

Selon d'autres, au contraire, ce « trans » serait le signe du transitoire, l'indice de notre époque, transition entre humain et carrément « posthumain ». Le terme a été utilisé en ce sens par un essayiste et romancier iranien, Fereidoun Esfandiary, décédé en 2000, dans son livre *Êtes-vous un transhumain ?*. Il choisit pour nom d'auteur

FM-2030, car « les noms conventionnels désignent le passé des gens », et « en 2030 nous serons immortels. [...] 2030 est un rêve et un but »[10].

En tout cas, l'idée est souvent exprimée, dans les différentes variantes du transhumanisme, d'un passage vers le statut de « posthumain ». Ce dernier est supposé vivre au moins des siècles, ne plus connaître aucune souffrance, contrôler ses humeurs comme ses pensées et connaître des états de conscience dont nous n'avons même pas idée... En fait, les posthumains sont supposés être si différents de tout ce que nous sommes qu'il est pratiquement impossible d'en dire quoi que ce soit d'exact... – ce qui est à la fois bien embarrassant et bien commode.

Avant de devenir éventuellement des « post », nous serions donc des « trans », œuvrant à la grande mutation, l'espérant de tous nos vœux et l'aidant de toutes nos forces. Face à ces affirmations, on éprouve comme un vertige, ne sachant plus si on croise les membres d'une secte farfelue ou, comme c'est plutôt le cas, ceux d'un groupe de décideurs dont les idées circulent jusque dans les plus hautes sphères de la politique et de la recherche, comme le DARPA (Defense Advanced Research Projetcs Agency), département de pointe de la Défense américaine chargé de la recherche et du développement autour des nouvelles technologies à usage militaire. On retrouve aussi des transhumanistes ou des sympathisants parmi les conseillers du gouvernement américain : Ray Kurzweil est consultant auprès de l'armée sur les initiatives technologiques, et William S. Bainbridge, précédemment cité, est l'auteur du rapport officiel sur les NBIC placé sous le signe de l'augmentation des capacités de l'humain par les technologies, au parfum largement transhumaniste.

Voilà donc une série de personnalités influentes, qui toutes travaillent à transformer la représentation de l'humain. Le transhumanisme ne rêve pas seulement de nous connecter étroitement à des machines intelligentes.

Il constitue aussi – et c'est ce qui nous intéresse – un symptôme de ce qui est en train de changer dans l'approche de l'identité humaine : au lieu d'une fixité, une rupture, plus ou moins proche, à la fois radicale et souhaitable. Au lieu d'une condition subie, la prise en main de notre propre transformation. Au lieu de limites infranchissables, l'abolition des limites, le dépassement de la nature et de ses contraintes. Au lieu de la défiance envers les techniques, la confiance dans le monde nouveau qu'elles deviendraient en mesure de construire.

Par-dessus tout, cette conviction : l'essentiel de l'humain réside dans une expansion permanente, une augmentation de ses pouvoirs. Toujours plus loin, plus haut et plus fort. Voilà le mouvement qu'il faut accompagner, comme une aventure grandiose, comme une conquête d'horizons nouveaux. Le transhumanisme est donc porté par l'idée d'une révolution de l'humain lui-même. À la place des révolutions sociales, politiques ou économiques viendrait une radicale mutation de l'humanité rendue possible – ou inéluctable – par la technologie.

C'est ce que confirme une autre figure importante de la galaxie, le théoricien qui s'est donné pour tâche de formuler la doctrine, le chercheur d'origine suédoise Nick Bostrom. Fondateur en 1998 de l'Association transhumaniste mondiale (World Transhumanism Association), il a créé à Oxford, en bénéficiant de larges subsides, l'Institut du futur de l'Humanité[11], qui vise à produire des analyses conceptuelles pour asseoir la pensée transhumaniste.

Dans le domaine des spéculations philosophiques sur le transhumanisme, Nick Bostrom est sans doute l'auteur le plus prolifique. Ses nombreux articles et conférences mêlent textes apparemment très consensuels et interventions sans nuances. A priori, tout le monde ou presque pourrait être attiré par une définition aussi vaste et floue que celle-ci : « Le cœur de la philosophie transhumaniste est l'idée simple que nous pourrions vivre des vies meilleures par l'utilisation raisonnée des technologies afin d'étendre nos capacités biologiques et notre durée de vie [12]. » Ainsi formulé, franchement, qui est contre ?

En revanche, on aura plus de mal à suivre l'auteur quand il se demande si nous ne sommes pas en train de vivre dans un monde qui serait une simulation de réalité produite par des posthumains du futur disposant d'hyperordinateurs, évidemment capables de simuler des époques antérieures...

Dans les définitions du transhumanisme que propose Nick Bostrom, on retrouve la même double face : présenter, tel Janus, un visage attirant, d'une part, faire progresser résolument les mutations, d'autre part. Ainsi, sur la face tranquille, le mouvement promeut « la possibilité et la désirabilité d'une amélioration fondamentale de la condition humaine par l'usage de la raison » – ce qui, après tout, est le but poursuivi depuis toujours par la philosophie... Mais, sur la face active, il s'agit bien de poursuivre « l'étude des répercussions, des promesses et des dangers potentiels de techniques qui nous permettront de surpasser des contraintes inhérentes à la nature humaine ». Le transhumanisme est-il donc si rationnel, si pondéré, si véritablement soucieux de parer aux dangers des technologies qu'il le prétend ? Certains ne le pensent pas. En 2002, le célèbre politologue Francis Fukuyama publie *La Fin de l'homme* [13], où il s'oppose très vivement à toute modification de l'espèce humaine comme telle. Il va jusqu'à considérer le transhumanisme comme « l'idée la plus dangereuse du monde », car elle menacerait selon lui la « nature humaine » même.

Nick Bostrom se retrouve alors en première ligne pour défendre le mouvement [14]. Il oppose à Francis Fukuyama trois arguments. D'abord, cette « nature humaine » qu'il dit menacée n'existe pas, puisqu'on ne trouve nulle part cette « essence de l'homme » supposée être en péril. D'autre part, les mutations envisagées par les transhumanistes ne priveraient pas les gens de leur capacité de choix moral. Enfin, l'augmentation des capacités humaines sera rendue largement accessible à tous.

Cette polémique montre au moins que les transhumanistes n'ont pas que des amis. Parce que leurs projets n'ont pas que des avantages. À côté des promesses, des prophéties et des paradis annoncés, leurs critiques soulignent risques et dangers. Dans ces querelles s'affrontent des représentations contraires de l'humain, de sa nature et de son histoire.

L'humain peut-il vraiment rester le même tout en s'hybridant avec des machines pensantes ? En quoi la « nature humaine » – si tant est qu'elle existe – serait-elle perdue ou entravée si ces hypothèses se concrétisaient ? C'est ce que nous demandons à Francis Fukuyama.

Stanford. Rencontre avec Francis Fukuyama
« La nature humaine définit nos valeurs les plus fondamentales. »

Le politologue est devenu célèbre, presque du jour au lendemain, en 1989, après l'effondrement du communisme. Chercheur à la Rand Corporation, Francis Fukuyama publie alors un article intitulé *La Fin de l'Histoire*. Son idée n'est pas – comme on l'a souvent cru – de proclamer la disparition des événements ni des conflits, mais d'affirmer que, désormais, le seul modèle politique, pour l'ensemble de la planète, c'est la démocratie.

La préoccupation centrale de ce penseur est donc bien d'ordre politique. C'est à ce titre qu'il s'intéresse aux biotechnologies et au transhumanisme. Nous le rencontrons à l'université Stanford, en Californie, où il enseigne désormais.

Première question : par quel cheminement un spécialiste de philosophie politique en est-il venu à s'intéresser au transhumanisme et à le condamner ? « *Mon intérêt pour ce sujet s'enracine directement dans ma réflexion sur le contrôle social et l'ingénierie sociale. Repensez à l'histoire du XXe siècle et vous verrez que le fascisme et le communisme ont tenté l'un comme l'autre de refaire la société humaine de fond en comble, en provoquant des souffrances gigantesques et la destruction des valeurs humaines. C'est pourquoi il m'a tout de suite semblé évident que la compréhension bien plus fine que nous avons aujourd'hui des fondements biologiques du comportement humain pouvait engendrer un nouvel effort qui tenterait d'utiliser ces nouvelles technologies pour contrôler les gens. Ces possibilités de contrôle seraient bien plus puissantes simplement parce que nos connaissances sont bien plus fines.*

Le défi, à mes yeux, n'est donc pas simplement d'ordre éthique, mais aussi d'ordre politique. Les décisions politiques à prendre concernant nos relations avec ces technologies vont déterminer si nous entrons ou non dans un avenir posthumain. On ne souligne pas assez que la biotechnique et la meilleure compréhension scientifique du cerveau humain promettent d'avoir des prolongements politiques extrêmement importants. Combinées, elles ouvrent à nouveau des possibilités d'ingénierie sociale à quoi les sociétés – avec leurs techniques dépassées du XXe siècle – avaient renoncé. »

On pourrait penser que Francis Fukuyama exagère, qu'il amplifie des risques mineurs, lointains, peu probables. Cette domination technologique et hypersophistiquée, qui ferait de chacun de nous un robot qui s'ignore, une mécanique docile, incapable de révolte, ressemble moins à un avenir réel qu'à un paysage de science-fiction… : « *Ce n'est pas de la science-fiction ! Nous en avons déjà des exemples sous nos yeux. Regardez la façon dont on utilise, aux États-Unis et ailleurs, des drogues comme la Ritaline pour lutter contre ce qu'on appelle l'"hyperactivité". Le monde des drogues chimiques, bien avant n'importe quelle ingénierie génétique, offre déjà toutes sortes de moyens de contrôler le comportement humain. Le risque majeur est alors de toucher à un élément fondamental de la responsabilité. Si l'on dispose d'une substance capable d'effacer la mémoire, par exemple, on peut effacer aussi la responsabilité et le fait d'avoir à rendre compte de ses actes. Tout cela me fait penser que s'accroît de jour en jour la capacité d'une personne à contrôler le comportement d'une autre. »*

Inutile d'insister sur le fait qu'une éventuelle fusion homme-machine démultiplierait vertigineusement ces capacités de contrôle des faits et gestes. En admettant que pareille hypothèse se réalise, que deviendrait la « nature humaine » ? D'ailleurs, n'est-ce pas une notion pratiquement impossible à définir ? *« Je n'ai pas à la définir car elle l'est déjà implicitement dans nos lois et notre compréhension de ce qui constitue un ordre politique et une personne juridique. Nous avons là une conception essentielle de ce qui constitue un être humain. En fait, tout notre système moral et politique actuel repose sur une compréhension essentialiste de la nature humaine, ce qui signifie que nous croyons que les êtres humains ont une certaine essence qui les définit comme tels et les distingue des autres existences naturelles et des objets.*

C'est d'ailleurs pour cette raison que nous refusons, dans la démocratie, les discriminations liées au sexe, à l'âge ou à la provenance ethnique. Les gens sont différents, évidemment, du point de vue de ces caractéristiques, mais nous considérons qu'elles ne sont pas essentielles. Ce qui nous conduit à la difficile question de savoir, justement, en quoi consiste ce qui est essentiel. Si vous pointez un revolver sur ma tempe en me disant : "Alors, quelle est l'essence de l'homme ?", je dirais qu'en Occident, la réponse est la raison, plus exactement la raison humaine appliquée aux questions morales, ce qui nous permet de distinguer ce qui est juste de ce qui ne l'est pas. Cette définition remonte jusqu'au livre de la Genèse : "Dieu a fait l'homme à son image." Les êtres humains ne sont pas des dieux, mais ils ont en partage cette caractéristique "divine" : discerner le juste et l'injuste et raisonner à propos des questions morales.

Je pense que cela est également en rapport avec l'empathie et la capacité des gens de voir le monde du point de vue d'autres êtres humains, ce qui fonde la coopération, la solidarité et bien d'autres choses. Il faudrait y ajouter une certaine forme d'autonomie morale que nous sommes convaincus de posséder.

La nature humaine existe, elle est ce qui définit nos valeurs les plus fondamentales. Du coup, si apparaît une technique assez puissante pour remodeler ce que nous sommes, on risque effectivement de voir apparaître des conséquences funestes pour la démocratie libérale et pour la nature même de la politique. »

Les transhumanistes présentent souvent la marche vers les machines pensantes comme un processus hors de notre contrôle, qui suit son expansion propre, et qu'il serait donc déjà tout à fait impossible de stopper : « *Cette idée est tout simplement fausse ! Le meilleur exemple est celui des armes nucléaires. Avant et après Hiroshima et Nagasaki, les gens étaient obsédés par la menace atomique sur l'avenir du monde. Tout le monde pensait que trente ou quarante pays allaient construire ces armes dans les deux décennies suivantes et qu'on allait avoir des guerres nucléaires. Certes, nous ne sommes pas parvenus à mettre ces armes hors jeu, ni à empêcher qu'on continue à vouloir s'en doter. Mais si le contrôle n'est pas total, il est bien plus grand qu'on ne l'avait prédit. Je suis persuadé qu'il en va de même avec les technologies qui pourraient nous transformer en posthumains.* »

Pareille assurance n'est pas partagée par tout le monde. Car il existe bien des risques spécifiques aux nouvelles technologies, qui rendent discutable cette analogie avec le nucléaire. C'est l'informaticien Bill Joy qui les a mis en lumière dans un article retentissant paru dans le magazine *Wired* en 2000, « Pourquoi le futur n'a pas besoin de nous [15] », avec ce sous-titre explicite : « Les technologies les plus puissantes du XXIe siècle – la robotique, le génie génétique et les nanotechnologies – menacent de faire de l'humanité une espèce en voie de disparition »...

Qu'est-ce qu'on risque ? Juste de disparaître

Ce « nous » dont le futur n'a pas besoin, ce ne sont pas les humains, mais les ingénieurs comme Bill Joy lui-même. Car cet « architecte en informatique » a traversé une forme de crise intellectuelle et spirituelle. Il avait confiance en son métier, était fier de son travail. À son palmarès, des inventions qui marquent l'histoire de l'informatique. Au début des années 1980, encore étudiant à Berkeley, il écrit un programme qui devient un des éléments de base du nouveau système Unix. Il figure ensuite parmi les créateurs du langage Java, sans lequel Internet ne serait pas ce qu'il est. En 1982, il cofonde et codirige la compagnie Sun Microsystems, qui fabrique ordinateurs et logiciels et passe de quatre employés à près de quarante mille en quelques années. Bref, tout allait bien.

Soudain, en 2000, dans cet article qui fait date, il explique que les techniques du XXIe siècle, robotique en tête, mettent en péril la survie de l'humanité. De sa conviction initiale d'aider le progrès, Bill Joy est donc passé à la crainte de participer à un processus destructeur. Entre-temps, qu'est-il arrivé ?

En 1998, lors d'une rencontre, il écoute s'affronter Ray Kurzweil et le philosophe John Searle, grand théoricien de la philosophie du langage et de l'esprit, de l'université de Berkeley. La joute dure toute la soirée.

Kurzweil, comme à son habitude, soutient qu'il existera sous peu des machines intelligentes, et même véritablement conscientes. John Searle réplique que c'est impossible : un robot peut faire des calculs sophistiqués, mais en aucun cas accéder à une conscience qui lui ferait éprouver, comme nous, un vécu subjectif du monde et comprendre le sens des mots.

Pour Bill Joy, voilà le déclic. Ce que dit Kurzweil l'a impressionné. Il prend conscience que l'éventualité, plus ou moins proche, d'une intelligence des machines – supérieure à la nôtre et ne nous laissant d'autre choix que de nous soumettre – n'est pas seulement un thème de science-fiction. Il questionne alors Danny Hillis, un de ses copains, un technicien hors pair, cofondateur de Thinking Machines Corporation, qui lui confirme que le scénario de Kurzweil de « gens fusionnant avec des robots » est possible, et même probable. Bill Joy commence alors à s'interroger sur les dangers potentiels de ce monde technologique qu'il contribuait jusque-là à bâtir sans état d'âme.

Il prend conscience de l'ampleur du risque, de la difficulté de le maîtriser. Pour deux raisons principales, qui font la différence avec les autres risques technologiques, nucléaire inclus. D'abord, au lieu d'être entre les mains des militaires et des États, ces technologies sont éparpillées dans des firmes privées et concurrentes, ce qui rend évidemment tout contrôle aléatoire. Ensuite, il ne s'agit pas de processus inertes, mais d'éléments capables de s'autoreproduire. Une bombe atomique n'en fabrique pas une autre. Une machine d'une intelligence supérieure trouvera le moyen d'en fabriquer une autre, plus intelligente qu'elle, et l'accélération deviendra sans fin.

Cet argument de l'autoreproduction ne concerne pas seulement les ordinateurs grand format, si l'on peut dire, mais également les nanorobots. Les « assembleurs » qu'imaginait Eric Drexler dans les années 1980 sont en effet des robots microscopiques capables de se dupliquer à l'infini. Il suffirait donc d'une panne, d'un accident, de n'importe quelle faille dans les systèmes de sécurité pour que les « engins de création » se muent en « engins de destruction » et que toute la planète se trouve recouverte et rapidement détruite. Ce scénario de la « glu grise » déboucherait donc sur ce que Robert Freitas, adepte de Drexler, a dénommé « écophagie [16] » : tout l'environnement serait dévoré. Ce qu'imaginait Philip K. Dick dans *Second Variety* – et à sa suite le film *Screamers* (*Planète hurlante*) – pourrait bien se produire « en vrai ».

En relisant Drexler, Bill Joy conclut qu'il y a des risques à ne pas prendre, des accidents auxquels il n'est pas possible d'exposer l'humanité, dans la mesure où ils signeraient sa disparition. Il suggère donc d'abandonner les recherches dangereuses et de mettre sur pied un contrôle international avant que ces « nouvelles boîtes de Pandore » ne laissent échapper leur kyrielle de maux. Pour éviter que les machines pensantes ne nous détruisent, il faut stopper la marche vers l'abîme.

Est-ce possible ? Et surtout, est-ce bien ainsi que les choses se passent ? D'éminents scientifiques en doutent. En 2001, à Davos, Bill Joy rencontre un critique, amical mais très ferme, en la personne de ce physicien de légende qu'est Freeman Dyson, qui lui fait d'abord remarquer que ce fameux projet de Drexler – fabriquer des « assembleurs répliquants » – n'a pas eu, depuis plus d'un quart de siècle, le moindre début d'application concrète. Le danger serait donc très surestimé, comme l'étaient les chances de réussite.

Aux yeux de Freeman Dyson, le risque majeur se situe aujourd'hui du côté des biotechnologies, non des nanotechnologies, ni de l'intelligence artificielle. À son avis, qui est optimiste, si jamais un danger réel survenait, les efforts de vigilance et d'action de la communauté scientifique responsable suffiraient pour protéger efficacement les populations. Voilà typiquement un discours de « déflation » des craintes apocalyptiques et des scénarios-catastrophes. Il est vrai que Freeman Dyson est coutumier des provocations tranquilles.

PRINCETON. RENCONTRE AVEC FREEMAN DYSON
« Le résultat pourrait être une sale société de maîtres et d'esclaves. »

Ce grand physicien britannique, installé aux États-Unis depuis l'âge de 23 ans, est une figure historique autant qu'un véritable génie mathématique. Il a travaillé avec Richard Feynman, côtoyé Einstein et Niels Bohr. Freeman Dyson a principalement contribué à poser les fondements de l'électrodynamique quantique, qui fusionne l'électromagnétisme et la théorie quantique.

Depuis cinquante ans, il enseigne en tant que professeur de physique, aujourd'hui émérite, au vénérable Institute for Advanced Study de Princeton. À 88 ans, ce scientifique de haut vol connaît même la célébrité comme personnage de fiction : Dr Gordon Freeman, du jeu vidéo *Half-Life*, créé en 1998, est ainsi nommé en son honneur.

Membre de l'Académie des sciences en France, ce savant adopte volontiers des positions iconoclastes. Il se revendique comme « hérétique », et s'est fait récemment connaître du plus grand public par son « *coming out* » (c'est ainsi que lui-même le qualifie) contre les Al Gore, James Hansen [17] et autres tenants du réchauffement climatique. Sa thèse : le dioxyde de carbone, si décrié, peut au contraire favoriser la croissance des plantes.

Parallèlement à ses travaux physiques et mathématiques, ce passionné de science-fiction et de littérature ne cesse de réfléchir aux questions clés de la société contemporaine. Dans son livre *Le Soleil, le Génome et Internet* [18], il préconise une technologie verte qui conjuguerait l'énergie solaire, la génomique et les réseaux pour résoudre les problèmes d'énergie, de nourriture et d'éducation qui se posent à la planète. Le problème sur lequel il concentre son attention : comment faire pour que la technologie réduise le fossé entre riches et pauvres au lieu de l'élargir ?

Scientifique pur et dur, Dyson refuse qu'on pose a priori des limites à la recherche la plus audacieuse, faisant confiance aux scientifiques eux-mêmes pour se réguler dans l'après-coup. Quand nous lui avons demandé si l'homme-machine était concevable, avec l'humour qui le caractérise, d'emblée il nous répond : *« Je suis la preuve vivante que la fusion de l'homme avec la machine est possible, puisque je porte un pacemaker pour permettre à mon cœur de battre régulièrement. Il ne fait aucun doute que cet usage de substituts mécaniques à des organes défaillants se développera à l'avenir. Je considère que beaucoup d'avantages et peu d'inconvénients résultent de combinaisons de ce genre. Des problèmes éthiques plus sérieux se posent quand on commence à implanter des ordinateurs pour se substituer à des cerveaux défaillants. Une des questions à résoudre est : qui programme l'ordinateur ? À mon avis, nous n'avons pas à essayer de réguler la technologie du substitut de cerveau avant qu'elle n'existe. Nous surveillerons la technologie dans son développement et nous régulerons quand on verra qu'on peut le faire. »*

Imaginons donc des humains fusionnés avec des ordinateurs, alors que d'autres ne le seraient pas. Le risque de voir l'humanité se scinder en deux existe : *« C'est le cas. Une régulation légale s'imposerait pour rendre impossible une humanité à deux niveaux sur des bases génétiques. D'ailleurs, l'arsenal juridique pour une telle régulation existe déjà dans la plupart des pays. »*

Cela signifie-t-il pour autant que Freeman Dyson exclut l'apparition d'une nouvelle espèce humaine ? Nullement. Ce grand admirateur de Darwin, *« un véritable amateur qui a battu les professionnels sur leur propre terrain »*, comme il le dit, n'hésite pas à envisager que l'humanité évolue, mais la fusion des humains avec les machines intelligentes le laisse tout de même méfiant : *« La division d'une espèce en plusieurs est un processus normal qui se produit naturellement, et nous le poursuivrons probablement. Ça me paraît plus avantageux que gênant. Une possibilité bien plus dangereuse serait l'existence de plusieurs espèces intelligentes sur une seule planète comme la Terre. Ce serait particulièrement néfaste si l'une des espèces se considérait comme supérieure et jugeait les autres inférieures. Le résultat pourrait être une sale société de maîtres et d'esclaves. »*

Mais si Freeman Dyson choisit d'attendre et de voir sans se préoccuper d'horizons purement hypothétiques ni renoncer à sa foi en la science, si le philosophe John Searle, croisé avec Bill Joy, réfute méthodiquement toute possibilité pour une machine d'être douée de conscience, le philosophe australien David Chalmers, lui, refuse ces deux attitudes et décide de prendre au sérieux les difficultés inhérentes à ces scénarios de science-fiction.

New York. Rencontre avec David Chalmers
« Des créatures artificielles conscientes ou simplement intelligentes ? »

À 45 ans, David Chalmers, directeur du Centre pour la conscience établi à l'Université nationale australienne de Canberra, est sans conteste l'un des penseurs qui comptent dans le champ de la philosophie de la conscience et de la philosophie de l'esprit. En 1996, son maître livre, intitulé *L'Esprit conscient*[19], trouble le jeu des certitudes trop vite établies. Quand on parle de conscience, il suggère de faire le tri entre les « problèmes faciles » à résoudre et le « problème difficile ». Les problèmes faciles concernent toutes les mises en relation d'une aire du cerveau avec une activité mentale. Mais le problème « difficile », qui selon lui n'a encore jamais trouvé de réponse satisfaisante, est le suivant : « Pourquoi l'expérience consciente existe-t-elle en tant que telle ? » Ou encore : « Étant donné que l'expérience consciente existe, pourquoi les expériences individuelles ont-elles leur nature particulière ? » Ces questions, toujours sans réponse, attestent pour Chalmers du fossé irréductible existant entre expérience objective ou expérience subjective de la conscience, entre la conscience « vue du dehors » et la conscience « vécue du dedans ».

Cet intellectuel, pourvu d'une logique impitoyable et soucieux de rendre compte de façon systématique de tout ce qui touche à la conscience, ne pouvait pas ne pas s'intéresser à la question de l'intelligence artificielle. En 2005, il publie une étude sur le film *Matrix*[20] dans laquelle il évoque cette expérience de pensée, inventée par le philosophe Hilary Putnam, que l'on appelle le « cerveau dans une cuve », un des thèmes de *Matrix* : si notre cerveau placé dans une cuve recevait des *stimuli* envoyés par un ordinateur en lieu et place de ceux envoyés par notre corps, ce cerveau aurait-il raison de croire ce qu'il croit ?...

Par ses travaux et ses centres d'intérêt, David Chalmers récuse les positions de ceux qui préfèrent maintenir dans les marges folkloriques de la réflexion philosophique des questions aussi futuristes que celles posées par *Matrix*, ou celle de la Singularité[21] prônée par Ray Kurzweil d'une éventuelle relation que nous aurions à établir à l'avenir avec des machines, des êtres virtuels intelligents.

Dans son bureau de professeur visiteur, au troisième étage de l'immeuble en brique rouge de l'université de New York, sur Washington Place, où il nous reçoit, le professeur, qui porte queue de cheval et chaussettes multicolores, affiche tranquillement son allure de chanteur country hippie des plus belles années. Il ne perd pas de temps en vaines présentations et saute directement aux questions les plus intenses, comme si sa réflexion inspirée ne s'interrompait jamais et attendait toujours de quoi se nourrir ou s'étonner : « *Je pense que nous aurons un jour des créatures artificielles intelligentes, plus intelligentes, plus capables que les humains. Cela pose de nombreuses questions philosophiques, notamment celle de savoir si ces créatures seront conscientes ou simplement intelligentes.* »

Le calendrier fixé par Kurzweil pour l'avènement de la Singularité, entre 2030 et 2045, n'impressionne pas Chalmers : « *Je ne me préoccupe pas du calendrier. Que cela se produise dans deux cents ans seulement ou dans dix ans, il est tout aussi intéressant d'y réfléchir. Les best-sellers de Kurzweil sont effectivement hautement spéculatifs et je crois que ses prévisions devraient sans doute être sérieusement retardées surtout parce que les gens rejettent cette idée en raison de la manière dont Kurzweil la pose. N'en demeure pas moins une question très importante philosophiquement, déjà posée bien avant lui par le statisticien Irving John Good, à propos de ce qu'il nomme l'explosion de l'intelligence : à partir du moment où nous avons un système artificiel conçu par nous et devenu plus intelligent que nous, il sera meilleur que nous pour concevoir des systèmes qui eux-mêmes seront plus intelligents que leur créateur ; alors que cela arrive dans dix ou deux cents ans, les conséquences seront telles que les gens sérieux devraient y penser.* »

Quant à savoir comment nous saurons si ces machines artificielles possèdent une conscience : « *Comment savons-nous que n'importe quel système a une conscience ? En réalité, c'est tout à fait subjectif, privé, et nous ne pouvons jamais le mesurer directement. Comment puis-je savoir que vous avez une conscience ? Je vous parle, mais je pourrais parler de même à une machine qui nous parlerait abondamment de phénoménologie par exemple, cela ne prouverait rien. Peut-être faudrait-il faire l'expérience de remplacer dans votre cerveau des neurones par des chips de silicone et alors seulement, de votre point de vue en première personne, vous pourriez voir ce qui se passe dans votre conscience, et alors on saurait. Ou peut-être pas !... Car on pourrait aussi dire : "Peut-être est-il devenu un zombie qui nous fait croire qu'il est conscient." Mais si assez de gens agissaient ainsi, si des gens acceptaient ce processus de téléchargement, il serait suffisant qu'ils disent : "Oui, je suis encore là, ma conscience est encore là", pour nous convaincre de la possibilité d'une conscience pour la machine.*

Si l'on veut atteindre la Singularité, nous devons pouvoir nous fixer des objectifs et être sûrs qu'ils sont partagés par les machines. La question de l'intelligence artificielle inamicale mobilise, car beaucoup de ceux qui s'y intéressent veulent avoir la preuve que nos buts et ceux des machines seront toujours partagés, mais il suffit que cela se passe mal une seule fois, une seule petite mutation, pour que tout change, il n'est même pas nécessaire pour cela d'imaginer des buts inamicaux gravement hostiles, juste un autre but. Par exemple, le fait que les machines se mettent à aimer les chaises et décident de peupler soudain tout l'univers de chaises suffit pour que nous soyons définitivement bloqués et tombions sur les bas-côtés. Ou peut-être ces machines seront-elles à ce point intéressées à faire des mathématiques qu'elles n'auront pas de temps pour nous !... »

Et si, finalement, la Singularité trouvait son principal obstacle dans le refus de certains, leurs craintes, leur peu de motivation ? « *J'ai donné une conférence sur ce thème à l'Académie militaire de West Point et j'ai demandé aux militaires : "Que feriez-vous si l'intelligence artificielle augmentait et que l'on finisse par la juger dangereuse, Arrêteriez-vous le mouvement ?" À l'issue de la discussion, la réponse était claire : si les Américains ne mettaient pas en œuvre la Singularité, alors les Chinois le feront en premier, donc il est préférable que la Singularité américaine existe.*

Donc, avec toutes les pressions militaires, financières, commerciales, il sera difficile de stopper les choses. C'est pourquoi il me paraît décisif d'y penser, de s'y préparer et d'organiser les meilleures voies d'y accéder en amont. »

Depuis le début de notre enquête, nous avons accepté d'entrer dans le jeu et de considérer comme acquise l'hypothèse des machines pensantes.

Mais, pour mieux saisir ce dont il s'agit, il est maintenant indispensable d'explorer les arrière-plans de cette aventure. Car le projet de l'intelligence artificielle (IA) résulte en réalité d'une longue histoire à la fois philosophique, scientifique, technique et bien sûr mythique.

Il nous faut donc évoquer les commencements, retrouver quelques acteurs principaux, leurs rêves, leurs présupposés, leurs réalisations, leurs certitudes, ensuite confirmées ou démenties par l'histoire.

Athènes-Boston 2 300 ans en quelques lignes

L'intelligence artificielle possède une date et un lieu de naissance [22] : 1956, au collège de Dartmouth, non loin de Boston, dans l'État du Massachusetts. Cette année-là, durant deux semaines d'été, les chercheurs alors les plus en pointe – notamment Allen Newell et Herbert Simon, John McCarthy, Marvin Minsky, Claude Shannon – adoptent la dénomination « Intelligence artificielle » et déterminent leurs objectifs et méthodes. À leurs yeux, chaque aspect de l'intelligence humaine peut être décrit avec une précision suffisante pour construire une machine capable de la simuler ou même de la dupliquer dans toute sa complexité.

Tout repose sur une hypothèse : l'intelligence consiste à manipuler des symboles abstraits. Ce qui veut dire que notre esprit n'aurait pas d'accès direct au monde, mais seulement à la représentation que nous nous en faisons, représentation constituée de séries de symboles qui se combinent. Si l'on accédait à cette structure, on pourrait la reproduire, ou même la modifier. Tel est le credo commun de tous ces pionniers.

Pendant un quart de siècle, ils vont susciter une des plus grandes aventures scientifiques et techniques du XXe siècle : la quête de la machine pensante. Sur fond de guerre froide, de recherche militaire, d'informatique, de science-fiction et aussi de cette contre-culture qui s'invente sur les campus américains, ils s'embarquent dans une histoire étonnante.

Pour la comprendre, ne pas se fier aux apparences ; 1956 n'est pas qu'un point de départ, c'est aussi l'aboutissement d'une longue histoire. L'intelligence artificielle ne tombe pas du ciel cette année-là. En réalité, le projet noue ensemble des fils anciens, renouvelés par la science moderne. Quatre fils, exactement : le vieux rêve de créer de la vie, le désir de fabriquer des automates, le projet de trouver les lois de la pensée comme on discerne les lois de la nature et la mise au point de machines à calculer. De leur intrication émerge cette odyssée temporaire. Précisons-les.

Pygmalion, le Golem et consorts

Premier fil : le vieux désir de créer de la vie – qu'il s'agisse d'engendrer de nouveaux dieux ou de concurrencer le Créateur. Dans ce registre, les Grecs avaient forgé l'histoire célèbre de Pygmalion, qui finit par voir sa statue de Galatée s'animer et devenir vivante. À son tour, le Maharal de Prague, selon une légende très postérieure à sa vie réelle au XVIe siècle, aurait modelé une créature vivante. Prenant de l'argile pure, il aurait créé un *golem* en glissant dans sa bouche un parchemin sur lequel était inscrit le mot « vérité ». Cette créature, pensante mais non parlante, travaillait pour son créateur, mais était aussi susceptible de tout saccager si elle restait sans contrôle. Il est à noter toutefois que, selon la tradition juive concernant le Golem, il n'y a nulle dimension transgressive dans cette fabrication. Elle est considérée au contraire comme une coparticipation humaine au perfectionnement de la création divine [23].

Le même risque de retournement destructeur de la créature contre son créateur se retrouve dans *Frankenstein ou le Prométhée moderne* de la romancière britannique Mary Shelley (1818) ou dans la pièce de science-fiction de l'écrivain tchèque Karel Capek qui réactualise l'idée du Golem, *R.U.R.* (*Rossum's Universal Robots*). Capek est le premier à utiliser le mot « robot » qui, dans sa langue, signifie « travailleur ». Chacune de ces œuvres le rappelle : quand le savoir humain se permet de créer une vie artificielle pour étendre son pouvoir, le risque de destruction n'est jamais loin – telle est sans doute la loi de cette antique tentation.

Second fil : l'art de fabriquer des mécanismes qui se meuvent d'eux-mêmes, donnant l'impression d'une réelle autonomie. On ne compte pas, dans la Chine ou l'Égypte anciennes, chez les Grecs et les Romains, les exemples de statues animées, attestant, croyait-on, d'une présence divine. On connaît également, les progrès de l'horlogerie aidant, ce que fut la grande vogue des automates de l'Âge classique, et plus encore du siècle des Lumières. Le célèbre canard, construit par l'inventeur Jacques Vaucanson, qui nageait, criait et plongeait comme un vrai, au point d'induire en erreur quelques-uns de ses congénères à plumes, a fait réfléchir tout ce que l'Europe comptait de philosophes au temps de l'*Encyclopédie*.

Du canard à nous

Car les automates ne sont pas seulement des jouets, curiosités ou attractions mondaines. Ce sont aussi des modèles pour penser l'humain. Le tournant philosophique crucial est pris par Descartes et sa théorie des « animaux machines », exposée dans la cinquième partie du *Discours de la méthode* (1637). « C'est la nature qui agit en eux selon la disposition de leurs organes », écrit Descartes. Au lieu de décider, de penser et d'agir, les animaux pour lui sont donc « agis », ils se comportent comme des automates – tout comme « une horloge, qui n'est composée que de roues et de ressorts, peut compter les heures »[24]. Si le corps vivant des animaux est ainsi conçu désormais sur le modèle de la machine – rouages, consommation d'énergie, etc. –, pourquoi l'homme serait-il différent ? Chez Descartes, l'homme se distingue radicalement de la machine et des animaux par son âme. Notre corps est une machine, mais nous sommes un esprit. Au lieu d'être agis, nous agissons, librement, par notre seule volonté.

Pourtant, qui ne voit qu'à partir de cette conception cartésienne des animaux-machines la porte est ouverte ? L'*homme-machine* n'est pas loin. Il suffira d'ôter l'âme pour l'obtenir. C'est chose faite avec La Mettrie, un grand siècle plus tard, en 1747. Il affirme pour la première fois que nous sommes des automates naturels – pour lui, l'âme n'est qu'un vain mot, sauf si on désigne par ce terme les opérations « mécaniques » de notre cerveau.

On n'a donc pas attendu la cybernétique et les premiers ordinateurs pour imaginer créatures artificielles et automates doués de raison. Globalement, le modèle contemporain est déjà constitué dès le XVIIIe siècle. Mais il ne repose alors que sur des modèles mécaniques rudimentaires – roues dentées, ressorts, clapets métalliques.

Avec les premiers pas de l'informatique, un troisième fil vient se nouer aux précédents. Moins visible, moins connu, mais déterminant. Sans lui, l'intelligence artificielle n'aurait pas le sens que nous connaissons.

La raison est un calcul

Ce troisième fil rassemble les tentatives pour comprendre les formes de la pensée, les structures de nos raisonnements, de notre logique et de nos opérations mentales. Là aussi, l'histoire remonte loin. Il faut même revenir à Athènes, vers 330 avant notre ère. Personne, alors, ne songe à l'intelligence artificielle, encore moins aux robots. Du moins en apparence. Car, si on regarde de plus près, le grand Aristote, celui qu'on surnommera, des siècles plus tard, « le maître de ceux qui savent », le dit déjà : « Si chaque instrument [...] pouvait, sur un ordre reçu, ou même deviné, travailler de lui-même, comme les statues de Dédale, ou les trépieds de Vulcain qui "se rendaient seuls, dit le poète, aux réunions des dieux" ; si les navettes tissaient toutes seules ; si l'archet jouait tout seul de la cithare, les entrepreneurs se passeraient d'ouvriers, et les maîtres, d'esclaves [25]. »

Toutefois, qu'on ne s'y trompe pas : cette magie pour Aristote est une fiction, non un projet. Ce monde-là représente justement, à ses yeux, ce qui n'arrive jamais dans la réalité. Chez les dieux, les trépieds marchent seuls, pas chez les hommes. Dans notre monde, les archets sont toujours actionnés à la main, les navettes aussi...

Pourtant, nouveau paradoxe, en même temps qu'Aristote exclut ce type d'intelligence artificielle de son champ de pensée, il la prépare. Sans le savoir, sans le vouloir non plus. Mais de manière décisive. Comment ? En inventant la logique, l'étude des formes de raisonnement. Dans le Lycée, son école de philosophie, le vieux maître met au point la première formalisation de la pensée.

Elle est certes limitée, mais elle franchit un cap décisif : la pensée humaine n'est plus affaire d'inspiration, ni même simplement d'ordre et de clarté. Elle obéit à des schémas, des lois, des règles internes. On peut dégager leurs structures, dessiner leurs relations. Formalisable, la pensée va donc devenir calculable. N'oublions pas que *ratio*, la « raison » en latin, veut aussi dire « calcul ». Tout raisonnement est opération de calcul, algorithme, pour reprendre le terme forgé à notre époque à partir du nom d'Al-Khawarizmi, ce mathématicien perse du IXe siècle qui en a développé la théorie.

Ces formes de la pensée, on a songé très tôt à les matérialiser dans des mécanismes concrets. On attribue ainsi au moine et alchimiste catalan Raymond Lulle, au XIIIe siècle, l'invention d'une machine logique capable de donner le résultat – « vrai », « faux » – d'une proposition donnée. Cette machine à raisonner, comme la machine à calculer de Pascal, trois cents ans plus tard, n'est pas encore à proprement parler une machine pensante : elle n'invente rien, n'apprend rien. Malgré tout, elle indique que la mécanisation des processus intellectuels est en route.

Au cœur du dispositif, une combinatoire – idée centrale qui va demeurer au cœur des recherches en intelligence artificielle. Si tout raisonnement est un calcul, il combine des unités qui se relient ou s'excluent. Dans *De arte combinatoria*, en 1666, Leibniz précise le modèle d'une machine à calculer les pensées. Il en poursuit l'élaboration avec son projet de « caractéristique universelle » qui permettrait d'écrire les idées, les concepts et leurs relations aussi exactement que les termes d'une équation.

Face à toute question philosophique, il serait alors possible de répondre : « Calculons ! »... et de vérifier le résultat.

Avec les Temps modernes, les mutations s'accélèrent, le paysage se complique. Les ingrédients de base restent les mêmes : mise en forme des opérations intellectuelles, écriture conceptuelle, automatisation éventuelle. Mais les recettes deviennent terriblement compliquées. La pensée logique se transforme en algèbre, les raisonnements s'expriment par des lignes de symboles.

Des lois de la pensée aux machines à calculer

Dans ce mouvement qui s'intensifie au XIXe et au XXe siècle, un pas décisif est franchi en 1854 par le mathématicien britannique George Boole. Dans son ouvrage *Les Lois de la pensée*, il invente le calcul binaire. En combinant des suites de valeurs binaires – « vrai » ou « faux », « oui » ou « non » –, on peut calculer le résultat d'une proposition complexe. Sa méthode va s'appliquer dans des domaines très variés – comme les commutateurs électriques, les centraux téléphoniques et cent autres dispositifs automatiques, bien loin des seules questions de la pure logique.

Car les travaux des logiciens rencontrent ceux des ingénieurs. Quelques générations suffisent pour perfectionner notre dernier fil – celui des machines à calculer. Depuis le boulier antique, on a fait du chemin. La règle à calcul, inventée par Oughtred en 1632, la *Pascaline* – machine à faire additions et soustractions mise au point en 1642 par Blaise Pascal, perfectionnée ensuite par Leibniz – appartiennent déjà à la préhistoire. Entre 1820 et 1850, le Britannique Charles Babbage conçoit une extraordinaire « machine à différences », véritable ancêtre des ordinateurs. Il utilise notamment les cartes perforées des métiers à tisser pour obtenir une calculatrice parfaitement conçue mais qui ne fut jamais construite à son époque, les techniques disponibles ne le permettant pas. L'objectif premier de Babbage était d'éliminer les erreurs humaines dans le calcul des tables nautiques et astronomiques, car de nombreux accidents de navigation leur étaient imputables. Avec les moyens de son époque, ce visionnaire a posé les bases principales des futures machines informatiques.

À partir de la machine à calculer de bureau commercialisée par Burroughs à la fin du XIXe siècle, la longue marche des calculateurs va vers plus de rapidité, de puissance, de simultanéité. Avec l'invention des diodes, bientôt des transistors, la course s'accélère.

Première jonction avec les logiciens en 1938 : ingénieur en électronique et mathématicien, l'Américain Claude Shannon rapproche algèbre de Boole et circuits électriques. En mettant en lumière leur similitude, Shannon invente le fameux *bit*, « binary digit », chiffre binaire qui peut être 0 ou 1, « ouvert » ou « fermé », correspondant à « vrai » ou « faux », ou encore « oui » ou « non ». Le bit deviendra, dès lors, l'unité de mesure en informatique.

Avec ce rapprochement, un nouveau monde s'ouvre. On imagine bientôt des machines capables de démontrer automatiquement des théorèmes, de résoudre des problèmes de maths ou encore de trouver la meilleure solution possible dans des situations complexes... Entre 1940 et 1950, trois scientifiques de génie donnent son impulsion à cette nouvelle histoire : Alan Turing, John von Neumann, Norbert Wiener. À eux seuls, ces trois noms écrivent des pages essentielles de l'histoire des sciences au XXe siècle.

La machine d'Alan Turing

Sa vie tient du roman d'espionnage autant que de l'histoire des sciences. Ce Londonien né en 1912 est remarqué, dès son enfance, pour ses capacités de surdoué : il apprend à lire en un temps record, résout quantité de problèmes mathématiques sans effort apparent. Dès 1936, il invente le modèle d'une machine abstraite universelle, ensuite baptisée « machine de Turing ».

Cette machine n'a pas d'existence matérielle : ce n'est qu'une idée. Modèle purement mental et idéal, elle est constituée par un dispositif simple mais révolutionnaire : un ruban, supposé infini, une tête de lecture – écriture se déplaçant de case en case – et un cahier d'instructions. La tête lit une case, se reporte au cahier et trace la réponse dans la case suivante. Ce que Turing invente, c'est en fait le modèle théorique de l'ordinateur. Tous nos ordinateurs actuels sont des machines de Turing concrétisées.

Toutefois, les recherches d'Alan Turing, à ce moment-là, ne sont pas que pure abstraction. Nous sommes en 1940. Le mathématicien est enrôlé dans la section 8 des services du code de l'armée britannique, à Bletchley Park. Il s'y emploie à casser les codes secrets de la machine *Enigma* des armées nazies dans le cadre de l'opération Ultra, « décisive », selon le terme d'Eisenhower, pour la victoire alliée. En 1942, Turing part secrètement en mission aux États-Unis pour tenter cette fois de casser les codes japonais. Là, il retrouve notamment le mathématicien Claude Shannon. Après guerre, il reprend ses recherches sur les premiers ordinateurs qui sont construits à l'université de Manchester.

Convaincu de la possibilité de fabriquer une intelligence artificielle, Turing publie dans la célèbre revue *Mind*[26], en 1950, un article fondateur, « Computing

Machinery and Intelligence ». Sa question : comment savoir si une machine peut penser ? Il propose un test organisé selon ce dispositif : un observateur humain s'entretient par écrit avec deux interlocuteurs qu'il ne voit pas. L'un est un humain, l'autre est une machine. Si l'observateur humain se révèle incapable de distinguer entre ses interlocuteurs, alors on pourra dire que la machine pense. Tel est, schématisé au maximum, le « test de Turing ».

Turing prévoit qu'aux alentours de l'an 2000 des machines seront capables de tromper 30 % des humains sur un test de cinq minutes. En fait, jamais aucune machine n'a « réussi », jusqu'à présent, à passer victorieusement ce test. Si l'article frappe les esprits, c'est aussi qu'il permet de contourner astucieusement le problème de la conscience. Car à aucun moment la question n'est de savoir si la machine possède ou non une conscience. Il s'agit seulement de savoir si un être humain peut distinguer ou non, à partir des réponses de la machine, s'il a affaire à un humain.

Les critiques de ce test ne manqueront pas. On lui reproche notamment de ne tester qu'une seule forme de l'intelligence, la manipulation de symboles, laissant de côté tout ce qui est de l'ordre des sentiments, de l'émotion et de l'instinct. Malgré tout, son grand mérite fut de clarifier la différence entre deux modèles d'intelligence artificielle, la « forte » et la « faible ». La forte est celle qui se donne pour objectif la réalisation effective d'une intelligence semblable à celle des humains, la faible celle qui se borne seulement à simuler tel ou tel aspect d'un comportement intelligent.

Turing aura une fin de vie tragique. Persécuté pour son homosexualité, il se soumet à une castration chimique et finit par se suicider, en 1954, avec une pomme au cyanure, évoquant celle de la sorcière dans *Blanche Neige*, dont il fredonnait souvent la chanson depuis le film de Walt Disney (1938). On raconte aussi que c'est en sa mémoire qu'Apple aurait choisi son logo, mais ce point demeure controversé. En tout cas, le projet moderne de fabriquer une intelligence artificielle lui doit une grande part de sa consistance.

La mémoire de von Neumann

Un autre apport décisif revient au génie tout terrain de John von Neumann. Né en 1903 à Budapest, ce mathématicien et logicien juif hongrois surdoué enseigne d'abord à Berlin, Hambourg et Göttingen, où il travaille déjà avec Robert Oppenheimer, le physicien, futur père de la bombe atomique. Il émigre aux États-Unis et rejoint l'université de Princeton, où il enseigne aux côtés notamment d'Einstein et de Kurt Gödel. Cet esprit génial va donner naissance, pêle-mêle, à la « théorie des jeux », à celle des automates, et va poser les bases de la mécanique quantique tout en participant au projet Manhattan qui met en œuvre la bombe A sous la direction d'Oppenheimer. C'est aussi lui qui, en s'inspirant des travaux de Turing [27], va résoudre le problème fondamental qui entrave le fonctionnement des premiers ordinateurs apparus durant la Seconde Guerre mondiale, prioritairement utilisés pour casser les codes ennemis.

Ces ancêtres, comme l'ENIAC (pour Electronic Numerical Integrator Analyser and Computer), véritable pachyderme machinique, souffrent de leur taille et de leur consommation électrique, toutes deux gigantesques, mais aussi de leur lourdeur de maniement. En effet, chaque fois que l'on souhaitait modifier des données du programme, les ingénieurs devaient reconnecter des centaines de branchements différents [28]... John von Neumann va alors repenser l'architecture des ordinateurs, inventant la notion de « mémoire », le stockage en un seul lieu des données et des instructions commandant la machine, désormais séparé de l'unité centrale de traitement de ces données. Depuis lors, cette « architecture de von Neumann » organise nos ordinateurs.

Le mathématicien est encore à l'origine du concept novateur d'automates cellulaires, permettant de concevoir les premiers modèles d'automates autoreproductibles. Grand séducteur et grand vivant devant l'Éternel, friand de blagues et de bonne chère, John von Neumann mourra d'un cancer des os dû aux radiations reçues lors de tests d'explosion de la bombe atomique.

Le rêve cybernétique de Norbert Wiener

Refusant la vision du monde forgée par les projets nucléaires et les tragédies, pour lui obsédantes, d'Auschwitz et Hiroshima, le mathématicien Norbert Wiener va fonder la nouvelle science de la cybernétique comme proposition d'une autre vision du monde, antidote à la violence insondable du début du XXe siècle.

Né en 1894 à Columbia, dans le Missouri, aussi surdoué enfant que Turing et von Neumann, Norbert Wiener obtient son doctorat de mathématiques à 18 ans et enseigne dans toute l'Europe avant de devenir professeur au MIT. Et, s'il refuse de collaborer au projet militaire nucléaire, il participe au contraire activement au programme de lutte antiaérienne. En 1943, il élabore un nouveau système capable de prévoir la trajectoire de l'avion ciblé à partir d'une analyse du comportement du pilote pourchassé. Fort des connaissances théoriques et pratiques qu'il a accumulées, ce fumeur de cigares invétéré, au caractère à la fois égocentrique, irritant et fascinant, préfère toujours les « zones frontières », l'entre-deux des disciplines. Il participe en 1947 et 1948 aux fameuses conférences Macy organisées à New York autour de scientifiques concernés par l'édification d'une science générale du fonctionnement de l'esprit.

Dans ce cadre, Wiener expose les fondements de la nouvelle science cybernétique, qui se consacre à l'étude des processus de commande, de contrôle, de communication et de rétroaction à l'œuvre dans les systèmes mécaniques ou organiques, naturels ou artificiels. Sa théorie affirme le rôle décisif de l'information. Elle se fonde sur la notion essentielle de *feedback*, de rétroaction à la base de tous les processus de régulation des systèmes naturels ou artificiels. C'est justement en 1943, au moment où il s'était agi de prévoir le comportement des pilotes d'avion ennemis, que Wiener avait pu appliquer et définir cette notion de *feedback* dans un article fondateur [29] – le problème étant alors la possibilité de prévoir la position future d'une cible mobile par rapport à sa position passée afin de l'atteindre.

Dans sa version biologique classique, la rétroaction consiste dans cette fonction thermostatique permettant au corps de garder une température constante. Entre ingénierie et biologie, Wiener va formaliser cette notion en y ajoutant la touche décisive, pour lui, de l'information. C'est bien la transmission d'informations qui, dans une boucle rétroactive, permet au corps de réagir en retour aux changements de température et de la réguler. De même pour la machine, celle-ci pouvant même acquérir une certaine autonomie par cette capacité de corriger ses propres erreurs. De cette idée d'information, qui est pour lui une notion physique et non plus biologique, Wiener va faire la clé de lecture du fonctionnement des machines, des animaux et des hommes.

Dès lors, tout devient information. Sa théorie pourra s'étendre au social, à l'économique. Il poursuit des échanges avec John von Neumann, lui aussi intéressé par les automates cellulaires, sur la question des analogies entre organismes et machines, convaincu qu'une ère nouvelle pour l'humanité passe par la construction de machines intelligentes. Il va même jusqu'à dire que « les machines sont tout à fait capables de fabriquer d'autres machines à leur image », niant ainsi toute « dichotomie de systèmes entre vivant et non-vivant »[30] et aussi entre créateur et créature.

Il compare ce travail, sous-tendu par une certaine vision mystique, à celui de la fabrication du Golem. Son ouvrage sur le contrôle et la communication dans l'animal et la machine[31], publié en 1948, provoque un véritable choc. Pour lui, la cybernétique pourrait être désormais « une arme absolue contre le retour de la barbarie car la communication effacerait le secret, qui seul rendit possible le génocide nazi, Hiroshima et le Goulag[32] ».

L'Âge d'or : « costume-cravate » contre « débraillé »

Malgré leurs différences, ces pionniers ont beaucoup en commun : tous mathématiciens et logiciens, tous fascinés par les perspectives qu'ouvrent les nouvelles machines, ils participent à la recherche militaire américaine au cours de la Seconde Guerre mondiale et continuent pendant la guerre froide. Ce que l'on appelle l'« Âge d'or » de l'intelligence artificielle va garder trace de ces caractéristiques : c'est une affaire presque exclusivement américaine, qui se déroule entre les campus de Harvard, du MIT et de Stanford. Les budgets militaires y jouent un rôle essentiel, et de vieux mythes prométhéens s'y réactivent, sous la pression constante de la science-fiction.

Car la fiction, dans cette histoire, est partout présente, même quand il s'agit seulement, en apparence, de décrire des faits. Voici comment, par exemple, s'exprime une des grandes figures de cette époque : « Pour résumer simplement, je dois dire qu'il existe aujourd'hui dans le monde des machines qui pensent, qui apprennent et qui créent. Du reste, leur capacité à faire ces choses ira en augmentant rapidement jusqu'à ce que – dans un futur proche – la gamme de problèmes qu'elles pourront traiter soit aussi étendue que celle à laquelle s'est appliqué l'esprit humain. » Ainsi parlait Herbert Simon, spécialiste de la décision en entreprises, futur prix Nobel d'économie en 1978, conduit à s'intéresser de près, à cette époque, à l'intelligence artificielle. C'était en 1957. Le rêve d'alors était d'obtenir des machines le niveau d'intelligence de l'humain, puis de le dépasser. Pour atteindre cet horizon, deux voies divergentes vont se partager tout le paysage de la recherche.

La première insiste sur la pensée rationnelle, sur le fait que les machines devraient avant tout penser et agir rationnellement. La seconde met plus en avant la possibilité que ces machines pensent et agissent comme des humains. À la première voie les modèles mathématiques, la parfaite rationalité des choix, une hyperintelligence purement symbolique – qui peut très vite n'avoir plus rien d'humain. La seconde voie implique, à l'inverse, l'intégration nécessaire des approximations, des sentiments, des émotions, de toutes les dimensions affectives et expressives ou de leur simulation, qui font de nous autre chose que de purs êtres de raison.

Ces deux voies ont engendré, sur les campus d'alors, une mémorable guéguerre entre deux groupes : celui des « *neats* », les « tirés à quatre épingles », et celui des « *scruffies* », les « débraillés ».

Du côté des « costume-cravate », des mathématiciens purs et durs. Comme John McCarthy, Alan Newell, Herbert Simon – à Harvard, Stanford –, ils défendent l'idée que les machines pensantes et l'intelligence artificielle doivent reposer sur une architecture logique et mathématique parfaitement modélisée à l'avance.

Les « débraillés », eux, campent au MIT, autour de Marvin Minsky et Seymour Papert. Plutôt jeans et chemises à fleurs, ils soutiennent que la logique seule ne suffit pas pour construire une intelligence à forme humaine. Ils font donc appel également aux sciences humaines, à la linguistique, à la psychologie et aux sciences cognitives. Ils inaugurent surtout un style de recherche par tâtonnements et bricolages – en « roue libre », parfois – plutôt que par plans et cadrages fixés d'avance.

Surnommés « *hackers* » en raison de leur addiction à l'informatique, ces bidouilleurs de génie vont marquer de leur empreinte les recherches de l'Âge d'or, toutes royalement financées par la Défense américaine, et notamment le DARPA, des années 1960 à 1980. Mais leur influence s'étend bien au-delà car ils inventent des idées, des questions, des pratiques dont les conséquences sont encore visibles, un peu partout, dans les technologies actuelles.

Rencontrer celui qui fut leur chef de file, et qui demeure une des figures historiques de cette épopée achevée, s'est donc imposé à nous, dans ce périple, comme une évidence.

Media Lab, MIT, Boston. Rencontre
avec Marvin Minsky
*« Faire des machines pensantes pour comprendre
comment fonctionne notre esprit. »*

Imaginez un mélange d'homme-orchestre, de philosophe caustique, d'ingénieur inventif et de visionnaire ironique. Ajoutez un sens aigu du paradoxe, un humour désabusé, une capacité de travail exceptionnelle.

N'oubliez pas une vive acuité d'analyse et un solide non-conformisme. Si vous parvenez à mixer le tout dans les bonnes proportions, vous obtiendrez, à peu de chose près, Marvin Minsky.

Né en 1927, ce pilier du MIT est une figure centrale de l'histoire de l'intelligence artificielle. Il est même celui qui, avec John McCarthy, a inventé cette dénomination en 1956. Parmi ses maîtres : le physicien Richard Feynman, dont on se souvient qu'il annonçait, dès 1959, la révolution des nanotechnologies, John von Neumann, le mathématicien de génie, Norbert Wiener et Alan Turing, que nous avons tous évoqués.

Instruit par cette pléiade de maîtres fondateurs, Minsky a formé, à son tour, toute une génération. Au nombre de ses étudiants, on remarque par exemple Eric Drexler, dont il préfacera en 1986 le livre *Engins de création*. Dans cette préface, Minsky a cette formule qui en dit long : « [...] *On peut comparer les conséquences possibles de l'intelligence artificielle sur la manière dont nous pensons avec seulement deux inventions antérieures : le langage et l'écriture.* » C'est d'ailleurs probablement ce que pense un autre expert qu'il a formé, Danny Hillis, celui-là même qui confirmait à Bill Joy la possibilité, et la probabilité forte, de l'avènement d'une superintelligence non humaine. On ne saurait oublier, parmi les anciens étudiants de Marvin Minsky, Ray Kurzweil lui-même, qui cite son maître à maintes reprises dans ses travaux.

Dès 1951, avec le soutien de von Neumann, Minsky consacre sa thèse à la construction du premier système de réseau de neurones artificiels. Bricolé avec des tubes à vide et un pilote automatique récupéré sur un bombardier B-54, ce réseau devait simuler le cerveau d'un rat apprenant à s'orienter dans un labyrinthe. Le résultat décevant imposa à Minsky de tirer la leçon de cette impasse : il avait en effet compris qu'il fallait un automate groupant des millions, voire des milliards de neurones pour commencer à simuler un cerveau biologique. Après lui, Frank Rosenblatt échouera de nouveau dans cette voie en 1958 avec son Perceptron, nouvelle tentative de construction d'un réseau neuronal artificiel. La recherche devait donc s'efforcer d'emprunter d'autres voies. Et de repenser les processus de l'esprit.

C'est à cette vaste tâche que s'est attelé Marvin Minsky, avec pour conséquence une mise en cause radicale de notre représentation de l'humain. Au premier abord, cela ne saute pas aux yeux. Car il n'aborde pas frontalement la question et ne dit rien de la nature humaine (sauf, parfois, du mal…). En fait, pareille interrogation n'a même pas l'air de l'intéresser. Son unique et vertigineuse préoccupation est de savoir en quoi consiste cette activité que nous dénommons « penser ».

Nous nous la représentons habituellement comme l'exercice d'une faculté spéciale, qui suppose la présence de ce que nous appelons « conscience », « esprit », « âme » ou encore « raison ». Pour Minsky, tous ces termes ne correspondent à rien. Ou plutôt, ce sont, comme il dit, des « valises » dans lesquelles nous fourrons – en désordre, sans même nous rendre compte de notre incohérence – toutes sortes de fonctions différentes, et disparates, de l'intelligence. Car celle-ci n'est pas, pour lui, une action simple, uniforme et homogène.

Au contraire, selon Minsky, il faut envisager toutes les opérations de notre esprit – de la perception à la mémoire, des décisions aux émotions – comme la résultante d'un grand nombre de microprocessus, élémentaires et dissemblables, situés à des niveaux multiples, sur des registres distincts. *« Chaque esprit, dit Minsky, est constitué de processus plus petits »* – ceci le conduit à l'idée de la « Société de l'esprit[33] » – titre de son livre majeur, publié en 1986.

Pour lui, l'esprit n'est pas une unité centralisée mais un ensemble de réseaux, une vaste série d'interactions entre éléments multiples et dissemblables. Au lieu d'être un, notre esprit est une foule. C'est une « société », composée d'« agents » très divers. Par exemple, une action élémentaire comme « prendre en main une tasse de thé et la boire » mobilise des agents « agrippants » (pour attraper la tasse), « équilibrants » (pour ne rien renverser), « déplaçants » (pour porter le contenu à nos lèvres), sans compter les agents de la soif pour nous mettre à boire.

Attention ! Aucun de ces agents n'est lui-même conscient. L'esprit émerge donc de matériaux qui, par eux-mêmes, sont « sans esprit ». La conscience résulte ainsi, paradoxalement, d'une succession d'opérations dépourvues de conscience. Telle est l'idée clé de Minsky. Si on le suit sur ce registre philosophique, alors il faut conclure que nous sommes uniquement des machines naturelles – à la fois sophistiquées et limitées – qui se prennent pour ce qu'elles ne sont pas, c'est-à-dire des êtres doués de propriétés extraordinaires comme « penser », « vouloir », « s'émouvoir ».

Le sujet, la conscience ou l'âme seraient donc des approximations, ou plutôt des leurres. En regardant de plus près, on devrait constater que ces mirages se dissolvent. Notre esprit serait une vaste machine à composants multiples. Conséquence : entre les machines et nous, pas de différence radicale, aucune rupture essentielle. C'est bien pour cela que tout devient concevable : fabriquer des machines intelligentes, fusionner l'humain avec les ordinateurs, et même voir des machines éprouver des émotions.

Faut-il en conclure qu'entre humains et machines tout est semblable ? Pas du tout. En tout cas pour l'instant. Toute la recherche de Minsky, inaboutie à ce jour, s'inscrit en un sens dans cet écart entre humains et machines – afin de le comprendre, de le réduire, et un jour de le supprimer.

La principale différence entre la plus perfectionnée des machines et le plus inculte des humains, ce sont les actions simples de tous les jours : « *La vraie difficulté, nous précise d'entrée de jeu Marvin Minsky, c'est le sens commun, c'est-à-dire toutes ces choses que les gens normaux sont capables de faire. Nous ne comprenons pas encore bien comment le reproduire.* »

La machine n'a pas – pour l'instant – une multitude de chemins à sa disposition. Elle se révèle incapable de remplacer un scénario par un autre, d'emprunter une voie détournée quand celle qui était prévue ne marche pas. Ce qui fait la supériorité – temporaire, ajoute Minsky – de l'humain, c'est que l'organisation de son esprit lui permet de dire « Essayons autrement, allons voir plutôt par là ». L'intelligence vivante remplace constamment une hypothèse par une autre.

C'est pourquoi on se tromperait en prenant Marvin Minsky d'abord pour un constructeur ou un concepteur de machines intelligentes. Ce qu'il faut connaître, ce sont les processus de la pensée. Dans un premier temps, construire des automates « intelligents » ne sert qu'à tester des hypothèses : « *Nous devons faire des machines pensantes pour essayer de comprendre comment fonctionne notre esprit. Si vous avez une théorie sur n'importe quel sujet, pour vérifier que cette théorie est correcte, vous devez généralement l'expérimenter et construire quelque chose qui confirme cette théorie et vérifie que cela fonctionne selon votre prédiction. De même si vous avez une théorie sur le fonctionnement psychologique, alors vous devez construire un objet qui fonctionne selon ce que cette théorie décrit. Et si la machine se plante, c'est que l'hypothèse de départ est à revoir.* »

Autour de nous, pendant cet entretien, on aperçoit à travers les immenses baies vitrées des laboratoires voisins la nouvelle promotion d'étudiants, encore désireuse de prendre le relais du rêve du vieux scientifique, qui s'affaire autour de robots ambiance Mad Max, de bras articulés, de petits véhicules expérimentaux, au milieu d'une série d'écrans plats, dans un décor d'un blanc éclatant sur lequel se profilent les idées les plus échevelées.

Nous sommes dans le nouvel immeuble de verre et d'acier, tout en transparence, imaginé par l'architecte japonais Fumihiko Maki pour abriter désormais le Media Lab du Massachusetts Institute of Technology, créé en 1985 sur une idée de Jerome Wiesner, alors président du MIT, et de Nicholas Negroponte, un des visionnaires de la révolution digitale.

À 84 ans, Marvin Minsky observe ce fouillis d'automates de dernière génération avec une certaine nostalgie. Dans le fond, pour lui qui a incarné cet Âge d'or de la recherche en intelligence artificielle, ce qui se passe aujourd'hui n'a plus grand intérêt ni grande portée.

Son rêve ultime était de percer les secrets de la pensée, et de construire, à partir de ce savoir, une machine véritablement pensante, capable d'inventions et d'émotions, possédant une conscience au même titre que nous. En fait, chaque élément renvoie aux autres : forger des hypothèses sur le fonctionnement de notre esprit permet de construire des machines pour les tester et, si ces hypothèses sont les bonnes, un pas de plus devient possible dans la fabrication de machines capables de penser comme nous.

Avec le recul, on peut se demander si le projet de Minsky ne relève pas plus de la fiction que du réel. Dans les années 1960 et 1970, il a incarné le projet de l'intelligence artificielle « forte » – celui qui se donnait pour objectif de construire une machine capable de passer victorieusement le test de Turing. Si pareil projet était une fiction, ce ne serait pas étonnant de la part d'un homme qui affirme volontiers avoir lu tout Jules Verne,

H. G. Wells et Hugo Gernsback. Marvin Minsky n'a cessé de se nourrir de chaque numéro de la revue *Astounding Science-Fiction* (dirigée depuis les années 1940 par l'écrivain John Wood Campbell, qui fut aussi un ami de Norbert Wiener, le père de la cybernétique), mais encore d'Asimov, de Robert Heinlein ou d'Arthur C. Clarke, qui furent ses amis, comme l'ont été ou le sont encore Vernor Vinge, Danny Brin et Gregory Benford, tous à la fois chercheurs scientifiques et auteurs de romans de science-fiction. Marvin Minsky a même coécrit un techno-thriller de science-fiction, *Le Problème de Turing*[34], avec Harry Harrisson, par ailleurs auteur de *Make Room, Make Room*, adapté au cinéma sous le titre *Soleil vert* par Richard Fleisher.

Voilà donc un scientifique qui ne méprise en rien la fiction, forcément synonyme pour lui de science-fiction, le reste de la littérature lui demeurant totalement indifférent. C'est bien par le seul intermédiaire de la science-fiction qu'il devient possible d'imaginer ce que pourrait être « *une autre organisation de nos technologies, de nos sociétés et de nos esprits* ». Bien sûr, ce n'est pas à un excès de fiction que Minsky attribue le déclin des recherches fondamentales qui date des années 1970-1980, mais à la désertion cruelle des crédits : « *Dans les années 1940, quand j'étais étudiant, il y avait une dizaine de grands laboratoires de recherches, de Westinghouse, de General Electric, d'IBM, de la Rand Corporation, du Stanford Research Institute. La plupart étaient financés par des budgets militaires notamment du DARPA. À présent, ils sont tous morts. Évidemment, ces recherches fondamentales sont coûteuses. Il faut payer des gens pendant des années, sans être assuré du résultat.*

Pendant longtemps, ce fut le cas. Dans les années 1950, nous avions Alan Turing, et dans les années 1960 Claude Shannon, Newell, Simon, McCarthy et moi, et ces groupes ont travaillé activement jusque dans les années 1980. Pour ma part, j'ai commencé à travailler à La Société de l'esprit *en 1970, et j'ai eu besoin de quinze ans de recherches avant de parvenir au bout, sans jamais manquer d'argent. Je bénéficiais de budgets militaires sans conditions.*

Dans les années 1970, un sénateur libéral, Mansfield, a décidé qu'il fallait séparer la recherche fondamentale des budgets de l'armée. Ce fut une grave erreur, car seuls les militaires avaient les moyens de financer des recherches sans rentabilité immédiate. Aujourd'hui, il y a des millions de dollars pour n'importe quelle recherche pharmaceutique, d'énormes budgets privés, mais il n'y a pratiquement plus de fonds publics pour la recherche fondamentale en intelligence artificielle. Dans les années 1960, nous avons fait de grands progrès de compréhension, mais depuis les années 1980, ces programmes ont été remplacés par des projets commerciaux qui utilisent des données statistiques et par des trucs comme rendre les machines plus faciles à vivre. Nous en sommes aujourd'hui à trente années de marée basse théorique. »

L'hiver de l'IA

Les raisons de ce déclin sont plus complexes que ne le dit Marvin Minsky. L'arrêt brutal, en 1973, des financements militaires pour cause de non-rentabilité a évidemment porté un coup aux recherches fondamentales. Mais elles se trouvaient dans une relative impasse, liée à la surestimation fantasmatique des possibilités et à la sous-estimation des difficultés dues à la complexité des phénomènes. Pour plusieurs critiques de l'intelligence artificielle (IA), les échecs sont largement dus aux présupposés exorbitants des chercheurs.

Le philosophe Hubert Dreyfus [35] a formulé le premier une critique méthodique des bases philosophiques sur lesquelles reposent ces recherches. Pour lui, la pensée humaine ne peut en aucun cas n'être qu'un calcul. Le modèle computationnel ne peut donc suffire pour la comprendre, la modéliser, la reproduire. Notre pensée ne peut se limiter à des processus symboliques, elle est aussi constamment incarnée, toujours en interaction avec la « chair du monde », comme n'a cessé de le souligner Maurice Merleau-Ponty, un des auteurs favoris d'Hubert Dreyfus. Instinctive, voire inconsciente, faite d'émotions et d'intentions, elle est toujours en relation avec un contexte, un environnement, en interaction avec d'autres humains, avec un milieu. Pour parvenir à penser, il faudrait que les machines soient capables de telles interactions, ce qui est loin d'être le cas.

À son tour, en 1980, John Searle, le philosophe américain de Berkeley, mit en cause la pertinence du test de Turing en imaginant l'expérience de pensée de la « chambre chinoise [36] » – un dispositif qui se veut révélateur des failles du test. Description : à l'intérieur d'une pièce, John Searle, qui ignore tout de la langue chinoise, dispose d'un kit de caractères chinois et d'un guide d'instructions en anglais lui permettant d'identifier les caractères par leur forme. De l'extérieur, on lui soumet une question écrite en chinois, qui correspond donc à une suite de caractères. Grâce au guide d'instructions, il pourra y répondre par une séquence en retour. De l'extérieur, on aura le sentiment qu'il y a bien, à l'intérieur de la chambre, une intelligence comprenant et parlant le chinois, alors qu'il n'en est rien. Morale de l'histoire : même en mettant à l'intérieur de la chambre un être humain conscient, on n'obtiendra pas de véritable intelligence si l'on a à sa disposition seulement une syntaxe et pas la sémantique qui donne sens aux signes, et permet de comprendre ce qu'ils « veulent dire ».

Ainsi, depuis les années 1980, l'IA connaît son « hiver » : tous les grands projets sont en sommeil. La recherche fondamentale s'est transformée en recherche appliquée. Elle s'oriente vers des objectifs plus limités, destinés à résoudre des tâches spécifiques : mise au point de machines qui aident au diagnostic médical, reconnaissance des voix, des visages, des formes, de l'écriture, traduction des langues, systèmes de surveillance du trafic routier, robots d'exploration ou de guerre, etc. Au lieu de chercher à construire une intelligence « comme la nôtre », on multiplie les applications.

Toutefois, ultime paradoxe, c'est au moment même où s'enlise le rêve caressé par les pionniers que les machines pensantes envahissent le grand écran, les rayons de la littérature, de la bande dessinée de science-fiction et attirent un large public qui ne demande qu'à adhérer à ses rêves ou ses cauchemars. 1968, Stanley Kubrick met en scène Hal 9000, le grand ordinateur pensant de *2001, l'Odyssée de l'espace* adapté d'Arthur Clarke. 1977, George Lucas entame la saga de *La Guerre des étoiles*, où D2R2 et les droïdes popularisent dans le monde entier l'humour robot. 1982, Ridley Scott propose *Blade Runner* et ses répliquants d'après le roman de Philip K. Dick *Les androïdes rêvent-ils de moutons électriques ?*. 1984, c'est au tour du *Terminator* de James Cameron, sans oublier, en 1999, *Matrix*, des frères Wachowsky, inspiré de *Neuromancien*, le roman de William Gibson, basé sur la simulation de l'existence et de la réalité des mondes virtuels. Jusqu'à l'apothéose d'*Avatar* et de ses navi's, le *planet-opera* de James Cameron qui déroule ses drames sur la planète Pandora en 2154.

Quand, en 2001, David, le petit garçon électronique de *AI*, le film de Steven Spielberg, part désespérément à la recherche de sa mère, les machines devenues émotives triomphent sur les écrans, alors qu'elles se sont évanouies des laboratoires de recherche. Doit-on en conclure que toute cette aventure serait, en fin de compte, d'abord affaire de mythes et de récits ? L'un des spécialistes français les plus avertis des robots et de tout ce qu'on dit, ou rêve, à leur sujet va confirmer notre intuition.

Pôle universitaire Léonard-de-Vinci,
Paris-La Défense. Rencontre
avec Jean-Claude Heudin
*« L'intelligence est loin de pouvoir se passer
du biologique ! »*

La fiction joue donc un rôle majeur. Mais lequel ? Doit-on dire qu'elle nourrit la science ? qu'elle la fait avancer ? qu'elle la perturbe ? qu'elle en déforme la perception, ou au contraire qu'elle en aiguise le regard ? Comment se départagent, ou se nouent, dans ce domaine frontière des machines pensantes, les parties respectives du rêve et de la réalité ?

Pour approfondir ces questions, nous rencontrons l'informaticien spécialisé dans le domaine de l'intelligence artificielle Jean-Claude Heudin[37], directeur du laboratoire de recherches de l'Institut international du multimédia, au Pôle universitaire Léonard-de-Vinci. Le décor où il est installé, celui des tours de la Défense, lui sied à merveille. Entre gratte-ciel de verre, dalles de béton et statues impassibles qui attendent en haut des escaliers, on ne serait pas étonné de voir surgir un de ces cyborgs dont les portraits peuplent son bureau.

Expert auprès de l'Union européenne pour les projets concernant les « technologies émergentes du futur », Jean-Claude Heudin connaît parfaitement les arrière-plans imaginaires sur lesquels se découpent les silhouettes du futur. Il s'est attaché, dans ses travaux, à retracer les sources et les significations profondes – notamment mythiques – des créatures artificielles qui parcourent l'histoire, des origines antiques à nos jours. Pour fixer l'emploi des mots et clarifier nos représentations de ces multiples créatures artificielles, Jean-Claude Heudin en dresse la typologie, en commençant par distinguer entre « créatures androïdes » – qui ont une forme matérielle évoquant celle des humains – et « créatures virtuelles » – qui existent seulement sous forme de programme dans la mémoire d'un ordinateur.

Sur ce curieux parcours, tracé à la fois par les possibilités nouvelles de la technologie, l'imaginaire, le désir et la fascination des hommes, on rencontre successivement : les historiques *automates*, que chacun connaît, les non moins classiques *robots*, dont le cinéma et la bande dessinée ne se lassent pas, mais aussi les plus exotiques *méchas*, à la manière de Goldorak, faits d'une armure géante contrôlée de l'intérieur par un humain, que l'on rencontre surtout en Asie. On croise ensuite les insolites *cyborgs*, hybrides mêlant de l'organique et de la machine grâce à des prothèses comme Robocop, puis les duplicables *clones*, êtres organiques obtenus par clonage, enfin les *intelligences artificielles* sous la forme de programmes informatiques autonomes, les *avatars* qui sont des formes graphiques en deux ou trois dimensions de créatures virtuelles ou réelles, et enfin les insaisissables *ghosts*, entités algorithmiques qui rassemblent les « traces numériques » d'une personne vivante ou disparue.

Cette panoplie de créatures – d'où l'humain corporel tend à s'effacer inexorablement vers le virtuel le plus radical – révèle les caractéristiques que Jean-Claude Heudin juge toujours attachées à l'élan irrésistible des humains dans leur geste créateur d'existences artificielles : mimétisme et désir de transgression. On retrouve en effet, de récit en récit, de mythe en mythe, quelles que soient les époques et les cultures, une trame narrative pratiquement immuable. Mise en lumière par l'anthropologue Philippe Breton [38], cette trame comprend toujours un savoir technique humain, qui permet d'engendrer la créature artificielle, un matériau naturel inerte (glaise, boue ou autre) qui sert de matière première, et une intervention magique ou divine pour donner la vie, dans la mesure où l'homme seul ne peut y parvenir.

Ensuite, ajoute Jean-Claude Heudin, les ennuis commencent : « *L'existence de cette créature artificielle constitue une transgression, elle engendre donc malédiction et punition. C'est pourquoi toutes ces histoires finissent mal : la créature échappe au contrôle de son créateur, tue des gens, et finalement se retourne contre son créateur. Prenez Frankenstein, le Golem, Terminator, Matrix… Dans les fictions modernes, il y a très peu d'histoires où ça finit bien. C'est pour cette raison que j'aime bien le mythe de Pygmalion et de Galatée. C'est un des très rares qui ne finissent pas dans le sang et les larmes. Donc, en Occident, dès qu'on parle de créature artificielle, la première réaction est la crainte. Au départ, cette crainte était purement religieuse, ensuite, elle a été relayée par toutes les technophobies. Les mythes d'aujourd'hui prolongent ceux d'hier.* »

Certes, mais la puissance des technologies ne fait-elle pas la différence ? À mythe comparable, l'âge du bronze et celui des ordinateurs ne reproduisent quand même pas forcément la même histoire. Il se pourrait bien qu'on puisse réaliser demain ce qui, hier, n'était que des fables : « *Il est vrai que lorsque l'informatique et la biologie se combinent, on peut obtenir des êtres modifiés, altérés, et augmentés. De ce point de vue, nous sommes à un moment d'accélération, de changement culturel. Pendant des siècles, la séparation de l'humain et du non-humain était claire. On sent bien qu'il commence à y avoir un trouble qui s'instaure sur la définition de ce que peut être l'humanité.* »

Faut-il en conclure pour autant, comme certains le prédisent, que nous pourrions quitter nos corps, télécharger notre conscience, fusionner avec les machines ? Le scientifique est pour le moins sceptique : « *L'intelligence est loin de pouvoir se passer du biologique ! Je ne pense pas qu'il soit possible, pour des raisons de complexité – dans le sens profond du terme –, de reproduire sur un ordinateur l'équivalent de l'intelligence humaine. On peut faire de la bonne simulation, on peut faire croire, donner vraiment l'impression qu'une créature virtuelle a de véritables émotions... L'humain qui regarde va s'y tromper. Voyez tous les films où il y a des effets spéciaux, on ressent de l'empathie pour ces personnages virtuels. Par contre, qu'une créature artificielle ressente réellement une émotion, on n'y est absolument pas. On touche là à des choses extrêmement intimes et compliquées ! Comme la douleur, le plaisir – des choses extrêmement fondamentales. Encore une fois, on peut faire semblant : ce personnage du jeu vidéo a reçu une balle et meurt dans d'affreuses souffrances, avec du sang partout, mais cette créature artificielle ne ressent absolument rien. C'est une suite de 0 et de 1, et à aucun moment la machine n'est capable de percevoir la douleur. »*

Finalement, au lieu de rêver d'une intelligence unique, et de machine réagissant comme un être humain, mieux vaudrait, suggère le chercheur, envisager une complémentarité et une coexistence de formes d'intelligence différentes : « *Un homme est capable de réagir avec son instinct, ses émotions, en prenant en compte quantité de facteurs qui ne sont pas modélisables simplement. Par exemple, nous, par rapport à une machine, sommes très rapidement submergés par les données. Une liste de sept choses constitue la limite de ce que nous pouvons mémoriser facilement. Face à des flots de données, nous sommes dépassés. De plus, notre capacité de raisonnement rationnel est vite mise en défaut. Au contraire, une intelligence artificielle sera meilleure en logique et en rationalité que nous, elle n'est absolument pas surchargée ni submergée par les flots de données. Elle va donc être capable de les gérer bien mieux que nous. Ce sont donc des qualités différentes.*

Pour que les deux variétés d'intelligence sachent dialoguer et qu'une harmonie s'instaure, ce serait bien que les "intelligences artificielles" aient aussi une capacité d'empathie, une certaine représentation de nos émotions, même si elles ne les ressentent pas. C'est une condition importante pour pouvoir interagir avec elles. »

Cela veut-il dire que demain, peut-être, nous nous promènerons en compagnie de robots capables d'entretenir une conversation ? Peu probable, là encore : « *Le robot humanoïde est un fantasme. C'est un beau projet de recherche parce que c'est probablement le robot le plus compliqué à concevoir. On doit, par exemple, s'interroger sur ce qu'est la marche : quand on marche, on est constamment en train de tomber, et on se rattrape à chaque fois. En fait, cette forme humaine n'est pas du tout indispensable.*

Je me souviens d'une vieille couverture du magazine Science et Vie, *où on voyait une sorte de dame en métal avec six mains – une espèce de Shiva, le rêve de la ménagère ! D'une main, elle tenait un fer à repasser, d'une autre une poêle, et elle passait l'aspirateur avec deux autres mains. Aujourd'hui, l'aspirateur-robot existe, il est relativement efficace, mais c'est juste une petite soucoupe roulante, adaptée à sa fonction, capable de passer sous le canapé... On peut donc faire des robots bien adaptés à leur fonction sans être obligé de leur donner une forme humaine.* »

Pourtant, à côté de nous, dans le bureau, trône une immense photographie d'Eva, séduisante créature bleu-vert, très graphique, dont s'occupent activement Jean-Claude Heudin et ses étudiants. Eva (pour Evolutionary Virtual Agent) est un des tout premiers avatars en 3D, créé en 2007, par l'institut que dirige Jean-Claude Heudin. Cette jeune femme virtuelle est un *chatterbot*, un « agent conversationnel » capable de dialoguer avec un utilisateur. Il en existe à présent d'autres versions, développées à partir d'Eva, joliment prénommées Alicia, Hal 9000... Le prochain *chatterbot* imaginé par l'équipe d'Heudin s'appellera « Doctor Minna House ». Il s'agit d'une intelligence artificielle dotée d'une trentaine d'agents de personnalités qui interagissent entre eux pour formuler des réponses.

S'agit-il de créer une intelligence artificielle ? Faut-il employer d'autres termes ? « *C'est compliqué, ces histoires de terminologie, parce qu'on donne le même nom à une créature virtuelle, qui est sur un ordinateur, dans un réseau, et à toute la discipline. Je préfère parler de "vie artificielle". L'intelligence artificielle a été un courant dont l'hypothèse de départ était qu'on pouvait reproduire la pensée humaine sur un ordinateur, en faisant abstraction de comment le cerveau fonctionnait, du fait qu'il y avait un corps autour de ce cerveau et que le tout se situait dans un environnement.*

Cette hypothèse est aujourd'hui mise en défaut. On ne peut pas simuler une intelligence humaine – je ne dis même pas réaliser – sans comprendre à peu près comment le cerveau fonctionne, et si on veut y parvenir, on doit comprendre qu'il n'est pas tout seul, comme un truc dans un bocal, tel qu'on en voit dans certaines sciences-fictions. Il y a le corps qui va avec ce cerveau, il est hyperconnecté avec le reste du corps, qui est lui-même immergé dans le social. »

À défaut de détacher notre cerveau, pouvons-nous nous attendre à le voir augmenté par des puces électroniques ? Au lieu que nous nous immergions dans les machines, est-il imaginable qu'elles colonisent notre corps du dedans ? Une dernière fois, Jean-Claude Heudin n'y croit guère : « *Pendant toute une période, le mouvement d'ensemble a été l'externalisation des fonctions, parce qu'elles étaient plus efficaces à l'extérieur du corps. Même l'ordinateur peut être vu comme une externalisation de fonctions cognitives, de fonctions de calcul, etc. Et on sent bien qu'on est effectivement à une période où ce mouvement s'inverse. Alors on imagine devenir des cyborgs, avoir une puce implantée dans le cerveau et n'avoir plus besoin d'ordinateur sur sa table. Cette histoire d'ordinateur implanté directement dans le cerveau, comme on le voit dans un certain nombre de films de science-fiction, n'est absolument pas crédible – ne serait-ce que pour des raisons de maintenance et de mises à jour, qui, pour des raisons évidentes, ne sont pas si simples à mettre en œuvre à l'intérieur du corps...*

Je crois plutôt que les technologies vont se rapprocher du corps, mais sans y être rapatriées. On aura sans doute toutes sortes de choses très près du corps, mais pas forcément d'implants. »

Mais si, comme le pense Jean-Claude Heudin, des robots androïdes qui représentent le plus haut niveau de complexité sont loin d'être envisageables dans un proche horizon, comment expliquer cette floraison de créatures qui tentent le pari de nous ressembler – même bien schématiquement –, qui depuis des années circulent à pas comptés dans les allées de tous les salons de robotique du monde ? Comment expliquer l'entêtement des chercheurs à s'y intéresser même à l'état seulement expérimental ? Pourquoi est-il si important qu'ils nous ressemblent pour nous intéresser et mieux nous fasciner ? Qu'attendons-nous d'eux, finalement ?

Majoritairement conçus au Japon, pays où la part de la population âgée s'accroît inexorablement, ces robots sont de plus en plus souvent pensés à la fois comme compagnons antisolitude, ou serviteurs artificiels pour personnes malades ou handicapées.

Ils ont généralement de grands yeux étonnés, qui nous contemplent avec autant de perplexité que nous les contemplons. Étonnement que leurs noms finissant souvent en « o » semblent confirmer. Par ordre d'entrée en scène dans notre monde humain : Asimo [39], 52 kilos, 1,20 mètre, âge mental 6 ans, capacité physique d'un enfant de 10 ans, peut marcher, courir, tenir quelqu'un par la main, transporter un plateau-repas, manipuler un chariot, peut aussi se mettre en relation avec un autre de ses collègues du même nom pour se relayer éventuellement le temps d'un rechargement de batteries fatiguées... PaPeRo, lui, touchant poupon rondouillard qui se retourne quand on l'appelle et entame d'emblée la conversation, est en permanence connecté à Internet et muni d'un téléphone cellulaire, ce qui peut rendre bien des services.

Quant à Nao, l'humanoïde autonome français, développé depuis 2006 par la start-up Aldabaran Robotics, il se fixe comme objectif affiché de s'installer dans nos demeures dans les prochaines années. Il pourrait éventuellement trouver place auprès d'Aïbo le chien, si l'on peut dire, « canoïde » – en tout cas zoomorphe – de Sony récemment concurrencé par les performances de son successeur canin, le coréen Genibo. Qrio, contraction de l'expression « quête de curiosité », a pour slogan : « Rend la vie amusante, vous rend heureux. » Du haut de ses 58 centimètres, qui le rendent plus maniable, il est capable de reconnaissance vocale et faciale, de soutenir une conversation au choix en japonais ou en anglais, de localiser un objet, de marcher sur des sols encombrés ou de monter des escaliers [40]. On n'oubliera pas Nexi [41], capable de parler, et dont le visage peut exprimer des émotions, ni Twendy-One, qui se spécialise dans la manipulation d'objets délicats, ni Rubi, le patient robot enseignant qui, à San Diego, joue l'interactivité pour aider à l'apprentissage des langues aux enfants de maternelle.

Tous, depuis Elektro, leur imposant ancêtre de métal construit en 1937 par Westinghouse, ont bien sûr gagné en souplesse, en expressivité, mais essentiellement en fonctions communicantes. Communiquer, voilà le maître mot. Ce serait bien cela le rêve, le mot d'ordre, le graal de ces recherches. Communiquer, interagir, ce qui veut dire surtout découvrir, comprendre tout ce qui tisse la communication intersubjective humaine, dans ses intonations, dans les moindres détours de nos expressions verbales, des nuances faciales indicibles dont sont capables les humains. Afin de mieux les comprendre en nous, pour mieux les reproduire dans la machine et, rêve ultime, permettre nos relations communes.

Ce rêve, un homme dans le monde s'emploie à le poursuivre de la façon la plus radicale. C'est Hiroshi Ishiguro, le fameux roboticien d'Osaka qui a ni plus ni moins construit son propre clone robotisé, en miroir, pour tenter de comprendre son propre fonctionnement avant de s'aventurer à explorer celui d'autrui. Et dans cette recherche mimétique d'un sosie robotisé, il prône le sourire comme méthode d'apprentissage des machines à apparence humaine plutôt que les instructions mécaniques. Une façon d'assimiler le robot à l'enfant qu'on encourage et rassure d'un sourire, qu'on réprimande d'un visage grave et désapprobateur. Il propose même d'appeler « mère » le propriétaire du robot en charge de son éducation.

C'est d'ailleurs ce qui intéresse au plus haut point le psychanalyste Serge Tisseron dans ce projet qui, selon lui, « tend à mettre en place les conditions d'une empathie entre l'homme et la machine [42] », à éviter l'inquiétude qui pourrait naître devant ces créatures de métal. Car, si demain on éduquait ainsi nos robots domestiques, il est à parier que les relations affectives que nous pourrions instaurer avec eux se révéleraient tout autres que celles que nous tissons, en toute indifférence, avec nos aspirateurs dans leurs fonctions pourtant concrètes.

De la palette des sentiments humains qui déclinent tout à la fois peur, hostilité, méfiance, jalousie, indifférence, curiosité, amitié ou affection, que retiendrons-nous, qu'expérimenterons-nous qui permettrait d'élaborer un véritable « vivre ensemble » entre humains et humanoïdes, dans nos relations avec ces alter ego d'un genre nouveau, comme ce fut le cas, de tout temps, avec nos frères humains biologiques ? Même si ce futur rêvé n'est que fantasmes, certains – côté humains, s'entend – y songent déjà, philosophiquement.

> PARIS. MINISTÈRE DE LA RECHERCHE.
> RENCONTRE AVEC JEAN-MICHEL BESNIER
> *« On désire une nouvelle espèce parce que celle que nous sommes est devenue insupportable. »*

Si nous devons apprendre à vivre avec des robots ou autres cyborgs, à coexister avec des machines plus ou moins pourvues d'intelligence, sur quelles bases pourraient se construire nos relations ? La question n'est pas si étrange qu'elle paraît. Même s'il s'agit d'un exercice de réflexion prospective, il a le mérite d'interroger ce que devient alors notre représentation de l'humain. On peut ne pas croire à l'avènement prochain de machines réellement pensantes et pourtant s'intéresser à ce problème. Car il suffit, pour la pensée, que cette possibilité existe. Les époques antérieures ne se posaient pas le problème. Nous y sommes confrontés, au moins comme un cas de figure envisageable, fantasmatiquement ou non, qui jette sur l'humain une lumière inhabituelle.

Le philosophe Jean-Michel Besnier éclaire pour nous les perspectives relationnelles de ce monde éventuellement « posthumain ». C'est un des meilleurs connaisseurs des questions que soulèvent les nouvelles technologies, les enjeux scientifiques et métaphysiques de l'intelligence artificielle.

Professeur à la Sorbonne en philosophie des technologies d'information et de communication, l'auteur de *Demain les post-humains. Le futur a-t-il encore besoin de nous ?*[43] nous a reçus dans son bureau du ministère de la Recherche alors qu'il dirigeait une mission sur l'innovation. Difficile d'imaginer, sous les frontons et classiques colonnades de 1805 des locaux de l'ancienne

École polytechnique, au cœur du Quartier latin, qu'on puisse se préoccuper ici de nos relations futures avec des posthumains, androïdes, avatars ou autres créatures virtuelles, toutes recensées par Jean-Claude Heudin. Impossible d'imaginer que le grand Auguste Comte, qui a étudié et enseigné en ces lieux et s'est souvent préoccupé de l'avenir de l'humanité, puisse avoir eu idée d'une pareille aventure.

D'entrée de jeu, Jean-Michel Besnier trace l'espace de sa réflexion : « *Il faut la replacer dans le cadre plus général d'un humanisme transformé. Pour moi, la question initiale, la question éthique, est celle du "vivre ensemble" dans le cadre d'une humanité élargie. Imaginons en effet qu'il y ait demain, parmi nous, de plus en plus de cyborgs, de clones, de robots androïdes comme celui du Japonais Ishiguro. Il faudra savoir comment organiser le vivre ensemble de ces êtres hétérogènes. La vraie question est celle du système de valeurs qu'on va devoir mettre en place pour accueillir une humanité élargie. C'est pourquoi cela s'appelle quand même un humanisme. C'est un posthumanisme, justement en tant que cela reste un système de valeurs : quel type de valeurs allons-nous mettre en place ? La définition de l'homme doit être repensée. C'est un vrai problème qui nous conduit à nous dire que, finalement, ce que nous aimons dans l'homme, c'est sa fragilité, sa vulnérabilité. Au fond, la véritable définition de l'homme est là, dans sa vulnérabilité. Les dieux ne sont pas vulnérables, et les machines non plus. L'homme, lui, l'est.* »

Le philosophe insiste aussi sur le fait que tous les gens qui possèdent des chiens ou des chats éprouvent ce sentiment que leur présence sensible implique des devoirs envers eux. De même, une réflexion morale devrait s'appliquer aux machines pensantes, même si elles non plus ne nous sont pas identiques. Ces éventuels droits des machines devraient aussi, en retour, impliquer de leur part des devoirs, et là, on retrouve l'épineuse interrogation sur la manière d'implémenter des valeurs de respect de l'humanité dans des intelligences artificielles.

Cette « humanité élargie » dont parle Jean-Michel Besnier n'est pas du même ordre que l'« humanité 2.0 » dont rêvent Kurzweil et les transhumanistes, qui est une humanité augmentée, transformée, transportée hors de la biologie sur des supports électroniques. D'où vient, aux yeux du philosophe, ce désir d'une nouvelle espèce, ce rêve d'en finir, somme toute, avec l'humanité ancienne ? *« On désire une nouvelle espèce, parce que celle que nous sommes est devenue insupportable. La plupart le disent : après Auschwitz et Hiroshima, on ne peut pas vouloir que l'avenir ait encore le visage de l'homme. Donc, tout ce qu'on peut essayer de faire, c'est de mettre en place les conditions de l'avènement d'une nouvelle espèce. Qu'on appelle ce posthumain le "successeur"[44] ou que l'on nomme cela la "Singularité", c'est bien la même idée : la conscience a élu domicile dans le corps, mais le moment approche où elle va pouvoir changer d'esquif, de support, se débarrasser du corps. Tout tourne autour de l'idée de dématérialisation : la communication est l'occasion d'une dématérialisation et donc, croit-on, d'une spiritualisation.*

Je crois que l'idéologie posthumaniste provient plus du sentiment d'impuissance, de la dépression. C'est cette lignée qui relie une partie de la contre-culture américaine des années 1960 et le posthumanisme. Prenez l'exemple de Timothy Leary, l'apôtre de l'expérience des drogues hallucinogènes, qui affirmait déjà vouloir "refaire l'homme", qui voulait "changer son esprit" et qui a fini par croire à la possibilité d'une conscience sans corps, en choisissant avant de mourir d'avoir le corps incinéré mais la tête conservée et cryogénisée, pensant que des banques de cerveau allaient bientôt exister…

"Turn on, tune in, drop out", *disait Leary dans les années 1970, et le* "drop out" *est sans doute le plus important. Plus que la révolution, cette génération voulait la fuite, la fuite vers le haut. Le conflit, pour elle, n'était absolument pas moteur. En observant la trajectoire de Timothy Leary et de ceux qui l'ont entouré, on remarque que ce qui a pris le pas, c'est la mise en évidence de l'impuissance à s'arracher de la condition humaine.*

Cette fatigue d'être soi, cette honte d'être humain me paraissent l'élément le plus intéressant. Elle explique pourquoi, aujourd'hui, plus on déteste l'homme, plus on aime les machines, pourquoi on tente de prendre la fuite dans nos machines, dans le goût pour les automatismes. »

Dans cette fuite en avant, il ne s'agirait plus dorénavant pour les humains de s'affirmer, suivant le vœu de Descartes, comme « maîtres et possesseurs de la Nature » ? Sur ces points, Jean-Michel Besnier donne de précieuses indications : « *On a effectivement rompu avec cette propension à se vouloir démiurge. Nous ne sommes plus dans le prométhéisme, comme du temps de la modernité flamboyante. C'est pourquoi j'insiste sur la dimension dépressive. La modernité était volontariste et démiurgique. Au XVIIIe siècle, on voulait transformer l'homme en un dieu. Aujourd'hui, on est désabusé par rapport à cette possibilité. En effet, plus nous développons des technologies qui produisent de l'autonomie, plus nous nous assujettissons à ces technologies dont nous sommes les producteurs, et dont la caractéristique est qu'elles sont autonomes. Le couplage avec ces technologies produit un homme artificiel doté d'une autonomie qui nous déposscède, nous, hommes biologiques, des prérogatives qui étaient les nôtres. C'est le corrélat d'une déprise par rapport à l'initiative. Et c'est pour cela que nous sommes dans une modernité que je dirai paradoxale. En réalité, la technologie accomplit véritablement un geste métaphysique, "le" geste métaphysique.* »

Geste métaphysique : curieuse expression qui relie la pensée à l'acte, le faire à l'agir. Métaphysique évoque généralement un cadre de pensée, de questionnement sur l'être, sur la représentation qu'on se fait de la nature et de l'homme. Mais quel « geste métaphysique » est donc à l'œuvre dans les recherches sur les machines pensantes où l'humain se retrouve impliqué ? L'enquête continue.

PARIS. RENCONTRE AVEC JEAN-PIERRE DUPUY
« Humaniser la machine ou mécaniser l'humain. »

Professeur à Stanford, le philosophe Jean-Pierre Dupuy a consacré une vie entière de recherches à l'élucidation de ces questions [45]. Polytechnicien, ingénieur des mines, ce scientifique de formation a enseigné à l'École polytechnique, où il a notamment fondé le CREA (Centre de recherche en épistémologie avancée), le principal centre de recherche et de réflexion, en France, dans le domaine des sciences cognitives. Il a longtemps partagé son temps entre la France et les États-Unis, où il réside et travaille à présent le plus souvent.

Passionné, intarissable sur notre sujet, bardé d'une armada de livres et de citations utiles à notre propos, Jean-Pierre Dupuy se révèle scrupuleux. Penseur toujours en éveil, d'une parfaite rigueur et précision, il peut naviguer dans les méandres qui relient les rêves, les intentions des scientifiques et leurs présupposés cachés.

Sur l'usage du mot « métaphysique », il s'explique aussitôt : *« C'est le philosophe des sciences, Karl Popper, qui a le mieux montré cette part sous-jacente de "programme métaphysique* [46]*" inhérent à toute recherche scientifique et technique, et d'ingénierie. Autrement dit, derrière sciences et techniques, il y a toujours une métaphysique – au sens de réponses rationnelles à des questions pour lesquelles on sait qu'il n'y a pas de réponses, comme le temps, le moi, etc. Pour ma part, j'ai essayé de dégager ce qu'était cette métaphysique* rationnelle sous-jacente à ce vaste projet qu'on appelle aujourd'hui la "convergence", les NBIC. Ce que j'ai compris, c'est que ce programme actuel des biotechnologies, des nanotechnologies est en fait issu du rêve de la cybernétique. Autrement dit, ce que nous vivons aujourd'hui a sa source, directe mais oubliée, dans le mouvement d'idées scientifiques et philosophiques des années 1950. C'est là que ce rêve nouveau, et ces méthodes nouvelles, se mettent en place. »

Commençons par le rêve. Quel est-il ? Jean-Pierre Dupuy s'empare d'un des livres. L'exemplaire, truffé de notes et de signets, s'ouvre directement au bon endroit, sans doute à force d'avoir été médité : « *Ma référence essentielle, c'est Hannah Arendt et son livre* La Condition de l'homme moderne [47]. *Ce livre date de 1958, et pourtant elle a déjà tout anticipé. Le point essentiel qu'elle met en lumière, que j'ai repris et développé à ma manière, c'est que tout se passe au niveau des rêves, tout commence par des rêves. Nous devons nous intéresser d'abord aux rêves, tout autant qu'aux cauchemars, de la raison. Or, même s'ils ne se réalisent pas, le simple fait qu'ils existent comme rêves a un impact sur la condition humaine.*

Hannah Arendt décrit justement ce rêve moderne. Elle écrit exactement ceci : "Depuis quelque temps déjà, pas mal d'entreprises scientifiques ont eu pour but de rendre la vie artificielle, c'est-à-dire de couper le dernier lien à travers lequel l'homme appartient aux enfants de la nature. Cet homme futur, dont les savants me disent qu'ils vont le produire dans moins de cent ans, semble être habité par une rébellion contre l'existence humaine telle qu'elle nous a été donnée – un don gratuit, venant de nulle part [48]*." Ce rêve, c'est donc d'abord pour elle une rébellion contre l'existence humaine telle qu'elle nous a été donnée. L'homme désire l'échanger, pour ainsi dire, contre quelque chose qu'il aurait fabriqué lui-même... »*

Entre l'analyse d'Hannah Arendt en 1958 et ce qui mobilise, aujourd'hui, une partie des scientifiques, Jean-Pierre Dupuy souligne l'éclairante continuité, même si les formulations ont changé. Globalement, c'est toujours le même rêve pour l'humain de se fabriquer lui-même, voire de s'autoengendrer : « *Prenons l'exemple du désir de mettre fin à la mortalité. Il est présent depuis toujours sans doute. Les Égyptiens momifiaient leurs dignitaires, les Grecs ont distingué mortalité et éternité. Ce qui fait la différence avec notre rêve actuel, c'est de considérer que la mort constitue un "problème". La finitude humaine devient un "problème" que la science et la technique peuvent résoudre par des moyens techniques. Voilà qui est radicalement différent des rêves antérieurs. Je ne crois pas qu'on ait jamais utilisé le mot de "problème", pour parler de la mort ; auparavant, je ne l'ai jamais vu dans aucun des textes.*

De même avec la naissance, ce qui est encore plus original et impressionnant : la naissance, elle aussi, devient un problème. Ce qui serait défectueux dorénavant, c'est de naître biologiquement, du ventre d'une mère, soumis aux hasards et aux contingences, et non pas en fonction d'un "design" rationnel, d'une conception bien pensée, maîtrisée. »

Cette « honte d'être né », c'est le philosophe Günther Anders, dès les années 1950, qui la révèle, en affirmant : « Nous avons honte d'être nés au lieu d'être fabriqués. » Anders nomme cela la « honte prométhéenne [49] » : face à la perfection des machines, face à leur conception parfaitement efficace, rationnelle, reproductible à l'identique, nous nous jugeons imparfaits. Par comparaison, nous avons honte de notre nature biologique, de notre nécessaire soumission à la nature.

« Si l'homme veut se fabriquer lui-même, écrit Günther Anders, ce n'est pas parce qu'il ne supporte plus rien qu'il n'ait fabriqué lui-même, mais parce qu'il refuse d'être quelque chose qui n'a pas été fabriqué ; ce n'est pas parce qu'il s'indigne d'avoir été fabriqué par d'autres

(Dieu, des divinités, la Nature), mais parce qu'il n'est pas fabriqué du tout et que, n'ayant pas été fabriqué, il est de ce fait inférieur à ses produits [50]. »

Attentif à l'histoire des sciences, aussi bien dans le détail de leurs archives que dans leurs arrière-plans philosophiques, Jean-Pierre Dupuy a mis en lumière dans ce projet de réinvention de l'humain, tel qu'il a cheminé depuis le cœur du XXe siècle jusqu'à nos jours, une tension majeure entre une attitude de « maîtrise » et une tentation de la « non-maîtrise » : « *Je me suis en effet intéressé de près à l'histoire de la cybernétique (1936-1951), en étant de plus en plus persuadé par l'étude des travaux et débats de cette période oubliée que c'était bien là que se situaient les origines de la plupart de nos débats actuels, même si nous ne le savons plus. Or, dans le programme métaphysique de recherche de la cybernétique, j'ai observé une forte tension entre un projet de maîtrise, qui est d'ailleurs indiqué par le mot même de "cybernétique", qui veut dire gouvernance, gouvernail... et ce qui va exactement en sens inverse, et qui est le projet de non-maîtrise, lié à la découverte par ailleurs de ce que l'on appelle la "complexité".* »

Procédons par ordre, pour bien saisir de quoi il s'agit. En étudiant le programme de recherche des cybernéticiens, autour de Norbert Wiener, dans l'immédiat après-guerre, Jean-Pierre Dupuy en a discerné l'ampleur. En considérant les organismes vivants et leurs régulations sur le même modèle que les machines à *feedback*, il s'agissait bien d'obtenir un modèle d'ensemble, englobant aussi bien le vivant que les robots. En fait, la cybernétique allait encore au-delà. Pour Jean-Pierre Dupuy, son ambition, comme mouvement d'idées, était immense : il s'agissait d'édifier « une science générale du fonctionnement de l'esprit ».

En fait, elle marque à ses yeux un moment essentiel dans la représentation de l'activité de connaître et, plus largement encore, dans la représentation de l'humain : « *C'est très simple : pour que l'homme puisse se manipuler lui-même, il faut d'abord qu'il se réduise au rang de mécanisme aveugle. C'est ce mouvement de bascule que la cybernétique accomplit : faire de l'homme une machine qui pense, certes, mais qui pense comme une machine pense. L'intelligence artificielle n'est donc pas du tout ce qu'on croit : cela ne vise pas l'anthropomorphisation, l'humanisation de la machine, mais la mécanisation de l'humain ! En demandant : "Peut-on concevoir des machines qui pensent ?" comme l'a fait Turing, les pionniers de l'intelligence artificielle répondaient : "Évidemment, oui." Car, pour eux, l'homme est déjà pensé comme une machine ! Penser, c'est le fait de la machine. Pour que nous nous manipulions au maximum, il faut donc que nous nous réduisions nous-mêmes au rang de nos ordinateurs.* »

Jean-Pierre Dupuy explique alors comment la notion de modèle s'est transformée et inversée, dans son usage scientifique. Dans la vie courante, un modèle est un exemple à suivre, à imiter. En ce sens, prendre un héros pour modèle, c'est transformer sa conduite pour s'approcher de l'idéal qu'il représente. En science, au contraire, le modèle dérive des faits, il est construit à partir des phénomènes observables pour tenter de les expliquer. Pour savoir si un modèle est le bon, il faudra donc attendre que la réalité le confirme. Ou non. À nos risques et périls.

Dans l'intelligence artificielle, penser l'humain sur le modèle de la machine plutôt que la machine comme humaine transforme en profondeur le rapport humain à l'activité de connaître. Sans doute, depuis longtemps, avait-on conçu la pensée sur le mode du calcul. « Penser, c'est calculer », affirmait Hobbes en 1651 dans le *Léviathan*, tout en faisant de l'État un automate, un corps artificiel composé de rouages et de ressorts humains. Toutefois, si l'idée n'est pas nouvelle, sa suprématie contemporaine se fonde sur des formes nouvelles. En concevant la pensée uniquement sur le modèle des opérations mathématiques, on fabrique des modèles qu'on confond bientôt avec la réalité elle-même. Cette *« mécanisation de l'esprit »*, comme dit Jean-Pierre Dupuy, tend à évincer l'épaisseur du psychisme, l'existence de l'inconscient, les zones d'ombre de l'humain, au profit d'une attention réservée aux seuls comportements visibles.

Jusque-là, il s'agit somme toute d'un geste métaphysique bien connu, et finalement classique. Dans un contexte particulier, il s'agit de ramener l'esprit à des éléments matériels, de décomposer ses opérations, d'expliquer ses particularités par le seul jeu des lois de la physique. Ce qui, pour l'essentiel, n'a rien de radicalement neuf. Connaissant ces données, on peut agir, contrôler, fabriquer, modifier : le projet de maîtrise est bien là. Mais alors, où se situe ce versant de non-maîtrise que décèle Jean-Pierre Dupuy dans ce même mouvement paradoxal ? *« Ce paradoxe repose sur ce qu'a fait voir le mathématicien John von Neumann en 1948. Au cours d'une conférence*[51], *il expose sa "Théorie générale et logique des automates". Il démontre qu'il n'y a pas de contradiction logique à postuler l'existence d'êtres mécaniques qui seraient capables de produire des êtres plus complexes qu'eux. Ce qui devient, dès lors, la définition même de la complexité : est complexe ce qui est capable de produire plus complexe que soi. Cette conjecture de Neumann est désormais connue sous le nom de "conjecture sur la complexité".*

Ce qui se joue là, dans ce thème de la complexité, qui devient vite un thème dominant en science, c'est l'idée que les hommes seraient bientôt, par rapport à certaines de leurs propres créations, dans la même situation que par rapport aux phénomènes naturels : nous les avons fabriqués, mais nous devons les étudier comme si nous ne les avions pas faits ! Autrement dit, ils nous ont totalement échappé. Par exemple, une bombe atomique vient de nous, nous l'avons faite, et pourtant, nous sommes face à elle dans la même situation que face à des tremblements de terre ou des tornades.

Le paradoxe actuel, c'est que cette création qui nous échappe est devenue un objet de désir. L'ingénieur de demain sera content et fier de son travail, non pas lorsqu'il aura réussi à satisfaire à un cahier des charges, mais lorsqu'il sera lui-même surpris par ce qu'il a fait. On se trouve donc ici face à une situation très particulière où il s'agit d'engendrer de l'imprévisible, de concevoir quelque chose dont nous ne maîtrisons que le point de départ, mais en aucun cas le développement ni le résultat ! Il s'agit de concevoir de l'inattendu.

Avec tous les problèmes éthiques et de prudence que cela pose inéluctablement. Mais certains assument entièrement l'inquiétude, voire l'imprudence. Kevin Kelly, un penseur américain futuriste pétri de culture new age, cofondateur du magazine Wired, *qui a notamment publié en 2010* Ce que la technologie veut, *déclare par exemple : "Si nous ne nous inquiétons pas au sujet d'une technologie, c'est qu'elle n'est pas suffisamment révolutionnaire." Ce qu'on recherche, désormais, c'est bien la rupture. Sans forcément savoir d'où elle proviendra, ni où elle nous mènera.* »

Finalement, ce qu'il faut retenir de l'éclairage que nous offre Jean-Pierre Dupuy est bien ce choix crucial opéré par les tenants de l'intelligence artificielle et de la cybernétique : mettre en œuvre une « mécanisation de l'esprit » plutôt qu'une « humanisation de la machine ». Cette mécanisation qui entraîne dans son sillage comme première conséquence la résolution de la dichotomie entre esprit et matière, ouvrant ainsi la voie aux sciences cognitives à venir.

— Pause 2 —

HOMME MÉCANIQUE

Ne dites pas à Socrate qu'il est une machine, il n'y comprendrait rien. Non parce qu'il pense le contraire. Plus simplement, il n'a pas la moindre idée de ce qu'est une machine. Les Grecs n'en possèdent aucune, n'en ont jamais conçue. Ils ignorent tout, en fait, de ce que nous nommons ainsi. Certes, ils utilisent ce que la physique élémentaire appelle « machines simples » : leviers, poulies, treuils et autres palans. Rien à voir cependant avec celles de l'âge scientifique et industriel, qui convertissent l'énergie en mouvement, s'autorégulent, travaillent de manière plus ou moins autonome.

Ce n'est pas de tout temps, donc, qu'on a pu parler d'homme-machine. Pour que cette représentation prenne sens, il faut les Temps modernes, la naissance de la physique mathématisée, les prémices de l'industrie, le règne nouveau des ingénieurs. Avant, on pouvait comparer humains et pantins, rêver d'animer des statues, inventer des subterfuges. Jamais on n'avait recours à des dispositifs mécaniques pour rendre compte en détail du fonctionnement du corps ou de la pensée.

Avec l'essor des sciences et techniques, à la fin de la Renaissance, on décrit l'humain à l'aide d'exemples mécaniques. Mais – point essentiel – il ne s'agit alors que d'expliquer. On parle d'homme-machine seulement pour dire « voilà comment ça marche ». Les poumons sont *comme* des soufflets, le cœur *comme* une pompe, les veines *comme* des tuyaux, les nerfs *comme* des cordes. La technique se modifiant, les transmissions nerveuses se transformeront en réseau électrique au XIXe siècle, et au XXe siècle le code génétique deviendra programme informatique transmettant ses instructions aux cellules. Ces recours successifs aux roues dentées des mécanismes d'horlogerie, aux moteurs à vapeur ou à combustion, aux centraux téléphoniques puis aux ordinateurs sont d'abord destinés à mieux saisir comment le corps humain se meut, se nourrit, se régule.

Chaque fois, ce sont seulement des analogies, comparaisons ou métaphores. Elles peuvent être plus ou moins bancales ou approximatives. Mais elles n'ont pour but que de faire comprendre. Parler d'homme-machine a longtemps voulu dire : on peut utiliser l'exemple de tel ou tel dispositif technique pour expliquer le fonctionnement *naturel* de l'humain.

À vrai dire, il s'agissait parfois d'un peu plus. Quand La Mettrie publie *L'Homme-Machine*, en 1747, il combat la conception religieuse de l'homme au nom du matérialisme. L'homme devient automate pensant, l'âme n'est qu'un vain mot, la pensée un produit du cerveau. Cet homme-machine du siècle des Lumières n'est plus présenté comme une simple comparaison : la machine est sa réalité même. Il n'est presque plus *comme*... Car le but visé est polémique : si nous sommes explicables de part en part, pas la peine de supposer l'existence d'une âme. Nos comportements pouvant s'élucider par des schémas mécaniques, un pur esprit commandant le corps devient une hypothèse inutile.

Toutefois, dans ce combat des Lumières pour le matérialisme, les machines ne sont jamais considérées comme des modèles supérieurs aux humains. Pas question d'hybrider humains et machines, pas question de fondre notre esprit dans les automates. Les machines font comprendre, elles rendent compte de ce que nous sommes. Elles ne font pas rêver, ne promettent rien, ne constituent pas des objectifs à atteindre.

On est certes passé de « l'homme est comme une machine » à « l'homme est véritablement une machine », mais on n'est pas encore à l'étape où nous sommes parvenus, que l'on pourrait formuler ainsi : « L'homme, pour se sauver, doit devenir une machine. » Pour rêver de la fusion de l'humain et du mécanique, pour formuler le désir de devenir machine, pour projeter de fabriquer un artefact qui serait « comme un humain », il faut avoir fait sauter d'autres « comme ».

Notamment ce « comme » historique, incontournable, qui figure dans le chapitre VI du *Discours de la méthode*. Descartes y défend l'utilité des « Notions générales concernant la physique » qu'il a acquises. « Car elles m'ont fait voir qu'il est possible de parvenir à des connaissances qui soient fort utiles à la vie, et qu'au lieu de cette philosophie spéculative, qu'on enseigne dans les écoles, on peut en trouver une pratique, par laquelle, connaissant la force et les actions du feu, de l'eau, de l'air, des astres, des cieux et de tous les autres corps qui nous environnent aussi distinctement que nous connaissons les divers métiers de nos artisans, nous les pourrions employer en même façon à tous les usages auxquels ils sont propres et ainsi nous rendre comme maîtres et possesseurs de la Nature [1]. »

Ce « comme », on l'a oublié, écarté, gommé. En fait, on ne le comprend plus réellement, puisqu'on croit généralement que cette formule de Descartes symbolise parfaitement l'empire de la technique, la mainmise de l'humanité sur la nature, le projet d'exploiter la terre et d'y étendre la domination de notre espèce.

Or ce n'est pas du tout ce qu'affirme Descartes. En écrivant que nous serons « comme *maîtres et possesseurs de la Nature* », il souligne qu'en réalité nous ne le sommes nullement : nous sommes les esclaves de la nature, et non ses maîtres, nous subissons ses lois, vivons sous ses contraintes. La Nature – avec majuscule – n'a aux yeux de Descartes qu'un véritable maître, un unique possesseur : Dieu. Il l'a souverainement créée, en a établi l'organisation selon sa seule volonté.

Tout ce que l'homme peut parvenir à faire – par le truchement de son intelligence, par la connaissance exacte, par la constitution des sciences et leurs applications techniques –, c'est utiliser ces lois naturelles à son profit. Il peut en attendre un travail moins pénible, des maladies plus rares, une vie plus longue, une société plus perfectionnée. Mais pas une modification de ce qu'il est, encore moins une transformation de la Nature. L'existence humaine est donnée, celle de la Nature également. Les recréer est inconcevable.

Faites sauter le verrou de ce « comme », et tout change, un autre paysage devient concevable. Si nous nous considérons effectivement « maîtres et possesseurs de la Nature », nous entrons dans une tout autre représentation de l'humain. Au lieu d'être soumis aux lois de la nature, cet humain d'aujourd'hui éprouve la tentation de les modifier. Il ne projette plus seulement de les utiliser à son profit, il entend les réécrire à sa guise. Il n'est plus un enfant de la nature, il va rêver d'en devenir le père, à tout le moins l'égal en pouvoir. Il projette d'en bouleverser la genèse autant que faire se peut. Il rêve aussi de maîtriser sa propre conception, de parvenir à s'autoengendrer, de redessiner à son gré les plans de l'humain.

C'est pourquoi, en parlant aujourd'hui d'homme-machine, certains rêvent d'un humain artificiel, produit par la technologie. Ils ont en tête un cyborg, mixte de cybernétique et d'organisme biologique, ou carrément une machine devenue intelligente, consciente, parlante – quels que soient les moyens par lesquels on l'obtient. Dans les machines, ils voient pour l'humain un horizon supérieur, un monde qui le dépasse et pourrait le faire échapper à la décrépitude et à la mort.

À l'évidence, ce ne sont plus les mêmes machines qu'autrefois. Intelligentes, traitant des informations et non des forces mécaniques, elles sont miniatures, en réseau, évolutives. Mais, comme l'ont montré Hannah

Arendt, Günther Anders, ou Jean-Pierre Dupuy à leur suite, ce n'est pas non plus le même humain. Il rêve désormais de devenir « réellement » machine, voit dans cette métamorphose le moyen de ne plus mourir, d'accroître indéfiniment sa puissance. Cet humain s'est constitué en deux temps : d'abord désarroi, ensuite démesure. Le désarroi, il l'a éprouvé en voyant combien il est dépassé par les nouvelles machines. Elles calculent des millions de fois plus vite que lui, stockent sans perte des milliards d'informations, les trient, les synthétisent, les comparent avec une fulgurance et une fiabilité qu'il ne peut plus songer à approcher. Du coup, par comparaison, il se sent imparfait, mal conçu, irrégulier, exposé à tous les aléas du vivant, lui qui est né par hasard.

Devenir « réellement » une machine représenterait alors un état meilleur, plus fiable. Rationnellement conçu, le nouvel humain serait plus régulier, plus performant. Le désarroi fait place à la démesure : les machines deviennent des instruments de notre salut, de notre toute-puissance, de notre immortalité. En se fondant dans ce nouvel univers qui le dépasse, l'humain franchirait enfin les bornes que lui imposait la nature. Il s'affranchirait de la maladie et de la mort et abandonnerait donc sa condition immémoriale. Au premier regard, cet humain nouvelle version a des airs de ressemblance avec le surhumain que Nietzsche appelait de ses vœux, insistant sur l'idée que l'humain doit être dépassé, qu'il n'est qu'un pont entre le singe et le surhumain. Du coup, on pourrait penser qu'entre le surhomme nietzschéen et l'homme fabriqué, il existe une parenté, voire une similitude. Erreur.

D'abord parce que Nietzsche voit le surhumain s'ancrer toujours plus profondément dans le corps, jamais le quitter. Il souhaite le voir intensifier ses instincts, ses désirs, sa force de volonté, et non pas ses capacités physiques. Il désire, plus que tout, les retrouvailles avec la vie dans sa plénitude, mêlant inextricablement jouissances et malheurs, jamais un paradis artificiel débarrassé des pesanteurs du corps. En aucun cas le surhumain de Nietzsche n'est censé échapper à la mort, à la finitude de la condition terrestre. Au contraire, il les vivra plus fort.

Ainsi, contrairement à l'apparence, le projet d'un salut par la machine qui s'affirme aujourd'hui se sépare, paradoxalement, aussi bien de Descartes que de Nietzsche, pourtant aux antipodes l'un de l'autre. En fin de compte, par-delà les antagonismes philosophiques, deux représentations de l'humain ne cessent d'entrer en tension.

L'une endure la finitude, la contingence, l'aléa. Elle comprend l'existence humaine à l'intérieur de limites qu'elle ne peut outrepasser ni ignorer sous peine de se perdre. L'autre veut l'illimité, l'affranchissement de toutes contraintes, l'autoengendrement. À la limite, elle voudrait tordre le cou au hasard, à toutes les loteries de la naissance, de la croissance, de l'éducation, de la maladie, de la souffrance et de la mort. Ouf! Que l'on serait heureux, enfin machines, enfin immortels, enfin sans contraintes, sans affects, sans les autres qui encombrent, sans ce monde où l'on ne cesse d'être jetés...

Est-ce un pur fantasme? Un embryon d'avenir réel? La réponse se tient sans doute à l'intérieur même de notre crâne. Une dizaine de milliards de neurones, une soixantaine de milliards de connexions, des opérations vertigineuses effectuées en quelques centièmes de seconde... Est-ce un organe ou une machine? Est-il compréhensible, explorable, visible? Serait-il reproductible? Connectable directement aux réseaux? La recherche à présent se concentre sur cet ultime réduit où se déroule la bataille des représentations de l'humain : le cerveau.

III

LE CERVEAU VISIBLE

> « *La caractéristique de l'homme est dans son cerveau.* »
> Diderot, *Éléments de physiologie*.

Une expérience spectaculaire

Voir, en temps réel, sur un écran le cerveau fonctionner de l'intérieur... D'emblée, on peut l'affirmer : il ne s'agit vraiment pas d'une expérience comme les autres. Et c'est à juste titre que les médias du monde entier lui consacrent à la fin de l'année 2010 une place de choix. Allant même jusqu'à annoncer, sans souci d'exagération, que cette « première » mondiale menée sur le cerveau dans un hôpital de Californie aurait pour incroyable résultat de rendre la pensée visible. Certains dirent même que les fictions d'*Inception*, film déjà culte, seraient possiblement réalisables : pénétrer dans les images du rêve de quelqu'un, les enregistrer, les modifier, en implanter de nouvelles dans son esprit... Commentaires excessifs, aventureux, alors que la réalité scientifique suffit bien à rendre l'aventure étonnante et passionnante.

C'est le 28 octobre 2010 que la prestigieuse revue américaine *Nature* publie une étude cosignée par sept scientifiques [1], parmi lesquels Moran Cerf, un jeune chercheur new-yorkais, et Itzhak Fried, spécialiste de neurochirurgie de l'université de Californie à Los Angeles et à l'université de Tel-Aviv. D'une lecture hautement technique, cette étude n'en soulève pas moins de stupéfiantes questions auxquelles elle apporte des éléments de réponse totalement inédits. En l'occurrence, il s'agit de comprendre de quelle façon nous décidons bien, en partie, de ce que nous voyons, de ce que nous recevons comme perceptions de l'extérieur. Plus précisément encore, il s'agit d'expliquer comment notre cerveau ne se contente pas, comme on l'imagine souvent, de recevoir les données de l'extérieur, mais comment il se donne la possibilité d'élire certaines d'entre elles. Ainsi, lorsque dans une rue animée, une cohue, une foule bruyante, nous nous retrouvons submergés d'images, de sons, de formes et de sensations, notre cerveau prend l'initiative de sélectionner, de retenir telle image, telle forme, tel son. Le cerveau, et plus encore un neurone précis, unique – et c'est là la nouveauté démontrée – se focalise sur eux et estompe les autres données.

Avant d'envisager les questions philosophiques réactivées par ce type de recherche en neurosciences, il nous faut d'abord retracer, pas à pas, le dispositif de l'expérience. Son étrangeté vaut le voyage.

C'est dans un hôpital de Los Angeles (UCLA Medical Center) que douze patients atteints d'épilepsie ont accepté de s'y soumettre. Souffrant de crises non traitables par des médicaments, ils sont en attente d'une intervention chirurgicale qui consiste à neutraliser un point précis du cerveau d'où leurs crises proviennent. Mais, pour le localiser exactement, on ne peut observer ce point qu'au moment où une crise survient. Ces patients vont donc se retrouver, des électrodes implantées dans leur lobe temporal, dans l'attente d'une crise. Pendant ce temps, bien que leur situation ne soit pas absolument courante, ils mènent une vie relativement normale, parlent à leurs familles, regardent la télévision, s'ennuient quelque peu.

C'est alors qu'est mis en place le dispositif de l'expérience. Comme il est rarissime, et pour cause, de pouvoir tester le fonctionnement de cerveaux humains en activité de manière aussi fine et précise, de pouvoir observer directement ce qui se passe de l'intérieur, les chercheurs profitent de cette opportunité, avec le consentement des patients, cela va de soi.

Premier temps de l'expérience : demander aux patients d'observer une centaine d'images diverses, notamment des portraits de visages très connus – Marylin Monroe, Bill Clinton, Jimi Hendrix, Abraham Lincoln, etc. Objectif : localiser le lieu exact, ou plus encore le « neurone unique » réagissant à chacun de ces visages ou de ces noms dans le cerveau de chaque patient.

C'est une des singularités de cette investigation : au lieu de localiser des régions du cerveau, comme le fait habituellement l'imagerie par résonance magnétique, elle parvient à repérer, en raison de la détection fine permise par les électrodes, « le » neurone Marylin Monroe, ou « le » neurone Bill Clinton, si l'on peut dire. Peu importe que la personne voie le portrait de Marylin, se contente de citer un de ses films, ou évoque seulement l'actrice dans une phrase quelconque. Dans tous les cas, dès qu'il est question de la star, ce neurone seul se trouve activé.

Second temps du dispositif : on présente aux patients des images combinées, troublées, au premier regard confuses, qui superposent deux représentations, par exemple les visages de Marylin Monroe et de Bill Clinton. On demande alors à chacun d'essayer de renforcer mentalement l'image qu'il préfère, en lui laissant le choix de la meilleure manière pour lui d'y parvenir : soit intensifier mentalement les traits de Marylin, soit effacer mentalement ceux de Bill Clinton (dans l'hypothèse, évidemment, d'une préférence pour la star plutôt que pour l'ex-président).

Se produit alors ce phénomène très impressionnant : sans temps d'apprentissage particulier, sans effort visible, plus des deux tiers des patients réussissent – du premier coup, rapidement – à voir distinctement l'image qu'ils préfèrent, celle qu'ils ont choisie. Les électrodes permettant de suivre le processus en temps réel, on voit, sur l'écran d'un moniteur, s'activer de plus en plus le neurone « Marylin » et se désactiver, s'éteindre toujours plus le neurone « Bill Clinton ». L'expérience se répète à l'identique avec des images de paysage, d'animaux, d'objets courants : chaque fois, il est possible de faire que l'une l'emporte sur l'autre, à volonté, si l'on ose dire, indépendamment des données sensorielles venues de l'extérieur !

Un résultat d'autant plus spectaculaire que les scientifiques voient effectivement apparaître, sur un écran de contrôle, l'image de plus en plus nette produite par le cerveau du patient.

Cette expérience exceptionnelle par ses circonstances comme par ses résultats suscite à l'évidence une série de grandes interrogations philosophiques. Car si notre cerveau est ainsi capable de commander partiellement à la réalité, qui commande le cerveau ? Qui contrôle les neurones ? Est-ce le cerveau lui-même qui s'autocontrôle ? Est-ce le libre arbitre, la volonté du sujet qui contrôle son cerveau ? Sommes-nous uniquement notre corps, pourvu d'un cerveau qui produit la pensée consciente, ou bien sommes-nous doubles, corps et esprit ?

NEW YORK. RENCONTRE AVEC MORAN CERF
« Si je le veux, je peux décider de voir une fleur à la place de la bouteille posée là. »

Dès qu'on lui pose ces questions, Moran Cerf répond avec un enthousiasme volubile : *« Ce travail pose fondamentalement deux questions. La première touche à ce qui arrive à la représentation du monde dans notre cerveau. Par exemple : cette bouteille que vous regardez posée sur la table, quel est son équivalent dans votre cerveau ? La seconde question concerne ce qui se passe quand vous avez deux choses très différentes placées devant vous : comment votre cerveau choisit-il celle qu'il va voir ? »*

Pour lui, qui a participé, pas à pas, au déroulement de cette recherche, ce qu'il a vécu devant son écran est un moment étonnant : « *C'est une expérience terriblement attrayante : on voit les changements de l'image sur l'écran, c'est vraiment spectaculaire. Mais le moment que je préfère, pour ma part, c'est celui où les patients échouent presque. On leur montre des images combinées, ils veulent retrouver par exemple celle de Marilyn, c'est leur objectif, mais ils n'y arrivent pas. Ils veulent prendre un chemin, ils en empruntent un autre. Ils regardent l'écran, et sur l'image, au lieu de Marilyn, c'est Clinton qu'ils voient, et cela de plus en plus. Ils sont sur le point de rater complètement. C'est toujours Clinton qu'ils voient sur l'écran. Alors ils réessaient, ils veulent arriver à contrôler l'image, voir Marilyn, et ils recommencent. C'est un moment extrêmement intéressant, parce qu'ils voient effectivement Clinton, c'est ça l'information qui passe par leurs yeux, qui parvient à leur cerveau. Le cerveau voit Clinton. Et nous, sur l'écran, nous voyons le neurone « Clinton » qui s'allume, Clinton est là, le cerveau le voit. Mais le patient pense à Marylin Monroe et ne la voit pas, il pense à elle dans son esprit. On observe vraiment la compétition qui s'installe entre les cellules du cerveau. Marilyn essaie, elle se bat, son neurone commence à s'activer et on a l'impression que tout le cerveau se met à l'aider, s'emploie à éteindre Clinton et à faire grimper Marilyn. Le cerveau aide le patient à la faire revenir, et quand elle apparaît, c'est comme s'il avait remporté un prix !*

C'est un moment incroyable, parce qu'il montre fondamentalement comment, comme on le dit dans notre étude sous une forme volontairement poétique, "l'idée se débarrasse de la réalité". Ce qui est dans votre esprit, dans le cerveau, le monde des idées, pratiquement comme chez Platon, peut submerger ce qui est à l'extérieur. Je vois la bouteille sur la table, voilà l'information que j'ai dans mon esprit, mais à la limite je pourrais la stopper et la remplacer par une autre. Si je le veux, si je le désire, je pourrais à la limite voir une fleur à la place de cette bouteille. C'est en mon pouvoir, mon cerveau peut le faire, je peux le contrôler pour y parvenir. »

Comment pourrait-on ainsi « décider » de ce qu'on voit ? Comment les patients, dans cette expérience, décident-ils de faire réapparaître tel visage à la place de tel autre ? « *Quand on les interroge, ils disent tous qu'ils ont choisi de faire revenir un visage plutôt qu'un autre. C'est ce qu'ils disent, mais ce qui se produit dans le cerveau, c'est l'opposé. Car, dans le cerveau, une cellule descend, l'autre monte. En fait, ils font les deux à la fois, ou plutôt le cerveau le fait pour eux : il rend un neurone plus actif et l'autre moins. Pourtant, les patients ne disent jamais qu'ils ont délaissé une image, ils affirment toujours plutôt qu'ils ont concentré leur attention sur l'autre...* »

Moran Cerf nous reçoit dans son loft de New York, au dernier étage d'un petit immeuble ancien, à deux pas de son laboratoire à l'université de New York. Par les baies vitrées, on aperçoit les bâtiments de la faculté. Dans un coin du salon, qui signale le chercheur toujours entre deux voyages, deux conférences – à Princeton, en Chine, ou en Australie –, une table de travail saturée d'écrans, de disques durs, de webcams. Moran Cerf parle à toute allure, relève fréquemment la longue mèche qui lui tombe dans les yeux et ponctue ses phrases de gestes rapides des doigts et de la main.

À 35 ans, ce jeune homme est un personnage. Né à Paris, élevé en Israël, travaillant aujourd'hui aux États-Unis, il ne se contente pas d'avoir, en quelques années, effectué des découvertes qui lui valent une reconnaissance internationale. Quand il ne s'occupe pas de ses recherches au Centre de neuroscience de l'université de New York, au département de neurochirurgie de l'université de Los Angeles (UCLA) ou à l'Institut de technologie de Californie de Pasadena – le célèbre Caltech –, on peut le croiser sur scène comme poète vainqueur de compétitions de slam, à Hollywood comme auteur néophyte de scénarios de science-fiction, enseignant en écriture cinématographique, réalisateur de courts-métrages ou designer… toutes activités que l'on peut retrouver sur son site Web, hébergé par le Caltech, qui informe de sa créativité tous azimuts.

Ce mélange de science et de poésie nous reconduit d'ailleurs à son dernier exemple. Voir une fleur à la place de la bouteille qui est sur la table, on pourrait juger cela poétique, mais est-ce scientifiquement possible ? Moran Cerf n'hésite pas une seconde, il répond, toujours passionné, toujours à vive allure, avec force gestes et sourires pour convaincre ou ponctuer : « *Oui, je peux dorénavant réellement faire en sorte que votre cerveau voie une fleur à cet endroit. Le cerveau possède toutes sortes de câblages et le câblage est tel que vous voyez une bouteille, votre cerveau est en fonction sur cette image et elle correspond à ce que vous touchez quand vous prenez la bouteille en main, ce qui est pratique… Mais il n'y a aucun obstacle insurmontable pour recâbler autrement et faire en sorte que ce soit une fleur que vous voyiez.*

Vous essayerez de la toucher, mais elle n'est pas là, ce qui risque de vous dérouter, parce que votre main et vos yeux vous fournissent alors des retours différents. Donc on évitera de le faire, mais c'est possible, en théorie. Dans la réalité, on ne peut pas jouer avec ce câblage, parce qu'on n'a jamais accès au cerveau directement, sauf pour des raisons chirurgicales lourdes, donc il vaut mieux trouver d'autres voies. Peut-être qu'on peut parvenir à s'exercer mentalement en ce sens, comme le font les moines bouddhistes, qui passent beaucoup de temps à ce type d'entraînement et qui commencent parfois à voir ce qu'ils veulent. Si on peut contrôler le cerveau du dedans, on peut donc arriver à cela, mais c'est à vous d'y arriver, parce que moi, si je veux y aller, je suis obligé de faire des trous, alors c'est mieux que vous le fassiez vous-mêmes... »

Façonner à notre guise la réalité que nous voyons, voilà qui est pour le moins troublant. L'évidence habituelle nous dit tout le contraire : nous sommes censés recevoir du dehors les informations sur ce qui est autour de nous, et nous ne décidons pas de ce que nous voyons : *« Tout simplement parce que la plupart du temps il est préférable de voir un lion quand il y a un lion, et qu'il serait dangereux à cet instant de voir un petit chat. Mais ça ne marche pas toujours ainsi. Par exemple, des tas de gens souffrent de troubles post-traumatiques. Ils ont été exposés à des bombes, en Afghanistan, par exemple. Ils ont toujours en eux l'image de la bombe et, quand ils y pensent, ils ne peuvent s'empêcher d'y réagir. Ce qu'ils apprennent en thérapie, c'est à voir cette image tout en recâblant le cerveau pour ne pas revivre le choc de cette image. Il s'agit de se souvenir mais de ne pas rééprouver l'émotion à chaque fois. C'est sur ce mécanisme que nous essayons de travailler. »*

Retour sur la question du libre arbitre. Qui commande aux neurones ? La question est passionnante mais semble indécidable, dans l'état actuel des données disponibles. Moran Cerf, qui travaille actuellement sur ce problème, commence par nous rappeler la célèbre expérience conduite par Benjamin Libet[2], chercheur en physiologie à l'université de Californie à San Diego. Ses résultats ont soulevé quantité de discussions philosophiques qui se poursuivent encore. Schématiquement, le protocole expérimental met des sujets en présence d'un chronomètre, que les sujets peuvent arrêter à volonté en appuyant sur un bouton. Pendant tout le temps de l'expérience, ils ont sur le cuir chevelu des électrodes qui enregistrent, comme dans un électroencéphalogramme, les petites variations d'influx nerveux dans leur cortex, qui correspondent à des mouvements, comme bouger un doigt, appuyer sur un bouton, etc.

La consigne donnée est la suivante : indiquez l'instant précis où vous décidez d'arrêter la pendule. Étrangeté inédite de cette expérience : elle montre que l'influx nerveux se produit systématiquement *avant* le moment où les sujets sont conscients de prendre la décision et de l'exécuter. Ainsi, l'impulsion du mouvement pour appuyer sur le bouton précède systématiquement la conscience que les sujets ont de décider de le faire ! Au lieu de concevoir l'action comme conséquence de la décision libre, faudrait-il dorénavant plutôt considérer – paradoxalement – que la prise de conscience de la décision constitue une suite de ce qui, dans le cortex, est déjà mis en œuvre ? « *Il faut distinguer deux moments. Le premier est celui où le cerveau sait ce qu'il veut faire, le deuxième est celui où vous êtes au courant. Ce qui nous intéresse, c'est justement ce moment entre les deux. Je travaille actuellement à une expérience du même genre, qui consiste à voir, grâce à l'électroencéphalogramme, le moment où le sujet décide d'appuyer sur le bouton, mais n'en est pas encore conscient. La consigne est d'appuyer sur le bouton pour allumer une ampoule et de ne pas le faire si elle est déjà allumée. À chaque fois que les sujets décident d'appuyer sur le bouton, je le sais avant eux, et j'allume l'ampoule, donc ils doivent renoncer à ce qu'ils ont décidé.*

Là, on peut dire que le libre arbitre n'existe pas, et le sentiment d'autonomie disparaît, puisque quelqu'un sait ce que je veux faire avant que je le sache moi-même ! Cela dit, le dossier du libre arbitre reste très complexe, car je peux savoir ce que vous allez faire dans une seconde, dans ces circonstances expérimentales, mais j'ignore absolument ce que vous ferez dans quarante-huit heures ! Et surtout, il y a des discussions parmi les scientifiques sur l'interprétation.

Certains disent que l'on peut voir à l'avance l'impulsion du cerveau, mais que le cerveau possède également un droit de veto. Votre cerveau décide de lever le bras, mais une autre partie dit "non" et tout s'arrête. On ne peut donc pas conclure à l'absence totale de volonté libre. »

Ce qu'explique encore Moran Cerf, c'est que nous sommes de grands inventeurs d'histoires. Au lieu de constater les situations qui nous entourent et de reconnaître que nous ne comprenons pas toujours leur enchaînement, nous construisons constamment des scénarios pour boucher les trous, rétablir les continuités qui manquent. C'est encore une expérience qui permet de le comprendre : « *On demande au sujet de choisir entre deux cartes représentant de jolies femmes et de dire pourquoi il a retenu celle qu'il préfère. Mais, chaque fois, l'expérimentateur change la carte, en donne une autre que celle que le sujet avait choisie. Pourtant, jamais les gens ne disent : "Ce n'est pas celle que j'avais choisie !", ils acceptent la carte et ils justifient le choix à partir de l'image qu'ils ont sous les yeux, même quand ce n'est pas celle qu'ils avaient élue ! C'est comme s'il y avait deux cerveaux : celui qui choisit le portrait et celui qui explique le choix, en disant par exemple : "J'aime les boucles d'oreilles", même si, dans la première image retenue, il n'y avait aucune boucle d'oreille. Les choses arrivent, et après on les explique...* »

Finalement, toutes ces expériences pourront-elles fournir un jour la clé de l'esprit, permettront-elles d'expliquer la conscience ? La question fait sourire Moran Cerf : « *Ce n'est pas ainsi que les choses se passent. Nous n'avons pas la réponse à ces questions, mais nous pouvons les mettre de côté, pour l'instant. En fait, nous n'avons pas besoin qu'elles soient résolues pour continuer à avancer...* »

Malgré tout, il est bien constamment question, dans toutes ces expériences, de libre arbitre, de conscience, de perception du monde extérieur. On ne peut donc pas séparer les investigations sur le fonctionnement cérébral et ces interrogations philosophiques. Moran Cerf en convient : « *La vraie difficulté, c'est de comprendre que le cerveau et le sujet ne font qu'un. Quand je dis à un patient de faire revenir l'image qu'il préfère – Marilyn ou Clinton, par exemple – je ne parle pas au patient pour qu'il parle à son cerveau. En lui parlant, je parle directement à son cerveau. Ce sont les mêmes neurones qui reçoivent les instructions, qui les exécutent, qui décident, qui font tout. Il n'y a pas une marionnette et un type qui l'actionne, c'est un tout. Il n'y a pas d'un côté la conscience et de l'autre le cerveau, c'est un tout. Il n'y a pas non plus le corps d'un côté et de l'autre le cerveau, c'est un tout.* »

Mine de rien, avec ce chercheur, nous venons d'énumérer les questions essentielles sur lesquelles il va falloir revenir. Elles convergent toutes vers une interrogation philosophique bien connue, aujourd'hui renouvelée par les neurosciences : qui sommes-nous ? Sommes-nous notre cerveau ? Sommes-nous essentiellement, en tant qu'êtres humains, les 1 500 cm^3 de matière cérébrale contenus dans notre boîte crânienne ? Si l'on pense que c'est bien le cas, il faudra expliquer comment cette gélatine blanche et grise peut éprouver de la joie et de la tristesse, de l'amour et de la haine, forger des phrases, lire, faire des mathématiques, décider, se souvenir, se connaître elle-même, entrer en relation avec le monde extérieur, concevoir des projets, des machines et des relations sociales.

Si l'on soutient au contraire que quelque chose résiste et demeure inexplicable par le fonctionnement des neurones – en particulier l'existence même de la conscience –, il faudra en tirer les conséquences sur la représentation de l'humain.

Évidemment, ce ne sont là que des indications schématiques. En réalité, on peut aussi bien dire que le débat est ancien – aussi vieux que la confrontation entre matérialistes et spiritualistes – ou qu'il est tout récent. Car ces grands clivages ont des siècles, mais leur réactualisation est toute récente. Tout ce qu'on commence à connaître du cerveau, de son organisation et de ses processus de fonctionnement, était inconnu il y a seulement deux ou trois générations.

Ces nouvelles connaissances peuvent-elles déboucher sur une nouvelle figure de l'humain ? Pourrait-on trancher expérimentalement des questions immémoriales comme celles du libre arbitre, des relations entre corps et esprit, de l'existence de l'âme, de la nature de la conscience ?

Et, faisant un pas de plus, pourrait-on arriver à penser que l'homme est son cerveau ? Que c'est par lui qu'il se définirait essentiellement ? À la question « Qu'est-ce que l'homme ? » on ne nous répondrait plus, comme dans les chapitres précédents : « Son corps » ou bien « Une machine pensante », mais « Un cerveau », qui calcule, mais aussi s'émeut, se modifie, se pense lui-même.

Nous allons poursuivre l'approfondissement de ces interrogations avec de nouveaux interlocuteurs, et non des moindres. Et même si, parfois, ce voyage dans l'univers du cerveau pourra paraître à nos yeux de non-initiés un peu déroutant, technique ou aride, le jeu en vaut la chandelle pour mieux éclairer les arrière-plans de cette découverte du continent cérébral, pour comprendre par quels chemins le cerveau est devenu cette nouvelle terre à conquérir, le lieu où se tiendrait, peut-être, la solution de toutes les énigmes de l'humain.

Cerveau, une brève histoire

« C'est avec notre cerveau que nous pensons. » Cette affirmation est pour nous simple évidence. Elle a pourtant fait un fort long chemin avant de pouvoir s'imposer souverainement. Il aura fallu la longue histoire de l'exploration du cerveau[3], ses étapes successives, son développement tout sauf linéaire, fait de tâtonnements, d'impasses, de stagnations et d'avancées cruciales, de remises en question. Cette histoire se poursuit de nos jours, plus que jamais sous-tendue par ce rêve, plus ou moins ouvertement formulé : en comprenant le cerveau, nous obtiendrions la clé pour comprendre l'humain.

Et comme souvent, c'est en Égypte que s'inscrivent les premières traces de cette aventure qui nous mobilise toujours aujourd'hui. C'est dans un papyrus découvert par Edwin Smith à Thèbes en 1862, le plus ancien document au monde traitant de chirurgie, datant de trois mille ans avant notre ère, que se trouverait inscrit pour la première fois le mot « cerveau » en hiéroglyphes. On peut y lire une description de ce qui est appelé « moelle du crâne », faite à partir des blessures à la tête des soldats. On se plaît généralement à attribuer ces éléments à Imhotep, père de la médecine égyptienne, grand vizir auprès du roi Djoser. Si cette première mention s'appuie effectivement sur une observation clinique, la longue période qui suit verra se déployer des affirmations fondées plus sur des intuitions que sur des observations. L'Antiquité ne discerne pas réellement philosophes et médecins, et la pensée médicale demeure souvent théorique, presque toujours parcellaire.

Chez les Grecs, qui s'y intéressent très tôt, on remarque d'emblée que l'unanimité sur le rôle du cerveau est loin d'être acquise. Certes, il a ses partisans. C'est ainsi qu'un disciple de Pythagore, Alcméon – médecin, physiologiste, astronome, philosophe –, qui vivait vers 500 avant notre ère à Crotone, dans l'actuelle Calabre, où Pythagore avait fondé son École, aurait pratiqué nombre de dissections et découvert notamment l'existence du nerf optique. Il serait le premier à avoir enseigné que l'audition, la vision, le goût étaient conduits vers le cerveau. Le premier aussi à soutenir l'existence d'une distinction irréductible entre animaux et humains en affirmant que « les animaux ont des sensations alors que l'humain seul a une conscience ».

Puis ce sera au tour d'Hippocrate, originaire de l'île de Cos, le légendaire médecin grec du temps de Périclès, né vers 460 av. J.-C., de professer que les capacités de l'homme de se mouvoir, de parler, de décider dépendent directement de l'organe situé dans sa boîte crânienne. Bien plus tard, vers l'an 130, à sa suite, Galien, ce médecin natif de Pergame, en Mysie, qui va fonder la pharmacie, qui influencera toute la médecine juive, chrétienne et musulmane du Moyen Âge, fait lui aussi converger vers le cerveau les quatre « humeurs » principales qui, selon lui, régulent le fonctionnement du corps humain. Pour Galien, le siège de l'« âme dirigeante » – ce que les philosophes grecs appelaient l'« *hegemonikon* » – se trouve bien dans le cerveau.

On pourrait donc croire qu'ils furent tous d'accord, d'autant que Platon situe également au niveau du cerveau le siège de la pensée dans le corps. Ce serait compter sans Aristote, disciple puis adversaire de Platon, qui deviendra le maître de toute la pensée médiévale, dans le monde latin comme dans le monde arabe. Or lui, contrairement à tous les autres, choisit de placer résolument dans le cœur le siège de la pensée, des émotions et de la volonté. Le cerveau n'est à ses yeux qu'un simple régulateur thermique de l'organisme.

Comme Aristote fut aussi le fondateur de la biologie et des sciences naturelles, sa conception a exercé une influence considérable. Cette longue domination du cœur a d'ailleurs laissé des traces jusque dans notre vocabulaire quotidien. Ainsi, on ne dit toujours pas « Cette rupture m'a brisé le cerveau » ou « Cette odeur me soulève le cerveau » ou encore « J'en ai gros sur le cerveau ».

Et c'est bien à cause d'Aristote que les amoureux ne gravent pas un cerveau sur l'écorce des arbres… Le cœur conserve une place privilégiée dans l'imaginaire, bien qu'on sache qu'elle ne correspond pas aux faits.

Dénominateur commun de ces vues opposées sur le cerveau : n'être que des opinions. Ces conceptions demeurent largement imaginaires, ne reposent pas sur des observations détaillées, encore moins sur une connaissance précise des fonctions cérébrales. En fin de compte, pour un Grec, un Romain ou un homme du Moyen Âge, le cerveau demeure une terre encore moins connue que l'Inde ou l'Afrique. Une province modeste, où nul ne songe sérieusement à découvrir la nature de l'homme, son identité, ses secrets, sa vraie nature.

De si lents progrès

C'est avec une infinie lenteur que le cerveau va commencer à devenir visible. À la Renaissance, alors qu'on découvre l'Amérique, ses « sauvages », et bientôt les lois de la physique, il reste moins exploré que le Nouveau Monde. Certes, Léonard de Vinci pratique quelques dissections, mais c'est bien à André Vésale, grand anatomiste et médecin originaire du Brabant, admirateur dans un premier temps de Galien, que l'on doit une avancée décisive : la distinction entre substance blanche et substance grise. André Vésale parvient également à décrire avec précision les ventricules, la glande pinéale et plusieurs parties essentielles de l'anatomie cérébrale.

À sa suite, Thomas Willis, médecin anglais d'Oxford, un des pionniers de la neuroanatomie et de la neuropathologie, créateur du terme « neurologie », décrit dans son traité *Cerebri anatomi* de 1664 toute une partie du système vasculaire – nommée depuis « polygone de Willis » – qui relie les différentes artères pour permettre au cerveau d'être toujours irrigué. C'est avec Willis que la visibilité du cerveau s'impose véritablement, du moins sur le plan anatomique. C'est une vision plus mécaniste du monde et de l'homme qui commence aussi à s'imposer dans l'histoire du cerveau.

Dans le même temps, des théories philosophiques cherchent à préciser la relation entre le corps et la pensée, donc entre le cerveau et l'âme. Ainsi Descartes publie-t-il en 1664 un *Traité de l'homme* où il décrit le fonctionnement du système nerveux et l'acheminement des images dans notre cerveau par le nerf optique. Mais le philosophe discerne radicalement d'une part la « substance étendue », c'est-à-dire la matière, tout ce qui est physique, corporel, qui occupe de l'espace, et d'autre part la pensée, qui, selon lui, n'occupe aucun espace et, par essence, demeure purement immatérielle.

Cette distinction est si tranchée qu'on a cru souvent que Descartes concevait une « âme sans corps » et un « corps sans âme », séparant tellement les deux qu'il serait bien en peine de les relier. On s'est gaussé de sa tentative de faire de la glande pinéale l'impossible point de liaison d'un esprit sans matière et d'une matière sans pensée. Cette interprétation répandue est caricaturale. En réalité, Descartes élabore de nombreuses et fines analyses de l'étroite imbrication du corps et de l'âme. Il établit une véritable théorie des émotions et des sentiments comme résultats de cette union de l'âme et du corps. Et même si, dans un premier temps, il dissocie effectivement les deux registres, il ne cesse de concevoir leur union comme un troisième registre, une réalité spécifique.

Après Descartes, les débats se multiplient à propos des relations entre corps et esprit – ou âme, car les deux termes vont continuer longtemps à désigner alternativement cette même « chose » si difficile à cerner. On dispute durant des décennies de la primauté de la matière sur l'âme, ou vice versa. On se querelle pour savoir s'il existe dans notre esprit des idées innées, comme l'a soutenu Descartes, ou si tout provient de nos sens et se grave ensuite dans le cerveau, comme l'affirme au XVIIe siècle Locke, le grand philosophe anglais de l'empirisme, pour qui tout provient de nos expériences, et qui soutient que la matière peut penser. David Hume, au XVIIIe siècle, partage la conception empiriste de l'acquisition de nos connaissances et de la naissance de nos idées, mais demeure sceptique, comme sur bien d'autres questions, envers la possibilité que la matière soit pensante.

D'autres philosophes soutiennent que nos expériences, tout en venant du dehors, se combinent, se comparent et se rangent dans notre esprit selon des lois qui sont propres à notre organisation interne et jugent que cette organisation ne peut pas provenir elle-même de nos expériences. C'est notamment le cas de Leibniz, mathématicien et philosophe de génie qui étudie la structure de l'entendement humain, mais qui s'oppose, pour des raisons théologiques, à l'idée d'une matière pensante, exclue à ses yeux par le seul fait que l'âme, par nature, est immortelle. Bientôt intervient la révolution opérée par Kant. Pour le philosophe de Königsberg, nous n'avons pas d'accès au monde en soi. On ne peut voir le monde autrement qu'à travers les capacités de notre esprit. Kant détermine ainsi les différentes catégories au travail dans nos têtes pour nous permettre d'appréhender le monde. De même, il renverse la conception ancienne de l'espace et du temps. Au lieu de les placer hors de nous, dans le monde, Kant soutient résolument qu'ils sont en nous.

Mais ces querelles philosophiques demeurent par définition purement théoriques. On philosophe toujours sur l'esprit sans s'attarder à connaître pour de bon la matière cérébrale. Même ceux qui soutiennent que nos pensées dépendent entièrement de nos fibres nerveuses se contentent de l'affirmer. La Mettrie avec son homme-machine, Diderot, d'Holbach, tous les matérialistes de la fin du XVIIIe siècle, quelles que soient les nuances entre eux, ont en commun de partager des pétitions de principe plutôt que des dispositifs expérimentaux. Que l'on s'unisse ou s'affronte, c'est sur le terrain des principes. Pas sur celui des faits. De ce point de vue, en dépit de l'évolution des idées, rien, à la fin du XVIIIe siècle, n'a encore fondamentalement changé depuis l'Antiquité. Vraiment rien ?

De l'électricité et des neurones

Pas si sûr. Car c'est bien justement à la fin du XVIIIe siècle que le tournant est pris et que s'ouvre le temps de la visibilité, de l'observation, de l'expérimentation pragmatique et des théories mises à l'épreuve des faits. En 1791, en effet, Aloisi Luigi Galvani, savant de Bologne qui travaillait en famille et pratiquait toutes ses expériences scientifiques chez lui, où étaient installées des machines pouvant produire de l'électricité, publie son *Commentaire sur les effets de l'électricité sur le mouvement des muscles*. Il y affirme pour la première fois le caractère électrique de l'influx nerveux. Dorénavant, il ne sera plus possible de penser, comme c'était le cas auparavant, que des esprits animaux, en circulant à l'intérieur des nerfs, provoqueraient le mouvement des muscles. Dès lors, la liaison entre muscles et cerveau relève des impulsions électriques.

S'ouvre aussi le temps des cartographies, des repérages, des hypothèses. Tout au long du XIXe siècle, le cerveau intéresse, suscite des théories. Il est désormais au-devant de la scène et n'en partira plus, car il est, de plus en plus souvent, considéré comme le réceptacle de nos énigmes. Pour en rendre compte, des notions importantes s'élaborent, parfois sous une forme approximative, ou même fumeuse. Exemple : l'idée que les différentes aires du cerveau s'activent à des tâches différentes et sont en quelque sorte spécialisées dans une fonction déterminée. On appelle cela la « localisation ».

Son pionnier est Franz Joseph Gall, médecin et anatomiste allemand qui finira ses jours en France, inventeur d'une nouvelle méthode de dissection du cerveau. Vers 1800, il développe l'idée d'une répartition des facultés humaines selon différents endroits du cerveau. Au moment même où le prédicateur suisse Lavater veut établir la physiognomonie, la science des relations entre l'analyse des traits d'un visage et le caractère d'un être, Gall, lui, consacre beaucoup de temps à étudier la forme des crânes de personnes variées – écrivains, mathématiciens, politiciens, criminels, sourds, idiots, aveugles... – pour déterminer l'influence de la forme du crâne sur le comportement d'un individu. Il se trompe, évidemment, quand il superpose facultés mentales, anatomie du cerveau et formes du crâne et aussi quand il veut déduire, des bosses et des creux d'un crâne, toutes les aptitudes de son propriétaire.

Cette « crânioscopie », rebaptisée « phrénologie » en 1810 par un disciple de Gall, Johan Caspar Spurzheim, est l'exemple type de la théorie fausse qui indique, pourtant, quelque chose de vrai. Jamais le cerveau n'appuie sur le crâne au point de le déformer, jamais une quelconque protubérance ne résulte d'une activité cérébrale. Comme la « bosse des maths », restée parmi les expressions courantes, toutes les dispositions humaines que la phrénologie prétend localiser dans le cerveau se révèlent fantaisistes : le musée de l'Homme, à Paris, conserve ainsi quelques crânes où sont repérés les endroits précis du cerveau où se développent le « besoin inné d'être bon », la « tendance à la foi »...

Pourtant, dans cette classification illusoire, une étape décisive se joue. Ce qui se met en place avec Gall et qui, on le verra, va perdurer finalement jusqu'à nos jours, c'est la représentation d'un cerveau visible, consacrant des régions distinctes aux différentes aptitudes mentales. Gall est donc le premier à mettre en lumière une division du travail au sein du cerveau. Mais, dans un premier temps, cette répartition des tâches selon les lieux cérébraux va faire grincer quelques dents et se heurter à de fortes réticences. Au premier rang, l'Église ne saurait admettre que la pensée soit liée à tel ou tel fragment du corps, et qu'on puisse ainsi désigner des capacités spirituelles distinctes selon des emplacements du cerveau. Autre adversaire résolu de Gall, Pierre Flourens, le biologiste français qui participera aussi au développement des techniques de l'anesthésie, réfute la phrénologie et défend, lui, avec force, l'idée que nous pensons à chaque chose avec la totalité de notre cerveau.

Avec le recul du temps, nous pourrions désormais donner raison à ces deux adversaires en même temps dans ce combat sans vainqueur ni vaincu : il existe bien des régions du cerveau correspondant à des fonctions précises, et il arrive aussi que la totalité du cerveau soit à la tâche. Car le cerveau est une totalité complexe, et le triomphe de la localisation n'implique pas que chaque fonction soit simplement confinée à une aire donnée.

L'aire de Broca

Le progrès des localisations se poursuit en 1861, avec le Français Paul Broca, anthropologue autant que neurophysiologiste. Il présente à la Société d'anthropologie le cerveau d'un homme de 51 ans, mort à l'hôpital de Bicêtre après avoir perdu depuis plus de vingt ans l'usage de la parole. Ce patient, M. Leborgne, avait été surnommé « Tan », car, précise Broca dans sa communication, « il ne pouvait prononcer qu'une seule syllabe, qu'il répétait ordinairement deux fois de suite ; quelle que fût la question qu'on lui adressât, il répondait toujours *tan, tan*, en joignant des gestes expressifs très variés ».

À l'autopsie apparaîtra une importante lésion de son cerveau, située dans le lobe frontal gauche. Cette constatation, recoupée par d'autres observations, permet à Broca de situer le « centre de la parole » dans la troisième circonvolution du lobe frontal, dénommée aujourd'hui « aire de Broca ». Toutefois, une grande distance subsiste encore, à ce moment, entre le fait de savoir où se situe le « centre de la parole » et la possibilité de découvrir ce qui s'y passe, de comprendre la manière dont il fonctionne, de saisir le détail exact de son organisation. Somme toute, on a bien repéré qu'à cet endroit quelque chose est détruit chez le malade, mais on ignore quoi au juste.

Arrêt sur image à la fin du XIXe siècle : l'anatomie est nettement visible, les circonvolutions cérébrales finement repérées, les différentes aires du cerveau désormais supposées correspondre aux diverses activités humaines. Malgré tout, on est encore très loin de comprendre comment le tout fonctionne. Les progrès sont entravés par des lacunes et des incertitudes, mais aussi de fausses évidences : Broca fonde ainsi une bonne partie de ses travaux sur l'idée que le volume de la boîte crânienne est un indice de l'intelligence. De ce point de vue, les individus masculins seraient supérieurs aux femmes, et les Blancs aux Noirs... Ces inventions sexistes et racistes seront abondamment réutilisées par les générations suivantes, comme l'a montré notamment le paléontologue Stephen Jay Gould dans son étude sur *La Mal-Mesure de l'homme*[4].

On voit là encore combien les explorations du cerveau sont influencées et influencent à leur tour les représentations que nous nous faisons de l'homme.

Cette fin de siècle est pourtant marquée par une date clé, qui voit la science du cerveau faire un pas de géant. 1891 : l'année de la découverte fondamentale des neurones, dont nul ne soupçonnait jusqu'alors l'existence.

Cette découverte s'est faite en deux temps : Camillo Golgi, un médecin italien de Brescia, a d'abord l'idée d'élaborer de nouveaux colorants à partir du nitrate d'argent, capable de provoquer une « réaction noire ». Ceci va permettre dans un second temps au neuroanatomiste espagnol Santiago Ramon y Cajal de rendre visibles, pour la première fois, les cellules du système nerveux appelées « neurones » et leur arborescence dans l'architecture neuronale. Golgi et Ramon y Cajal seront couronnés par le prix Nobel de neurophysiologie (médecine) quinze ans plus tard.

Ce repérage des neurones – les unités anatomiques et physiologiques de base du système nerveux – ouvre la voie à une connaissance biologique renouvelée. On pourra bientôt repérer comment les neurones se relient par l'intermédiaire de synapses, comment les neurotransmetteurs, qui sont des petites molécules chimiques, permettent à l'influx nerveux de traverser les synapses, comment certaines cellules deviennent des neurones et d'autres des cellules « gliales », cellules fondamentales qui composent une grande partie de la matière blanche du cerveau et sont chargées d'alimenter les neurones et de les soutenir.

Désormais, avec le XXe siècle qui s'ouvre, s'annonce le temps des « sciences cognitives » qui vont fédérer une série de disciplines scientifiques autour d'un objectif affiché, impérieux : parvenir à comprendre l'humain – son identité, sa nature, ses activités – en comprenant son cerveau. Cet objectif, aux horizons toujours différés, est loin d'être encore atteint, mais nous sommes à l'époque qui le poursuit et cherche à rendre visible non seulement le cerveau, mais l'esprit même.

Sciences cognitives et neurosciences

De fait, pour les chercheurs du XXe siècle, l'anatomie et la biologie du système cérébral sont balisées. Ce que l'on vise désormais : relier cerveau et esprit, mettre en lumière les mécanismes exacts de leur relation. Ainsi s'enclenche la grande aventure – plurielle, foisonnante, disparate, hétérogène – des « sciences cognitives ». Y sont convoquées, tour à tour et toutes ensemble, linguistique, psychologie, informatique, anthropologie, neurologie et philosophie, profitant résolument de l'apport des méthodes singulières et des questionnements propres à chacun de ces champs de recherche.

Le but poursuivi est immense : comprendre, par tous les moyens qu'offrent les techniques et méthodes scientifiques, comment nous apprenons le monde, mémorisons nos expériences, rappelons les souvenirs à notre conscience, mais aussi comment nous parlons, comment nous vivons nos émotions, nos succès et nos échecs, notre rapport au temps, à nous-mêmes et aux autres...

Avec comme première et essentielle conséquence une progressive « naturalisation » de ces thèmes jusque-là réservés à la philosophie de l'esprit. Langage, mémoire ou relations aux autres ne sont plus seulement des concepts, affaires uniquement de culture, de civilisation, d'intelligence ou de sensibilité, mais bien des objets de la nature : réseaux de neurones, circuits cérébraux, hormones... Car la « cognition » est abordée, sous toutes ses dimensions, par le biais du cerveau.

Étudier ainsi la « cognition » impose donc l'interdisciplinarité pour comprendre scientifiquement tous les aspects de nos manières de connaître le monde : visages, objets, aliments, mouvements et gestes, ou encore savoirs abstraits – toute forme de connaissance devient sujet d'études, d'observations et d'hypothèses. Tout comme nos manières de nous comporter ou de nous mettre en relation avec l'extérieur.

Mais ces processus de connaissance diversifiés mettent chacun en œuvre une multiplicité d'apprentissages et de mécanismes mentaux : reconnaître des visages, par exemple, suppose de les percevoir sous forme d'images, d'identifier leurs traits particuliers, de les mémoriser, d'y associer des noms propres, de le formuler dans un langage, etc.

Voilà pourquoi chaque aspect de la cognition se trouve au carrefour de plusieurs domaines, rassemble en lui des dimensions multiples qui exigent cet entrecroisement désiré par les sciences cognitives et qui colorera, par vagues successives, leur développement.

Le cerveau comme calculateur

Dans le parcours des sciences cognitives, une première période, déjà évoquée dans le chapitre précédent sur la machine pensante, va des années 1950 aux années 1970. Elle est marquée par le règne de l'intelligence artificielle. Comme nous l'avons vu, la cybernétique est le paradigme dominant de l'époque. Le cerveau est alors essentiellement conçu comme une machine à calculer. Ce qui focalise l'attention, c'est la jonction entre les lois de l'esprit, la manipulation des symboles et les circuits électriques, dont les ordinateurs deviennent la matérialisation. Si le cerveau est un ordinateur, les ordinateurs seraient des cerveaux : des milliers de calculs automatiques seraient opérés identiquement par les neurones et les processeurs. Pour se consolider, ce modèle va tenter de faire des emprunts à d'autres disciplines.

Ainsi le linguiste et philosophe américain Noam Chomsky va-t-il proposer un nouveau modèle linguistique. Au MIT, vers la fin des années 1950, ce jeune génie, qui étudie le langage naturel, refuse de penser le cerveau du bébé comme une tablette vierge sur laquelle s'inscriraient peu à peu, par l'expérience, des structures de langage. Il s'élève contre les thèses dominantes de l'époque fondées sur le comportement, l'expérience et l'acquisition du langage par l'apprentissage.

Au contraire, pour lui, le bébé naît en quelque sorte « précâblé », prédisposé à l'acquisition du langage du fait de toute l'histoire de l'évolution humaine. Le linguiste insiste sur l'aspect inné du langage, sur les structures universelles innées existant à la base de la production des phrases, sorte de grammaire universelle [5] présente en chacun quelle que soit la langue dans laquelle il s'exprime, et donc commune à toutes les langues en dépit de leurs différences. L'enfant mettrait simplement cette grammaire innée en œuvre en fonction des premières informations linguistiques qu'il reçoit. On peut comprendre combien ces propositions convenaient tout particulièrement à une époque qui cherchait une possible intégration des données de cette grammaire universelle dans une machine qui aurait été alors capable de traduire ou de parler.

Quelque temps après, toujours au MIT, c'est au tour de Jerry Fodor, philosophe cognitiviste radical, polémiste et provocateur, de proposer, dans le prolongement de Chomsky, la théorie d'un véritable « langage de la pensée [6] », un langage mental appelé le « mentalais », distinct des langues naturelles, qu'il définit comme une sorte de codage interne des calculs effectués par nos neurones. On lui doit également une conception du fonctionnement de notre esprit selon une série de « modules » qui accompliraient séparément des tâches distinctes. Chez Fodor comme chez Chomsky, cette mise en correspondance de la pensée et du calcul rapproche une fois encore humain et machine.

Pourtant, le temps passant, les expériences se multipliant, Fodor lui-même revient sur ces propositions non confirmées et admet en 2000, dans un exercice d'humilité, que « la science cognitive est essentiellement parvenue à mettre en lumière l'obscurité dans laquelle nous

nous trouvons, et conclut que « ce que la science cognitive a découvert à propos de l'esprit, c'est que nous ne savons pratiquement pas comment il fonctionne »[7]...

Ces tentatives multiples, plus ou moins fructueuses – certaines aboutirent à de véritables impasses –, n'ont pourtant à aucun moment empêché les sciences cognitives de se renforcer, de se doter de nouvelles institutions de recherche, de prendre pied dans celles qui existent, d'obtenir toujours plus de crédits, et finalement de conquérir le monde, ou presque, dans un mouvement qui tend à tout englober sur son passage. C'est le moment où de nouvelles disciplines apparaissent, toutes rehaussées du préfixe *neuro* : neuropsychologie, neuroanthropologie, neurosociologie, neuroéconomie, neurophilosophie, etc.

Malgré tout, on ne saurait parler d'une parfaite homogénéité de ce champ de recherches. Au sein des sciences cognitives, divers modèles se concurrencent. Le modèle du cerveau calculateur longtemps hégémonique n'est dorénavant plus seul en lice.

Depuis les années 1980 émerge le modèle « connexionniste », qui défait l'idée selon laquelle le cerveau fonctionnerait de façon autonome, selon un plan fixe, biologiquement déterminé. Ce modèle s'organise autour de cette idée centrale : en fonction des expériences et de l'environnement le cerveau construit progressivement ses assemblages de neurones et leurs réseaux de connexions. Le cerveau n'est plus conçu comme un standard téléphonique, câblé selon un plan préétabli, mais comme une organisation, une architecture qui s'élabore à mesure, se façonne à travers ses apprentissages, les réussites et les échecs qu'elle connaît, les plaisirs et les douleurs qu'elle éprouve, se façonnant ainsi presque à tâtons en construisant ses connexions.

Le darwinisme neuronal

Gerald Edelman, biologiste et immunologiste américain, prix Nobel de médecine en 1972 pour ses recherches sur les anticorps, a contribué fortement à ce changement de conception. « Au lieu de considérer le cerveau comme un ordinateur et le monde comme une bande magnétique, dit-il, considérons la construction de notre cerveau comme l'évolution d'une population de neurones. Ceux qui sont les mieux adaptés sont sélectionnés dans la diversité qui règne au départ. Le résultat de cette sélection est amplifié par leur nombre [8]. »

C'est à Charles Darwin et à sa théorie de la sélection naturelle que se réfère Gerald Edelman, en l'appliquant à la mise en place et au fonctionnement du système cérébral. Pourquoi a-t-il recouru à cette explication ? Parce qu'il est mathématiquement impossible de comprendre comment quelques dizaines de milliers de gènes pourraient câbler avec précision les dizaines de milliards de connexions des neurones. D'où l'idée que le cerveau se construit par un processus sélectif : parmi les réseaux de neurones générés dans un répertoire de base, ceux qui répondent le mieux aux *stimuli* importants pour l'organisme sont sélectionnés.

Les connexions les plus utilisées se renforcent, les autres disparaissent. Ces circuits sélectionnés forment ce qu'Edelman nomme les « cartes neuronales ». Cette théorie, connue sous le nom de « darwinisme neuronal », a permis au chercheur de développer une « biologie de la conscience [9] », mais aussi de reprocher aux tenants de l'intelligence artificielle de croire que « le monde extérieur fournit des instructions au cerveau », alors qu'il se construit en réagissant aux situations qu'il rencontre par la sélection.

Cette « sélection neuronale » est renforcée, dans la théorie d'Edelman, par la répétition des situations et par le processus d'interaction des groupes de neurones entre eux. Cette théorie veut donc allier à la fois un développement génétique programmé et le rôle de l'expérience, qui renforce ou élimine certaines des populations de neurones.

Tout en étant par ailleurs convaincu que « les progrès de la biologie ne sauraient dispenser de l'approche philosophique de la conscience et de l'esprit », le scientifique affirme non moins clairement : « Nous sommes au début de la révolution des neurosciences. Lorsqu'elle sera achevée, nous saurons comment fonctionne l'esprit, nous comprendrons ce qui régit notre nature, et aussi comment nous faisons pour connaître le monde. En fait, ce qui se passe actuellement en neurosciences peut être considéré comme le prélude à la plus grande des révolutions scientifiques, une révolution aux répercussions sociales inévitables et fondamentales [10]. »

L'homme neuronal

En France, c'est Jean-Pierre Changeux, professeur honoraire au Collège de France et à l'Institut Pasteur, grand maître de la neurobiologie française dans la dernière partie du XXe siècle, qui, dès 1983, avec la publication retentissante de *L'Homme neuronal*[11], contribue à faire connaître les neurosciences au grand public. Plus essentiellement, il a fait entendre qu'il n'était plus possible de penser l'humain sans tenir compte des résultats de ces neurosciences. La visée ultime de Jean-Pierre Changeux est bien de ramener toutes les dimensions de la connaissance et du psychisme à des mécanismes neuronaux en mettant l'accent sur l'importance de l'« épigenèse » ainsi définie : « En grec, *épi* signifie "sur", "en plus" avec l'idée de superposition et de recouvrement. Le mot *genèse*, issu de l'Ancien Testament, se réfère initialement à la création du monde, à la formation d'une chose, d'une pensée, au développement. Le mot *épigenèse* possède pour nous le double sens de se superposer à l'action des gènes (effets de l'expérience) et de se rapporter au développement (du système nerveux) [12]. »

L'épigenèse englobe donc tous les mécanismes qui se superposent à l'action des gènes, qui régulent l'expression de ces gènes. Elle implique que le cerveau d'un individu est modelé à la fois par sa croissance biologique et par ses expériences biographiques, ses interactions avec son milieu culturel et avec l'environnement. Le cerveau se construit aussi, pas à pas, en fonction de ce qu'il vit. Il s'agit véritablement, pour Changeux [13], dans une démarche synthétique totalement matérialiste, de déployer le jeu de trois évolutions emboîtées : l'évolution biologique, le développement individuel et l'évolution des cultures. Si cette conception ouvertement « réductrice », ramenant tout l'esprit au cerveau et la conscience à un phénomène biologique, a été parfois outrageusement caricaturée, il n'en demeure pas moins qu'elle impose son autorité à de grands pans de la recherche contemporaine.

La révolution des images

Au-delà de cette diversité d'approches, les neurosciences vont littéralement exploser et se déployer, à partir des années 1980, grâce aux progrès vertigineux de l'imagerie cérébrale. Imagerie par résonance magnétique (IRM), tomographie par émission de positons (TEM) permettent de visualiser en direct telle ou telle région du cerveau qui « s'allume » ou « s'éteint » selon les activités d'un sujet. On discerne désormais sur l'écran, en couleur, comme jamais auparavant, les populations de neurones s'activant au moment d'une émotion, d'une décision ou d'une interrogation. On a le sentiment de voir les opérations mentales et d'avoir ainsi véritablement la pensée sous les yeux.

Une primauté de l'image désormais si envahissante que certains, parmi les plus grands chercheurs, nous le verrons, tentent par contrecoup de la relativiser. En tournant plus leur attention vers un cerveau immergé dans le corps, relié à l'ensemble des échanges biologiques qu'il entretient avec tout l'organisme, replacé dans le champ de l'affectivité, des émotions ou des passions, réinstaurant une représentation d'un humain toujours en relation avec les autres.

Paris. Rencontre avec Jean-Didier Vincent
« Le cerveau, c'est le cri de la chair. »

Il a autant d'humour que de savoir, ce qui n'est pas peu dire. C'est donc avec un biologiste pas comme les autres que nous reprenons notre parcours. Jean-Didier Vincent est endocrinologue, c'est-à-dire spécialiste des hormones et des glandes, ce qui le conduit à soutenir volontiers que le cerveau est une glande. Membre de l'Institut, de l'Académie de médecine et ancien directeur de l'Institut de neurobiologie du CNRS, ce scientifique s'inscrit aussi dans quelques traditions françaises moins austères.

D'abord celle des médecins écrivains, car l'homme de laboratoire braconne hardiment, avec bonheur et talent, dans les sous-bois de la littérature, s'intéressant à la figure du singe dans les lettres, à la femme de Rousseau ou encore au géographe et anarchiste Élisée Reclus, son compatriote de la petite cité gasconne de Sainte-Foy-la-Grande. C'est d'ailleurs de Sainte-Foy-la-Grande qu'est également natif Paul Broca, que nous venons d'apercevoir découvrant en 1861 le centre de la parole, ce qui prouve qu'une petite ville peut collectionner les grands hommes.

Jean-Didier Vincent, fin gastronome, appartient également à cette autre tradition nationale – et d'ailleurs internationale : la confrérie des amateurs de grands bordeaux. On ne s'étonnera pas non plus que ce diable d'homme, bien doux diable, somme toute, s'intéresse autant à Casanova qu'à la dopamine, pas plus qu'on ne sera surpris d'apprendre qu'il a centré son travail majeur sur la biologie des passions.

Car ce qui l'intéresse avant tout, c'est de comprendre l'humain, de chercher dans la chimie du cerveau ce qui nous éclaire sur ce que nous sommes et ce que nous éprouvons : « *Après mes études de biologie, je suis devenu neuropsychiatre, mais un neuropsychiatre réfractaire à l'engouement pour la psychanalyse, dont l'emprise était, en ce temps-là, considérable. Sans doute avais-je mes propres résistances. Mais, dans la médecine même, j'avais besoin de l'humain et la psychiatrie m'a en réalité permis de garder cette porte ouverte. Quand vous êtes médecin et que vous faites de la recherche, vous n'avez pas le même regard qu'un biologiste formé du côté de la zoologie. J'ai toujours eu une vision globalisante, toujours l'homme en horizon.* »

Dans les travaux de Jean-Didier Vincent, l'idée clé qui domine est celle d'un cerveau jamais coupé du corps, toujours enraciné en lui : « *À un moment où la neuroendocrinologie était encore peu développée, j'ai tout de suite vu l'importance du corps. En rattachant nos comportements à des régulations d'hormones, aux rétroactions du corps sur le cerveau, j'en suis venu à étudier sur l'animal ces comportements fondamentaux que sont la sexualité, le boire, le sommeil, tout ce qui fait les activités de base du cerveau. En même temps, les émotions ont été très vite pour moi une préoccupation majeure. Contrairement à ceux qui prétendent que les émotions et les affects naissent dans le cerveau, j'ai cru très tôt, comme le croyait déjà en son temps le psychologue américain William James, que les émotions viennent du corps.*

En réalité, j'avais l'esprit coupé en deux : en étudiant l'animal et ses comportements, j'avais une attitude très réductionniste, et d'un autre côté je continuais à chercher une vision intégrée, parce que je continuais à essayer d'approcher l'organisme dans son ensemble. C'est ainsi que m'est venue l'envie d'écrire un livre sur les passions, sur la biologie des passions, où j'essayais d'avoir une vision de l'animal qui pouvait être extrapolée à l'homme et d'où on pouvait sortir ce qui est devenu mon credo : c'est l'affect qui fonde l'action, et non l'inverse. À l'époque, on ne disposait pas encore de la résonance magnétique nucléaire, dont d'autres ont bénéficié depuis pour visualiser et confirmer cette conception.

À l'inverse de ce credo, il y avait tout ce courant sur lequel se sont construites aujourd'hui les sciences cognitives, engendré par Norbert Wiener et la cybernétique des années 1950. Le cerveau était de plus en plus sous le poids d'une métaphore d'ordinateur. Ce qui dominait était une approche mécaniste, avec mathématisation et algorithmes. Ce climat dans lequel évoluait la neurobiologie avait une certaine tendance à chasser l'homme, ou le lapin, ou le rat, à coups de pied hors du cerveau...

À côté de cela, moi je voyais bien ce que j'ai appelé l'"état central fluctuant". Ce qui m'a obligé à raisonner sur la notion d'individuation, c'est-à-dire sur la prise en compte de l'histoire et du corps que le cerveau va intégrer. »

Le cerveau n'est donc pas une machine à calculer ? On a tellement entendu qu'il ne faisait que travailler à des opérations logiques, des calculs et des computations, qu'on s'en est fait une représentation abstraite, liée à un humain avant tout rationnel. Contre pareille conception, Jean-Didier Vincent s'insurge carrément : « *Mais le cerveau, c'est le cri de la chair ! En réalité, un cerveau sans corps, cela s'appelle un ordinateur ! L'histoire du cerveau se construit au contraire par le truchement du corps. Vouloir les séparer est arbitraire, dans la mesure où le cerveau est par définition un régulateur, on peut même dire un gouverneur. Mais ce rôle de gouverneur est relativisé par ses échanges avec le corps. Et c'est le corps, ce sont les organes des sens, qui forment, qui vont sculpter le cerveau. Ainsi pour l'odorat, qui est le premier des sens, celui qui s'ouvre à la sortie car le bulbe olfactif a ce statut intermédiaire à la fois d'être un prolongement du cerveau et d'être immédiatement branché sur le monde des odeurs. »*

Notre interlocuteur souligne le rôle central joué dans la neurobiologie contemporaine par la notion de plasticité, d'épigenèse : le cerveau a la capacité de remodeler les branchements entre les neurones en créant de nouvelles synapses, ces jonctions entre neurones, ou en en supprimant. C'est ainsi que l'on apprend, que l'on développe de nouvelles capacités, que l'on peut compenser des lésions ou s'adapter à des changements de conditions de vie : *« Cette plasticité fait que si vous élevez un chat dans un monde fait de lignes verticales, il ne percevra pas les horizontales. Si vous élevez un humain dans un monde où, autour de lui, on ne parle pas l'humain, il ne parlera jamais l'humain. »*

Jean-Didier Vincent insiste aussi, dans cette construction de notre cerveau-corps et de notre affectivité, sur le rôle essentiel de la relation aux autres. Ce rapport aux autres possède un ancrage neuronal, comme on le sait depuis l'importante découverte, en 1996, des *neurones-miroirs* par Giacomo Rizzolatti, neurologue de l'université de Parme.

Ces neurones particuliers, situés dans une zone du cortex moteur, sont activés – chez les grands singes comme chez les humains – par l'observation du mouvement des autres en face de soi, ils deviennent alors actifs, « comme si » on faisait soi-même l'action que l'on voit faire par l'autre. Pour comprendre ce que l'autre fait, on esquisse mentalement la même action que la sienne : *« La conclusion qu'on peut en tirer est très philosophique : le sujet est un reflet de l'autre. Il faut intérioriser l'autre pour acquérir la conscience de soi. Ce monde du reflet, ce monde de l'autre, est beaucoup plus développé chez l'homme que chez l'animal, puisque cela se situe au niveau du cortex préfrontal – même si le singe a aussi des neurones-miroirs. L'homme va se comporter véritablement en fonction de l'autre, des autres... Ainsi se construisent les sociétés humaines. Mais ce qui va primer, dans cette construction, c'est toujours l'émotif, l'affect.*

Pour moi, la définition de la psyché, de l'âme, c'est la représentation que peut se faire un cerveau pour se relier à l'autre, à un autre cerveau, donc ce n'est pas matérialisable. Et quand on veut transmettre sa pensée à quelqu'un d'autre, on est bien obligé d'avoir recours au langage, qui est aussi de l'ordre de la psyché. C'est donc un ensemble : le cerveau lui-même pense et agit, mais ce cerveau n'est animé que par rapport à l'autre. »

Ce rôle central du rapport aux autres dans la construction de soi rappelle bien des thèmes de la philosophie, en particulier chez les contemporains – par exemple l'intersubjectivité chez Husserl, le philosophe de la conscience qui a renouvelé, au début du XXe siècle, l'idée même de sujet, ou bien encore le rapport à autrui chez Emmanuel Levinas, qui, dans la seconde moitié du XXe siècle, a fait de l'existence de l'autre homme le fait fondateur de l'exigence morale. Cette proximité de thèmes signifie-t-elle que le biologiste rejoint la philosophie ? « *Je conteste cette idée répandue dans la science contemporaine que la science pourrait se substituer à la philosophie. J'essaie de mettre des barrières au scientisme. Je suis en désaccord avec ces néo-Gall, ces néophrénologues qui pensent qu'en photographiant l'intérieur on va connaître l'habitant de cet intérieur... c'est faux ! Ce sont des images intéressantes, mais des images virtuelles, donc avant tout des représentations, entre lesquelles il faut quand même faire le tri.*

On a fait des progrès extraordinaires ces trente dernières années, même si comprendre ce qui se passe à l'intérieur du cerveau ne vous dira quand même jamais pourquoi vous êtes amoureux de cette femme, pourquoi vous souffrez, cela vous donnera quelques explications. Mais, tant qu'on n'aura pas été capable de fabriquer un homme qui pense et avec qui on puisse discuter, on ne comprendra toujours pas vraiment. En fait, on n'avance pas beaucoup.

Par contre, il est utile d'essayer d'avoir une pensée qui intègre toutes ces données de la biologie, qui sont considérables, non pas pour une défense de l'homme avec un grand « H », mais pour savoir comment progresser dans nos sociétés, dans nos façons d'être, et comment aborder la mort quand elle s'approche. On ne peut pas construire un système philosophique, comme l'ont fait Schopenhauer et d'autres, en s'en tenant aux données des neurosciences. Et si j'utilise le concept d'âme, c'est parce que je trouve qu'il vous place en situation fluctuante parmi ce qui fait l'essentiel de la troupe de vos objets de souffrance : l'amour, la carrière, les hommes, le social... »

Nous quittons ce biologiste coûte que coûte rivé à l'humanisme convaincus que la voie des émotions est bien celle à creuser, donc d'autant plus curieux de recueillir le témoignage de celui qui s'y attache aussi résolument, en l'abordant non par l'aspect endocrinien, mais par le versant neuronal de ce qu'il nomme le « cerveau profond ».

Los Angeles. Université de Californie du Sud (USC). Rencontre avec Antonio Damasio
« Les émotions sont à coup sûr nos indispensables briques de construction. »

Contrastant avec la décontraction du campus californien, l'élégance sobre et précise du neurobiologiste a quelque chose d'européen, comme ses manières retenues, sa façon de parler avec une attention affable et souriante. Son passé portugais n'est sans doute pas étranger à ces particularités. Mais aujourd'hui, c'est la planète dans son ensemble qui semble devenue son pays : Antonio Damasio ne compte plus les prix ni les marques de reconnaissance venus du monde entier. Il en partage un bon nombre avec sa femme, Hanna, autre spécialiste du même domaine.

Sa réputation mondiale, ce neuroscientifique l'a construite sur plusieurs best-sellers [14]. Ils ont familiarisé le grand public au domaine ardu de l'étude du cerveau, qu'il a renouvelé. Leurs titres évocateurs ne sont sans doute pas pour rien dans ce succès, car dénoncer l'« erreur de Descartes », ou proclamer que « Spinoza avait raison » permet tout de suite de saisir de quelle façon la recherche de pointe peut se relier aux grands édifices de l'histoire. Pourtant, dans ses livres, le scientifique ne se contente pas, loin de là, d'afficher ses préférences philosophiques. Il souhaite poser de nouveaux fondements pour une neuroscience centrée sur le corps, et plus encore sur les émotions.

En effet, pour Antonio Damasio aussi, corps et cerveau sont liés si indissociablement qu'ils ne peuvent être étudiés ni compris indépendamment l'un de l'autre. Dans son plus récent ouvrage, *Self Comes to Mind. Constructing the Conscious Brain*, traduit en français par *L'Autre Moi-Même. Les nouvelles cartes du cerveau, de la conscience et des émotions*, il y insiste : « *Les neurones assistent le corps* », ils le « *cartographient* », « *imitent même la structure des parties du corps auxquelles ils appartiennent et cette constante orientation vers le corps est ce qui marque toute l'histoire des neurones, des circuits neuronaux et des cerveaux* ».

Ses travaux antérieurs soulignaient déjà le rôle clé des émotions dans leur base neuronale, le rôle qu'elles tiennent dans nos raisonnements et nos prises de décision. Damasio se consacre désormais à mettre en lumière leur lien à ce qu'il appelle le « cerveau profond », où s'engendrent les émotions premières.

Ce cerveau profond, selon lui, détermine tout de notre capacité de connaître et notre développement futur d'être conscient en relation sociale au monde. Mais, toujours, au commencement, si l'on ose dire, est l'émotion : *« L'émotion est absolument essentielle. L'étude de son rôle central constitue pour moi une étape renouvelée de mon travail, très différente, qui dépasse mes travaux précédents. Car la conception du "cerveau profond" et de la régulation de la vie est absolument décisive pour comprendre le développement du moi et de la conscience. Tous les développements du cortex cérébral sont aussi très importants, mais ils demeurent secondaires par rapport à cela. Là se trouve le fondement.*

Sans ce cerveau profond, nous ne serions jamais devenus conscients au sens véritable, nous n'aurions jamais connu la nécessité de développer notre cortex cérébral comme nous l'avons fait. On peut à coup sûr dire que les émotions sont nos indispensables briques de construction. Et c'est là une position très différente de ceux qui observent le champ de l'humain du point de vue cognitiviste, ceux qui étudient l'intelligence, le raisonnement, la capacité de résoudre les problèmes comme définition ultime de l'humain. Je pense que les grands développements du langage, de la mémoire, de l'imagination sont tous nécessairement soumis à l'émotion. Tous tirent leur valeur de ce moteur d'émotions qui vient du cerveau profond. »

Effectivement, nous voilà loin de la pure logique, des combinaisons de symboles et des processus abstraits. Selon Antonio Damasio, le cerveau est avant tout une machine à s'émouvoir. C'est par le biais des émotions, élémentaires d'abord, plus élaborées ensuite, que l'évolution aurait résolu les problèmes complexes posés par les relations du corps au monde extérieur et la coordination des réponses adaptées par le cerveau. Si, pour Damasio, *« le cerveau cartographie le monde qui l'entoure et ses propres actions »*, seules les émotions mettent en œuvre les données de ces cartes mentales, les réactualisent, les mobilisent pour maintenir les équilibres du corps. Le rôle clé de l'émotion est bien de contribuer à réguler l'organisme.

Sur cet ancrage des émotions dans le corps, Antonio Damasio rejoint à son tour celui qu'il considère comme un « repère pour sa propre pensée », le philosophe américain William James, l'un des fondateurs de la psychologie moderne avec ses *Principles of Psychology*[15] publiés en 1890. Un des exemples donnés par James est particulièrement instructif. Généralement, on se représente la panique de la manière qui suit : dans une promenade en haute montagne, je me retrouve soudain en face d'un ours, alors j'éprouve une profonde frayeur, je me mets donc à trembler et je m'enfuis. Or on a tort. Pour William James, les choses se déroulent plutôt ainsi : surpris par la rencontre avec l'ours, j'ai aussitôt les genoux qui tremblent, une sueur froide m'envahit, mon pouls s'accélère. Et c'est alors que je ressens de la peur. L'émotion vécue par la conscience dérive du corps, non l'inverse.

Damasio va plus loin encore. Car l'émotion, pour lui, possède une fonction vitale première : piloter l'équilibre interne du corps et permettre par là la construction progressive de soi, à partir des réactions les plus élémentaires du cerveau profond afin d'aboutir d'abord à la formation du « proto-soi ». Ce proto-soi a pour fonction de produire les sentiments spontanés primordiaux. Dans un second temps, les émotions plus complexes donnent naissance au « soi noyau » qui constitue l'étape de rencontre et d'échange avec les objets. Avant que l'ensemble des fonctions émotives ne permette la constitution du « soi autobiographique » du sujet humain conscient.

Ces registres sont étagés, mais aucun n'est séparé des autres : « *Pour moi,* nous précise Antonio Damasio, *il y a un entrelacs des niveaux qui fait que chaque niveau se construit sur le précédent et inclut l'architecture de ce niveau précédent. Ce qui fait que le type d'émotions le plus évoluées, celles générées au niveau du cortex cérébral dans l'insula, recouvre et contient le type d'émotions générées par le cerveau profond.* »

Parmi les singularités de ce travail : l'idée d'un soi qui serait comme un « chef d'orchestre ». En précisant toutefois d'emblée que ce chef d'orchestre ne serait pas un principe à part, un élément existant par lui-même, indépendamment des autres. Ce chef d'orchestre aurait en réalité l'étrange particularité de n'exister que lorsque l'orchestre joue, que lorsqu'un morceau s'exécute : « *C'est l'exécution qui crée le chef – le soi – et non l'inverse.* » La conscience résulterait donc de l'action de nombreux sites cérébraux au même moment et non d'un seul en particulier : « *Un peu comme l'exécution d'une pièce symphonique ne dérive pas du jeu d'un seul et unique musicien ni même d'une section tout entière de l'orchestre. Le plus frappant, c'est l'absence de chef d'orchestre avant que l'exécution ne commence, même si, lorsqu'elle se poursuit, il apparaît.* »

Pour parachever et complexifier ce système, Damasio a mis en lumière deux formes d'homéostasie – autrement dit, cette capacité d'un système à maintenir son équilibre interne face à des perturbations extérieures. La première est une homéostasie purement biologique, qui permet aux émotions de maintenir les équilibres physiologiques du corps. L'autre, d'un niveau plus complexe, parachève le système, c'est l'homéostasie socioculturelle. Elle est liée au développement du « soi autobiographique », de la conscience, et ouvre par là même sur un horizon inédit : « *Je considère – si vous me permettez de m'exprimer ainsi – que c'est une assez belle idée, car je pense que là se situe notre liberté. En effet, une marge de liberté existe pour les êtres humains, mais elle est toute petite, car nous sommes hautement déterminés par nos gènes, par notre développement, qui est probablement tout aussi important que nos gènes. Il y a d'abord les gènes, le développement* in utero, *ce qui fait que dans les tout débuts de la vie on en sait déjà beaucoup sur ce qui peut se produire dans un sens ou dans l'autre. Mais il faut compter ensuite avec l'influence de la parenté et de la culture, durant l'adolescence et jusqu'à l'âge adulte. Ce que nous devenons est déterminé par toutes ces influences.*

Cependant, jusqu'à un certain point, surtout quand on avance en âge, on a l'opportunité de dire : "Non, je ne ferai pas cela." L'individu peut donc parvenir à ce point, mais cette possibilité est à mon sens très restrictive. Il existe bien une liberté, mais ce libre arbitre consiste simplement dans la possibilité de dire "non". De même, il existe aussi, selon moi, un libre arbitre collectif : il nous est possible, en tant que culture, de dire non à l'esclavage, à la haine raciale, etc. C'est comme un espace entrouvert dans une porte où l'on met le pied et où l'on peut dire : "Là, j'ai mon mot à dire, et je peux dire non." Voilà ce qui me rend optimiste et qui fait que j'admire la conscience, ce niveau essentiel de la conscience autobiographique. Sans lui, nous n'aurions pu développer aucun de nos instruments de culture. »

Ce que l'étude des émotions humaines a aussi confirmé à Damasio, comme l'ont déjà relevé d'autres scientifiques rencontrés auparavant, c'est bien ce fil conducteur permanent qui traverse notre enquête, cette idée de plus en plus affirmée, confirmée scientifiquement, d'une continuité des espèces qui composent le vivant, animal ou homme : « *Il y a effectivement continuité. Elle existe au niveau des émotions. Puis il y a une énorme ouverture qui vient de la construction du moi autobiographique, qui entraîne la mémoire, le raisonnement et éventuellement le langage, et qui permet enfin la création des outils culturels. Le point de bifurcation se situe au niveau de la culture. Mais j'ajouterai que même cette bifurcation se place à l'intérieur de la continuité.* »

La neurobiologie déborde alors l'étude des connexions cérébrales, ou même de l'engendrement des émotions.

Pour Damasio, il s'agit en fait de la voie royale vers une exploration de la condition humaine dans son ensemble – rien de moins – et jusque dans ses manifestations culturelles, artistiques ou morales les plus complexes et les plus évoluées. De là à se vouloir philosophe tout autant que scientifique ? « *Je ne suis pas un philosophe. Même si, on le sait par mes livres, certains philosophes sont chers à mon cœur : Spinoza, William James seraient en haut de la liste, mais aussi David Hume. Je ne suis pas toujours forcément d'accord avec chacun d'eux. Mais le type de questionnement auquel Spinoza se confrontait, et sa façon de s'y confronter, sont impressionnants. C'était un protobiologiste : il a anticipé d'une certaine manière les développements futurs de la biologie.* »

Voilà donc ici un véritable renversement de perspective : la philosophie aurait annoncé ce que la neurobiologie comprend et permet dorénavant de connaître scientifiquement. Il n'y aurait plus qu'un pas à faire pour penser que désormais la science occupe la place de la philosophie : « *Des aspects immenses de notre compréhension de l'humain ont changé du fait des résultats de la science. Et cela ne provient pas uniquement de cette neuroscience des vingt dernières années, associée aux grandes révolutions technologiques, par exemple la tomographie ou le scanner à résonance magnétique, mais aussi de la neuroscience précédant ce moment. Ainsi, la physiologie électrique classique, ou l'électroencéphalogramme, ont contribué à cette immense évolution. Mais, pour moi, le plus important est que la neuroscience, une part de la neuroscience tout au moins, se consacre à l'étude du comportement et des processus de l'esprit.*

Cela nous a permis de voir ces processus sur des bases biologiques fortes, d'une façon qui va bien au-delà de ce que nous offraient la philosophie classique ou, plus encore, la pensée religieuse traditionnelle. Cela nous a permis de compenser leur absence en tant que guide de la conduite humaine. Au temps des poèmes d'Homère, ou au Moyen Âge, une définition très claire de ce que sont les êtres humains était largement configurée par la philosophie, par la religion ou par les deux à la fois. »

Et pour le scientifique, il semble bien qu'aujourd'hui la philosophie ait entièrement déserté ce rôle de guide : « *Si cela n'est pas totalement vrai de la philosophie occidentale, ça l'est certainement de la philosophie anglo-saxonne américaine. Plus occupée à formuler et à analyser des propositions logiques et mécaniques de la pensée, elle a montré un moins grand intérêt à comprendre comment les gens vivent en société, comment ils interagissent entre eux. Elle s'est montrée moins intéressée par la possibilité de dire aux êtres humains comment vivre ou plus encore comment vivre mieux.*

Assez curieusement, maintenant que la neuroscience a produit une image différente des êtres humains à travers les immenses explorations de l'émotion, des capacités cognitives, de la socialité, c'est la neuroscience qui endosse ce rôle de permettre aux humains de réfléchir sur ce qu'ils sont, et sur comment ils pourraient s'améliorer. Et pour cela, la neuroscience n'a pas à être nécessairement matérialiste : une part l'est, une part ne l'est pas. Ce que produit la neuroscience est parfaitement compatible avec une lecture non matérialiste du comportement humain, voire une lecture spiritualiste. C'est une façon d'assumer un rôle que la philosophie a abandonné, laissé derrière elle. »

Cette évolution pourrait-elle se poursuivre au-delà de l'humain, dans le monde des machines pensantes, comme certains y rêvent ? Antonio Damasio n'y croit guère : « *Je pense que la conscience artificielle est possible, formellement possible. Même si on y parvient, formellement, avec un robot hautement complexe et des systèmes d'ingénierie perfectionnés, le vrai problème demeure : cet artefact sera-t-il capable d'éprouver des émotions de la même façon que nous expérimentons notre conscience humaine ? À mon avis, c'est peu vraisemblable. Car notre expérience est tellement liée à nos* émotions, à ces émotions primordiales, elles-mêmes liées à notre chair, à notre corps, que la ressemblance s'arrêterait là. Il n'y a pas de cerveau sans corps, sans un certain type de corps. »

C'est pour les mêmes raisons que le projet de « télécharger la conscience sur un disque dur » fait qu'Antonio Damasio, derrière ses fines lunettes d'écaille, esquisse un sourire : « *Il serait stupide de refuser que certains puissent imaginer d'autres mondes, la vie sur d'autres planètes, ou avec d'autres formes d'organisation cérébrale. On doit respecter la possibilité qu'il existe d'autres mondes, car on sait si peu sur l'univers, si l'on se fonde sur ce que notre cerveau nous offre, sur ce que la science nous offre. Mais, d'un autre côté, si je parle en tant que scientifique, je veux être tenu par ce que je connais, à savoir la biologie, la neurobiologie. Or, dans le cadre de ce que je sais de la neurobiologie, je ne crois pas au téléchargement possible de notre conscience dans un ordinateur, en raison tout simplement de ce lien fondamental de la conscience au corps. Il n'y a pas d'abîme entre le corps et le cerveau. Les cellules du cerveau sont de simples variations d'autres cellules du corps. Et au niveau du cerveau profond, il y a un énorme mixage de signaux corporels et de signaux neuronaux, au point que tout est tissé ensemble. Être conscient, c'est avoir cette image ressentie du corps et y être inclus. Donc, un artefact, qui n'aura pas un corps semblable au nôtre, ne possédera pas non plus une conscience semblable à la nôtre.* »

Dans le match cerveau artificiel contre cerveau naturel, le premier ne semble donc pas près de l'emporter. Certes, il fait fantasmer, mais il est encore bien loin d'exister. D'autant que notre cerveau naturel semble avoir bien plus de longueurs d'avance qu'on ne le soupçonnait. On découvre qu'il se construit, se répare, se régénère sans relâche avec une inventivité jusque-là insoupçonnée. Ce qui vient bousculer nos certitudes anciennes.

Paris, Institut Pasteur.
Rencontre avec Pierre-Marie Lledo
« Le cerveau adulte est en perpétuel chantier. »

Nous l'avons toujours entendu dire : les neurones de notre cerveau sont en nombre limité, ils ne se renouvellent pas, et à partir de l'âge adulte nous en perdons chaque jour, irrémédiablement, des quantités. Nous croyons encore presque tous qu'il en est ainsi, car tel fut, durant des décennies, le dogme scientifique. Aujourd'hui, voilà une connaissance périmée. On sait à présent que nos neurones peuvent se régénérer – et que de nouveaux peuvent constamment apparaître. Cette découverte, on le comprend très vite, ouvre des perspectives thérapeutiques étonnantes. À 48 ans, son auteur, Pierre-Marie Lledo, est sans nul doute l'un des plus brillants chercheurs de sa génération.

Grand Prix de l'Académie de médecine en 2006, Grand Prix de l'Académie des sciences en 2007, le neurobiologiste, qui enseigne aussi à Harvard, est directeur de recherche au CNRS. Il dirige l'unité Perception et Mémoire à l'Institut Pasteur, dont il est également vice-président du conseil scientifique et directeur de l'enseignement.

C'est bien un homme submergé de charges, de projets et de rêves, carburant décisif selon lui, qui nous reçoit. Si nous souhaitons le rencontrer, c'est en raison de l'importance de ses différentes découvertes qui s'échelonnent depuis 2003. Leurs conséquences sur notre compréhension du fonctionnement du cerveau et de l'humain dans son environnement sont capitales.

Découvrons, pas à pas et en termes simplifiés, les différentes étapes de ses recherches.

Tout commence par le nez. Chacun sait que la mémoire des odeurs est très particulière : un parfum, une senteur quelconque que nous n'avons pas respirés depuis l'enfance peuvent soudain nous frapper intensément, faire revenir des pans entiers de souvenirs perdus. Comment se maintient ce souvenir des odeurs ? Quelles sont les particularités des mécanismes neuronaux de l'odorat ? Voilà ce que le chercheur et son équipe ont voulu explorer : *« Partant de la volonté de comprendre pourquoi on se souvient toujours de façon aussi vive des odeurs les plus anciennes, pourquoi leurs traces sont si vivaces si indélébiles en nous, on a découvert que cette qualité de la mémoire olfactive était due à l'arrivée en permanence de nouveaux neurones vers le cortex olfactif »*, nous explique Pierre-Marie Lledo.

2003 : le chercheur et son équipe parviennent à démontrer que des cellules souches de type gliale sont produites au cœur du cerveau adulte. (Les cellules gliales sont dans le cerveau neuf fois plus nombreuses que les neurones et jouent un rôle dans la transmission de l'influx nerveux.) Ces cellules souches se dirigent vers le bulbe olfactif et se révèlent capables de fabriquer de véritables neurones, eux-mêmes capables d'intégrer des réseaux cellulaires existants et d'y établir de nouvelles connexions [16].

Cette découverte de cellules souches dans le cerveau adulte signe, comme on l'a vu, la fin d'un dogme jusque-là bien installé. En mettant en lumière le phénomène de la *neurogenèse*, on comprend que le cerveau adulte a la possibilité de s'adapter aux changements qui surviennent au cours de la vie.

2004 : il apparaît que les neurones neufs ne vont pas n'importe où, mais sont « pilotés », en quelque sorte, par une molécule spéciale. L'équipe de Pierre-Marie Lledo, avec l'équipe allemande du professeur Schachner de l'université de Hambourg, identifie une molécule clé sécrétée par le bulbe olfactif, la tenascine, chargée d'attirer et de guider ces neurones nouveau-nés de leur zone germinative vers le bulbe olfactif où ils se transforment définitivement en véritables neurones [17].

2008 : la possibilité d'utiliser cette molécule-pilote pour emmener des neurones neufs sur des zones cérébrales à réparer ouvre des perspectives thérapeutiques inédites. L'équipe de Lledo, associée à celle de Pierre Charneau, à Pasteur, trouve en effet le moyen de faire dévier ces neurones pour les faire aller vers des zones lésées. Ouvrant la voie à de possibles thérapies des différentes pathologies neurodégénératives comme la maladie de Parkinson ou la chorée de Huntington.

En outre, ils observent deux phénomènes intéressants et concomitants : la fabrication de nouveaux neurones dans le cerveau s'accélère et s'intensifie en quantité lors de lésions ayant entraîné la perte du sens olfactif, ce qui confirme bien cette capacité autoréparatrice du cerveau. Et, a contrario, lorsque des neurones se révèlent inutiles pour conserver une information, par exemple olfactive, ils sont naturellement détruits.

C'est donc bien à une mutation de la connaissance qu'on assiste ici. Un chapitre se clôt, celui du cerveau fixe, ou en déficit croissant de neurones. Un autre chapitre s'ouvre, celui du cerveau autorégénérant. Pierre-Marie Lledo l'explique : « *On est dans la science en action. On est parvenu à montrer que ce dogme central de la neurobiologie qui voulait que les neurones ne puissent être remplacés, parce que le cerveau doit conserver de l'information en permanence ne tient plus. On ne comprenait pas comment nous sommes capables de conserver de l'information tout au long de notre vie, alors que certains de ces neurones, qui conservent l'information, ont une durée de vie limitée et sont remplacés par des nouveaux.*

Et, de même qu'il existe des cellules souches du sang qui produiront toujours des cellules sanguines, ou des cellules souches du muscle, on découvre qu'il existe des cellules souches neurales. Il y a un potentiel énorme de régénération du cerveau, de conservation d'au moins une fraction de notre population de neurones qui soit toujours une fraction de neurones juvéniles, voire embryonnaires.

Mon travail a permis de découvrir cette fontaine de jouvence produisant de nouveaux neurones qui arrivent en permanence dans le cerveau. Dorénavant, cette idée d'un cerveau calé ne peut plus être acceptée, puisqu'on se rend compte que le cerveau adulte est en perpétuel chantier. »

Ce perpétuel chantier pourrait-il se transformer en régénération perpétuelle ? La fontaine de jouvence aurait-elle les moyens de prodiguer indéfiniment des neurones neufs, et donc une vie cérébrale sans fin ? *« Dès l'instant où on laisse une souche, cette souche devient comme la souche d'un arbre : elle a le potentiel de fournir toutes les cellules nécessaires à l'organe dans lequel elles sont placées. Il n'y a pas de raison, en théorie, que ce système s'arrête. Car, non seulement cette cellule souche peut donner toute la descendance de cellules nécessaires dans l'organe où elle se trouve, mais elle conserve aussi la capacité de se multiplier elle-même : chaque fois qu'elle se divise pour donner une cellule, il s'agit d'une "division asymétrique". Normalement, les divisions sont symétriques, avec deux cellules-filles identiques. Mais quand on a affaire à des cellules souches, la descendance est différente. Une cellule-fille F1 va par exemple s'engager vers un destin neural, et la cellule F2 va conserver le caractère de cellule souche, la "souchitude", si l'on peut s'exprimer ainsi, ce qui permet de maintenir constant le stock de cellules souches. Car, si l'on n'avait que des divisions symétriques, il arriverait un moment où le stock serait épuisé. Ici, au contraire, il va s'autoentretenir : chaque fois qu'on a une division cellulaire, une cellule souche qui décide de se diviser pour donner deux cellules, elle va s'arranger pour qu'une des deux cellules lui ressemble. Ce n'est pas que de la théorie. Nous sommes capables dans notre laboratoire de prendre ces cellules, de les mettre dans des boîtes de culture, sur des années et des années, et, chaque fois, se produisent des divisions cellulaires. On pourrait maintenir cela au-delà de la durée de vie de notre laboratoire, qui, elle, est toujours limitée !*

On a aussi découvert les molécules qui régulent cette division cellulaire, le devenir de ces cellules nerveuses, leur survie. Désormais, on peut décider d'envoyer ces cellules dans telle structure cérébrale ou dans telle autre. Cela permet de revisiter et de confirmer des découvertes qui avaient déjà été faites de façon empirique. On comprend maintenant pourquoi le Prozac, par exemple, a besoin de trois semaines avant d'être efficace sur la dépression. En réalité, ce délai est nécessaire pour que la cellule souche donne une descendance et que la cellule nerveuse nouvelle ait elle-même le temps de s'intégrer et de participer aux circuits. »

Pareil changement de perspective engendre des conséquences sur plusieurs registres. Sur le plan philosophique, les découvertes de Pierre-Marie Lledo suscitent bien des interrogations sur l'identité de l'humain : si notre cerveau pouvait se régénérer indéfiniment, ne serait-ce pas, à terme, une remise en question radicale de notre finitude ? En fait, le chercheur ne s'engage pas sur ce terrain, qu'il juge sans doute prématuré. Il insiste plutôt sur la méthode, les modèles nouveaux, mais aussi sur le caractère encore très limité de nos connaissances.

En ce qui concerne la méthode, pour cette recherche de compréhension des mécanismes de fonctionnement du cerveau, Pierre-Marie Lledo évoque les « métissages inédits » indispensables à organiser entre neurologie, psychologie et sciences cognitives et les sciences humaines pour mieux comprendre les fondements biologiques du processus d'individuation d'un être tout au long de sa vie, toujours en chantier.

Avec comme première conséquence la réfutation définitive d'une représentation de la pensée comme « substance » sécrétée par le cerveau, alors qu'elle est le produit du jeu permanent entre l'individu et son milieu.

Avec, surtout, sur le versant positif, la constitution d'un nouveau modèle du fonctionnement cérébral : « *On sait dorénavant que le fonctionnement cérébral est plutôt géré par des lois de statistiques et de probabilité. Il n'y a pas du tout d'équilibre. Aucun système n'arrive jamais à l'équilibre. Tout est géré par des probabilités. On est donc obligé de repenser le cerveau comme un organe où, de ces lois de probabilité, va naître ce qu'on appelle des propriétés émergentes. C'est-à-dire que 1 + 1 vont faire 4 plutôt que 2.* »

Notre interlocuteur insiste sur cette recherche permanente d'un point d'équilibre, toujours à réévaluer, auquel le cerveau est confronté. Il a donné un nom à cette situation particulière, la « flex-stabilité [18] » : sans cesse, notre cerveau navigue de façon contradictoire entre besoin de diversité, d'invention, de renouvellement et non moins nécessaire recherche et consolidation d'une stabilité, d'une indispensable habitude. Deux modalités à négocier, à réguler en permanence. Résultat : quand la balance penche excessivement d'un seul côté, l'ennui et la souffrance deviennent des moyens pour le cerveau de perturber une trop grande stabilité. De même que des phénomènes comme l'addiction ou l'obésité signalent un équilibre perturbé par trop de nouveauté : « *L'ennui, c'est l'adaptation de tous les circuits. Dès que le cerveau cesse de lutter, et notamment contre l'ennui, les pathologies, les troubles de la dépression s'installent. La meilleure façon de traiter les animaux de notre laboratoire, c'est de les replacer dans un univers enrichi, qu'ils se retrouvent dans une sphère sensorielle qu'on ne peut pas prédire, qui est faite de nouveauté.*

Et l'anticipation se révèle la deuxième fonction essentielle du cerveau. C'est une machine à prédire. Le cerveau de l'homme est toujours à n et quelques mois du jour où... On est donc dans la prédiction. Par ce moyen, on échappe à toutes les maladies neurodégénératives. Ces maladies pourraient n'être que le reflet d'un schéma de routine. Certaines susceptibilités génétiques entrent aussi en jeu, mais le contexte est certainement un facteur prépondérant. »

Reste à savoir si ces particularités du cerveau valent seulement pour le cerveau humain ou s'inscrivent plutôt dans une continuité entre animaux et humains : « *Pour un expert du fonctionnement cérébral et des fonctions cognitives, il n'y a plus du tout de rupture épistémologique entre l'homme et les autres animaux. On est en train de le découvrir même à propos de l'empathie et de toutes ces valeurs humaines. L'empathie, les fameux neurones-miroirs, on les retrouve aussi. En tout cas, moi je le vois comme un continuum.*

*S'il y a singularité de l'homme, c'est dans l'organisation. Dans l'organisation du cerveau, certainement. À un moment donné, l'*Homo sapiens *a été capable, de se projeter et de réfléchir, en tant qu'individu ou en tant qu'organisme, dans le collectif. Et ça, c'est le propre de l'être humain : avoir cette projection du soi, d'abord, puis de la collectivité, et enfin de l'axe du temps. Une des caractéristiques du fonctionnement humain, c'est toujours la projection, la projection dans le futur.* »

Malgré l'importance et la nouveauté de ses découvertes, Pierre-Marie Lledo insiste sur le caractère restreint de nos savoirs : « *Je pense qu'on ne sait pas grand-chose. Cinq pour cent, tout au plus. En réalité, il y a beaucoup de leurres. L'imagerie cérébrale, par exemple, permet de mettre un cerveau, une tête dans une machine, de questionner la personne et d'observer des corrélats anatomiques. Mais la phrénologie l'avait déjà fait au tournant du XIXe siècle : on en concluait qu'on avait la bosse des maths, le crâne d'un voleur, etc. Aujourd'hui, on n'a pas beaucoup plus avancé. On est juste capable de localiser dans des territoires précis des activités de neurones et d'établir une corrélation entre un circuit actif et une décision ou une pensée.*

Mais le problème, c'est que ce sont des paramètres qui vont s'inscrire dans un temps qui n'est pas compatible avec celui du fonctionnement cérébral. Ces images-là ne sont que des instants arrêtés et répétés, des moyennes. Donc, quand on vous désigne sur une carte : "Là, c'est le circuit de l'émotion", il ne faut pas oublier que c'est une moyenne faite sur peut-être quarante expositions et que le cerveau ne travaille pas avec des moyennes. Et que peut être ce qui est significatif est ce qui devient inconscient, par exemple. »

Cette vive critique des recherches fondées sur l'imagerie cérébrale n'est pas partagée par tous les neuroscientifiques d'aujourd'hui, on s'en doute. C'est pourquoi nous poursuivons notre périple dans l'univers des explorateurs du cerveau, toujours à la recherche de la diversité de leurs points de vue – parfois complémentaires, parfois incompatibles –, et avons à présent rendez-vous dans le plus grand laboratoire européen d'imagerie cérébrale.

NEUROSPIN, SACLAY.
RENCONTRE AVEC STANISLAS DEHAENE
« *Le cerveau est un statisticien, pas un logicien.* »

À trente kilomètres seulement de l'Institut Pasteur, nous sommes dans un autre monde – architectural, scientifique et même mental. La nouvelle Unité de neuro-imagerie cognitive est installée dans un impressionnant bâtiment futuriste du Centre de l'énergie atomique de Saclay, sous l'égide de l'Inserm et du Commissariat à l'énergie atomique (CEA). Là se concocte, depuis 2006, le projet Neurospin, une initiative franco-allemande de mise en application des techniques de pointe d'imagerie pour approfondir l'étude du cerveau.

L'architecture audacieuse du bâtiment où nous retrouvons Stanislas Dehaene abrite un ensemble unique au monde, qui réunit des équipes d'ingénieurs spécialisés dans la réalisation de machines de pointe et des équipes de chercheurs travaillant à « comprendre le cerveau par l'image ». Sur plus de onze mille mètres carrés se déploient six arches métalliques en forme de vagues successives. Chacune abrite, au rez-de-chaussée, par gradation de puissance, des machines d'imagerie cérébrale parmi les plus puissantes au monde.

Ces aimants à très haut champ magnétique fonctionnent sur le principe des IRM aujourd'hui partout répandues, mais ils sont de deux à cinq fois plus puissants que ceux des centres médicaux. Ces machines imposantes, comme de gros sous-marins d'exploration ronronnants, restent à l'abri des regards. L'une d'entre elles, dénommée Iseult, permet de visualiser des parties du cerveau de quelques dixièmes de millimètre. Dans l'ensemble, ce qu'elles font voir est dix fois plus fin et précis que les équipements anciens. En observant le cerveau à l'échelle d'un $1/10^e$ de millimètre tous les $1/10^e$ de seconde, ce sont désormais seulement quelques milliers de neurones que l'on peut voit réagir de près, alors qu'habituellement il s'agissait de plusieurs millions au minimum.

Des données visuelles complémentaires sont aussi fournies par des machines d'électroencéphalographie et de magnétoencéphalographie d'une précision redoutable. Ces outils de pointe, regroupés sur le même site, sont couplés avec une informatique en 3D. Cet ensemble unique vise une approche démultipliée des secrets du cerveau en fonctionnement, dont on attend notamment des retombées thérapeutiques sur les maladies cérébrales dégénératives.

Neuroscientifique spécialisé en psychologie cognitive, Stanislas Dehaene, normalien mathématicien, membre de l'Académie des sciences depuis 2005 et de l'Académie pontificale des sciences depuis 2008, occupe la chaire de psychologie cognitive expérimentale au Collège de

France. Son champ de recherche est l'étude des mécanismes de la lecture [19] et du calcul mathématique à travers les données proposées par l'imagerie cérébrale et des expériences de psychologie cognitive.

En quête de ce véritable « graal des sciences cognitives » que constitue pour lui la conscience, Dehaene avance, en attendant, dans tous les domaines plus abordables : processus du calcul, de la lecture, du raisonnement, de la logique. Il ne se borne pas à collecter les données visuelles fournies par les machines, mais les relie aux explications psychologiques possibles des croyances, intentions, représentations mentales des sujets observés.

À terme, son rêve serait l'unification des sciences sous la bannière d'un cognitivisme capable de produire ni plus ni moins qu'une théorie globale du cerveau, mais aussi des différents aspects des activités humaines – droit, économie, politique, etc. – en partant de l'hypothèse que les lois à l'œuvre dans les processus cérébraux se retrouveraient notamment dans les réalisations sociales. En tout cas, ce chercheur est profondément convaincu que les avancées de l'imagerie, et celles de toutes les techniques d'observation et d'expérimentation, conduisent les neurosciences au bord d'une véritable révolution, à la fois théorique et pratique.

Sans doute n'y sommes-nous pas encore. Est-il malgré tout possible, à partir des connaissances actuelles, de fonder sur le cerveau une description de la nature humaine ? Stanislas Dehaene en est convaincu : « *Première découverte très remarquable : l'imagerie cérébrale montre effectivement que les phénomènes qu'on observe dans les cerveaux d'hommes de différentes cultures sont extraordinairement stables. Cette stabilité transculturelle se constate par exemple pour la lecture, et aussi pour les mathématiques. Il existe pourtant de grandes variations dans les stratégies d'enseignement, les systèmes d'écriture, etc. Néanmoins, on trouve des substrats cérébraux extrêmement similaires. Qu'on lise le chinois, l'hébreu, l'arabe, l'anglais ou le français, c'est la même chose que l'on observe dans le cerveau, à de petites nuances près. C'est une grande surprise, qui fait penser qu'il y a bien une architecture cérébrale commune, et donc une nature humaine.*

L'imagerie de l'enfant le confirme également. Dans ce centre de recherche, contrairement à d'autres, nous sommes en mesure de faire l'imagerie du cerveau d'enfants de quelques mois seulement. Ce qui n'est pas facile, et cela explique qu'il y ait encore très peu de recherches sur ce sujet. Le cerveau de l'adulte commence à être un peu connu, celui du bébé est vraiment encore terra incognita.

Nos premières recherches d'imagerie cérébrale concernant le langage parlé chez le bébé de deux mois ont permis de découvrir que, dès cet âge-là, le circuit du langage est déjà le circuit classique qu'on voit chez l'adulte. Ainsi, chez un nourrisson qui ne parle pas, qui n'a même pas encore commencé à babiller, qui n'a pas de structure grammaticale ni sémantique, qui ne comprend pas ce qu'on lui dit... les entrées linguistiques sont tout de même canalisées dans un circuit stable, matériellement bien défini. Il existe donc une forte nature humaine, dont on commence à essayer de comprendre comment elle se distingue de celle des autres primates. Ce point constitue une des très grandes questions qui pour l'instant ne sont pas résolues.

Mais il s'agit bien d'une nature humaine neurale. Car au niveau de l'activité aussi, on constate une grande stabilité. Pour la lecture, cela m'a vraiment frappé au départ de mes recherches : je peux scanner n'importe lequel d'entre nous, on va voir, au niveau des données orthographiques, la même région s'activer chez chacun, à cinq millimètres près. Tout le monde a le même arrangement, qui est d'ailleurs assez curieux : les mots écrits sont encadrés par les réponses aux objets d'un côté, par les réponses aux visages de l'autre, et aux maisons vers le milieu du cerveau. Tout le monde possède cette même disposition. C'est un des petits mystères de notre domaine : comment est-il possible qu'il y ait un arrangement systématique comprenant des réponses à des objets culturels ? Qu'il y ait des réponses aux visages, cela ne soulève pas de problème théorique : on les repère chez les singes macaques, et on a toutes les raisons de penser que les espèces de primates, qui sont très sociales, ont besoin de reconnaître les visages et leur orientation. Mais qu'il y ait des réponses cérébrales fixes à quelque chose qui a été inventé il y a seulement cinq mille ans, l'écriture, c'est plus surprenant. »

Peut-on en conclure que l'humain se définit par son cerveau ? Devrait-on dire : « Le cerveau, c'est l'homme » ? « *Je pense qu'il y a deux réponses. La première repose sur un postulat matérialiste et neurobiologique. De ce point de vue, pour moi, la réponse est oui. Mais la deuxième réponse nécessiterait autre chose qu'un postulat. Elle devrait satisfaire à la question : est-ce qu'on peut le prouver ? Des expériences de plus en plus nombreuses soulignent les variations interindividuelles, d'une personne à l'autre, qui peuvent se mettre en rapport avec des systèmes cérébraux particuliers. Je trouve cela intéressant, parce que ça désigne, à côté de l'architecture universelle, les petites variations qui existent au niveau cérébral et prédisent les comportements des personnes.* »

Ainsi, ce ne serait pas seulement l'humain en général que le cerveau pourrait caractériser, mais bien chaque individu en particulier, défini dans ses capacités et ses singularités, par la configuration détaillée de son cerveau : « *Un travail récent porte sur l'introspection. Certaines personnes ont une bonne introspection, d'autres une mauvaise. On peut le mesurer en demandant à quelqu'un : êtes-vous capable de savoir que vous avez fait des erreurs, de deviner si vous avez bien répondu ou pas ? Or ces variations correspondent, avec une forte corrélation, à la densité de matière grise dans une région du cortex préfrontal. Donc, certaines variations d'une personne à l'autre peuvent être mises en relation avec l'anatomie du cerveau et avec la fonction cérébrale. Autre exemple de variation interindividuelle : la manière dont est activée la région du cerveau qui s'intéresse à la lecture permet de prédire si la personne lit vite ou lentement. On le sait juste en regardant l'activité de cette région. Là encore, les individus sont distingués par l'organisation de leur cerveau.* »

Plonger en soi-même, scruter sa volonté ou son destin, ses hésitations, ses sentiments et leurs méandres, voilà un grand exercice régulièrement pratiqué tout au long de l'histoire de la culture européenne, depuis saint Augustin, qui invente cette exploration de soi à la recherche de Dieu, jusqu'à Proust et aux innombrables états d'âme des personnages qui peuplent nos bibliothèques. Ce mécanisme de l'introspection, qu'on pouvait rattacher à la psychologie comme à la philosophie, est-il aujourd'hui étudiable en termes de structure du cerveau ? « *Oui, j'en suis persuadé. J'ai une chaire de psychologie au Collège de France, mais je considère que les outils de la psychologie, maintenant, incluent au moins autant le comportement que l'imagerie cérébrale. Les questions posées sont des questions de psychologie, mais les outils se sont déplacés. Les neurosciences cognitives, pour nous, ne forment qu'un seul domaine. On ne fait plus de distinction entre des questions strictement psychologiques et d'autres qui seraient neurobiologiques.* »

Finalement, où se situe donc la révolution scientifique des sciences cognitives ? Se tient-elle dans les outils, notamment ceux de l'imagerie ? « *Les machines sont une chose, mais pour les utiliser convenablement, il faut des protocoles de psychologie cognitive. Imagerie, comportement et théorie, les trois avancent en ce moment, en science cognitive, de façon phénoménale.* »

Dès lors, une conception nouvelle du cerveau se dégagerait-elle des avancées récentes ? Nous avons déjà constaté l'obsolescence des modèles de la grande époque de l'intelligence artificielle. Sont-ils remplacés, aujourd'hui, par des modèles qui émergent ? *« En réalité le cerveau est un dispositif de traitement de l'information qui ne ressemble pas du tout à la machine de Turing traditionnelle. On en vient maintenant à la notion de réseau dans lequel il y a des millions de processeurs qui travaillent en parallèle. On est ainsi beaucoup plus proche de la réalité biologique. Mais ce qui nous manque, c'est le code neural véhiculé par chacun de ces processeurs. On se rend aussi compte que les problèmes que résout le cerveau sont beaucoup plus raffinés qu'on ne le pensait. Le concept nouveau, c'est essentiellement que le cerveau est un statisticien, pas un logicien. Il y a sûrement une couche de logique dans le cerveau humain, mais elle est comme surajoutée par l'éducation et l'utilisation des symboles. La base fondamentale, le noyau du fonctionnement du cerveau, se trouve dans une approche statistique, que l'on appelle bayésienne*[20]. »

Stanislas Dehaene fait ici allusion à ce qu'on dénomme à présent le « cerveau bayésien », une approche dans laquelle de nombreux chercheurs placent actuellement de grands espoirs. Pour comprendre de quoi il s'agit, il faut remonter au XVIIIe siècle, rencontrer Thomas Bayes, mathématicien anglais, qui fut à la fois pasteur de l'Église presbytérienne et pionnier du calcul statistique.

Ses recherches ont permis de formuler un théorème qui porte son nom et énonce une loi importante des probabilités : pour Bayes, une probabilité n'est pas simplement une fréquence, mais la traduction d'un état de nos connaissances. À partir de ce que nous savons, nous pouvons, par la logique, construire ou réviser une hypothèse. Quand de nouvelles situations interviennent, les probabilités s'affinent en conséquence. Telle est, schématiquement, la méthode d'« inférence bayésienne » formulée à partir de ses découvertes.

Si ce calcul bayésien est connu depuis plus de deux siècles, c'est seulement de façon récente qu'il est utilisé pour élaborer une théorie sur le fonctionnement du cerveau. Cette théorie du « cerveau bayésien » commence à s'élaborer en 1983, lorsque Geoffrey Hinton, mathématicien et informaticien britannique installé à Toronto, spécialisé dans la construction de réseaux neuronaux artificiels, et un de ses collègues, Terrence Sejnowski, suggèrent que le cerveau pourrait être considéré comme une machine qui prend des décisions tenant compte des incertitudes du monde extérieur. À son tour, dans les années 1990, le Britannique Karl Friston, spécialiste de l'imagerie et de la cartographie cérébrale qui dirige le *Welcome Trust Center for Neuroimaging* de Londres, s'appuie sur leurs résultats pour forger cette idée d'un « cerveau bayésien [21] ». Pour lui, le cerveau traite de tous les objets du monde comme une série de valeurs possibles, certaines plus vraisemblables que d'autres.

Tout repose donc sur le fait que les probabilités se fondent sur l'expérience, sur des prévisions internes que fait notre cerveau et qui se modifient quand une nouvelle information, plus signifiante, devient disponible. Le cerveau devient une machine probabiliste qui ferait en permanence des prédictions sur le monde, sans cesse réactualisées selon les perceptions et les données reçues de l'extérieur.

Ainsi, quand nous écoutons quelqu'un parler, le cerveau ne fait pas que l'écouter. Il prévoit ce qu'il va entendre, tout en révisant constamment ses évaluations. Ces prévisions ont différentes utilités. Elles permettent par exemple de donner un sens à un discours mal formulé : « *On arrive bien à cette idée,* confirme Stanislas Dehaene, très intéressé par cette récente théorie, *que le cerveau lance des prédictions, les compare avec les entrées, et la seule chose qui remonte au niveau supérieur, c'est la différence entre les deux, à savoir le repérage d'une erreur de prédiction. Cette conception est en train d'être adoptée par des chercheurs qui travaillent dans vraiment tous les domaines. Et cela fait apparaître, dans des registres très différents, des lois de fonctionnement communes. On s'aperçoit qu'il existe des règles mathématiques très générales qui s'appliquent à tous ces différents domaines. Ce qui est nouveau, c'est cette idée que des mathématiques universelles correspondent peut-être aux couches du cortex. Et comme elles se retrouvent dans quantité de systèmes sensoriels et moteurs différents, elles pourraient fournir des lois générales. »*

Ces lois pourraient-elles, à terme, rendre compte de l'existence même de la conscience ? Là, le chercheur répond sans la moindre hésitation : « *Je pense effectivement que la conscience se confond avec des processus matériels de traitement de l'information. C'est l'hypothèse que Jean-Pierre Changeux et moi proposons*[22]. *Elle est assez réductrice, mais quand même très plausible, car ce qu'on appelle "être conscient", c'est simplement un état particulier de traitement de l'information dans lequel l'information est devenue disponible – et ce n'est rien d'autre. Quand je dis que je suis conscient de la couleur du ciel aujourd'hui, cela veut dire qu'en orientant mon attention vers ce point particulier je rends accessible cette information, je peux en parler, l'évaluer, la manipuler mentalement de toutes les manières. L'hypothèse que nous faisons, c'est qu'être conscient n'est rien d'autre. Donc, si on dupliquait dans un ordinateur – ce qui n'est pas fait pour l'instant – une architecture dans laquelle l'information peut être sélectionnée en fonction des buts, puis maintenue en ligne, et diffusée de façon extrêmement large, à travers toutes sortes de processeurs, eh bien ce système serait conscient. À terme, j'ai espoir que la question de la conscience disparaisse à mesure que l'on comprendra ce que le philosophe David Chalmers qualifie de "questions faciles"...* » Ce que veut nous signifier ici Stanislas Dehaene, avec une forte conviction, c'est bien que la neuroscience ayant résolu les questions faciles, alors la question difficile de l'expérience éprouvée en première personne tomberait d'elle-même...

Résolument matérialiste dans ses options fondatrices, le neuroscientifique considère malgré tout qu'il y a discontinuité entre humains et animaux. Il souligne au contraire une radicale différence du point de vue cérébral : « *Ce qui est très spécifique aux humains, c'est la capacité symbolique. Dans le domaine des nombres, c'est particulièrement évident : pas un animal ne fait la différence entre onze et douze... L'espèce humaine est la seule à introduire des symboles discrets et des concepts logiques comme "vérité", "négation", etc. La possibilité d'appliquer ces symboles à pratiquement n'importe quel domaine donne naissance à la capacité linguistique, la faculté d'appliquer des mots à l'ensemble des objets de pensée – à quoi il faut ajouter la capacité de se représenter l'esprit des autres, et tout ce qui s'ensuit : "Je pense que tu penses que je pense"...* »

En écoutant Stanislas Dehaene, on se dit que le triomphe des sciences cognitives semble de plus en plus parfait. L'imagerie cérébrale fait des pas de géant, la psychologie et l'expérimentation se rejoignent, des lois générales s'esquissent, la conscience ne sera bientôt plus un problème insoluble... Serait-ce donc que la philosophie est devenue inutile, tout à fait ? Que la science a définitivement pris sa place, comme le soutient Antonio Damasio ? « *Je crois vraiment qu'on est en train de remplacer la philosophie par des études expérimentales. C'est le travail du scientifique que de remplacer une réflexion philosophique par de l'expérimentation. Il y aura peut-être toujours des questions métaphysiques, mais elles seront abordées autrement. Sur le long terme, la perspective est claire : des concepts se déplacent complètement et rentrent dans le champ de la science.* »

Scientifiques et philosophes

Remplacer définitivement la philosophie, répondre une fois pour toutes à ses interrogations, substituer à des discussions sans fin des vérités rigoureusement établies, ou bien parvenir à dissoudre les questions des philosophes, en montrant qu'elles n'ont pas lieu d'être, qu'elles furent mal construites, mal posées, mal pensées, qu'elles se révèlent en fin de compte sans pertinence ou même sans objet... Voilà bien une tentation déjà ancienne au sein du travail scientifique, que nous avons retrouvée chez certains de nos interlocuteurs.

La philosophie, au long de son histoire, a effectivement exercé une si longue tutelle qu'on peut trouver légitime que la connaissance scientifique – devenue adulte et autonome – entreprenne de se débarrasser de sa vieille mère, de revendiquer le monopole de la vérité. Au temps des philosophes-savants, qui va des premiers Grecs jusqu'au XVIIIe siècle au moins, a succédé le temps des scientifiques à part entière.

Avec les neurosciences, cette tentation paraît plus forte encore. Car, cette fois, la recherche scientifique aborde au cœur de la « forteresse de l'âme », comme disait Marc Aurèle. Depuis toujours, perception, mémoire, intelligence, calcul, langage, conscience, identité constituent des domaines privilégiés de réflexion pour les philosophes. Les expliquer scientifiquement, rendre compte de leurs mécanismes « réels », déchiffrer leurs processus de fonctionnement expérience après expérience, là où les philosophes n'auraient fait que spéculer, voilà bien, en un sens, un projet séduisant.

Il constituerait également, si on en prolonge l'intention jusqu'à son terme, une liquidation pure et simple de la philosophie. Si la science du cerveau parvenait une fois pour toutes à expliquer la conscience sous toutes ses formes, à rendre compte des manifestations de la pensée dans toutes leurs dimensions, il ne resterait pas grand-chose à conserver de la philosophie – sauf un catalogue des ignorances, un inventaire des suppositions. Tout serait élucidé, et la philosophie dissoute.

Évidemment, ce qu'on vient de lire force le trait. La réalité est moins simple, plus intéressante. Il n'y a nulle part de bataille rangée mettant face à face des scientifiques liquidateurs de philosophie et des philosophes qui font de la résistance. On remarque plutôt que les neuroscientifiques font de la philosophie – parfois sans le savoir, parfois sans le vouloir – du fait même des options qu'ils prennent, et que la plupart des philosophes, de leur côté, sont attentifs aux travaux des scientifiques – pour les soutenir, les éclairer, les commenter ou s'y confronter.

Finalement, autour du cerveau et des enjeux multiples de son exploration, ce ne sont pas simplement des batailles de théories scientifiques qui se déroulent. Ce sont aussi des affrontements philosophiques, engageant des représentations de l'humain, de ses relations à la nature, de sa destinée.

PARIS. RENCONTRE
AVEC MONIQUE CANTO-SPERBER
« On n'échappe pas à la philosophie. »

La philosophe Monique Canto-Sperber est la première à nous le confirmer. Directrice de l'École normale supérieure de la rue d'Ulm depuis 2005, passée de travaux sur la pensée grecque à de nombreuses recherches consacrées à la philosophie morale et politique[23], elle n'est en rien une spécialiste du cerveau. Mais, ayant été membre du Comité consultatif national pour l'éthique des sciences de la vie et de la santé de 2002 à 2008, elle est particulièrement au fait de tous les débats contemporains entre sciences et philosophie.

Aux yeux d'une philosophe que l'on pourrait qualifier de généraliste, indépendamment de sa spécialisation dans les questions éthiques, quelle place tient le cerveau dans la définition de l'humain ? À cette première question, Monique Canto-Sperber répond en désignant le cerveau comme l'ultime critère de la nature humaine : « *Quand une personne a des jambes artificielles, ou n'importe quel organe artificiel, personne ne peut considérer qu'elle n'est pas une personne humaine à part entière. En revanche, si son cerveau était remplacé par un ordinateur, il me semble évident qu'on ne jugerait pas de la même façon qu'elle est encore un être humain. Peut-être même, d'ailleurs, du point de vue subjectif, il est possible que celui ou celle qui possède un membre ou un organe artificiel finisse par l'oublier, par considérer que c'est une partie de lui-même. Si le cerveau pouvait être remplacé par un ordinateur, il est probable que ce qui serait équivalent à une conscience de soi-même serait différent de ce dont nous avons l'expérience aujourd'hui.* »

On pourrait, malgré tout, se demander si un cerveau « naturel » existe. En réalité, n'est-il pas toujours transformé – par l'éducation, par les apprentissages sociaux ? Nous ne connaissons, somme toute, que des cerveaux humains façonnés, et non pas « naturels ». Dès lors, si l'on ajoutait, ici ou là, une prothèse électronique, serait-ce donc une situation si différente ? Ne serait-on pas tout autant dans l'artifice qu'avec les apprentissages culturels multiples que tout cerveau humain doit nécessairement subir ? « *Un être humain avec des dispositifs électroniques implantés dans le cerveau, si cela est possible, ne serait évidemment pas une personne artificielle. Nous aurions probablement là un cas de fonctionnement de l'humain, qui reste en grande partie comparable, sinon semblable, à ce que nous connaissons. En revanche, si toutes les fonctions cérébrales étaient assurées par une machine, alors nous serions face à une situation absolument différente, celle d'une réelle artificialisation. Cela dit, une machine peut accomplir certaines tâches du cerveau humain, et souvent avec des performances remarquables, mais aucune machine actuellement concevable ne peut faire ce que fait le cerveau.* »

Certains soutiennent pourtant que la fabrication d'une telle machine ne serait qu'une question de temps. Il pourrait exister, prochainement, des répliques de cerveau, des artefacts capables d'effectuer les mêmes opérations mentales que les humains. On l'a vu, certains sont persuadés que demain les machines penseront. Parmi les tentatives, l'ambitieux projet *Blue Brain*, qui se donne pour objectif de construire pièce par pièce un cerveau virtuel sur ordinateur d'ici à 2023. Lancé par Henry Markram en 2005 à l'École polytechnique de Lausanne, avec le soutien d'IBM, qui a fourni un supercalculateur de la famille *Blue Gene*, le troisième plus rapide du monde, ce projet mobilise une équipe internationale d'informaticiens, mathématiciens, biologistes et physiciens. Il faut toutefois préciser que la puissance informatique requise pour le mettre en œuvre est hors normes, puisque la simulation d'un seul neurone exige l'équivalent de la puissance d'un ordinateur portable. Le modèle d'un cerveau entier en exigerait des billions, et pour y parvenir, il faudrait disposer d'une puissance informatique un million de fois plus grande que *Blue Gene*. À défaut d'un saut technologique de grande envergure, il est donc à craindre que le calendrier fixé soit pour le moins prématuré.

À moins que ce saut ne vienne de la mise au point, annoncée par IBM en août 2011, d'une puce imitant notre fonctionnement cérébral. Elle pourrait permettre de construire des ordinateurs dénommés « cognitifs », qui seraient « capables d'apprendre de leurs expériences, d'élaborer des hypothèses, de se rappeler et apprendre des résultats, imitant la plasticité du cerveau humain [24] ».

Monique Canto-Sperber, quant à elle, demeure sceptique face à de telles tentatives et souligne combien tous les choix, dans ce domaine, relèvent en priorité d'options philosophiques, et non de données scientifiques : « *On peut toujours affirmer qu'un cerveau artificiel est à portée de main, qu'on connaît déjà le chemin pour y parvenir, et que ce chemin est direct. Pour moi, toutes ces affirmations restent sujettes à caution, car il ne semble pas que les modèles selon lesquels les innombrables activités du cerveau aujourd'hui reproductibles pourraient être organisées aient été mis au point. Parallèlement aux recherches et expériences scientifiques, il reste à accomplir un véritable travail de métaphysicien, au sens le plus noble du terme, pour définir les concepts à partir desquels on pourra, uniquement à partir de la matière, reproduire toutes les facultés propres d'un cerveau humain, y compris la volonté et la conscience. Or l'élaboration de ces modèles a pour préalable un engagement métaphysique et elle n'est en aucun cas un résultat expérimental ni une observation scientifique !*

Je n'ignore évidemment pas qu'on a établi depuis longtemps une corrélation entre le cerveau et la pensée. On sait depuis des siècles que les soldats gravement blessés à la tête peuvent voir leurs facultés mentales diminuées, tout comme on sait aussi, depuis des dizaines d'années, qu'avec des électrodes il est possible d'induire chez un sujet des hallucinations. Mais cette corrélation ne permet pas de conclure, au niveau de l'organisation générale du cerveau, comment elles s'organisent, sans doute d'ailleurs de multiples façons possibles. L'imagerie cérébrale fascine, mais elle reste encore peu instructive sur le contenu de nos états mentaux. Elle n'explique rien de ce qui est éprouvé. »

Devrait-on aller jusqu'à dire que tout le monde fait de la métaphysique ? « *Je dirais volontiers que les hypothèses métaphysiques ne sont pas éliminables, qu'elles soient matérialistes ou spiritualistes. Elles sont le versant philosophique de la modélisation. On ne peut ni les remplacer ni les supprimer. Il y a aujourd'hui une hypothèse dominante, qui est naturaliste et matérialiste, mais après tout rien n'empêche de penser comme Platon, et d'être encore aujourd'hui résolument dualiste, non au sens où il existerait deux substances distinctes, esprit et matière, mais en soutenant que la réduction apparente de la pensée aux relations des neurones engage un niveau de complexité tel que c'est la définition même du rapport entre cerveau et pensée qui reste probablement à définir. En fait, aucune des hypothèses métaphysiques ne peut être à première vue exclue. Mais elles devront être validées par la science, selon des procédures qui ne sont peut-être pas totalement stabilisées, définitivement validées par la recherche. En ce sens, il me semble qu'on n'échappe pas à la philosophie. »*

Qu'est-ce donc au juste, être naturaliste ? et dualiste ? Quels sont donc ces présupposés, ces « hypothèses métaphysiques » qui s'affrontent à propos du cerveau, des relations du corps et de la pensée, de la conscience et des neurones ? De brèves explications, assorties de quelques étranges histoires – étranges, mais plutôt amusantes – inventées par des philosophes contemporains, sont les bienvenues.

Soit deux, soit un

Les réflexions contemporaines sur les relations entre le cerveau et la pensée réactivent quelques-uns des plus anciens clivages de la philosophie. Mais elles donnent à ces oppositions de nouveaux habits et des arguments parfois inédits. Avant de parler de ces habits neufs, rappelons simplement les grandes lignes de partage.

D'où vient donc la difficulté au centre de tous les questionnements ? D'une disparité entre notre corps vivant, dont le cerveau est une partie, et nos pensées. Le corps est matériel – on peut le toucher, le peser, le transporter. Les pensées ne peuvent s'atteindre que mentalement. Nous les éprouvons du dedans de notre esprit, nous pouvons les transmettre aux autres par la parole, par l'écriture, etc., et recevoir les pensées des autres par les mêmes moyens. Toute la question, de l'Antiquité jusqu'à nos jours, est de savoir si cette disparité entre corps et pensée est seulement apparente ou si elle est réelle. En d'autres termes : s'agit-il de deux mondes tout à fait distincts, ou d'un seul, vu sous deux faces ?

Les réponses qu'on peut apporter à chacune de ces questions – qui en contiennent d'autres, emboîtées comme des poupées russes – dessinent des représentations de l'humain absolument opposées. Schématisons : si matière et pensée sont radicalement distinctes, il faut supposer que le corps et l'âme le sont tout autant, et il faut donc concevoir l'humain comme partagé entre deux mondes. Cette option métaphysique, que l'on appelle le « dualisme », remonte à Platon, qui en a donné, au Ve siècle avant notre ère, la formulation la plus nette. Mais elle traverse toute l'histoire de la philosophie, depuis les Pères de l'Église jusqu'à nos jours, en passant notamment par Descartes. Elle s'accompagne généralement de la croyance en une immortalité de l'âme humaine, qui ne serait pas soumise au même sort qu'un corps périssable.

Parmi les difficultés auxquelles le dualisme ne cesse d'être confronté, la plus centrale est évidemment celle des relations entre pensée et matière : comment les sensations, physiques, sont-elles transmises à ma pensée ? Et, inversement, comment ma pensée, supposée immatérielle, peut-elle commander mon corps et le faire agir ?

Face au dualisme, l'autre option métaphysique possible consiste à supposer qu'il n'y a qu'un seul monde, un seul registre de réalité – c'est pourquoi on parle à ce moment-là de « monisme », du grec ancien *monos*, qui veut dire « seul ». Mais attention, logiquement, cette réalité unique peut être soit la pensée, soit la matière. Dans la perspective du monisme, il faut donc choisir entre un monde fait uniquement d'idées ou un monde fait uniquement de matière.

Certes, rares sont les systèmes métaphysiques supposant qu'il n'existe que de la pensée dans le monde, des idées sans matière. Il en existe malgré tout. Le philosophe anglais Berkeley a notamment développé un système de ce genre au XVIIIe siècle, et, en Inde, on en trouve plusieurs exemples. La représentation de l'humain corrélative de cet immatérialisme est celle d'un pur esprit. Le corps lui-même n'est alors qu'une apparence, une sorte de mirage, comme d'ailleurs la totalité de ce qui nous semble réel. Le monde n'est qu'une idée.

Toutefois, la plupart du temps, quand on parle de monisme, on suppose qu'il y a dans le monde seulement de la matière, et rigoureusement rien d'autre. Cette fois, le problème à résoudre devient celui de la pensée elle-même : d'où provient-elle ? Comment peut-elle être produite par des atomes et des molécules qui en sont totalement dépourvus ? Depuis Démocrite, Épicure, Lucrèce, qui furent dans l'Antiquité parmi les premiers penseurs matérialistes, jusqu'à aujourd'hui, la même interrogation revient dans des contextes scientifiques évidemment différents. Dans la perspective du matérialisme, qui par définition exclut la survie d'une âme, l'humain est conçu comme une partie de la nature, en continuité avec elle.

Mind-body problem

Finalement, ces questions inlassables se retrouvent dans les débats contemporains de la « philosophie de l'esprit », autour de ce qu'on appelle, en anglais, le *mind-body problem* ou problème corps-esprit. Précisons que le mot « esprit » n'implique ici aucune forme de spiritualité mais désigne, purement et simplement, les fonctions mentales. Comment communiquent esprit et corps ? Comment se distinguent-ils ? De quelle façon comprendre et expliquer les relations d'éléments si profondément différents que des tissus cellulaires et des sentiments, désirs, volontés, représentations ? D'un côté, des cellules – en amas, en réseaux –, de l'autre des états mentaux : quel est le lien ? Pour le dire autrement : entre la littérature mondiale, les musiques, l'art, les sciences, les religions, l'histoire de toute l'humanité et un gros kilo de cervelle, comment ça marche ? Entre cette pensée qui me vient d'aller faire un tour dehors et les mouvements de mon corps pour aller vers la porte, que se passe-t-il ? Au sujet de ces interrogations, que peuvent dire les neurosciences ? Qu'est-ce qu'elles confirment ou annulent, qu'est-ce qu'elles bousculent ou déplacent ?

Dans cette profusion de questions envisageables, une distinction capitale a été proposée par le philosophe d'origine australienne David Chalmers. Rappelons que, dans son livre majeur *L'Esprit conscient*, il propose un partage entre ce qu'il qualifie de « questions faciles » et la « question difficile ». Pour lui, les « questions faciles » concernent les innombrables corrélations que l'on peut découvrir entre nos neurones et nos perceptions ou nos pensées, les processus que notre cerveau met en œuvre pour traiter des informations, les stocker, les comparer, les réactualiser. Toutes les recherches déjà effectuées et toutes celles encore à venir parviennent effectivement à mettre en lumière de nombreux aspects des relations entre le corps et l'esprit, dans des registres aussi divers que le calcul, la mémoire ou le langage.

Demeure, aux yeux de Chalmers, la « question difficile », l'incontournable, celle de la conscience. Pourquoi donc, et comment donc, ces opérations cérébrales sont-elles accompagnées de conscience ? Comment expliquer la présence – permanente, indubitable, évidente – de notre expérience intérieure subjective ? Entre ce qui s'observe dans nos circuits cérébraux et ce que nous éprouvons, comment faire le lien ?

Pour rendre encore plus palpable ce qu'il veut signifier, Chalmers propose une « expérience de pensée » : celle de la possibilité des zombis. Pas de confusion, ces zombis n'ont rien à voir avec les « morts-vivants » des films de Hollywood. Il s'agit d'imaginer l'existence d'un être qui nous serait en tout point semblable – même aspect, mêmes organes, même cerveau –, mais qui serait entièrement dépourvu de conscience. S'il est possible de concevoir par la pensée un tel être, cela permet d'établir, selon Chalmers, qu'il n'y a pas d'obligation logique que notre cerveau doive « produire » de la conscience. Autrement dit, pour expliquer pourquoi et comment notre cerveau est conscient, l'étude du cerveau seul est insuffisante.

Il y insiste : la conscience n'est jamais impliquée par la texture et la matérialité du monde physique et biologique tel que nous pouvons l'appréhender. Si la structure physique du réel – la distribution des particules, les champs de force dans l'espace-temps – est logiquement cohérente avec l'absence de conscience, c'est donc que quelque chose résiste à l'explication. La présence de la conscience serait un supplément, un surcroît par rapport à ce monde. Et sur ce point précis, force est de reconnaître qu'il n'existe, présentement, aucune réponse scientifique valide.

On se retrouve alors inéluctablement reconduit, mais cette fois sur le nouveau terrain défini par les neurosciences, au débat « monistes contre dualistes ».

Première possibilité : on considère que le cerveau peut produire la conscience, et on se trouve dans une perspective moniste et matérialiste, qui attribue à la matière cérébrale la capacité de générer les états mentaux. Cette perspective est globalement, aujourd'hui, celle des neuroscientifiques. Ils peuvent admettre qu'ils n'ont pas encore la clé ultime, que bien du chemin reste à faire et des opacités à dissiper, mais ils postulent que ce n'est qu'une affaire de temps et d'avancées de la recherche.

La seconde possibilité insiste sur le fait que rien n'est résolu, que les points d'interrogation demeurent et que la conscience reste une singularité irréductible à toutes les explications qu'on s'efforce, jusqu'à présent, d'en fournir. Cette position mène logiquement à retrouver le dualisme, à soutenir qu'il existe une réalité de la conscience indépendante de ce que les neurosciences mettent en lumière. Cette position, soutenue par David Chalmers, est minoritaire. Il dit y avoir été conduit non par quelque conviction préexistante, mais par l'examen rigoureux de l'insuffisance des arguments opposés.

Fraises des bois et chauve-souris

Ces débats philosophiques autour de la conscience ont pris une place considérable dans la littérature consacrée au déploiement des neurosciences et de leurs conséquences. Certains, balayant la question difficile, la considèrent comme purement et simplement résolue par les connaissances scientifiques. C'est notamment le cas de Patricia Churchland, qui enseigne à l'université de San Diego, en Californie. Elle propose, sous le nom de « neurophilosophie [25] », un matérialisme pur et dur qui se donne pour objectif d'éliminer – à la lumière des savoirs fournis par les neuroscientifiques, et pour le plus grand bien supposé de tous – toutes les notions, populaires et fausses, bricolées au fil des siècles par la psychologie du sens commun comme la « pensée », le « libre arbitre », et plus encore la « conscience ». Toutes ces idées seraient comme un brouillard d'erreurs, une suite d'illusions trompeuses et désormais évitables, puisqu'il serait enfin possible de les dissiper à la lumière des neurosciences.

Pour Patricia Churchland, les neurosciences peuvent permettre d'élaborer une nouvelle conception de l'humain, de la psychologie et de l'éthique fondée sur la vérité de ce que nous sommes – des cerveaux calculateurs – et non plus sur des illusions.

Ce monisme matérialiste repose sur plusieurs présupposés qui ont fait l'objet de multiples discussions. Il faut déjà poser que les neurosciences sont les seules pertinentes pour dire la vérité de ce que nous sommes. Mais pourquoi pas la sociologie ou l'anthropologie ? demandent ses critiques, insistant sur le fait que les relations interhumaines et leur apport décisif sont négligés par cette approche. Il faut également poser une contrainte forte de la science sur la philosophie, admettre que les neurosciences peuvent et doivent diriger la psychologie et l'éthique. Somme toute, il faut avoir décidé que les neurosciences détiennent la vérité, de manière plus sûre, plus convaincante que toute autre forme de recherche.

Henri Atlan, le biologiste et philosophe spinoziste que nous avons déjà rencontré à Jérusalem, adopte pour sa part une stratégie qui consiste à refuser la « question difficile » de la conscience posée par Chalmers en considérant qu'il s'agit, en fait, d'un faux problème. Se situant dans la perspective de Spinoza, Henri Atlan soutient, dans son livre *Le Vivant post-génomique*[26], que si on cherche à établir une relation de causalité pour expliquer le phénomène de la conscience, on fait fausse route. S'appuyant sur le parallélisme radical établi par Spinoza entre l'âme et le corps et sur la négation d'une relation de causalité entre l'esprit et le corps qui, selon Spinoza,

« sont une seule et même chose, mais exprimée de deux manières », Henri Atlan pense qu'« un événement mental peut accompagner un événement corporel ou cérébral mais ne peut en être la cause en ce qu'il lui est identique ». Notre conscience n'est donc la cause ni de nos mouvements ni de nos décisions ni de nos volontés, elle accompagne plutôt ces phénomènes comme une sorte de mémoire qui s'attribuerait, dans l'après-coup et seulement dans l'après-coup, la responsabilité des actions.

Cette tentative de mise à l'écart du problème règle-t-elle pour autant la question de ces expériences « en première personne » que chacun de nous peut éprouver – ces goûts, couleurs, sons, formes, douleurs et plaisirs, sentiments et émotions que nous percevons de manière directe, immédiate, personnelle – et que l'on dénomme aujourd'hui, dans la philosophie, des « *qualia* » ? Sous ce terme obscur et technique – il vient du latin et signifie « quelle sorte », « quel type », *quale* au singulier, *qualia* au pluriel – se trouvent en fait nos expériences les plus quotidiennes, les plus simples, et pourtant les plus difficiles à élucider.

Le goût des fraises des bois, celui du chocolat ou des sardines sont des *qualia*, de même que le son de la trompette, la couleur rouge ou la douleur d'un cor au pied. Ces sensations que nous éprouvons, nous ne pouvons les appréhender qu'en en faisant l'expérience. Raconter le goût des fraises des bois à quelqu'un qui ne l'a jamais éprouvé est impossible. La difficulté est qu'il s'agit d'expériences rigoureusement « privées », impossibles à partager. Elles sont appréhendées directement par la conscience, et par elle seule. Entre tout ce qu'on peut observer dans le cerveau concernant les mécanismes du goût, le cheminement des informations, des réactions et cette expérience de la saveur du fruit que je suis en train d'éprouver, il y a un écart, un fossé, une sorte de saut. Entre les processus physiologiques qui se déroulent dans mon corps et mon cerveau et « l'effet que ça fait » dans ma conscience, un changement de registre intervient.

Pour le mettre en lumière, des philosophes américains ont inventé toutes sortes d'« expériences de pensée ». Ce sont de brefs scénarios imaginaires destinés à saisir une difficulté, parfois à proposer une solution. Ainsi, le philosophe Thomas Nagel, dans un article de 1974 devenu célèbre, demande : « Quel effet ça fait d'être une chauve-souris ? » La réponse est simple : nous n'en savons rien, nous n'en pouvons rien savoir et nous n'en saurons jamais rien. Si nous pouvons évidemment connaître la physiologie de la chauve-souris et les mécanismes de son repérage dans l'espace par ultrasons, nous ne pouvons pas éprouver ce que ressent la chauve-souris dans son monde d'ultrasons. Autrement dit : impossible de connaître scientifiquement la conscience – faute de pouvoir y pénétrer.

La chambre de Mary

Une autre expérience de pensée célèbre est celle de la « chambre de Mary », proposée pour la première fois en 1982 par le philosophe Frank Jackson. Mary est une scientifique qui vit dans une chambre en noir et blanc, avec une télévision et un ordinateur eux aussi en noir et blanc. Cette chercheuse imaginaire est spécialiste des couleurs, qu'elle est supposée n'avoir jamais vues. À sa disposition, toujours en noir et blanc évidemment, toutes les connaissances disponibles sur la physique des couleurs et leurs longueurs d'onde, sur la physiologie de notre perception, etc. La question est : en sortant de cette chambre et en recontrant des couleurs, que découvrira Mary qu'elle ne sait pas déjà ?

Réponse : elle fera l'expérience « en première personne » des couleurs. Elle découvrira un nouveau savoir, qui ne peut se réduire à aucune de ses connaissances précédentes, celui d'une conscience vécue de ce qu'on appelle « rouge », « vert », « bleu », etc. Autrement dit, précise Jackson, la connaissance des *qualia* des couleurs, que Mary n'avait pas encore, ne peut se déduire de quoi que ce soit tant qu'on n'en a pas une conscience directe.

Autour de cette question de la conscience, une série de questions vives demeurent donc ouvertes. On aurait tort de croire que tout est résolu et qu'on détient le mot de la fin. Deux rencontres avec des philosophes qui font de la résistance vont nous le confirmer.

PARIS, ÉCOLE NORMALE SUPÉRIEURE.
RENCONTRE AVEC FRANCIS WOLFF
« Un modèle dominant est toujours totalitaire. »

Il faut monter un petit escalier, assez raide, et se retrouver sur un palier étroit. Là, trois ou quatre bureaux, réservés à la fine fleur de la pensée philosophique. Nous sommes rue d'Ulm, à Paris, à côté du Panthéon, dans la prestigieuse École normale supérieure. Elle a vu passer, depuis plus de deux siècles, pratiquement tout ce que la France a compté de grands penseurs, de Henri Bergson à Michel Foucault en passant par Jean-Paul Sartre, Raymond Aron ou Maurice Merleau-Ponty. Nous sommes dans les lieux mêmes où Louis Pasteur, dans les années 1860, avait installé son laboratoire. Mais ici les philosophes, pour une fois, ont pris la place des scalpels et des microscopes.

Si nous rencontrons le philosophe Francis Wolff, qui cumule pêle-mêle passions pour la philosophie antique dont il est l'un des plus fins commentateurs, pour le Brésil, pour la corrida dont il a retracé tous les arcanes philosophiques, c'est en raison de la récente et profonde réflexion qu'il a menée dans son livre *Notre humanité. D'Aristote aux neurosciences*[27]. Il y examine avec rigueur les différentes représentations philosophiques de l'humain dans leurs relations aux recherches scientifiques. Il montre notamment comment s'est imposé, depuis *L'Homme neuronal*, le livre-manifeste de Jean-Pierre Changeux, cette manière de voir les choses, ce nouveau paradigme des neurosciences et des sciences cognitives. L'« homme » que ces disciplines installent au cœur de leurs préoccupations n'est plus l'« animal parlant » d'Aristote ou l'« union d'une âme et d'un corps » de Descartes, mais un « animal comme un autre », explicable par sa génétique et sa biochimie.

Cette conception d'un humain « naturel » – ou plutôt « naturalisé », au sens de « rendu à la nature » et à ses déterminations biologiques – serait-elle plus vraie ? plus objective ? plus scientifique ? Cette façon de poser la question fait sourire notre interlocuteur : « *Il est vrai que nous sommes envahis par un discours dominant qui se formule toujours ainsi : "Aujourd'hui, nous savons bien que…", suivi de phrases du genre "La conscience n'est que le cerveau", "Le patrimoine génétique détermine tout", etc. Ce qu'on oublie, dans ce type d'affirmations, c'est que, pour dégager scientifiquement tel ou tel type de phénomène, il faut appliquer sur la réalité un filtre qui permet de voir certains aspects mais qui en masque d'autres.* »

Le philosophe insiste sur les présupposés épistémologiques, c'est-à-dire sur ce qui sous-tend les méthodes de travail. Pour faire de la science, il faut une sorte de prisme, de filtre, qu'un chercheur se doit de poser pour sérier les questions et mener sa recherche : « *Ici, ce filtre signifie que nous considérons l'humain d'un certain point de vue, "en tant que…". Pour constituer un savoir scientifique, un certain "en tant que" est toujours nécessaire. Si vous considérez l'être humain "en tant qu'être naturel", alors ce filtre va vous permettre de discerner toutes sortes de phénomènes que vous ne verriez pas sans lui, ou que vous verriez tout autrement. Mais ce filtre, cet "en tant que" peut se déplacer, se modifier. En le remplaçant par un autre filtre, vous verrez d'autres phénomènes. Vous pouvez étudier le langage "en tant que" mécanisme cérébral ou "en tant que" manifestation de la diversité des cultures et des peuples, vous pouvez étudier la musique en tant que manifestation des capacités du cerveau humain ou en tant que signe de la sensibilité esthétique. Chaque fois, vous verrez certains phénomènes apparaître, d'autres disparaître, en fonction du filtre. »*

Est-ce que cela signifie qu'il n'y a pas de vérité ultime ? pas de bonne réponse ? pas de connaissance définitive ? *« Si vous posez comme hypothèse que "l'homme est un être naturel absolument comme les autres", vous aurez de grands bénéfices sur le plan épistémologique. Vous allez découvrir des phénomènes qui vous étaient cachés tant que vous supposiez que l'homme était un être radicalement différent, séparé de la nature. Énormément de choses vont donc vous apparaître sur le fonctionnement du cerveau, sur le langage animal. Mais, comme toute lumière suppose son ombre, d'autres choses vont vous demeurer cachées.*

Si vous supposez, au contraire, qu'il existe une spécificité humaine radicale, vous allez avoir, par exemple, un autre concept du langage, vous n'allez plus du tout l'envisager comme manifestation du cerveau humain, mais vous allez voir que toutes les langues ont un pouvoir infini de dire autant de phrases que vous voulez. Encore une fois, vous verrez d'autres phénomènes parce que vous n'aurez pas le même concept de langage. Utiliser le même mot, "langage", dans ces deux perspectives différentes, comme s'il avait le même sens, comme s'il désignait toujours la même réalité, c'est une escroquerie intellectuelle, car les présupposés ne sont pas les mêmes. »

Francis Wolff nous fait donc comprendre qu'on ne doit pas oublier l'existence de cette pluralité de « filtres », chacun déterminant un certain registre de nos connaissances. Chaque filtre permet de faire saillir des aspects distincts de la réalité, mais aucun ne détient, en fin de compte, « la » solution. Le risque, c'est le dérapage qui fait prendre un résultat partiel pour une vérité totale : *« Vous êtes obligé de mettre un filtre pour qu'apparaisse un certain type de phénomènes et que vous puissiez en dégager des lois. Mais vous ne devez pas faire ensuite comme si vous n'aviez pas appliqué le filtre et dire : "D'une manière générale, l'homme est ceci ou cela." Dans ce cas, vous ne faites que trouver comme conséquences ce que vous avez mis dans les principes !*

En aucun cas le philosophe ne peut dire : "Cela prouve que l'homme est ceci ou cela", non ! Cela prouve simplement que, vu à une certaine échelle, sous un certain prisme, avec un certain concept de l'homme, vous avez tel ou tel bénéfice sur le plan du savoir. »

Francis Wolff attire donc notre attention sur le fait qu'il ne faut pas confondre un paradigme relatif – la conception scientifique dominante d'une époque – avec la vérité ultime de l'humain : *« Un modèle dominant est toujours ravageur, toujours triomphant. Il est toujours totalitaire, sinon totalisant. Il arrive dominant en disant : "Nous savons que…" avec toute la naïveté épistémologique que cela représente. »*

Ces effets de pouvoir sont une chose, le cheminement de la pensée en est une autre. Car les paradigmes changent. Le philosophe explique combien la « naturalisation » de l'humain aujourd'hui à l'œuvre dans le paradigme des neurosciences était bannie par le schéma intellectuel des années 1960-1980, dominées, en France, par le structuralisme : *« Le paradigme dominant, dans les sciences de l'homme, à cette époque-là, était extrêmement antinaturaliste. Pour comprendre les phénomènes humains, on avait décidé de supposer que l'homme n'était pas réductible aux autres êtres naturels. C'est ce que faisaient la psychanalyse avec Lacan, la sociologie avec Bourdieu ou l'anthropologie culturelle avec Lévi-Strauss. Pour saisir ce qu'il y avait de proprement humain, non seulement il fallait être antinaturaliste sur le plan méthodologique, mais il fallait dénoncer le naturalisme comme une idéologie nocive. Dans ce paradigme, il fallait défendre l'acquis contre l'inné, l'éducation contre la nature, au nom d'idéaux politiques de libération et d'égalité. Paradoxalement, l'universalité à la française ne pouvait être pensée qu'à travers des concepts qui ne pensaient pas l'humanité comme telle. On ne devait pas penser l'humain, on devait penser le social.*

Il y a trente ans, au nom du structuralisme, on niait donc beaucoup de phénomènes absolument naturels et universels. Par exemple, on pouvait nier des différences naturelles entre les humains, au nom de conséquences qui pouvaient être néfastes. On se devait de supposer que tout était social... Tel était le filtre. »

Francis Wolff montre comment les grandes définitions philosophiques de l'humain ne se périment jamais. Elles traversent les siècles, s'adaptant à des contextes multiples, éclairant chacune des données spécifiques distinctes. Créant également des zones de résistance aux paradigmes dominants. C'est pour cette raison que Francis Wolff s'intéresse à la réflexion de David Chalmers [28], qu'il fut un des premiers à citer en France : « *Chalmers a beau être extrêmement naturaliste, il découvre de l'irréductible dans le phénomène de la conscience, de l'expérience en première personne. On pourra toujours expliquer causalement ces phénomènes, mais on ne pourra pas expliquer ce fait que "je" le sens, et que je le sens d'une façon qui échappe à la transmissibilité entre les personnes. La saveur de la fraise des bois, si vous ne la sentez pas à la première personne, vous ne saurez jamais ce que c'est. Dans ce rapport à soi-même, Chalmers voit bien qu'il y a quelque chose qui n'est pas réductible au modèle dominant, le modèle biologique. Chalmers est un cas passionnant de résistance interne. Voilà quelqu'un qui est jusqu'au cou, si l'on peut dire, dans le paradigme cognitiviste, dans les modèles naturalistes, et qui* dit : *"Quelque chose résiste."* Quelque chose résiste au paradigme. »

Donc, retour chez David Chalmers, celui qui résiste.

New York, université de New York.
Rencontre 2 avec David Chalmers
« *Le défi réel est celui de la conscience.* »

La singularité de ce chercheur, comme nous l'a rappelé Francis Wolff, est de venir du cognitivisme et d'avoir rencontré, avec la conscience, un problème que ce paradigme, selon lui, ne parvient vraiment pas à résoudre. C'est bien parce qu'il ne parvenait pas à établir comment la conscience pourrait être produite par le cerveau, parce qu'au contraire il ne cessait de découvrir des obstacles à la résolution de cette « question difficile », que David Chalmers a fini, au terme d'un long cheminement ponctué de multiples débats, par devenir... dualiste ! Il envisage même à présent l'éventualité que la conscience soit une donnée première, comme un élément de l'univers, et non une conséquence de notre organisation neuronale.

Au départ de son périple, ce sont des questions de méthode qui ont suscité sa réflexion minutieuse. C'est pourquoi il récuse avec tranquillité tout conflit ouvert avec les neurosciences : « *Je n'ai pas le sentiment qu'il y ait une si grande tension entre nous. Je trouve fantastiques ces avancées des neurosciences dans tant de domaines. Mais elles ne proposent, jusqu'à présent, aucune méthode pour résoudre le problème de la conscience qui m'intéresse. Leurs méthodes courantes, ou celles des modèles informatiques, sont insuffisantes pour y répondre. Je pense que le monde scientifique prend cette question de la conscience au sérieux, mais il y a des désaccords sur le fait d'évaluer à quel point de nouvelles approches, totalement radicales, sont requises pour résoudre le problème.*

En effet, les méthodes des neurosciences sont bien adaptées à d'autres types de problèmes, comme par exemple l'explication du comportement, ou des fonctions intellectuelles. Mais le défi réel est bien celui de l'expérience en première personne. Pour l'instant, dans ce que nous savons, il n'y a rien qui pourrait totalement surprendre Descartes, qui était aussi un grand naturaliste. Lui-même aurait pu dire : "Nous pouvons expliquer beaucoup de choses par le cerveau." Mais, en ce qui concerne la question qui le mobilisait, c'est-à-dire la nature de la pensée, de la conscience, il n'est pas sûr que les développements actuels auraient de quoi l'étonner. »

Ce qui frappe, en conversant avec ce philosophe, comme en lisant ses volumineux travaux d'une haute technicité philosophique, c'est à la fois sa précision, sans doute due à sa formation mathématique, son ouverture d'esprit et son obstination. Voilà un chercheur qui ne lâche jamais sa question, qui revient, d'argument en argument, sur ce qui n'est pas convaincant, mais qui ne caricature ni ne méprise les scientifiques avec lesquels il se trouve souvent, aujourd'hui, en désaccord : « *Le sentiment dominant actuel dans la science est que nous ne sommes pas près de trouver des solutions au problème de la conscience. Peut-être les scientifiques pensent-ils qu'un jour nous les trouverons, mais, en gros, leur attitude est plutôt quelque chose comme : "Eh bien, pour le moment, travaillons sur ce que nous pouvons comprendre." L'attitude dominante est plutôt de différer la question à plus tard, dans le futur.* »

Du coup, on comprend pourquoi Chalmers persiste : « *Le vrai défi de la conscience est celui du problème corps-esprit, celui des débuts mêmes de la philosophie. Ce défi central demeure intact. Pour le résoudre, nous devons développer des théories qui tiennent. Les scientifiques doivent y parvenir aussi bien par la théorie que par l'expérimentation. En tant que philosophe, je me concentre, bien sûr, sur la théorie. Dans cette recherche sur la conscience, nous rassemblons généralement ce que j'appelle des données "en troisième personne" sur le cerveau, sur le comportement, etc., mais cela est insuffisant. Nous devons aussi prendre en compte des données qui proviennent de l'expérience en première personne, ce que je vois, ce que je ressens et pense, là, à l'instant. Et cela doit être considéré comme des données scientifiques. Il ne s'agit pas d'un au-delà de la science comme une extension, mais d'un matériau à traiter scientifiquement. »*

Ce qui semble nécessaire, en fait, c'est un radical changement de registre : « *Ce ne sont pas des mesures objectives d'un système observé de l'extérieur dont nous avons besoin,* souligne David Chalmers, *mais des mesures subjectives de l'intérieur même du système de la conscience. La psychologie du XIXe siècle avait déjà cette approche. Des gens comme William James, Gustav Fechner ou Herman von Helmholtz considéraient la psychologie comme une science, tout en se fondant sur les données en première personne. Je demeure optimiste sur le devenir de cette science de l'esprit, je pense que nous aurons besoin d'encore une révolution... ou deux !* »

Pour sa part, David Chalmers, qui s'efforce d'œuvrer à ce travail théorique, est le premier à reconnaître qu'il reste effectivement encore bien des points à élaborer : « *Je suis d'accord avec quelqu'un comme Marvin Minsky quand il dit que nous devrions rechercher des lois simples pour expliquer le fonctionnement du cerveau. Mais je pense que le cerveau est un système extrêmement compliqué et évolué. Nous ne possédons aucune loi simple pour expliquer un quelconque organisme biologique. J'espère que nous trouverons des lois simples pour expliquer au moins la connexion entre le cerveau et l'esprit, le cerveau et la conscience, comme des lois psycho-physiques qui pourraient en principe s'appliquer à tous les systèmes.*

On pourrait alors dire qu'un système ayant telle structure physique produirait cette sorte de conscience. Dans un cerveau humain complexe comme le nôtre, nous obtiendrions une conscience très complexe qui irait avec ce cerveau complexe, mais peut-être que la connexion entre les deux, elle, serait très simple. L'espoir serait de trouver les principes simples qui sous-tendent cette connexion. En tout cas, cela reste ouvert. »

L'idée du « panpsychisme » – selon laquelle tout dans le monde est conscient à un degré quelconque – semble fasciner David Chalmers. S'il ne la partage pas, elle constitue un des points limites de sa réflexion : « *Je ne pense pas que la conscience est ce qui nous singularise en tant qu'humains. Je suis enclin à penser que la conscience est présente non seulement chez les humains, mais aussi chez les singes, les chiens, les chats, les souris. Et je suis prêt à argumenter qu'il en va même beaucoup plus profondément que cela dans l'ordre de la nature. Je ne peux pas plus prouver, de l'extérieur, qu'un animal a une conscience que je ne peux le prouver en ce qui vous concerne. Mais rien de ce que la conscience requiert ne l'empêche, pas même l'absence de langage.*

Prenez le sentiment de souffrance : il fait partie de la conscience, tout comme la capacité de voir, or les animaux les possèdent. Ce qui distingue les humains est plus complexe : le langage, par exemple. Si la morale en fait partie, c'est sans doute qu'elle résulte du langage et de la pensée complexe. Il y a un certain nombre de formes complexes de la conscience qui sont le fait des humains seulement, comme la conscience linguistique, cognitive. Mais la conscience première est, à mon avis, plus simple que cela. »

Qu'on partage ou non l'ensemble de ses affirmations, l'itinéraire de David Chalmers enseigne essentiellement que dans le domaine de la conscience, rien n'est joué, les discussions restent ouvertes. Sans doute encore pour longtemps, en dépit des affirmations répétées de ceux qui annoncent, régulièrement, avoir tout élucidé. Après tout, il se pourrait bien que ce soit là une des fonctions essentielles des philosophes, nous ramener sans cesse aux limites de nos savoirs, à notre ignorance et nos incertitudes.

Mais d'ores et déjà il apparaît ici clairement à quel point penser un homme au corps et à l'âme séparés ou un homme au corps et à l'âme unifiés n'ouvre pas aux mêmes horizons.

—— Pause 3 ——

LE RÊVE DE TOUT VOIR

Que veut-on voir, au juste, dans le cerveau ? Des neurones et des synapses, par populations entières, en train de changer de couleur à l'écran ? Des indices de plus en plus exacts, dans notre tête, de ce qui se passe dans notre esprit ? Des cartes assez précises pour qu'on puisse, en les examinant, reconstituer à coup sûr les sentiments et les idées qui leur correspondent ? La conscience elle-même, non pas découpée en fines lamelles et traitée avec les réactifs adéquats, mais rendue transparente dans ses causes, ses mécanismes et son engendrement ? Ultimement, ce que nous sommes ? L'énigme humaine, dans le crâne, enfin dévoilée ?

À ces questions, il n'existe pas de réponse définitive et parfaitement tranchée. Parce qu'en fait ces registres, bien qu'on ne puisse les confondre, empiètent les uns sur les autres, se superposent par endroits. Et, surtout, ils se révèlent tous comme aimantés par le même objectif ultime de visibilité. On voit déjà, on verra bientôt plus, on verra tout demain.

Un privilège ancien

Quel est donc ce désir de voir ? Dans le fond, c'est lui qu'il convient d'interroger. Au premier regard (si l'on ose dire...), on constate qu'il plonge ses racines fort loin dans l'histoire. On se souvient de l'allégorie de la caverne, que Platon prête à Socrate au livre VII de *La République* : des prisonniers, attachés depuis leur enfance, la tête fixe, regardant devant eux, dans le fond de la caverne où ils se trouvent, un défilé d'ombres portées, de reflets qu'ils prennent pour des réalités. Nous dirions, aujourd'hui, des spectateurs dans une salle de cinéma ignorant qu'ils voient un film et croyant contempler de vrais paysages et de vraies personnes. Cette mise en scène célèbre explique, pour Platon, la démarche de la philosophie : on détache un prisonnier, on le fait se mouvoir, grimper, sortir, découvrir le vrai monde – celui des idées, des vérités éternelles – et on le contraint ensuite à redescendre, afin qu'il dise aux autres, même s'ils ne le croient pas, qu'ils vivent dans un semblant de monde et ne voient que des ombres.

En fait, dans cette histoire, il n'est question, de bout en bout, que de lumière et d'ombre, d'accommodation du regard, d'adaptation de l'œil au passage de l'obscurité à l'éclat du jour, et inversement. Comme si, en un sens, la philosophie était d'abord une histoire d'œil, la connaissance une affaire de regard, et la découverte de la vérité un apprentissage oculaire. Ce n'est évidemment pas un hasard, et Platon n'est pas un cas unique.

Au contraire, force est de constater que le socle même du savoir occidental est constitué par cette identité du voir et du connaître, de l'œil et de la pensée. Platon condense un paysage grec qui s'indique, de mille façons, dans le vocabulaire même. Ce que nous appelons « théorie », en grec ancien se dit *theoria*, mais le mot signifie

« contemplation ». Ce que nous appelons « idées », ce sont des « formes », et nos « phénomènes » sont des « scintillements », comme sur la mer les éclats de soleil dispersés.

Ainsi, pour les Grecs, et depuis pour tous les Occidentaux, connaître équivaut à voir, regarder est analogue à penser. Réfléchir revient à discerner des lignes et des formes. Ce ne sont pas des comparaisons, mais pratiquement des similitudes parfaites. La vue est le sens impérial, et à la limite la philosophie est presque une ophtalmologie.

Presque, car il faut très vite le préciser, cette primauté du regard est paradoxalement liée à une défiance envers les images. Ce n'est troublant qu'en apparence. Car le mouvement le plus constant de la philosophie est celui d'une conversion du regard qui va des choses aux idées, des sens à la pensée. Ce n'est pas sur le tableau, en scrutant l'image du cercle ou du carré, qu'on « voit » la vérité d'une démonstration de géométrie, mais uniquement en la pensant, en se la représentant. « Les démonstrations sont les yeux de l'âme », dira Spinoza. La pensée voit mieux par concepts et déductions qu'en demeurant fascinée par les apparences qu'offrent immanquablement les images.

L'œil du médecin

Dans cet espace du savoir, le regard médical occupe nécessairement une place à part. Car c'est toujours dans les symptômes du corps que l'œil du médecin doit lire le discours de la maladie. Le corps du patient apparaît comme ponctué de signes que l'enseignement et la pratique apprennent à déchiffrer. Il en est ainsi depuis Hippocrate et les premières écoles de médecine. Sauf que la barrière de la peau, l'opacité des viscères, la clôture sur lui-même de l'organisme opposent au regard des obstacles en apparence insurmontables.

On pourrait écrire l'histoire du regard médical comme celle des ruses et des stratagèmes déployés pour déchiffrer cet invisible, obtenir des indices de l'état intérieur du corps, connaître par leurs traces indirectes ou leurs répercussions les processus qui se dérobent au regard. Jusqu'à ce moment singulier, au tournant du XIXe siècle, que Michel Foucault a magnifiquement analysé dans *Naissance de la clinique. Une archéologie du regard médical*[1]. Ce qui s'inverse, à cette époque, avec l'enseignement massif des dissections, les progrès de l'anatomie, la pénétration du regard au fin fond des organes, des nerfs, des veines, c'est paradoxalement le rapport de la vie et de la mort. La vie masque l'intérieur, elle est obscure, impénétrable, ténébreuse. Et curieusement, la mort devient limpide, lumineuse, ouvrant l'intériorité des viscères au regard et au savoir.

Nous ne sommes certes plus à la même époque. Les neurosciences observent les processus du cerveau vivant et non les arabesques d'une cervelle de cadavre. Ni les instruments, ni les questions, ni les enjeux ne sont les mêmes. Toutefois, il n'est pas interdit de se demander dans quelle mesure, dans un contexte tout autre, le geste de voir le cerveau hérite, à sa manière, d'une longue histoire du regard, et la prolonge peut-être selon des modalités nouvelles.

Voir à l'intérieur du corps, en direct, voilà qui n'est pas neuf. Mais approcher des processus cérébraux et non ceux d'un organe, scruter des opérations mentales et non des tissus, cela est nouveau. En observant une partie du corps, il s'agit de parvenir enfin à jeter peut-être un œil sur la pensée elle-même, sur le siège de la volonté, les archives de la mémoire, le centre de la parole – autant d'expressions évoquant assez le pouvoir central, l'autorité suprême.

Limites des images

L'étrangeté de ce nouveau regard tient moins à ses modalités qu'à son lieu d'exercice. Même si les images sont indirectes, reconstituées, statistiques, elles portent sur ce que jamais personne n'a vu ni pu voir. Là même où aucun regard ne pouvait pénétrer. Ce n'est pas en vain que les Anciens parlaient de la « forteresse de l'âme » ou de la « citadelle intérieure ». Ils se représentaient le sujet et son intériorité comme une place forte, inexpugnable. À présent, les forces spéciales ont débarqué et les services de renseignements sont à pied d'œuvre.

Mais les rapports qu'ils adressent sont constitués d'images, non de textes. Sans doute est-ce une manière très schématique d'exprimer une réalité évidemment complexe. Il convient de souligner l'écart subsistant entre ces quantités de nouvelles images dont les chercheurs disposent et les interprétations qu'ils peuvent en donner. Certes, on observe telle zone du cerveau en fonction de telle ou telle activité, on suit même les variations entre plusieurs zones, et l'ingéniosité des expérimentateurs est aussi vive que la précision des ingénieurs. Mais les images demeurent souvent plus nettes que les résultats, puisqu'on ne comprend toujours pas exactement ce qui se déroule dans ces modifications neuronales devenues visibles.

Les limites de cette visibilité se situent sur des plans différents. Une première tient à la disproportion entre nos informations actuelles et l'immensité des phénomènes à explorer. Sur dix milliards de neurones, reliés par quelque soixante milliards de synapses, les plus fines études ne repèrent encore que des phénomènes lacunaires, éphémères et souvent énigmatiques. Mais il en va ainsi de tout savoir humain. Rien n'empêche de soutenir que c'est évidemment le moteur même des neurosciences – que cette limite ne cessera de reculer : de meilleurs outils d'observation, des expérimentations plus nombreuses et plus fines, des nouvelles hypothèses et découvertes permettraient, « un jour... », de tout voir et de tout comprendre.

Une autre limite, plus troublante, pourrait provenir des capacités du cerveau à se connaître lui-même. Son extrême complexité ne serait-elle pas supérieure à ce que nous sommes capables d'en comprendre ? Ce qui serait extrêmement fâcheux, comme on l'imagine, puisque nous n'avons rien d'autre jusqu'à présent que notre cerveau pour comprendre... Sans exclure cette éventualité, il est évident qu'on est encore fort loin d'atteindre cette frontière, si toutefois elle existe.

À moins qu'on ne fasse entrer en jeu une autre limite, fondée cette fois sur un argument philosophique. Les neurosciences postulent qu'entre ce qu'elles voient dans le cerveau et ce qui se passe dans l'esprit, la relation est suffisamment étroite pour qu'on puisse, en fin de compte, connaître l'un par l'autre – accéder à l'esprit par le cerveau, en allant de la cause (le cerveau) à l'effet (les pensées), ce qu'on observe dans les aires cérébrales étant l'indice de ce qui se passe dans la conscience.

C'est précisément cette décision même que des philosophes contestent. Qu'il y ait un lien, une relation étroite entre notre cerveau et nos pensées, personne n'en doute. Mais qu'il s'agisse d'un lien de causalité, de production, d'engendrement, cela n'est nullement établi. Entre les images d'activité cérébrale qu'enregistrent les appareils et la pensée vécue par l'individu, il y a un fossé. On change de registre, d'étage, de domaine de réalité. Sur un versant les réseaux de neurones, sur l'autre la subjectivité.

À ce sujet, les arguments que développe Henri Bergson dans *Le Cerveau et la Pensée : une illusion philosophique*[2] demeurent toujours à prendre en considération. Le texte date de 1904, mais la temporalité des philosophes n'est pas celle des scientifiques : leurs analyses peuvent rester valables sur de longues durées, voire éternellement. L'argument central de Bergson consiste à mettre en lumière une contradiction entre deux registres : le cerveau est une chose, la pensée une représentation.

Prétendre que l'un engendre l'autre n'est pas seulement une « hypothèse métaphysique », c'est une « prestidigitation ». Car, selon Bergson, de deux choses l'une : soit on se situe dans le registre des choses, et on considère que tout dans le monde est à envisager de ce point de vue – ce qui revient à adopter l'attitude philosophique qu'on dénomme réalisme, mais en ce cas aucune représentation ne peut surgir d'une chose. Soit on considère tout sur le registre des représentations, adoptant le point de vue de l'idéalisme philosophique, pour lequel il n'y a que des idées dans le monde, et on se trouvera face à une autre impossibilité : on considérera seulement l'idée du cerveau, non sa matérialité. Ce que Bergson dénonce, dans le postulat de base selon lequel « le cerveau produit la pensée », c'est finalement un tour de passe-passe, fondé sur le passage subreptice d'une réalité à une autre, alors que ce sont des réalités disjointes par définition.

Mais peut-être, au bout du compte, la limite la plus importante au projet de connaître le cerveau par l'imagerie cérébrale se tient-elle aux alentours de l'image elle-même. Surtout quand ces images montrent ce qu'on ne voyait jamais, et sont supposées donner accès au déchiffrement des mystères de la conscience et de la pensée. Mais ces images, qui ont tendance à capter toute l'attention, sont-elles effectivement une voie de connaissance suffisante, complète, entièrement adéquate à l'humain ?

Ne seraient-elles pas également un cache autant qu'un révélateur, ne ratent-elles pas quelque chose sur le chemin du savoir ?

Il se pourrait, en effet, que tout de l'humain ne soit pas nécessairement visible. Rien n'indique finalement que ce soit forcément par le truchement des images que l'esprit humain, dans toutes ses dimensions, puisse être abordé de la manière la plus profonde. Les avancées scientifiques actuelles ne risquent-elles pas de négliger d'autres approches essentielles, d'autres conceptions de l'humain et de l'esprit, du sens, d'autres représentations mentales du réel que celles induites par l'imagerie ?

Les scientifiques ne sont pas mieux prémunis que nous tous contre l'emprise des images qui caractérise notre civilisation, au détriment le plus souvent de l'écoute des subjectivités, mieux à même de se dérober à cette fascination qu'exercent les images. La tentation n'existe-t-elle pas pour eux de céder à cette fascination, de finir par accepter l'idée qu'à elles seules elles englobent tout du vivant, qu'elles exhibent la totalité du réel, dévoilent et transmettent la totalité du sens ? Alors qu'il existe aussi, de toute évidence, un vaste monde qui leur échappe, voire qui leur résiste. Un monde de significations qui ne se donne pas dans l'espace de la perception visuelle, mais qui exige, les yeux grand fermés, l'écoute, et l'élaboration de représentations mentales des significations.

Certes, les neurosciences assortissent l'imagerie cérébrale de toutes sortes de commentaires et d'hypothèses. Pourtant, elles demeurent tributaires de ce qui se voit à l'écran et y investissent des espoirs considérables. Si on interroge cette suprématie des images, on peut se demander si le projet de « voir le cerveau », tout du cerveau, cette nouvelle neuroconnaissance de l'humain ne serait pas, en fin de compte, à son tour un fantasme.

Et la part d'ombre ?

Parmi les indices qu'il pourrait bien en être ainsi, le fait que les neurosciences achoppent justement sur la complexité du langage. Parler, écouter, répondre de façon sensée, inventer ses phrases, changer de sujet, repartir, se souvenir de ce qu'on vous a dit, le déformer, le réinventer, le redire tout autrement, raconter à quoi cela vous a fait penser entre-temps... rien de tout cela, qui touche à la subjectivité d'un sujet parlant, ne se dit en images et ne peut s'observer à l'écran.

En fait, il faudrait interroger le postulat de départ – supposition d'une visibilité intégrale – et prendre en compte ses limites. Car on se trouve, ici encore, face à des représentations de l'humain qui semblent cheminer sur des voies divergentes. L'une rêve d'une possibilité de transparence absolue, d'une éventuelle connaissance sans médiation. L'autre intègre d'emblée l'existence, qu'elle suppose féconde, de significations résistant à l'appréhension immédiate, exigeant de multiples détours, médiations et interprétations.

Imaginons, pour le comprendre, que l'on parvienne à voir continûment l'intérieur du cerveau d'un humain et à mettre en relation tous les mouvements observés avec tout ce que pense, ressent et projette cet humain. Si c'était le cas, il serait intégralement connu par les autres et il pourrait également se connaître absolument lui-même. Il pourrait lire ce qu'il est en train de penser, se découvrir intégralement lui-même, devenir parfaitement transparent à soi. Sans doute est-ce là un vieux rêve de perfection, de sagesse... Mais est-ce autre chose qu'un rêve ?

Dans quelle mesure, à propos de cet humain transparent, pourrait-on encore parler d'individu, de sujet, de personne ? Ces termes, pour différents qu'ils soient, n'ont-ils pas en commun l'exigence d'une clôture possible ? N'exigent-ils pas l'existence d'un intérieur invisible, y compris par le sujet lui-même, de labyrinthes innombrables, dont nous ne connaissons jamais l'issue, ni même le plan complet ? Un humain transparent, totalement, correspondrait-il encore à ce que nous nous représentons sous ce terme ?

Quelle idée se fait-on de l'humain pour imaginer qu'il serait connaissable de part en part, lisible sans médiation, débarrassé tout à fait de sa part d'ombre ?

En fait, on a bien affaire ici à deux manières d'approcher l'humain : l'une rêve qu'il puisse un jour être transparent, lisible, visible, de bout en bout connaissable. L'autre admet qu'il soit toujours plus ou moins opaque, à lui-même comme aux autres. Échappant toujours en partie, même à son propre regard. Dans ce que nous voyons et disons de nous-mêmes et du monde, dans ce que nous croyons le plus clairement savoir, ne reste-t-il pas, de toute nécessité, une part d'inconnaissable, d'indicible, d'invisible ? Comme une réserve de désirs, d'énergie, d'imprévu. Comme un espace de singularité, de surprises, d'imaginaire. Comme une part essentielle, osons le mot, de liberté.

Cette part d'ombre peut aussi s'appeler la part psychique.

IV

LA PART PSYCHIQUE

> « *On n'est pas seul dans sa peau.* »
> Henri Michaux, *Qui je fus*.

Un monde qui parle

Quelqu'un parle. Raconte un souvenir d'enfance, une histoire marquante, chargée d'émotion. Le trouble s'entend à sa voix. Parfois, elle devient plus sourde, s'interrompt, ne reprend qu'après un silence plus ou moins long, sur une tessiture différente. Cette personne est-elle seule ? Se parle-t-elle à elle-même, à voix basse ? Y aurait-il, à ses côtés, quelqu'un d'autre ? Cette voix qui parle, est-ce celle d'un homme, d'une femme ? De quel âge ? Si quelqu'un écoute, qui ? Dans quelle langue, au juste, s'énonce ce récit, que d'ici on ne perçoit qu'à peine ? Quel est donc ce souvenir évoqué ? Pourquoi revient-il juste là ? Quel sens revêt son évocation – pour celui ou celle qui parle, pour celui ou celle qui écoute ?

Pour que la scène se rapproche de la réalité, il faudrait surtout pouvoir dire les diverses tonalités de cette confidence, les émotions qui l'accompagnent, les arrière-plans qui s'esquissent à l'horizon. Les hésitations, les silences. On devrait tenir compte des moindres inflexions, des trébuchements de la parole, des mots à double sens, des sourires esquissés, des larmes étouffées. Sans oublier le processus d'ensemble, les possibles passages de l'insouciance à l'inquiétude, de la joie à l'indifférence ou à la tristesse, ainsi que les relents d'amertume, bouffées de colère, élans de tendresse, instants de gêne…

Chaque fois, quand quelqu'un parle ainsi, surgit une histoire singulière – inimitable, personnelle, irrémédiablement subjective. Cette vérité individuelle est toujours racontée d'une façon unique, éprouvée d'une manière particulière en raison de la trajectoire, de la sensibilité de chacun. En fait, chacune de ces innombrables bribes de récits personnels – parlées et écoutées dans des multitudes de langues, avec une infinité de nuances, d'émotions, de relations interpersonnelles – constitue un événement « épais », contenant lui-même des séries de significations empilées, enchevêtrées, ramifiées.

Imaginons à présent que, pendant qu'elle évoque ce souvenir, cette personne qui parle soit placée dans un scanner hyperpuissant. Objectif : repérer ce qui se passe dans son cerveau pendant sa conversation. Qu'y verrait-on ? L'aire de la parole s'activer, certaines fonctions du souvenir et de la remémoration passer en surbrillance, des zones liées aux émotions entrer en éveil. Mais guère plus. Aucune imagerie cérébrale ne dira quelle langue est parlée, quel sens a l'histoire racontée, quelle qualité exacte d'émotion est en jeu, quelle évolution traverse, de phrase en phrase, les sentiments de la personne qui parle, quelle relation humaine se met en place, exactement, au cours de cette conversation.

[marginalia: conversation]

Pourquoi ne le savons-nous pas ? Parce que le scanner n'a pas encore la capacité de descendre à ce niveau de précision ? Parce que nos outils d'observation, nos théories, nos moyens de comprendre demeurent insuffisants ? Serait-ce juste une question de temps, de crédits, d'ingéniosité technique et conceptuelle ? Ou bien faut-il plutôt admettre que nous ne pouvons pas accéder ainsi à la vie psychique ? Parce que la subjectivité, l'affectivité, le psychisme sont d'un autre ordre ? Faudrait-il accepter que ce qui se déroule dans la parole, la mémoire, l'histoire propre d'un individu ne soit pas accessible aux données objectives que fournissent les appareils de mesure ?

Ces questions, au cœur d'un débat qui se prolonge depuis plus d'une vingtaine d'années, opposent neuroscientifiques et psychanalystes. Ce qui nous importe ici est de comprendre comment les uns et les autres envisagent l'humain sous des angles profondément distincts, avec des interrogations et des présupposés qui ne le sont pas moins.

Sexe, langage et société

Avant de présenter les arguments que ce débat mobilise, les représentations de l'humain qui s'en dégagent, soulignons que nous sommes en train de changer de registre. Nous nous sommes intéressés jusqu'à présent aux représentations renouvelées du corps humain, aux questions et fantasmes que suscitent les machines pensantes, à l'exploration du cerveau et à l'énigme de la conscience. Cette fois, nous entrons dans le domaine du psychisme, de l'impalpable de l'inconscient, des rêves, des désirs, mais aussi du langage, crucial pour toute réflexion sur l'humain.

En fait, nous arrivons à ce curieux carrefour où s'entrecroisent les paroles et la subjectivité, le conscient et l'inconscient, le masculin et le féminin. C'est pourquoi nous allons aussi devoir comprendre comment la linguistique s'est donné pour projet de rendre compte du fonctionnement du langage selon des mécanismes formels, dans le même esprit, finalement, que celui des neurosciences tentant de rendre compte des mécanismes du cerveau. Face à ces grilles de lecture, la psychanalyse se veut en contrepoint, garante de cette part de nous qui résiste à toutes les formalisations. Elle ouvre, en fait, à un autre regard sur ce qui fait l'humain – et d'abord la parole.

Que l'humain se définisse par sa capacité de parole, par le fait même qu'il « parle-et-pense » dans un seul et même mouvement, voilà qui n'est certes pas nouveau. Aristote le savait déjà, en faisant de l'homme un animal parlant-raisonnable, un *zôon logikon* – en grec ancien l'adjectif *logikon* veut dire à la fois « parlant » et « doué de raison » –, le philosophe a posé une des définitions de l'humain les plus simples et les plus durables.

Ce rattachement du propre de l'homme au langage a traversé toute l'histoire. Quand Descartes, par exemple, se demande comment distinguer un homme d'une machine, bien avant le test de Turing, il ne trouve que cette capacité de manier « à propos » les signes de la langue. Ce qui compte, c'est la pertinence des remarques, leur lien intelligent à la situation. En ce sens, le perroquet ne parle pas, il émet des sons qui ressemblent à des mots, mais il en ignore le sens. Et ce maniement intelligent, qui permet de reconnaître l'esprit, ne passe pas uniquement par des sons : le muet parle, au sens où il peut répondre, par écrit ou par signes, avec autant de pertinence que celui qui peut faire entendre sa voix.

À l'époque contemporaine, cet arrière-plan reste toujours présent, mais le devant de la scène a complètement changé. En fait, la question du langage a pratiquement envahi tout le paysage. Il n'est plus seulement la capacité fondamentale et distinctive de l'humain, celle qui le distingue essentiellement de l'animal. Le langage est considéré comme le modèle et la matrice de toutes les constructions et activités humaines, ou peu s'en faut. Et la linguistique a conduit, de proche en proche, à repenser autrement des questions philosophiques, mais aussi à interpréter de manière nouvelle aussi bien les règles de parenté que les échanges économiques ou la circulation des informations.

Désormais, le langage – ses mécanismes, ses règles, ses propriétés – constitue la voie d'accès privilégiée à toutes les créations humaines, qu'il s'agisse des rites religieux, de l'organisation du pouvoir, des mythes ou des inventions du psychisme. Car le langage est aussi devenu chemin vers l'inconscient, clé du désir sexuel, chiffre secret ou expression vivante de la sexualité, articulation de l'intime et du social.

Dans cette vaste configuration contemporaine où se nouent langage et culture, la psychanalyse occupe une place particulière. Depuis que Freud a forgé ce terme de « psychanalyse », il y a un peu plus d'un siècle, cette discipline à part a élaboré une représentation de l'humain totalement inconnue avant elle. L'axe décisif de la révolution freudienne, c'est la découverte d'un inconscient *psychique*. Ce que Freud affirme, bouleversant les conceptions antérieures, c'est qu'il existe en nous des pensées, des désirs, des émotions, voire des intentions, qui échappent tout à fait à notre conscience.

Conflictuel, individuel et psychique

Avant Freud, le terme « inconscient » est déjà employé couramment, mais toujours pour désigner ce qui demeure simplement à l'extérieur à la pensée. Ainsi, on dit d'une personne évanouie, anesthésiée ou profondément endormie, qu'elle est « inconsciente » : elle ne sait plus ce qui se passe autour d'elle, gît dépourvue de sensations, corps inerte, vivant mais aussi peu conscient qu'une chose. De même, la pousse de nos ongles, l'oxygénation de notre sang dans nos poumons demeurent inconscientes. Ces processus corporels échappent à notre perception. La plupart de nos activités physiologiques sont dans ce cas. Dans cette perspective, ce qui relève de la pensée est toujours conscient, et tout ce qui n'est pas conscient demeure en dehors de la pensée.

C'est cela même que Freud remet en question, en établissant l'existence d'une pensée qui soit effectivement « de la pensée » tout en échappant à la conscience – entièrement ou partiellement.

Dès lors, le bouleversement de la représentation de l'humain qui s'ensuit est considérable. Car Freud ne construit pas seulement la silhouette d'un humain auquel échappe toujours une bonne partie du sens de ce qu'il fait, dit, rêve, désire ou déteste. Le fondateur de la psychanalyse élabore, d'œuvre en œuvre, et ses disciples à sa suite, une approche radicalement nouvelle du fonctionnement de l'esprit, du langage et du désir. L'esprit ne peut plus prétendre se connaître lui-même intégralement. S'il peut parvenir à progresser dans l'élucidation de ce qui se déroule en lui à son insu, ce n'est jamais au moyen d'une transparence immédiate. Le sujet accède à la vérité de son désir par un cheminement qui prend du temps, qui suppose qu'il se réapproprie son histoire et aperçoive les conflits qui ont scandé sa formation.

Car l'âme humaine, pour Freud, n'est plus cette collection, classiquement décrite par les philosophes, d'une série de facultés données par nature. Elle devient le résultat de conflits – inévitables, enfouis et oubliés, mais toujours actifs en nous – entre nos différentes pulsions, entre nos pulsions et la réalité, entre nos pulsions et les normes sociales inculquées par l'éducation. L'inconscient psychique n'est donc en aucun cas une donnée biologique. C'est au contraire le produit de refoulements, de mises à l'écart de désirs insupportables qui persistent à vouloir se manifester, et qui demeurent maintenus à l'écart par la censure.

Ce psychisme conflictuel, traversé de forces antagonistes – les unes qui tendent à s'exprimer, les autres qui les en empêchent – est créateur d'effets de sens ambigus. C'est donc dans les poubelles de la pensée logique, là où on estimait auparavant qu'il n'y avait rien à voir ni à comprendre – rêves, obsessions, phobies, angoisses, erreurs, lapsus, oublis, jeux de mots… – que la psychanalyse trouve du sens caché.

Et c'est un sens sexuel. Parce que le désir humain n'est plus, dans sa perspective, affaire seulement d'instinct ni d'hormones. Ce qui distingue la sexualité humaine, du point de vue freudien, est qu'elle résulte d'un long parcours psychique, d'un périple complexe où langage, parole, pensée ont un rôle finalement plus décisif que les seuls testostérone et œstrogènes. La part psychique de chacun d'entre nous est sexuée – masculin et/ou féminin – tout autant en fonction de la biologie que de notre évolution et de la façon dont nous nous sommes construits.

Ce que la psychanalyse a apporté d'essentiel, ce n'est effectivement pas le rôle central de la sexualité chez l'humain, mais son élaboration complexe. Car cette dimension sexuelle doit être façonnée, construite, canalisée. Et ce parcours est différent pour chaque individu.

C'est pourquoi l'inconscient psychique de chacun est singulier, façonné par les hasards et les nécessités du milieu familial, les accidents de la vie, les rencontres fortuites, les traumatismes réels ou imaginés. L'inconscient d'un être humain n'est jamais, du point de vue de Freud, celui de son voisin même le plus proche, le plus apparemment semblable.

Des comprimés ou des mots

Cet humain rigoureusement singulier, sexué, divisé entre pensée consciente et pensée inconsciente, qui parle, crée, rêve, s'inquiète, chuchote ou hurle, dans quelle mesure est-il le même que celui que les neurosciences passent au scanner ? C'est sur ce point que se fixe la confrontation actuelle entre neurosciences et psychanalyse qui, en apparence, semblent avoir le même objet mais se révèlent en conflit sur sa nature, sa description, sa signification.

Circonstances aggravantes : la réticence contemporaine envers la psychanalyse, de plus en plus souvent attaquée, semble bien s'adosser aux neurosciences pour y trouver renfort. Et c'est paradoxalement au moment même où le langage psychanalytique envahit l'espace médiatique que la défiance envers le savoir freudien, voire son rejet pur et simple, gagne notre époque. Jamais la tentation n'a été si grande de mettre à l'écart, de marginaliser ou de nier ce qui touche à l'inconscient psychique, reléguant ainsi ce gêneur aux oubliettes.

Toujours plus vive est aussi la tentation de recourir aux médicaments pour faire taire nos mal-être, de réduire à l'organique ces « maladies de l'âme » qui taraudent les sociétés contemporaines. Car on ne doit pas oublier que ces débats n'ont rien de purement théorique. Ils engagent, pour certains, des décisions pratiques : soit on prend des comprimés, soit on va « parler à quelqu'un ». Plus encore, les manières de concevoir et de traiter les maladies mentales dépendent directement du même choix. Soit on y voit seulement des perturbations organiques, cérébrales, neurologiques, qu'il faut traiter par la neurochirurgie ou la neurochimie. Soit on les considère comme des désordres psychiques relevant d'une thérapie par la parole. Et ce sont bien là deux orientations opposées, même si des attitudes intermédiaires se rencontrent dans la pratique.

C'est en ce sens que neurosciences et psychanalyse symbolisent deux approches de l'humain. Les premières se donnent pour programme de réduire le subjectif à des mécanismes objectifs, observables et expérimentables. La seconde au contraire s'applique à préserver coûte que coûte la dimension singulière de la subjectivité. Son but est plutôt l'« objectivation » de cette subjectivité par le travail analytique, pour la mettre en lumière momentanément ou pour la remanier sans jamais prétendre pouvoir l'élucider entièrement. En cela, la psychanalyse se veut et se maintient effectivement en contrepoint de ce que propose l'horizon scientifique actuel : elle refuse de céder sur cette part-refuge de l'humain *en tant que* singulier-subjectif.

On retrouve ici ce « en tant que » dont nous parlait précédemment le philosophe Francis Wolff : chaque approche, en fonction de ses présupposés, de son « filtre » propre, permet d'éclairer tel aspect de l'humain. Ce que fait voir le regard neuroscientifique, en naturalisant la pensée, en considérant l'humain « en tant que » connaissable par l'exploration de son cerveau, est une chose. Une autre est ce que donne à entendre l'écoute psychanalytique, qui prête attention à l'humain « en tant que » psychisme singulier d'un être parlant. Le risque demeure toujours, on l'a vu, d'oublier l'existence du filtre, de le faire sauter, d'effacer cet « en tant que », donc de croire, et de proclamer, qu'on détient la vérité, le fin mot de l'humain.

Un dernier point complique la situation. N'oublions pas que Freud était au départ neurologue, et qu'il n'a jamais cessé de penser que la biologie pourrait au final détenir les clés ultimes du psychisme. En 1920, il écrit : « La biologie est vraiment un domaine aux possibilités illimitées : nous devons nous attendre à recevoir d'elle les lumières les plus surprenantes et nous ne pouvons pas deviner quelles réponses elle donnerait dans quelques décennies aux questions que nous lui posons. Il s'agira peut-être de réponses telles qu'elles feront s'écrouler tout l'édifice artificiel de nos hypothèses [1]. »

Cette précaution de Freud ne doit pas égarer. Même s'il était effectivement persuadé qu'un jour, peut-être, la jonction se ferait entre la science neurologique et sa science des rêves, ce jour demeurant fort lointain, il lui paraissait indispensable d'avancer dans l'exploration du psychisme avec les moyens du bord : l'écoute, les mots, les récits des patients, le cadre des séances, la réflexion, les associations... D'autant que, sans discuter l'ancrage de l'esprit dans le corps, dans le cerveau, il entrevoyait aussi cette capacité singulière d'autonomie de la *psyché* par rapport au corps. Sans attendre d'éventuelles élucidations du point de vue neurologique, il paraissait nécessaire à Freud de construire des outils de compréhension et de thérapeutique à partir des seules données fournies par les mots. Globalement, nous en sommes toujours là.

Pour mieux dessiner l'espace de ces confrontations vivaces, il nous fallait rencontrer l'une des figures de la psychanalyse contemporaine, le praticien et théoricien qui a marqué de son empreinte une part importante du paysage actuel, qui est aussi la figure de proue du débat parfois houleux avec les neurosciences, André Green.

PARIS. RENCONTRE AVEC ANDRÉ GREEN
« L'humain est un sujet joueur. »

Au mur, sur la bibliothèque, un portrait de Freud. Sur les étagères, plusieurs éditions des tragiques grecs. L'arc intellectuel premier, le plus personnel, est ainsi tracé. Nous ne sommes pas loin du jardin de l'Observatoire, dans le cabinet de travail d'André Green. Depuis plusieurs décennies, c'est ici que celui qui dirigea l'Institut de psychanalyse et assura la présidence de la Société psychanalytique de Paris reçoit ses patients et rédige ses ouvrages. Né au Caire en 1927, arrivé à Paris en 1946, il opte délibérément pour la psychanalyse après des études de médecine et de psychiatrie à Sainte-Anne.

Dans cette pièce qu'ont habitée quantité de paroles, d'émotions, de pages rédigées, de réflexions théoriques, assis à son bureau, non loin du divan, le psychanalyste insiste d'emblée sur la complexité irréductible de l'humain qui sans cesse le voit échapper aux schémas scientifiques cherchant à le maîtriser : « *Le savoir scientifique n'est pas le savoir sur la réalité objective. C'est seulement le savoir de ce qui se prête au traitement par la méthode scientifique. Au contraire, le savoir sur la psyché doit rendre compte de ce qui est traitable par la méthode scientifique, mais aussi de ce qui ne l'est pas. L'idéologie moderne a jeté son dévolu sur des sciences simplificatrices, avec l'illusion que les modèles mathématiques vont pouvoir tout résoudre. Ce n'est pas un hasard si on les recherche tant pour expliquer l'humain, car, s'ils convenaient, tout deviendrait clair, trop clair !...*

Mais alors, dans ce cas, on ne tiendrait pas compte de cette dimension spécifique de l'humain, à savoir que l'humain est essentiellement un sujet joueur. Et jouer n'est pas sans danger. Il faut donc insister sur l'incertain, le hasard, l'aléa, sur tout ce qui est sujet à renversement. C'est ça, le courage d'être homme : toujours se savoir incertain, se savoir dangereux et être pris dans cette contradiction où vivre c'est prendre des risques, c'est refuser de rester planqué. »

Pour André Green, le « sujet joueur » s'oppose au « sujet calculateur », purement rationnel et computationnel. Et c'est bien dans l'écart entre ces deux représentations du sujet qu'il se positionne et installe sa confrontation avec les neurosciences. S'il entend relever ce défi avec bon nombre d'arguments, c'est que l'horizon entrevu par Freud, où la biologie expliquerait tout, n'est toujours pas d'actualité. C'est aussi, et surtout, qu'il s'agit à ses yeux d'un débat de fond, qui a trait à « l'idée que nous nous faisons de la vie psychique et de la spécificité de l'homme [2] ».

Sa première critique s'adresse à la prétention des neurosciences de postuler une correspondance stricte entre esprit et cerveau, de supposer que la vie psychique n'est somme toute que l'« apparence d'une réalité qui est l'activité cérébrale ». S'y combine un autre travers : se focaliser uniquement sur la logique, le calcul, les computations, en oubliant que l'humain est certes rationnel, mais aussi, et dans le même temps, illogique, fantasque et fantasmant. « *Les neuroscientifiques,* dit-il, *ne fantasment jamais* »... au contraire, la psychanalyse met au centre de son travail la subjectivité individuelle, le sens caché des rêves et des phrases. D'un côté, le cerveau. De l'autre, le sujet.

En fait, André Green reproche aux neurosciences d'accorder une attention exclusive à la conscience, de nier l'inconscient psychique. D'après lui, « en ramenant l'inconscient à ce qu'elle peut en expliquer, la science en donne une image dérisoire et en profite pour désavouer aussi la psychanalyse [3] ». Les neuroscientifiques peuvent parfois évoquer un inconscient cérébral, cognitif, un ensemble de mécanismes neuronaux ignorés du sujet. Il ne s'agit jamais de l'inconscient freudien, traversé de conflits, de tensions, de sens et de résistances. Sous le même terme, on trouve donc deux idées totalement différentes : d'un côté, un traitement des informations qui échappe à la conscience, de l'autre, des désirs refoulés.

Le psychanalyste regrette de la part des neuroscientifiques une « *dénégation forcenée de la complexité du fonctionnement psychique* », une volonté de prendre en compte uniquement des situations pures, ou purifiées – par l'approche scientifique objective. Alors que la psychanalyse, elle, choisit l'impur, le mélange, la totalité complexe qui fait un sujet humain réel. D'un côté, des symboles qui se combinent. De l'autre, du sens qui travaille et s'élabore continûment au sein du langage, du récit, à travers la sensibilité et la créativité d'un sujet.

De part et d'autre, le dialogue semble donc difficile, même si quelques-uns tentent de réduire ce fossé, d'établir des passerelles, tel le neurobiologiste Eric Kandel, prix Nobel de médecine, qui lançait en 1998 un appel en ce sens. Ou encore le cénacle naissant et encore confidentiel de la Société internationale de neuropsychanalyse, fondée en 2000 à Londres par le psychanalyste et neuropsychologue Mark Solms et par Jaak Panksepp, neuroscientifique spécialiste de l'étude des affects des animaux, qui ne renoncent pas à un rapprochement qu'ils jugent nécessaire.

Un travail théorique important a aussi été accompli par Lionel Naccache, neurologue à l'hôpital de la Pitié-Salpêtrière à Paris, qui n'hésite pas à faire de Freud le « Christophe Colomb des neurosciences ». Au prix toutefois d'une transformation du sens même de la psychanalyse [4] quand il s'efforce de confronter l'inconscient neurocognitif et l'inconscient freudien. On appelle « inconscient neurocognitif » les nombreuses opérations mentales qui échappent à notre conscience, mais sans que leur existence implique de conflit, de désir sexuel ni de représentations refoulées. En écartant l'idée du refoulement, en élargissant la notion de conscience à tout ce qui est « racontable », Lionel Naccache parvient donc à transformer paradoxalement Freud en découvreur de la conscience et des moyens que nous déployons tous pour faire de nos vies des romans, des fictions que nous élaborons pour nous raconter ce que nous vivons ou avons vécu. Quels que soient l'ingéniosité et l'intérêt de ce travail, il a pour résultat d'écarter l'existence même d'un inconscient psychique lié au désir, à la sexualité et à ses refoulements.

Les critiques envers les neurosciences formulées notamment par André Green semblent donc toujours en attente de réponses. Ce qui ne l'empêche pas, depuis de longues années, de poursuivre le dialogue avec ceux des scientifiques chez qui il repère une possibilité de convergence avec la psychanalyse.

Ainsi des endocrinologues, qui, comme Jean-Didier Vincent, insistent sur le rôle de la sexualité, du plaisir et des passions dans le fonctionnement d'un cerveau inséparable du corps. De même ceux d'entre les neurobiologistes qui privilégient une plasticité du cerveau, comme Gerald Edelman, ou les émotions, comme Antonio Damasio. Ou enfin ceux qui insistent sur les notions d'émergence et d'auto-organisation, comme Henri Atlan. En d'autres termes, ceux qui, selon lui et quels que soient leurs écarts de représentation, refusent un cognitivisme désincarné, radical dans son approche machinique, mécaniste et mathématique du cerveau.

Pour éclairer ses convictions inébranlables sur les enjeux de la psychanalyse – ses détours, ses réussites, ses difficultés actuelles –, il paraît utile à André Green de faire retour sur quelques éléments de l'histoire du mouvement depuis la mort de Freud. Une histoire à laquelle son propre itinéraire est intimement mêlé : « *L'événement central, c'est la Seconde Guerre mondiale, qui aboutit à l'éclatement de la psychanalyse dans le monde. Si la psychanalyse américaine a survécu sans être affectée par la guerre, la psychanalyse anglaise a résisté malgré la guerre, avec même une grande fécondité. La psychanalyse française, elle, a survécu aussi, mais décapitée de son premier noyau, laissant place à des figures dont celle de Lacan, qui, ne résistant pas au succès, voit s'agglomérer autour de lui des tas de gens qui seront d'abord fascinés par son verbe, puis le quitteront à l'issue de deux scissions de groupe. Lacan va alors profiter du statut médiatique que lui confèrent ses réseaux, devient intouchable jusqu'à sa mort, ayant instauré l'idée que la psychanalyse, c'est lui, idée qui pèse toujours sur les débats contemporains.*

Or l'escroquerie lacanienne réside bien dans la non-distinction entre qui peut ou non faire une analyse. À cette époque, tout le monde est en analyse avec une formation minimale. Mais, pendant ce temps-là, d'autres travaillent, fondent la Nouvelle Revue de psychanalyse française, *découvrent l'œuvre décisive du psychanalyste anglais Donald Winnicott. Ils vont représenter la nouvelle psychanalyse postlacanienne. Dès lors, Lacan n'a plus l'exclusivité de la nouveauté.* »

C'est là que se situe l'apport de Green. Après avoir été un temps proche de Lacan dans les années 1960, il se sépare de lui en 1967, en désaccord sur ses méthodes, sa pratique des séances courtes, tout en reconnaissant l'importance de certains de ses apports théoriques. En théoricien rigoureux, d'une constante fidélité à l'égard de Freud, Green n'en souligne pas moins les hésitations, interrogations, questions laissées en suspens du père fondateur. Parallèlement, il s'enrichit de la lecture attentive et d'un dialogue intellectuel avec les travaux des psychanalystes britanniques Donald W. Winnicott et Wilfred R. Bion, l'analyste de Beckett.

Son itinéraire conduit peu à peu André Green à forger nombre des concepts opératoires de la psychanalyse actuelle : rôle des affects, travail du négatif, cas limites aux frontières de la névrose et de la psychose, narcissisme de vie et narcissisme de mort, réinsertion de la sexualité parfois méconnue, place du récit.

Ce n'est donc nullement par hasard qu'André Green explore continûment jusque dans ses travaux les plus récents tout ce qui a trait au langage, à la parole [5]. S'il est évident que, pour le psychanalyste, c'est là que tout se joue, de l'humain en général comme de l'individu en particulier, il faut d'emblée, pour éviter les confusions, préciser de quel langage et de quelle parole il est question. Là encore, il va nous falloir préciser les termes, distinguer entre les interrogations propres aux linguistes et celles qui sont spécifiques à la psychanalyse.

Car, en fin de compte, qu'il s'agisse de réduire l'esprit à l'organique ou au jeu formel du langage, c'est à une même mise à l'écart du psychisme vivant que l'on risque d'aboutir, par des voies différentes. Ces lectures globalisantes et hégémoniques sont mises au défi par le travail que la psychanalyse peut éventuellement permettre à chacun sur lui-même.

Car ce travail psychanalytique – même limité, même difficile – demeure unique. Il est à la fois exercice de connaissance de soi, de sa relation aux autres et au monde, reconnaissance des limites mouvantes entre dedans et dehors par arpentage de son espace intime, apprentissage de lucidité et de renoncement à des illusions figées, acceptation du jeu du temps…

C'est bien un cheminement vers une autonomie vivante que permet ce travail. Fondé sur la découverte des déterminismes qui sont à l'œuvre dans notre part psychique, il permet non pas de s'en affranchir comme par magie, mais de parvenir à les remanier pour élaborer l'unique repaire d'une liberté, ne fût-ce qu'intérieure.

Le système de la langue

Ce cheminement vers l'autonomie, cette façon de ne plus subir aveuglément passe par un certain usage de la parole. On le sait, la méthode de Freud est tout entière liée à la verbalisation. Anna O., l'une des premières patientes de Freud, ne s'y était pas trompée. Elle-même avait nommé sa thérapie *talking cure* – « soin par la parole ». Freud ne cesse de s'intéresser au langage sous toutes ses formes. Pour lui, les images du rêve sont à comprendre comme un rébus, et c'est le récit du rêve qui peut être analysé, non les images. Les mots d'esprit, les lapsus où l'on dit un mot pour un autre, les oublis de noms propres, les manières détournées de s'exprimer pour déjouer la censure sont au cœur de ses travaux fondateurs.

Après Freud, qui meurt en 1939, le rôle attribué au langage va faire l'objet chez les psychanalystes d'une attention renouvelée, nourrie par des conceptions nouvelles empruntées aux linguistes. Il est ici nécessaire de donner quelques explications. Car le nouvel essor des sciences du langage a eu un impact non seulement sur la psychanalyse, mais aussi, il faut le redire, sur pratiquement toutes les conceptions contemporaines de l'humain, de son statut et de ses créations. Si parfois le propos devient ici plus abstrait, il devrait permettre de mieux saisir les enjeux de la suite.

C'est au début du XXe siècle, à Genève, que Ferdinand de Saussure, spécialiste des langues indo-européennes, né en Suisse en 1857 et fils de l'entomologiste Henri de Saussure, a fondé la linguistique moderne. Son objectif est de comprendre comment fonctionnent les langues humaines. Il ne s'agit plus dès lors de décrire l'histoire des langues ou de définir les normes d'une langue en particulier – sa grammaire et sa syntaxe –, mais de saisir comment marche le langage humain en général, « en tant que » système cohérent de signes. Sa démarche et ses concepts vont avoir un impact considérable sur tous les savoirs jusqu'à nos jours.

Dans son fameux *Cours de linguistique générale*[6], rédigé par deux de ses élèves et publié à titre posthume en 1916, Saussure éclaire la structure binaire du langage, faite à la fois de sons et de sens. Dans un mot, il distingue d'une part les sons, la « figure vocale[7] », qu'il appelle *signifiant*, d'autre part l'idée, la notion, le sens de ce mot, qu'il appelle *signifié*. Ce faisant, il modifie cette intuition courante, communément partagée selon laquelle quand nous parlons et écoutons les autres dans notre langue maternelle, chacun des mots nous semble correspondre à la nature des choses. Or, pour Saussure, l'articulation de ces deux éléments est purement mentale, arbitraire. Chaque signe que nous comprenons et utilisons n'est qu'une jonction purement artificielle de sons et de sens.

« Que des différences »

L'autre grand apport de Saussure, qui va devenir le principe premier de la linguistique moderne, est l'idée que le langage humain est un système de signes où n'existent « que des différences ». Qu'est-ce que cela veut dire ?

Considérons par exemple les termes « A » et « B ». Le terme « A » ne pourra être défini par lui-même, en soi, mais seulement par rapport à « B », qui à son tour ne sera définissable que par rapport à « A ». Dans ce système, il n'y a « que des différences », sans qu'on ait à définir un terme positif, un terme de référence.

Voyons ce que cela donne du côté des mots. Par exemple, le sens du verbe « rire », son signifié, ne peut se définir isolément, par soi seul. Il se comprendra seulement par opposition et différence avec celui d'autres termes, comme « sourire », « pouffer », « rigoler », etc. Aucun d'eux n'a de sens par lui-même, mais seulement dans le système qu'ils forment. Chacun reçoit sa signification de l'ensemble où il prend place. Il en va de même du côté des sons ou *signifiants* : le son « r », tout seul, ne veut rien dire, il est dépourvu de pertinence. C'est uniquement par rapport au système des sons du français (dans ce système, « rire » n'est pas identique à « dire » ni à « pire » : « r » se distingue de « d », de « p », etc.) que le mot, tel qu'il est prononcé et entendu, possède une singularité.

À la suite de Saussure, d'autres linguistes, dans les années 1920, élaborent, au sein du Cercle de linguistique de Prague, des propositions qui enrichissent ces analyses. Ainsi Roman Jakobson, linguiste d'origine russe, et le prince Nicolaï Troubetzkoy – aristocrate moscovite, spécialiste comme Saussure des langues indo-européennes, installé à Vienne après la Révolution russe – utilisent pour la première fois, en 1928, la notion de « structure » pour analyser le système des sons d'une langue.

Les structures et l'individu

Ce terme de structure existait depuis fort longtemps en architecture pour désigner l'ossature des bâtiments, leur organisation. Ici, sa signification devient différente. Une structure, désormais, ce sera un modèle abstrait, construit sur mesure, capable de rendre compte, par un jeu de classifications, de la diversité des faits observés. Cette nouvelle « méthode structurale », qui va bientôt révolutionner les sciences humaines, est d'abord appliquée au classement de la diversité des sons d'une langue.

En 1939, Nicolaï Troubetzkoy, dans ses *Principes de phonologie*[8], va d'abord distinguer la phonétique, qui s'occupe de la production concrète, acoustique des sons du langage, de la phonologie. Cette dernière, dont il s'occupe exclusivement, étudie les sons sous l'angle des fonctions qu'ils remplissent dans les langues. Il classe et distingue entre les sons seulement acoustiques appelés les « phones » et ceux qui ont une fonction pertinente pour déterminer des significations qu'il appelle les « phonèmes ». Par exemple, si je prononce le mot français « r'-i-r' » en roulant terriblement les « r », on pourra bien se moquer de mon accent, mais tout le monde comprendra ce que je veux dire, personne ne confondra ce mot

« rire » avec un autre mot, pourvu d'une autre signification. Pourtant, il y a des langues où « r » et « r roulé » sont deux sons qui peuvent *distinguer* des mots, et donc des significations.

Au-delà de ces considérations techniques et ardues de la science linguistique, retenons le changement de perspective qui s'en dégage. Quand une personne parle, même pour dire quelque chose qui n'appartient absolument qu'à elle, elle s'exprime finalement selon des règles qui appartiennent à tous et à personne, dont elle n'a rien inventé, dont la plupart du temps elle n'a même pas clairement conscience. La langue apparaît bien comme un système qui existe indépendamment des individus et des usages qu'ils vont en faire.

L'impact de ces méthodes sur les représentations de l'humain s'est approfondi au fil du temps. Car on a tiré de ces travaux des linguistes deux conséquences majeures. En premier lieu, derrière la diversité des comportements humains, qui paraissent spontanés et désordonnés, un ordre caché peut exister et faire l'objet d'une connaissance. Les langues sont diverses, les êtres parlants innombrables, les phrases infinies… Pourtant, le tout s'organise autour d'un petit nombre de règles cohérentes. En second lieu, ces structures cachées, mais actives, échappent à la conscience de ceux qui parlent. Ils les ignorent, mais s'y conforment sans le savoir.

Si ces changements de perspective vont avoir de grandes répercussions, c'est qu'ils ouvrent la voie à l'étude des règles invisibles qui organisent d'autres phénomènes humains. L'idée s'est répandue que les structures du langage pouvaient aussi donner la clé des règles de parenté, de la circulation des mythes, des rituels religieux, voire des échanges économiques. Tout ce qui est humain a commencé à être abordé sur le modèle du fonctionnement du langage.

En 1941, à New York, Roman Jakobson et l'anthropologue Claude Lévi-Strauss, tous deux réfugiés, se lient d'une intense et durable amitié dans cet exil. Le premier a fui la Tchécoslovaquie à l'arrivée des nazis, le second la France occupée. Dans la préface de son livre *Six Leçons sur le son et le sens*[9], Jakobson raconte : « Nous sommes devenus l'étudiant l'un de l'autre. Je venais à ses cours d'anthropologie et il venait à mes cours de linguistique. » Grâce à Jakobson, véritable passeur d'idées qu'il sème partout où il séjourne, Lévi-Strauss découvre la méthode structurale du prince Troubetzkoy et n'hésite pas à parler d'« émerveillement », de « révélation ». Il comprend la fécondité de ces modèles, il y voit la possibilité d'une cohérence systématique valable pour toutes les sciences humaines. Il va les appliquer aux règles de parenté, aux totems, aux masques, à plusieurs ensembles de mythes.

Le psychanalyste est-il un linguiste ?

C'est par l'intermédiaire de Lévi-Strauss et de Roman Jakobson, qu'il rencontre en 1950 et qui deviendra un de ses intimes, que Jacques Lacan va récupérer à son tour dans le registre de la psychanalyse ces modèles de la linguistique qu'il va même qualifier de « science pilote », réinterprétant l'œuvre de Freud à leur lumière. En 1953, il prononce à Rome une conférence devenue célèbre, *Fonction et champ de la parole et du langage en psychanalyse*[10], qui aura une longue influence. L'intention première de Lacan est de rendre au langage sa place centrale dans toute approche de l'humain. Si nous sommes des êtres humains, c'est d'abord en tant que nous parlons.

Pour Lacan, cette langue « se parle » avant même que nous la parlions. Et quand nous commençons à dire « je », nous utilisons bien, pour exprimer ce qui nous est le plus intime et le plus personnel, un terme que nous n'avons pas inventé, et des mots agencés selon des règles où nous ne sommes pour rien. Le point de départ de la réinterprétation de la psychanalyse par Lacan est donc cette idée que la parole du patient, pour être déchiffrée, doit être réinsérée dans les structures où elle prend sens.

Pour l'expliquer, Jacques Lacan prend l'exemple des hiéroglyphes égyptiens : « Tant qu'on a cherché quel était le sens direct des vautours, des poulets, des bonshommes debout, assis, ou s'agitant, l'écriture est demeurée indéchiffrable. C'est qu'à lui tout seul le petit signe "vautour" ne veut rien dire ; il ne trouve sa valeur signifiante que pris dans l'ensemble du système auquel il appartient. Eh bien ! les phénomènes auxquels nous avons affaire dans l'analyse sont de cet ordre-là, ils sont d'un ordre langagier. Le psychanalyste n'est pas un explorateur de continents inconnus ou de grands fonds, c'est un linguiste : il apprend à déchiffrer l'écriture qui est là, sous ses yeux, offerte au regard de tous. Mais qui demeure indéchiffrable tant qu'on n'en connaît pas les lois, la clé [11]. »

Pour cet être parlant qu'est l'humain, le langage ordonne donc le rapport au monde aussi bien que son rapport à lui-même. La célèbre formule de Lacan, reprise plus tard quasi religieusement : « L'inconscient est structuré comme un langage [12] », doit s'entendre dans cette perspective. Sans le langage, nous n'aurions pas d'inconscient, au sens freudien du terme [13]. Les animaux, qui n'ont pas accès au système de la langue, sont dépourvus d'inconscient.

Lacan ne se contente pas d'emprunter à Saussure sa distinction fondamentale entre le *signifiant* et le *signifié*, il la renverse carrément en accordant la primauté au seul signifiant, au symbolique. Chez Saussure, les sons et le sens étaient indissociables comme « une feuille de papier dont on ne pourrait en la découpant séparer le recto du verso ». Chez Lacan, le signifiant mène le jeu, si l'on peut dire, et le sens suit comme il peut. Il fait du sujet, de l'individu, le jouet du langage.

Mais si le mérite de Lacan fut bien de remettre la question de la parole au cœur de la théorie psychanalytique, il n'a pas échappé au travers de réduire l'inconscient au seul langage, et les processus psychiques à des schémas seulement formels. Ce n'est pas par hasard que de nombreuses références au mathématicien et théoricien des jeux John von Neumann, un des pères des machines pensantes, parsèment les textes de Lacan. Au fur et à mesure, il se détournera même de son intérêt premier pour la linguistique, la nommant par dérision « linguisterie [14] ». Ce sera alors pour se tourner entièrement vers des modèles inspirés des mathématiques, révélant ainsi la radicalité de sa conception d'un inconscient formel, désancré du biologique, des affects, du corps.

Retour aux affects

C'est effectivement sur ce point que la réflexion d'André Green va prendre, en réaction, son essor et son relief. Tout en reconnaissant l'importance de l'apport lacanien, il en souligne l'excès de formalisme.

En prêtant attention au travail des pulsions, aux affects, à la voix dans toutes ses modulations, au mouvement de la parole, André Green va s'efforcer de faire nettement la différence entre le langage homogène tel que le théorisent les linguistes et le « discours vivant [15] », hétérogène, de la situation analytique. Si la linguistique s'attache à des règles fixes, des mécanismes globaux, la psychanalyse considère au contraire la parole en situation, tient compte de son contexte émotif, de ses singularités, de ses sens multiples, de la diversité des processus qui permettent au psychisme la création et la destruction du sens. De ce point de vue, « la parole analytique désendeuille le langage [16] », selon ses termes. Elle permet à la personne qui parle de retrouver, sous les mots de tout le monde et les usages figés, comme un éclat de signification à vif, rendu possible par « une autre manière de faire fonctionner la parole [17] ».

Et cela dans le cadre strict du dispositif psychanalytique : des séances de longueur toujours égale, selon un rythme défini. Croire qu'il n'y a que le patient qui parle et le psychanalyste qui écoute serait une erreur. Il faut aussi tenir compte du cadre – le divan, les horaires, les règles du dispositif – comme d'un troisième terme, un cadre conçu comme un « appareil de langage ». Ce qu'André Green désigne comme la « tiercéité ». À ce terme, utilisé autrefois par le philosophe et logicien anglais Charles Sanders Peirce, il donne de nouveaux emplois, puisqu'il désigne chez lui l'intervention d'un troisième terme qui peut être aussi bien le sujet que l'objet ou encore l'interprétant.

Pour autant, parler de « discours vivant » ne signifie pas que tout aille toujours pour le mieux dans le meilleur des mondes psychanalytiques possibles. Au contraire, il arrive de plus en plus souvent que l'analyse bute, que dans la relation qui s'instaure entre le patient, l'analyste et l'objet analytique la parole ne permette pas d'aboutir à la représentation, à la symbolisation, gage d'un travail d'élaboration et de remaniement psychique. Le psychanalyste, dans son ouvrage récent sur les *Illusions et désillusions du travail psychanalytique* [18], n'hésite pas à mettre sur le tapis certaines difficultés actuelles des traitements, à questionner les échecs, remontant au tournant opéré par Freud lui-même en 1920 : *« Alors que nous avions été élevés sur les bases de la théorie freudienne, se fait jour le constat que la psychanalyse pratiquée depuis les années 1970 ne correspond plus à la clinique freudienne traditionnelle.*

Freud avait adopté un parti pris, que je considère raisonnable, en délimitant le champ de la psychanalyse et en en excluant ce qu'il considérait comme non analysable. Il a centré son intérêt sur les névroses, l'hystérie, la névrose obsessionnelle, les phobies, etc., qu'il a réunies dans ce qu'il appelait les psychonévroses de transfert. Le terme signifie clairement qu'il y avait chez ce type de patients un transfert, permettant, après élaboration, d'aboutir à un processus qui peut connaître une fin.

Mais, à partir de 1920, Freud change d'horizon. Peu à peu, il modifie son point de vue théorique. Il s'intéresse de plus en plus au rapport entre la névrose et la psychose. C'est le moment où il s'attache à approfondir l'idée de pulsion de destruction, de pulsion de mort. Ce qui n'était d'abord qu'hypothèse devient pour lui certitude. Il se met à constater une autre forme de fonctionnement, fondée sur le clivage du patient. Il commence à soupçonner le Moi de double jeu sur la base de ce clivage qui dit en même temps "oui" et "non". Dès lors, le travail psychanalytique se complique, devient plus difficile, plus long. La possibilité d'obtenir des modifications sous l'effet de l'analyse devient plus problématique et, il faut le dire, les échecs plus fréquents. »

Mais qu'est-ce qui a changé ? Est-ce que les patients ne sont plus les mêmes, présentent des pathologies différentes ? Ou bien est-ce que le regard, et l'écoute, des psychanalystes discernent des profils qui auparavant n'étaient pas repérés ? « *Je serais bien en peine de vous le dire. Peut-être les deux à la fois. Mais je suis obligé de reconnaître que l'analyse, aujourd'hui, donne plus de fil à retordre aux analystes. En réalité, les analysants n'incriminent jamais leur analyste. Ils ont tout à fait conscience qu'ils sont responsables de leur analyse. Ils se rendent très bien compte qu'eux-mêmes produisent des obstacles à la progression du traitement, jusqu'au moment où parfois ils abandonnent leurs défenses habituelles car ils n'en ont plus besoin.*

Donc, il y a bien modification du profil analytique. On passe des névroses aux défenses psychotiques. C'est ce que l'on appelle les cas limites, limites par rapport à cette distinction classique entre névroses et psychoses. Ces patients ont, si l'on peut dire, des mécanismes "pas nets" : tantôt cela ressemble à une organisation névrotique, tantôt on en doute. Nous devons aussi compter plus souvent avec la réaction thérapeutique négative. Cette réaction se fait jour quand le patient ne veut plus jouer à ce jeu-là, au jeu du triomphe du plaisir, du positif, de ce qui est bon pour lui. Comment comprendre ce revirement qui fait que le plaisir – qui était une direction de vie – se trouve refusé au nom d'un malheur considéré comme supérieur ? En réalité, la part du masochisme, du besoin de punition, du sentiment de culpabilité inconscient se révèle beaucoup plus importante que ce que Freud avait vu. »

Mais la lucidité d'André Green sur les difficultés actuelles ne le conduit en aucun cas à un pessimisme radical, mais à une réflexion plus décisivement philosophique : « *Si la psychanalyse devait un jour appartenir au passé, cela voudrait dire que le mot "homme" aurait perdu tout son sens. Nous vivons désormais dans un monde où le complexe d'Œdipe est considéré comme une simple banalité, dont on ne doit pas faire toute une histoire.*

Pourtant, si on supprime cette dimension tragique de la condition humaine, il n'y a plus d'homme. Car il y a bien une condition tragique de l'homme qui l'oblige à faire ce qu'il ne veut pas faire. Cette manière d'installer le tragique au cœur de la situation humaine, nous la devons aux Grecs comme une intuition extraordinaire. Chacun d'entre nous en porte sa part et peut trouver dans son histoire des éléments qui réveillent le tragique latent que nous portons tous en nous. Dans notre culture contemporaine, tout va contre le désir d'introspection, la réflexion, le désir d'analyse, ce qui finit par produire des effets psychiques. On est obligé de reconnaître que la vulgate d'aujourd'hui consiste à négliger cette dimension ou à la déplacer. Mais cette dimension ne cesse pas d'être, ce sont simplement les gens qui la trahissent. À mon avis, tout ce qui dans les théories actuelles sur l'humain tend à diminuer cette part de tragique met en danger, je le répète, le concept même d'homme.

Plus encore, ce qui est essentiel au concept d'homme, ce n'est pas l'homme lui-même, l'homme isolé, mais son rapport à l'autre, qui à son tour permet de passer à la relation de l'homme aux autres hommes. Tout cela repose, comme chez les Grecs, sur un sentiment de solidarité et sur la force indéracinable du mythe. Car si les mythes ont aujourd'hui changé, la part du mythe, elle, reste intacte. »

Si elle perdure, cette dimension mythique indissociable de l'humain se retrouve toutefois de plus en plus souvent battue en brèche par tout ce que la société contemporaine propose comme dérivatifs. Au premier rang, l'image omniprésente, qui pourrait finir par désamorcer toute possibilité de récit, de récit analytique, de récit sur soi-même, sur sa vie…

PARIS. RENCONTRE AVEC JULIA KRISTEVA
« *Comprendre cette puissance toxique de l'image.* »

Pour poursuivre cette conversation sur une psychanalyse confrontée à ces difficultés dans une société qui préfère se détourner d'elle, nous n'avons qu'à traverser en diagonale les jardins du Luxembourg pour retrouver Julia Kristeva. Arrivée en France en 1965, elle a conservé de sa Bulgarie natale un léger accent, qui signe sa manière singulière de s'exprimer. Elle est la première à souligner que cette traversée des langues n'est pas sans rapport avec sa première vocation de linguiste et son attention au thème de l'étranger.

Passionnée, intarissable, Julia Kristeva ne doute pas une seconde de la nécessité de la psychanalyse dans un monde qui s'y dérobe : « *L'héritage freudien n'a jamais été aussi actuel. Il faut certainement le réactualiser et l'affiner, aussi bien au regard des progrès des neurosciences qu'au regard de ces nouveaux phénomènes que sont la libération des passions dans le cadre des familles recomposées ou décomposées, le nouveau rôle des femmes et de la maternité, la ruée des adolescents vers des idéaux impossibles, la persistance des religions ou ce qu'il en reste, la ruée vers des libertés politiques qu'on croyait impossibles.* »

De sa pratique clinique elle continue de recueillir, à l'instar d'André Green, les signaux de ce qu'elle décelait déjà comme « nouvelles maladies de l'âme [19] » dans un livre publié en 1993. Elle y expliquait comment, « pressés par le stress, impatients de gagner et de dépenser, de jouir et de mourir, les hommes et les femmes d'aujourd'hui font l'économie de cette représentation de leur expérience qu'on appelle une vie psychique. Ombiliqué sur son quant-à-soi, l'homme moderne est un narcissique, peut-être douloureux mais sans remords. L'homme moderne est en train de perdre son âme [20] ».

Pour Julia Kristeva, les patients présentent plus souvent une sorte de manque d'intériorité — comme si se représenter leurs propres états d'âme leur devenait plus difficile, moins évident. On dirait que le temps leur manque, mais aussi l'espace, pour « se faire une âme », pour réfléchir, dans cette « chambre obscure » à l'intérieur de soi-même, à son mal de vivre, sa joie et sa liberté.

C'est pourtant ce qu'ont toujours fait les humains. De tout temps, selon des modalités diverses, c'est en élaborant à l'intérieur de soi une représentation de soi-même et des autres qu'on est devenu humain. Pour la psychanalyste, « vous êtes en vie si et seulement si vous avez une vie psychique ; intolérable, douloureuse, mortifère ou jubilatoire, cette vie psychique vous donne accès au corps et aux autres. Votre vie psychique est un discours en acte dont vous êtes le sujet [21] ».

Un trait marquant de ces « nouvelles maladies de l'âme » est justement la représentation défectueuse de soi, le fait de se laisser « pansé » – par les flux médiatiques, les troubles psychosomatiques, la drogue – plutôt que de se penser soi-même. Dans ce dispositif, le rôle des images, selon Kristeva, est décisif. Elles captent les angoisses et les désirs avant même qu'on ait pu mettre des mots dessus. Voilà pourquoi les images, à présent partout répandues, plus qu'elles ne le furent jamais, aplanissent différences et émotions, produisent une uniformisation de l'âme, de la *psyché*.

Julia Kristeva interroge aujourd'hui ce rôle décisif de l'image – médiatique, numérique – dans notre société. Et si ce flux d'images peut aussi faire penser à l'imagerie cérébrale qui fascine tant les neurosciences, ce n'est pas un hasard : « *Quand on obtient avec l'IRM une image de ce qui se déroule dans notre cerveau, ce n'est pas cette image qui va produire le sens ! Le sens va se produire seulement dans la relation humaine, même si on peut le quantifier après. Les scientifiques confondent l'image avec l'éprouvé. Ils négligent la dimension duelle, le fait qu'il y a "de l'autre" et que c'est à partir de cette relation que se constitue le sens.* »

Si l'importance des relations aux autres et au monde est ainsi minimisée ou mise à l'écart par les recherches sur le cerveau, le poids des images est évidemment bien plus lourd encore dans la vie quotidienne. Là, c'est bien le passage de l'image aux mots qui fait dorénavant problème. C'est lui qui doit être interrogé pour comprendre les pathologies et les évolutions contemporaines : « *L'être humain se définit par une identité psychique qui est tout le temps en mouvement, parce que cette identité sexuée est capable de sublimation par le langage. Or, aujourd'hui, on ne favorise pas le langage. Cette crise de la symbolique est extrêmement grave. Car si toute symbolique se métamorphose en images, on efface du même coup la possibilité de poser les interdits nécessaires. On se retrouve plus près du toxique que du limitatif. Cela ne veut pas dire qu'il faut éliminer les images, il faut les comprendre, les articuler aux mots.*

C'est le rôle actuel du psychanalyste de décrypter cette puissance toxique de l'image, de pouvoir l'interpréter, de faire passer de l'image aux mots. Il y a un travail psychique à faire avec ce genre de patients qui sont comme intoxiqués d'images. Toutefois, comme la plupart de nos contemporains ne vont pas chez un psychanalyste, on en arrive à une société où les intoxiqués d'images sont plus narcissiques et n'en ont même pas conscience. On voit à présent des gens qui passent toute la journée sur Internet mais qui ont du mal à se positionner vis-à-vis du monde extérieur, à créer des relations de créativité avec du langage et du lien social. Ils croient être devenus très sociables et très socialisés, ils pensent communiquer plus que jamais, ils sont saouls de rencontres virtuelles, mais ce sont seulement des "autistes agglomérés", si l'on peut dire. » Parmi ces « intoxiqués de l'image », les adolescents occupent évidemment la place la plus exposée : « *L'adolescence est une maladie d'idéalité. L'adolescent veut croire, il a besoin de croire à d'autres qu'à ses parents. Il veut un objet absolu de jouissance sans limites mais, dans la mesure où cet absolu n'existe pas et qu'on ne trouve jamais la solution, que cette croyance est écornée, l'adolescent, déçu, devient nihiliste. L'idéalisation et son échec déclenchent le nihilisme. L'adolescent est chez nous en crise perpétuelle parce que nous sommes la seule civilisation qui n'a pas de rite initiatique pour les adolescents.* »

Cette crise multiforme que décrit Julia Kristeva – nouvelles maladies de l'âme, perte de l'intériorité, intoxication par les images… – a aussi un impact sur les identités sexuelles. Si le psychisme est sexué, lié au langage et à l'inconscient, il est prévisible que le masculin et le féminin soient à leur tour travaillés par cette transformation qui affecte toute la société. Exploratrice des arcanes du « génie féminin », qu'il prenne les visages singuliers d'Hannah Arendt, de Mélanie Klein, de Colette [22], Julia Kristeva est particulièrement attentive à cette évolution des identités sexuelles. Masculin et féminin ne sont jamais des entités fixes et immuables, mais il faut préciser de quelle façon leurs relations sont travaillées par les mutations contemporaines.

Ainsi le rapport des femmes à la procréation a-t-il changé, entraînant des évolutions inédites. Certains en viennent à soutenir l'idée que désormais les identités sexuelles seraient en voie de disparition, comme une histoire ancienne dont nous serions sur le point de nous défaire totalement... : « *N'oublions pas pour commencer qu'il existe une bisexualité psychique, qui joue de part et d'autre : les femmes deviennent plus masculinisées, les hommes retrouvent des éléments féminins. Cette bisexualité psychique, que Freud a découverte en cours de route, se développe aujourd'hui d'autant plus que les femmes se libèrent des contraintes économiques et des contraintes de reproduction.*

Aboutit-on pour autant à un effacement des différences ? Je pense que non. D'abord parce que des dominantes demeurent, du masculin chez l'homme, du féminin chez la femme. Mais je pense surtout – et là, je vais être très, comment dire ? archaïque !... – que la reproduction de l'espèce et la maternité modèlent cette bisexualité de manière à maintenir les différences. Il y a certes des remaniements, mais la différence se maintient parce qu'il y a gestation, parce qu'il y a maternité.

Le désir d'enfant n'est pas simplement une ruse de l'espèce pour se perpétuer. C'est plus que ça. C'est aussi une manière de se positionner de manière créative, de se transcender dans la chaîne de l'humain. Dans cette dimension-là, les femmes d'aujourd'hui, amantes dans leurs relations érotiques, professionnelles dans leurs relations de travail, deviennent mères mais sans trop savoir ce qui se passe. Parce qu'il n'y a pas de discours social pour l'expliquer et l'accompagner. Un tel discours est d'ailleurs très difficile à formuler, parce qu'il s'agit de vivre dans la maternité une explosion qui est sans équivalent dans aucun corps : elle n'existe que chez les mammifères, et chez le mammifère humain elle est capable de se penser.

Vous accueillez un élément masculin, ça se greffe en vous. Cette transformation biophysiologique au moment de la gestation, ce changement hormonal provoquent des mutations profondes. Ensuite, l'accouchement demeure une grande crise, et l'expulsion n'est pas sans risque, comme le montrent les psychoses post partum ("C'était moi, ce n'est plus moi, qu'est-ce qui se passe ? Je l'ai perdu !"). »

Selon Julia Kristeva, nous sommes bien « *la seule civilisation qui n'a pas de discours sur la maternité* », qui ne sait plus précisément quoi penser ni quoi attendre de la fonction maternelle. Or il existe, pour la psychanalyste, un lien profond entre la mère et la possibilité même d'accéder au langage : « *En fait, il s'agit d'une mutation extraordinaire. Les femmes parviennent à encadrer le nouveau-né "infans" – qui ne parle pas –, qui n'est qu'un morceau de viande, et ne sait pas où il en est, pour l'introduire dans le langage. Ça passe par le sensoriel, c'est un code quasi animal, et ce tactile devient langage. Il y a là toute une histoire de manipulation de la psyché féminine qui est extrêmement complexe, pour laquelle on n'a pas de langage. L'homme peut l'accompagner de loin, par le fantasme, il peut parfois s'y identifier, mais cette expérience-là fait que la différence sexuelle ne sera pas abolie. Je suis convaincue que l'humanisme est un féminisme, mais ce féminisme passe aussi par la compréhension de la fonction maternelle.*

Or cette fonction maternelle, une fois qu'elle a appris à l'enfant à parler, est une constante adoption. L'enfant de 2 ans n'est pas l'enfant de 5 ans… On le choisit chaque fois de nouveau. La fonction maternelle peut également prendre d'autres formes : "Je ne suis pas une génitrice, mais je vais adopter, ou bien je vais être institutrice, ou aide-soignante", etc. Cette fonction d'accompagnement du vivant dans ses affects et sa pensée est véritablement un travail que font les femmes, qu'on le veuille ou non. »

Si la procréation n'est certes pas près de disparaître, si l'utérus artificiel n'est encore qu'un thème de débat et non une réalité sociale, il n'en reste pas moins que, depuis le milieu du XXe siècle, des mutations sans précédent sont intervenues. La pilule, apparue en 1956, a permis de dissocier radicalement sexualité et procréation ; les femmes ont dès lors pu choisir de procréer ou non, au lieu de subir comme un destin la conjugaison des lois de la nature et de la domination masculine. Comment la psychanalyste, attentive au devenir du féminin et du maternel, perçoit-elle les répercussions psychiques de cette révolution liée aux techniques et à la science modernes ? « *Les conditions de la procréation se sont évidemment modifiées. Elle est devenue un libre choix pour tous, y compris pour des couples homosexuels, ce qui conduit à de nouvelles interrogations sur ce qui est conforme ou non à la "normalité". Des questions éthiques nouvelles se posent. Mais aussi le vécu est plus dynamisé : les femmes peuvent se dire "J'ai envie d'être mère".*

On nous dit que les filles, maintenant, veulent devenir mères par conformisme. Je ne suis pas sûre que ce soit seulement cela. Il peut y avoir un désir de retrait de la vie sociale, un désir de ne pas assumer les confrontations professionnelles, de faire retour au cocooning, à la maison, de manière traditionaliste...

Mais il y a aussi le désir d'une épreuve, quasi mystique, faite de corps, de prélangage, de transmission, et qui fascine beaucoup de femmes. D'une certaine manière, tout cela a toujours été présent, mais maintenant cela devient presque une revendication culturelle, pour laquelle on n'a pas de langage, parce que le discours religieux ne marche plus. »

Si la dimension de la maternité, vue sous cet angle, demeure comme impensée et ne semble pas formulable dans notre société, d'autres sollicitent toute l'attention et suscitent des flots de paroles. Plus généralement, à partir de la procréation – ou dans ses parages, ses alentours –, c'est l'ensemble des rôles sexuels qui semble aujourd'hui être mis en chantier. Ce que vient de nous rappeler Julia Kristeva, c'est bien que la réflexion sur l'humain se doit d'être double, de se rapporter à deux sexes, deux genres – masculin et féminin.

On dira que ce n'est pas vraiment une information inédite ! Pourtant, c'est sans doute le domaine où débats, interrogations et perspectives nouvelles se sont démultipliés le plus intensément au cours des dernières générations. Au lieu de penser l'humain *en général*, on n'a cessé de vouloir discerner les différences d'une humanité masculine et d'une humanité féminine. Et leurs relations, égales ou inégales, naturelles ou sociales.

On s'est aussi beaucoup demandé dans quelle mesure cette différence relevait de la nature ou dépendait de la culture. Si les différences organiques et biologiques entre hommes et femmes paraissent évidentes, l'éducation, les rôles sociaux, l'organisation même des mariages et des familles relèvent non moins évidemment de la culture. Toute la question est de savoir comment s'articulent ces deux dimensions, naturelle et culturelle[23]. En l'occurrence, mieux vaudrait parler d'une articulation entre vie individuelle et vie collective. Car la question des identités sexuées se tient exactement à la charnière qui les unit. Elles sont à la fois intimes – rien n'est plus personnel, plus ancré dans la *psyché* de chacun – et dépendantes de tous les stéréotypes sociaux, éducatifs ou idéologiques.

Le plus frappant, à cette articulation individu-société, c'est la diversité des fils qui s'entrecroisent dès qu'on aborde la question du masculin et du féminin. S'y entrelacent la part psychique et les mutations sociales, les évolutions économiques et les croyances religieuses, l'impact des techniques nouvelles et les manifestations les plus diverses de la sexualité. Pour l'instant, le fil directeur que nous allons suivre est celui de la procréation. Parce que c'est là qu'on observe avec l'acuité la plus vive l'impact des techniques nouvelles proposées par la science sur les représentations de l'humain. En transformant la procréation, la technique médicale fait bouger nos manières de penser.

Pour approfondir ces questions, nous rencontrons le pionnier en France des techniques de procréation médicale assistée. Depuis trente ans, il a marqué le domaine de la naissance d'un apport technique et scientifique, mais aussi éthique, sans précédent.

PARIS. RENCONTRE AVEC RENÉ FRYDMAN
« Ces techniques ont un rôle important
au niveau du fantasme. »

Nous sommes dans les locaux de la toute nouvelle Fondation Maison des sciences de l'homme, sur les bords de la Seine, tout près de la Bibliothèque nationale de France, dans le quartier Tolbiac. Le professeur René Frydman y est titulaire d'une « chaire de la naissance ». En plus de ses activités médicales, il va pouvoir désormais mettre en œuvre un projet dont il a rêvé les contours, en prolongement de l'exposition sur la naissance qu'il avait déjà conçue, en 2006, pour le Musée de l'homme. Il s'agira d'explorer les dimensions culturelles et anthropologiques de la naissance et de l'accouchement à travers toutes les civilisations. Le reste du temps, c'est dans son service à l'hôpital Antoine-Béclère de Clamart que travaille le célèbre gynécologue obstétricien, né pendant la guerre dans les Pyrénées-Atlantiques.

Il a pris la direction de ce service en 1990, succédant au professeur Émile Papiernik, avec lequel il a partagé des années *« passionnantes, exténuantes, excitantes, exaltantes »*. Des années où se mêlent science et militantisme, médecine et luttes pour l'émancipation des femmes, réussite d'un bon nombre de « premières » dans le domaine de la procréation humaine. En une quarantaine d'années, grâce à lui et à d'autres de ses confrères dans le monde, le monde a changé...

En jetant un coup d'œil dans le rétroviseur, on mesure le chemin parcouru. Dans les années 1960, la pilule contraceptive vient d'être découverte : le biologiste Gregory Goodwin Pincus l'a mise au point, en 1956, en collaboration avec le chimiste mexicain Luis E. Miramontes. Mais, hormis aux États-Unis, cette pilule n'est pas encore accessible dans la plupart des pays. En France, elle n'est légalisée qu'en 1967 par la loi Neuwirth, avec des conditions fortement restrictives. Il faut attendre 1974 pour que toutes les femmes y aient un accès libre. La dépénalisation de l'avortement et l'encadrement légal de l'interruption volontaire de grossesse suivront un an plus tard lorsque Simone Veil, à l'époque ministre de la Santé, par la loi qui porte son nom, offre pour la première fois aux femmes le choix d'accepter ou de refuser l'enfantement.

Jusqu'à ce moment, l'avortement en France est un crime, passible de prison pour les femmes avortées et de la peine de mort pour les avorteurs.

Ces différents moments aboutissent à une évolution sans retour des mentalités qui fait passer les femmes d'une soumission ancestrale aux nécessités de la procréation au libre choix d'enfanter.

C'est dans ce contexte que s'inscrivent les premiers combats de René Frydman. En 1973, il signe la déclaration des 331 médecins qui déclarent pratiquer des avortements. Il veut que disparaisse la « barbarie » que la clandestinité suscite. Il a vu mourir des jeunes femmes, à la suite d'avortements pratiqués dans des conditions désastreuses. Il s'insurge aussi contre la dureté des hôpitaux d'alors, où les femmes accouchent dans la douleur, où les prématurés survivent rarement. En 1974, son hôpital pratique le premier accouchement sous péridurale, et l'échographie fait ses débuts la même année.

On aurait tort de croire que cette action pionnière obéit à la seule logique de la prouesse technique et de la nouveauté à tout prix… Même si dorénavant l'ensemble s'inscrit dans une logique de choix, soutenue par les techniques médicales, il s'agit de ne pas se laisser emporter par elles.

Permettre de procréer même si la nature est défaillante s'inscrit dans la suite de ce mouvement. Dorénavant, grâce à des techniques inventives – et auxquelles beaucoup, chez les médecins même, ne croyaient pas –, il est possible de répondre à une demande en souffrance : celle de femmes qui ne peuvent enfanter. En maîtrisant la technique de la fécondation *in vitro* – inaugurée en 1978 par Robert Edwards en Grande-Bretagne avec la naissance de Louise Brown, premier « bébé-éprouvette » de l'histoire –, René Frydman va permettre à des couples stériles de donner la vie. En 1982, Amandine, premier bébé français issu d'une fécondation *in vitro*, naît à l'hôpital Antoine-Béclère.

Cette naissance inaugure une série de « premières » qui ne va plus cesser, et qui marque la vie de cette maternité comme celle des parents. Sans compter celle de René Frydman, et la vie de notre époque. Ce n'est d'ailleurs pas un hasard si, dans son livre *Convictions*[24], René Frydman reprend en écho ce qu'annonçait Freud dès 1898 : « Ce serait théoriquement l'un des plus grands triomphes de l'humanité, l'une des libérations les plus tangibles à l'égard de la contrainte à laquelle est soumise notre espèce, si l'on pouvait élever l'acte de procréation au rang d'une action volontaire et intentionnelle, et le dégager de son intrication avec la satisfaction d'un besoin naturel. »

1986 : naissance de Guillaume et Sarah, issus d'embryons congelés selon la technique de la congélation lente. 2000 : naissance de Valentin après un diagnostic préimplantatoire (DPI). 2003 : naissance d'Iris, premier bébé français après maturation *in vitro*. 2010 : naissance de Keren et Jérémie après congélation d'ovocytes.

Ces techniques ont en commun d'intervenir dans le processus de la reproduction lorsqu'il se trouve entravé. En organisant médicalement la rencontre d'un ovule et d'un spermatozoïde, on peut parvenir à surmonter la stérilité d'un couple. La fécondation *in vitro*, technique la plus ancienne et aujourd'hui la plus répandue, consiste à recueillir plusieurs ovules, aspirés par une seringue, et des spermatozoïdes, puis à féconder ces ovules au moyen des spermatozoïdes dans une éprouvette, et enfin à déposer ces débuts d'embryons dans l'utérus. Plus de cent trente mille enfants sont déjà nés selon ce dispositif.

Le diagnostic préimplantatoire permet de déceler des maladies graves au moyen de l'examen génétique du préembryon [25]. Alors qu'il n'est encore formé que de quelques cellules, on peut savoir s'il sera porteur ou non de telle ou telle grave maladie. Et l'on peut donc décider, éventuellement, de ne pas déposer cet embryon dans l'utérus. On sait que cette technique ouvre la voie à la conception de bébés « sur mesure », sélectionnés en fonction de critères médicaux, physiques ou génétiques. Aujourd'hui, les Fertility Institutes de Los Angeles, New York et Mexico sont devenus les plus célèbres parmi les centres qui proposent des bébés à la demande. Malgré leur appellation, ce n'est pas un remède à la stérilité qu'on vient y chercher, mais la certitude d'avoir une fille ou un garçon. En toute légalité, et pour quelques milliers de dollars, ces instituts qui ont pignon sur Web sélectionnent les embryons du sexe choisi et ne déposent qu'eux dans l'utérus. Cette pratique, interdite dans beaucoup de pays européens, est ici monnaie courante, si l'on peut dire. En outre, on peut envisager que, moyennant quelques suppléments au contrat, il soit possible – quoique moins facile à garantir – de choisir la taille, la couleur des yeux, ou des cheveux, du bébé.

En 2011 : naissance d'Umut-Talha (en turc, « Notre espoir »), le premier « bébé-médicament » ou « bébé double espoir », selon la dénomination que René Frydman juge plus juste. Cette technique est une variante du diagnostic préimplantatoire : parmi les embryons, on peut sélectionner ceux qui non seulement ne sont pas porteurs d'une maladie grave qu'auraient déjà leurs frères ou sœurs aînés, mais qui sont en outre génétiquement compatibles avec eux – ceci afin d'utiliser, pour soigner les aînés, les cellules souches du sang de cordon du nouveau bébé.

On le comprend d'emblée : ces techniques rassemblées sous le terme de procréation médicale assistée (PMA) – congélation de sperme, congélation d'embryons, depuis peu congélation rapide des ovules que l'on nomme vitrification [26] – viennent bouleverser le jeu des âges de la vie, des générations, voire les relations mêmes de la vie et de la mort. Il devient en effet possible d'implanter un embryon alors que le père est mort, de rendre parents des couples homosexuels, de conserver des ovules d'une jeune femme pour les utiliser bien plus tard. Ainsi, aux États-Unis, s'est installée la pratique du *egg freezing* pour des femmes désireuses d'asseoir en priorité leur carrière professionnelle, s'affranchissant ainsi de la pression de l'âge. Il faut actuellement compter environ 4 000 euros pour une congélation d'ovocytes.

Plus encore, les vifs débats autour des « mères porteuses » et de la gestation pour autrui sont révélateurs de ces nouvelles donnes. Le principe est connu : l'ovule d'une femme, fécondé *in vitro*, sera implanté dans l'utérus d'une autre femme, qui s'engage à restituer le bébé à sa naissance.

Au premier regard, le clonage appartient à la même catégorie de techniques puisqu'il s'agit de la duplication d'un organisme vivant par le biais de manipulations biotechnologiques. Pourtant, le clonage se différencie radicalement des techniques de PMA car il rompt totalement avec la reproduction sexuée. Reproduire un organisme par clonage ne consiste pas à organiser la rencontre de deux types de cellules reproductrices, et donc la formation d'un nouvel organisme par la combinaison de deux codes génétiques. Cette fois, il s'agit de dupliquer un unique individu déjà existant. On copie, on double ce qui existe sans faire naître un nouvel organisme.

La technique a été utilisée pour la première fois avec succès en 1996 par Ian Wilmut et Keith Campbell, à l'Institut Roslin d'Édimbourg. À partir de cellules de glande mammaire d'une brebis adulte, on a constitué en laboratoire un embryon obtenu par la fusion d'un noyau cellulaire et d'un ovule énucléé, donnant naissance à la fameuse brebis Dolly, ainsi nommée en hommage à Dolly Parton, la célèbre chanteuse de country à la poitrine débordante. Depuis, des dizaines d'espèces animales sont clonées et les animaux ainsi « fabriqués » se comptent par milliers.

Pour l'espèce humaine, ce clonage reproductif, qui aboutirait à la duplication d'un être humain déjà existant, a fait l'objet d'une réprobation à peu près unanime et d'une interdiction légale dans la majorité des pays développés.

L'argument qui soutient cette interdiction repose sur le refus de l'instrumentalisation de la personne à qui on donnerait ainsi la vie. Le clone serait sans conteste un être humain à part entière, capable de son propre développement, mais son existence même aurait été choisie en fonction des connaissances que l'on a de son profil génétique. Il serait donc la copie d'un organisme existant. Cela ne signifie évidemment pas qu'il aurait la même histoire, la même conscience, les mêmes pensées, comme on le croit trop souvent par erreur. Mais le seul fait d'être la réplique génétique d'un autre, et non le résultat de la combinaison aléatoire de deux codes, affecterait profondément son statut d'humain, sa capacité à se constituer en sujet autonome, comme le soutient le philosophe Jürgen Habermas [27].

Si l'interdiction du clonage humain est acquise, il demeure toujours envisageable que cet interdit soit un jour transgressé par des savants avides de notoriété et d'argent, ou convaincus par les arguments d'une secte. Car, même si elle n'a pas encore été appliquée, cette technique demeure applicable aux humains.

Mais il ne faut pas confondre *clonage reproductif* – où l'on aboutit à la création d'un individu – et *clonage thérapeutique*, où l'on veut obtenir uniquement des cellules souches pour fabriquer des tissus ou réparer des organes. Pour y parvenir, il suffit d'enclencher le processus de clonage, mais sans laisser se développer le préembryon ainsi créé. Les débats autour du clonage thérapeutique demeurent toujours aussi vifs, car ils posent la question du statut de l'embryon.

Qu'il s'agisse de fixer une limite légale à l'interruption volontaire de grossesse, d'encadrer la conservation et les usages des embryons congelés, de légiférer sur l'obtention de cellules souches, chaque fois revient une série d'interrogations sur la nature de cet œuf fécondé. Est-ce seulement un amas de cellules ou déjà une personne humaine ? Existe-t-il un point de passage d'un statut à l'autre ? À quel moment ? De quelle manière ? Les réponses mobilisent évidemment de nombreux arrière-plans religieux, philosophiques et juridiques.

Il s'agit de questions que les sciences ne peuvent espérer trancher ni la médecine résoudre. Aucune expérience, aucune observation ne permet de savoir si quelques cellules en train de commencer à se multiplier sont déjà un être humain, une simple potentialité d'être humain ou un amas cellulaire comme tant d'autres. Il ne peut s'agir, par définition, que d'options métaphysiques, de croyances premières.

Or, toutes les difficultés viennent de là. Les convictions se heurtent comme s'opposent les avis sur ce qu'il convient d'autoriser ou d'interdire, notamment pour des raisons religieuses. Pour la religion juive, l'embryon est à considérer comme une personne seulement aux alentours du quarantième jour, quand les yeux commencent à s'esquisser et que la tête prend une toute première apparence de visage humain. Pour la religion catholique, dès la fécondation d'un ovule existe une personne, pourvue de toute la dignité et de toutes les prérogatives d'un être humain. Pour les musulmans, la vie est d'origine divine, mais l'adhérence de l'embryon à la matrice maternelle est progressive. La recherche sur les embryons est donc possible pour obtenir des résultats thérapeutiques. Dans une perspective laïque, tout est envisageable, mais on devra s'efforcer de concilier, au cas par cas, le respect de la dignité humaine et le souci de permettre la meilleure utilisation des nouvelles possibilités offertes par les sciences et les techniques.

On oublie souvent que nos débats sur les techniques nouvelles prolongent et réactivent, sans le savoir, des querelles qui divisaient déjà les penseurs de l'Antiquité. Car les médecins grecs, depuis Hippocrate jusqu'à Galien et ses successeurs, les philosophes grecs et romains, depuis les présocratiques jusqu'aux néoplatoniciens, les Pères de l'Église et les penseurs byzantins, ainsi que les auteurs juifs du Talmud et de la Michna ou les savants musulmans du Moyen Âge, ont abondamment spéculé sur le développement du fœtus, les processus de sa formation, les rôles respectifs du père et de la mère dans la procréation.

Sur bien des points, évidemment, biologie et médecine modernes ont mis un terme aux spéculations de l'Antiquité. On ne se dispute plus pour savoir s'il n'y a qu'une seule semence (masculine) ou s'il en existe deux (masculine et féminine), ou encore si chaque semence est produite par un seul organe ou provient du corps tout entier. En revanche, en matière de spiritualité, de métaphysique, d'éthique ou de droit, quand il s'agit de définir la nature même de l'embryon, de savoir quand il commence à être une personne humaine, de formuler des règles sociales le concernant, nous ne savons, en fait, ni beaucoup plus ni vraiment autre chose que les humains d'autrefois.

Pour chacune des techniques de procréation médicalement assistée, il faut donc prendre en compte sa dimension médicale et sa portée symbolique. Médicalement, il s'agit de surmonter une stérilité, d'éviter des maladies congénitales, donc de diminuer des souffrances. Mais il s'agit aussi d'intervenir là où, auparavant, jamais aucune intervention humaine n'était possible. Engendrer un être humain alors que les conditions naturelles ne le permettent pas, éviter la naissance d'enfants malformés, c'est déjà, aux yeux de certains, se situer du côté du surnaturel, si ce n'est du divin. Intervenir pour créer la vie serait faire changer l'humain de registre, créateur, et non plus créature...

D'entrée de jeu, René Frydman, plus pragmatique, nuance cette affirmation : « *On ne crée rien de nouveau, puisqu'on se contente, initialement, de faire se rencontrer ce qui existe déjà. Je dirai plutôt qu'on favorise quelque chose qui, normalement, devrait se produire. On prend un ovule, on prend un spermatozoïde, on trouve le milieu adéquat pour permettre leur rencontre... Dans ce sens-là, il ne s'agit pas d'une révolution scientifique mais d'un progrès technique, et rien d'autre. La procréation médicalement assistée permet de réaliser ce qui existe d'habitude. Ce n'est pas à proprement parler, à ce stade, un dépassement de la nature.*

Là où ça se complique, évidemment, c'est qu'une forme de révolution sociétale commence à découler de ces techniques. La dissociation de la maternité opérée avec les mères porteuses entre "maternité génétique" de celle qui donne les ovocytes, "maternité de gestation" de celle qui porte le fœtus, "maternité affective" de celle qui élève l'enfant, n'existait pas auparavant. Cette fois, l'application de la technique a créé de l'inédit total. Une femme qui porte un enfant qui n'est pas d'elle génétiquement, par dépose d'embryons, cela n'avait jamais existé auparavant. Donc il y a quand même des modifications. Ce n'est pas le seul cas. Aujourd'hui, une femme de 65 ans peut être mère, cela n'existait pas non plus. On assiste donc effectivement à des dépassements de la nature. Le don d'ovocytes était inimaginable à une époque antérieure... Les religieux peuvent toujours rechercher dans la Bible des exemples, ils n'en trouveront aucun ! »

Face à ces avancées de la science, René Frydman tient aussi à indiquer les risques et dérives possibles : « *Notre connaissance de plus en plus grande des mécanismes biologiques ouvre la porte à leur manipulation. Exemple : imaginons que l'on décide de créer des spermatozoïdes à partir des cellules souches, puis, à partir de ces mêmes cellules souches, de créer des ovocytes. Là, on intervient directement sur le vivant. Ce sont des modifications de fond. Si on réussissait à faire des spermatozoïdes, et même des ovocytes à partir d'une seule cellule, on pourrait constituer une entité humaine provenant d'une seule origine... D'ailleurs, au niveau de l'animal, le clonage existe déjà, on sait aussi modifier des gènes, on va même pouvoir créer des spermatozoïdes pour certaines espèces, on vient de l'expérimenter récemment... »*

René Frydman fait ici allusion aux recherches menées depuis 2003 pour fabriquer à partir de cellules souches embryonnaires des gamètes – ovules ou spermatozoïdes –

(le mot « gamète » a été inventé à partir des mots de grec ancien *gamètès* et *gamétè*, qui désignent respectivement l'époux et l'épouse). Au lieu de congeler des ovules et des spermatozoïdes, il serait donc possible de les créer à volonté à partir d'un préembryon cloné. Encore purement hypothétique, si cette piste se concrétise, elle ouvrirait à son tour des possibilités vertigineuses à la métamorphose de la reproduction humaine.

C'est pourquoi René Frydman insiste sur le fait que cette multiplication des possibilités exige que l'on formule des règles : « *Beaucoup de choses vont être faisables, mais tout ce qui est faisable doit-il être fait ? Je pense que non. Ce n'est pas parce que les choses existent qu'elles doivent être faites ou qu'elles peuvent être faites. Nous savons comment faire, techniquement. Mais nous devons nous demander pour quoi faire. La multiplication des possibilités nous impose de choisir ce que nous voulons faire ou ne pas faire. Pour moi, il y a deux limites : une limite médicale classique* – primum non nocere, *"d'abord ne pas nuire", c'est le serment d'Hippocrate. Il n'y a pas à se lancer dans des expérimentations qui risquent de produire, par exemple, des nouveau-nés malformés. La deuxième limite consiste à ne pas utiliser l'autre à ses propres fins, même si ces fins sont louables.*

Ma représentation de l'humain, c'est comment vivre ensemble. C'est la relation. Et c'est pour cela que ces questions sont tellement importantes ; elles définissent effectivement les relations des humains aux autres. Si on commence à utiliser certains d'entre nous pour acheter des parties de leur corps, ou leur force de gestation, alors on n'est pas dans le vivre-ensemble, mais dans le manque de respect.

De plus, ce "collage" contemporain à la technique est d'abord un "collage" à la génétique : le déterminisme génétique de l'humain prend de plus en plus d'importance. Quand vous prenez un peu de recul et que vous réfléchissez, les dons d'ovocytes, c'est justement l'acceptation qu'on va élever un enfant qui n'est pas de soi génétiquement, donc vous avez là une espèce d'ouverture à l'autre, vous ne valorisez pas le génétique. Au contraire, quand vous faites appel à des mères porteuses, c'est l'inverse. Dans ce cas, on veut un enfant qui soit "génétiquement" de soi. Donc, on voit bien qu'il y a toujours une lutte entre ce qui est génétique et ce qui ne l'est pas, qui a pris là un aspect concret – parce que l'ovocyte demeure dans le "de soi", le "pour soi". Le clonage, c'est toujours cette possibilité d'avoir une autoreproduction de soi… "Je suis tellement bien que je mérite d'être reproduit."

En réalité, l'humain dispose de pouvoirs énormes, mais il peut avoir aussi la volonté de ne pas les utiliser. L'animal ne peut pas ne pas, il ne se réfrène pas : le lion attaque. L'humain pourrait attaquer – il le fait souvent, malheureusement –, mais il peut aussi décider de s'abstenir. »

Pourtant, dans l'esprit du médecin, cette réflexion n'implique à aucun moment de ralentir les recherches. À ses yeux, cela serait parfaitement vain. Toutefois, si la recherche doit être libre, il faut pouvoir, chaque fois, décider de ne pas utiliser certaines des possibilités nouvelles qu'elle offre. C'est là, selon ses termes, ce qui distingue « *l'homme digne de l'homme indigne* ». Pour René Frydman, « *la technique sans la réflexion donne une espèce d'immédiateté aux pulsions que nous avons tous. Dès lors il n'y a plus de séparation entre rêve et réalité, entre le fantasme et ce qu'on réalise. Ce manque de recul soumet l'humain au développement technique, sauf si l'introduction d'une réflexion intervient* ».

Exemple particulier de fantasme, l'utérus artificiel auquel le biologiste Henri Atlan [28] a prédit un possible avenir, même lointain, sur lequel il faut s'interroger dans la mesure où il libérerait définitivement les femmes de l'enfantement, et de la fameuse injonction biblique d'« enfanter dans la douleur ». Lentement, dans certains laboratoires, ses contours se dessinent. Ainsi, en 1997,

Yoshinori Kuwabara, de l'université de Juntendo à Tokyo, a pu développer des fœtus de chèvre en milieu artificiel pendant trois semaines. Et en 2002, aux États-Unis, l'endocrinologue Helen Hung Ching Liu, de l'université de Cornell, parvient, à partir d'une culture de cellules utérines prélevées sur une femme, à recréer la paroi intérieure d'un utérus humain. Des embryons humains obtenus par fécondation *in vitro* ont ensuite été placés dans la cavité obtenue. Ils s'y sont attachés et ont commencé à se développer. Cette expérience déclenche un scandale, qui force Helen Liu à revenir à des expériences menées uniquement sur des souris.

Mais René Frydman demeure sceptique : « *Intellectuellement, c'est un beau fantasme. À présent, on le sait, les huit premiers jours de la vie sont possibles en éprouvette. Vingt et une semaines après, le reste du développement est également possible dans les appareils qu'on utilise pour les grands prématurés. On peut donc rêver de combler l'espace intermédiaire par un dispositif nouveau qui rendrait la grossesse inutile. Est-ce souhaitable ? C'est toujours la même question...*

On connaît bien, dans tous les services de néonatologie, l'importance décisive de la présence humaine pour les prématurés. La présence des parents en particulier, mais aussi la présence humaine en général, avec de la musique, des paroles, du toucher, etc. Donc, s'il faut passer neuf mois à entourer et caresser le fœtus dans un utérus artificiel, autant le porter !... »

Plus que jamais, René Frydman demeure attentif et vigilant, il sait combien l'usage des techniques médicales de procréation peut susciter fantasmes et abus. Mais il a également confiance, et surtout espoir, dans la responsabilité et la maturité des citoyens comme des institutions. La démocratie, en ce domaine, fonctionne. Du moins dans certains pays : « *En France, en particulier, il n'y a jamais eu autant de gens pour participer à cette élaboration des règles. Il y a des débats permanents dans les médias autour de la bioéthique, sans parler du travail du Comité consultatif national d'éthique. Par contre, l'arrivée de ces technologies dans des sociétés qui n'ont pas mis à l'ordre du jour autant de réflexions est plus inquiétante. De ce point de vue, la mondialisation pose un problème.*

Aujourd'hui, dans tout le Moyen-Orient, l'Asie, les États-Unis, tout est possible, sans limites. Aux États-Unis, il y a cet exemple connu, emblématique, d'un couple de femmes homosexuelles sourdes et muettes qui souhaitaient un enfant sourd et muet pour parler le langage des signes... elles l'ont obtenu ! Savez-vous combien il y a de centres de fécondation in vitro *en Jordanie ? Vingt. Au Liban vingt-cinq, en Égypte soixante-dix, en Chine... Sans réglementation, sans réflexion des institutions. Alors, pourquoi cela fonctionne ainsi ? Parce que tout le monde a un désir à un moment donné. Si vous ne mettez pas d'arrêt à ce désir, si au contraire vous avez même une offre et un tiroir-caisse, il n'y a plus de frein... En fait, les gens se retrouvent confrontés de plus en plus à des problèmes de choix. Il faut en permanence choisir sa propre vie, prendre des décisions. C'est évidemment plus simple, en un sens, quand on doit tout accepter et qu'il n'y a pas à réfléchir. La liberté de choix est parfois presque plus difficile à vivre que la soumission.*

La crainte de mal faire, de ne pas prendre les bonnes décisions, a toujours existé. Mais, aujourd'hui, elle est plus intériorisée. Quand les femmes se demandent par exemple : "Est-ce que je vais accoucher là ? ou ici ? Oui, mais s'il arrive quelque chose...", chaque fois, la décision est importante. Avant, la question ne se posait même pas. Le choix est donc considérablement plus grand, à l'échelle individuelle comme à l'échelle collective. Du coup, si la société ne donne pas de nouvelles lignes directrices, les gens paniquent parce qu'ils doivent inventer eux-mêmes leurs propres limites. »

Mais il ne s'agit pas seulement d'une affaire de tempérament, de psychisme individuel. Car ces nouvelles possibilités, qui transforment la procréation humaine, ont aussi des répercussions sur les représentations du masculin et du féminin. Elles questionnent et travaillent les rôles sociaux autant que l'imaginaire collectif. D'une manière ou d'une autre, il semble inévitable qu'elles remettent en question les identités sexuelles. René Frydman le constate au quotidien : « *La grande révolution de ces trente dernières années, c'est l'accès pour la femme à une certaine – je dis bien une certaine – maîtrise de la reproduction par la contraception, qui est efficace, et par les traitements contre la stérilité, qui eux sont relativement efficaces, mais pas trop. Un couple sur deux qui vient en procréation médicale ou assistée n'a pas d'enfant*[29]. *Mais l'ensemble provoque quand même une métamorphose, une mutation.*

Ce changement du statut de la femme dans la société entraîne aussi un changement de l'homme. L'homme, notamment depuis Mai 68, a changé du fait que sa compagne se transforme. Il peut dorénavant exprimer un certain nombre de choses, ne serait-ce que l'homosexualité, ou son côté féminin. Dans les naissances, on le constate, la participation des hommes est plus importante – avec des émotions, des drames, un véritable vécu autour du projet d'enfant, qu'on ne voyait pas auparavant.

Bizarrement, ces techniques de procréation remettent à égalité l'homme et la femme car, jusque-là, c'est la femme qui était devenue maîtresse du jeu : elle veut, elle ne veut pas ; elle décide de ou de ne pas, elle garde ou elle ne garde pas. Mais, par exemple, dans la procréation médicalement assistée, s'il y a un embryon in vitro *congelé, le choix doit se faire à deux et appartient autant à l'homme qu'à la femme. Pour la première fois, le devenir d'un embryon est soumis autant à la parole de l'homme qu'à celle de la femme. C'est un détail minime, mais symboliquement important.*

On constate aussi que l'homme revendique désormais sa paternité. Sur ce point, il y a une demande d'être considéré, une insistance sur le fait qu'accéder à la paternité est aussi important que d'accéder à la maternité. Ce sont les revendications d'une minorité, mais elles indiquent un changement culturel, lié au fait que l'évolution de la médecine a permis à la femme d'acquérir une autonomie et une place dont elle ne disposait pas auparavant.

Il me semble qu'aujourd'hui chaque individu, masculin ou féminin, accepte plus qu'auparavant d'avoir à s'inventer. Le jeu des rôles est moins catalogué, moins fermé qu'autrefois.

Dans cette transformation de l'humain, la part de la procréation médicale assistée est minime, mais elle importe symboliquement. Même si elles ne touchent effectivement qu'une minorité de gens, ces techniques ont un rôle important au niveau du fantasme. »

Nous voilà parvenus à une sorte de carrefour. Autour de la procréation humaine s'entrecroisent en effet aujourd'hui des découvertes scientifiques et techniques, des enjeux psychiques individuels, des questions d'éthique et des débats de société – le tout ne cessant de travailler les représentations de l'humain. Dans l'histoire de l'humanité, pour les anthropologues, l'existence même de la procréation est au fondement des processus de domination du féminin par le masculin. Pour mieux comprendre ce que cela signifie, et savoir dans quelle mesure les techniques médicales remettent en question ou non cette domination, il nous faut aborder cette dimension anthropologique avec Françoise Héritier.

Paris. Rencontre avec Françoise Héritier
« *De la paternité certaine à la maternité variable.* »

On ne peut pas dire qu'elle se laisse impressionner. Au contraire. Face à tous les bouleversements techniques de notre époque, Françoise Héritier garde la tête froide et refuse de s'en laisser conter. Alors que l'on s'enthousiasme ou s'effraie des dernières nouveautés médicales, elle insiste plutôt sur les fondements pratiquement inchangés des sociétés humaines et des rapports entre les sexes. Aux innovations technologiques qu'on croit souvent trop vite porteuses de mutations radicales, elle oppose les grandes strates qui traversent siècles, millénaires et continents.

Est-ce par tempérament ? Parce qu'elle serait de nature sceptique, placide, flegmatique ? Explication bien trop courte et trop simple. Car si Françoise Héritier est effectivement d'un abord calme et souriant, ce qui justifie son attitude est lié à son savoir plus qu'à son caractère. Anthropologue, elle a d'abord longuement étudié les mythes et les règles de parenté des Samo, une ethnie du Burkina Faso ; elle a comparé les systèmes de filiation et les rôles respectifs du masculin et du féminin dans des sociétés humaines très diverses et dissemblables. C'est en menant ces comparaisons qu'elle a découvert des traits constants, des structures qui persistent sous les changements apparents.

Elle considère donc notre époque avec ce « regard éloigné » qu'évoquait déjà Claude Lévi-Strauss, qui fut son maître, son modèle, son collègue et, somme toute, son principal sujet d'admiration. Elle lui a succédé au Collège de France, en 1982, avant de laisser place, en 1998, à l'anthropologue Philippe Descola. De Claude Lévi-Strauss elle a notamment adopté la méthode structurale, qui lui a permis de mettre en lumière des éléments nouveaux sur les places respectives des hommes et des femmes dans les systèmes de parenté comme dans les représentations. Dans ses ouvrages, elle s'est attachée à mettre en lumière cette « pensée de la différence » sur laquelle se greffe la hiérarchie des sexes, dont elle envisage les possibilités, réelles ou illusoires, de dissolution [30].

Car elle s'est aussi engagée dans les combats pour l'émancipation des femmes.

Françoise Héritier nous reçoit chez elle, dans son appartement, à l'est de Paris. Le lieu est truffé de livres, que ponctuent tissus et objets africains. Cette femme de grand savoir, qui a enseigné dans les institutions les plus prestigieuses, qui a également présidé le Conseil national du sida, qui est membre du Comité consultatif national d'éthique, n'a rien de froid, d'arrogant, de distant. Son accueil est simple, cordial, attentif à nos interrogations.

Ce que nous voulons d'abord comprendre, c'est justement sa méfiance envers les annonces de mutation permanente : « *Ce qui me gêne souvent, c'est d'entendre que nous vivons une période de découvertes et d'inventions permanentes, de bouleversements radicaux. Il y a là un excès d'emphase ! Des révolutions qui changent radicalement le destin de l'humanité, il n'y en a pas tous les quarts d'heure ! En réalité, la plupart des inventions extrêmement importantes aujourd'hui datent du siècle dernier : l'atome, la capacité d'explorer les mondes solaires et extrasolaires, la possibilité d'explorer le monde de l'intime, etc. Je n'ai pas l'impression que nous vivions des mutations si extraordinaires. On se trouve plutôt dans un temps d'adaptations plus rapides, mises à la portée d'un plus grand nombre de gens. Un des péchés mignons de notre temps est d'avoir besoin de croire que nous avons la haute main sur la nature, que tout est possible...* »

Mais, pour Françoise Héritier, ce qui est possible ou impossible n'a pas tout à fait le sens que l'on donne couramment à ces termes. Habituellement, quand on juge que quelque chose est impossible, ce peut être pour des raisons logiques (il est impossible qu'il existe un cercle carré), ce peut être en fonction d'une constatation physique (il n'est pas possible de trouver sur terre une haute montagne faite d'or), ce peut être enfin pour des

LA PART PSYCHIQUE 349

raisons morales (il n'est pas possible de tuer son semblable). C'est encore autrement que l'anthropologue de la parenté considère les situations, comme on va le voir.

Il n'y a que deux sexes entrant en jeu dans la procréation. Celle-ci définit l'ordre de succession des générations et l'ordre de naissance des enfants. Les trois éléments incontournables sont donc nécessairement masculin/féminin, parents/enfants, aînés/cadets. Dans toutes les sociétés, ces trois traits définissent les systèmes de filiation. Le travail de Françoise Héritier a consisté notamment à scruter les combinaisons, d'un point de vue structural, de ces différents traits. Elle l'explique très simplement : *« Dans le monde du social, il existe des ensembles d'éléments irréductibles, des "butoirs" pour la pensée, que les humains trouvent en face d'eux, depuis les origines, de l'humanité pensante jusqu'à aujourd'hui. Et on est obligé de faire avec, de s'en accommoder.*

Ainsi, dans la filiation, par exemple, il n'y a que six possibilités mathématiquement envisageables. On ne peut pas en trouver d'autres ! Trois d'entre elles seulement sont très représentées dans les sociétés du monde. Il y a donc des mondes de possibles qu'on peut identifier en faisant le tour de ces seules combinaisons logiques. » L'anthropologue a découvert que la « sixième possibilité », logiquement concevable mais nulle part concrétisée, est justement celle qui mettrait les femmes dans la position des « aînés », donc de l'autorité.

Pour Françoise Héritier, les *« poursuites fantasmatiques de l'humanité »*, les rêves qu'elle tente de réaliser sont faciles à repérer. On imagine de nouveaux moyens de les atteindre, on en parle avec des mots nouveaux, mais ces horizons imaginaires ne se renouvellent guère : *« Il y en a peu : pouvoir être composé autrement qu'on ne l'est, en devenant un animal, un végétal, ou une machine..., ne pas être stérile, avoir une descendance, éviter le malheur et la maladie. Et aussi ne pas mourir. Ce sont toujours ceux-là, les grands fantasmes de l'humanité.* »

Nous avons déjà vu comment le fantasme d'immortalité et celui de devenir-autre se poursuivent et même se combinent aujourd'hui dans les rêves de fusion avec les machines. Ce qui nous intéresse, à l'instant, c'est la question de la stérilité et de la descendance, de la reproduction et des relations entre les sexes. Ce que nous voulons savoir, c'est ce qui pourrait changer, du point de vue de l'anthropologue, dans les systèmes de filiation, dans la société, et par contrecoup dans les représentations de l'humain, sous l'effet des nouvelles techniques médicales.

En étudiant la stérilité et la fécondité chez les Samo, Françoise Héritier a analysé minutieusement les représentations de la procréation, de la formation de l'embryon, des apports du masculin et du féminin. C'est ce savoir qui lui fait penser que nous surestimons les changements à l'œuvre dans nos sociétés. Pour elle, tant que nous aurons affaire à une reproduction sexuée, où chaque organisme est issu de deux autres de sexe opposé, nous ne serons pas confrontés à des problèmes radicalement différents de ceux déjà rencontrés par toutes les autres civilisations et toutes les autres époques de l'humanité. La différence des sexes demeure ce qui structure la pensée.

Autrement dit, les techniques peuvent bien être inédites, les cas de figure de la filiation et des relations entre les sexes demeurent toujours globalement les mêmes. Essentiellement parce que la reproduction reste la même, indépendamment des techniques qui ne modifient que les circonstances de la rencontre entre les gamètes, mais non sa nécessité : « *Par contre, si, comme on nous l'annonce parfois, on parvenait à se passer des gamètes, si on parvenait à obtenir une reproduction à partir de cellules banales, même pas nécessairement des cellules souches, alors ce serait effectivement une révolution. On aurait introduit quelque chose qui n'a jamais existé. Parce que, parmi les butoirs de la pensée, il y a jusqu'à présent cette nécessité de la rencontre du masculin et du féminin. On avait déjà évoqué cette éventualité d'une rupture radicale dans le mode de reproduction quand on parlait, il y a une bonne dizaine d'années, de la possibilité du clonage reproductif. Finalement, on l'a interdit, avec une parfaite simultanéité, dans tous les pays... »*

C'est donc à partir de la reproduction sexuée, et d'elle seule, qu'il convient de réfléchir. Mais à condition, rappelle Françoise Héritier, de la replacer dans le cadre social que l'anthropologie permet de voir à l'arrière-plan : « *Ce qui me frappe, c'est la méconnaissance actuelle d'un certain nombre de fondements anthropologiques globaux. Ainsi, nous considérons aujourd'hui le mariage comme un rapport entre deux personnes. Or le mariage n'est pas du tout un rapport entre deux personnes, mais entre deux familles, deux lignages, deux groupes, deux ethnies, même... Ce mariage introduit une alliance, que l'on veut la plus durable possible. Vous échangez des filles, que vous donnez à d'autres groupes qui vous donnent des filles, que vous mariez à vos propres garçons, ce sont des rapports qui vont devenir productifs d'enfants. Ces enfants vont avoir des grands-parents des deux côtés, qu'ils traiteront plus ou moins de la même manière. C'est donc une consolidation extrêmement intime de l'alliance.*

Cette organisation nous ramène aux origines de l'humanité, quand la prohibition de l'inceste a obligé à sortir de la consanguinité pour aller vers les autres groupes consanguins, pour établir la société par l'alliance. L'alliance matrimoniale, du point de vue anthropologique, c'est la nécessité de ne pas chercher chez soi les ressources reproductives. Il faut aller les prendre chez les autres, à qui on donne ses propres ressources reproductives. On échange. Cet échange est la construction même du social. Cela signifie qu'on ne peut rien faire quand on est entre personnes semblables. Ce n'est pas viable. Pour qu'il y ait une société viable, il faut qu'il y ait de la différence. La première des différences est entre homme et femme, la deuxième entre groupes sociaux. »

Que les hommes et les femmes occupent des places et des fonctions distinctes dans la procréation est une chose. Qu'une forme de domination sociale multiforme des hommes sur les femmes doive inéluctablement s'ensuivre, et ce tout au long de l'histoire de l'humanité, en est une autre. Qu'est-ce qui explique que perdure l'inégalité entre les sexes ? La procréation est-elle un verrou ? « *Pour moi, tout ce qui touche à cette hiérarchie entre les sexes tient au fait de la nécessité, pour les hommes, de s'assurer une descendance en captant des femmes. Et tout va avec. L'échange, ce sont des pouvoirs de fécondité qui sont transmis en donnant des filles et des sœurs à d'autres hommes. Parce que les hommes ne font pas leurs enfants, mais surtout ne font pas leurs fils. Donc, ils ont vraiment besoin d'avoir des femmes et il y a cette nécessité de les garder, de s'assurer de la fidélité de l'épouse, d'être effectivement assuré que les enfants sont bien les leurs. Et pour cela, il y a cette captation des femmes qui va, dans certains pays, jusqu'à l'interdiction absolue de sortir sans être accompagnée par un membre masculin de la famille, pour assurer la chasteté, la fidélité, et bien d'autres choses...* »

Pourtant, la domination masculine semble mise en cause de multiples côtés. Les indices d'émancipation des femmes se multiplient. Le contrôle sur les grossesses rendu possible par la contraception, les choix nouveaux permis par les PMA, tout cela va bien dans le sens d'un contrôle de plus en plus réel des femmes sur leur corps et leur destin. Il n'en demeure pas moins, pour l'anthropologue, que l'égalité n'est toujours pas à portée de main : « *Nous avons tendance à croire aux résultats immédiats. Les jeunes filles pensent que l'égalité est désormais acquise entre hommes et femmes puisqu'on a obtenu un certain nombre de lois. Mais non, il faut du temps pour que tous ces systèmes disparaissent. Ils ont mis des millénaires à se constituer et on les transmet tous les jours sans s'en rendre compte. »*

De nouveau, insistons. Les nouvelles techniques médicales ne donnent-elles pas un avantage, au moins symbolique, aux femmes en dissociant sexualité et enfantement, en les faisant passer de la soumission ancestrale à la liberté de choix ? En fait, pour Françoise Héritier, rien n'est moins sûr : « *De petites choses passent inaperçues qui me paraissent extrêmement importantes. Contrairement à ce que l'on pense, elles ne s'orientent pas vers des modifications substantielles de nos façons d'être et de penser, mais au contraire elles les figent encore plus. On constate, par exemple sur Internet, que les hommes recourent de manière massive à la recherche de leur paternité biologique en faisant contrôler l'ADN de l'enfant. On a a priori l'impression que l'on applique ici une technique moderne qui va dans le sens d'une certaine vérité, d'un certain progrès. En réalité, il n'y a pas de progrès dans ces domaines-là, puisque encore une fois toutes les possibilités ont été explorées, elles étaient là depuis les origines.*

En fait, ce qui est en train de se passer, c'est au contraire la consolidation d'un vieux fantasme masculin – celui qui est à la base de ce qu'on appelle la domination masculine, moi je préfère parler de "valence différentielle" des sexes. Dorénavant, ce vieux rêve de certitude d'être le père est renforcé par l'ADN. »

Françoise Héritier fait allusion aux tests de paternité qui se multiplient. Jusqu'à présent, des kits ADN permettaient dès la naissance de comparer le patrimoine génétique d'un enfant à celui de son père supposé. Un pas de plus a été franchi, en août 2011, pour vérifier une filiation dès la douzième semaine de grossesse, avec la mise sur le marché par la firme américaine DNA Diagnostics Center d'un test génétique grâce à une prise de sang chez la mère. Pour l'instant, la recherche de paternité pour convenance personnelle étant toujours illégale en France, la tentation est grande de recourir aux possibilités offertes à l'étranger : « *Jusqu'à présent, partout dans le monde, on vivait selon l'adage des Romains : "La mère est toujours certaine, le père toujours incertain." Et là, tout à coup, on donne la possibilité aux hommes de réaliser ce vieux rêve de certitude, alors que toutes les constructions sociales de domination que j'ai esquissées à l'instant existent déjà justement pour permettre que ce rêve soit réalité. Or, là, on l'offre sur un plateau. Le rêve peut être réalité : il suffit de contrôler l'ADN, le sien et celui de l'enfant.*

Mais, du côté de la maternité, ce n'est pas forcément mieux. On peut, par exemple, envisager de prendre des ovules fournis par une donneuse, qui sera considérée comme la mère génétique, même si elle n'a jamais de rapports avec l'enfant, faire porter cet enfant – avec la gestation pour autrui – dans l'utérus d'une deuxième femme, tout cela au profit d'une troisième, la mère sociale. Résultat : la maternité, qui était autrefois certaine... devient incertaine !

Vous entrevoyez le renversement ? On cherche donc à passer de la paternité incertaine à la paternité certaine, et à rendre la maternité incertaine. Je ne dis pas qu'on le cherche volontairement, mais le fait est qu'avec ces nouvelles techniques, on la rend incertaine ! On ne sait plus où elle se situe. La mère est-elle celle qui fournit l'ovule, celle qui accouche, celle qui élève ?

Pour moi, c'est celle qui élève. Quoi qu'il en soit, la maternité n'est plus cette certitude qu'une mère est celle qui porte son enfant dans son ventre, qui accouche et qui élève. Cela, c'est fini.

Encore une fois, j'y insiste : ces changements ne sont pas des nouveautés. Ils sont juste la consolidation d'un vieux rêve des hommes de tous temps, qui est d'être certain de leur paternité. C'est presque une régression de l'idée globale selon laquelle la société se représente la maternité. Avant : une maternité certaine, un père incertain. À présent, on bascule vers une société où le sens général sera : paternité certaine, maternité variable. »

Ce que souligne Françoise Héritier, c'est aussi la confusion croissante à notre époque entre l'engendrement et la filiation. Dans toutes les sociétés humaines, selon l'anthropologue, la distinction a toujours été clairement faite. La filiation suppose une déclaration, la transmission d'un nom, une reconnaissance symbolique. Elle constitue un acte social, qui suppose un accord des autres et un geste. Ce n'est pas un fait de nature, une donnée biologique. D'ailleurs, cette filiation n'est jamais directement fondée sur l'engendrement biologique. Sur ce point, nous sommes sans doute en train de changer, sans que les conséquences de cette évolution soient encore clairement visibles. Pour Françoise Héritier, la revendication d'une primauté du génétique, donc de l'ADN, tend peu à peu à remplacer la fiction juridique de la filiation telle que toutes les sociétés l'ont construite et ce changement risque de bouleverser les assises du social.

On aurait tort, pour autant, de conclure hâtivement que Françoise Héritier nie tout progrès. En s'appliquant à prendre la mesure des mécanismes les plus profonds de la domination qu'exerce le masculin, elle détecte au contraire, tel un sismographe vivant, tout ce qui peut renforcer le sens du long combat politique et social pour faire évoluer les mentalités au profit de la cause des femmes, sur le chemin qui mène de la différence hiérarchisée à l'égalité. Veillant toujours à ne pas crier victoire quand il n'y a pas lieu de le faire, sur de simples apparences d'évolutions en trompe-l'œil qui n'ajoutent rien au déjà connu. Ainsi, elle nous permet de mieux prendre conscience de l'ampleur de la tâche.

Une fois notre attention attirée sur ces strates qui demeurent immobiles en dépit des mutations technologiques, sur les armatures qui façonnent, sans qu'on le sache, les relations entre les sexes, nous commençons à entrevoir que derrière la subjectivité, la vie individuelle, les pensées de chacun se tiennent aussi les héritages de l'histoire, la transmission des normes, la multitude des autres. Le voyage doit se poursuivre.

— Pause 4 —
L'ÎLE OU L'AUTRE

De quelque horizon qu'ils viennent, nos interlocuteurs, à cette étape de notre enquête, y ont insisté, chacun à sa manière : jamais l'humain n'est pensable isolément, jamais il n'est concevable d'un point de vue uniquement biologique. En soulignant le rôle décisif de la parole dans le psychisme humain, en affirmant que le sens ne surgit que de la relation, en insistant sur l'évolution des rapports entre femmes et hommes, notamment dans la procréation, en éclairant la dimension sociale de la filiation et des alliances, chacun nous a rappelé que l'humain n'est décidément pas un animal tout à fait comme les autres.

Mammifère, certainement. Mais parlant, social, collectif, toujours en relation avec un autre, une autre, tous les autres. Cette relation à l'autre – depuis la relation originaire de l'enfant à sa mère jusqu'à celles des adultes au sein des couples, et finalement de toute la société – est constitutive de l'humain. Elle seule le construit, le façonne et lui permet d'exister. Au contraire, toute solitude absolue, tout isolement radical signerait le retrait de l'humain dans une forteresse piégée, ou purement illusoire.

Isola, c'est une île, en latin. Et ce n'est pas sans raison que John Donne, le poète anglais de la Renaissance, écrivait déjà : « Aucun homme n'est une île à part entière [1]. » L'île, l'isolement, l'un – sans regard, sans main tendue, sans écoute, sans accueil – ne saurait appartenir aux caractéristiques de l'humain. Sous la banalité apparente de cette remarque aux significations multiples, la question est cruciale.

L'intériorité aussi a une histoire

À l'évidence, ce constat de notre nécessaire interdépendance a été établi de longue date par la philosophie. Quand Aristote définit l'homme comme « animal parlant » et comme « animal social », il ne juxtapose pas deux définitions radicalement distinctes mais deux aspects d'une seule et même réalité : parce qu'il vit en société, l'humain parle et pense, parce qu'il parle et pense, il est en mesure d'organiser la vie commune, de se donner règles et tâches. Toutefois, cet homme ainsi défini ne correspond pas entièrement à ce que nous pouvons en comprendre aujourd'hui. Certes, pour Aristote, l'humain n'est jamais isolé, mais toujours pris dans une collectivité. Pour subsister autrement, il faudrait être dieu ou bête, supérieur ou inférieur... À hauteur d'homme, on ne vit qu'ensemble. Pourtant, première différence avec nos conceptions contemporaines, cette inclusion inéluctable de l'individu dans un ensemble n'implique à aucun moment que son intériorité puisse être imprégnée, façonnée par celle des autres, de manière profonde, constitutive.

Car Aristote, comme avant lui son maître Platon, ne considère pas le lien humain dans sa seule dimension politique. Les Grecs pensent toujours l'âme d'un individu sur le modèle de la Cité, comme une « micropole », une société en réduction, avec ses élites et son peuple, ses troupes de maintien de l'ordre et ses forces de sédition. Le modèle grec n'est donc jamais celui de la subjectivité des Modernes, encore moins ce que nous dénommons intersubjectivité.

Aussi surprenant que cela puisse nous paraître, les hommes de l'Antiquité grecque ne connaissent pas ce que nous appelons « intériorité ». Nous sommes si accoutumés à croire évidentes et universelles les distinctions entre subjectif et objectif, intérieur et extérieur, conscience et corps, que nous avons quelque difficulté à envisager que ce ne soit pas le cas en tout temps, pour tout être humain. Pourtant, il existe bien une histoire de l'intériorité.

Ainsi, l'éminent historien de la Grèce Jean-Pierre Vernant, professeur au Collège de France, grand observateur du psychisme antique, affirmait que l'homme grec « ignore totalement l'introspection », et qu'il est « entièrement orienté vers l'extérieur »[2]. Il précise, par ailleurs, cette idée pour nous déroutante que le regard est à lui seul constitutif de la relation de l'homme grec aux autres, à l'extérieur, sans conscience d'une intériorité : « L'individu se regarde au-dehors. Sa conscience de soi n'est pas réflexive, elle n'est pas repli sur soi, travail sur soi, élaboration d'un monde intérieur, intime, complexe et secret, le monde du Je. Il se cherche et se trouve dans autrui, dans ces miroirs que sont pour lui tous ceux qui constituent à ses yeux son alter ego : parents, enfants, amis[3]. »

C'est plus tard, avec le développement de la pensée chrétienne, que se forge peu à peu la représentation des profondeurs de l'homme intérieur. C'est alors au-dedans de soi, en descendant dans les dédales de sa conscience, qu'on va découvrir des vérités qui y sont déposées, enfouies ou masquées « dans le temple de l'esprit et dans les alcôves du cœur[4] », comme dit saint Augustin. L'humain se définit dorénavant, avant tout, par son dedans, et cette intériorité – plus ou moins transparente ou opaque – va connaître une multitude de déclinaisons et d'élaborations philosophiques ou esthétiques – du « je pense » de Descartes jusqu'au triomphe de la subjectivité radicale du romantisme.

À leur tour, les découvertes successives du rôle crucial de l'histoire, de l'économie, du langage vont réaménager, au long du XIXe siècle, la place de la subjectivité. Derrière le sujet individuel – avec ses passions, ses intérêts, ses calculs personnels –, Hegel va surtout entrevoir la marche de l'histoire mondiale, la réalisation de l'Esprit. Marx, lui, y trouve le reflet des échanges marchands et des luttes de classes. Chaque fois, le substrat de la subjectivité se révèle social, historique, collectif. La vérité du dedans se tient désormais au-dehors, dans la marche de l'histoire ou les lois du marché.

Mais c'est bien le XXe siècle qui installera la présence des autres au cœur de notre propre subjectivité. Pour les philosophes de ce siècle – notamment Edmund Husserl, Maurice Merleau-Ponty ou Emmanuel Levinas –, cette subjectivité émerge de tout ce que les autres tissent, par leur existence, leurs discours, leurs désirs, voire leur simple présence. S'impose alors l'idée que l'intersubjectivité est constitutive aussi bien de notre existence biologique que de notre conscience. Aucun d'entre nous ne décide d'exister, ne se crée lui-même par autoengendrement. Nous sommes tous nés d'une femme et d'un homme sans lesquels jamais notre existence ne serait apparue. Pour qu'existent notre corps et notre conscience, il a fallu au moins deux corps de sexes différents, deux consciences, deux vies antérieures. Toujours deux.

Il apparaît alors que la relation humaine n'est pas simplement un lien qui se tisse entre une personne et une autre, elle se révèle bien plus profonde et plus originaire. Au lieu d'imaginer que nous sommes d'entrée de jeu constitués et construits, que nous sommes déjà « uns », et que nous entrons ensuite seulement dans telle ou telle relation avec « les autres » – relation de parenté, de dialogue, de travail, d'amour ou d'amitié… peu importe ici –, il faut plutôt entrevoir que c'est bien la relation en elle-même qui nous constitue et nous construit.

Sans les autres, pas de moi

Donc sans les autres, pas de moi. Et pas uniquement, cela va de soi, du seul point de vue corporel. Quand nous parlons – même tout seul, même à l'intérieur de notre propre tête –, les mots qui viennent sont ceux que nous avons appris enfant, de nos parents et de notre entourage, puis de tous ceux qui nous ont éduqués. Nous n'avons pas inventé ces termes. Même les mots qui nous sont les plus intimes ne sont pas absolument les nôtres. Quand nous disons « je », nous reprenons un terme transmis, forgé bien avant que nous soyons nés, antérieurement à nous, à nos parents, aux parents de nos parents…

Pas une seule de nos caractéristiques, même les plus personnelles, qui ne provienne des autres ou ne leur soit reliée. Nos connaissances, nos goûts, nos convictions se sont tous formés et développés en relation – d'imitation, de continuité, d'échange, d'opposition. Quelles que soient notre condition sociale, notre nationalité, nos compétences ou nos incompétences, elles n'ont de sens et d'existence que par les autres et par rapport à eux.

Ceci ne signifie évidemment pas que nous soyons seulement la résultante mécanique d'une multitude d'influences additionnées. Nous pouvons choisir, nous ne sommes pas les jouets de circonstances extérieures. Mais les autres sont premiers, fondateurs, nécessaires et présents. Notre subjectivité est tout entière issue d'une intersubjectivité. L'individu émerge d'un vaste réseau qui existe avant lui, sans lui, hors de lui. Notre singularité résulte de l'alchimie que nous créons à partir de ces éléments.

Cette enveloppe complexe – faite d'un immense brassage de relations, de phrases, d'apprentissages et de transmission – est proprement humaine. Aucun équivalent n'en existe, sous cette forme, dans le monde animal. Bien des espèces – les fourmis, par exemple – connaissent une organisation collective. Mais, outre le fait qu'il ne connaît ni changement brusque ni aucune forme d'histoire comparable à celle des sociétés humaines, chaque individu de l'espèce fourmi ne porte pas en lui la présence durable et mobile des autres.

Si l'on extrayait de sa société une fourmi, pour la déposer sur une île déserte, elle mourrait de radical isolement. Ce n'est pas le cas de Robinson Crusoé. En fait, il n'est pas seul, même avant que Vendredi n'apparaisse, il ne peut être seul. Même abandonné de tous, relégué à des centaines de lieues de la première habitation, condamné à subsister par ses propres moyens, Robinson parle, pense, s'organise et résiste avec les mots, les idées, les savoirs qui, en lui, proviennent de sa société et de son histoire. Il vit dans la solitude, mais habité par les autres. Nous en sommes tous là.

On aurait donc tort d'imaginer notre subjectivité comme close, autosuffisante, portes fermées. Mieux vaut se la représenter émergeant d'un arrière-plan dont la texture est tout entière composée des autres – de leurs gènes comme de leurs phrases, de leurs visages, de leurs mémoires, savoirs, travaux et lois. Humain n'a de sens qu'à cette condition : l'émergence d'un individu sur fond de société et d'histoire.

Et aussi sur fond d'exigence éthique. Parmi les philosophes du XXᵉ siècle, une place à part revient à Emmanuel Levinas, pour avoir fait de la présence de l'autre homme l'appel le plus radical à la responsabilité et à l'interdit du meurtre. Pour ce philosophe, l'autre a totalement priorité sur moi. Et cette préséance vaut sur tous les plans. « Après vous, je vous en prie », dit la formule de politesse. Levinas souligne son caractère fondateur de toute éthique : il s'agit toujours que les enfants passent avant moi, que les plus démunis soient prioritaires, que les étrangers soient accueillis et respectés avant les gens du lieu. Il ne s'agit pas de coutume, de culture ou de lois. Seulement d'humanité, au sens le plus radical, fondateur de notre être au monde, de notre rapport à nous-mêmes, au langage et au sens.

Une subjectivité bien tempérée

Sur plusieurs registres – de la communication à l'éthique, en passant par les fondements de la vie psychique –, l'intersubjectivité occupe donc, pour la pensée contemporaine, le centre de l'existence et de l'identité humaines. Reste à se demander si, parallèlement au travail de naturalisation de la pensée que tendent à mettre en œuvre les sciences contemporaines, le statut de l'intériorité ne serait pas en train d'évoluer à nouveau : après un temps où la subjectivité fut portée au zénith, où l'intériorité était devenue un absolu impérieux (tout autant que l'était son absence pour les Grecs), ne serait-ce pas le temps de l'émergence d'une subjectivité revisitée, si l'on peut dire, tempérée, relativisée par le rapport aux autres différent qu'instaure un monde globalisé ?

Pour le vérifier, nous devons à présent chercher comment évoluent, en fonction des mutations techniques, les types de relations qui nous unissent aux autres comme à nous-mêmes.

En effet, à mesure que bougent sociétés, histoire et techniques, l'individu se constitue autrement. Il a d'autres horizons, se raconte des histoires différentes. Il ne change pas du tout au tout, bien entendu. Mais il se construit différemment, s'inscrit dans de nouveaux schémas. Jusqu'à présent, nous avions rencontré des chantiers où l'individu pouvait paraître isolé : construisant seul son corps, pour son bien-être personnel, projetant de devenir une machine pensante immortelle pour sauver sa conscience individuelle, explorant le cerveau à la recherche de sa propre énigme.

Chacun de ces projets, cela va de soi, possède aussi une dimension sociale et collective. Mais c'est bien le « je », le sujet individuel, qui se trouvait alors à l'avant-scène.

Nous allons devoir maintenant changer de focale, tenter de percevoir ce qui travaille à l'arrière-plan. Par exemple, comment l'avènement du monde digital vient-il faire bouger des relations entre humains ? Quand les communications deviennent permanentes, instantanées, indépendantes des distances, que se passe-t-il dans l'intersubjectivité, et par contrecoup dans la constitution des sujets humains ?

V
LE TEMPS DIGITAL

> « *Souriez, vous êtes filmés.* »
> Anonyme.

Vivre au clavier

Un œil sur son *smartphone* pour twitter, un autre sur l'écran, en éveil perpétuel, rivé sur les messages qui s'inscrivent, continûment ou presque. Verts ceux des amis, rouges ceux des autres. Coin gauche de l'écran, la vidéo en boucle d'un groupe de rock métal. Au centre, un exercice de maths à résoudre, avec liens cliquables vers d'éventuelles solutions, sans succès pour l'instant. Coin droit de l'écran, un jeu en ligne se poursuit : l'aventure dure depuis plusieurs jours. Avec des participants d'Australie, d'Europe ou d'ailleurs...

Tout autour, le fouillis – inévitable, universel, prévisible et inchangé – d'une chambre d'adolescent. Comme des dizaines de millions d'autres à travers le monde, ce *digital native* – natif du monde numérique – ne sait plus faire que quantité de choses en même temps. Simultanément. Ainsi fonctionne cette génération d'humains nés téléphone portable à la main, clavier d'ordinateur sous les doigts, toujours un écran sous les yeux. Au premier regard, ils ressemblent à ceux des générations précédentes : à peu près mêmes enthousiasmes, mêmes passions, distractions, incertitudes et inquiétudes. Pourtant, quelque chose d'inédit les distingue : leur rapport au temps. Ce temps en puzzle du monde numérisé qui est désormais le nôtre. Fait aussi de toutes les sensations, tactiles et visuelles, qu'imposent ces outils omniprésents, transformant jusqu'à notre façon de lire, toujours plus glissante pour passer d'une page à l'autre, accaparés que nous sommes par ces sons, exposés à ces images, ces mots, toutes ces perceptions, ces *stimuli* qui retiennent une seconde l'attention. Avant qu'elle ne s'éclipse, brièvement, ailleurs, vers une autre sollicitation, un autre instant de jeu, une réplique nouvelle. Sans que plus rien ne parvienne à la retenir.

Beaucoup a été dit sur cet univers de simultanéité, de superposition de registres, de fragmentation des tâches et du temps. Chacun se trouve, virtuellement, relié en continu à une quantité de plus en plus grande d'« amis », de contacts en tout genre pour des échanges, instantanés et planétaires, à l'infini. Au risque de l'éphémère, du stéréotypé. Dans une langue phonétique, insoucieuse des orthographes, des étymologies et des grammaires.

À l'évidence, le contraste est abyssal entre cette communication d'un nouveau type, reliant des personnes à distance, et les chuchotements de confidences, les variations, les éclats de la voix, la présence physique d'êtres qui se font face et se parlent. Que le langage, les relations, le temps se métamorphosent, nul n'en doute. Mais nul ne sait s'il convient vraiment de s'en réjouir ou de s'en lamenter.

Nul ne sait non plus s'il faut réellement continuer à opposer les *digital natives*, supposés adaptés à ce nouveau monde, et les *immigrants numériques*, nés en un autre temps, ayant connu un autre univers – celui de l'analogique et du papier, du téléphone fixe, des lettres sous enveloppes et des livres lus en silence dans les bibliothèques. Cette distinction, introduite en 2001 par un spécialiste américain de l'éducation, Marc Prensky, puis consacrée par le magazine *Time* en 2006, semble dépassée. Un chiffre en témoigne : le pourcentage des plus de 60 ans ayant accès à l'Internet à haut débit a augmenté trois fois plus vite que celui des 25-39 ans dans les cinq dernières années. Les effets de la révolution numérique ne sont plus affaire de génération.

Ils nous concernent tous. Que nous nous servions d'Internet un peu, beaucoup, à la folie ou pas du tout. Que nous vivions ou non au milieu des écrans. Que nous possédions ou pas ordinateur, *smartphone* ou tablette, GPS, webcam. Quel que soit notre cas, nous sommes embarqués. Directement ou non, mais forcément. Ce monde est en cours de construction, en train de se faire sous nos yeux. Rien n'est figé. Tout est mobile, fluide, évolutif. Nul ne sait exactement où nous en serons dans cinq, dix ou vingt ans.

Mais nous voyons déjà, chaque jour, fonctionner un autre univers – social, relationnel, mental – que celui où vécut l'humanité depuis des millénaires. Disparu, l'ancien monde où il fallait se déplacer pour se voir, transporter du papier pour lire un document, faire voyager des instruments, des bandes magnétiques ou du vinyle pour écouter de la musique, où les images étaient rares, où les informations circulaient lentement entre quelques-uns. La constitution de cette humanité reliée, connectée et interactive, a été d'une extraordinaire soudaineté, à l'échelle de l'histoire. En deux ou trois générations, du milieu du XXe siècle au début du XXIe, on a basculé dans un autre monde. La question, évidemment, demeure de savoir ce qui a changé, de comprendre sur quel registre, et à quelle profondeur, s'opèrent ces mutations.

Certains n'hésitent pas à faire de l'avènement de l'âge numérique un tournant aussi décisif pour l'humanité que la sédentarisation et la naissance de l'agriculture. Bien plus rapide, le tournant actuel serait aussi bien plus radical, car il transforme de proche en proche toutes les facettes de la vie humaine. À l'inverse, d'autres insistent sur l'aspect superficiel, partiel, inessentiel, de cette prétendue révolution. Pour eux, ce qui ne change pas serait plus important, et plus décisif.

La querelle du Paradis ou de l'Enfer se poursuit ici avec d'autres caractéristiques que partout ailleurs. Car les prophètes du bonheur et de la civilisation numérique doivent nécessairement tenir compte des aspects inquiétants ou carrément néfastes de tout ce qui est déjà là, en place, devant nous. De la même manière, les Cassandre de l'apocalypse informatique ne peuvent écarter d'un revers de main tout ce qu'a de positif, voire d'enthousiasmant, ce qui fonctionne quotidiennement pour tous. La différence, c'est que nous ne sommes plus dans les annonces, les prévisions, roses ou noires, mais dans les réalités, forcément contrastées et complexes.

Cette histoire qui s'élabore à ciel ouvert, chacun croit la connaître. Nous mettrons en lumière seulement certains de ses aspects. C'est un choix. Évidemment, l'informatique est partout, et le monde entier en porte la marque, pas seulement dans les moindres aspects du quotidien, mais aussi dans le développement des sciences, des techniques, des recherches : la « grande convergence », dont nous avons rappelé l'importance cruciale au seuil de notre enquête, joue ici à plein. À la croisée de toutes les sciences contemporaines, l'informatique leur devient indispensable. Et le renforcement réciproque des techniques est lié, principalement, au fait qu'elles évoluent toutes dans un même bain permanent d'informations numérisées.

La conversion universelle

Le numérique est devenu l'air que respirent les humains aujourd'hui. Rappelons-le : il y a un demi-siècle seulement, les écrans étaient rares, volumineux et noirs. Ils sont omniprésents, fins et plats, colorés. Personne, dans les années 1960, ne pouvait prévoir la situation présente. L'ampleur de cette conversion est admise de toutes parts, mais on débat, là aussi, de ses frontières et de ses répercussions.

En tout cas, c'est bien de conversion qu'il s'agit, dans toutes les acceptions du terme, ou peu s'en faut. Tournant à cent quatre-vingts degrés, virage faisant passer d'une direction à une autre. Nouvelles opérations mentales, attitude différente de l'esprit, comme quand Platon parle de « conversion de l'âme » vers le vrai et le monde des idées. Nouvelle foi ? Même le sens religieux n'est pas totalement hors jeu. Le numérique n'est certes pas une religion, ni même une conception du monde architecturée, pourtant il a ses fidèles et ses hérétiques, ses fanatiques et ses sceptiques. Certains en attendent le salut, d'autres en redoutent les maléfices.

De manière plus prosaïque et plus courante, on utilise aussi le terme « conversion » pour désigner le passage d'un code à un autre, du monde du papier à l'univers numérisé : on « convertit » en suites de 0 et de 1 des poèmes et des modes d'emploi, des photos de famille et des chefs-d'œuvre du cinéma, des symphonies et des petites annonces, des tableaux Excel et des tableaux de maîtres. Jamais sans doute, même dans leurs rêves les plus fous, les mathématiciens d'autrefois n'auraient-ils osé y songer : tout se convertit en deux chiffres – mots, formes, sons, couleurs et mouvements.

Et plus personne ne peut s'y soustraire, au bout du compte. Quelques données quantitatives suffisent pour le comprendre. Certes, la quantité ne fait pas tout. Elle n'explique pas ce qui se passe. Elle demeure incapable de faire émerger le sens. Elle dit, malgré tout, l'ampleur des phénomènes. Le seul poids de l'industrie informatique dans l'économie mondiale l'indique : 29 % du PIB de la planète... En gros, le tiers des activités économiques mondiales est lié au numérique.

Chaque année, la capacité numérique générale augmente de 28 %, l'archivage global des données de 23 %. En Europe, en 2010, on dénombre 362 millions d'internautes, qui passent en moyenne plus de vingt-quatre heures par mois en ligne, dont un quart sur les réseaux sociaux. Et 47 % des internautes ont moins de 35 ans [1].

Toujours en 2010, mais aux États-Unis cette fois, la montée des réseaux sociaux est plus nette encore : Facebook, avec 117 millions de membres, rassemble plus de 52 % de la population. L'usage des mails progresse encore lentement chez les plus de 55 ans, mais régresse désormais de près de 60 % chez les jeunes, qui utilisent presque exclusivement Facebook, MySpace ou Twitter pour communiquer [2].

Parmi les tendances lourdes actuellement constatées, à côté de cette domination des réseaux et de la chute du trafic des mails, on note aussi l'accroissement spectaculaire de la vidéo en ligne, mais surtout le passage de l'Internet fixe à l'Internet mobile. C'est dans la rue, les transports, les cafés ou les jardins publics que l'on se connecte, depuis l'explosion de la diffusion des *smartphones*. Hans Vestberg, président d'Ericsson, estime à 5 milliards le nombre d'utilisateurs d'Internet mobile en 2016. Soit plus de deux humains sur trois [3].

Un monde technique-humain qui se fabrique

Nous savons tous que les répercussions, déjà nombreuses et profondes, vont aller croissant. Mais nul ne sait la nature exacte de ces changements, ni dans quelle mesure nos manières de lire, d'écrire, d'apprendre, de nous informer, de penser, et aussi d'être ensemble seront transformées. De quelle façon l'action politique se trouvera modifiée. Dans quelle mesure la société tout entière, l'horizon de la mémoire, la conception du temps et la place de l'humain seront retravaillés. Car ce monde nouveau s'engendre lui-même à mesure, par le façonnement réciproque de la technique et de l'humain. Dans les autres sciences, il s'agit toujours de comprendre le fonctionnement d'un monde déjà donné : l'univers pour la physique, la vie pour la biologie. L'informatique, au contraire, construit pas à pas un paysage foisonnant auquel elle donne ses propres règles. Même si elle est évidemment soumise aux limites des lois physiques et logiques, il n'existe pas vraiment pour elle de modèle antérieur auquel se conformer, pas de monde préexistant qu'il s'agirait de comprendre ou de transformer.

C'est donc une technique dont les usagers s'emparent, et qui les transforme, mais qu'ils modifient en retour – et ainsi de suite, alimentant la spirale des interactions entre science et société. Ce que nous cherchons à savoir, ici encore, n'est pas ce que sera l'état du monde dans X années, mais comment les traits de l'humain, dans ce temps digital, se redessinent.

Pour commencer, nous rencontrons d'abord l'un de ceux qui ont le plus contribué à populariser l'histoire du monde digital au cours de ces dernières décennies. « Digital » ou « numérique » ? La réponse paraît simple : le premier appartient au vocabulaire anglais, le second au lexique français. Ainsi, le best-seller traduit en quarante langues de Nicholas Negroponte s'intitule *Being Digital* en version originale et *L'Homme numérique*[4] dans sa traduction française.

Amateurs de bon usage et puristes en tout genre préciseront qu'en français le premier terme ne concerne que les doigts – voyez par exemple « empreintes digitales » – et sûrement pas l'informatique. Nous pensons au contraire que l'usage courant en a déjà décidé autrement : né aux États-Unis, le monde numérique porte l'empreinte, si l'on peut dire, de son univers natal. C'est pourquoi nous le nommons aussi bien digital, sans souci des puristes.

Rencontre avec Nicholas Negroponte.
Par mail
« La révolution numérique est achevée. »

Ce qu'il fait est singulier. Ce n'est pas un ingénieur créateur de logiciels ni un industriel bâtisseur d'empire. Mais pas non plus un utopiste coupé des réalités. On pourrait définir Nicholas Negroponte, provisoirement, comme une sorte d'administrateur visionnaire. Un chef de projets, débordant d'enthousiasme, à mi-chemin de l'homme politique et de l'universitaire. Il fut professeur en informatique au MIT, il demeure passionné d'explications, de vulgarisation et d'applications concrètes de la révolution digitale.

Fils d'un armateur grec, élevé entre quartiers chics de New York et pensions en Suisse, il passe d'abord son diplôme d'architecte au MIT, avant de centrer ses recherches sur la conception architecturale assistée par ordinateur. On lui doit surtout la création, en 1967, au MIT, d'un groupe de recherches sur les interactions entre homme et machines, et en 1985 la fondation – en collaboration avec Jerome Wiesner, président du MIT – du Media Lab, ce centre de recherches sur les technologies intelligentes où nous avons rencontré Marvin Minsky, maître et ami de Nicholas Negroponte.

Les journaux électroniques personnalisés – ce qu'on appelle les *Me-daily* – sont une de ses créations. *Wired*, le premier et le plus fameux magazine sur les innovations et les possibilités du monde numérique, c'est encore lui. Il y publie, à partir de 1993, une chronique mensuelle où il défend des idées originales, dont certaines seront reprises et développées dans son livre *Being Digital*. Quand on le relit aujourd'hui, à vingt ans de distance, on est pris entre sourire et étonnement. Le sourire vient d'une curieuse impression d'archaïsme face aux illustrations qui représentent de gros écrans lourds, des câbles et des modems. Une génération de machines que les moins de 20 ans ne peuvent pas connaître et qui a, déjà, des airs paléolithiques. L'admiration l'emporte, et de loin, quand on constate qu'à peu de chose près Nicholas Negroponte avait tout compris, tout annoncé et éclairé. « *Move bits, not atoms* » était son leitmotiv des années 1990. « Transportez des infos, pas des choses » en est une traduction possible. Son idée centrale est alors la disparition des transferts d'objets, faits d'atomes (livres en papier, tirages photographiques, pellicules de film, bandes vidéo, disques vinyles ou compacts) au profit des transmissions de flux d'informations, composés de bits (0 ou 1). Les téléchargements sont devenus l'archétype de ce changement. Au lieu de transporter de façon lente, coûteuse et aléatoire, des objets matériels, on transmet de manière instantanée, gratuite et certaine, des données numériques.

C'est pourquoi Nicholas Negroponte incarne l'optimisme numérique, cette conviction que le monde digital peut et doit contribuer de manière décisive au bien-être de l'humanité, à son développement et à son autonomie. Avec cette conviction chevillée au corps, il a fondé l'association One Laptop per Child [5] (« Un portable par enfant »), destinée à mobiliser ingénieurs, financiers, gouvernements pour parvenir à fournir à tous les enfants du monde un ordinateur à moins de 100 dollars. Il n'y est pas encore parvenu...

Nous souhaitions une entrevue, et Nicholas Negroponte, toujours entre deux avions, en a accepté le principe. Les circonstances en ont décidé autrement. Quand nous étions aux États-Unis, son agenda le conduisait en Europe. Finalement, il nous a répondu par mail, ce qui ne fait qu'illustrer sa propre façon de considérer les échanges, même profonds, lui qui annonce en envoyer en moyenne une centaine par jour !

À la question de savoir comment la révolution numérique entamée au XXe siècle transforme l'idée que l'on se fait de l'humain, il répond sans hésiter : « *La plus grande part de l'humanité s'est jusqu'à présent considérée avec une bonne dose de fatalisme, selon laquelle la simple survie constituait l'essence même de l'existence. Profiter du présent était la clé de tout : "Fais de ton mieux. Aucun de nous ne vaut grand-chose…"*

La révolution numérique a changé tout cela. Le sentiment de pouvoir faire quelque chose de différent, d'être capable de changer le monde, d'avoir sa propre voix à faire entendre est apparu récemment, et c'est totalement inédit. Les frontières entre tous les domaines se sont estompées. Les définitions deviennent poreuses, mouvantes, et celle de l'homme, dans le sens classique, ne fait pas exception. Le monde était habituellement composé d'œufs frits, avec des jaunes et des blancs distincts. Aujourd'hui, c'est une omelette !

Être un homme numérique, c'est effectivement un style de vie, qui transforme chaque aspect de la vie, du travail au loisir, de l'individuel au collectif. Les réseaux sociaux n'en sont qu'un exemple. Un autre, plus fondamental selon moi, est que les interstices de la vie ont disparu, c'est-à-dire qu'il n'y a plus jamais de temps inutilisé, à attendre un autobus ou un ascenseur, à être assis dans le métro ou dans une salle d'attente. Plus d'attente. Simplement faire autre chose. Puisque ce qui reste est si mince, nous pouvons (cela arrive à certains) finir par perdre la pratique de toute forme de réflexion longue. »

Cela veut-il dire que les machines, désormais, vont pouvoir réfléchir à notre place ? Nicholas Negroponte ne le pense pas : « *À présent, nous pouvons faire tant de choses, si vite, avec une mémoire plus ou moins illimitée, que nous nous illusionnons sur l'intelligence des programmes. Google s'améliore de plus en plus, les programmes de traduction deviennent plus performants, mais ce ne sont que des cascades de statistiques, dont l'ordinateur n'a aucune compréhension.*

Dans les années 1960, les premiers travaux sur l'intelligence artificielle étaient entravés par la capacité de calcul limitée des ordinateurs, mais cela obligeait les chercheurs à considérer l'intelligence plus profondément. Par exemple, on essayait de comprendre et de résoudre un certain nombre de questions insolites et difficiles comme : pourquoi les gens rient à une plaisanterie, ou quelle est la lettre qui suit la séquence OTTFF... Depuis, l'intelligence artificielle a été prise en otage par l'informatique. » On ne cherche plus à créer une intelligence complète, égale ou supérieure à la nôtre, on se contente d'une multitude d'applications pratiques limitées qui n'utilisent que des opérations répétitives.

Faut-il désormais abandonner le rêve des machines pensantes qui a travaillé cet Âge d'or de l'intelligence artificielle ? Ou bien faut-il, comme le font les transhumanistes, ré-enchanter ce rêve, et lui donner une nouvelle vie ? « *La fusion homme-machine, permise pour l'essentiel par celle du silicium et du biologique, est à envisager bien au-delà du point où nous en sommes aujourd'hui. Les ordinateurs implantés seront partout. On nous parle déjà de transplantations de toutes sortes, le cerveau mis à part. Mais cela changera avec la fusion homme-machine.*

Je pense en effet qu'une machine consciente est concevable, sans doute pas avec une forme de conscience comme la nôtre, mais peut-être avec une conscience beaucoup plus profonde et plus puissante que la nôtre...

En fait, je ne m'intéresse pas au transhumanisme comme mouvement ni comme débat. Mais, pour moi, les aveugles verront, les sourds entendront, ceux qui n'ont pas de jambes pourront marcher et sentir le sable sous leurs pieds artificiels. De cela, je suis certain. Dès lors, pourquoi ne pas accepter que certains d'entre nous, avec des yeux, des jambes ou des oreilles parfaitement bonnes, fassent largement mieux que ce que nous permettent nos organes et nos cerveaux limités ? »

Délibérément optimiste, Nicholas Negroponte ne doute jamais des bienfaits des technologies. Lui qui a accompagné la révolution digitale, qui l'a expliquée, qui l'a soutenue financièrement, qui a œuvré à son extension, juge que d'autres domaines sont maintenant en première ligne : « *Le monde de la biotechnologie, des nanotechnologies, de la génomique contient les ferments d'une révolution pour demain. Cela dit, chaque période n'a pas besoin d'être en révolution. Celle du numérique, en tout cas, est certainement achevée. D'ores et déjà, nous sommes une culture numérique.* »

Faut-il partager sans nuances l'enthousiasme de Nicholas Negroponte ou le relativiser ? Il n'est pas si totalement évident que cette culture nouvelle soit entièrement constituée. Ni qu'elle ait déjà déployé toutes ses conséquences, notamment politiques. Même si ses outils sont désormais répandus sur toute la planète, le monde numérique semble encore largement en chantier. Toutefois, avant de chercher à comprendre quelles sont les tensions d'aujourd'hui, il faut revenir sur cette épopée récente, demeurée relativement dans l'ombre. Comment sommes-nous arrivés dans la culture numérique et le temps digital ? Qui furent les acteurs de cette révolution ? Comment se sont répartis les rôles et tissés les liens entre scientifiques, ingénieurs, militaires, universitaires, industriels et grand public, dans cette étrange spirale qui nous a fait passer d'un temps à un autre ?

Brève histoire américaine d'Internet

Souvenez-vous : dans le second chapitre, nous avions laissé, en 1946, l'ENIAC (Electronic Numerical Integrator Analyser and Computer), premier mastodonte informatique, occupant un espace considérable pour quelques dizaines de tonnes, à ses calculs toujours plus puissants. L'ingéniosité du mathématicien John von Neumann avait augmenté ses capacités de façon décisive en séparant l'architecture centralisée de la machine et sa mémoire. Au même moment, Vannevar Bush, l'une des têtes pensantes du projet Manhattan, patron de la recherche scientifique américaine, prend connaissance des travaux d'un juriste belge visionnaire, Paul Otlet (1864-1944) [6], le père de la « classification décimale universelle » qui est à la base de tous les procédés de documentation.

En 1934, Paul Otlet, préoccupé par son projet de classification, s'était pris à rêver d'un lieu où « la table de travail ne serait plus chargée d'aucun livre. À leur place se dresse un écran et à portée un téléphone. Là-bas au loin, dans un édifice immense, sont tous les livres et tous les renseignements... De là, on fait apparaître sur l'écran la page à lire pour connaître la réponse aux questions posées par téléphone, avec ou sans fil. [...] Utopie aujourd'hui, parce qu'elle n'existe encore nulle part, mais elle pourrait bien devenir la réalité pourvu que se perfectionnent encore nos méthodes et notre instrumentation ».

Passionné par l'idée, Vannevar Bush publie dans le magazine *Atlantic Monthly* un article intitulé « As We May Think », dans lequel il prédit l'invention de l'hypertexte, selon les principes énoncés par Paul Otlet dans son *Traité de documentation*. Dans cet article, il décrit un système, appelé Memex, qui serait comme une sorte d'extension de la mémoire de l'homme. Il envisage de pouvoir y stocker des livres, des notes personnelles, des idées, et de pouvoir les associer pour les retrouver facilement. Il y évoque déjà les notions de liens et de parcours, sur le modèle du fonctionnement par association du cerveau humain.

Que s'est-il passé ensuite ? Entre ce moment visionnaire et le tissu numérique d'aujourd'hui se déroule une étrange aventure, allant de l'armée au civil, de l'université au grand public. Un feuilleton rassemblant pas mal de hasards, quelques inventeurs de génie, pour la plupart américains, et bon nombre de sigles mystérieux, incompréhensibles au profane... qui devra s'y accoutumer [7].

Les débuts : 1957-1965

Un événement majeur, en 1957, va précipiter le mouvement de la technologie vers de nouveaux horizons. En pleine guerre froide, l'Union soviétique lance son Spoutnik, premier satellite mis en orbite. En réaction immédiate, le président Eisenhower décide de créer l'ARPA (Agence des projets de recherche avancée) pour récupérer une supériorité jusqu'alors reconnue et soudain mise à mal. Premier objectif : concevoir des systèmes protégeant contre une attaque nucléaire éventuelle toute l'infrastructure de communication, notamment militaire.

En 1962, l'ARPA crée l'IPTO, le Bureau des techniques de traitement de l'information, qui va jouer un rôle décisif et se retrouver au centre d'une grande aventure. Au départ, la fonction de l'IPTO était essentiellement de construire un réseau à toute épreuve reliant les ordinateurs du département de la Défense américaine, disséminés en trois lieux différents. Ce projet aurait pu être mis en œuvre sans, pour autant, que l'idée d'Internet et du numérique fasse son chemin. Pour y parvenir, il aura fallu aussi la somme des rêves et des intelligences conjuguées de chercheurs inventifs. Ces pionniers, chacun à leur tour, ont apporté leur contribution au tissage et à l'apparition d'Internet, de sorte que l'IPTO a dû redéfinir ses missions premières. Ce qui n'était au départ qu'une initiative militaire, liée aux programmes de défense des États-Unis, va devenir, paradoxalement, une aventure culturelle et historique d'un type inconnu.

Recherches parallèles et contre-culture

C'est alors l'époque de la guerre du Vietnam, des mouvements pacifistes sur les campus américains et de la naissance des utopies libertaires de la contre-culture, du désir de s'exprimer librement sans entraves. C'est aussi l'époque où Herbert Marshall McLuhan – sociologue canadien, grand théoricien de la communication – rêve d'un « village global » et affirme dans une formule devenue célèbre que « le message, c'est le medium », autrement dit que la technologie d'un support médiatique est aussi décisive que le contenu du message. C'est encore l'époque où Norbert Wiener déploie toujours son projet cybernétique, poursuit son rêve de machine pensante en organisant des séminaires hebdomadaires de réflexion, au MIT, sur les relations entre les hommes et les machines, sur le rôle universel des communications.

À ces réunions assiste notamment un étudiant de Harvard, Joseph Carl Robnett Licklider, chercheur en psychoacoustique, originaire de Saint-Louis, dans le Missouri. Bientôt, Licklider va rejoindre l'équipe de Norbert Wiener au MIT. Et en 1960, il publie un premier rapport sur « la symbiose de l'homme et de l'ordinateur » dans lequel il prévoit que, « dans peu d'années, les cerveaux humains et les ordinateurs seront reliés étroitement et ce partenariat permettra la création d'une pensée nouvelle et d'un traitement des données sans rapport avec celui que nous connaissons aujourd'hui [8] ».

En 1961, Joseph Likclider étend sa réflexion dans un rapport au titre éloquent : *Intergalactic Computer Network*[9]. En 1962, il est nommé directeur de l'IPTO. Ainsi va s'opérer la première jonction entre l'ARPA et le monde des chercheurs du numérique. Dès 1963, Licklider s'assigne des missions plus larges que celles qui lui étaient confiées et lance un projet de recherche au MIT, le projet MAC, sur les potentialités de communautés virtuelles basées sur des réseaux d'ordinateurs.

Parallèlement, d'autres chercheurs travaillent de leur côté à des découvertes qui vont bientôt croiser ces premiers fils. Car l'histoire d'Internet, dès le départ, se construit de façon éclatée, au point qu'il sera impossible de déterminer la paternité originaire de cette création. Création collective dans ses développements et ses applications, Internet fut aussi, dans son invention même, un jeu à plusieurs partenaires. Certains se connaissent, d'autres non. Ils travaillent chacun de leur côté, et finissent un jour ou l'autre par se croiser.

Ainsi, Ted Nelson, étudiant de Harvard qui en 1960 relance, à sa façon, le concept d'hypertexte, qui serait comme un système contenant des nœuds liés entre eux par des hyperliens permettant de passer automatiquement d'un nœud à un autre. Nelson imaginera même Xanadu[10], projet immense de publication, en hypertexte, d'une bibliothèque virtuelle universelle de partage instantané des données, un projet qui ne verra jamais le jour mais sèmera, pour trente ans plus tard, l'idée du Web.

Ainsi, Leonard Kleinrock, doctorant au MIT, qui élabore une théorie mathématique des réseaux de données et publie en 1961 sa thèse sous l'intitulé *Information Flow in Large Communication Nets*[11]. Il y développe les principes mathématiques de la « commutation par paquets » (*packet switching theory*), qui seule va pouvoir fonder la possibilité technologique concrète d'Internet.

En 1964 entre en jeu Paul Baran, un Américain né à Grodno, en Pologne. Ingénieur en électricité puis en informatique, devenu chercheur à la Rand Corporation, il est chargé depuis quelques années de réfléchir à un système de communication capable de résister à une attaque nucléaire. À l'époque, la communication militaire opérait seulement à haute fréquence et se trouvait donc très exposée au risque atomique. Baran publie un article sur les « réseaux de communication distribués [12] », où il propose ses premiers résultats sur la communication de données par paquets qu'il appelle alors « blocs de messages ».

Pour lui, un système centralisé est par nature vulnérable dans la mesure où la destruction de son noyau provoquerait l'anéantissement des communications. Partant de ce constat, Paul Baran met donc au point un réseau hybride d'architectures étoilées et maillées dans lequel les données se déplaceraient de façon dynamique, en « cherchant » le chemin le moins encombré et en « patientant » si toutes les routes sont saturées.

Paquets et protocoles

Quelques mots d'explication pour mieux comprendre : jusqu'alors, la communication était fondée sur l'idée de commutation des circuits – par exemple pour le circuit téléphonique traditionnel, où un appel téléphonique occupe un circuit qui lui est dédié le temps de la communication, laquelle n'est possible qu'entre les deux personnes en liaison. Dorénavant, avec le principe de commutation des données, un système peut utiliser une seule communication pour communiquer avec plus d'une machine en rassemblant les données pour les transmettre à plusieurs utilisateurs par paquets segmentés. Ainsi, le lien peut être partagé et utilisé comme une seule boîte aux lettres peut l'être pour poster des messages à des destinataires différents. Plus encore : chaque paquet peut désormais être envoyé indépendamment des autres...

Cette technologie sera définitivement nommée « commutation de données » (*packet switching*) par Donald Davies, un ingénieur britannique qui, au même moment, sans contact avec ses homologues américains, suit les mêmes pistes et aboutit au même résultat au Laboratoire national de physique de Teddington, dans la banlieue de Londres, en 1965.

Ce qui se met donc en place, progressivement, dans ce puzzle dont personne ne connaît encore l'agencement final, c'est la possibilité d'un réseau de communication dépourvu de centre, impossible à contrôler par aucune autorité ni aucun État, où chaque utilisateur n'est pas simplement relié à « son correspondant », mais virtuellement à tous les utilisateurs du réseau. Toutefois, les éléments scientifiques et techniques ne s'agencent que peu à peu, dans un étrange ballet où des hommes inventent de nouveaux outils que d'autres reprennent et transforment à leur tour.

Arpanet, le premier réseau : 1966-1971

C'est ainsi qu'en 1966 entre en scène Robert William Taylor, autre pionnier d'Internet. Originaire de Dallas, fils adoptif d'un pasteur méthodiste qui passait sa vie à déménager d'une paroisse à l'autre, Taylor se définit lui-même comme « étudiant professionnel », allant d'une matière à l'autre, naviguant entre mathématiques, religion et philosophie avant de se fixer sur la psychologie expérimentale. Pour gagner sa vie, il travaille comme ingénieur dans une compagnie aérienne. C'est par ce biais qu'il va rejoindre la NASA à Washington. Il fait alors la rencontre, essentielle pour lui, de Joseph

Licklider, avec lequel il partage des visions communes. Robert Taylor devient à son tour directeur de l'IPTO.

Il faut se souvenir qu'en ces temps préhistoriques de l'informatique, un partage du temps avait été mis en œuvre pour permettre à plusieurs utilisateurs de terminaux de travailler sur un unique ordinateur. Taylor pouvait être connecté de son bureau du Pentagone à trois ordinateurs situés au MIT, à l'université de Berkeley et à Santa Monica. Il constate que chaque ordinateur crée sa communauté d'utilisateurs, mais demeure isolé des autres communautés. Il commence alors à rêver de pouvoir se connecter depuis n'importe quel terminal à n'importe quel autre site, pour pouvoir en utiliser les ressources – ce qui implique la décentralisation totale du système.

Taylor s'en souvient : « Pour chacun de ces trois terminaux, j'avais trois jeux différents de commandes. Si bien que si j'étais en train de parler en direct avec quelqu'un à Santa Monica et que je voulais discuter de ça avec quelqu'un que je connaissais à Berkeley ou au MIT, il fallait que je me lève, que j'aille m'enregistrer sur l'autre terminal afin d'entrer en contact avec eux. Je me suis dit, hé, mec, ce qu'il te reste à faire est évident : au lieu d'avoir ces trois terminaux, il nous faut un terminal qui aille partout où tu veux et où il existe un ordinateur interactif. Cette idée était l'Arpanet [13]. » L'idée d'Internet était née. Même si sa mise en œuvre exigera du temps, ceux qui viennent d'y penser en imaginent déjà presque toutes les possibilités.

Visions et réseaux

En 1968, Taylor et Licklider publient un article sur l'« ordinateur en tant qu'outil de communication [14] » qui pose les bases de ce qu'Internet deviendra dans le futur. D'emblée, ils annoncent que, « dans quelques années, les hommes pourront effectivement communiquer en face à face à travers une machine ». Dans ce texte figure tout ce qu'Internet va effectivement devenir dans les temps qui suivront : participation citoyenne active, interactivité de millions d'utilisateurs partageant le même outil, communautés en ligne, réseau de communication global et décentralisé où chacun dispose d'un écran, d'un clavier et d'une souris, outils anti-spams... Taylor et Licklider vont jusqu'à envisager l'idée de fracture numérique et affirment que l'accès au réseau doit devenir un droit et non un privilège.

C'est sur ces bases qu'en 1969 voit le jour le premier réseau Arpanet sur lequel travaille l'IPTO, conçu techniquement par Lawrence Roberts, qui avait publié trois ans auparavant un article important intitulé « Vers un réseau coopératif de temps partagé sur ordinateur [15] ». Lawrence Roberts prend le relais de Robert Taylor, alors envoyé au Vietnam. À partir de ce moment, tout s'accélère.

Janvier 1969 : contrairement aux réseaux conventionnels qui ne pouvaient accommoder que des machines de même type, Arpanet présente l'énorme avantage de mettre en liaison des machines hétérogènes à condition qu'elles communiquent toutes selon le même mode. Face à d'autres concurrents, BBN Technologies remporte le premier contrat d'exploitation commerciale et de construction de l'ancêtre des routeurs, l'IMP (Interface Message Processor).

En deux mots, dans un réseau informatique, le routeur est un élément qui assure l'acheminement des paquets de données. Son rôle est de les faire transiter d'une interface réseau vers une autre. Ces premiers routeurs, trop rudimentaires, laisseront place au TIP (processeur terminal de traitement), plus performant. On se souvient encore que le sénateur Edward Kennedy, dans son enthousiasme, félicitera BBN pour ce projet de construction, qualifié par lui d'« œcuménique », au point qu'il le rebaptise « *Interfaith Message Processor* », autrement dit « processeur de message interreligions »...

Login et QWERTYUIOP

Septembre 1969 : le réseau expérimental Arpanet relie pour la première fois les quatre universités d'UCLA à Los Angeles, de Stanford, de Santa Barbara en Californie et de l'Utah. C'est au 3420 Boelter Hall de l'université de UCLA, dans le laboratoire de Leonard Kleinrock, que la première jonction, le premier nœud interconnecté, est établi. C'est de là que le premier message passant sur Internet est envoyé à Stanford par Charley Kline, un étudiant programmeur, le 29 octobre 1969 à 10 h 30. Cette première tentative provoquera d'ailleurs un crash du système au moment exact de l'entrée de la lettre G du mot « *login* », qui devait constituer le premier message ! Une heure plus tard, après réparation, le mot « *login* » fut envoyé. La première liaison permanente sera effectuée le 21 novembre 1969.

Puis c'est au tour de Ray Tomlinson de faire des étincelles. Programmeur intégré à l'entreprise BBN, il conçoit d'abord un programme pour envoyer dans un premier temps des documents à travers Arpanet, puis des messages aux utilisateurs en temps partagé d'un ordinateur, puis finalement à tout utilisateur, sur des ordinateurs autres que ceux qui étaient en temps partagé. C'est ainsi qu'en 1971 il enverra le premier e-mail.

Ce mail n'a pas été conservé, mais Tomlinson se souvient que son contenu était totalement insignifiant : « quelque chose du genre : QWERTYUIOP », car pour lui ce n'était qu'un test. Et, quand Tomlinson montra son résultat à son collègue Jerry Burchfiel, celui-ci s'écria : « Ne le dis à personne ! Ce n'est pas ce sur quoi nous étions censés travailler ! »...

C'est encore Ray Tomlinson qui, en mai 1971, sera à l'origine du fameux signe @, choisi pour signifier « à, comme "à destination" », qui deviendra le standard du format d'adressage de courrier.

Network Working Group et open source, en toute liberté

La saga des pionniers n'est pas terminée, car, parallèlement, dès mars 1969, s'était créé au sein de l'université UCLA le Network Working Group, un groupe informel de jeunes chercheurs dont Stephen Crocker, Vinton Cerf et Jon Postel. Librement, en dehors de toute directive hiérarchique, ils travaillent sur la recherche de protocoles de communication de serveur à serveur. Ils vont ouvrir à leur tour une perspective dont on n'a pas fini d'entendre parler.

Leur méthode de travail est tout aussi inédite que leur organisation : pour s'échanger les réflexions utiles à leur recherche, ils décident de mettre en œuvre une « documentation ouverte » (*open source*) à travers des « appels à commentaires » (*Request For Comment,* ou RFC) auxquels chacun peut apporter sa contribution. L'un d'eux, Jon Postel, est chargé de diffuser ces RFC aux gens de l'Arpanet. Cette méthode se veut avant tout libre, voire libertaire, sans direction imposée, sans contrôle pour encourager la meilleure créativité, mue par la seule émulation et par la compétition intellectuelle.

Du travail de ce groupe naîtra en décembre 1970 la première norme commune de communication, nommée protocole NCP (*Network Control Program*). Car c'est l'époque où de nombreux réseaux autonomes, se mettant à fonctionner un peu partout sur le territoire américain et en Europe, posent l'incontournable question des standards de communication. Une fois résolus ces problèmes de compatibilité grâce au NPC, l'embryon de Toile qui se constitue va pouvoir couvrir la planète.

Deux ans plus tard, le Network Working Group compte une centaine de programmeurs et quinze sites se connectent à Arpanet. En octobre 1972, le groupe devient international et se présente à la mémorable et fondatrice Conférence internationale de communication par ordinateur qui se tient au Hilton de Washington. Là, Robert Kahn, qui, après avoir été professeur au MIT, a intégré la société BBN Technologies, fait la démonstration d'Arpanet en présentant la connexion de quarante ordinateurs et du routeur TIP. Robert Kahn se souvient que c'est bien lors de cette conférence que les participants réalisent enfin l'ampleur de ce mouvement technologique fondé sur la commutation par paquets et la compatibilité des protocoles.

1973, le même Robert Kahn propose à Vinton Cerf, ancien étudiant de Stanford devenu directeur de programmes à l'ARPA, de réfléchir à un nouveau protocole commun reliant plus largement l'ensemble des réseaux radio, des réseaux satellite au réseau terrestre d'Arpanet pour créer un... Internet. Ainsi sera conçu, en 1974, ce qui deviendra jusqu'à nos jours la brique de base du réseau des réseaux [16] : le protocole de contrôle des transmissions TCP/IP (*Transmission Control Protocol/Internet Protocol*), qui entrera en fonction en 1977.

Explications techniques pour les amateurs : la fonction du « protocole de contrôle des transmissions » (TCP) est de segmenter le message en paquets au départ et de réarranger les paquets à la réception. Le « protocole Internet » (IP) est chargé d'acheminer les paquets d'ordinateur en ordinateur jusqu'à destination. Ce langage commun permet de relier la centaine d'ordinateurs connectés et tous les autres réseaux existants. Entretemps, cent onze sites se seront connectés à Arpanet, tous utilisant des technologies différentes qu'il va falloir homogénéiser. Internet ne démarre définitivement qu'en janvier 1983, lorsqu'à son tour Arpanet se décide à adopter le protocole TCP/IP.

1975, un certain Bill Gates, avec Paul Allen, fonde Microsoft. 1984, le CERN (Centre européen de recherche nucléaire), institut scientifique spécialisé dans la physique des particules, installé à Genève, adopte le protocole TCP/IP sur son réseau interne, le Cernet, qui devient à son tour le plus grand réseau Internet du monde. Dès lors, mille ordinateurs seront connectés. 1986, la National Science Foundation américaine lance le réseau NFSNet pour répondre à l'afflux des nouveaux arrivants sur un Arpanet surchargé.

En 1987, dix mille ordinateurs sont connectés. En 1989, cent mille. Mais, face à l'ampleur du mouvement, ce qui manque encore essentiellement, c'est une interface qui facilite l'usage du réseau. Elle arrive.

World Wide Web : 1991

1991, le Britannique Tim Berners-Lee, ancien étudiant en physique d'Oxford – dont le passe-temps principal fut de fabriquer son premier ordinateur à partir d'un microprocesseur Motorola 6800 et d'une vieille télévision –, intègre le CERN comme informaticien. Pour faciliter les recherches des physiciens qui y travaillent, il a l'idée dont beaucoup, à l'époque, n'évaluent pas l'importance, de relier le principe d'hypertexte à Internet. Il persiste, et avec son collègue informaticien belge Robert Cailliau, met cette idée en œuvre [17]. Cela donnera le World Wide Web (www).

Le « www » est une interface graphique, facile d'utilisation, qui permet de passer d'une page ou d'un site à un autre en cliquant sur un lien, dit hypertexte, grâce à une interface de navigation appelée « *browser* ». Très vite, les particuliers et les entreprises bénéficieront de sa découverte et accéderont au réseau. En 1992, un million d'ordinateurs sont connectés.

Fort de ce succès, Tim Berners-Lee développe ensuite les trois principales technologies du Web : les adresses Web, le HTTP (*HyperText Transfer Protocol*) et le HTML (*HyperText Markup Language*). Récapitulons : pour être affichable dans un navigateur via le World Wide Web, une page doit obéir à un format précis : le HTML. Cette même page, pour transiter sur le réseau, utilise le protocole HTTP.

Mais la plus grande contribution de Tim Berners-Lee est sans doute d'avoir refusé de breveter ses idées, de les avoir laissées complètement libres afin que chacun puisse les adopter à son gré. Son apport crucial aux techniques devenues notre quotidien n'empêche pourtant pas ce génie informatique de déclarer en 2005 à la BBC qu'Internet, en tant que source d'information, a aussi des limites. Pour lui, « même le site le plus clair, le plus intelligent et le plus étendu ne peut espérer la richesse d'information contenue dans un bon livre de référence. Internet, très clairement, ne peut pas remplacer une bibliothèque publique bien organisée »...

Créations en chaîne : 1994, etc.

1994, lancements successifs de Linux 1.0, de Netscape et de Yahoo !... Le Web compte désormais dix mille serveurs, dont 20 % à usage commercial, et dix millions d'utilisateurs.

1995, création de Google par Larry Page et Sergey Brin, lequel annonce bientôt qu'il souhaite faire de Google le « troisième hémisphère de notre cerveau ».

2004, Mark Zuckerberg invente Facebook et crée le premier réseau social. Aujourd'hui : 650 millions d'amis.

2006, la première version de Twitter est ouverte au public. Plus de 200 millions d'utilisateurs en 2011.

2011, Google Plus, le réseau social créé par Google pour concurrencer Facebook, après quinze jours d'existence, compte plus de dix millions d'utilisateurs...

La suite de l'histoire reste à écrire, à inventer. Mais il ne faut pas oublier que le temps digital est aussi un temps de perplexité, de difficultés techniques, parfois de malentendus. Ce sont des aspects dont on parle moins. Pourtant, même si elles sont impressionnantes, les machines ne sont, par essence, ni géniales ni infaillibles ni même en expansion illimitée. Quant aux utilisateurs, pour la plupart, ils ne font justement qu'« utiliser » cet outil, sans la moindre idée de ses possibilités et de ses limites, ne sachant presque rien de la science informatique. C'est pourquoi il nous fallait rencontrer un des grands explorateurs des circuits électroniques et des programmes, qui connaît à fond les problèmes qu'ils posent.

Paris. Rencontre avec Gérard Berry
« Il faut apprendre à voir les choses à l'envers. »

Cela sonne comme une provocation : le monde numérique est certes partout, sauf... dans la tête des utilisateurs. Telle est l'affirmation de Gérard Berry, l'un des meilleurs spécialistes de la science informatique de haut niveau. Nous vivons en partageant notre intimité avec téléphones portables, ordinateurs et GPS, nous nous déplaçons grâce à des automobiles, des trains, des métros ou des avions contrôlés par des systèmes informatiques. Nos vies sont truffées d'électronique, les systèmes de santé en dépendent, la distribution des produits alimentaires, la détection des dangers également. Les objets numériques sont partout, dans nos poches ou nos chambres à coucher – du lecteur mp3 à l'appareil photo et au téléviseur. Leur nombre actuel est estimé à cinquante milliards.

Malgré tout, nous demeurons toujours surpris. Et cette surprise permanente est en elle-même curieuse. En réalité, l'immense majorité d'entre nous ne comprend pas exactement comment ce monde se construit, quelles sont les exigences de son fonctionnement, ses règles internes, sa force et ses fragilités. Car l'informatique est une technique, avec ses codes et ses contraintes, mais aussi une science, avec ses problèmes spécifiques et ses chercheurs.

Malgré ses effets omniprésents, le public ignore pratiquement tout de cette science nouvelle, car la discipline n'est presque pas intégrée aux formations générales. Du coup, nos schémas mentaux demeurent inadaptés : vraies chances ou réels problèmes ne sont pas clairement perçus, nous laissant dans la seule « *dépendance consommatrice* », aveugle. Nous manquons tout simplement d'un savoir, d'un « *bon sens informatique* », que Gérard Berry appelle de ses vœux et qu'il s'attache à élaborer et à diffuser.

Voilà pourquoi ce mathématicien parcourt désormais l'Europe, part en mission en Asie ou ailleurs, s'adresse aux auditoires les plus divers, du Collège de France [18] aux grands groupes industriels en passant par les enfants des écoles. Son premier objectif : faire comprendre qu'il existe bien une science informatique, en expliquer l'histoire, les principes, les applications, afin de conduire ses auditeurs, au-delà de la méconnaissance et de la fascination inquiète, vers un usage du monde numérique mieux instruit de ses caractéristiques propres, et donc plus maîtrisé, moins soumis. Ce « bon sens informatique » devrait nous permettre d'échapper à l'enthousiasme inconsidéré comme au rejet sans nuances qui sont encore trop répandus. Telle est la conviction de Gérard Berry.

Quand nous le rencontrons, il sort de l'aéroport et va bientôt reprendre l'avion pour rentrer chez lui. Ses titres et travaux ont de quoi impressionner, pourtant l'homme est familier, jovial, toujours plein d'humour. Sur le versant qui ne laisse pas forcément présager la plaisanterie, un polytechnicien, ingénieur des Mines, membre de l'Académie des sciences et de l'Académie des technologies, professeur à l'INRIA (Institut national de recherche en informatique et en automatique) de Sophia-Antipolis, qui a occupé la chaire Informatique, sciences numériques au Collège de France. Mondialement connu dans sa spécialité – les langages de programmation, leur sémantique, leur compilation et leur vérification formelle –, Gérard Berry, dans les années 1980, a notamment développé avec son groupe de recherche le langage Esterel, utilisé entre autres par Dassault Aviation, qui met en œuvre la synchronisation temporelle de tâches et suit leur bon déroulement.

Sur l'autre versant, plus insolite, moins intimidant, Gérard Berry est membre du Collège de pataphysique, où il siège sous le titre de Régent de déformatique, amateur d'histoires drôles qui professe que l'intelligence artificielle existera quand on aura construit un ordinateur capable de rire d'une blague qu'il ne connaissait pas, homme passionnément intéressé par les mots d'enfant et les tournures d'esprit des plus petits, dans la mesure où ceux-ci voient souvent « les choses à l'envers », d'une manière très instructive pour appréhender la révolution numérique. Ainsi, quand un enfant écarte ses doigts sur une photo en papier, espérant ainsi l'agrandir, comme sur un écran d'iPhone, et s'étonne que ça ne marche pas, son geste révèle le fossé mental qui sépare ceux d'avant et ceux d'après cette révolution.

Évoquant cette scène, Gérard Berry éclate de rire, heureux de ces intuitions enfantines dont aucun adulte ne saurait rêver. À 63 ans, haute stature et chevelure de neige, ce scientifique ne s'est pas départi d'une sorte de gourmandise amusée pour les comportements humains, qu'ils soient rationnels et bien adaptés ou en porte-à-faux, sans cesser pour autant d'être logiques. Comme s'il savait qu'une certaine combinaison de cohérence et d'incohérence, chez les êtres doués de raison, était en fin de compte la chose du monde la mieux partagée. Ironiquement sceptique envers les capacités de notre rationalité, qui ne maîtrise pas tout, il n'attend pas pour autant le salut des ordinateurs. Seule compte, pour lui, l'ingéniosité humaine, la capacité d'imaginer des solutions et de cheminer au milieu des embûches.

Ce goût pour l'imaginaire et la création explique pourquoi Gérard Berry professe aussi une admiration enthousiaste pour l'illustre Albert Robida, auteur, dessinateur, caricaturiste et chroniqueur de la fin du XIXe siècle, originaire de Compiègne. À côté de Robida, notre interlocuteur en est sûr, Jules Verne ne fait pas le poids. Car ce visionnaire oublié, que ses admirateurs veulent faire redécouvrir, ne se contente pas d'imaginer des projets utopiques et des machines irréalisables. Il se montre au contraire très précis dans ses inventions visionnaires et leurs conséquences sur la vie courante. Tout au long de sa trilogie d'anticipation – *Le Vingtième Siècle*, *La Vie électrique*, *La Guerre au vingtième siècle* –, Robida imagine une société dominée par l'électricité et les réseaux, où les transports aériens – aéronefs omnibus ou aéroflèches – côtoient trains ultra-rapides et paquebots sous-marins. Il anticipe notre monde en concevant des usines de produits alimentaires, des maisons tournantes pour profiter de l'ensoleillement, des mariages par téléphone, des spectacles trilingues et un système de télécommunications alliant visiophonie et préfiguration de la télévision interactive, le téléphonoscope, « perfectionnement suprême du téléphone ».

Si Gérard Berry admire tant cet auteur, c'est pour sa capacité de laisser l'imaginaire jouer son rôle dans la science qui s'invente. C'est justement ce qui, d'après lui, nous fait cruellement défaut aujourd'hui. Les ordinateurs se miniaturisent au point de devenir invisibles, les objets quotidiens seront bientôt presque tous numériques, l'informatique devient « ubiquitaire », nos schémas mentaux, eux, restent archaïques, alors que nous vivons, selon ses termes, une « véritable inversion mentale » : « *Prenez l'exemple du portable qui est l'invention fondamentale. Là, l'inversion est flagrante. Les notions de communication et d'espace sont devenues absolument disjointes. On est toujours sûr de parler à l'autre, en tout cas les jeunes n'ont aucun problème avec ça. Ce qui est acquis, pour eux, c'est qu'être en relation avec quelqu'un ne veut pas dire être physiquement proche. Cette dissociation entre relation et présence est très importante. Facebook est comme un immense tas de villages, qui s'organisent indépendamment de la géographie. Les gens s'y racontent les mêmes choses qu'avant, au café. Mais ils ne sont plus ensemble. Ils sont conceptuellement ensemble, mais ils ne le sont plus physiquement. Nous vivons une véritable révolution, mais nous oublions que l'idée même de révolution suppose un renversement. Il s'agit de tout mettre à l'envers, et nous n'y arrivons pas. Il faut apprendre délibérément à tout voir à l'envers, pratiquer constamment des inversions mentales.* »

Pour Gérard Berry, il est d'abord urgent que nous intégrions plus sûrement l'idée de dissociation entre une information et son support physique : « *Depuis toujours, pour nous, un livre, c'est du papier et de l'encre. Un disque, un support vinyle ou plastique. Une photographie, du papier, produite par un appareil fait de forces mécaniques, de ressorts et de tringles. Et tous ces éléments sont complètement disjoints. Le métier d'éditeur de livres et celui d'éditeur de musique n'ont aucun rapport.*

Tout cela est totalement bouleversé, parce que toutes les informations sont désormais identiquement numérisées. Livres, musiques, photos, films, ne sont plus que des nombres et qui plus est les mêmes nombres ! Il n'y a aucune différence, sur Internet ou sur un disque dur, entre une musique, une photo, une vidéo, un texte... c'est la même chose ! Alors que jamais, dans l'histoire du monde, ce ne fut le cas auparavant. Voilà une première évidence que nous avons du mal à comprendre, à accepter.

De même, nous étions habitués depuis toujours au fait que les copies usaient l'original et devenaient, à l'usage, de moins en moins bonnes. Plus on multipliait les copies, moins leur qualité demeurait. Aujourd'hui n'importe quel document numérique peut être reproduit des milliards de fois, à l'identique, sans la moindre différence. Le stockage ne l'abîme plus, la transmission sur de longues distances le laisse parfaitement intact... Comparez avec les livres, les disques, les tableaux. C'est absolument un autre monde. »

Cet autre monde n'est ni magique ni maléfique, mais d'abord scientifique et technique. Du côté de l'utilisateur, ce sont des services, des loisirs, des gestes à intégrer, des surprises ou des habitudes. Du côté des informaticiens, en revanche, le monde numérique est fait principalement de pièces matérielles – les circuits électroniques, où sont organisés les transistors, constituent le cœur des machines – et de programmes à concevoir, rédiger et vérifier, pour les débarrasser de leurs erreurs. Ces deux sortes d'éléments posent des problèmes distincts.

Pour Gérard Berry, une bonne part de nos erreurs d'appréciation proviennent précisément d'une méconnaissance des spécificités de l'informatique et de ses difficultés propres. Sa curiosité passionnée pour les bouleversements techniques et sociaux n'empêche toutefois pas ce chercheur, contrairement à certains de nos interlocuteurs américains, en particulier les transhumanistes, de mettre en doute une expansion sans limites des possibilités du monde numérique.

Il conteste d'abord la prophétie d'une croissance infinie de la puissance des ordinateurs qui se fonde sur la fameuse loi exponentielle de Moore [19], régulièrement appelée en renfort par tous ceux qui prédisent un nouveau monde, voire une nouvelle humanité. Cette loi est souvent présentée comme l'annonce du doublement inéluctable, tous les deux ans, de la capacité des ordinateurs. Pour Gérard Berry, il s'agit d'un contresens, qui lui fait hausser le ton : « *On fait dire n'importe quoi à cette loi de Moore ! En aucun cas elle ne concerne un développement infini. Ce qu'a dit Gordon Moore, cofondateur d'Intel, est exactement ceci : "Le nombre de transistors par unité de surface va doubler tous les deux ans pendant un temps indéterminé." Mais ce doublement dépend de nous, pas de la nature ! Ce n'est donc pas une loi dont on constate l'existence, c'est une décision qu'on prend. On planifie effectivement aujourd'hui les usines qui permettront, dans trois ou quatre ans, de mettre en œuvre ce doublement. Si des investisseurs prennent ce pari, c'est parce qu'ils savent que cela va marcher.* »

Mais rien n'assure que cela doive continuer toujours ni même vraiment longtemps. Selon Gérard Berry, la loi de Moore se ralentira pour des raisons techniques, économiques et humaines. La conception et la vérification des circuits électroniques, de plus en plus minuscules, se révèlent de plus en plus difficiles. Cela d'autant plus que ces circuits doivent être fabriqués d'une seule pièce, sans la moindre erreur. Même quand ils comprennent des dizaines de milliers de « portes », ils ne sont pas modifiables ni donc réparables en cas d'erreur de conception.

À la place d'une course sans fin vers la puissance et la vitesse, le technicien décrit plutôt un progrès en voie de ralentissement, un avenir où les obstacles pourraient s'amonceler. Car l'expansion infinie dont certains rêvent peut se heurter un jour aux lois physiques, autrement dit le nombre de transistors par millimètre carré ne peut croître indéfiniment.

Au lieu d'un horizon sans limites, ce sont des frontières qui s'esquissent, à la fois naturelles, physiques et humaines : « *Contrairement à ce que l'on croit, la vitesse des ordinateurs ne bouge plus, depuis pas mal de temps. Elle est stable, pour des raisons physiques, notamment de surchauffe et donc de dissipation thermique. La situation actuelle est également curieuse du point de vue de nos capacités à utiliser les techniques à venir : nous savons fabriquer des circuits électroniques avec énormément de transistors, nous pouvons mettre sur un circuit mille transistors, peut-être bientôt un million, mais nous ne sommes pas sûrs de savoir quoi faire de cette possibilité technique, car nos capacités de les architecturer pour leur faire faire ce que nous voulons ne sont pas au point. Donc on va buter sur des limites proprement humaines : nous disposerons de trop de transistors par rapport à nos besoins. De ce point de vue, ce sont bien les humains qui ont des limites, avant même la loi de Moore !*

D'un autre côté, cette loi va également rencontrer, un jour prochain, des limites économiques : chaque fois qu'on double le nombre de transistors, on n'est pas loin de doubler aussi le prix de l'usine. Les usines de circuits électroniques sont aujourd'hui les plus chères au monde, elles coûtent bien plus que les raffineries de pétrole ou les usines d'automobiles. En Europe, on peut imaginer que nous n'aurons bientôt plus la capacité de fabriquer des circuits électroniques… » Toutefois, pour Gérard Berry, la plus grande difficulté du monde numérique réside dans les programmes. Ils sont certes malléables et réparables, à la différence des circuits électroniques. Mais ils sont aussi à peu près impossibles à maîtriser en raison de leur taille, de leur diversité et de leur nombre. Le grand défi est donc d'améliorer la fiabilité du monde numérique, qui reste exposé à d'innombrables erreurs pouvant aboutir à de véritables catastrophes humaines.

La première chose à rappeler, c'est l'étendue de ces programmes. Chacun d'eux, dès qu'ils sont complexes, couvre des milliers et des milliers de lignes. Quelques ordres de grandeur : pour que fonctionne correctement un téléphone portable, un million de lignes environ sont nécessaires, pour un avion, dix millions de lignes, pour un logiciel très polyvalent et complexe comme Windows, plusieurs dizaines de millions de lignes.

Gérard Berry insiste sur le fait qu'une petite erreur peut provoquer non seulement l'arrêt du logiciel (c'est ce qui arrive quand nos ordinateurs « plantent »), mais aussi de véritables catastrophes. Quand les avions, les trains, les voitures dépendent intégralement de l'informatique, quand les appareils médicaux, les sources d'énergie et les systèmes d'alerte sont dans le même cas, le droit à l'erreur n'existe pas. Or les erreurs existent, inévitables, imprévisibles, difficiles à détecter.

Le « bug » – arrêt du système ou dysfonctionnement grave – est donc le cauchemar permanent des spécialistes. Le mot, qui désigne un insecte en anglais, vient d'une célèbre panne provoquée par des insectes qui s'étaient coincés dans la machine. À défaut de cafards ou de blattes, des erreurs minuscules peuvent générer de grands désastres. Parce que les ordinateurs sont des amplificateurs fantastiques de la moindre irrégularité : « *Ils exécutent les erreurs impeccablement, parce qu'ils manquent totalement de jugeote ! Imaginez par exemple que vous deviez faire un long trajet en voiture et que l'itinéraire soit programmé avec deux cents changements de direction successifs, virages, embranchements, ronds-points, etc. S'il y avait quelque part dans cette suite d'instructions une seule petite erreur de direction ou de distance, vous pourriez vous retrouver absolument n'importe où !* »

Plus s'accroît notre dépendance envers le monde digital, plus la sécurité et la fiabilité des procédures deviennent vitales. Pour Berry, c'est bien le défi majeur de notre temps. Pour des raisons de sécurité, comme pour des raisons de rentabilité économique : « *On ne sait pas assez que le département du Commerce américain estime à la somme colossale de cent milliards de dollars par an les pertes occasionnées par les erreurs de conception et de réalisation des systèmes informatiques. Or le bug n'est pas une défaillance du système, mais bien de celui qui l'a conçu.* »

Là encore, même si beaucoup reste à faire, il existe des limites. Malgré la sophistication croissante de la « chasse aux bugs », malgré les procédures de certification très puissantes qui sont mises en œuvre dans les secteurs les plus sensibles, comme l'aviation, un taux résiduel d'erreurs est impossible à éliminer. La science informatique s'emploie à le réduire au minimum par différents moyens. En faisant vérifier un programme par d'autres programmes pour repérer des possibilités de bug avant même que le programme ne soit exécuté. En employant des langages de plus haut niveau, plus abstraits, et plus courts, car la longueur d'un programme multiplie les risques de bug. En tentant de prouver mathématiquement que le bug ne pourra se produire. Malgré tout, sa suppression totale est irréalisable. Car la plupart de ces bugs « *avec lesquels il faudra apprendre à vivre* » ne sont pas des erreurs matérielles existantes, comme une ligne mal rédigée dans un programme, mais des situations que les concepteurs n'ont pas prévues, et qu'il devient donc très complexe de détecter.

Parmi les moyens d'y parvenir figure ce qui constitue sans doute le cœur de la science informatique : les algorithmes. Ce terme a été forgé à partir du nom d'un mathématicien persan du IXe siècle, Al Kharezmi, devenu en latin Algoritmi, qui fut le premier à proposer une théorie systématique de ce type de procédure. Un algorithme est une suite finie et non ambiguë d'opérations qui permettent de donner la réponse à un problème. Cette suite d'actions constitue en quelque sorte une méthode, une procédure de travail adaptée à chaque cas. L'informatique y a trouvé un élément essentiel de son développement, dans la mesure où les processus répétitifs des algorithmes peuvent être aisément mécanisés : « *En informatique, précise Gérard Berry, on distingue aujourd'hui des algorithmes génériques et des spécifiques. Les génériques permettent de trier et de transporter l'information sans s'occuper de son contenu. Peu importe que ce soient des photos, des films, des textes ou des chiffres, les suites de 0 et de 1 qui composent cette information seront identiquement stockées, cryptées, transmises. C'est grâce à ces algorithmes génériques que l'on peut traiter l'information de manière indépendante des supports.*

Les algorithmes spécifiques, eux, effectuent des tâches délimitées. Par exemple, chercher les fautes d'orthographe dans un texte ou zoomer sur une image. Le public connaît aujourd'hui les noms de certains d'entre eux, comme le mp3, qui comprime les sons, le jpeg, qui comprime les images. En fait, il y a un extraordinaire foisonnement dans ce domaine, car des algorithmes sont nécessaires pour trier et classer les données, pour construire des robots, pour maintenir la cohérence des réseaux. La science informatique se développe autour des algorithmes, de la programmation et de la théorie de l'information. »

C'est aussi ce qui permet à cette science de ne pas seulement « *se borner à fournir aux autres sciences de simples techniques de calcul, mais de leur apporter des concepts et des points de vue nouveaux, profitant de son universalité analogue à celle des mathématiques* ». Une universalité dont profitent génétique, biologie, astronomie, physique ou médecine, toutes sciences qui ne pourraient plus dorénavant se concevoir sans toutes les potentialités du calcul algorithmique.

Parmi les difficultés, bugs mis à part, la principale est bien que les machines ne font pas aisément ce que nous voulons leur faire faire. C'est pourquoi notre interlocuteur n'approuve pas l'opposition de l'homme comme limité et de la machine illimitée que nous avons souvent rencontrée au cours de notre enquête. Pour Gérard Berry, il s'agit tout bonnement d'une erreur de perspective. Là encore, une inversion mentale s'impose : *« L'homme et la machine sont des opposés absolus, et c'est là que réside la grande difficulté de l'informatique. L'homme est malin, lent et peu rigoureux. La machine est hyperrapide, ne fait jamais d'erreur, mais elle est aussi totalement stupide. Et l'informatique tente de relier les deux... Si on transmet aux machines la moindre petite imprécision, leur conscience professionnelle absolue va produire des catastrophes sans retour, alors que les hommes n'agissent pas du tout ainsi : ils apprennent de l'erreur, ils la rectifient, ou du moins tentent de la rectifier sans cesse.*

Voilà pourquoi je me méfie généralement de la science-fiction : elle manque d'imagination. Dans 2001, l'Odyssée de l'espace, *l'ordinateur Hal est très gros et très intelligent. Or, aujourd'hui, nous constatons que c'est exactement l'inverse qui se produit : nos ordinateurs sont toujours plus petits et demeurent très bêtes. »* S'il dénonce les excès de l'utopie numérique et du prophétisme technologique, Gérard Berry n'en demeure pas moins fondamentalement optimiste. L'impact du monde numérique sur les relations humaines, l'organisation sociale et le politique, est pour lui fondamentalement positif. Au risque de laisser encore en suspens quelques « *dark sides* » du temps digital...

Narcisse solitaire ou participatif ?

Ce qui frappe avec le déploiement irréversible des réseaux sociaux, c'est à coup sûr l'apparition d'une forme d'identité nouvelle. Comme si, pour chacun de nous, l'identité civile, officielle, se doublait d'une identité numérique, paradoxalement déclinable au pluriel, qui permet de démultiplier sa présence, ses possibilités d'intervention, de contacts dans un rêve de partage sans limites et sans entraves. Plus rien à voir avec l'identité fixée que l'on présente sur ses papiers officiels. Avoir des amis, le plus d'amis possible (cent trente, moyenne mondiale attestée) – tel est désormais le mot d'ordre. Comme si à cette aune se jaugeait sa propre existence.

Pourtant, sourdement, on le sent bien, quelque chose cloche : quelle est au juste la nature de cette relation numérique aux autres et à soi-même ? Que dit cette effervescence, parfois originale, plus souvent formatée et stéréotypée ?

On se souvient de ces deux faits divers qui laissent la question en suspens : le soir de Noël 2010, une personne inscrite sur Facebook annonce à ses 1 048 amis qu'elle va se suicider. Personne ne répond... Elle passe à l'acte [20]. Quelque temps plus tard, une autre annonce le même projet : elle est sauvée par son réseau... Quels enseignements en tirer ? Que le hasard des connexions et des déconnexions joue à plein ? Ou, plus inquiétant, que les amitiés cliquables sont d'une autre nature que celle célébrée par Montaigne, disant de La Boétie « parce que c'était lui, parce que c'était moi » ? Amitié vitale, enrichie par le temps, contre amitiés fugitives, instables, qui engagent de façon aléatoire seulement.

Finalement, twitter ses faits et gestes, trajet du jour ou lubie de l'heure, ne serait-ce pas plutôt comme lancer des appels à qui voudra les entendre ? Signant une solitude qui se masque et se révèle tout à la fois.

Ne serait-ce pas, plus encore, le signe d'un narcissisme renouvelé qui trouve là ses nouveaux territoires-miroirs ? Ces dialogues répétés de cent quarante signes au plus pourraient n'être finalement que des successions de monologues intérieurs juxtaposés. Ce sont bien des modes d'expression de soi, mais si perméables à l'exhibition qu'ils l'évitent rarement. Le sociologue Dominique Cardon, qui dans son dernier ouvrage réfléchit sur *La Démocratie Internet*[21], confirme que cette porosité entre espace de la conversation et espace public, cette forme originale de « communication privée en public », ouvre sur un « étrange jeu théâtral, dans lequel les utilisateurs miment l'aparté tout en parlant au su et au vu de spectateurs potentiels, qui permet de parader devant eux ». Mais, au final, le sociologue pense qu'il ne faut pas « dramatiser l'opposition de l'individuel et du collectif » et prend le pari qu'au contraire une nouvelle forme de parole collective est en train de s'inventer, en tâtonnant, entre privé et public. Ces microscènes de parole, à la fois visibles et en retrait, seraient plutôt à voir comme des lieux où s'élaboreraient pas à pas des formes d'actions collectives nouvelles, différentes et décentrées, dont l'essentiel serait encore à venir.

À cela s'ajoutent les jeux perpétuels et mouvants qu'offre l'hypertexte, ouvrant à ce narcissisme solitaire d'autres moyens de déploiement. Car c'est l'élaboration d'une œuvre ouverte qui se met en place, à l'infini, en continu. Une œuvre anonyme, où chacun souhaite participer au grand jeu et, dans un contexte commun à tous, offrir sa part, son fragment de fiction singulière, comme autant d'instantanés d'autofiction revendiqués, ajoutés à la grande fiction...

Vertiges de l'infini

La liste de ce que le temps digital libère et de ce qu'il entrave, de ce qu'il construit et de ce qu'il détruit, ne cesse de s'allonger. Notre choix, dans ce flot, porte sur trois questions qui relèvent de notre enquête sur l'humain en devenir sous le règne des sciences et des techniques. D'abord, la pensée elle-même : quelle est la manière dont Internet et le monde numérique travaillent nos habitudes mentales, nos façons de raisonner, notre attention ? Ensuite, la mémoire : comment le souvenir et l'oubli, mais aussi le rapport au passé, nostalgie ou réminiscence, sont-ils éventuellement reconfigurés ? Troisièmement, le contrôle et le regard : que signifie la fin annoncée de la vie privée ? Quel contrôle se prépare, pour quel genre de pouvoir ? Quels risques inédits, si risques il y a, quelle vulnérabilité pourrait engendrer l'interconnexion générale ?

Sur ce point, notre époque ressemblerait plus ou moins à la Renaissance : des bouleversements multiples, dont ont conscience ceux qui les vivent, bien qu'ils ne sachent discerner si l'horizon est radieux ou noir. En tout cas, même si son évolution reste en suspens, ce nouveau monde est notre science-réalité.

Notre façon de penser change-t-elle, oui ou non, avec Internet ?

Cette question taraude psychologues et sociologues à l'affût de signaux révélateurs. À cet égard, le comportement des natifs du numérique, qui, dans peu de temps, représenteront plus d'un tiers de la population mondiale, est significatif. Ceux qui n'ont pas connu d'autre environnement préfigurent ce qui s'annonce.

Tous les résultats des enquêtes menées sur leurs habitudes, réactions et comportements [22] attestent de traits communs, au-delà des simples constats de parents sidérés par leurs rejetons : toujours joignables, ils ne se sentent jamais tout à fait dépaysés nulle part car, en changeant de pays, ils ne changent pas d'écran, d'amis, ni de marques. Ils semblent aussi adopter des comportements stratégiques nouveaux : trouver partout et toujours le bon plan, le comportement malin qui permet de se tirer d'affaire paraît une de leurs caractéristiques majeures.

Le zapping perpétuel, érigé désormais en attitude existentielle, conduirait parfois à des conduites d'évitement de l'affrontement, cherchant à contourner les problèmes plutôt qu'à les résoudre. Surtout, la conviction dominante serait que toute question peut toujours trouver sa réponse sur les réseaux sociaux. Il suffit de demander son aide au groupe des amis en ligne pour être assuré de mettre la main sur la bonne solution. Et vite, très vite. Les temps morts sont bannis comme la pire des choses.

Dorénavant, plus de vide, aucune inactivité. Le plus vite devient le mieux. L'information qu'on trouve tout de suite, la plus accessible, la plus rapide à obtenir, devient la meilleure. Non pas celle qui est vraie, ou réellement utile.

Les natifs numériques faisant toujours plusieurs choses en même temps, cela engendrerait chez eux une forme nouvelle d'attention, à la fois multitâche et segmentée, une sorte d'« attention partielle continue », selon l'expression de Linda Stone, ancien cadre d'Apple puis de Microsoft devenue essayiste et blogueuse réfléchissant sur le futur du numérique. L'habitude de ces intermittences installe une forme inédite d'impatience : l'attente, la maturation, le long terme semblent appartenir de moins en moins au paysage mental standard.

Désormais, l'attention s'allume, s'éteint, passe d'un sujet à l'autre, à la fois continue dans sa façon obstinée de butiner les écrans et discontinue par ses sauts innombrables d'un sujet à un autre. Ce passage incessant d'une connexion mentale à sa déconnexion, la superposition constante de registres multiples et hétérogènes, la dépendance perpétuelle aux écrans, messages, sollicitations de toutes natures risquent de modifier en profondeur les manières de penser, mais aussi de ressentir.

Ce qu'en disent les intellectuels américains

À la question : « Comment Internet change-t-il votre façon de penser ? » posée en 2010 par The Edge, le site de référence sur les mouvements de pensée contemporains auquel contribuent de nombreux intellectuels, les réponses de près de deux cents d'entre eux ont fourni, pêle-mêle, des éléments contrastés, voire contradictoires, en tout cas instructifs [23].

Au cœur de la question, les philosophes cognitivistes Roger Schank, de l'université de Yale, et Steven Pinker, professeur à Harvard, font tous deux remarquer que répondre à cette question suppose déjà qu'on sache précisément en quoi consiste la pensée et comment elle fonctionne. Si c'était le cas, alors on pourrait prendre la mesure des éventuelles transformations provoquées par le monde numérique. Mais il n'en est pas ainsi. Ni les scientifiques ni les philosophes ne s'accordent sur la nature de ce qu'on appelle la « pensée ». Personne ne peut prétendre détenir la connaissance assurée et définitive de ce qui la constitue.

De la Grèce classique à nos jours, on reconnaît toutefois que les règles de la logique structurent toute réflexion humaine. Or ces règles ne sont évidemment pas modifiées par Internet : un cercle carré est aussi impossible à penser sur le Web que partout ailleurs, aussi impensable dans le temps digital que depuis toujours. Donc, si quelque chose change, c'est moins la nature même de la pensée que celle des attitudes, des manières de travailler, de se distraire ou de réfléchir.

Ces évolutions, apparemment mineures, ne sont pas pour autant sans importance. À terme, elles peuvent produire une multitude de conséquences, peut-être capables, elles aussi, de changer l'humain. C'est bien pour cela qu'elles suscitent enthousiasme, crainte, perplexité ou espérance.

Que la collecte de l'information dans le temps digital devienne plus large, plus rapide et surtout plus diversifiée, voilà une autre évidence. Mais les avis des participants à l'enquête de The Edge divergent aussitôt sur les leçons à tirer, une frontière séparant optimistes et pessimistes. Pour les uns, cette diversité est une richesse sans précédent dans l'histoire, elle permet de prendre conscience différemment de notre propre place, de notre identité. Le monde numérique génère une pensée neuve, nourrie instantanément d'une multitude d'échanges autrefois impossibles. Pour les autres, ce qui nous guette ou déjà nous enlise, c'est l'inéluctable confusion des idées, l'uniformisation massive de la pensée, la dispersion irrémédiable de toute capacité de réflexion. Ces digitalo-sceptiques déplorent le règne de l'éphémère, le triomphe de la superficialité, le panurgisme du buzz et des rumeurs, l'« horreur de la bêtise en foule [24] » ou carrément la « transformation d'*Homo sapiens* en imbécile [25] ».

La difficulté, c'est qu'ici tout est vrai à la fois, le meilleur comme le pire. Internet voit effectivement coexister tous les savoirs du monde à portée de clic et la vente, pour 263 dollars, d'un morceau de chewing-gum mâchonné par Britney Spears. On peut prédire une humanité nouvelle construite par l'interaction de toutes les cultures ou annoncer le naufrage général dans les bas-fonds et la trivialité. À moins qu'on n'envisage, comme certains, l'existence d'un fossé toujours plus profond, à l'échelle mondiale, entre les élites et un « cyberlumpen [26] » : aux uns les sciences et les humanités en ligne, les enregistrements remastérisés des concerts historiques, aux autres les rumeurs, les pornos tristes, les jeux en ligne et les clips grossiers.

Le plus difficile, sans doute, est de cerner les modifications au long cours provoquées sur nos habitudes mentales. Dès à présent, des transformations sont constatées aussi bien dans les perceptions que dans les modes de réflexion.

Stanislas Dehaene, le spécialiste du cerveau qui nous a reçus dans son laboratoire de Neurospin, répond à The Edge qu'Internet « accélère l'horloge mentale ». D'autres insistent sur le caractère « distrait, nerveux, sautillant [27] » de l'esprit au temps digital, et sur l'alliance paradoxale, dans les formes d'attention nouvelles, de la permanence et de la fragmentation.

La pensée structurée par l'écrit serait en voie d'extinction, relayée par un retour massif de l'oral (plutôt le cours en vidéo que le texte à lire). Arguments, déductions, démonstrations longues, explications complexes seraient des espèces menacées.

Avec l'hypertexte, c'est encore la prédilection pour une « pensée par listes » qui s'affirme. Une pensée qui classe en permanence les pages les plus lues, les plus commentées, les plus transmises par mail, etc. Une pensée quantitative qui deviendrait en quelque sorte garante de la validité des contenus. Tout cela étant provoqué par le jeu des algorithmes qui pulse l'activité de tous les moteurs de recherche, qui agence en permanence les pages Web, en modifiant hiérarchies et logiques anciennes.

Cette pensée mécanisée ne risque-t-elle pas d'affaiblir les formes classiques de l'activité mentale ? L'essayiste et blogueur Nicholas Carr, après avoir lancé une première salve de provocation avec son article « Google nous rend-il stupide ? [28] », récidivait avec un livre qui fit grand bruit. Son titre évocateur, *The Shallows* [29], peut se traduire par « Les bas-fonds », pour signifier le faible tirant d'eau de la pensée numérique, en dispersion continue. « Essayez de lire un livre tout en faisant des mots croisés, voici l'environnement intellectuel d'Internet », écrit Carr, qui poursuit avec cette comparaison : « Nous qui étions des agriculteurs de la connaissance, nous sommes en train de devenir des chasseurs-cueilleurs dans la forêt des données électroniques. »

Désormais, nos yeux nomades ne lisent plus un texte mais le scannent d'un coup d'œil, ne faisant toujours que passer, sollicités tout autant par le graphisme que par le contenu, par les images et les sons que par les mots. L'écran soumet le texte à ses impératifs, s'affranchit sans complexe de l'écrit.

Sans doute chaque grande invention technique a-t-elle modifié non seulement nos habitudes mentales, mais aussi la manière de se représenter la pensée. « Des tablettes d'argile ou de cire aux ordinateurs en réseau, en passant par les bouliers, les machines à calculer ou les standards téléphoniques », on n'a jamais cessé de prendre appui sur des modèles techniques pour penser le fonctionnement de l'esprit, d'adapter nos activités mentales aux nouvelles possibilités offertes par chaque outil.

De ce point de vue, le monde numérique pourrait-il s'inscrire simplement dans une vaste continuité ? De l'invention de l'écriture à celle de l'imprimerie ou du cinéma, il s'est agi continûment d'améliorer la mémoire, de permettre la constitution d'archives, la conservation du souvenir et des traces du passé. Le monde digital, là encore, opère un tournant.

Où est passée la mémoire ?

Jamais, dans toute l'histoire de l'humanité, on n'a tant enregistré, mémorisé, stocké, archivé. En un temps record, la quantité d'images, photos et vidéos a été démultipliée dans des proportions fantastiques. Mais dans quelle proportion, exactement ? Quelle est, au juste, la quantité d'informations que l'humanité actuelle a mise en mémoire numérique ? Et à quel rythme cet enregistrement phénoménal est-il en train de progresser ?

C'est la question presque loufoque, tellement elle semble en apparence impossible à appréhender, à laquelle se sont attelés avec ténacité Martin Hilbert et Priscila Lopez, deux chercheurs de l'université de Californie du Sud à Los Angeles [30]. En combinant les données de près de soixante technologies analogiques et digitales de 1986 à 2007, ils sont parvenus à mesurer la capacité technologique mondiale de communication, d'archivage et de numérisation de l'information. Mettant ainsi en lumière l'incroyable tournant, le véritable basculement que le monde a vécu. Pour preuve : en vingt ans, 99,99 % des télécommunications sont passées au numérique, et c'est au tournant des années 2000 que la majorité de notre mémoire technologique s'est convertie au format digital. Et, alors que cette capacité numérique générale croît au rythme de 28 % par an, que les capacités d'archivage global de l'information augmentent de 23 % par an, la capacité humaine de diffusion de l'information à travers les médias n'augmente, elle, que de 6 % par an.

Ce qui donne à l'arrivée ce résultat qui demeure énigmatique pour ceux qui ne maîtrisent pas au quotidien les mesures de grande échelle : « En 2007, l'humanité était capable de conserver $2,9 \times 10^{20}$ bytes compressés, de transmettre presque 2×10^{21} bytes et d'extraire $6,4 \times 10^{18}$ instructions par seconde des ordinateurs individuels. » Ainsi formulé, cela ne dit pas grand-chose, sauf que cela semble faire beaucoup. Pour permettre la comparaison, les deux chercheurs ont choisi de donner des ordres de grandeur empruntés au cerveau et à l'ADN de l'être humain. On s'attend à une différence d'échelle incommensurable... eh bien, pas du tout ! La totalité des informations digitales stockées par l'humanité jusqu'en 2007, toutes technologies confondues, est grossièrement comparable aux informations contenues dans l'ADN d'un seul être humain adulte... Toutefois, au final, ce sont moins ces comparaisons frappantes qui sont déterminantes que le basculement massif des informations contenues dans le monde vers le digital. Irréversiblement.

Enregistrer tout, intégralement

Le temps digital est donc bien celui qui parvient à « faire mémoire de tout [31] » : pouvoir tout conserver, indéfiniment, tout retrouver tout le temps, transmettre immédiatement partout n'importe quel élément, voilà la nouvelle réalité. Elle donne naissance à d'étranges réalisations, comme ce projet de mémoire infaillible et virtuellement éternelle intitulé *Total Recall*[32] mis en œuvre par Gordon Bell, ingénieur chez Microsoft, avec l'aide d'un de ses collègues, Jim Gemmell. Leur objectif est de rassembler la totalité des archives de la vie de Gordon Bell sous forme numérique. Totalité est à comprendre littéralement : tout ce qu'il a écrit, photographié, vécu, depuis les réunions professionnelles jusqu'aux déjeuners du dimanche, se trouve rassemblé, classé, restituable à volonté. En dehors même de la prouesse technique et d'une persévérance à toute épreuve, ce que vise Gordon Bell est bien la création d'un avatar numérique, capable, même après sa mort, d'exposer ce qu'il faisait, tel jour à telle heure, au temps de son existence biologique...

Dans un registre voisin qui n'a rien à lui envier, l'EyeTap [33] – « œil-robinet » – de Steve Mann, professeur d'ingénierie informatique, notamment photographique, à l'université de Toronto. Auparavant, ce chercheur inventif avait créé au Media Lab du MIT un groupe de recherches sur des vêtements cybernétiques. Non moins étonnant que ces ordinateurs à porter, embarqués dans des tee-shirts ou des blousons, l'EyeTap est également un prolongement digital du corps : une caméra lunette portée par Steve Mann enregistre et archive en permanence la totalité de son champ visuel, le restitue à volonté et le met à disposition de tous sur Internet.

Le principe d'extension universelle de ce dispositif conduit à imaginer que chacun puisse mettre à disposition de tous ce qu'il voit, et en retour découvrir le monde à travers une infinité d'autres regards que le sien. Le projet envisage même l'extension du dispositif à l'ouïe, au toucher, au goût ou, encore plus fort, à l'odorat. Ici, on n'est donc plus dans le principe posé par le marquis de Sade dans *Français, encore un effort si vous voulez être républicains*, à savoir : « Le corps de chacun appartient à tous. » Cette fois, les sensations de chacun appartiendraient à tous. Qu'il s'agisse d'expériences limites, pas encore mises en œuvre, importe peu. Que cette perspective enthousiasme ou horrifie, de même. En revanche, ce qui est esquissé ici est bien la naissance d'un sujet humain sans frontières intimes, collectif, partageant ses sensations avec tous et découvrant celles des autres. Et ce pour toujours, puisque cette mémoire visuelle, voire multisensorielle, demeurerait visitable indéfiniment.

L'oubli de l'oubli

Autre paradoxe de ces archivages permanents des vies personnelles : en démultipliant la mémoire, ils pourraient contribuer à l'affaiblir. Au premier regard, il s'agit là d'un phénomène ancien et bien connu : ce qu'on inscrit quelque part, on l'oublie facilement. La remarque a été faite à propos de l'écriture, puis de l'imprimerie, considérées comme des affaiblissements de la mémoire vivante. Pourtant, cette fois, il s'agit d'un autre phénomène. Car il n'est plus question seulement des connaissances et des savoirs, mais des souvenirs individuels et des biographies intimes.

Or, si tout est archivé, à disposition partout, tout le temps, plus rien, à la limite, n'est à mémoriser. L'archive intégrale pourrait-elle, en poussant sa logique jusqu'à son terme, organiser l'amnésie complète ? La première étude systématique sur ce thème [34], effectuée par Betsy Sparrow à l'université de Columbia, confirme que nous utilisons dorénavant le Net comme une mémoire externe.

Son second constat est qu'on se souvient plus du lieu où sont archivées des données que de leur contenu. Nous préférons mémoriser où se trouve un dossier dans l'ordinateur, et pour le reste nous faisons confiance à la machine. Ce qu'il y a dans ce fichier s'estompe aisément de nos souvenirs. Là encore, appliqué à grande échelle, cela conduirait-il à conclure que la grande mémorisation numérique affaiblit les mémoires humaines plus qu'elle ne les étend ?

Ars memoriae

On semble bien loin désormais de cet *ars memoriae*, « technique de la mémoire », pratiquée dans l'Antiquité – mentionnée pour la première fois en 85 av. J.-C. dans *La Rhétorique à Herennius*, puis par Cicéron et Quintilien, redécouverte et perfectionnée à la Renaissance –, qui permettait de retenir des livres entiers, voire des bibliothèques, en s'organisant mentalement une sorte de palais de la mémoire où l'on associait des souvenirs à chaque pièce du palais, que l'on pouvait revisiter à loisir, mentalement. En reliant un itinéraire dont on connaissait les moindres détails avec les différents chapitres et paragraphes d'une œuvre, on la gravait dans son esprit. Le jésuite missionnaire Matteo Ricci avait rédigé un traité sur cet art mnémotechnique en 1582. On raconte qu'au même moment le philosophe Giordano Bruno, incarcéré des années par l'Inquisition, pouvait écrire dans sa cellule, sans aucun ouvrage à sa disposition, tout en citant avec exactitude des références innombrables, car tout était classé, à disposition, dans sa mémoire...

Curieusement, les chemins formaient déjà l'armature de cette technique de la mémoire, comme, de nos jours, les dédales des réseaux numériques. Mais, différence notable avec la mémoire numérique, il ne nous reste plus désormais que le souvenir des chemins, l'itinéraire vers l'information, et non son contenu. Celui-ci n'est plus stocké quelque part dans notre cerveau, mais – sur une clé USB ou un portable, plus souvent encore « quelque part sur le réseau » – dans les nuages...

Les anciennes techniques de mémorisation permettent de mieux comprendre combien notre mémoire est sélective, comment elle oublie pour ne conserver que ce qui compte ou ce qui lui convient. Pour une mémoire humaine, il n'y a d'histoire, de conservation et de transmission des « faits mémorables » qu'en fonction d'une sélection, d'une hiérarchisation et d'un oubli de l'inessentiel. S'il faut l'entraîner et l'éduquer, c'est qu'elle passe sans cesse de la réminiscence à l'oubli, avec une plasticité singulière qui n'appartient qu'à elle.

Au contraire, la mémoire numérique commence par tout archiver de nos souvenirs personnels – sans tri, sans choix. Nous prenons plus de photos qu'on n'en prît jamais, et nous ne les regardons presque pas. Nous engrangeons toujours plus de vidéos, sans jamais les visionner. Si nos existences sont ainsi enregistrées

– d'année en année, de mois en mois – et restent en vrac dans les disques durs, on approche alors d'une sorte de paralysie du jeu de notre propre mémoire, qui devient fixée, figée et comme inhabitable.

La seule issue éventuelle à cette fragilisation nouvelle de la mémoire est pourtant offerte par le monde numérique lui-même. Car sa qualité particulière est aussi cette incroyable possibilité de pouvoir analyser, trier, classer toutes ces données, d'y effectuer des recherches à volonté selon une multitude de critères, automatiquement. Aucune autre technique de mémorisation, avant le numérique, ne possédait cette capacité. Elle peut permettre d'échapper à l'engorgement des souvenirs. En fait, c'est aux utilisateurs de se servir de ces possibilités des machines. Mais le veulent-ils ? Ce n'est pas sûr. Il faut voir pourquoi.

Le présent permanent

En fait, cette mise en mémoire gigantesque se double – autre aspect du paradoxe – d'une grande indifférence envers le passé, même récent. Tout est stocké et indexé, mais l'inappétence envers ces montagnes d'images et de textes paraît, elle aussi, à son comble. Ce qui intéresse massivement, c'est ce que nous faisons ce soir, ce que nous ferons demain matin – pas du tout ce que nous faisions il y a deux, cinq ou dix ans.

Remémoration, réminiscence, émerveillement ou sourire en coin – ces manières de se tourner vers le passé, de le chercher, l'explorer, le goûter – semblent en panne. Au moment où le stockage tend vers l'infini, sa consultation nostalgique tend vers zéro. Le passé n'attire plus. Au contraire, il est souvent vécu comme un poids mort, une série de traces dont on voudrait se débarrasser, qu'on aimerait voir effacées une fois pour toutes. Impossible, elles sont en ligne.

Car Internet n'oublie rien. Tout ce qui y est envoyé, affiché, diffusé aujourd'hui s'y trouvera encore demain comme dans dix ans, vingt ans, ou plus. Accessible à tous et partout. Du coup, chacun est suivi par ce qu'il a montré, dit, publié – comme jamais ce ne fut le cas dans toute l'histoire. Les exemples d'effets pervers de cette mémoire incontrôlable se sont multipliés ces dernières années.

On le sait, ce sont prioritairement les recruteurs qui se servent des traces numériques pour disqualifier, à tort ou à raison, certains candidats. Aux États-Unis, 75 % des cabinets de recrutement reconnaissent avoir recours à des investigations sur le Web, et parmi eux 70 % affirment avoir écarté des dossiers en fonction des informations ainsi obtenues. Le cas de Stacy Snyder, 25 ans, enseignante stagiaire en Pennsylvanie, est devenu exemplaire à cet égard. En 2006, elle publie sur sa page MySpace sa photo en train de boire un verre, avec un petit chapeau de pirate. Légende : « Pirate ivre. » Ce cliché parfaitement innocent a été considéré par ses supérieurs comme incitation à consommer de l'alcool, nuisible pour ses élèves mineurs et contraire à ses obligations. L'université lui a donc refusé son diplôme d'enseignante. Ayant poursuivi l'université en justice, Stacy perd son procès en 2007. Et risque fort de payer longtemps la mise en ligne de cette anodine photo personnelle[35].

Changer de cap, prendre un nouveau départ, avoir fait quelques bêtises mais savoir qu'elles seront oubliées – ce qui fut partout et toujours possible – semble aujourd'hui exclu. Les habitants du temps digital se trouvent enchaînés malgré eux à leur passé, qui les rattrape à la première occasion.

Avec l'explosion des réseaux sociaux, on a commencé à prendre la mesure du problème. La question du droit à l'oubli est devenue cruciale. On débat des manières de le garantir dans le cadre d'un nouvel *Habeas Corpus* numérique. En France, à la CNIL (Commission nationale informatique et liberté), on plaide pour la reconnaissance d'un « droit constitutionnel à l'oubli », comme d'autres incitent activement à « réinventer l'oubli sur Internet [36] ».

Parmi les solutions imaginées figure la temporisation des données. Au-delà d'un certain délai, les images, textes ou vidéos sont détruits. Ce que peut faire aussi un logiciel (par exemple Vanish), qui crypte les données postées. À mesure que le temps passe, les clés de cryptage se corrodant, les informations deviennent illisibles. Il s'agit somme toute de réinventer technologiquement, artificiellement, l'usure de la mémoire et le travail du temps, de donner à la mémoire numérique cette possibilité d'érosion qu'elle semble ignorer. En attendant, les traces de centaines de millions de vies privées sont exposées, offertes à tous les usages. À toutes les intrusions ou manipulations. À tous les contrôles. Mais ceci est déjà une autre histoire.

Qui contrôle qui ?

Le monde numérique est d'abord apparu comme un espace de liberté, de parole individuelle, chacun y trouvant des possibilités indéfinies de s'exprimer, de multiplier ses personnalités, de s'inventer des vies et des identités nouvelles sous quantité de pseudos, masques et avatars. Rien de tout cela n'a disparu. Mais la prolifération des sites, des réseaux, des moyens de traçage et d'identification a révélé la face d'ombre de cette grande liberté. Celle de la transparence absolue, de l'absence de confidentialité, de la traque digitale qui permettent, de proche en proche, un contrôle presque parfait de nos faits et gestes.

Les caméras de vidéosurveillance nous filment à tous les coins de rue. Pour nous suivre à la trace, rien de mieux que les cartes de crédit, de transport, de santé. Avec les téléphones portables, elles permettent de savoir, heure par heure et mètre par mètre, où nous étions, ce que nous avons fait, combien nous avons dépensé. La géolocalisation sait toujours où nous sommes. Qu'on y ajoute ce qu'on peut apprendre, en collectant les données de nos navigations, sur nos goûts, nos consommations, nos habitudes, nos croyances, nos opinions, nos relations, amis, copains, condisciples, confrères… alors on aura le sentiment d'une prison de verre d'autant plus effroyable qu'elle est transparente. Tout est vu, connu, répertorié de ce que nous sommes.

D'où la montée en puissance, après les utopies libertaires, d'une alerte à la vie privée, d'une vigilance contre l'intrusion permanente de caméras et de systèmes biométriques, d'une multitude d'appels à la préservation de l'oubli, de l'ombre, du secret, de l'anonymat, qui constituent non seulement des droits, mais des piliers fondamentaux de l'individualité.

En France, l'article 9 du Code civil le précise : « Chacun a droit au respect de sa vie privée. » Mais que faire, à qui s'adresser, contre qui agir lorsque, dans notre propre ordinateur, à notre insu, des kyrielles de petits programmes résidants, dont nous ignorons la présence, car ils se sont implantés d'eux-mêmes au cours de notre visite de tel ou tel site, relèvent nos habitudes et les transmettent aux annonceurs ?

Mouchards éternels

Et ce n'est qu'un début. Les spécialistes du marketing inventent sans cesse des moyens de pister les internautes et bientôt les créateurs de sites disposeront de nouvelles suites logicielles capables de fournir plus de données sur nos activités en ligne. Ainsi, HTML 5, la cinquième version du langage HTML – qui permet de créer des pages Web –, va offrir de nouveaux services. Les uns concernent peut-être l'utilisateur, qui verra sans doute simplifiée la consultation de contenus multimédias sans logiciel supplémentaire, de courriels sans connexion ou encore la localisation à partir d'un *smartphone*. Les autres nouveautés intéresseront à coup sûr les publicitaires, car la prochaine technologie fournira des informations personnelles remontant à plusieurs semaines ou même plusieurs mois. Une forme de pistage généralisé.

Samy Kamkar, un programmeur californien célèbre pour ses démonstrations sur les limites et les perversions du système, a souhaité en donner la preuve, à sa façon. Kamkar, c'est celui qui a découvert que les informations contenues dans les iPhone et Androïd – notamment les localisations GPS – étaient redirigées vers Apple et Google, à l'insu des usagers, même quand leurs mobiles sont éteints. Dès 2010, il a créé un cookie baptisé « *Evercookie* », le cookie éternel, impossible à déloger, capable de stocker des données personnelles dans au moins dix emplacements différents du disque dur. Ce programme extrêmement difficile à effacer, dont la force est décuplée par l'HTML 5, prouve comment les ordinateurs pourront être pistés, infiltrés en permanence. Seule l'adoption d'un dispositif commun permettrait de bloquer le jeu, au risque non négligeable d'entraver le fonctionnement ouvert des réseaux sociaux [37].

Sans oublier les commodités, les bienfaits qu'apportent Internet et le monde digital, il est donc plus que temps de veiller à ne pas sombrer dans un univers où les notions même d'intimité, d'anonymat, de vie privée auraient perdu toute signification, car ce qu'elles désignent n'auraient plus aucune possibilité d'exister. Le juriste Alex Türk, fort de ses sept ans passés à la présidence de la CNIL, confirme cette évolution vers une société de traçage généralisé : « Dans moins de dix ans, les dispositifs de traçage seront devenus quasi invisibles... Plus aucun élément du corps humain n'échappera aux capacités des systèmes biométriques. Notre identité et notre intimité sur Internet auront été "négociées". Alors viendra le temps où la question de savoir si l'on est fiché ou non, entendu ou non, "pucé" ou non, n'aura guère plus de sens [38]. »

Les actions à mener semblent d'autant plus problématiques que n'entrent pas seulement en jeu les intérêts financiers des réseaux sociaux et des annonceurs, ni les difficultés techniques et juridiques que soulève la mise en place de protections de la vie privée. À ces obstacles puissants s'ajoute, plus insidieusement, le fait que certains usagers considèrent eux-mêmes la vie privée comme une notion périmée, une affaire ancienne, bonne uniquement pour les générations précédentes.

Il ne faut pas sous-estimer le fait que ces droits menacés par le temps digital ne sont pas nécessairement perçus par tous comme des valeurs à préserver, par l'effet d'une sorte de délitement interne. Si cet effritement se généralisait, on aurait effectivement changé de monde, sans même s'en rendre compte. Mais est-ce bien le cas ?

L'empire du regard

Contrairement à ce qu'on pense, rien n'est plus difficile à cerner que la dimension politique du temps digital.

Paradis de la démocratie contre enfer du totalitarisme. Outil de libération contre instrument d'asservissement. Éveil des intelligences contre abêtissement sans fin. Penser que la réalité est autrement complexe n'est pas difficile. Il est déjà moins facile d'entrevoir comment se posent les questions vives – par exemple les relations entre États et citoyens, démocratie et totalitarisme, vie privée et vie publique. Parce que les termes se déplacent.

On pourrait penser, par exemple, que le contrôle croissant sur les vies individuelles, la mainmise sur les informations personnelles favorisent l'autorité des États, préparent des régimes policiers, font le lit des dictatures. Ce n'est pourtant pas ainsi, visiblement, que s'agence l'évolution du monde digital. En effet, les réseaux – transnationaux, transcontinentaux – échappent presque totalement aux contrôles étatiques. Et les individus, loin d'être simplement assujettis par une autorité extérieure, revendiquent au contraire une autonomie, sinon une forme de souveraineté, de plus en plus grande.

L'idée que l'on se dirige vers une sorte de contrôle totalitaire des populations ne semble pas crédible, alors même que tous les instruments d'un tel contrôle sont déjà partout en place et qu'ils sont dotés d'une précision, d'une omniprésence et d'une efficacité sans équivalent dans l'histoire. On n'assiste pas, comme on pourrait le craindre, à l'écrasement des vies privées par un contrôle public omnipotent, manipulateur et inquisiteur. Ce sont au contraire les espaces privés qui semblent en voie de dissoudre l'espace public. Il y a donc quelque chose à revoir dans les schémas tout faits.

Pour comprendre quoi, il faudrait revisiter l'histoire de ces visions philosophiques organisatrices de la surveillance, du contrôle par le regard, et repartir bien avant *1984* de George Orwell et son célèbre Big Brother, vers le *Panopticon* de Jeremy Bentham. Ce philosophe anglais du XVIIIe siècle avait imaginé, en 1786, les plans d'une forme nouvelle de système de surveillance fondée sur le regard et la transparence. Le prototype concerne un pénitencier, mais peut être appliqué, de l'aveu même de son auteur, à toutes formes d'ateliers, d'hôpital, de collèges, etc.

Dans ce dispositif de contrôle qui a retenu longuement l'attention du philosophe Michel Foucault [39], celui qui surveille se tient dans une tour centrale. De là, par transparence, il voit sans être vu les prisonniers, dont les cellules partent en étoile depuis la tour centrale. Un seul gardien peut donc contrôler du regard, sans se déplacer, un bon nombre de détenus. Ce *Panopticon* – le mot signifie « qui voit tout » – a servi de modèle à de nombreux dispositifs de surveillance de l'ère industrielle.

L'ère numérique, elle, a inventé autre chose. Plus que toute autre époque, elle est fascinée par le regard, la transparence, la volonté de tout voir, partout et tout le temps. Elle porte à son comble la volonté de chasser les ombres, les secrets, les zones inaccessibles au regard. Elle présente toutefois une différence décisive avec le *Panopticon* de Bentham : « Désormais, il n'y a personne dans la tour, pas de regard central, pas d'instance de contrôle centralisée [40]. »

Le regard domine, le visible règne sans partage, les secrets privés sont abolis, mais, et ce mais est crucial, *tout le monde regarde tout le monde*, chacun a sous les yeux tous les autres, qui le regardent également. Au lieu d'une surveillance, qui suppose une position de surplomb, un regard unique d'une autorité singulière, on parle désormais d'une « sousveillance », concept forgé par le même Steve Mann qui a mis en œuvre l'EyeTap. Concrètement, quand une caméra vidéo filme l'entrée de l'immeuble et qu'un gardien visionne, il y a surveillance. Quand n'importe qui filme n'importe qui avec son téléphone portable, le règne de la sousveillance est entamé.

Pour Steve Mann et ceux qui promeuvent cette sous-veillance généralisée, il s'agit d'une paix sociale en perspective : si tout le monde peut voir tout ce que je vois, donc tout ce que je fais, il devient impossible pour chacun de commettre le moindre forfait. Cette conception limite n'est qu'une des multiples espérances politiques que suscite le monde numérique. Beaucoup en attendent des formes nouvelles d'intervention, voire de libération.

Émancipation politique version Twitter

L'*Homo numericus* est-il en chemin, irréversiblement, vers l'émancipation grâce à Twitter et à Facebook ? Plus apte à résister aux dictatures, mieux armé pour organiser des mouvements populaires ? Comme toujours, les optimistes voient dans les réseaux sociaux un moyen imparable offert aux peuples de « s'organiser sans organisation », pour reprendre une expression de Clay Shirky, spécialiste des effets sociaux et économiques d'Internet à l'université de New York, convaincu que le Web « peut avoir raison de toutes les dictatures »[41]. Les soulèvements en Iran après les élections du 12 juin 2009, la longue série des mouvements populaires dans les pays arabes à partir de la fin de l'année 2010 – les uns victorieux, les autres durement réprimés, mais tous sous le signe de la circulation des informations sur Internet –, ont construit cette conviction : Twitter combat les tyrans. Ce schéma d'analyse simplifié s'est imposé à peu près partout. État despotique contre peuple connecté. D'un côté, un pouvoir centralisé, autoritaire et répressif, censure la presse et les communications sociales. De l'autre, des citoyens désireux de démocratie, de liberté et d'autonomie trouvent dans les réseaux sociaux l'outil rêvé pour déjouer la censure, faire circuler les informations interdites, organiser l'expression populaire et ses manifestations. Cette vision, presque partout commentée, reprise et amplifiée, est devenue un lieu commun. On a même suggéré d'attribuer à Twitter le prix Nobel de la paix [42].

Malgré tout, certains ne sont pas d'accord. Ainsi Evgeny Morozov, professeur à Georgetown et à Stanford, qui analyse les effets politiques d'Internet sur son blog de politique étrangère Neteffect [43], dénonce avec vigueur les aspects illusoires du grand optimisme politico-numérique et insiste sur la « face sombre » de la liberté digitale [44]. Sans nier la multitude de possibilités nouvelles offertes par le Web aux citoyens des régimes autoritaires, il en souligne aussi les effets pervers, les possibilités de manipulation et de retournement. Car les réseaux renseignent également le pouvoir. Grâce à eux, la répression policière obtient plus facilement les photos et les noms de tous les militants qu'avec les anciennes formes d'organisation. Les régimes autoritaires savent retourner l'usage de Twitter contre les opposants, en envoyant, comme en Iran, des messages dissuasifs à ceux qui pourraient descendre dans les rues. Morozov souligne par exemple que, sur les dix-neuf mille comptes Twitter iraniens de par le monde, soixante seulement étaient domiciliés sur place, et que les autorités sont parvenues à en fermer cinquante-quatre !

Morozov insiste également sur la façon dont les régimes autoritaires encouragent massivement un Internet opium du peuple. Pour endormir et détourner l'opinion des enjeux politiques de la cybercitoyenneté, les pouvoirs favorisent à outrance cybersexe et cyberconsommation.

Loin d'être démocrate par nature ou par essence, Internet véhicule idéologies xénophobes et convictions nationalistes tout aussi efficacement qu'idéaux égalitaires.

Les « cybergrenades », dit Morozov, sont entre toutes les mains. Inutile de s'imaginer que l'arme, par elle-même, aurait choisi son camp... Au contraire, de même que la radio a permis à Hitler de s'imposer, l'outil numérique peut être utilisé aussi puissamment par les ennemis que par les amis de la liberté.

La Chine le prouve quotidiennement, en multipliant les filtres et les instruments de censure. Les autorités rêvent d'organiser autant que possible le réseau chinois et ses 485 millions d'internautes sur le mode d'un Intranet national, avec le minimum de liens vers l'extérieur, afin de prévenir les critiques ouvertes du régime, que le langage officiel dénomme désormais « incidents de masse sur Internet »... Le pouvoir a bien compris que les réseaux peuvent devenir des armes.

Cette comparaison d'Internet avec des armes prend plus de sens et de poids à mesure que se profilent les menaces de cyberterrorisme et de cyberguerre. Ce ne sont pas les scénarios catastrophes qui manquent : trains qui déraillent, usines chimiques ou centrales nucléaires qui explosent, avions qui s'écrasent et court-circuit général de l'alimentation électrique... tout semble devenu imaginable, et plus seulement au cinéma, sur grand écran de fiction d'anticipation. L'interconnexion planétaire, la dépendance croissante envers l'informatique des transports, de l'énergie, de toutes les circulations de données rendent toutes les sociétés de plus en plus vulnérables aux pannes, aux piratages, aux attaques de hackers, qu'ils soient isolés ou enrôlés militairement.

Nombre d'événements récents l'ont montré. En 2007, l'Estonie a fait les frais de la première cyberguerre. En quelques heures, dans ce pays qui figure parmi les plus connectés d'Europe, les sites gouvernementaux, ceux des banques, des médias, des partis politiques ont été mis hors service. Mode opératoire : des serveurs inondés de requêtes (des milliers par seconde). Les assaillants – officiellement des nationalistes russes – avaient infecté des dizaines de milliers d'ordinateurs avec un virus envoyant automatiquement des messages à ces sites.

En 2010, le virus Stuxnet retarde considérablement le programme nucléaire iranien. La Corée du Nord, de son côté, annonce avoir formé près d'un millier de professionnels pour perturber le Web sud-coréen, la Chine en aurait vingt mille, la Russie et l'Iran passent également pour bien pourvus en techniciens rompus aux attaques informatiques. À tel point qu'après air, terre, mer et espace, le cybermonde est en passe de devenir le cinquième théâtre d'opération des affrontements à venir. Inutile toutefois d'aller plus avant, car cette évolution, si préoccupante soit-elle, signe seulement la continuation de la guerre par d'autres moyens, non une mutation essentielle de l'humain dans ses rapports à la guerre.

Plus décisive à creuser est la question de l'Internet politique, sa contribution à une plus grande démocratisation du monde, ou au contraire à son contrôle autoritaire. Sur ce point, beaucoup reste à comprendre et à explorer. Sortir du manichéisme ne serait pas une mauvaise idée, en cessant de faire d'Internet le havre de toutes les libertés ou le repaire de tous les asservissements. C'est notamment ce que s'efforce de faire le sociologue Dominique Cardon [45], un des rares à prendre sérieusement en charge cette question. Il insiste sur le fait qu'on a tort de penser, trop fantasmatiquement, l'outil Internet en termes de transparence ou de visibilité intégrale : le fait qu'une page soit accessible n'assure nullement sa visibilité. Ce qui est publié sur Internet n'est en réalité jamais réellement visible par tous. Il existe une multitude d'espaces à visibilité limitée, comme autant de clairs-obscurs où s'expérimentent, à la fois publiquement et à l'écart, des formes de prises de parole inédites. Mais, chaque fois, c'est bien une « opportunité démocratique » que favorise Internet.

C'est donc un immense chantier politique qui s'ouvre avec la révolution technologique du temps digital. Pour mieux en approfondir mécanismes, tensions et enjeux, nous rencontrons celui qui a consacré à ce chambardement de longues années d'études et d'analyses.

> Los Angeles.
> Rencontre avec Manuel Castells
> *« Si l'on ne comprend pas la communication,*
> *on ne comprend pas l'humain. »*

Sur le campus de l'université de Californie du Sud (USC), son bureau est à quelques blocs seulement de celui de son ami et collègue, le neurobiologiste Antonio Damasio, dont il a lu avec attention et profit les travaux scientifiques pour les intégrer dans ses plus récentes recherches.

D'entrée de jeu, Manuel Castells met ses interlocuteurs à l'aise. S'il parle vite, l'air enjoué, avec un accent toujours chevillé à toutes les langues entre lesquelles il navigue allègrement, il va à l'essentiel. Il s'attache certes aux idées, mais plus encore aux faits, car sans eux, pour lui, aucune pensée valide sur le réel ne peut émerger. C'est bien ce sens des données empiriques et des enquêtes de terrain qui donne à son œuvre, où il a embrassé une impressionnante quantité de registres, sa cohérence et sa force. Plus que tout, il se méfie de la philosophie comme de la sociologie, des systèmes théoriques ou interprétatifs qui ne tiennent pas compte des faits ou, pire, tentent de les soumettre.

À 69 ans, il est titulaire de la chaire Communication, technologie et société à l'Annenberg School of Communication de l'USC à Los Angeles. Il est aussi l'un des meilleurs connaisseurs des relations entre le monde numérique et les changements sociaux, et de la société en réseaux. Il dirige par ailleurs l'Institut interdisciplinaire Internet de l'université ouverte de Catalogne, après avoir été professeur de sociologie et de planification urbaine à Berkeley pendant vingt-quatre ans.

Car son parcours, pour le moins atypique, a sans cesse été réécrit par les détours de sa vie. Avec humour, il le résume à *« une adaptation positive à des choix forcés »*, liés à ses engagements politiques, à sa volonté farouche de rester, au-delà de ses engagements, un penseur libre et sans entraves.

Originaire de Hellin, il est d'abord, tout jeune étudiant, anarchiste farouche au sein du Front ouvrier de Catalogne, militant antifranquiste à l'université de Barcelone – engagement qui l'oblige à l'exil en France. Après ses études, il devient en 1966 assistant du sociologue Alain Touraine à Nanterre, et c'est alors un autre engagement politique – Mai 68, dont il devient un des animateurs au côté de Daniel Cohn-Bendit, un de ses étudiants – qui lui impose un second exil, à Santiago du Chili cette fois.

C'est l'occasion pour lui d'entamer l'étude de l'émergence des mouvements populaires urbains de quartier. Dans *La Question urbaine. Une approche marxiste*[46], il analyse, en 1972, la contradiction singulière entre la montée en puissance d'un capitalisme industriel et celle, concomitante, des mouvements sociaux et des luttes urbaines. Pour le sociologue, l'espace urbain apparaît alors clairement comme l'expression de la structuration sociale et par là même du système économique, politique et idéologique contemporain.

Manuel Castells prend ensuite ses distances avec le marxisme, sans « rien renier » et sans pour autant en abandonner toutes les notions. Mais pour lui, dorénavant, « l'analyse en termes de classes se révèle totalement inadéquate pour comprendre les processus actuels de domination et de changement social[47] ». En 1979, il s'installe aux États-Unis et enseigne à Berkeley. Son intérêt pour les espaces urbains le pousse à s'intéresser à la Silicon Valley, le nouvel épicentre de la révolution technologique qui s'amorce. C'est là un tournant majeur dans son travail : sans quitter l'analyse des espaces sociaux ni celle des antagonismes de pouvoir, sa réflexion devient désormais indissociable du déploiement du nouveau monde numérique. Dans *The Informational City*[48], en 1989, il est le premier à décrire les relations qui s'établissent entre les innovations technologiques et les structures spatiales.

Il met en lumière la nouvelle organisation industrielle, fondée sur une économie flexible, et formule une distinction clé entre un espace naissant globalisé, qu'il nomme « espace des flux », et l'« espace des lieux » de la vie quotidienne. La ville s'organise dorénavant autour d'une dialectique entre ces deux espaces. L'espace des lieux, c'est celui de la proximité et du social, l'espace des flux, espace de la communication, s'organise autour d'une nouvelle connexité non localisée. Dès ce moment, Manuel Castells en est convaincu, « *le principal impact des nouvelles technologies, fondé sur la double révolution des systèmes de communication et de la microélectronique, est la transformation des lieux en flux*[49] ».

L'espace des flux, qui est aussi l'espace des élites, devient le centre du pouvoir et de la domination. Il met en relation les différents pôles de l'économie mondiale au sein d'un espace de communication. Le pouvoir n'est plus concentré dans une ville ou un lieu, mais dans une « unité transterritoriale », virtuelle mais bien réelle – contrairement à l'idée de « réalité virtuelle », devenue pour lui un véritable lieu commun qui masque la concrétude de ce qui se met en place. Internet n'est ni une autre planète ni un monde fantôme : « *Plutôt qu'opposer réalité virtuelle et réalité réelle, je parle toujours de virtualité réelle, parce que nous vivons tous dans la virtualité – c'est la réalité qui est organisée dans nos cerveaux, qui reçoit des signaux du virtuel, plutôt que des signaux de contacts physiques ou des contacts personnels.* »

Réelle, cette domination devient a-spatiale : il n'y a plus de siège du pouvoir localisable. Dans cet espace des flux, où coexistent à la fois concentration et dispersion grâce à la communication électronique, on assiste à la fin de l'organisation du travail en grandes unités concentrées dans un lieu centralisé, à la fin de la hiérarchie verticale.

Toutes ces observations et réflexions vont s'enrichir du développement du monde numérique lui-même pour mener Manuel Castells, sept ans plus tard, à son ouvrage central, *L'Ère de l'information* – une somme de trois volumes publiés de 1996 à 1998 [50]. Dans ce triptyque qui demeure une référence majeure, il souhaite mettre en lumière la « transformation multidimensionnelle du monde » qui a lieu sous nos yeux. Il décrit l'ère de la société en réseaux, cette structure sociale totalement inédite issue de la révolution technologique de l'information, « fondée sur le contrôle, la manipulation et l'utilisation de l'information et de la connaissance ».

Un des traits qui le frappent d'abord, c'est cette montée de la société en réseau couplée à celle des identités individuelles qui désirent s'exprimer et deviennent le fondement principal du sens pour chacun : « Les sociétés se structurent de plus en plus autour de l'opposition bipolaire entre le réseau et soi [51]. » Mais, dans tous ces processus, il n'y a aucune place, selon lui, pour une quelconque fatalité ou un déterminisme technologique. Certes, l'espace des flux est un espace de domination, mais il peut, à son tour, être envahi par des mouvements de contre-domination, des « espaces de résistance et de transformation des intérêts sociaux ». Autrement dit, les luttes entre les forces de domination et les forces d'émancipation n'en finissent pas de se poursuivre. Mais elles changent de formes, de terrains, de techniques, d'expressions.

Ce sillon, le chercheur le creuse toujours plus. Dans *Communication Power*[52], publié en 2009, il renouvelle l'ensemble de sa réflexion en l'adossant, cette fois, aux dernières avancées des neurosciences, et justement aux travaux scientifiques d'Antonio Damasio, qui lui permettent d'introduire une donnée fondamentale : les mécanismes, les agencements du cerveau, centre des émotions, dans ses réactions à l'environnement, et donc au politique. On se souvient de cette construction d'un « soi autobiographique » conçue par Damasio et qui, selon le neurobiologiste, « *entraîne la mémoire, le raisonnement et éventuellement le langage, et permet enfin la création des outils culturels* »[53], donc politiques. Offrant une marge de liberté, même relative, et la capacité de dire non. C'est sur ce renouvellement d'approche, et sur les résultats de sa réflexion, que nous souhaitons entendre Manuel Castells.

Premier constat : c'est à travers la communication que tout esprit humain interagit avec son environnement social et naturel : « *Ma conviction intellectuelle, c'est que si l'on ne comprend pas la communication, on ne comprend pas l'humain. Car on est humain parce qu'on communique, et parce qu'il y a un sens dans ce qu'on transmet, qui peut être rationnel, émotionnel, etc. À travers les signaux d'information, il s'agit toujours de partager un sens.*

À chaque époque, cette communication se fait en réseau, et dépend de la technologie disponible. Ce qui est caractéristique de ces réseaux de communication, dans l'espèce humaine, c'est qu'ils établissent le contact avec d'autres réseaux, ceux du cerveau.

Si la technologie de la communication change de manière fondamentale, quelque chose doit changer dans la communication humaine, et donc dans l'humain. Ce changement est un fait. Comment, pourquoi, avec quelles conséquences ? Voilà des questions pour la recherche, celles qui m'intéressent. »

Deuxième constat : le pouvoir politique est toujours fondé sur le contrôle de la communication et de l'information. À ce niveau, Manuel Castells distingue d'une part le macropouvoir des États et des grands groupes de médias, qui forment un superréseau décidant des grands axes, et d'autre part les micropouvoirs des organisations diverses, syndicats et autres. Dès lors, le contre-pouvoir dépend de la capacité de passer au travers de ce contrôle des informations.

Troisième constat du sociologue : la coercition ne suffit jamais pour exercer le pouvoir. Le pouvoir repose plutôt sur sa capacité de formater l'esprit humain, dans la mesure où notre façon de ressentir et de penser détermine notre façon d'agir, individuellement et collectivement. Tout pouvoir se doit donc d'organiser le consentement, d'instiller la peur ou de susciter la résignation vis-à-vis de l'ordre.

Manuel Castells insiste sur la nécessité de saisir l'interaction entre le cerveau et le pouvoir politique, et l'ancrage du pouvoir dans nos esprits à travers les processus de communication. Pour cela, il faut comprendre comment fonctionne notre cerveau, car c'est dans la relation spécifique des moyens de communication avec leurs significations neuronales que les mécanismes de fabrication du pouvoir peuvent être identifiés. Il faut donc analyser comment l'esprit humain prend en charge les messages qui lui sont envoyés et comment cette prise en charge se traduit dans la sphère politique.

Mais, et c'est là le point crucial, avec Internet et la communication sans fil, quelque chose de totalement nouveau se produit : on assiste à la multiplication de moyens de communication interactifs horizontaux qui, à leur tour, favorisent la création inédite de moyens de communication de masse individualisés. Le sociologue a choisi de les appeler moyens d'« autocommunication de masse », pour insister sur l'aspect personnel, individuel de ces nouveaux moyens d'expression : « *Cette notion est fondamentale pour moi. Pour en mesurer la portée, il faut d'abord faire une première distinction entre la communication interpersonnelle classique et la communication de masse. Si nous nous téléphonons, ou si nous parlons seuls, vous et moi, dans une pièce, c'est une communication interpersonnelle. Mais si nous publions notre conversation sur un forum via Internet, cette communication sera socialisée, elle appartiendra à ce qu'on appelait, autrefois, les "communications de masse", et c'est cela qui est à regarder de près. Car si l'on parle de l'humain, donc du collectif, l'important n'est pas ce qui se passe dans mon cerveau, mais ce qui se passe dans l'ensemble des cerveaux humains. À ce moment-là, l'essentiel est bien la transformation de l'environnement général de la communication – non pas comment moi, je me rapporte à vous –, mais comment, tous ensemble, nous nous rapportons à l'univers communicationnel.*

Or, jusqu'à l'arrivée d'Internet, les groupes de communication de masse avaient le monopole de cette communication socialisée. Que ce soit la télévision, la radio, ou les journaux, tous les moyens de communication de masse étaient toujours contrôlés, entièrement contrôlés, soit par l'argent, soit par le pouvoir politique, soit par les journalistes.

L'autocommunication de masse signe la fin de tout cela, la fin de tous ces contrôles. Autrement dit, c'est la fin des prêtres. Les intellectuels, en particulier les philosophes, ne sont plus les interprètes de la société. La société n'a pas besoin d'interprètes – elle s'organise elle-même dans les réseaux. Les moyens de communication se passent dorénavant d'intermédiaires. Les gens peuvent construire eux-mêmes des réseaux. »

Avec d'ailleurs comme première manifestation visible l'apparition de la nouvelle catégorie des « pro-am [54] », ou amateurs professionnels, qui à travers leurs blogs, et dans une forme d'expression de soi revendiquée, malmènent le principe d'autorité traditionnelle des experts de toutes disciplines, les délogent sans complexe de leur pré carré, jusque-là incontesté.

Mais cette liberté n'est-elle pas qu'apparente ? Internet n'est-il pas, lui aussi, contrôlé par les grandes compagnies ? « *Évidemment, il y a un contrôle des grandes compagnies. Mais le produit qui est vendu, c'est la liberté. Et si ces compagnies ne le vendaient pas, une autre s'installerait pour le faire, car il faut seulement une capacité minimale pour construire un réseau de communication sur Internet. La seule chose qu'on peut dire aujourd'hui, c'est qu'Internet est bien la liberté. Les usages qu'on fait de cette liberté sont une autre affaire. On peut s'en servir pour défendre le nazisme, diffuser la pornographie, préparer le terrorisme, pour tout...* »

Manuel Castells nous explique comment ces nouveaux moyens d'autocommunication de masse augmentent, de façon radicalement nouvelle, l'autonomie des sujets communicants envers les groupes de communication qui possèdent le pouvoir. Dans la mesure où nous sommes tous dorénavant à la fois récepteurs et émetteurs. Des « *mass media* » standardisés peuvent encore s'efforcer de formater les esprits en construisant le sens des messages à imposer, décidant par exemple de transformer les informations sociales et politiques en divertissement, en *infotainement*, des acteurs gouvernementaux peuvent bien tenter de tenir Internet en contrôlant les programmeurs de contenus des grands groupes de communication toujours à la recherche du profit et de la maîtrise des contenus culturels... Avec les autocommunications de masse, tout cela achoppe, désormais, sur le fait que la diversité des formats est devenue la règle. La fragmentation des audiences, la culture de partage des messages entre de multiples émetteurs et récepteurs est irréversible.

Plus encore, la diffusion digitale potentialise la diffusion des messages au-delà de tout contrôle, car l'esprit du récepteur – individuel et collectif – peut jouer, à son tour, sa partie. Pour Castells, plus l'autonomie des usagers est grande, plus fortes sont les chances que de nouvelles valeurs pénètrent dans le champ social : « *La capacité de choisir le type de communication ne s'arrêtera plus, dans la mesure où il y a déjà deux milliards d'usagers Internet et que cela continue avec le portable. Les usagers du portable sont presque cinq milliards, déjà. Très bientôt, l'humanité entière sera en mesure de communiquer par Internet sur plateforme portable. Or, plus le réseau est grand, plus il offre de cheminements possibles, c'est mathématique. Quand il y a mille personnes ou deux milliards, c'est différent !*

Plus personne ne peut contrôler. D'autant plus que la fragmentation culturelle se poursuit avec une grande puissance. Les gens deviennent largement indépendants dans l'élaboration de leur réseau de communication. Chacun fabrique son univers. En ce sens, il y a une construction de l'autonomie, du moins si elle est déjà là en germe, car elle n'est pas apportée par la technologie. Celui qui n'est pas autonome, Internet ne le rendra pas autonome, il pourra regarder le porno, diffuser des canulars, bien sûr. En ce sens, Internet, c'est la vie, mais avec beaucoup plus de degrés de liberté qu'avant. »

Manuel Castells décrit enfin cette étonnante et paradoxale dialectique qui se met en place : la nécessité de rentabilité impose aux groupes de communication une recherche permanente et inéluctable, de l'audience, qui détermine la manne publicitaire des annonceurs. Or, si nous acceptons tous de nous transformer en cibles publicitaires, d'abdiquer de notre espace privé pour accéder au Net, pendant le temps où les grands groupes investissent dans le Net et l'étoffent, ils offrent en retour, involontairement, sans le chercher, à de plus en plus de gens, la possibilité de bâtir leurs propres outils d'autocommunication de masse, de créer ainsi leur propre groupe d'expression, leur culture, de renforcer toujours plus leur pouvoir, leur autonomie de pensée, leur sens critique grâce à cet Internet jouant comme un contre-pouvoir. Dans cette interface dynamique, les rapports de pouvoir se rééquilibrent différemment.

Manuel Castells est donc fondamentalement un cyberoptimiste. Même s'il n'ignore rien des multiples travers du monde numérique, de ses dérives ou de ses dangers, il n'en demeure pas moins confiant dans les fantastiques possibilités de liberté qui s'offrent, et dont chacun peut faire quelque chose. Ne lui dites pas que la fréquentation d'Internet isole des autres, coupe du monde réel, enferme dans une bulle numérique, il n'y croit pas – tout simplement parce qu'il a pu constater le contraire : « *Je suis un chercheur empirique. En Catalogne, j'ai conduit l'une des études les plus complètes, avec pas moins de 55 000 entretiens – 15 000 entretiens physiques, 40 000 par Internet –, pour analyser les comportements réels. Si l'on regarde vraiment ce qui se passe dans la pratique, on constate qu'Internet renforce la sociabilité et diminue l'isolement. Plus on utilise Internet, plus on est sociable, plus on est capable de se rapporter aux autres, plus on est politisé, plus on est participatif. Plus on a d'amis sur Internet, plus on a d'amis qu'on rencontre physiquement. Ça se renforce ! C'est un résultat empirique général : Internet n'est pas un instrument d'isolement.* »

Ainsi, cette connaissance de l'homme-animal politique décrit par Aristote dans l'Antiquité, désormais augmentée des connaissances acquises sur le fonctionnement du cerveau par les sciences cognitives, croisée à la révolution technologique d'Internet, semble, pour Castells, étayer notre capacité humaine d'augmenter nos marges de manœuvre, nos possibilités de négociations, de compromis politiques, de changements sociaux. Donc, d'évolution historique.

À l'évidence, pour le chercheur, le temps de l'histoire n'est pas seulement compatible avec le temps digital, il est rouvert par les perspectives nouvelles qui se multiplient. Au contraire, d'autres pensent que nous sommes entrés dans un temps arrêté, suspendu, privé de véritable horizon. Le numérique n'en est certes pas seul responsable, mais il contribue fortement à cette étrange manière qu'a le temps de s'absenter de notre champ de vision. Pour comprendre de quoi il s'agit, nous retrouvons l'historien qui a mis les expériences du temps au centre de sa réflexion.

PARIS. RENCONTRE AVEC FRANÇOIS HARTOG
« On entre dans un temps historique suspendu. »

Ce n'est pas un historien comme les autres. Il ne s'attache pas au récit des grands événements, à de minimes phénomènes sociaux de longue durée ou à la figure des grands hommes. Ce qui intéresse principalement François Hartog, c'est la manière dont les sociétés se représentent le temps, leurs manières de se figurer les relations du présent au passé comme à l'avenir.

Il n'est pas venu d'emblée à ces questions. Elles ont au contraire cheminé à mesure dans son œuvre, en dessinant peu à peu leurs contours. Au départ, les travaux de ce spécialiste de l'Antiquité grecque, disciple et ami de ces célèbres historiens français de la Grèce antique que sont Pierre Vidal-Naquet et Jean-Pierre Vernant, sont d'une facture relativement classique. Il a consacré son premier ouvrage à Hérodote. Sa préoccupation était avant tout de comprendre comment ce premier historien – Hérodote est en effet l'inventeur du terme « histoire », qui chez lui signifie « enquête » – voit les autres, lui-même et leurs relations. La première singularité de François Hartog est donc de s'intéresser aux représentations, à l'analyse des schémas mentaux, qu'ils se jouent dans le temps ou dans l'espace.

C'est pourquoi il s'est penché sur la manière dont les Grecs anciens se représentaient la frontière entre eux et les autres, entre leur culture et celle des Égyptiens ou des Perses. Il s'est aussi demandé comment s'est constitué dans l'histoire le couple Anciens-Modernes, comment il a évolué, en insistant sur sa singularité qui fait qu'il se déroule dans le temps. Voilà le genre de questions que scrute, au fil de livres à la fois érudits et constamment accessibles, ce chercheur affable à l'élégance discrète, qui, sous l'apparence d'une distance un peu froide, mêle la retenue à un humour caustique, ainsi qu'à une permanente attention aux arguments des autres.

On pourrait presque se demander pourquoi nous nous retrouvons chez lui, à ce moment précis de notre enquête : monde numérique, temps digital et histoire d'Internet semblent, au premier regard, des thèmes éloignés de ceux de notre interlocuteur, directeur d'études à l'École des hautes études en sciences sociales, plus connu comme spécialiste de la Grèce antique que du Web 2.0.

Pourtant, au fil de ses travaux sur les représentations du temps et de l'histoire, François Hartog est arrivé à la conclusion que nous vivons depuis la fin du XXe siècle une situation nouvelle, somme toute assez étrange, et surtout sans précédent. Pour lui, notre époque se vit seulement au présent, sans se projeter dans un avenir ni se sentir réellement héritière d'un passé. C'est ce qu'il appelle le « présentisme ».

Pressentant qu'il existe des liens entre ce temps suspendu de notre époque et le monde instantané du temps digital, son rapport à la mémoire, son « tout, tout de suite », le regard de François Hartog et ses éclairages nous importaient : « *Il ne s'agit pas de dire que le temps est l'élément qui organise tout dans une société, ni que le rapport au temps viendrait tout expliquer. Ce serait absurde, et ce n'est évidemment pas dans cette perspective que je me place. Mais je suis convaincu que les manières d'expérimenter le temps ont une incidence sur la manière dont les êtres humains se représentent ce qu'ils sont.*

La question que je me suis posée est celle-ci : notre expérience contemporaine du temps a-t-elle quelque chose de différent des autres ? L'homme n'a jamais cessé, évidemment, d'avoir des expériences du temps. Mais on peut se demander si ce présent dans lequel nous vivons a quelque chose de différent des présents du passé. La réponse est "oui", il y a bien quelque chose de différent. C'est pour désigner cette expérience singulière que j'ai forgé l'expression de "présentisme" : un présent qui veut être son propre horizon, qui se veut autosuffisant. Dans un sens, ce présent comporte à la fois tout le passé et tout le futur dont il a besoin. Il a aussi cette caractéristique d'être une espèce de présent éternel, disons plutôt perpétuel. »

Par comparaison, d'autres types de présents, différemment vécus, peuvent être mis en regard du nôtre pour appréhender sa spécificité. Ainsi, 1789 et la Révolution française fournissent l'exemple d'une expérience du temps radicalement différente : « *C'est un grand moment de remise en question des expériences du temps et de bouleversement, mais on n'en reste pas au présent. Au contraire, c'est le futur qui prend alors le pouvoir, qui devient la catégorie temporelle qui entraîne tout. Le présent, dans cette perspective, ne prend sens que par rapport au futur. Ce qui existe au présent est imparfait, incomplet, mais se comprend par rapport à ce qui va venir, à ce qui se prépare. L'avenir seul donne sens à ce présent. Telle est la perspective du progrès, dont on a usé et abusé depuis 1789, et jusque dans les années 1970.*

Dans cette forme d'expérience du temps, on regardait toujours le présent à partir de l'avenir. Mais le passé, lui aussi, ne prenait son sens qu'en fonction du futur. C'est seulement à partir de lui qu'on comprenait tout ce qui était advenu et tout ce qui était en train d'advenir.

Le présent, dans ce "régime moderne d'historicité", comme je l'ai dénommé, n'est qu'un passage et même, dans certains cas, une transition à faire disparaître le plus vite possible. »

Concentré sur ses propos, François Hartog parle sans hésiter, d'une voix de basse, posée et précise. Finalement, ce qu'il nous explique, c'est bien que nous avons changé d'époque, mais sans nous en rendre compte, sans avoir vu clairement s'inscrire dans les événements une ligne unique de fracture : « *Tout le monde moderne était fondé là-dessus : le passé conduisait inéluctablement, et rapidement, vers ce futur attendu et désiré, le présent n'était qu'un entre-deux, une transition. Et c'est cela qui s'est lézardé, à partir de la fin des années 1970, et pratiquement effondré – plus ou moins vite, plus ou moins profondément, un peu plus tôt ou un peu plus tard, ici ou là. Depuis, on entre dans le temps historique suspendu.* »

Quel événement, quelle rupture, quelle cause majeure a pu provoquer cette transformation ? François Hartog écarte d'emblée l'éventualité d'une cause unique : « *Ce qui se met en place, c'est la globalisation, portée et soutenue par la révolution informatique, en particulier par sa promotion de l'instantanéité, de la simultanéité, de l'ubiquité aussi. Ce monde de la globalisation est régi par ces éléments, comme par le monde des marchés, un monde qu'on a commencé à vouloir suivre "en temps réel". Ce sont là les instruments constitutifs d'un présent "présentiste", d'un monde qui, au fond, ne connaît plus que le présent. C'est la forme du capitalisme de ce moment-là.*

Il faut évidemment ajouter à cela la chute du mur de Berlin et l'effondrement du système soviétique, en 1989. Si l'on prend comme repères les dates symboliques de 1789 et 1989, on peut constater une différence complète dans les expériences du temps. 1789 est porté par une perspective de futur et, même pour ceux qui étaient hostiles à la Révolution, il était clair que le monde avait totalement changé et qu'on ne reviendrait pas à ce qui existait avant. Par comparaison, 1989 n'est porté par aucune perspective future. Au contraire, les premiers concernés, ceux qui avaient vécu le système communiste, ne voulaient pas qu'on leur serve un quelconque avenir radieux. Cela a constitué un autre élément allant dans le sens de la seule possibilité d'un présent. »

Un autre élément sur lequel François Hartog attire l'attention, moins spectaculaire, n'en est pas moins significatif de cette mutation dans l'expérience du temps. Il s'agit de l'émergence et de la diffusion du thème de la mémoire, qui s'est imposé au fil du temps : « *C'est également à la fin des années 1970, au début des années 1980, que la thématique de la mémoire – lieux de mémoire, devoir de mémoire, etc. – devient dominante et vient même prendre la place, d'une certaine manière, du concept d'histoire. En fait, les historiens ne se sont pas assez interrogés sur le sens et la portée de ce phénomène. Ils ont cru simplement que surgissait un nouvel objet, la mémoire, ce qui ne va pas très loin. Il est plus difficile de comprendre à quoi correspond cette émergence. Elle s'éclaire autrement si on la relie au présentisme, car justement la mémoire, contrairement à l'histoire, n'a aucune ouverture sur le futur.*

Cette émergence du thème de la mémoire, principalement lié à la Seconde Guerre mondiale et à l'extermination des Juifs, s'impose dans les années 1970. En France, une de ses premières manifestations a été le livre de Georges Perec, W, *qui a saisi très tôt les choses avec une force extraordinaire. Et puis le film* Shoah *de Claude Lanzmann, sur lequel il travaille entre 1974 et 1985. Je pense qu'il faut relier cette montée en puissance de la mémoire avec le présentisme et la mise à l'écart du régime d'historicité guidé par le futur.* »

Entre mur de Berlin, monde numérique, globalisation et devoir de mémoire, quel est donc ce nouveau présent qui s'installe ? Inutile de croire que le passé et l'avenir ont radicalement disparu, ce serait insensé. La singularité du présentisme est d'être un présent autosuffisant : il ne dépend que de lui-même, ou plutôt rêve de n'être déterminé que par lui-même. Du coup, il se construit, selon les circonstances, des passés et des avenirs sur mesure, dont son existence propre ne semble pas dépendre. Ce présent perpétuel, échappant à l'histoire, soustrait à la fuite du temps, ressemble fortement à l'éternité... : « *Je l'appelle plutôt "perpétuel"*, précise François Hartog, *mais c'est bien un équivalent d'éternité, fabriqué humainement.* "Total simul", *en latin, qui signifie "tout en même temps, simultanément", est une vieille définition de l'éternité. Dans le monde qui s'impose, il n'y a pas besoin d'autre chose que de cela. La règle du jeu, c'est rapidité et simultanéité. Le présent est à la fois immobile et en accélération constante.* »

Soucieux du passé pour mieux saisir l'actualité de notre époque, Hartog prend également en compte, dans les mutations de l'expérience du temps, celles qui touchent au travail, à l'emploi, à ses incertitudes et aux réorientations professionnelles qui attendent chacun : « *Autrefois, chaque génération jugeait la précédente dépassée, à présent c'est à l'intérieur d'une même génération qu'on est dépassé. On sait qu'on ne gardera pas son travail très longtemps, et après on fera autre chose ou rien. Là aussi, l'accélération modifie l'expérience du temps. Dans les désorientations contemporaines, un élément important vient de la conviction que ce qu'on a fait la veille ne sera plus ce qu'on vous demandera de faire demain et que demain, vous serez peut-être renvoyé... Un dernier élément de ce changement réside dans tout ce qui se joue autour de l'écologie : le futur devient une menace ! L'idée est bien que tout ce qu'on a fait dans le passé, tout ce qu'on est en train de faire aujourd'hui, tout ce qu'on va faire à l'avenir constitue une menace pour la nature, puisqu'on a pris conscience d'un coup de l'irréversibilité de nos actes. Mais ceci contribue aussi à renforcer la forteresse du présent.*

Ce seul présent devient à préserver, à protéger. Le futur devient menaçant, et non plus radieux, et on sait que nous l'avons rendu menaçant. Ceci change notre rapport au futur et met en question la démarche scientifique, qui, elle, va toujours de l'avant et, jusqu'à présent, ne s'est guère souciée de ce qu'elle laissait derrière elle.

Désormais, on se méfie de la science. Elle inquiète autant qu'elle fascine. Plus personne n'a envie de donner le pouvoir aux savants. L'idée que la société va être guidée par des savants, l'idéal du règne de l'ingénieur – qui a eu son Âge d'or, il suffit de lire Jules Verne –, c'est fini. »

De l'ensemble des propos de François Hartog, une conséquence majeure s'impose : le monde numérique est une partie d'un tout, une facette d'un ensemble bien plus vaste. Pièce essentielle et significative sans aucun doute, mais pas unique. Le temps suspendu dont parle l'historien n'est pas, et de loin, le seul effet du Web et des réseaux sociaux, mais un phénomène qui met en jeu d'autres dimensions cruciales de notre époque : la mondialisation – qui modifie les marchés, le travail, les conditions de vie, et par contrecoup les façons de penser l'humain –, l'écologie – qui prend conscience des limites des réserves énergétiques, de l'unicité de la planète, de la nécessité de repenser les relations entre l'humanité et son environnement et qui transforme à son tour les conceptions de l'humain, de son rôle et de sa place. C'est évidemment dans ces deux directions qu'il faut à présent poursuivre notre enquête.

Reste à se demander si ce temps suspendu concerne effectivement, aujourd'hui, toute la planète ou si, malgré la globalisation, on voit encore coexister, de par le monde, des expériences du temps différentes. François Hartog répond sans hésiter : « *Les expériences du temps ne se vivent pas de la même manière partout. La question se pose différemment en Chine, par exemple. Les Chinois sont dans le présent de la globalisation, mais ils risquent fort de connaître des problèmes de mémoire du même type que ceux de l'Europe. Les dizaines de millions de morts des révolutions se manifesteront bien un jour, d'une manière ou d'une autre. Ce qui s'est passé en Europe montre en effet qu'on ne peut pas laisser des millions de morts sans rien faire ou presque – surtout pour les générations qui suivent.*

Mais, plus généralement, il faut, sur cette question, distinguer deux mondes : d'un côté, le monde de l'accélération, de l'ubiquité, de la simultanéité et de la richesse. De l'autre, un monde de la décélération, du temps arrêté, mais pour d'autres raisons. C'est le monde de tous ceux qui ne sont pas partie prenante de ce que le sociologue Manuel Castells appelle le "monde des flux".

D'un côté se met en place la synchronisation de tous les ordinateurs, qui est l'aboutissement, au fond, de ce temps universel élaboré à la fin du XIXe ; d'un autre côté se développe la désynchronisation. Les deux se déroulent en même temps. Ce qui a également des conséquences sur l'espace. La synchronisation va de pair avec l'ubiquité, l'instantanéité, le fait de pouvoir être partout... En un sens, le présent a aussi dévoré l'espace. Mais ce n'est que partiellement exact, puisqu'il y a toutes ces poches de désynchronisation – à quelques kilomètres ou à trois mille kilomètres d'ici – où *l'espace marque encore une frontière : au-delà, on entre dans un temps différent. »*

Faire coexister des humains qui vivent des expériences du temps différentes, est-ce possible ? Le lecteur d'Hérodote et de multiples auteurs anciens se souvient que ce fut le cas autrefois : « *Dans l'Antiquité, les gens n'avaient aucune difficulté à considérer qu'il y avait des temps différents. Que les Égyptiens aient un temps qui leur était propre, que chaque cité ait son temps, ça ne posait aucun problème de principe aux Grecs de l'Antiquité. Ils pouvaient rencontrer des problèmes pratiques, pour élaborer des calendriers, par exemple, mais, grosso modo, cette diversité des temps ne soulevait pas de problème proprement métaphysique. C'est avec le triomphe du christianisme que s'est imposée l'idée que tout le monde devait entrer dans un même cadre temporel uniformisé.* »

Avant de quitter François Hartog, nous aimerions savoir comment il entrevoit le devenir du temps suspendu. Un historien n'est certes pas expert en prospective, et encore moins devin ou prophète. Mais rien n'interdit de demander à celui qui diagnostique dans notre époque le triomphe du « présentisme » si ce symptôme peut durer : « *Non, sans doute pas. Mais c'est là que l'incertitude règne plus encore. Ce "présentisme" est-il une espèce de temps d'arrêt, pour vingt ou trente ans, en attendant que se reconstruisent des relations entre passé, présent, futur ? Je ne le sais pas, mais c'est une hypothèse. Une autre hypothèse est qu'on entre dans quelque chose de complètement différent de ce que l'humanité a connu jusqu'alors, où l'on resterait durablement dans un présent multiforme, multifocal, qui deviendrait l'élément structurant de l'ensemble des expériences du temps. À ce moment-là, il faudra élaborer un nouveau concept de l'histoire. Faudra-t-il encore l'appeler histoire ou choisir un autre nom ?* »

Finalement, en parlant de « temps digital », nous pensions avoir choisi une expression équivalente à celle de

« monde numérique ». Avec toutefois une différence : parler de « temps » digital, c'était mettre l'accent sur un moment de l'histoire, comme on parle, par exemple, d'un « temps de l'écriture » ou d'un « temps de l'imprimerie » pour désigner les époques où ces mutations techniques majeures ont déployé leurs effets multiples – sociaux, économiques, scientifiques, culturels. Ce que nous n'avions pas prévu, c'est que le numérique nous conduirait finalement à la question du temps tout court. Il faut s'y arrêter quelque peu, car plusieurs fils s'y rassemblent.

— Pause 5 —

LA MACHINE À EFFACER LE TEMPS

Rome, pendant le règne de Néron. L'empire est immense, l'administration perfectionnée. Commerce florissant, routes entretenues, ports croulant de marchandises, armées équipées, courses de char populaires... pourtant, personne n'a de montre. Pis : les heures n'ont pas toutes la même durée. En effet, le jour étant divisé en un nombre fixe de parts égales, tout dépend de la saison. Et la nuit, c'est encore différent, et bien plus approximatif. Toujours les rendez-vous, les actions communes, les retrouvailles se jouent à un moment près.

Pour nous qui avons montre au poignet, horloge au coin de la rue, emploi du temps chronométré, numérisé, cette vie quotidienne où tout s'ajustait, finalement, mais avec une marge d'erreur variable, n'est pas facile à imaginer. Retrouver des amis dans une taverne, embarquer sur un navire, ouvrir une séance publique – cours, procès, spectacle, audience – se jouait constamment à dix, vingt ou trente minutes près. Parfois bien plus.

Entre les sociétés antiques et celles de la modernité, la domestication par la pendule a fait son œuvre. Arrivée des horloges dans les villages, généralisation progressive des montres individuelles, pointeuses dans les usines, ponctualité des trains, invention du temps universel, du méridien de Greenwich et des fuseaux horaires – entre autres –, ont construit le maillage temporel, de plus en plus fin et serré, des activités humaines.

Parallèlement à cette emprise croissante de la synchronisation, la multiplicité des temps culturels, elle aussi, s'est progressivement réduite. Dans la Rome de Néron, on croisait des philosophes grecs professant que le monde est éternel, d'autres expliquant que le temps suit en boucle un parcours cyclique et répétitif, des juifs soutenant au contraire que le temps avait un début et aurait une fin, que le monde créé possède son histoire propre et aura un terme, des chrétiens proclamant pour leur part qu'avec la venue du Christ cette histoire est achevée et que la fin des temps est imminente. Avec un peu de chance, on pouvait croiser quelques marchands venus de l'Inde convaincus pour leur part que le temps est cyclique et que le monde, régulièrement anéanti, se trouve régulièrement recréé, selon une succession d'intervalles cosmiques considérables.

Un seul temps pour tous

À mesure que les sociétés sont devenues modernes, scientifiques et industrialisées, le temps linéaire a triomphé, reléguant les conceptions du temps cyclique dans les musées et les thèses des historiens. Parallèlement, les différentes sortes de temps, à l'intérieur de chaque société, se sont plus ou moins regroupées. Cette unification ne fut jamais parfaite : entre le temps des mythes et celui des sciences, entre le temps des métaphysiciens et celui des rêveries individuelles subsistent toujours des disparités. Malgré tout, la diversité s'est raréfiée. Un même temps, partout, pour tous. À défaut d'être effectivement réalisé, l'objectif a été largement admis.

Du moins jusqu'à l'avènement du temps digital, des réseaux mondiaux et de la révolution numérique. Car le monde numérique, on l'a vu, change profondément la donne. Instantanéité, flux continus, activité sans interstices ni pause, maximisation de l'instant, horloges mentales accélérées, présent omniprésent... tout ce que nous venons de croiser dessine un paysage temporel absolument nouveau, finalement aussi éloigné des sociétés industrielles que de l'Antiquité.

Ce paysage reste malaisé à cerner, tout comme le genre d'humain qu'il prépare. Ce qui frappe d'abord, ce sont les tensions entre des traits contraires. Le temps ne semble plus à proprement parler linéaire. Dans l'univers digital, il n'est plus impérativement orienté entre un début et une fin, puisqu'on peut toujours revenir en arrière, revoir le film, restaurer l'information. Pourtant, ce n'est pas non plus un temps cyclique qui resurgit : aucun « éternel retour » n'anime réellement l'ensemble, qui est à la fois agité et immobile.

Car un autre paradoxe de ce temps informatique est de paraître en même temps fragmenté et lisse. Disséminé en une myriade infinie d'opérations, d'instants, de codes, d'écrans successifs ou simultanés, il apparaît cependant sans couture, fluide, ininterrompu, à la limite dépourvu de successivité – ce qui, pour le temps, est une prouesse difficilement accessible.

Pourtant, la même impression se retrouve du côté de l'usager : ses activités sont émiettées, parcellaires, discontinues. Malgré tout, à travers ces mouvements browniens, il ne fait qu'une seule chose, et toujours la même, joue à un seul jeu de partie en partie, continue de poursuivre la même conversation de forum en forum, prolonge la même exhibition de webcam en webcam.

Du coup, considérée sous l'angle de cette union des contraires, l'accélération numérique peut se voir aussi comme un immobilisme. Non plus un mouvement, mais un étrange repos du temps. Quand tout coexiste, quand règne la simultanéité supposée parfaite de tous les instants, alors, effectivement, la technologie réalise de manière inattendue le cri du poète : le temps suspend son vol.

Mieux vaudrait dire, en l'occurrence : tous les temps suspendent leur vol. Celui des fuseaux horaires comme celui des transports, celui de la mémoire comme celui de la conscience, celui du mythe comme celui des sciences. Et même le temps objectif – puisque tout est simultané – aussi bien que le temps vécu, puisqu'en fait personne ne vit, à proprement parler, ce temps digital. Ce n'est en effet le temps d'aucun corps, d'aucun cerveau, d'aucune conscience.

Ce temps qu'en fait absolument personne n'éprouve, mais qui relie tout le monde dans une instantanéité détemporalisée, c'est celui de l'immense toile des machines par milliards connectées. Ce n'est pas le temps qu'inéluctablement chaque humain porte en lui. Dans le temps digital, on a déjà quitté quelque chose du temps humain usuel.

Clics de sagesse

Dernier paradoxe : un vieux rêve semble se réaliser à travers cette esquive technologique de la temporalité. Un vieux rêve des sagesses antiques. Car sortir du temps, échapper à cette fuite constante de moments éphémères, parvenir à s'installer dans l'instant comme dans une plénitude inexpugnable – voilà d'immémoriales aspirations. Les écoles de sagesse de l'Antiquité en ont fait leur objectif central, sinon leur obsession.

Retour à Rome, toujours sous Néron. Celui qui fut le précepteur de l'empereur, Sénèque, grande figure du stoïcisme, enseigne à pouvoir se soustraire au temps : parce que « nous ne sommes que des hôtes de passage », et qu'une vie réussie ne l'est pas plus si elle dure, le philosophe incite à s'ancrer dans l'instant que l'on maîtrise. On trouve aussi, à Rome, des disciples d'Épicure, dans la lignée de Lucrèce, qui exposa en vers latins, dans *De la nature*, la doctrine de l'ancien penseur grec. Pour eux, indiscutablement, vivre dans la plénitude de l'instant équivaut à se soustraire au temps. Épicure ne cesse d'inciter ses disciples à s'installer dans le seul présent. Dépourvu de troubles, le pur bien-être d'exister constitue une perfection : rien ne lui manque.

À nous de ne pas détériorer cet instant parfait par nos vains regrets de le voir s'estomper, nos craintes qu'il ne disparaisse. En fait, il ne peut s'évanouir, car sa plénitude est à sa manière une sortie du temps. Ce moment parfait est immortel, les vrais instants de plaisir sont comme des éclats d'éternité. Et c'est pourquoi le sage, tout à fait humain, peut vivre, dit Épicure dans la *Lettre à Ménécée*, « comme un dieu parmi les hommes ».

Revenant dans le monde digital, devra-t-on conclure que la sagesse, désormais, est incluse dans l'abonnement proposé par tous les fournisseurs d'accès à Internet ? L'instant permanent, à portée de clic, réaliserait-il, deux grands millénaires plus tard, le rêve des chercheurs de sagesse antiques ? C'est un peu moins simple, on s'en doute.

Les différences sautent aux yeux. Lenteur, apprentissage, exercices répétés, incertitude du résultat – voilà le lot des anciens chercheurs de sagesse. Ils consacraient leur vie entière, jour après jour, en tâtonnant, à une éventuelle installation dans l'instant, pour échapper au temps. La vie digitale semble nous offrir cet instant clé en main, mais en fait ce n'est pas le même : cette sortie du temps est une fuite infinie d'instant en instant, rendue possible par les machines, nullement un travail sur soi. C'est un temps affiché, exhibé, dans une revendication imposée et caricaturale de la jouissance obligée de l'instant présent.

La différence la plus radicale est plus simple encore. Cet humain numérique, devenu comme insoucieux du temps, happé dans le hors temps par la technologie instantanée, ne peut pas trouver le moyen de s'installer dans la plénitude de l'instant pour échapper au temps, pour une raison évidente : pour parvenir à s'affranchir humainement du temps, il faut y être. Il faut s'y trouver immergé, des pieds à la tête. Celui qui est déjà comme extirpé du temps vécu par la technique, qui se trouve dès le départ aspiré mécaniquement dans un scintillement d'instants ne saurait se poser dans un instant parfait.

Le prix des amis

On devrait en dire autant de l'amitié. Les philosophes antiques savaient, et ne cessent de dire, que cette rareté précieuse entre toutes ne se construit qu'avec le temps, mais aussi contre lui : s'élaborant lentement, se fortifiant au fil des ans, l'amitié résiste à l'écoulement du temps, se soustrait à son usure. À l'opposé, nos amitiés d'un clic se défont d'un autre clic. Elles prolifèrent et se démultiplient sans fin, mais au prix de n'avoir plus de prix.

Certains rêvent désormais de nous retemporaliser, de réinventer la lenteur. Des tentatives s'y efforcent, de plus en plus, un peu partout. Non pour régresser vers l'antique, quitter les écrans et rédiger des billets cachetés à la cire. Plutôt pour apprendre à vivre dans des registres temporels multiples. Car, sans cette immersion dans le temps qui ne cesse de le définir et de le modeler, l'humain risque fort de se perdre.

La tentation d'en finir avec le temps par le triomphe du numérique ne constitue pas véritablement un projet explicite, organisé, planifié. Il s'agit juste d'une tentation. Mais elle travaille indiscutablement le grand chantier du monde actuel.

Car le temps digital est aussi celui de la mondialisation. Elle aussi, directement liée aux mutations scientifiques et techniques actuelles, modifie les représentations de l'humain comme celles de l'espace. Reste à savoir comment.

VI

LES HOMMES ET LES AUTRES

> « *La Terre est en train de devenir une fosse aride pour les faibles, les sans-droits.* »
> Anna Maria Ortese, *Corps céleste.*

Le global et ses marges

Donc, tous à présent globalisés ? Tous mondialisés, vraiment ? Cela semble établi. Évitons pourtant de prendre la partie pour le tout. Prenons garde de ne pas confondre les riches et les humains, les connectés et la planète entière. Car ce monde qui se dit mondial ne réunit qu'une petite part de l'humanité. Un milliard d'usagers sur les réseaux sociaux évidemment impressionne. Reste que 80 % de la population mondiale n'y sont pas.

Ce monde mondial proclame n'avoir plus d'extérieur et prétend se confondre avec la totalité du réel. Dans le même mouvement, en silence, il produit pourtant des masses d'exclus, de rebuts humains sans voix ni visage. Sous le règne des technologies triomphantes, le clivage du monde humain prend de nouvelles formes.

Riches et pauvres, dominants et dominés, puissants et misérables, ces inégalités et leurs cortèges de conséquences ne sont pas une invention récente, c'est le moins qu'on puisse dire. Mais l'avènement du monde mondial change la donne. Les décalages, eux aussi, s'accroissent de manière accélérée, voire exponentielle. Ils changent d'aspect, peut-être de nature, affectant partout, à des degrés variables, le travail, l'espace, les relations humaines et les façons de les percevoir.

Au point de craindre que le vieux socle ne se fissure. Ce sentiment de commune appartenance à la même humanité, éprouvé naguère par chacun, est peut-être réellement en péril. Alors qu'il demeure fondateur de tout rapport aux autres : quelles que soient les différences entre « eux » et « nous », nous nous reconnaissons humains. Se pourrait-il, demain, que ce ne soit plus le cas ?

Pour envisager cette interrogation, une expression revient en mémoire : « Les hommes et les autres »… expression énigmatique, entêtante, titre d'un admirable roman publié en 1945, à l'issue de la guerre, par l'écrivain italien Elio Vittorini[1]. Mais de quels autres s'agit-il ? Animaux, inhumains, extraterrestres, humains pas trop humains ? Ce titre trotte et s'impose à l'esprit comme pour signifier quelque chose de notre présent. « Les hommes » : ceux qui communiquent, travaillent, voyagent, consomment. « Les autres » : ceux qui n'en font rien et se contentent, dans les zones grises, de survivre comme ils peuvent.

À ces humains relégués hors du champ des caméras, loin des micros, pas question de dénier la qualité de personne humaine ni la dignité qui l'accompagne. L'époque, globalement, n'est pas farouchement raciste. Sa préoccupation affichée est de toujours reconnaître l'égale dignité de tous. Mais pareille reconnaissance, de plus en plus formelle, finit par se vider de tout contenu. Ces « autres » sont des humains, cela va de soi – mais ils cessent pourtant d'être visibles, d'être mobiles, d'être utiles à quoi que ce soit, à qui que ce soit. Ils demeurent dans les ténèbres extérieures, assignés au néant, improductifs, dépourvus de tout ce qui est censé rendre, aujourd'hui, l'existence humaine.

Humains, donc, mais pas tout à fait, pas entièrement. De seconde zone, de deuxième choix. En réalité, le titre d'origine du roman d'Elio Vittorini le dirait mieux encore. Car ce n'était pas *Les Hommes et les Autres*, expression qui peut faire croire qu'il y a d'un côté des humains et, de l'autre côté, des individus qui ne le sont pas. En italien, ce récit s'intitule *Uomini et no*. Littéralement, « Hommes et pas ». Avec cette volonté de suggérer que les mêmes individus sont à la fois humains et inhumains, qu'il n'y a pas deux espèces, l'une de résistants, l'autre de fascistes. Comme dans ce roman où Vittorini, militant communiste dans la clandestinité, premier rédacteur en chef du journal *L'Unità*, qui rompra avec le Parti communiste en 1947, décrit l'intrication, en l'homme, de l'humain et de l'inhumain.

Ni le contexte ni l'époque ne sont semblables. Mais, dans l'économie mondialisée et la technique triomphante, c'est peut-être à une intrication du même ordre que nous avons affaire. Les hommes et les autres, les mondiaux et les sans-monde, vivent sur la même planète et pas sur la même planète. Selon l'adage bien connu, ils sont tous égaux, mais « certains le sont plus que d'autres ». Formule que l'on doit à un autre romancier, George Orwell. Elle figure dans *La Ferme des animaux*, une fable dénonçant l'univers concentrationnaire et absurde du communisme publiée, elle aussi, en 1945.

Il nous faut donc continuer notre périple mais changer d'angle, fixer l'attention sur d'autres échanges que les messages, informations et images. Car l'humain ne se construit réellement, depuis des temps immémoriaux, qu'au sein d'échanges, qu'ils soient de services, de travaux, d'objets, de biens élémentaires ou sophistiqués, de signes, de monnaies, de règles. Pas d'humain, en fin de compte, sans trajets – sentiers, routes, cartes, transports – qui structurent l'espace, l'habitat, la vie des groupes, les relations aux autres. Aujourd'hui, nous dit-on, tout cela est devenu planétaire et universel. Nous habitons tous la même ville, unique et globale. Elle couvre pratiquement tout l'espace terrestre. Voilà qui est à voir de plus près.

Certes, le monde est mondial. Nous le constatons tous les jours, comme une évidence. Quand nous regardons un match de foot, une finale olympique, un mariage royal, nous sommes parfois deux milliards rivés aux images. Où que nous habitions, le téléviseur, l'ordinateur viennent de Corée du Sud, de Chine, du Japon. S'ils tombent en panne, la *hotline* qui répond se trouve en Inde ou en Afrique du Nord. Dans les placards de la cuisine, des produits arrivent du Brésil, du Canada ou du Sri Lanka. Dans les armoires, des vêtements portent une étiquette *Made in China* ou *Made in Tunisia*.

Nous savons moins, nous oublions, nous préférons ne pas savoir… qu'un être humain sur deux vit avec moins de 2 dollars par jour, alors même que jamais la richesse mondiale ne fut si vaste. Nous savons moins, nous oublions, nous préférons ne pas savoir que plus de 900 millions d'êtres humains souffrent de la faim. Que 6 000 à 8 000 enfants meurent chaque jour par manque d'eau potable. Aux exclusions anciennes s'ajoutent des silences nouveaux.

Ce que nous souhaitons, c'est apercevoir en priorité les nouvelles formes que prend l'exclusion. Voilà ce qui nous importe. Notre parti pris. Approcher comment des vies se perdent sous la pression de la mondialisation et des technologies. Entrevoir, au moins, comment les reconfigurations du temps et de l'espace influencent l'économique et le social dans leur ensemble. Car les formes les plus radicales de l'exclusion ne doivent pas faire oublier la précarisation générale – en pente douce, si l'on ose dire –, les évolutions récentes du travail et ses incertitudes, le mal-être qui leur est associé, l'horizon indéfiniment reculé de la justice sociale. Chacune de ces facettes dessine, à sa manière, un trait de l'humain, au présent et pour demain.

Questions de mots

Au préalable, tentons de préciser : « mondialisation » ou « globalisation », quel mot choisir pour désigner ces processus ? Chacun des deux termes semble refuser de céder la place, hésite à se stabiliser pour définir des réalités si multiples, si mouvantes, si complexes. Ne seraient-ils tous deux que des mots « fourre-tout », dont la définition exacte se révélerait impossible ? L'un et l'autre semblent interchangeables, « mondialisation » plutôt d'usage francophone, « globalisation » s'utilisant normalement en anglais. Malgré tout, une distinction reste possible.

Du côté de la « mondialisation », un terme apparu dans les années 1960 : économie, finance, construction du marché mondial, multiplication des institutions destinées à faciliter l'expansion ou à résoudre les difficultés du capitalisme. Vue sous cet angle, la mondialisation désigne un processus qui s'élabore au fur et à mesure. Parmi ses acteurs principaux figurent les sociétés multinationales, implantées dans plusieurs États. On en compte actuellement environ soixante mille, qui génèrent à elles seules un quart des activités économiques mondiales et un tiers du commerce [2]. Leurs approvisionnements, productions, distributions, clients couvrent la planète, dépassant le cadre des États ou des groupes d'États.

Du côté de la « globalisation » : des processus qui dépassent, eux aussi, le cadre étatique, mais qui sont plutôt subis que construits, plutôt rencontrés que voulus. On peut souhaiter un marché mondialisé, alors que les problèmes dénommés « globaux », eux, n'ont été projetés par personne. Exemple : les situations climatiques (gaz à effet de serre, fonte des réserves glaciaires, élévation du niveau des océans), ou les pandémies (sida, grippe aviaire). Ces défis ne se soucient pas des frontières. Ils exigent des politiques planétaires concertées. Problèmes globaux mais pouvoirs locaux : comme chacun en prend conscience, c'est sans doute le dilemme clé de l'époque et de l'avenir. Et cela, quelles que soient les grilles de lecture idéologiques qu'on choisit – favorables comme le mondialisme ou défavorables comme l'alter- ou l'antimondialisme.

La vie mondialisée est d'abord constituée d'ensembles flous, où s'entrecroisent quelques notions générales : interdépendance, interaction, intégration, flux, connexions... Elles s'appliquent à la technologie, à l'économie (industrie, commerce, finances), au politique (institutions et organisations internationales), aussi bien qu'au social, au culturel, à l'écologique.

D'où le sentiment, éprouvé par tous, d'être désormais inclus – pour le meilleur et le pire – dans un ensemble sans frontières, où l'espace est un et l'humanité une. Ce sentiment est à double face : on peut se réjouir de cette nouvelle donne offerte au monde, en célébrant l'existence du « village global » rêvé par McLuhan, on peut s'inquiéter des réagencements économiques et sociaux en cascades, des risques croissants d'inégalité, de précarité, d'exclusion. Avec, au bout du compte, ce paradoxe central : dès qu'on est inclus dans ce monde, on est par là même exposé au risque d'en être exclu.

Des conceptions contradictoires de l'espace en résultent aussi : soit on imagine le territoire mondial définitivement unifié, uniformisé, sans frontières, soit on insiste au contraire sur la tension accrue entre les forces qui rassemblent et celles qui fragmentent l'espace de façon asymétrique.

S'agit-il seulement de changements de surface ou d'une réelle rupture dans l'histoire humaine ? D'une mutation radicale qui va jusqu'à métamorphoser notre relation habituelle à l'espace et au temps ? Cette hypothèse est envisagée.

L'espace-temps des villes

Et c'est par les villes qu'il faut l'aborder : 3 % seulement des êtres humains vivaient dans des villes en 1800, 50 % en 2000, et ils seront sans doute plus de 70 % en 2030. Nœuds de croisement, espaces façonnés par l'activité humaine, lieux de l'exclusion comme du rassemblement, les villes sont devenues vitrines et enjeux de toutes les mutations sociales. Mégapoles ou centres ordinaires, modestes ou tentaculaires, opaques ou transparentes, elles tissent des liens décisifs entre les vies humaines, le travail et les technologies qui reconfigurent le temps et l'espace. Comme dans un mouvement conjugué d'accélération et de condensation.

C'est en tout cas, dans sa version sombre, l'intuition forte du philosophe Paul Virilio, analyste radical des technologies et de leurs conséquences dernières. Paul Virilio, c'est le penseur de la vitesse, « notre ultime absolu [3] », des mutations de l'espace-temps, de ce rapport au temps singulier, accéléré, qui s'impose à nous. Pour lui, c'est la clé, négligée par les philosophes et les chercheurs en sciences humaines, des questions politiques et techniques de notre époque.

Et c'est bien parce que ce chercheur atypique est d'abord un « homme de la ville [4] », urbaniste, professeur d'architecture, analyste des territoires et des espaces concrets de la vie sociale que sa réflexion paradoxale sur le temps est singulière. Lui pense toujours temps et espace ensemble, liés comme recto et verso, rétroagissant l'un sur l'autre. Dès lors, l'accélération et la compression du temps rendent l'espace compact, saturé.

Dans une vision inquiète, quasi apocalyptique, Paul Virilio décrit ce monde soumis à « la bombe informatique, aux nanochronologies de l'infiniment court terme qui se substituent aux classiques chronologies du moyen comme du long terme des journées, des années et des siècles passés [5] ». Quand la vitesse s'articule à l'espace, la compression du temps affecte la vie quotidienne et le travail de tout le monde. Au lieu d'une diversité de rythmes, d'une succession de temps forts et de temps morts, la pression permanente, à flux tendu, le « 24 heures sur 24 » et le « 7 jours sur 7 » ont envahi à peu près tous les emplois du temps et tous les emplois tout court. Se dessine alors un monde où « le mouvement est tout et le but sans valeur ».

Ce bouleversement provoque aussi, en parallèle, une synchronisation généralisée des rythmes et des émotions de chacun dans une forme inédite d'individualisme de masse. Les communications instantanées, simultanées, font exploser ces informations-émotions, partout en même temps, et non plus localement, selon des temps différés.

Ainsi passe-t-on, selon Virilio, des *lieux* aux *liens* : les lieux de la sédentarité des siècles passés s'effacent au profit des liens interactifs de l'instant. À l'*espace-temps*, caractérisé par les vitesses de la nature, se substitue l'*espace-vitesse* des moteurs, des machines, voire de la lumière. Le temps mondial des réseaux ampute le volume du temps, liquide les temps locaux, supprime les délais, les distances, réduit à rien les trajets, les hasards du voyage.

Pour le sociologue, l'équation est en fait simple et brutale : qui maîtrise la vitesse maîtrise aussi le pouvoir.

À travers le « turbocapitalisme » de la société postindustrielle, la délocalisation des entreprises, l'automation généralisée, le tempo des krachs boursiers, se produit « une fuite en avant mais en circuit fermé de l'exode de l'humanité [6] », le temps de l'exode urbain devant succéder désormais à celui de l'exode rural. Pour Virilio, la mobilité générale, si constamment vantée, le nomadisme revendiqué des équipements *high-tech* conduisent en fait à ce résultat singulier : le sédentaire, désormais, est celui qui est partout chez lui, dont l'environnement numérique est stable, qui retrouve, où qu'il soit dans l'espace réel, ses sites Web favoris et ses connexions habituelles – toujours et partout inclus. Au contraire, le nomade devient celui qui n'est plus chez lui nulle part, qui n'a pas de place ni de fonction – toujours et partout exclu. Désorienté.

N'hésitant pas à prédire un univers où « l'humanité s'évertue [...] à éliminer virtuellement cet autre monde qu'est l'homme [7] », Paul Virilio ne serait-il que technophobe ? Pas si simple, car ce qu'il combat n'est pas la technologie en tant que telle, mais une certaine « propagande du progrès [8] », et l'oubli concerté de ses aspects négatifs. Son effort consiste, par contraste avec les utopies lyriques et les annonces enchanteresses des technoprophètes, à mettre l'accent, d'une manière théâtralisée, sur les accidents inévitables, prévisibles, les erreurs inéluctables. Persuadé que nous vivons une révolution profonde, Virilio insiste – jusqu'à l'outrance, voire la provocation – sur l'acuité du moment critique que nous vivons et sur la nécessité de se donner les moyens de le regarder lucidement. Un détour par ces visions inspirées n'était pas inutile pour nous situer et baliser la réflexion.

Une question demeure pourtant : la fin des voyages, l'évanouissement de la géographie, le triomphe de la déterritorialisation, la transformation de l'espace en rythme unique et imposé, toutes ces interrogations sonnent-elles vraiment le glas de l'humain, comme on vient de le voir prophétisé ? Ne désignent-elles pas plutôt, de façon plus incertaine, plus complexe, des étagements, des carrefours où se situerait notre postmodernité – entre lenteur et vitesse, temps synchronisé ou fragmenté, entre mondial et local, sédentarité et mobilité, entre réseaux et territoires, distance et interdépendance, liens et lieux – comme autant de directions contraires, à tout le moins en tension ?

Ces carrefours, l'anthropologue Marc Augé les connaît bien. Il les explore depuis longtemps, au fil de recherches qui tentent continûment de tracer un arc allant des sociétés traditionnelles à la mobilité contemporaine. C'était donc naturellement à lui de nous en dire plus.

PARIS. RENCONTRE AVEC MARC AUGÉ
« La mobilité est le fait soit de l'aisance, soit de l'exil. »

Le plus souvent, les anthropologues s'attachent à un seul terrain, fixent leur attention sur sa singularité, scrutent sa topographie réelle et symbolique. Une fois réglée, si l'on peut dire, la distance focale de leur observation, il est rare qu'ils en changent. Marc Augé, au contraire, passe régulièrement du détail au panorama, des sociétés traditionnelles au monde globalisé, de l'étude des autres à ce que nous sommes en train de vivre [9].

En Côte d'Ivoire, puis au Togo, il s'est d'abord intéressé à ces cultes nouveaux, mêlant mythes locaux et thèmes chrétiens, qui se sont organisés, depuis le début du XXe siècle, autour de quelques fortes personnalités de prophètes-guérisseurs. En fait, dans ces premiers travaux sur un terrain africain singulier, il est déjà question de mondialisation. Car les prophètes qu'il décrit sont des expérimentateurs. Ils tentent de refabriquer du sens avec des lambeaux de discours disparates, les uns empruntés aux ancêtres, les autres aux croyances des colonisateurs. Marc Augé souligne aujourd'hui qu'avec la colonisation ils ont connu, avant tout le monde, des désarrois qui se sont depuis généralisés : accélération de l'histoire, resserrement de l'espace, individualisation des destins.

Sans doute n'a-t-il pas perçu, d'emblée, ce parallélisme et ces convergences. C'est en poursuivant son parcours, fait de voyages intellectuels et sensibles autant que de déplacements géographiques, que Marc Augé a pris conscience d'être une sorte de témoin très particulier de ce changement majeur qui a conduit du monde de la colonisation au monde de la globalisation. Sans oublier l'Afrique, il s'est attaché à comprendre les traits de notre monde, cette mobilité contemporaine, ce temps accéléré, ce sentiment de perte d'avenir, cet éprouvé d'un espace devenu impersonnel.

Marc Augé a pour singularité d'être un penseur-écrivain. Le style n'est pas dissociable, pour lui, de la façon de réfléchir. La vérité est aussi affaire de ton, en harmonie avec la position de l'anthropologue, étranger chez les autres et décalé chez lui. Ce qui l'a conduit à une œuvre combinant analyse théorique et évocation littéraire, observations du quotidien et réflexions d'ensemble, sans jamais enfermer les métamorphoses en cours dans une grille conceptuelle rigide.

Celui qui a aussi présidé aux destinées de l'École des hautes études en sciences sociales (EHESS) plusieurs années, est à l'image de cette diversité sans dispersion. S'il a parfois l'air absorbé, comme s'il n'écoutait plus ce qui se dit, donnant alors l'impression de penser à autre chose, qu'on ne s'y trompe pas, rien ne lui échappe. En fait, il n'arrête jamais de voyager. Dans l'espace, dans sa tête, dans celle des autres… et retour. Ce qui l'intéresse, dans ces pérégrinations incessantes, ce ne sont pas les trajets, mais les intersections, les recoupements, les croisements significatifs, les carrefours – géographiques, techniques, symboliques, humains.

Dès lors, on ne s'étonnera pas que les villes soient au cœur de ses préoccupations. Pour lui, ce qu'on nomme « mondialisation » peut se comprendre, d'abord, comme un devenir-ville du globe, une urbanisation généralisée : *« L'urbanisation, c'est à la fois la multiplication des grandes cités, les mégapoles, mais aussi l'extension du réseau urbain à toute la planète, le long des côtes, des rivières, des routes. Il s'agit donc d'un phénomène très ample, synonyme de la globalisation, parce qu'il dénote l'installation en réseau qui occupe la place sur toute la Terre. D'une certaine manière, urbanisation et mondialisation constituent un changement de la définition de l'humanité.*

C'est un changement d'échelle : la référence n'est plus une unité territoriale définissable, à une relative proximité de chacun, mais la planète comme telle. Néanmoins, dans les grands centres urbains qui constituent les nœuds de cette organisation en réseau, tous les cloisonnements de la société réapparaissent.

C'est dans les grandes cités qu'on voit le plus fortement les différences de richesse et d'origine, les segmentations très fortes, parfois la ghettoïsation, qui contrastent avec cette image de circulation ininterrompue sur la planète. Il existe un contraste entre le niveau planétaire, le monde-ville où tout circule, et le niveau local, les villes-mondes où l'on trouve toute la diversité, mais aussi tous les cloisonnements. »

Le « monde-ville », pour Marc Augé, est celui de la mobilité accrue, obligatoire, imposée : déménagements multiples, de résidence en résidence, changements constants de poste, d'entreprise, de carrière, déplacements innombrables de lieu de résidence en lieu de travail, de lieu de travail en lieu de vacances. On ne cesse de bouger, pour gagner sa vie ou pour se distraire. Pourtant, ce « monde-ville », fluide et toujours en mouvement, ne doit pas masquer la « ville-monde », avec ses cités-dortoirs, ses banlieues de pauvres et la violence des exclusions. On aurait donc tort de croire que la globalisation se résume à la disparition des frontières. En les effaçant par endroits, elle en installe d'autres, moins visibles mais plus dures : « *Un contraste si fort est très nouveau. Il traduit le côté ambivalent de notre actuelle présence au monde. D'un côté, la planète est une référence pour tous. Pas un Indien du fin fond de l'Amazonie n'ignore qu'il appartient à la planète Terre, y compris par les formes d'assistance qui lui sont apportées. En même temps, d'un autre côté, on constate un accroissement considérable des inégalités. Même si l'écart de richesse entre pays développés et pays sous-développés semble se réduire, il s'accroît dans chaque pays entre les plus riches des riches et les plus pauvres des pauvres. Là aussi, ce contraste change la conscience que les individus peuvent prendre de leur situation dans le monde.* »

L'anthropologue met également en lumière cette nouvelle organisation de l'espace terrestre qui n'est plus simplement délimité par des particularités géographiques, ni par des circuits commerciaux, mais structuré par les entrecroisements de différents réseaux : « *La globalisation est un ensemble de réseaux planétaires avec des nœuds, des endroits où ces réseaux se croisent. Voilà pourquoi on parle plus volontiers des grandes cités – pas forcément des capitales politiques – que des pays. Car ces points nodaux sont des lieux où tout se joue, où s'organisent les échanges des réseaux. Je pense par exemple à la science. Les laboratoires scientifiques se regroupent dans des endroits particuliers du monde, dont la liste est assez courte. Il en va de même de la finance et du monde des affaires.*

Évidemment, certaines places ont plusieurs modes d'existence. Elles existent comme ville, comme lieu de rencontre et comme lieu de passage. Aujourd'hui, certains noms d'aéroport – Heathrow, Kennedy Airport – sont aussi connus que le nom de la ville. Parce que c'est le lieu par où passe désormais la mobilité. Cette perception des lieux, elle aussi, est nouvelle. »

Marc Augé a choisi de dénommer « non-lieux [10] » ces emplacements volontairement impersonnels *« où s'éprouve solitairement la communauté des destins humains »*, des non-lieux qui se multiplient pour assurer la mobilité et la consommation, indissociablement liées : gares nouvelles, aéroports, hypermarchés, centres commerciaux, hôtels standardisés, autoroutes. *« J'ai utilisé ce terme de "non-lieux" par opposition aux lieux, parce que dans ces espaces on ne peut lire immédiatement les relations sociales comme dans un village traditionnel. Ces espaces de circulation, de consommation ou de communication ne cessent de se développer. On peut aller du nord de l'Allemagne à l'Espagne sans quitter l'autoroute et son espace indifférencié. Ce ne sont pas des espaces où l'on peut prétendre vivre, seulement des lieux de passage.*

Leur multiplication ne doit pas masquer qu'au moins une bonne moitié de l'humanité est, au contraire, assignée à résidence. Il n'est pas vrai qu'on soit dans un monde de la mobilité générale. La mobilité est le fait soit de l'aisance, soit de l'exil. Déplacements de luxe ou migrations forcées. Pour le reste, rien ne bouge. »

À côté des hôtels formatés et des aires d'autoroute, Marc Augé inclut aussi dans ces « non-lieux » les camps de réfugiés. Car pour lui, l'autre face de la mondialisation est composée de ces espaces de transit qui ne mènent nulle part et prolifèrent d'année en année. Les populations qui tentent d'y survivre endurent un voyage immobile, sans but ni fin. Déracinées.

Cela implique-t-il pour autant qu'on doive défendre l'attachement au terroir, l'ancrage dans le sol ? Un des griefs équivoques que l'on formule fréquemment contre la mondialisation est bien de défaire les racines, de déterritorialiser peuples et gens, de faire éclater les communautés ethniques, historiques ou culturelles. Pourtant, vouloir les préserver n'est pas nécessairement, pour l'anthropologue, une bonne idée : « *Idéalement, le déracinement est, au contraire, un progrès. Que les gens se détachent de leurs "racines", je suis farouchement pour. Cela permet de passer de l'individu culturel à l'individu générique. Pour moi, l'avenir de l'humanité est du côté d'une population planétaire qui ne soit plus assignable à telle ou telle localisation particulière. J'y vois le passage à un monde plus diversifié, où l'individu aurait une existence autonome par rapport aux communautés, aux groupes sociaux de référence, aux assignations culturelles.* »

D'un côté, des systèmes symboliques qui imposent du sens, qui dictent à l'individu ses droits et devoirs et fixent sa place, son rôle, ses trajets et leurs limites. De l'autre côté, au risque d'excès et de pertes de repères toujours possibles, un individu qui invente pas à pas ses parcours autonomes en découvrant sa liberté. Entre les deux, Marc Augé n'hésite pas une seconde : « *Le crédit que l'on accorde aux communautés est illusoire. Il suffit de voir comment elles fonctionnent pour constater que, pour chaque individu, c'est terrible ! Je n'ai aucune envie d'être un Africain dans un lignage et un village, pas plus que d'être un petit Breton dans un hameau comme je l'ai été dans mon enfance…* »

Pourtant, n'est-on pas toujours de quelque part ? Rivé à ses caractéristiques ? Cet « homme générique » dont parle Marc Augé, n'est-il pas en fin de compte une fiction ? « *L'homme générique, c'est effectivement un être idéal, mais il n'a rien d'irréel. L'homme générique, pour moi, c'est l'homme individuel, non assigné à une appartenance sociale particulière, considéré indépendamment de son sexe et de ses origines. C'est l'homme des droits de l'homme, simplement ! C'est pour cela que les droits de l'homme ne peuvent pas être réduits à une circonstance historique sur un continent particulier. Je crois que la politique n'a pas de sens si elle ne s'intéresse pas à l'individu comme tel, indépendamment de son sexe, de ses origines, de son ethnie, etc.*

Car je suis convaincu que cet homme générique est effectivement présent en chacun de nous. Quand on affirme qu'un homme a marché sur la Lune, c'est l'homme, ce n'est pas tel Américain. L'identification est immédiate : chacun de nous a marché sur la Lune. De même, le sentiment de l'injustice est lié à cet écart que l'on perçoit entre ce qu'on représente en tant qu'homme et la manière dont on est traité.

Cette idée de l'homme est un axiome, un principe qu'on ne discute pas, qui ne se démontre pas, et qu'on pose. Si on ne pose pas ce principe en parlant de l'humanité, alors plus rien ne signifie quoi que ce soit... Je crois qu'il existe une possibilité de développer en chaque individu concret la plénitude de l'individu. À l'opposé, beaucoup de gens restent assignés à résidence, limités à un certain type de contacts, sans occasion d'affirmer leur autonomie. »

Ainsi, tout ne va pas pour le mieux dans le meilleur des mondes globaux. Au lieu du grand progrès universel annoncé, de la marche apparente de l'humanité vers son unification croissante, on découvre au contraire un clivage de plus en plus profond. Devrait-on dès lors parler d'une humanité à deux vitesses ? « *Je dirais même à trois vitesses. Ce vers quoi nous allons aujourd'hui n'est pas une démocratie généralisée combinant marché libéral et démocratie représentative. C'est plutôt un système à trois étages : au premier se développe une aristocratie, une oligarchie en fait, un milieu du pouvoir qui détient à la fois les connaissances et le pouvoir économique. Au deuxième étage se trouve une strate de consommateurs, avec obligation de consommer, qui sont plus passifs, même s'il peut y avoir des moments agités. En bas, la strate des exclus de la consommation et de la connaissance. Et la situation, dans le domaine de la connaissance, est pire que dans le domaine de l'économie. L'écart s'accroît entre ceux qui sont proches de la sphère du savoir et ceux qui sont purement et simplement analphabètes. C'est la plus grande des inégalités. »*

Vue du côté des nantis, la mondialisation n'aurait que des avantages : mobilité, connexion, instantanéité, extension virtuelle de son domaine à l'ensemble du globe. Du côté des exclus, seulement la frustration et le rejet.

Pour comprendre d'où vient ce fossé, et son ampleur, il est temps de retrouver un des critiques les plus lucides et pénétrants de la société contemporaine, Zygmunt Bauman.

Leeds. Rencontre avec Zygmunt Bauman
« Les réfugiés, les déplacés, les demandeurs d'asile, les immigrants, les sans-papiers sont le rebut de la globalisation. »

Un cottage anglais, à l'entrée de Leeds, presque dans les champs, avec autour de la maison une végétation plutôt touffue. En nous accueillant, Zygmunt Bauman qualifie en riant le jardin de « darwinien », car les plantes les plus résistantes finissent par y avoir raison des autres... À 88 ans, le professeur est droit, mince, d'une grande élégance d'allure et de maintien. Comme de manières : sachant que nous venons exprès pour le rencontrer, pensant que nous n'aurions peut-être pas eu le temps de déjeuner, il a préparé, dans la petite pièce avec bow-window qui lui sert de bureau, des assiettes salées et sucrées, à la fois simples et joliment arrangées. Autre temps, décidément.

Zygmunt Bauman, qui enseigne à l'université de Leeds depuis 1973, nous reçoit dans l'entre-deux de voyages à travers l'Europe, qui le sollicite pour lui conférer toutes sortes de diplômes et de marques de reconnaissance afin d'honorer son œuvre, en cette fin de carrière universitaire. Car, si en France on ne l'a découvert que tardivement, et encore trop peu, dans le reste du monde, il est tout simplement considéré comme un des penseurs les plus aigus des paradoxes de la société présente.

Une acuité, une lucidité qui sont sans doute les fruits de son parcours, des plus singuliers. Né en 1922 à Poznan, dans une famille juive polonaise, il se réfugie en Union soviétique avec ses parents en 1939, au moment de l'invasion de la Pologne par Hitler. Il s'est enrôlé dans l'Armée rouge, revient en Pologne comme officier, sous uniforme russe, et enseigne la sociologie à l'université de Varsovie dans les années 1950. Marxiste, mais partisan d'un « socialisme à visage humain », il se retrouve en butte aux tracasseries du pouvoir. Elles se transforment en persécution en 1968, après la guerre des Six-Jours, qui suscite en Pologne une résurgence d'antisémitisme. Zygmunt Bauman et sa femme Janina, écrivain, rescapée du ghetto de Varsovie, s'installent à Leeds, après un passage à Tel-Aviv.

Dès lors, le sociologue va élaborer une œuvre aussi incisive que limpide pour décrire ce qui lui apparaît comme le ressort essentiel de la société contemporaine, en forgeant ce concept totalement inédit, qui fait immédiatement image, de « société liquide [11] ». Fondés sur des exemples de notre quotidien le plus concret – tels le shopping, la téléréalité, le *speed dating*, etc. –, ses livres sont destinés à… « rendre clair combien notre situation ne l'est pas » !

Car, pour lui, il fut bien un temps où la modernité était – selon sa terminologie – « solide ». Date de naissance : 1755. À Lisbonne, cette année-là, tremblement de terre et tsunami, vingt mille morts. Cet événement, explique alors Voltaire, signe la fin de la croyance en la Providence, donne la preuve que la nature est aveugle et les hommes livrés à eux-mêmes. Le projet de la modernité devra donc être dorénavant, pour des humains prenant seuls en charge leur destin, d'établir la société sur d'autres bases, autrement plus fiables, celles de la raison, à la fois logique et équitable. Et le caractère « solide » du projet reposera sur la conviction que nous parviendrons à construire un jour, définitivement, une société à l'image des êtres doués de raison que nous sommes. Porté par les philosophes des Lumières, ce projet fut endossé par Marx et par les penseurs politiques du XIXe et du XXe siècle.

Aujourd'hui, il semble être abandonné. La modernité est donc passée à l'état « liquide » lorsque est devenue illusoire l'idée qu'on parviendrait un jour à instaurer cette société parachevée, finale, animée par les principes rationnels.

Par définition, ce qui est liquide ne conserve jamais la même forme, épouse tous les contours possibles et n'établit entre les atomes que des liens faibles, aisés à défaire. Tels sont justement, pour Zygmunt Bauman, les signes nouveaux qui permettent de reconnaître infailliblement la société globalisée. Car « liquide » et « global » renvoient l'un à l'autre, indissociablement. Changement incessant, invention permanente de besoins inédits, superficialité des liens, voilà ce qui domine désormais, pour Bauman comme pour d'autres. Mais ce qui rend pour lui cette préoccupation obsédante, c'est bien cette forme de mobilité imposée, cette jetabilité des personnes devenues rebuts, autrement plus inquiétante que celle des choses, qu'organise notre société globalisée.

Qu'on ne s'y trompe pas. Si Zygmunt Bauman se préoccupe tant des laissés-pour-compte de la mondialisation, ce n'est pas simplement par un effet de la pitié. Il est certes touché par l'injustice, mais il s'agit plus encore, pour lui, d'un principe de connaissance : pour savoir ce que vaut un système, c'est aux plus faibles qu'il faut s'intéresser. Sont-ils aidés ou anéantis par la globalisation ? Sont-ils sécrétés ou non par la mondialisation ?

Que deviennent, dans cet empire du jetable, les droits universels ?

L'unification de l'humanité, que la globalisation proclame être en voie de réalisation, le laisse d'emblée sceptique : « *Je crois que l'humanité est au contraire d'ores et déjà divisée. Pas simplement entre riches et pauvres, mais essentiellement entre ceux qui peuvent bouger et tous les autres... Il y a des gens qui peuvent réellement avoir des résidences dans diverses parties du monde et qui considèrent que la vraie maison où ils devraient être tout le temps ne se trouve nulle part. Libres de bouger, de déménager constamment, alors que les autres demeurent rivés au sol. Exactement comme les paysans du Moyen Âge, attachés à la glèbe. Et s'ils ne peuvent bouger, c'est parce qu'ils se feraient arrêter à la plus proche frontière, ligoter et renvoyer d'où ils viennent.* » Sans solution, sans issue. Confrontés à un problème aux causes planétaires, qui ne peut, pour cette raison même, trouver de solution locale.

Le problème global prioritaire que désigne ici Zygmunt Bauman, c'est le fait que « *la planète est pleine* ». Mais attention, pas de confusion, ceci ne signifie nullement pour lui qu'il y ait trop d'habitants sur terre, mais que, pour la première fois dans l'histoire de l'humanité, il n'existe plus nulle part de no man's land. Autrefois, on dénombrait quelques lieux délaissés, pas vraiment contrôlés, tout désignés pour devenir le refuge des exclus, des humains mis au rebut par les différents systèmes industriels et techniques.

Ce n'est plus le cas. Désormais, toute la planète est en voie de développement, et tous les lieux sous contrôle. Ceux qui sont jetés n'ont plus nulle part où aller. Dans *Vies perdues*, son essai consacré à ce visage sombre de la modernité mondialisée, celui qui à plusieurs reprises a vécu l'exclusion dans sa propre vie dénonce ce déploiement implacable d'une société de consommation sans limites : « Les réfugiés, les déplacés, les demandeurs d'asile, les immigrants, les sans-papiers sont le rebut de la globalisation [12]. »

Pour décrire ces travers de notre présent, Zygmunt Bauman insiste aussi sur la différence entre deux types de Big Brother qui se sont succédé dans nos représentations et se complètent dans la réalité. L'ancien, celui de la surveillance, du *Panopticon* que nous avons déjà évoqué, de l'inclusion et de l'intégration, veille à ce que les populations immigrées restent dans le rang comme les autres, se tiennent tranquilles et s'assimilent. Ce modèle perdure, mais n'est plus seul en lice. L'autre, le nouveau Big Brother, est celui de l'expulsion, de l'exclusion, des reconduites aux frontières et des rapatriements.

Dorénavant, le choix n'est donc offert qu'entre rester dans le rang ou être rejeté. Mais, pour être rejeté, nul besoin de crime ni de délit. La société liquide ne cesse de préconiser la flexibilité et de mettre en scène la mise à l'écart, l'élimination, la disparition des perdants, de ceux dont on n'a plus besoin. Ainsi, les émissions de téléréalité sont toutes fondées sur l'élimination progressive des candidats. De même, les *speed dating* permettent le tri rapide des nouveaux contacts et la mise à l'écart immédiate de ceux qu'on ne veut pas revoir. Connexion puis déconnexion assurées d'un seul clic, magique.

Se débarrasser des humains jugés excédentaires, devenus inadéquats ou redondants, voilà la tâche permanente de la globalisation, selon le sociologue. Malheureusement, on ne peut acheter leur disparition définitive comme on s'est habitué, en fait, à acheter toutes les autres solutions à nos difficultés, comme nous l'explique Zygmunt Bauman : « *Le problème, avec une société de consommateurs, est de penser que tout désagrément ou inconvénient, toute difficulté, toute nécessité de différer une satisfaction, tout délai, toute obligation d'acquérir des compétences difficiles sont dévalorisés. Tout cela s'oppose à la dignité de l'être humain. Cette dignité doit s'entendre dorénavant dans la disponibilité directe et immédiate de la satisfaction, quelle que soit la complexité des tâches à accomplir. Cette complexité est condamnée a priori comme injustifiée et injustifiable.*

En pratique, cela signifie que cette société retraduit l'art de vivre en art d'acheter, en vie dédiée à la consommation. Pour chaque problème, il doit forcément y avoir un équipement, un gadget, une recette, quelque part dans une boutique. Alors, pour accomplir la tâche difficile de le trouver, vous devez développer par-dessus tout l'art de trouver le bon produit. Quoi qu'il en soit, le but de la vie, de la vie réussie, c'est une satisfaction sans effort du désir. »

Pareille satisfaction ne serait-elle pas, à sa façon, une réalisation concrète de l'utopie ? « *Effectivement, en un sens, nous vivons l'utopie. Mais on est passé d'une utopie de jardiniers à une utopie de chasseurs. Les jardiniers avaient le souci du dessein de l'ensemble, ce n'est pas le cas des chasseurs. Ils ne veulent pas embellir la réalité, ils veulent seulement extraire de la réalité telle qu'elle est le meilleur trophée possible. En d'autres termes, l'utopie, comme tant d'autres choses, a été privatisée ces derniers temps. Ce n'est plus une utopie se préoccupant de savoir comment rendre le monde plus habitable pour les humains, mais de savoir comment trouver pour moi la meilleure place dans le monde tel qu'il est. L'utopie a été privatisée, "égoïsticisée", si l'on peut dire. Tout ce qui importe, c'est que ma propre vie soit plus plaisante. »*

À mesure que l'on écoute Zygmunt Bauman, on comprend que la société globalisée-liquide n'est pas un simple système purement économique, ni même un style d'époque. C'est l'émergence – ou la tentative – d'une nouvelle conception de la vie, de l'humain, des relations entre les individus. Sans oublier de la construction de soi. Celle-ci change de sens, elle aussi, et radicalement : « *On est très loin de la philosophie de l'Antiquité, celle des stoïciens et des sceptiques, pour qui l'idéal du bonheur était au contraire un perfectionnement de soi-même indéfiniment prolongé. À présent nous préférons les raccourcis qui éliminent les efforts, le travail à long terme, le dur labeur sans garantie de succès. Cela aussi devient insupportable : l'absence de succès garanti ! Les gens veulent des garanties... Pourtant, se construire est un processus difficile et plein de risques. On ne sait jamais si on prend le bon ou le mauvais chemin. On est souvent désorienté... »*

Zygmunt Bauman, pensif, se tait. Il tire quelques bouffées de sa pipe, en silence. Quand il reprend, peu de temps après, on peut imaginer que des souvenirs l'ont effleuré. Car il a traversé des époques et des mondes assez dissemblables pour pouvoir les comparer, et poursuit par des remarques, cette fois plus philosophiques que sociologiques : « *L'écrivain Max Frisch, l'auteur de* Homo faber [13], *avait coutume de dire que "l'identité signifie de ne pas accepter la manière dont les autres voudraient te voir". L'identité, en ce sens, c'est un acte de résistance à la pression sociale. La vérité est à l'intérieur de moi. Mon "projet de vie" est de mon cru, je le fabrique. Mais une fois que je l'ai forgé, je lui demeure fidèle. Je le développe tout au long de mon existence, pas à pas, année par année. J'y adhère. Voilà ce qu'est un être authentique. Le projet n'est pas une donnée, mais c'est encore mon authenticité.*

Tout cela a été maintenant éliminé. Vous demandez où est l'identité humaine ? C'est simple : tout ce qu'il y a à dire à propos de la compréhension contemporaine commune de l'identité, c'est qu'il n'existe rien de tel. Le seul fait même d'utiliser le terme "identité" est inadéquat pour décrire la manière de vivre des gens aujourd'hui. Ils ne pensent pas à l'identité, à la découvrir ni à la conserver. Ils pensent à la possibilité d'une continuelle réidentification. Au lieu de parler d'identité, il vaudrait mieux parler d'identification. C'est un processus continu. Ce qui effraie plus que tout, c'est d'être planté dans une identité et d'être incapable de saisir de nouvelles opportunités qui se présentent.

La nouvelle génération ne fait que se transformer. En changeant son apparence extérieure, suivant les modes. Le style de vie qui était à la mode devient très rapidement ridicule et périmé. On se discréditerait en le conservant et en y adhérant. Sur Facebook ou dans Second Life, *on peut avoir simultanément plusieurs identités, se présenter de différentes manières à des gens différents, expérimenter, endosser une identité et en déposer une autre.* »

Est-ce une bonne ou une mauvaise chose ? Faut-il préférer avoir des racines, s'inscrire dans une lignée ou devenir de nulle part et de partout, comme la mondialisation en fait miroiter l'éventualité ? Écartant les deux hypothèses, la réponse de Zygmunt Bauman ne manque pas de sagesse : « *Autrefois, on parlait d'être "enraciné" et de "déracinement". Le déracinement était jugé très dangereux, métaphoriquement. L'image fait référence aux plantes, et chacun sait que quand on coupe les racines des plantes, elles meurent. Si on était déclassé, dénationalisé, on avait perdu ses racines... Il faut se souvenir qu'au XIXe et pendant une bonne partie du XXe siècle, c'était réellement le pire des cauchemars.*

Aujourd'hui, je pense que reprendre la métaphore des racines est inapproprié. Ce qui convient beaucoup mieux est une métaphore empruntée à la marine et non à l'agriculture – celle de l'ancre. Vous jetez l'ancre à un endroit, vous la remontez, vous allez ailleurs et vous la jetez à nouveau. Il ne vous arrive rien de fâcheux. Juste des aventures... »

Celles de Zygmunt Bauman sont nombreuses, chargées d'idées, d'enseignements, de récits abondants. Notre entrevue avec lui s'est poursuivie longuement, mais pour l'heure, ce que nous retenons, c'est avant tout sa préoccupation des exclus, des vies perdues, des humains transformés en rebut par la grande machine à consommer et le culte du changement continul. La nouveauté, en l'occurrence, n'est pas qu'il y a de la misère dans le monde. C'est plutôt que des dizaines de millions de réfugiés n'aient rigoureusement plus nulle part où aller et se retrouvent, oubliés de tous, dans un transit immobile, inhumain.

Reste à comprendre comment on en est arrivé là. Par quelles voies s'est mise en place l'actuelle mondialisation. Ce n'est pas la première. Au contraire, elle prolonge un mouvement de l'histoire très ancien, intensifié par les techniques actuelles. Pour mieux saisir ses enjeux, retour rapide sur quelques arrière-plans.

Comment naît l'idée de monde, en bref

Dès 2001, l'économiste et prix Nobel indien Amartya Sen le rappelait : « La mondialisation n'est pas un phénomène nouveau, pas plus qu'elle n'est une simple occidentalisation. Pendant des milliers d'années, la mondialisation a progressé du fait des voyages, du commerce, des migrations, de l'expansion des cultures, de la propagation du savoir et des découvertes, y compris dans la science et la technologie. Les influences ont joué dans diverses directions. Ainsi, vers la fin du millénaire qui vient de s'achever, le mouvement s'est en grande partie opéré à partir de l'Occident, mais à ses débuts – aux environs de l'an 1000 –, l'Europe s'imprégnait de la science et de la technologie chinoises, des mathématiques indiennes et arabes. Il existe un héritage mondial de l'interaction, et les mouvements contemporains s'inscrivent dans cette histoire [14]. »

Alors, s'il fallait condenser en trois lignes l'histoire du monde, on irait du village à l'univers. De quelques huttes où l'on vit entre soi jusqu'à l'humanité dans sa diversité et son unité complexe. Car la construction du monde, en fait, est synonyme de découverte des autres. Avec tous les cas de figure : asservissement ou fraternité, exclusion ou coexistence, destruction ou alliance. On pourrait donc, idéalement, décrire la découverte conjointe du monde et de l'humanité. On passerait graduellement des empires séparés, clos sur eux-mêmes, qui formaient le monde de l'Antiquité – les Chinois ne savaient rien des Perses ni des Romains, qui eux-mêmes ignoraient les Incas – à l'interconnexion actuelle, à l'humanité mondialisée.

De ce point de vue, on verrait que tout se tient. Villes et moyens de transport, vitesse et guerres, commerce et représentations de ce qu'est l'homme progressent ensemble, se transforment de concert. Ou régressent d'un même pas. Car, à mesure que le monde s'explore, se découvre, se relie ou se déchire, l'idée même d'humanité se construit, poursuit son évolution – entre cohésion et lignes de fracture.

Le monde est d'abord très étroit. Clos, replié sur les proches, le village, les huttes avoisinantes. Quelques pas et c'est déjà l'inconnu, le dehors hostile, les lieux des autres – qui ne semblent pas être pleinement des hommes. Plutôt des contrefaçons, caricatures, étranges erreurs. Claude Lévi-Strauss, dans *Race et histoire*[15], rappelle comment toutes les ethnies, même réduites à quelques membres, se considèrent spontanément comme le modèle de l'humain. Au point que le nom de ces ethnies, dans leur langue, veut dire « les hommes », ou bien « les excellents », « les complets ». Quant aux autres, à quelques pas ou à quelques jours de marche, ce ne sont que de bizarres ratages. Dénommés « mauvais », « méchants », « singes de terre » ou « œufs de pou », ils ne parviennent pas à imiter convenablement le modèle.

Cette difformité des étrangers n'est pas une conviction rare et circonscrite. Parmi les auteurs grecs de l'Antiquité classique, dans la seconde moitié du Ve siècle avant notre ère, Ctésias de Cnide fut médecin à la cour du Grand Roi, l'empereur perse, et chargé de missions diplomatiques. Il a peut-être voyagé en Inde, a sûrement consulté des textes et conversé avec des marchands. Ce contemporain de Socrate rapporte l'existence, dans les contrées les plus lointaines de l'Inde, d'hommes arborant une tête de chien, d'autres ne possédant qu'un pied, ou encore s'attachant leurs longues oreilles derrière la tête. Loin des gens de chez soi, l'anomalie commence. L'inhumanité s'installe. Quand on s'éloigne, les monstres prolifèrent. Plus on est loin, moins on est humain...

Pourtant, à la même époque, Antiphon d'Athènes affirme déjà l'unité du genre humain, l'identité de tous les individus : « Par nature, dit-il, nous sommes en tout semblables [...] : nous respirons tous le même air avec une bouche et un nez, nous mangeons tous en nous aidant de nos mains. » Le corps suffit pour savoir qu'on a affaire à un humain, les différences superficielles sont négligeables.

Reste qu'en ces temps lointains chacun rencontre, somme toute, bien peu d'étrangers. Les cités sont petites, dispersées, peu nombreuses, les plus célèbres ne sont encore, pour la plupart, que de gros bourgs. Les chemins sont lents, les voyages peu sûrs. Le monde est un canton, rarement mieux. Exceptionnels sont les périples en mer, et aventureux – voyez *L'Odyssée*.

L'humanité des siècles anciens est donc toujours comme émiettée, répartie entre divers mondes ne communiquant pas entre eux. Pourtant, la ville commence à devenir la référence, le lieu du pouvoir et du savoir, des échanges de marchandises comme des trafics d'idées. Ce n'est pas sans raison que le terme « urbanité » – dérivé du latin *urbs*, « la ville » – a fini par devenir synonyme de « mœurs humaines ». Jusqu'à l'Âge classique, « urbaniser » a voulu dire « civiliser ». Partout, l'espace urbain est devenu crucial. Définir, comme le fait Aristote, l'humain comme « animal *politique* », c'est dire qu'il dépend d'une cité (*polis*) et d'une Constitution (*politéïa*). Si ce terme grec de *polis* – qui désigne d'abord la citadelle, la place forte – finit par signifier la Cité, l'organisation du pouvoir, c'est que les deux, en fait, coïncident.

Voilà donc une évidence qu'il était utile de rappeler : durant des millénaires, le monde fut plusieurs et non un. Fait de blocs disjoints. Les grands empires – perse, chinois, inca, indien, romain... – se juxtaposaient, rarement s'affrontaient, généralement s'ignoraient. Les économies fonctionnaient en parallèle, les échanges étant inexistants ou marginaux. De grandes unités politiques, administratives et militaires englobaient, pour un temps, une région plus ou moins vaste, avant de se défaire.

Entre ces blocs parfois éphémères, existaient, ici ou là, des sentiers, routes ou voies maritimes. On y croisait des marchands isolés – de soie, d'épices, de fourrures ou d'ivoire. Ainsi, chez les Perses, le Grand Roi établissait déjà des échanges entre des contrées de l'empire aussi éloignées que les colonies phéniciennes et grecques et les rives du Gange. Les conquêtes d'Alexandre le Grand intensifièrent le mouvement, avec des répercussions culturelles et politiques. De Xian, en Chine, jusqu'à Antioche, en Syrie, un réseau d'itinéraires – la route de la soie – fonctionna continûment du IIe siècle avant notre ère jusqu'au XVe siècle. La route des épices relia tout au long du Moyen Âge le Moyen-Orient à l'Europe. Mais il demeurait plus que difficile de construire une représentation cohérente du monde et de l'humain. Cartes géographiques ou cartes mentales demeuraient largement lacunaires, incertaines, fantaisistes.

Humain, romain

C'est sans doute dans l'Empire romain que s'est forgé un premier modèle de mondialisation durablement urbaine, commerciale, administrative et politique. Rome n'est pas une ville, mais *la* Ville. Quand les Latins parlent de l'*Urbs*, la Ville, sans autre précision, il s'agit de Rome – lieu de référence, d'unification, point d'origine des temps comme des distances. La chronologie romaine se décompte en effet « *ab Urbe condita* » – « depuis que Rome fut fondée ». Et les voies romaines prennent la Ville comme point de départ.

En fait, la conception romaine de l'empire repose sur des principes philosophiques trop souvent négligés. « Par cela même qu'il est un homme, un homme ne doit pas être étranger pour un homme », écrit Cicéron dans son traité *Des biens et des vertus*. Plus qu'un vœu de moraliste, c'est un principe politique, éthique et juridique. C'est aux lois et au pouvoir de garantir la protection de « la société universelle du genre humain » – selon les termes de l'orateur romain.

Voilà pourquoi la citoyenneté romaine est progressivement étendue, d'abord à toute l'Italie. En 212 de notre ère, avec l'édit de Caracalla, ce sont les habitants de tout l'Empire qui deviennent citoyens romains, et jouissent des mêmes garanties juridiques et de participation aux affaires publiques. On est alors romain à part entière que l'on soit égyptien, breton, libyen, ibère, parthe ou celte, qu'on habite près du Nil ou du Rhin, du Danube ou de la Seine.

Il subsiste évidemment une frontière, le *limes*, qui sépare le monde romanisé et le *barbaricum*, ce monde du dehors où règnent d'autres lois, ou une absence de lois. Mais c'est là une situation de fait, non de droit. Car tout ancien barbare peut devenir un nouveau Romain. « Romain » et « humain » sont désormais, au moins virtuellement, des termes synonymes. L'intégration dans l'Empire, en principe, est sans limites. En cela, Rome a bien inventé un premier modèle de la mondialisation, défini par la disparition du dehors. Quand « le monde » existe, dans sa plénitude et sa totalité, il n'existe plus d'autres, plus d'étrangers, plus de dehors, plus d'extérieur. Tout se trouve englobé. Le principe est aisé à comprendre, la réalisation historique va demander des siècles et des siècles, scandés d'à-coups ou de phases de repli, formés de couches successives. Sans qu'il soit finalement évident, loin de là, qu'on ait vraiment atteint, aujourd'hui, cette totalisation présumée.

D'autant que ces mondialisations successives – dont nous allons retracer quelques traits pour mieux comprendre la nôtre, par contraste – ont en commun d'être des processus à double face : construction et destruction. Contribuant à unifier l'humanité, elles font payer ces métamorphoses au prix fort. On y voit continûment coexister une face claire et une face sombre.

Mort et grandeur du sauvage

Le 20 juin 1492, le cartographe et navigateur allemand Martin Behaim construit le premier globe terrestre. Quelques mois plus tard, en septembre, Christophe Colomb découvre le Nouveau Monde. S'ouvre alors une nouvelle mondialisation qui se rapproche du sens contemporain : un marché mondial des métaux précieux se met en place. Bientôt ceux du coton, du sucre, du café se constituent entre l'Europe et ses comptoirs des Indes. En quelques décennies, grands voyageurs et soldats vont changer la face du monde. En Europe comme en Amérique, en Asie comme en Afrique, les villes se multiplient et s'accroissent.

Mais, du côté des indigènes, les morts se comptent par dizaines puis centaines de millions. Massacres, mais aussi typhus, rougeoles et virus exterminent les populations amérindiennes. Entre Afrique, Europe et Amérique, le commerce triangulaire transforme les vies humaines en matière première. Entre extermination et esclavage, l'expansion européenne s'établit sur des monceaux de cadavres.

Quelques consciences d'exception portent témoignage, comme le dominicain Bartolomé de Las Casas ou le franciscain Bernardino Sahagún, qui rédige dans la seconde moitié du XVIe siècle, avec l'aide d'informateurs aztèques, une *Histoire générale des choses de la Nouvelle Espagne*, jamais éditée en son temps.

Pourtant, la plupart des penseurs voient alors tout autre chose que la destruction des peuples et des cultures : la leçon d'humanité que donnent les sauvages aux prétendus civilisés. C'est elle que soulignent Montaigne, dans le chapitre des *Essais* sur les cannibales, et plus tard Rousseau, dans le *Discours sur l'origine et les fondements de l'inégalité parmi les hommes*. Alors que dans les faits ces peuples sont déjà morts ou à l'agonie, on s'émerveille, croyant découvrir en eux une dimension de l'humain spontanée, naturellement policée, candide et sensée, innocente et équitable, habitée de toutes les vertus que prodiguerait la nature et que les vices de la société viendraient saccager à jamais.

Qu'il s'agisse d'un mythe n'est pas le plus important. Ce double mouvement – destruction et découverte, meurtre et ouverture – est en fin de compte un trait majeur des processus de mondialisation. On le retrouve dans les formes diverses qu'il emprunte plus près de nous.

Triomphe de la vapeur

Trois siècles plus tard, deuxième vague de mondialisation autour de la seconde révolution industrielle anglaise, entre 1880 et 1914. L'Empire britannique, partisan du libre-échange, et à sa suite les pays européens, cherchent de toutes parts de nouvelles sources d'approvisionnements et de débouchés, multiplient les colonies pour établir de nouvelles zones d'influence [16].

Ce nouveau tournant n'aurait pas eu lieu sans les bouleversements ferroviaires et maritimes qu'entraîne la machine à vapeur. Elle permet d'abord l'essor du chemin de fer : dès 1825 est inaugurée la première ligne Liverpool-Manchester. En un demi-siècle, le réseau britannique passe de 10 000 à 38 000 kilomètres. En France, de 3 500 à 40 000 kilomètres. Le processus s'étend ensuite aux pays colonisés afin de faciliter l'acheminement des marchandises. De leur côté, les États-Unis, qui ne disposaient pas d'infrastructures routières comparables à celles de l'Europe, opèrent des investissements exceptionnels : en 1913, le réseau ferré américain dépasse les 400 000 kilomètres. Son essor stimule la croissance et favorise l'industrie métallurgique. La Russie, pendant ce temps, se lance dans les travaux du Transsibérien et du Transaralien.

Sur mer, la machine à vapeur permet le remplacement des *clippers*, bateaux à voile en bois, par les *steamers*, en métal et à vapeur – plus rapides, plus fiables, et surtout dotés d'une plus grande contenance de cargaison. En 1838 est inaugurée la première liaison transatlantique régulière.

Le transport mondial des informations n'est pas en reste. Le télégraphe électrique, qui utilise l'alphabet Morse, se met en place. La télégraphie sans fil, à partir de 1900 – année où est forgé le mot « télécommunication » –, facilite encore les communications maritimes et terrestres. Échanges commerciaux et mouvements de population s'intensifient. L'ouverture du canal de Suez, en 1869, réduit de moitié la distance entre l'Angleterre et l'Inde. Entre 1840 et 1914, le volume du commerce mondial est multiplié par sept. L'exportation des capitaux européens s'envole.

Toutes les conditions sont en place pour que se produise à un rythme soutenu la plus grande migration de l'histoire. Imaginez : près de 50 millions d'Européens – Irlandais, Suédois, Italiens... – avec un billet aller simple en poche, souvent payé et envoyé par leurs parents déjà sur place, prennent le large vers les États-Unis, d'autres choisissant l'Australie, l'Argentine, le Brésil. Résultat : en 1913, 10 % de la population mondiale sont formés d'immigrés. Par comparaison, notre mondialisation actuelle peut être qualifiée d'*immobile*, car elle est avant tout virtuelle, et non physique.

Les capitaux se transfèrent plus encore que les humains. Entre 1820 et 1913, les fonds investis à l'étranger passent de 1 à 48 milliards. Ils assurent la domination du Vieux Continent, qui atteint alors son apogée. Au début du XXe siècle, l'Europe contrôle les deux tiers du commerce mondial, et fournit plus de 90 % des capitaux, dont environ la moitié proviennent d'Angleterre.

Le capitalisme conquiert la planète, la rationalise, l'uniformise, la quadrille, l'exploite, mais aussi l'enrichit, la couvre de villes nouvelles, de grands travaux, de canaux, de barrages, d'usines, d'ateliers, de ports, de gares. Sans oublier laboratoires et universités. Après les militaires, avec les ingénieurs débarquent les savants, géographes, médecins et anthropologues. C'est le temps des relevés, des cartographies, des recensements.

L'humanité se trouve classée, décrite, mesurée. À mesure qu'avancent les échanges progressent aussi les sciences, non moins que les disciplines prétendues scientifiques. Celles qui rassemblent comme celles qui divisent l'humanité. Car le paradoxe des mondialisations est bien toujours d'unifier et d'exclure dans le même mouvement : l'unité du genre humain s'affirme de plus en plus, les tentatives de hiérarchie des races s'aiguisent aussi.

Le temps des guerres

Avec la Grande Guerre de 1914-1918, l'Europe commence à s'autodétruire. Une phase de repli de la mondialisation s'ouvre alors. Avec le krach boursier et la crise de 1929, tout s'inverse. Retour au chacun pour soi : dévaluations compétitives, montée du protectionnisme, droits de douane prohibitifs, investissements européens en veilleuse, effondrement des migrations internationales. Le commerce recule de moitié en volume. C'est le temps où s'affrontent, de mille manières, capitalisme et socialisme, démocraties et dictatures, métropoles et colonies. Avec pour seul horizon une Seconde Guerre mondiale.

Dès 1945, au sortir des nouveaux décombres, cinquante et un pays déterminés à maintenir la paix et la sécurité internationales créent l'ONU. Le mouvement de mondialisation se réenclenche alors. Dans la foulée se mettent en place des institutions que nous connaissons toujours et qui vont devenir des acteurs majeurs du nouveau processus. C'est le cas du Fonds monétaire international (FMI), créé également en 1945, lors d'une Conférence des Nations unies à Bretton Woods. Il est chargé de promouvoir une coopération monétaire internationale, de veiller à la stabilité des changes et à l'expansion du commerce mondial, d'éviter les errements qui furent à l'origine de la grande crise des années 1930.

C'est le cas également de la Banque mondiale, instituée aussi en 1945, d'abord pour aider Europe et Japon dans leur reconstruction et pour encourager la croissance des pays en voie de développement – africains, asiatiques, latino-américains. Objectif : des intégrations économiques de plus en plus larges.

En 1947, le GATT (General Agreement on Tariffs and Trades), signé entre vingt-sept pays, met en place un accord général sur les tarifs douaniers et le commerce et instaure le libre-échange, moteur essentiel du commerce international, qui se trouve ainsi libéré. De 1945 à 1975, la production et le commerce s'intensifient et renouent avec la prospérité. On dénommera cette période les « Trente Glorieuses » – formule de l'économiste Jean Fourastié, forgée sur le modèle des Trois Glorieuses, les journées révolutionnaires de juillet 1830 qui avaient instauré en France la monarchie de Juillet. Réunis au sein de l'Organisation de coopération et de développement économiques (OCDE), les pays européens compensent peu à peu le repli précédent. Retour au plein-emploi, forte production industrielle, début de la société de consommation. Désormais, l'OCDE, qui ne représente que 20 % de la planète, produit 80 % des richesses mondiales.

Les paradoxes du présent

Advient la dernière mondialisation, la nôtre, favorisée par la chute du mur de Berlin et la disparition du bloc soviétique, l'intégration à l'Europe de plusieurs pays ex-socialistes, l'émergence de la Chine et de l'Inde, du Brésil, la création en 1995 de l'Organisation mondiale du commerce (OMC), installée à Genève, pour renforcer le commerce international. Depuis 1998, le G8 rassemble, pour des réunions au sommet annuelles, les présidents des États les plus industrialisés et celui de la Commission européenne. Le G20, créé en 1999, très actif au moment des crises financières, réunit ministres, présidents des banques centrales ou chefs d'État des dix-neuf pays qui, à eux seuls, représentent 85 % du commerce mondial.

Toutes ces tentatives de coordination prolongent et perfectionnent celles des vagues de mondialisation antérieures. Pourtant, celle que nous vivons diffère des précédentes par de multiples caractéristiques : déplacement progressif du centre de gravité économique mondial vers l'Asie, extrême volatilité des marchés financiers, crises boursières à répétition, cortège de délocalisations, désindustrialisation progressive des pays européens, régulation générale souhaitable, mais presque impossible à mettre en place faute d'instance mondiale d'autorité, emballement inquiétant de la dette publique dans les pays européens et aux États-Unis, hausse des taux de chômage, précarisation des emplois, stress et malaises croissants.

D'où une contestation forte qui progressivement s'organise. Sa violence est à la hauteur des désaccords sur les enjeux ou sur la validité même de la mondialisation. Aux yeux des manifestants qui affrontent les forces de l'ordre à Seattle, Porto Alegre, Prague ou Gênes, la mondialisation symbolise la marchandisation du monde, le sacrifice des vies humaines sur l'autel d'un profit sans limites, l'accaparement des richesses par quelques maîtres du monde réunis périodiquement à Davos ou ailleurs.

Ainsi, autant qu'elle unit, une fois de plus la mondialisation divise. Elle rassemble et clive d'un même geste. Tous ceux qui en sont exclus, qu'ils en soient victimes ou seulement spectateurs, se font refouler, parquer, expulser. Quand les frontières s'abolissent pour les uns, elles se reforment un peu plus loin pour les autres. Ainsi l'espace Schengen – du nom du village luxembourgeois, frontalier de l'Allemagne et de la France, où fut signé l'accord initial de 1985 – comprend vingt-cinq pays européens dont les frontières sont ouvertes à la libre circulation des biens et des personnes. Mais, sur son pourtour, se forme progressivement une barrière protectrice, destinée à empêcher l'entrée des migrants, de plus en plus nombreux à se presser aux portes, du côté de Lampedusa, de Calais, de Gibraltar ou d'ailleurs.

On ne se fiera donc pas trop vite à l'image d'une planète désormais sans frontières, où les technologies assurent une circulation instantanée des flux. On l'a compris, la mondialisation actuellement en cours crée des richesses, mais produit aussi des frustrations massives. Comme le souligne l'économiste Daniel Cohen dans *La Mondialisation et ses ennemis* [17], les plus pauvres voient défiler sur l'écran, du matin au soir, la vie des riches, à laquelle ils ne peuvent accéder.

Ces images nourrissent continûment le mythe d'un monde dépourvu de barrières – alors qu'elles existent, pour les humains plus encore que pour les marchandises, dans le monde réel : « La nouvelle économie mondiale crée un divorce inédit entre l'attente qu'elle fait naître et la réalité qu'elle fait advenir... Contrairement aux précédentes, la mondialisation actuelle rend difficile d'en devenir acteur et facile d'en être spectateur... Et pour la majeure partie des habitants pauvres de notre planète, la mondialisation reste une image, un mirage fuyant [18]. »

Image, mirage, en tout cas une réalité contrastée qu'un voyageur impénitent comme le romancier Erik Orsenna, curieux de tout ce qui forge nos horizons d'avenir, a voulu aller vérifier, toucher de près, pour nous raconter ces nouvelles concurrences et coopérations qui couvrent les océans et les rayons des magasins, et toutes ces étranges aventures mondiales d'objets et de matières familières qui font désormais notre quotidien.

PARIS, ACADÉMIE FRANÇAISE.
RENCONTRE AVEC ERIK ORSENNA
« Nous ne vivons pas un cycle mais une réelle mutation. »

« Un homme qui passe remarque un arbuste dont les branches se terminent par des flocons blancs. » Ainsi commence, en des temps immémoriaux, l'histoire du coton racontée par Erik Orsenna. Elle se poursuit aujourd'hui au coin de la rue, sur toute la terre, avec le tee-shirt que chacun porte, riche ou miséreux. Entre-temps, la plante-miracle et ses aventures ont traversé toutes les mondialisations.

Cultivé à présent dans quatre-vingt-dix pays et sur 55 millions d'hectares, le coton est un guide exemplaire pour comprendre ce que signifie, concrètement, une réalité mondialisée. À condition d'aller voir, de prendre le train, l'avion, le bateau, la Jeep, la pirogue – sans ménager son temps, sa peine ni son plaisir. Car il ne suffit pas de savoir que les soldats d'Alexandre, ayant franchi l'Indus, s'émerveillent des vêtements indiens et rapportent des graines de coton en Grèce, que les Arabes plus tard le cultivent de l'Égypte à l'Andalousie et lui donnent le nom que nous connaissons (*al-kutun*), que le commerce des esclaves est lié aux plantations américaines stimulées par l'industrie anglaise... L'histoire ne donne pas toutes les clés du présent. Lié aux péripéties multiples de l'économie mondiale, le coton aujourd'hui est au cœur de paradoxes et de situations complexes qu'Erik Orsenna est allé observer de près.

Ce périple l'a conduit notamment au Mali, où se tient la plus grosse entreprise cotonnière de la planète, à Washington et à Memphis, dans le Mato Grosso comme en Égypte, en Ouzbékistan comme en Chine, avant de se terminer dans les Vosges. Assez pour mettre en lumière, détail après détail, les réalités cotonnières mondialisées et leurs singularités. Exemples : au Texas, au National Cotton Council, qui regroupe tous les producteurs américains, Orsenna nous fait comprendre que les subventions ne vont pas aux producteurs africains, asiatiques ou brésiliens, mais aux Américains. C'est grâce à ces subventions qu'ils peuvent se maintenir dans la course, car leurs coûts de production sont très élevés.

Autrement dit, un des paradoxes majeurs de la mondialisation aujourd'hui est bien que les pays en voie de développement réclament, à cor et à cri, l'application du libre-échange et des lois du marché pour leurs productions de matières premières.

Quant à la mer d'Aral, si elle a pratiquement disparu ces dernières décennies, c'est aussi au coton qu'on le doit. L'Ouzbékistan, deuxième producteur mondial, en multipliant les retenues d'eau sur le fleuve Syr-Daria, a provoqué son assèchement. Mondialisation, écologie, technique et commerce ont bien partie liée. Autre exemple, la firme Monsanto commercialise à la fois le Roundup, puissant herbicide, et les semences de coton génétiquement transformées capables de lui résister, améliorant ainsi les rendements, mais au prix d'une double dépendance des producteurs envers la multinationale.

Dans les Vosges, en visitant une entreprise de 85 employés dans un village de 1 250 habitants, l'économiste-romancier dévoile une autre face de la mondialisation : plus personne n'est à l'abri de la concurrence de tous les autres, et c'est seulement grâce à l'innovation technologique qu'une petite unité peut espérer tenir. Ce *Voyage au pays du coton* [19] est devenu un best-seller. Il a valu à son auteur, en 2006, le Prix du livre d'économie.

Après le coton, Erik Orsenna a consacré à l'eau le deuxième tome de son *Petit Précis de mondialisation* [20]. Cette fois, l'enquête l'a conduit de l'Australie à la Chine, de l'Inde en Israël, du Maroc au Tchad.

Ne cherchez pas Erik Orsenna, il est donc en voyage ! Avec toujours une curiosité à satisfaire, une connaissance à engranger sur ce monde en train de se faire sous ses yeux, sous nos yeux. Lui qui un jour nous réapprend les bonheurs de l'orthographe et de la grammaire dans un éclat de rire, part le lendemain sur un voilier, rêve d'un nouveau roman le jour suivant, mais n'oublie pourtant pas d'être ponctuel aux séances de l'Académie française.

À l'issue d'une séance du jeudi, à 16 heures précises, il s'est tout de même accordé une pause sous les lambris dorés du Quai Conti pour nous faire part, comme nous le lui avions demandé, de ses réflexions sur la mondialisation. Car si le lauréat du prix Goncourt 1988 pour *Le Voyage colonial* ne délaissera jamais son amour essentiel pour la fiction, on ne saurait oublier qu'il est économiste, auteur sous son nom d'Erik Arnoult d'une thèse sur *Les Mécanismes de la création en économie ouverte*[21], qu'il a enseigné l'économie du développement à Rouen, à Normale sup, à la London School of Economics.

Conseiller d'État honoraire, il a également participé à la Commission pour la libération de la croissance française, dite commission Attali, en 2008. Ce qui l'intérese, c'est la compréhension de tout ce qui se joue dans les mutations scientifiques, culturelles et économiques du processus de la mondialisation.

La première précision que nous lui demandons concerne les relations du global et du local. Comment les deux s'opposent-ils ? « *Global et local font l'objet de multiples confusions. À la fin de mon enquête sur l'eau, beaucoup de gens attendaient une prise de parti pour une solution globale, l'organisation des Nations unies de l'eau... Or ce n'est absolument pas pertinent. Le problème de l'eau est effectivement global, il est lié au réchauffement climatique et à la démographie, mais les solutions concrètes ne peuvent être que locales et régionales. D'autant que les plus grandes disparités existent, et ne feront que s'accroître. Avec le réchauffement climatique, les régions qui ont beaucoup d'eau en auront encore plus, et celles qui en ont peu en auront encore moins. De ce point de vue, la globalité des solutions n'a donc aucun sens.*

Cela m'a servi de leçon, si j'ose dire. De ce travail sur l'eau dans le monde, j'ai au moins appris une chose : il nous faut prêter la plus vive attention à clairement distinguer ce qui est global et ce qui est local. Sur toutes les questions liées à la mondialisation, le plus important est de faire chaque fois la part entre ce qui est global et ce qui n'y est absolument pas réductible. D'autres enseignements sont aussi à retenir : d'abord, le fait que personne ne doit oublier qu'un être humain sur deux n'a pas d'accès à une eau propre, et que beaucoup n'ont pas d'eau du tout. De même, l'idée essentielle qu'aucune solution n'est la bonne si elle est unique. Par exemple, il faut à la fois faire des économies d'eau et accroître la production. Le seul accroissement de la production ne peut suffire, les économies non plus. »

Ce qui frappe le plus Orsenna, c'est ce rapport nouveau à l'espace que la mondialisation a mis en place : « *Les deux moteurs de la mondialisation sont l'invention du container dans les années 1950 et puis Internet. Transport et communication sont les deux bases. Avec le container, le coût des transports a fini par devenir quasi nul : moins d'un dollar pour transporter un ordinateur, ça ne vaut réellement rien !*

Sans transport maritime bon marché, pas de mondialisation. Les contraintes spatiales ont disparu : que vous fabriquiez ici ou ailleurs, le transport ne fait plus la différence. Résultat : en perdant cette contrainte, vous perdez aussi une protection. Si les soyeux lyonnais d'autrefois n'étaient pas en compétition directe avec ceux de Pékin, aujourd'hui, l'espace mondialisé aiguise la concurrence.

Mais attention, il suffit que le prix de l'énergie monte pour que tout s'inverse. Dans ces conditions, l'espace qu'on a aboli peut redevenir une contrainte, et jouer de nouveau un rôle de protection. »

Cette réversibilité des situations et l'interaction d'une multitude de facteurs doivent conduire, selon Erik Orsenna, à une modification de nos schémas mentaux : « *Voir les choses lucidement, aujourd'hui, pour moi, c'est reconnaître leur complexité. Toute simplification n'est pas honnête. Et il ne faut pas croire au retour du passé. Au plus fort de la dernière crise, quand des gens me disaient : "Il faut attendre le retour de bonnes conjonctures", je leur répondais qu'ils risquaient d'attendre longtemps, car s'il s'agit d'un cycle, il peut suffire d'attendre, mais si c'est une mutation, alors c'est une autre affaire. Pour moi, nous ne vivons pas un cycle, mais une réelle mutation. Le club de ceux qui ont voix au chapitre a changé. Certains, ailleurs, se mobilisent, bougent plus que nous, investissent plus sur l'avenir. Ils ne vivent pas à crédit comme nous...*

Lorsque je voyage, je suis extrêmement frappé de voir à quel point nous nous bornons à colmater sans arrêt des brèches pendant que d'autres investissent. Nous sommes vraiment pris en otage par des réactions de court terme, alors que la prévision est au contraire essentielle. En fait, on pourrait poser pour règle : Dis-moi quelle valeur tu donnes au long terme, je te dirai la place que tu y auras... »

Erik Orsenna se préoccupe également des écarts qui se creusent, de manière vertigineuse, entre les plus riches, toujours plus riches, et les autres. Il reconnaît que la mondialisation permet une réduction de la grande pauvreté, mais souligne à quel point, en définitive, elle profite infiniment plus à une infime minorité : « *On ne réalise pas combien les écarts se creusent si on ne considère que les 10 % les plus riches de la population. Pour observer le mécanisme, il faut suivre comment évoluent le 1 %, voire le 0,1 % des plus riches, qui, eux, deviennent de plus en plus riches. Les statistiques, en ne considérant que les 10 % les plus riches, ne permettent pas de mesurer à quel point les classes moyennes dégringolent de manière hallucinante, se retrouvent dans la précarité, alors que les plus hauts revenus s'accroissent de manière fantastique. Je ne suis pas pour le nivellement, mais la différenciation des revenus n'a rien à voir avec cette réelle envolée des disparités.* »

La gravité des situations n'empêche pas le romancier de plaisanter. Au moment de partir, il ne résiste pas au plaisir de rappeler cette histoire drôle, plutôt douce-amère, qu'il affectionne : « *C'est l'histoire de deux planètes qui discutent. L'une dit à l'autre : "Je ne sais pas ce qui se passe en ce moment, je ne me sens pas très bien, j'ai tout le temps chaud, on me tape dessus, on me rentre dedans, on creuse partout…" Alors l'autre, imperturbable, lui répond : "Oh, c'est rien, ne t'en fais pas. C'est juste l'espèce humaine, j'ai connu ça, ça passera !"…* » L'écrivain-voyageur plisse les yeux derrière ses petites lunettes cerclées. Il nous quitte, pressé : de nouveaux voyages commencent dans les jours à venir. Oui, le *Petit Précis de mondialisation* aura bientôt un troisième volet. Il est centré sur le papier et l'économie circulaire du recyclage des matériaux. Ce livre, il ne manquera sûrement pas d'en discuter les enseignements avec son ami l'économiste Daniel Cohen, avec qui il a participé, en janvier 2011, au documentaire télévisé intitulé *Fric, krach et gueule de bois : le roman de la crise,* un magazine, résumant l'histoire économique depuis les années 1970 et les enjeux de la mondialisation. Daniel Cohen, plus qu'aucun autre, en a analysé les rouages et décrypté les paradoxes. La rencontre s'imposait.

> PARIS, ÉCOLE NORMALE SUPÉRIEURE.
> RENCONTRE AVEC DANIEL COHEN
> « *On va vers une nouvelle utopie d'usines*
> *sans travailleurs.* »

Parce qu'il n'y a rien de tel qu'un exemple concret pour fixer et clarifier les idées, l'économiste choisit d'emblée celui du prix d'une simple paire de Nike pour le décomposer. Voilà un produit mondialisé – conçu aux États-Unis, fabriqué au Maroc ou en Indonésie, vendu partout. Prix de vente moyen de la paire : 70 dollars. Salaire de l'ouvrière qui l'a fabriquée : 2,75 dollars. En incluant cuir, caoutchouc, entrepôts et transport, le prix de revient est de 16 dollars. Question : comment passe-t-on de 16 à 70 dollars, soit quatre fois plus ?

Réponse : tout simplement en ajoutant ces coûts « immatériels » que sont la conception du produit, les coûts des campagnes de publicité phénoménales et des commerciaux de la firme qui imposent l'image du produit à un consommateur rendu captif. Ceci amène le prix de vente aux distributeurs aux environs de 35 - dollars. S'y ajoutent alors les frais de distribution, de stockage, de magasin nécessaires pour mettre ces chaussures à disposition. Au final, ils font doubler le prix pour le consommateur. CQFD.

Première leçon : la promotion d'un produit coûte plus cher que sa fabrication à l'autre bout de la planète. Le consommateur dorénavant achète tout autant l'image du produit que l'objet lui-même. Deuxième leçon : la mise à disposition, les services coûtent à leur tour aussi cher que l'ensemble du produit, de son transport et de sa promotion dans le monde entier. Le tout au détriment des pays pauvres, simples manufacturiers de produits qui leur échappent, les laissant comme devant la vitrine de magasins où l'on ne pénètre jamais : « Aujourd'hui, les pays les plus pauvres se trouvent face à la mondialisation, dans une situation plus proche de celle des RMistes aujourd'hui, dans une situation d'exclus. Oubliés, abandonnés à leur sort [22]. »

Nous venons de retrouver Daniel Cohen dans son bureau de l'École normale supérieure, et nous voilà déjà embarqués dans une leçon d'économie à la fois volubile, concrète et lumineuse. Celui qui fut lui-même étudiant à Normale Sup, section Sciences 1973, puis agrégé de mathématiques, avant de s'orienter vers l'économie en se spécialisant dans les questions monétaires et l'analyse des dettes publiques, est intarissable sur les ressorts de la mondialisation. Car la singularité de cet expert, couvert de prix et de distinctions, traduit en de nombreuses langues, est évidemment d'être technicien et savant, mais aussi de tenter de « saisir la manière dont l'économie façonne l'histoire humaine[23] ». C'est pourquoi il n'oublie jamais de resituer les phénomènes économiques dans leurs contextes aussi bien culturels qu'historiques, d'embrasser du regard de vastes panoramas, de rendre compte de phénomènes d'ensemble en des termes frappants, concis, compréhensibles.

Et parfois surprenants. Car Daniel Cohen ne cesse de démonter les idées trop rapides, à l'emporte-pièce, et les préjugés qui empêchent de saisir les véritables enjeux de la mondialisation, tout en mettant en lumière les nouveaux paradoxes qu'instaure ce processus. Il montre ainsi que l'on rate les vraies questions en persistant à penser les inégalités planétaires en termes d'exploitation. L'écart ne cesse effectivement de se creuser entre les pays développés et ceux qui ne le sont pas, mais la raison de ce fossé n'est pas que les premiers pillent les seconds et les spolient de leurs richesses naturelles. Les schémas hérités du colonialisme ne conviennent plus.

C'est tout autre chose qu'il faut comprendre. Le décrochage des pays pauvres vient plutôt du fait que les riches n'ont plus besoin d'eux, se débrouillent sans faire appel à leur participation. C'est donc plutôt en termes d'absence de liens que doit s'éclairer le décalage qu'en termes d'exploitation. Pour Daniel Cohen, la mondialisation n'est pas en elle-même ce qui appauvrit ceux qui en sont exclus. C'est au contraire son caractère seulement partiel, incomplet et lacunaire qui est en cause.

En fait, sur la mondialisation, nous aurions plus d'idées fausses que de connaissances exactes. Nous la croyons effective, triomphante, omniprésente, alors qu'elle est plus présente dans nos esprits que dans le réel, plus imaginaire que concrétisée. Décevant les attentes et provoquant les frustrations de ceux qui ne peuvent y prendre part. Contrairement à ce qu'on croit, la mondialisation n'est pas en fait accomplie – loin de là. C'est ce que démontre de façon efficace le travail de l'économiste indien Pankaj Ghemawat, professeur à l'école des affaires IESE de Barcelone. Dans son livre *World 3.0* [24], il préfère parler de « semi-globalisation » pour rendre mieux compte de la réalité. Parmi les quelques chiffres éclairants qu'il offre à notre réflexion : 2 % seulement d'étudiants dans le monde suivent leur cursus dans une université étrangère, 7 % seulement du riz mondial est exporté hors de son pays de production, seulement 9 % des investissements proviennent de l'étranger, moins de 20 % du trafic Internet franchit les frontières de chaque pays, etc.

Autre constat paradoxal : nous aurions tendance à croire, spontanément, que la réduction des coûts de transport aboutit forcément à mieux répartir les activités économiques dans l'espace. C'est faux. En réalité, cette réduction contribue, au contraire, à agglomérer les populations et les richesses dans quelques centres privilégiés qui engrangent à leur profit tous les bénéfices des échanges.

Au lieu du monde sans frontières que l'on attendait, c'est la polarité accrue entre centre et périphérie qui se renforce. D'autant que la mondialisation – encore un paradoxe – favorise plus le commerce entre pays proches qu'entre régions lointaines. En outre, ce ne sont plus les mêmes biens qui s'échangent dans les pays riches et dans le reste du monde. Car si, sur l'ensemble de la planète, le commerce porte encore à 80 % sur des produits industriels et agricoles, et seulement pour 20 % sur les services, la proportion s'inverse dans les pays riches : l'emploi industriel et agricole représente maintenant moins de 20 %, alors que les services occupent près de 80 % des salariés.

Ce renversement illustre mieux que tout la transformation cruciale de la société industrielle en société post-industrielle. Un basculement décisif, que la révolution informatique, selon Daniel Cohen, accroît de façon exponentielle : « *Notre présent, c'est vraiment la révolution informatique. Je pense même que nous sommes seulement au début de ce qu'elle signifie pour la recherche de gains de productivité dans le domaine des services. La révolution industrielle de la machine à vapeur, puis celle de l'électricité, ont produit d'immenses gains de productivité dans le monde industriel. Et l'on a cru longtemps qu'il était impossible, dans le domaine des services, d'améliorer la productivité de manière significative.*

Je pense pour ma part que nos vies productives vont être transformées par l'instrument informatique, pour des tâches simples. Nous sommes au début d'un énorme chantier dans lequel cet immense champ qu'on appelle les services – le supermarché, le restaurant, toutes ces relations "de face à face", comme disent les économistes – va être transformé, et probablement déshumanisé.

Car le domaine des services va se robotiser. Si la télé est cassée, il n'y aura plus de réparateur. Quelqu'un au Maroc va vous dire : "Vous appuyez sur cette touche. Ça ne marche pas ? Eh bien, changez de télé !" Voilà quel sera le modèle. Au bout d'un moment, il sera probablement plus intéressant de vous donner une télé neuve que de vous envoyer quelqu'un à chaque incident.

Le grand basculement, pour moi, c'est donc celui qui va faire passer ce secteur des services, où travaillent aujourd'hui 80 % de la population des pays riches, à la moulinette des gains de productivité. Cela dit, dans une cinquantaine d'années, le paysage pourrait être très différent. Car le secteur qui avance, à long terme, c'est bien la médecine. Les dépenses de santé représentent, aux États-Unis, 17-18 % du PIB. C'est considérable : dans l'histoire humaine, jamais aucun secteur n'a pesé autant ! L'automobile ou le textile n'ont jamais atteint de telles proportions. Voilà donc un domaine dans lequel, sans doute, à terme, vont se jouer beaucoup de choses. Car, pour l'instant, la révolution génétique, qui sera peut-être la quatrième révolution, n'a pas produit d'effets dans l'organisation de la société, elle reste au niveau de la recherche. Elle joue sûrement dans l'espace des représentations, dans l'espace des consciences, mais dans le domaine économique, on n'en voit pas trace, pour l'instant... »

Notre interlocuteur décrit donc un double mouvement : prépondérance des services sur l'industrie et robotisation croissante de ce secteur, jusqu'à présent encore peu automatisé. Pour autant, faut-il en conclure qu'il prévoit une mutation économique importante du fait du monde numérique lui-même ? « *Les gens raisonnent souvent en termes de capitalisme opposé à un système non capitaliste, mais je pense que la question qui se pose est d'un niveau plus anthropologique : comment continuer à rêver d'une expansion infinie des richesses matérielles alors qu'au même moment on prend conscience que cette expansion infinie bute sur les limites de la planète ? La réponse est complexe...*

Je pense que les jeunes générations vivent dans ces deux mondes à la fois, c'est-à-dire qu'ils sont en train de se fabriquer une réalité virtuelle qui est infinie, sans limites, et en même temps ils sont très sensibles au monde de la finitude, aux contraintes écologiques. De plus, ce monde virtuel que les jeunes générations sont en train de fabriquer aura beaucoup de mal à entrer dans un système marchand. Tout le monde rêve de trouver un "business model" pour ce secteur énorme, mais il me semble que la marchandisation du monde virtuel n'aboutira pas, ou seulement de manière imparfaite et incomplète. Seuls quelques grands leaders, comme Facebook ou Google, gagnent beaucoup d'argent, mais peu par rapport à la masse de richesses fabriquées par la planète.

La situation me paraît différente de celle qu'ont connue les services. Au cours du XXe siècle, les restaurants, les cinémas, les télévisions, l'ensemble des loisirs – qui au XIXe siècle auraient été considérés comme improductifs du point de vue *économique – sont entrés sans difficulté dans la marchandisation. Le même sort attend-il le monde virtuel ? Je pense que non, parce qu'il est trop fluide, trop éphémère, trop insaisissable. »*

Alors ? Si le monde numérique n'est pas la nouvelle frontière, le nouvel eldorado, quel modèle entrevoir ? *« Sans doute un modèle du genre schizophrénique. D'un côté, une vie sociale dans ce monde virtuel, où l'on fera des blogs ou s'installera devant son home-vidéo, sans être saisi par la marchandisation, et de l'autre, une marchandisation qui risque d'être réduite aux acquêts. Concrètement : on travaille comme comptable dans une entreprise, et à 17 heures, on n'a qu'une idée, c'est d'en sortir. Il y a une disparition de la valeur travail non dans le sens de sa disparition, mais de sa dépréciation. On se dirige sans doute vers un nouveau partage entre le monde matériel de la richesse, du travail, de l'argent, et le monde virtuel. »*

C'est donc une mutation inéluctable du travail, largement entamée et qui nous concerne tous, que prévoit Daniel Cohen : *« Nous vivons en réalité une troisième révolution industrielle. La première, celle de la machine à vapeur, a créé au XIXe siècle le monde des manufactures et des fabriques. La deuxième révolution, c'est l'électricité qui crée la production de masse. Aujourd'hui, l'informatisation crée un nouveau modèle, complètement éclaté, de sous-traitants, de pigistes, dépourvus de contrat de travail, où l'on n'est plus dans un rapport hiérarchique, mais dans un rapport protecteur. C'est cela que devient le monde du travail*[25].

L'idée même d'entreprise, celle d'une organisation dans laquelle les hommes ont des rapports de face à face, est en train d'être mise en pièces. On va carrément vers une nouvelle utopie : celle d'usines sans travailleurs. Ce qui, à mon sens, représente une véritable révolution d'ordre historique... Car on constate à la fois l'individualisation des carrières et leur fragilisation. Les entreprises introduisent en leur propre sein des mises en compétition qui n'existaient pas.

Auparavant, la mise en compétition concernait seulement les marchés, et les entreprises entre elles. Les hiérarchies internes, elles, y étaient soustraites. Or que fait le capitalisme actuel ? Ces forteresses qui, à l'intérieur, fonctionnaient de manière non concurrentielle sont maintenant soumises à une compétition d'un genre nouveau. Et la révolution informatique est le cheval de Troie de cette mutation. Si elle ne produit pas directement ce phénomène – on voyait déjà des formes d'externalisation dans les années 1960 à 1970 –, elle le facilite. Elle accouche d'un nouveau monde où la solitude sociale des humains est augmentée à proportion de la disparition des instances collectives. On voit aujourd'hui qu'on a besoin de retrouver le collectif. Quand le collectif existait, les ouvriers d'une entreprise savaient qu'il existait un syndicat adossé à ce collectif, une idée de la classe ouvrière, etc. Tout cela a volé en éclats, en même temps qu'ont volé en éclats les entreprises. Nous nous trouvons dans une solitude sociale nouvelle. »

C'est donc bien à une forme nouvelle de souffrance qu'expose une économie mondialisée fondée sur le « toujours plus » de la consommation. Cette mondialisation, encore trop insoucieuse de régulation ou de moins grands écarts entre les destins sociaux, bouleverse de fond en comble le monde du travail. Le premier à avoir diagnostiqué toutes les conséquences de ce bouleversement du travail est le sociologue, philosophe et romancier Richard Sennett. En publiant dès 1998 son livre sur les conséquences humaines de cette flexibilité désormais à l'ordre du jour, il a montré comment cette nouvelle modalité, transformant nos manières de travailler, affecte aussi nos manières d'habiter, de nous déplacer, de vivre le temps, l'espace urbain, l'architecture, les relations aux autres tout comme les relations à soi. Même si nous ne le percevons pas encore clairement.

Londres, London School of Economics.
Rencontre avec Richard Sennett
« La flexibilité engendre l'indifférence. »

Incarnée dans une œuvre multiforme qui mêle enquêtes de terrain, essais et romans, au carrefour de l'histoire et de l'actualité, de la sociologie et de la philosophie, de l'économie et de la littérature, la trajectoire de Richard Sennett a quelque chose d'inclassable. Luimême se présente en ces termes : « Je suis un esprit philosophique qui se pose des questions sur des choses comme le travail du bois, l'entraînement militaire ou les panneaux solaires [26]. » Pas étonnant, donc, qu'il se réclame du courant pragmatiste de la philosophie américaine, qui se méfie des théories purement abstraites, soucieux qu'il est de privilégier les effets concrets des idées plutôt que leurs démonstrations formelles.

On comprend mieux Richard Sennett en sachant qu'il fut musicien avant d'être écrivain. Sa jeunesse fut tout entière consacrée, avec passion, au violoncelle. Il est né à Chicago, en 1943, dans une famille militante. Son père et son oncle, communistes, combattent pendant la guerre d'Espagne, sa mère n'a jamais cessé d'être engagée. Dans cet entourage, où les livres sont plus nombreux que les billets de banque, le petit garçon commence à jouer à 6 ans et compose déjà à huit. Il donne ses premiers concerts à 13 ans et semble promis à un bel avenir musical. Des ennuis de santé en décident autrement, le contraignant à abandonner cette passion fondatrice. Sennett en a conservé la nostalgie, ainsi que le sens du doigté, et la conscience aiguë des nuances sensibles.

Ce qui n'était pas pour déplaire à Hannah Arendt, son professeur à New York dans les années 1960. Elle remarque cet étudiant à part, l'aiguille vers des travaux de sociologie urbaine et de philosophie politique. Et lui donne, surtout, le sens d'une réflexion reliant actualité et long terme, société d'aujourd'hui et arrière-plans historiques. Même si Sennett prendra par la suite quelque distance critique envers les analyses de la philosophe, c'est toujours avec chaleur et admiration qu'il parle d'elle.

À 68 ans, l'infatigable Richard Sennett navigue allègrement entre l'université de New York, son port d'attache, et la London School of Economics de Londres, où il enseigne la théorie sociale et culturelle depuis 1999. C'est là que nous le rencontrons, dans un grand bureau perché au sommet d'un des trois immeubles qui forment la dernière des « rues » de cette école prestigieuse. Car la London School of Economics, au cœur de Londres, constitue à elle seule une sorte de village, une série de bâtiments se répartissant sur plusieurs rues.

L'homme est souriant, affable, visiblement heureux de parler le français, qu'il pratique désormais rarement, après avoir vécu et travaillé en France. Notre entretien se déroule donc entre les deux langues, quand des précisions s'imposent. Si nous avons fait le voyage jusqu'à lui, c'est bien en raison de la grande originalité de son travail. Il est le seul à réfléchir à cette croisée singulière de l'architecture, de la sociologie des villes et de celle du travail, de la signification profonde de l'artisanat – espérant que « ce que sait la main », comme il le dit, puisse redonner son sens à notre présence au monde par sa capacité à faire et donc à concevoir des objets.

Depuis des années, Richard Sennett travaille sans relâche sur un ensemble, comme une trilogie, dont le premier volet étudiait justement cette habileté manuelle qui émeut particulièrement le musicien qu'il demeure, le deuxième porte sur la construction de soi et le troisième sur la conception des villes. Parce que le lien n'est pas d'emblée évident entre ces différentes thématiques, il nous le précise : « *Au centre de ce que je fais, il y a toujours la relation entre les choses physiques, les pratiques matérielles et la construction du soi individuel comme du collectif. J'ai intitulé ma trilogie* Homo faber *pour bien montrer qu'il n'est pas question d'endurer passivement la technologie. Nous devons au contraire être plus actifs à son égard, exiger d'elle plus de choses, à la fois psychologiquement et socialement.*

Je ne crois vraiment pas que la science et la technologie constituent une force autonome qui fasse faire aux gens ce qu'elle veut. C'est nous qui avons inventé ces outils, nous pouvons décider ce que nous voulons en faire. Aujourd'hui, nous avons trop tendance à considérer comme magiques les effets de la technologie. Je suis convaincu qu'il faut envisager d'une manière plus "irreligieuse", si l'on peut dire, ce que nos outils peuvent accomplir.

Il est frappant de constater que l'arrivée de chaque nouvelle innovation nous fait croire, au début, qu'elle va tout changer, bouleverser profondément le quotidien. Cinq ou dix ans après, cette magie s'évanouit, une autre prend sa place. En fait, nous consommons des possibilités imaginaires bien plus que des capacités réelles. Chacun veut un outil de plus en plus performant, même s'il n'utilise qu'une infime partie de ses capacités, plutôt qu'un outil plus simple, plus pratique, plus facile à utiliser. En fait, cela correspond à ce que veut le capitalisme moderne : vendre de la possibilité, du potentiel, plus que de la réalité pratique. Ce qui m'intéresse, c'est au contraire de mettre l'accent sur l'usage et la pratique plutôt que sur la possibilité. »

Sennett, qui étudie depuis longtemps tout ce qui participe de l'évolution du monde du travail et de la valeur qu'on lui accorde dorénavant, aboutit à ce constat implacable, résumé d'une formule lapidaire : un travail « sans qualité [27] ». Disparition des carrières que l'on pouvait prévoir, succession de missions multiples de brève durée, sans lien entre elles, dans des entreprises différentes, injonction permanente d'être flexible, adaptable, souple... le travail n'est plus ce qu'il était.

Mieux que quiconque, Richard Sennett décrit comment cette inexorable mutation s'est déroulée dans la dernière partie du XXe siècle.

Les grandes entreprises ont d'abord commencé à modifier leur structure et leur stratégie, passant d'une organisation hiérarchisée et d'activités fixes à la mise en compétition d'équipes multiples, concurrentes, travaillant chacune sur le même objectif à court terme. L'extension de ce système de court terme a eu pour premier effet de généraliser la précarité des emplois. Le sociologue donne l'exemple du secteur des hautes technologies de la Silicon Valley, où la durée moyenne d'un emploi n'est plus que de huit mois. Avec la conséquence inéluctable du désengagement de celui qui travaille, qui perd le sens de ce qu'il fait, n'a plus la capacité de mettre en récit le trajet de sa propre vie. Et se trouve réduit à l'indifférence.

L'instabilité devient donc la norme, de manière insidieuse et profonde. Richard Sennett y insiste, pareille indifférence n'est pas simplement un relatif désintérêt envers ce qu'on fait. Elle touche aussi aux relations aux autres, à l'estime de soi, elle corrode les personnalités et les groupes, rend les liens superficiels : « *Si vous allez de lieu en lieu, de job en job, de tâche en tâche, vous n'avez qu'une seule petite chose à faire, et vous ne maîtrisez que cette petite chose. La flexibilité engendre l'indifférence. Ce qui vous manque, c'est une connaissance du contexte. Vous ne restez pas assez longtemps dans cet emploi pour connaître les gens et construire des relations, et votre activité reste confinée sur elle-même.*

J'ai particulièrement étudié, ces derniers temps, ces relations des gens sur leur lieu de travail. L'idée de savoir entretenir de bonnes relations avec les autres, d'apprendre à les écouter attentivement, de trouver les moyens d'agir envers eux avec tact, n'a plus grand sens à l'heure actuelle dans le lieu de travail. Les gens ont tendance à être tout à fait passifs dans leurs relations avec les autres. Ils se concentrent sur leur propre activité. »

Richard Sennett a mené, depuis la crise de 2008 et la faillite de la banque Lehman Brothers, une étude sur le personnel des banques de New York et ses conditions de travail. Il y a vingt ans, les employés restaient en moyenne douze ans à leur poste. Aujourd'hui, cette moyenne est de seulement deux ans : « *Dans ces conditions, aucune forme ne peut se constituer de ce qu'on devrait appeler une "habileté sociale". Ce savoir-faire social est quelque chose d'extrêmement concret. Je l'ai mieux compris dans les enquêtes que j'ai menées sur le personnel des banques de New York. Ils étaient persuadés de profiter d'une expérience acquise en passant d'une société à une autre, sans avoir le temps d'élaborer une connaissance du contexte humain de chaque entreprise. Or, en période de crise, ce savoir local leur a manqué : beaucoup ne savaient plus qui joindre pour résoudre une difficulté, ou imaginer quel responsable d'une autre banque allait accorder une extension de crédit et lequel allait la refuser. Le savoir local consiste justement à connaître celui qui va faire un effort. Par temps difficiles, ce peut être déterminant pour la survie d'une institution.* »

Allant plus loin, Richard Sennett repère même un parallèle frappant entre les évolutions respectives du travail et de la ville sous l'effet de cette flexibilité régnante : « La flexibilité a les mêmes effets sur la ville que sur le lieu de travail. De même que la flexibilité du système de production entraîne des relations plus superficielles au travail, de même ce capitalisme produit un système de relations superficielles et distantes dans la cité [28]. »

À son tour, l'architecture doit faciliter la mobilité professionnelle qui s'impose partout, en privilégiant la conception de lieux neutres, auxquels on ne s'attache pas.

Elle se fait « architecture-enveloppe [29] », qui s'attache essentiellement à la beauté extérieure et aménage des espaces intérieurs toujours plus impersonnels, des bureaux reconfigurables immédiatement pour laisser place au suivant. L'histoire partagée, la mémoire collective qui singularisaient l'espace urbain s'estompent au profit d'espaces lisses, partout identiques. Il est donc urgent de « retrouver le caractère collectif de l'espace pour combattre le temps séquentiel du travail moderne [30] ».

Pour le sociologue, une ville ne peut se résumer à sa géographie ou à sa démographie. Ce qui l'intéresse, ce n'est pas son visage intemporel, mais bien sa modernité et ses relations avec ceux qui y vivent. Il observe comment les villes forgent les sujets urbains que nous sommes tous devenus. Ce qu'il aime par-dessus tout, c'est « *écouter les récits de la ville en cours* », qui est pour lui « *l'endroit d'une histoire particulière, du déploiement du temps, d'une temporalité personnelle ou collective qui additionnent des fragments, des moments* ». En mouvement.

Ce qu'il souhaite comprendre, c'est « cette division entre l'expérience subjective et l'expérience matérielle, entre moi et la ville [31] ». Mais il perçoit aussi chez les citadins une nouvelle peur de s'exposer qui fait écho à cet urbanisme fade, insignifiant, devenu lui aussi sans qualité, qui multiplie les espaces inoffensifs et aseptisés. À son tour, chacun dans la ville devient indifférent, insaisissable, transparent pour l'autre.

Comme l'anthropologue Marc Augé, Richard Sennett est convaincu pourtant que les villes « *ont aussi la capacité de faire de nous des êtres humains plus complexes : une ville est un lieu où les gens peuvent apprendre à vivre avec des inconnus, à partager des expériences* », à ne plus être soumis au seul schéma identitaire. Il est donc attristant pour lui de constater que ce qui envahit la ville, désormais, c'est la « *pauvreté sensorielle, la tristesse, la monotonie* ».

Ainsi, de toutes parts, l'indifférence gagne... Pas simplement l'insensibilité, l'absence d'émotion et de chaleur humaine. Véritablement l'indifférencié : indistinction des espaces, des tâches, des bâtiments... Cette perte des identités semble affecter toutes les dimensions de l'existence.

Dans ces conditions, que faire ? Pour Sennett, la réponse est claire : retrouver ce que travailler veut dire. Ou voulait dire. Au temps où il y avait des métiers, des savoir-faire et des tours de main. Ce sens de la pratique, des gestes réels, des conditions matérielles du travail, Richard Sennett y tient plus que tout. Il en est convaincu, nous apprenons quelque chose d'essentiel de ce qui nous résiste. Comme si, dans le corps-à-corps avec un objet, un matériau, une tâche à accomplir, nous découvrions non seulement une partie du monde, mais aussi un aspect de nous-mêmes.

Pour illustrer ce thème, le philosophe-musicien pointe du doigt l'immense photo d'un violoncelle ancien, sur le mur du fond : « *Si vous regardez ce violoncelle, vous reconnaîtrez peut-être que c'est un Gagliano, qui était un grand luthier, un des grands maîtres artisans de l'histoire. La particularité des instruments qu'il a fabriqués est d'être très difficiles à jouer. Ils présentent bon nombre de résistances, et ces difficultés ont conduit les musiciens à mieux réfléchir à ce que leurs mains faisaient. Cela a totalement transformé la manière de jouer et de fabriquer un violoncelle. Regardez la photo d'à côté : c'est un Stradivarius très tardif. Au moment où Stradivarius l'a fabriqué, il avait intégré la leçon de Gagliano sur les possibilités révélées par la résistance. À eux deux, ça fait un joli ensemble...* »

La question, évidemment, est de savoir ce que nous aurions perdu désormais de ce monde ancien de l'artisanat, du savoir de la main : « *Je ne dirai pas que l'artisanat ni l'habileté ont disparu. La tradition s'estompe, mais nous créons sans cesse de nouvelles techniques, de nouveaux outils. Ce qui change, c'est que le fossé se creuse entre les experts et les gens ordinaires. Les technologies sont florissantes, mais la plupart des gens les contemplent en spectateurs, ils n'apprennent pas comment ça marche du dedans.*

Ce qui décline, de ce fait, c'est la notion de qualité. Parce que la qualité n'est pas uniquement quelque chose qui se trouve dans l'objet, ni dans les manières de s'en servir. Les artisans qui se servaient d'outils à main, comme Gagliano ou Stradivarius, étaient, eux, convaincus que leurs outils ne valaient que ce que valaient leurs propres gestes manuels. C'est pourquoi ils se concentraient sur la qualité de leurs gestes physiques.

La notion de qualité s'est déplacée : elle se situe à l'intérieur de l'objet, au lieu d'être dans le bon usage des outils. Je ne dirai pas que nous sommes aliénés par les objets, mais plutôt que nous nous sommes éloignés d'eux. En fait, le problème est d'abord en nous. »

Ce qu'il faudrait, encore une fois, c'est réinventer la valeur du travail, l'éprouver de nouveau comme indépendante de toute rémunération, valant par soi-même. Sens du métier, goût pour ce qu'on fait, satisfaction du bel ouvrage – voilà des valeurs et des plaisirs en voie de disparition. La flexibilité les a supprimés ou amoindris. Leur retour pourrait contribuer à restaurer le respect de soi comme le respect des autres. Sans parler de la citoyenneté, car bien travailler est pour le philosophe le fondement même de la citoyenneté. En fait, cette question du travail est pour lui tout autant politique que morale.

Ce sens de l'artisanat, de l'effort, du travail patient, concret, exigeant est tout à l'opposé de notre époque. Il pourrait paraître passéiste, ou désuet, ne vantant que des gestes disparus ou déclinants. Tout l'effort de Richard Sennett est au contraire d'en souligner la puissance et d'en espérer une possible renaissance. À ses yeux, l'artisanat est une pensée autant qu'un acte. Ou plutôt, c'est une pensée parce que c'est un acte.

Pour Sennett, ces deux moments ne sont pas séparés. Le travail est déjà une réflexion, la main déjà une pensée. Ce n'est pas après coup, une fois le travail fini, que le travailleur arrive sur l'agora et se transforme en citoyen : *« La question à résoudre est avant tout la façon dont le sujet entre dans le monde, dont il s'y insère, dont il exige de le créer en tant qu'acteur. Pour que la philosophie revienne dans le monde, il faut penser le sujet comme acteur, non comme assigné à une place fixe... »*

Ce que cherche donc Richard Sennett, c'est bien un chemin pour échapper à un monde où l'instabilité érigée en norme détériore la relation des humains à eux-mêmes et aux autres, à l'espace comme au temps. Ce qu'il diagnostique, dans ce triomphe du flexible, c'est aussi une souffrance de la dépersonnalisation.

De nouvelles souffrances

Le lien entre souffrance et travail est fort ancien. On sait que le terme même qui le désigne, en français, dérive du latin *tripalium* – une fourche à trois branches qui servait d'instrument de torture et d'outil pour ferrer les chevaux. Effort physique, fatigue, contraintes de la discipline et de l'autorité ont toujours été liés au travail humain, plus ou moins pénible selon les secteurs et les époques. Pourtant, ce qui est apparu depuis une vingtaine d'années est d'un autre type.

La souffrance liée au travail se vit individuellement, elle atteint le psychique. Elle se manifeste dans la multiplication des consultations médicales, l'augmentation de la consommation d'antidépresseurs, d'alcool ou de drogues diverses, les signes de stress grandissant, de surmenage, d'angoisse, le sentiment d'insuffisance, d'incompréhension, d'absurdité. Et dans ce phénomène inquiétant d'une augmentation des suicides dans certaines grandes entreprises. Ce sentiment de crise éprouvé au travail n'est plus lié seulement aux déboires des entreprises, aux échecs commerciaux, aux remaniements industriels ou aux impasses financières. Il prend la forme d'une crise de l'humain, de la relation humaine, du sens et de l'espérance. Diffuse, difficile à cerner, et pourtant aiguë, malfaisante, voire meurtrière.

Depuis les recherches menées par le psychanalyste Christophe Dejours [32] dès 1998, toutes les études conduites sur cette souffrance nouvelle et lancinante indiquent qu'il ne s'agit ni d'un phénomène superficiel, ni d'un dysfonctionnement temporaire, ni d'une perturbation circonscrite, limitée à un secteur professionnel ou un pays du monde. Quelque chose s'est déréglé, en profondeur, partout, durablement. Mais quoi ? Selon quelles causes ? Si l'on discerne aisément les multiples manifestations de ce malaise général, on en aperçoit plus difficilement les ultimes ressorts.

Signes visibles : explosion du harcèlement dans les entreprises [33], qui combine les pressions, les tentatives d'abus sexuels, les diverses formes de tourments psychologiques – brimades, vexations, rumeurs ou remarques désobligeantes ; accroissement des violences physiques, sévices et maltraitances, qui révèlent une intensification des rapports de force entre les individus et un déclin des médiations ; multiplication des congés maladie, des troubles psychosomatiques, des dépressions, des plaintes individuelles auprès des médecins du travail, des assistantes sociales, des psys ; omniprésence du stress, de l'épuisement, du *burn out*, de l'incompréhension face à des consignes et des stratégies de management destinées à décourager.

Tous ces faits, décrits et analysés notamment par le sociologue Vincent de Gaulejac[34], vont dans le même sens. Les conflits sociaux se manifestent de plus en plus sous la forme de conflits psychiques. Ce qui se jouait auparavant dans des luttes syndicales, des grèves, des actions collectives semble s'être déplacé sur le terrain de la santé mentale, des pathologies individuelles, des drames personnels. Comment comprendre pareil changement de registre ? S'agit-il d'une effective mutation de la réalité sociale ? D'une manière de reformuler, dans de nouveaux codes, des réalités inchangées ? D'une combinaison de ces deux processus ?

Pour approfondir ce que recouvre cette manière de se retrouver comme exclu de soi-même, qui semble envahir nos ressentis contemporains, il nous fallait retrouver celui qui depuis vingt ans en a fait le centre de ses recherches, le sociologue Alain Ehrenberg, l'auteur de *La Fatigue d'être soi*[35].

PARIS. UNIVERSITÉ DESCARTES.
RENCONTRE AVEC ALAIN EHRENBERG
« *L'individu, son corps et ses symptômes sont devenus une indication d'une perturbation de la relation sociale.* »

Il ne cède pas sur la sociologie. Comprenez : il refuse de voir les faits sociaux se réduire à des mécanismes neuronaux, tout comme il est convaincu que les individus ne sont pas seulement des données naturelles mais, si l'on peut dire, des produits collectifs. Alain Ehrenberg, de ce point de vue, est irréductiblement sociologue. Et le justifie d'emblée : « *C'est là une différence essentielle : contrairement au fait biologique, qui est un fait observable et dont on peut atteindre la détermination complète, un fait psychologique ou un fait social n'est pas observable. C'est pourquoi on ne fait pas de prévisions en sciences sociales, mais on clarifie des problèmes. Avec la réalité sociale, il s'agit d'un autre niveau de réalité que celui de la biologie. Et si on ne voit la réalité qu'à un seul niveau – celui de la circuiterie cérébrale, des neurones, des molécules, des gènes –, on confond tout ce qui relève des autres niveaux, psychologiques et sociaux.* »

Alain Ehrenberg brosse aussitôt l'esquisse des deux approches historiques et inconciliables, qui sont au fondement de la sociologie. L'une, avec Émile Durkheim (1858-1917) et Marcel Mauss (1872-1950), les pères de la sociologie française, insiste sur l'origine sociale des concepts, des symboles, des catégories de la pensée. C'est à elle qu'il se rattache. L'autre veut trouver dans la nature – la biologie, les neurones – les origines de nos pensées et de nos symboles. C'est dans cette perspective que les sciences cognitives contemporaines tentent actuellement de réaliser leur programme de naturalisation des sciences humaines dont l'anthropologue Claude Lévi-Strauss faisait un ultime horizon de la recherche.

Si les travaux d'Alain Ehrenberg ont quelque chose d'atypique, c'est bien qu'il développe, sur de longues années d'observation, une analyse proprement sociologique, originale et subtile, des multiples facettes du mal-être actuel. À 61 ans, cet intellectuel rigoureux, directeur de recherche au CNRS, qui a dirigé de nombreuses années le laboratoire Cesames [36], le centre d'étude sur les psychotropes, la santé mentale et la société, a forgé des concepts clés qui caractérisent au plus juste les changements psychologiques et sociaux inédits qui bousculent la société. Sa réflexion scrupuleuse, exigeante, que les paradoxes n'inquiètent pas, ne se résume pas aisément.

Le chercheur commence par souligner que la souffrance psychique provoquée par le travail n'est pas, contrairement à ce qu'on pourrait croire, un thème absolument nouveau. En 1963, dans un contexte industriel et social pourtant très différent de celui d'aujourd'hui, le sociologue Georges Friedmann indiquait déjà que la perte de création et de responsabilité organisée par la standardisation des tâches dans les chaînes de montage des grandes usines pouvait provoquer de « graves atteintes » à la santé psychique des travailleurs. Ce qu'il avait alors sous les yeux, c'étaient les ateliers organisés selon le système appliqué par Henry Ford, le constructeur automobile américain, au début du XXe siècle.

Il s'agissait de l'organisation connue sous le nom de taylorisme, mise au point au début du XXe siècle par l'ingénieur Frederick Winslow Taylor[37] pour rendre docile et régulier le travail de celui qu'il appelait un « homme-bœuf ». Tout reposait sur une obéissance mécanique, qui conduisait à n'exécuter qu'une opération limitée et répétitive, au sein d'une organisation industrielle fragmentée, hiérarchisée, composée de postes de travail fixés une fois pour toutes.

Le thème de la souffrance psychique existait donc déjà, mais dorénavant tout a changé : son sens, sa place, son contexte. Alain Ehrenberg, au fil de quatre ouvrages importants, a exploré les multiples faces de cette mutation complexe.

Le premier grand changement fut l'émergence d'un tout autre modèle de gestion des « ressources humaines ». Désormais, « il s'agit moins de soumettre les corps que de mobiliser les affects et les capacités mentales de chaque salarié[38] ». Maître mot de cette mutation : l'autonomie. Ce qu'on demande maintenant aux individus est de se prendre en charge, d'avoir des initiatives, de trouver eux-mêmes leur place, de définir leur rôle. Au lieu d'assigner à chacun, comme autrefois, son emploi et son comportement en raison de sa place déjà fixée dans la société, on l'incite à présent à les trouver lui-même, à découvrir ses talents et ses capacités. Trouve qui tu es !

Et cette injonction a envahi la société. Alain Ehrenberg l'explique avec une remarquable netteté : « Quel que soit le domaine envisagé (entreprise, école, famille), le monde a changé de règles. Elles ne sont plus obéissance, discipline, conformité à la morale, mais flexibilité, changement, rapidité de réaction, etc. Maîtrise de soi, souplesse psychique et affective, capacités d'action font que chacun doit endurer la charge de s'adapter en permanence à un monde qui perd précisément sa permanence, un monde instable, provisoire, fait de flux et de trajectoires en dents de scie. La lisibilité du jeu social et politique s'est brouillée [39]... » Avec l'obligation incontournable pour chacun d'endosser en permanence tous ses choix, toutes ses décisions.

Dès 1991, dans son premier ouvrage, *Le Culte de la performance* [40], le sociologue soulignait trois déplacements advenus en parallèle au cours des années 1980, qui valorisent respectivement la compétition sportive, la consommation et le chef d'entreprise. La concurrence a été pensée sur le modèle de la compétition sportive, censée mettre tous les participants à égalité, sommant chacun de se dépasser lui-même et de dépasser les autres. La consommation, jusque-là plus ou moins dévalorisée, a été revendiquée comme source de plaisir. Et la réussite des chefs d'entreprise, considérés précédemment comme des dominants ou des exploiteurs, a été vue comme un modèle positif de succès social et personnel.

Le sociologue a voulu ensuite passer de l'autre côté du décor : en façade se jouent la compétition et la performance. Dans l'arrière-cour, les addictions, les toxicomanies, l'angoisse de ne pas parvenir à faire face, d'être tenu pour responsable de ses échecs, d'être obligé de réussir quelles que soient la hauteur des objectifs, les cadences, la vitesse d'exécution. Dans *L'Individu incertain* [41], Ehrenberg montrait donc combien la frontière entre privé et public était remise en chantier. La sphère publique avait désormais tendance à se « privatiser », le registre privé à se « publiciser ». On vit maintenant sur le mode du conflit personnel, de l'anxiété ou de la dépression, ce qui était antérieurement d'abord objet de luttes sociales.

Avec son livre *La Fatigue d'être soi*, très vite devenu un best-seller tant la formule résonna dans les esprits et rencontra l'adhésion, le sociologue complétait le tableau en soulignant le changement de sens de la dépression. Si auparavant elle résultait d'un conflit entre le permis et l'interdit, elle est à présent le signe d'une impuissance, d'une incapacité à faire face à ce qui apparaît comme une « surcharge » – de tâches, de travaux, de consignes, de résultats exigés et d'objectifs attendus. Le sentiment de surcharge qu'exprime cette souffrance psychique se présente bien comme d'origine sociale.

Car, dorénavant, « la crainte de la chute et la peur de ne pas s'en sortir l'emportent nettement sur l'espoir d'ascension sociale. [...] Combinée à tout ce qui incite aujourd'hui à s'intéresser à sa propre intimité, la "civilisation du changement" stimule une attention massive à la souffrance psychique [42] ». Voilà donc, dans les grandes lignes, comment l'angoisse et la dépression des individus sont devenues symptômes de relations sociales à modifier.

Pourtant l'écho rencontré par la formule « la fatigue d'être soi » et par tout son travail ont interrogé en retour le sociologue, l'ont amené à approfondir sa réflexion en prenant du champ, en recadrant son espace d'étude pour tester ses premières conclusions. Et les mettre à l'épreuve, quitte à les rectifier. Il entreprend alors d'étudier, pour les comparer, attitudes américaines et attitudes françaises face à la souffrance psychique, afin de mettre en relief les spécificités, les différences d'accent, liées à chaque société. D'un bord de l'Atlantique à l'autre, cette souffrance fait l'objet de compréhensions différentes dont le sociologue rend compte dans *La Société du malaise*[43].

Premier constat, la différence d'approche essentielle entre les deux pays pour tout ce qui touche au cerveau, aux souffrances et aux maladies mentales : « *Aux États-Unis,* souligne Alain Ehrenberg, *on se représente le cerveau comme une terre d'infinies possibilités, en quelque sorte comme la Nouvelle Frontière. C'est en tout cas un objet de consensus qui ne génère pas de conflit. Au contraire, dès que l'on traverse l'Atlantique, le cerveau devient un objet politique, un objet de division, d'affrontements.*

À l'époque de La Fatigue d'être soi, *j'étais en quelque sorte prisonnier du discours français sur ce problème de la surcharge – qui est en fait une problématique essentiellement française. En matière de santé mentale, on trouve en gros les mêmes statistiques dans les deux espaces, américain et européen : 20 à 25 % de la population sont touchés chaque année par une pathologie mentale, dont l'immense majorité est constituée de troubles anxiodépressifs.*

Or, si la situation est à peu près la même partout sur le plan de la souffrance psychique, le discours, lui, n'est pas le même. Ainsi, à New York, à Londres ou à Copenhague, on ne parle pas de malaise dans la société, de délitement du lien social, c'est un thème très secondaire. Il me fallait donc placer ce thème de la surcharge dans un cadre plus large, car, pour moi, il doit être situé et expliqué par contraste avec d'autres sociétés.

Attention, cela ne veut pas dire qu'il n'y a pas de malaise en France... Le sociologue Durkheim le disait : "Une société est faite de représentations collectives partagées", c'est-à-dire d'idées communes. À n'en pas douter, la représentation de la société en termes de "malaise" est bien une représentation spécifique à la société française, comme l'est aussi notre façon d'utiliser le mot "précarité". Depuis la crise économique aux États-Unis, les gens vont mal, mais vous ne rencontrez pas de discours général sur la société qui se désagrège ou sur le lien social qui s'affaiblit.

Il y a en réalité une crise de l'égalité à la française, qui tourne chez nous autour du concept central de protection. De même, et comme en regard, il y a parallèlement aux États-Unis une crise du concept américain de l'égalité qui tourne, elle, autour du concept d'opportunité. Ce qui importe, c'est de comprendre les problèmes réels qui se posent derrière ces idées mises en avant. Au lieu, comme on l'entend souvent, de répéter "On ne fait plus société", ou "La société a disparu" – ce que dit la déclinologie française –, il faut tenter d'expliquer pourquoi nous faisons quand même société, mais en quoi les problèmes changent.

Face à la thèse du malaise, de l'affaiblissement du lien social qui débouche sur une surcharge des responsabilités individuelles et sur ce sentiment d'écrasement, mon hypothèse alternative est que la généralisation des valeurs d'autonomie – un mot envahissant que l'on retrouve partout –, des valeurs de choix et de tout ce qui concerne l'initiative individuelle – qui sont de nouvelles manières d'agir en société –, s'accompagne de nouvelles manières de subir en société. Celles-ci se donnent à entendre dans le concept de souffrance psychique. »

Si la valeur d'autonomie unit les Américains, elle semble diviser les Français : « *En France, le problème réel derrière toute la métaphysique de la crise est d'ordre symbolique. On raisonne toujours avec l'universalisme français, avec l'idée que c'est la souffrance sociale qui unifie la diversité des situations.* »

Alain Ehrenberg nous explique comment les discours français sur l'autonomie reflètent à ses yeux une autre crise nationale, celle de la protection. En France, on pense la lutte contre les inégalités en termes de protection sociale, tout en ayant le sentiment que le système ne protège que ceux qui sont déjà protégés.

Le sociologue nous indique aussi comment s'est opérée l'introduction d'une cause sociale des souffrances psychiques sur le marché des idées aux États-Unis avec les travaux de Richard Sennett[44] et Christopher Lasch[45], tous deux historiens et sociologues américains, avant qu'elle soit importée en France : « *Dès lors, ce changement de statut de la souffrance psychique en souffrance sociale est devenu une expression obligatoire, attendue, normative*[46]. *Or, pour moi, cette souffrance est plutôt une manière d'articuler le mal individuel au mal commun. En fait, c'est le traitement individualiste de la santé mentale et de ses passions qui accompagne nos manières d'agir en relation aux autres ou avec nous-mêmes. L'individu, son corps et ses symptômes sont devenus une indication d'un dysfonctionnement, d'une perturbation de la relation sociale. La souffrance n'est plus seulement une raison de se soigner, mais elle est devenue une raison d'agir sur les relations sociales perturbées, sur le monde social. Ce qui ne signifie nullement dévaloriser la souffrance des gens, mais la recentrer sur sa réalité.* »

C'est cette représentation agissante qu'Alain Ehrenberg, à travers tout son travail, nous donne à voir. Nous le quittons avec en tête ces derniers mots sur l'idée d'agir sur le social qui se tient en arrière-plan.

Au long de ce chapitre, nous avons vu s'ébaucher cette figure inédite d'un homme urbain, à qui sont imposées mobilité, flexibilité, indifférence à son travail – qui demeure pourtant au centre de sa vie. Étreint par un sentiment toujours plus envahissant d'injustice, il est en proie à un mal-être social. Il nous faut à présent essayer d'approfondir, avec Amartya Sen, prix Nobel d'économie, le sens d'une idée de justice sociale effective et les modalités possibles d'un autre rapport à la mondialisation. Changement de registre.

Paris. Rencontre avec Amartya Sen
« C'est la raison qui exige la justice. »

1944, Dacca. L'actuelle capitale du Bangladesh est alors une ville indienne, et notre interlocuteur un enfant de 11 ans. À la porte du jardin, dans la maison où il vit avec ses parents – son père enseigne la chimie à l'université –, un homme effondré hurle et supplie. Il vient de recevoir plusieurs coups de couteau dans le dos, saigne abondamment. Aujourd'hui encore, le lauréat du prix Nobel d'économie de 1998 n'a pas oublié ce qu'il a vu, entendu et compris ce jour-là : *« Cette scène, je n'ai pas cessé de la porter en moi et d'y penser tout au long de ma vie. C'était d'abord la première fois que j'assistais à une telle violence, et je me suis demandé tout de suite pourquoi on avait voulu tuer cet homme. Son seul crime était d'être musulman. S'il a été tué, c'est parce qu'il s'est retrouvé au mauvais endroit au mauvais moment, victime d'un déchaînement de haine et d'intolérance. Il aurait dû attendre, ne pas sortir ce jour-là, comme sa femme le lui avait conseillé. Mais il était obligé de chercher un travail, d'assurer un revenu pour nourrir sa famille. C'est aussi pour cela qu'il est mort.*

Sans doute est-ce grâce à Kader Mia – tel est le nom de cet homme – que j'ai commencé à voir combien les contraintes économiques peuvent empêcher d'être libre, et combien l'économie et la liberté sont concrètement liées. La dernière leçon que j'ai tirée de cette scène, c'est que toute humanité ne disparaît pas, même dans les pires violences, car j'ai vu mon père, qui n'était pas musulman, emmener cet homme à l'hôpital dans sa voiture en espérant pouvoir lui sauver la vie, mais il était trop tard[47]*… »*

Quel rapport entre ce qu'Amartya Sen a commencé à comprendre ce jour-là et ce que nous venons de voir au long de ce chapitre ? Entre un ouvrier agricole musulman qui meurt poignardé à Dacca en 1944 et les employés – principalement américains et européens – qui souffrent de divers maux psychiques ou simplement d'un sentiment d'absurde, parce qu'ils sont soumis à de nouvelles contraintes ?

Si nous rencontrons Amartya Sen, c'est justement parce qu'il peut établir des liens, ouvrir de nouvelles pistes de réflexion, en élargissant le prisme. Il constitue, par lui-même, le lien entre ces univers distincts que la mondialisation rapproche. Né en 1933 à Santiniketan, une bourgade proche de l'actuelle frontière entre Inde et Bangladesh, il est aujourd'hui professeur à Harvard, où il occupe – fait rarissime – une double chaire d'économie et de philosophie. Ce n'est pas là simplement l'illustration d'une réussite universitaire exceptionnelle, mais bien l'incarnation d'un parcours de vie et de pensée qui l'a conduit, par degrés, de l'analyse des famines et des problèmes du développement à la construction d'une pensée de la justice sociale qui compte parmi les plus intéressantes de notre temps.

Le parcours même de sa vie témoigne de l'interaction des cultures : faire ses études en Inde puis à Cambridge, enseigner dès 23 ans à l'université de Calcutta et finir par diriger le Trinity College de Cambridge, devenant le premier « chairman » d'origine asiatique d'une institution d'Oxford-Cambridge – voilà des signes tangibles de mondialisation. Pas étonnant que, dans la même conversation, Amartya Sen mentionne aussi bien l'économiste classique Adam Smith, dont il se sent le plus proche, les philosophes contemporains Thomas Nagel ou John Searle que le poète indien de l'Antiquité Kâlidâsa. Il avoue volontiers aimer toutes sortes de cuisines, écouter des musiques très diverses, vivre entre plusieurs pays, enseigner en anglais mais ne pas se sentir pour autant moins indien ni moins bengali.

Et si parfois le grand penseur et écrivain du Bengale, Rabindranath Tagore, apparaît dans ses propos, ce n'est pas fortuitement. Indien et prix Nobel, lui aussi, Tagore fut l'ami de ses parents. C'est lui qui leur a suggéré l'étrange prénom de notre interlocuteur – Amartya signifie en effet « immortel ». En outre, le jeune Sen fit ses premières classes à Santiniketan (littéralement « Havre de paix »), dans l'école même de Tagore, et lui doit une bonne part de son ouverture d'esprit.

La force et l'originalité de sa pensée, qui lui ont valu l'audience qu'il a acquise, sont donc à mettre en relation avec leur arrière-plan culturel. Les famines, celles dont il a vu les effets dans son enfance, puis celle qui a décimé le Bangladesh en 1974, ont orienté ses travaux. Son maître livre sur la famine et la pauvreté, qui lui valut le prix Nobel, est directement lié à ces expériences.

Il y montre comment ces famines ne résultent pas, comme on se l'imagine souvent à tort, d'un manque de nourriture, mais d'une série de facteurs – pertes d'emplois, renchérissement des denrées, défaut d'approvisionnement – qui empêchent totalement une partie de la population d'avoir accès à la nourriture. Les aliments sont là, mais les gens ne peuvent les acheter, faute de travail, faute d'argent. Leurs droits de consommer ou de se faire embaucher demeurent entiers, mais ils n'ont pas, selon ses termes, la « liberté positive » de les exercer concrètement. La notion de « droit d'accès » (*entitlement*) a constitué pour Amartya Sen une première pierre dans l'élaboration de sa pensée.

D'autres s'y ajouteront pour forger sa réflexion singulière sur l'économie mondialisée et sur l'idée de justice qu'elle se devrait d'exiger. C'est pourquoi, sur l'humain flexible au travail, sur son évolution vers une forme aiguë de lassitude envers ses activités comme envers lui-même, cet économiste pas comme les autres a son mot à dire. Car il constate comment, même dans les démocraties, les humains sont traités comme des objets, interchangeables et jetables. Il connaît la compétition permanente, l'accélération générale, la perte de sens.

Il se refuse toutefois à penser que la responsabilité de tous les troubles engendrés par la mondialisation – directement ou indirectement – incombe à l'Occident : « *Ceux qui sont hostiles à la mondialisation sous prétexte qu'il s'agit d'une domination occidentale sont victimes, à mon avis, de deux erreurs : ils pensent que les sciences sont nécessairement occidentales, ce qui est stupide, et ils sont convaincus que le commerce mondial est tenu par l'Europe et les États-Unis, ce qui n'est plus vrai. La mondialisation n'est absolument pas équivalente à une domination économique ni culturelle de l'Occident. Il est évidemment incontestable que les deux derniers siècles ont été marqués par cette domination. L'Occident y a connu sa plus grande expansion. Mais aujourd'hui, ce n'est plus le cas. Les contacts innombrables entre les cultures ont multiplié les échanges entre les sciences, les arts, les techniques. Il existe d'intenses relations entre certaines régions du monde indépendamment de l'Occident. Entre l'Inde et la Chine, par exemple*[48]. »

La vraie question, pour Amartya Sen, n'est pas de dresser Sud contre Nord ou Est contre Ouest, mais de repenser différemment les catégories de l'économie mondiale. D'abord en termes de « développement humain », et non plus seulement de « produit intérieur brut ». On lui doit ainsi d'avoir critiqué les indicateurs économiques fondés seulement sur la production et les revenus (dont le fameux produit intérieur brut). Pour les remplacer, il a contribué à élaborer avec l'économiste pakistanais Mahbub ul Haq un « indicateur de développement humain » qui prenne aussi en compte l'éducation, la santé, le bien-être. En 2008, Nicolas Sarkozy lui confie, ainsi qu'à l'économiste américain Joseph Stiglitz, une mission de réflexion sur le changement des instruments de mesure de la croissance française.

Car, dans un paysage en voie de déshumanisation, Amartya Sen est avant tout celui qui juge urgent et décisif de restituer à l'économie sa dimension humaine, qui insiste sur le fait que cette discipline est ou bien une science morale ou bien n'est rien. Sa réflexion sur la mondialisation, le travail, la pauvreté et la justice ne peut se comprendre que dans une perspective éthique et philosophique. Avec nous, significativement, le prix Nobel parle d'ailleurs de liberté et de justice sans faire référence à des chiffres, statistiques et autres outils économiques, même s'il les connaît parfaitement. Insensiblement, il nous ramène à notre interrogation sur l'humain contemporain.

Ce n'est donc pas pour rien qu'on l'a surnommé la « conscience de sa profession ». Alors que la plupart des experts cultivent le pessimisme et peignent l'avenir en sombre au nom du réalisme, lui n'abandonne jamais l'idée que chacun doit pouvoir devenir plus libre, plus capable d'atteindre réellement ses propres buts, ceux qui effectivement lui importent. Si ce n'est pas le cas, les termes « développement », « économie » et « politique » sont vides de sens.

Sa définition du développement ne consiste pas dans le simple fait d'accroître matériellement les revenus, mais aussi dans celui d'augmenter la liberté d'action effective, le pouvoir d'agir des individus dans leur vie personnelle comme dans la vie sociale. Ce sens d'une éthique concrète, l'œuvre d'Amartya Sen [49] l'a précisé en élaborant plusieurs notions clés, à la frontière de l'économique et du philosophique – puisque c'est là, on l'a compris, qu'il habite. Elles éclairent d'un jour différent ce que nous venons de voir au long de ce chapitre.

Nos précédents interlocuteurs ont décrit les effets des dernières formes de gestion du « capital humain » mis en œuvre par la mondialisation. Amartya Sen, pour sa part, oppose à cette idée de « capital humain » celle de « capacités humaines ». Au premier regard, cela semble presque identique. Dans les deux cas, on s'intéresse aux humains, à leurs relations, à l'organisation de leur travail et de leur vie. En fait, il y a une différence radicale.

Pour une raison simple : la gestion des « ressources humaines » consiste à utiliser les gens pour des objectifs qu'ils n'ont pas définis eux-mêmes, sur lesquels ils n'ont pas leur mot à dire. Au contraire, les « capacités humaines » se définissent seulement par ce que chacun des individus veut faire, les buts qu'il souhaite atteindre, et les moyens concrets dont il dispose pour y parvenir réellement. La finalité de ces capacités humaines est donc imprévisible et multiple. Si des moyens sont indispensables, ils sont variables.

Du point de vue du « capital humain », les individus sont envisagés seulement sous l'angle de leur utilité économique directe, de leur adaptation aux objectifs de l'entreprise – de leur rentabilité. Au contraire, le point de vue des « capacités humaines » est plus vaste, il englobe l'économie sans s'y réduire : une meilleure éducation, par exemple, et notamment une éducation des filles, donne à chacun de nouveaux moyens de s'épanouir personnellement, permet plus de liberté et de bien-être, tout en ayant des conséquences indirectes mais importantes sur le comportement économique et politique des individus [50].

Le propre de la pensée d'Amartya Sen est donc de ne jamais perdre de vue la réalité concrète, la vie que les gens mènent vraiment, physiquement. Aussi techniques que soient ses analyses économico-philosophiques, il s'agit toujours pour lui de prendre en compte ce que les humains, si divers et différents qu'ils soient, peuvent faire de leur existence. Ce souci constant l'a conduit à l'idée centrale de « capabilité [51] ».

Qui est plus qu'une simple capacité. Par exemple, avec un permis de conduire, on a la capacité de voyager – sauf si l'on n'a aucune voiture à sa disposition. La capabilité, c'est la liberté réelle à disposition, autrement dit le permis, la voiture et de l'essence dans le réservoir. Que je me serve ou non du véhicule est une autre affaire, mais j'ai la possibilité effective de le faire. Le droit de vote est une liberté, mais sans moyen de transport pour aller voter, ce n'est qu'un mot creux. Une liberté positive, un pouvoir réel d'être et de faire, voilà ce qu'est la capabilité.

Cette notion favorise une critique constructive et féconde des abstractions de l'économie comme des théories de la justice. Au lieu de considérer, par exemple, qu'un individu ayant des revenus trois fois supérieurs à un autre doit mécaniquement pouvoir faire plus – vivre plus, consommer plus, éprouver un plus grand bien-être –, on regardera ce qu'il peut réaliser de ses choix. S'il s'agit d'un handicapé ou d'un homme atteint d'une grave maladie, ses revenus supérieurs ne lui donneront pas automatiquement des possibilités d'action plus grandes. C'est là que la pensée d'Amartya Sen peut aussi s'appliquer aux injustices du monde occidentalisé. Si la justice consiste dans la possibilité effective, pour chacun, de réaliser son choix de vie personnel, il est facile de voir que ce n'est pas le cas pour ceux qui se retrouvent flexibilisés, précarisés, privés aussi des moyens de percevoir d'autres horizons et de pouvoir faire leur choix en connaissance de cause.

En fait, pour Amartya Sen, aucune conception globale de la justice n'est jamais universellement satisfaisante. On ne peut donc avancer qu'au cas par cas, en cherchant chaque fois ce que l'on est tous d'accord pour juger inacceptable. Ce qu'il nous explique, c'est qu'il ne suffit pas d'opposer théories générales et cas concrets : « *La justice est liée à deux capacités majeures des êtres humains, celle de* s'émouvoir et celle de réfléchir. L'émotion qui nous submerge face au spectacle d'une injustice est directement liée au fait que nous sommes des êtres de relation : la solitude nous fait souffrir, nous sommes attentifs les uns aux autres, toujours en interaction.

Quand nous voyons nos semblables maltraités, soumis à des privations, nous éprouvons profondément le sentiment de l'injustice. Ce traitement asymétrique nous donne une impression proche de quelque chose de faux, d'inexact, de discordant, et nous commençons à nous demander comment arrêter cela. Nous pouvons commencer alors à analyser ce que nous avons d'abord seulement ressenti, nous pouvons réfléchir au lieu de seulement nous émouvoir.

Pour moi, ce passage est important : de l'impulsion immédiate, instinctive, au raisonnement. La justice ne peut pas se réduire à une perception ou à une émotion. Elle part de ce qu'on ressent, mais elle transcende aussi ce point de départ. Ensuite, c'est la raison qui va exiger la justice.

C'est ce qui distingue fortement la question de la justice économique ou autre de celle de la beauté, par exemple. La beauté, elle aussi, est directement ancrée dans nos perceptions et nos émotions. Mais, d'une certaine façon, elle ne va pas au-delà. Si quelqu'un ne perçoit pas du tout en quoi une œuvre est belle, je ne pourrai pas véritablement le lui faire comprendre. Il en va de même avec la douleur : c'est quelque chose que l'on éprouve et non que l'on explique.

Au-delà de l'empathie, la justice mobilise au contraire cette autre grande capacité humaine qu'est la faculté de raisonner, de se servir de la logique pour construire des argumentations. Cette capacité qui est innée se met en marche pour aller plus loin que la seule affectivité. Elle permet de faire un pas au-delà du sentiment de révolte contre ce qui est inacceptable, du refus immédiat de l'injustice. Ce qui compte, c'est la combinaison de cette impulsion affective et de nos capacités de réflexion, qui constituent par elles-mêmes un pouvoir qui surpasse tous les autres. »

Amartya Sen insiste toutefois sur le fait que se battre pour éradiquer des injustices ne signifie pas tomber dans l'illusion d'être capable de construire un monde parfaitement juste. En fait, ce monde n'existe pas, car il n'existe pas de théorie générale ni d'idée universelle et unique de la justice. Mais l'abandon de cet horizon idéal n'est pas démobilisateur : un monde moins mauvais suffit !

Au cours de notre échange, Amartya Sen a rappelé qu'on ne peut réellement penser l'humain que sur un horizon de libertés effectives et concrètes. Que lorsqu'on invoque l'idée de justice, émotion et raison se doivent d'être indissociables pour une issue utile, efficace. Que les résultats concrets, et non les proclamations théoriques, sont les seuls critères. Ou encore que renoncer à l'idée de perfection n'implique nullement de renoncer à l'idée de justice.

S'agirait-il là d'idées susceptibles d'orienter réellement vers une nouvelle façon de penser, mais aussi d'agir ? De nous rapprocher d'un monde où les images lancinantes, mais plus encore la réalité, des cohortes d'exclus deviendraient obsolètes ? D'entamer, peut-être, une histoire différente entre les hommes et les autres ? Il est permis, en toute lucidité, de le souhaiter. Mais en attendant...

—— Pause 6 ——

Exclu de lui-même

L'histoire est si longue qu'elle semble devoir être interminable. Entre humain et travail, le lien se perd dans la nuit des temps. Constitutif de l'humain, de son monde, de ses représentations, il paraît destiné à ne jamais se briser. Être humain, c'était travailler, agir sur la matière, fabriquer, transformer, concevoir, œuvrer. Sans échappatoire possible, sauf à la marge, par exception.

Car la nécessité commandait : dans un environnement le plus souvent hostile, où la nourriture était rare, l'humain ne devait sa survie qu'à ses activités, combinant la main et l'intelligence. Des chasseurs-cueilleurs aux cultivateurs-éleveurs, des artisans aux industriels, on a vu changer les outils, les procédés, les rendements, jamais la règle de base : le façonnement par l'humain, collectivement, d'un monde permettant sa survie, l'extension de ses capacités, l'augmentation de sa puissance d'agir.

Toujours, il s'agissait d'un transformation-recréation de la nature, en tout cas des éléments qu'elle fournit. La matière, en grec ancien, se dit du même mot que le bois (*hulè*) : la « matière première », c'est aussi le « bois premier ». Dans le travail humain, c'est de cela qu'il s'est agi d'abord : abattre des arbres, tailler des pieux, assembler des planches, dresser des palissades, fabriquer des meubles, des outils, des armes ou des jouets. Charpentier d'abord. Ou bien maçon, tailleur de pierres, forgeron, éleveur, potier... Entre division du travail et relations d'échanges s'est élaboré le monde humain.

« Toute la prétendue histoire du monde n'est rien d'autre que la production de l'homme par le travail humain », écrit Marx, qui insiste par ailleurs sur le fait que ce sont les relations entre les humains qui déterminent leurs relations à la nature, et non l'inverse. Quels que soient les jugements portés sur le travail, ils s'accordent tous, dans l'histoire de la pensée, à souligner son caractère central et fondateur.

Mieux qu'au Paradis

Sans doute les jugements sur le travail empruntent-ils des chemins dissemblables, depuis le mépris antique jusqu'à la glorification moderne. Ce que méprisent Grecs et Romains, ce n'est pas l'activité humaine en soi, mais la contrainte matérielle : les hommes dits « libres » la laissent aux esclaves pour se consacrer aux travaux de la politique, de la guerre ou de la connaissance. Chez les Modernes, ce que louent Kant et bien d'autres n'est pas l'effort laborieux pour lui-même, mais les vertus morales qu'il est censé détenir. À commencer par celle de combattre la morosité : Adam et Ève, au Paradis, auraient fini par s'ennuyer, note Kant, à force de chanter des chants pastoraux en contemplant les beautés de la nature.

Sans doute qu'en gagnant leur pain à la sueur de leur front ils n'ont pas le temps de se lasser... En fait, plus sérieusement, par leur travail, ils développent leurs facultés, et d'abord intelligence et pouvoir créateur. Ainsi, sans travail, pas d'éclosion de ce qu'est l'humain, pas de déploiement de ses capacités, pas de connaissance de lui-même ni des autres. Voilà ce qu'on n'a cessé de répéter, sur bien des tons, faisant du travail l'indice, tour à tour, de la dignité, de la liberté ou l'essence même de l'humain.

Homo faber, voilà son vrai nom, et non *Homo sapiens* – notamment pour Bergson. *Faber*, en latin, signifie ouvrier, artisan : ce n'est qu'en forgeant des outils, et des outils destinés à en fabriquer d'autres, que se manifeste et s'accroît l'intelligence et qu'elle se distingue de l'instinct. En inventant les moyens de modifier les matériaux fournis par la nature, en les pliant à ses projets, l'humain existe comme tel, s'inventant soi-même en même temps que l'outil.

En contemplant le résultat de son activité, il parvient alors à se connaître véritablement. Cette thématique traverse, elle aussi, des œuvres innombrables. On la comprend mieux dans les langues qui distinguent, comme le font l'anglais et l'allemand, le travail en train de se faire et le travail accompli : *labour* et *work*, *Arbeit* et *Werk*.

Car cette distinction permet de faire retour sur l'activité, de la considérer une fois devenue en quelque sorte solide, palpable, élément nouveau du monde objectif. Pendant l'action, celui qui travaille ne voit pas forcément ce qu'il fait. Une fois le résultat devenu visible, il ne découvre pas seulement ce qu'il a fait, mais qui il est. Cette chose, c'est lui. Elle est sortie de ses mains. Elle provient de ses efforts, de son attention. En fait, de sa chair.

Un retournement singulier devient alors possible, car ce qui est ainsi mis au-dehors révèle un dedans qui demeurait inaccessible autrement. Cette production est en fin de compte une forme singulière d'introspection. Montre-moi ce que tu fabriques, je te dirai qui tu es. Et si tu veux te connaître toi-même, commence par travailler : tes œuvres te le diront. Hegel explique tout cela, à sa manière. Mais c'était au début du XIXe siècle, au temps de l'artisanat triomphant et de la vapeur à peine naissante.

Les vacances de Faber

L'essor généralisé des sciences et des techniques a changé définitivement le paysage. L'industrialisation n'a pas seulement multiplié les capacités de production de manière vertigineuse. Elle a radicalement séparé le travailleur du résultat de son travail. Inséré dans un processus dont il n'est qu'un rouage, où ses gestes ne sont que séquences, ses efforts que parcelles, il ne lui est plus possible de se reconnaître en tant que *Faber*. Il le sait, mais il ne le ressent ni ne le perçoit plus comme une évidence.

Le charpentier peut se souvenir de la maison dont il a fait le toit, et s'y reconnaître. Beaucoup moins l'assembleur de poutrelles métalliques participant à l'édification d'un building. Là s'est enclenché un processus qui semble chasser l'humain du travail. Ce n'est évidemment pas la fin du travail, mais une perte, pour celui qui l'accomplit, de sa relation à la réalité. Une sorte de panne dans l'humanisation du monde. Elle n'a cessé, depuis la mécanisation générale, de prendre de l'ampleur.

On a d'abord cru que ce serait pour le meilleur. L'utopie des robots a rêvé de l'humain enfin libre, désormais déchargé du poids des choses, laissant aux esclaves mécaniques les tâches de production. *Homo faber* serait devenu ingénieur, le temps de concevoir les automates qui en fabriqueraient d'autres, puis il aurait pu partir vivre des loisirs éternels. Quelques personnes auraient joué les contremaîtres, chargés de surveiller les machines, de pourvoir à la maintenance.

Il y a longtemps que nous y sommes, pourtant chacun sait que la vie ne s'est pas organisée ainsi. Au contraire, même si l'on se dirige vers des usines sans travailleurs, le travail continue – morcelé, hâtif, accéléré par l'informatisation et les impératifs de la flexibilité. C'est qu'à la production des choses ont succédé, massivement, les services. Le travail est presque entièrement dématérialisé, au sens où l'on n'y transforme plus de matière première.

L'abondance règne au regard de ce que furent les temps antérieurs – du moins pour une moitié des humains. Mais le travail à la fois s'évanouit et persiste, tandis que l'espérance décline. Au temps de Marx, il était possible d'imaginer ce paradoxe : parce que le prolétaire, celui qui n'avait à vendre que sa force de travail, était le plus démuni, le plus exploité, le plus déshumanisé, résidait en lui l'espérance de voir l'histoire commencer enfin et la préhistoire s'achever – règne ancien de la nécessité, de l'exploitation et de la rareté.

Aujourd'hui, que peut contempler un humain de son travail ? La plupart du temps, rien. Ou presque rien. Sauf exception, il n'aura fait de ses mains aucun objet complet. Dans les pays développés – sauf exception, répétons-le –, il n'aura fait aucun objet – ni totalement ni partiellement, ni manuellement ni mécaniquement, 80 % des emplois étant consacrés aux services... Il aura donc fait vite, pour une durée déterminée, des activités dont il ne saisit pas toujours le sens et qui souvent l'ennuient.

Mais, s'il n'a rien à contempler de son activité, ne perd-il pas alors une voie d'accès essentielle à lui-même ? Ce n'est plus l'ennui qui est le problème central – ni le mal-être, si intense qu'il devienne, ni l'injustice, si cruelle qu'elle soit. C'est en fait que l'humain, faute de pouvoir se rencontrer au-dehors dans les produits de son travail, se trouve comme exclu de lui-même. Rien à voir au-dehors, rien à découvrir au-dedans. Quand le travail se fait brouillard, l'humain aussi se vaporise.

Il faut le redire : ce n'est pas la fin des activités – elles sont plus nombreuses que jamais. Ni la fin de l'humain. Mais c'est bien une panne de la représentation du travail, l'indice d'une mutation. On voit nettement ce qu'elle quitte, pas assez ce qu'elle invente. Sauf, peut-être, une autre manière d'être. À force de ne plus se retrouver au-dehors, l'humain exclu de lui-même se persuade qu'il n'y a rien à découvrir dans son intériorité, renonce à se contempler, s'égare dans la dispersion des semblants offerts par les images accélérées. Nous en avons déjà parlé.

Plus encore, les activités humaines finissent par prendre, aux yeux de beaucoup, des allures de maléfice. Que dit-on ? Au lieu de participer à la construction du monde, le travail – dans sa version productiviste, obnubilée par le rendement – deviendrait responsable d'une possible destruction du monde naturel. Destiné à mieux protéger l'homme contre les méfaits de la nature, il doit désormais veiller à protéger la nature contre les méfaits que l'humain lui inflige. Au lieu de rendre l'homme « comme maître et possesseur de la nature », il doit veiller dorénavant à l'y inclure. Nous devons en parler.

VII

VIVANT SANS FRONTIÈRES

> *« L'homme appela par des noms tout le bétail, et l'oiseau des cieux, et tout animal du champ. »*
> Genèse, § 2, 20.

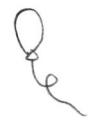

place humain
nature
Darwin

15 septembre 1835

Cette date ne figure pas dans les livres d'histoire. Les écoliers n'ont pas à l'apprendre, personne n'a le projet de la célébrer. Pourtant, ce jour-là, un tournant capital s'est amorcé dans la représentation de l'espèce humaine. Plus qu'un tournant, une révolution, dont les répercussions furent immenses et sont encore loin d'être achevées.

Que s'est-il donc passé ? Au premier regard, fort peu de chose. Un bateau à voiles anglais accoste dans un archipel d'une dizaine d'îles volcaniques, perdues à plusieurs centaines de kilomètres des côtes américaines, un peu en dessous de la ligne de l'équateur – les îles Galapagos. Ce bateau est le *Beagle*, nom du chien de chasse britannique le plus célèbre. À son bord, un jeune homme de 26 ans, Charles Darwin.

À sa manière, un chien de chasse, lui aussi. Mais ce qu'il piste n'est pas commode à deviner. On le voit dénicher un peu partout des ossements d'animaux disparus, des plantes rares, des araignées pas encore répertoriées. Depuis presque quatre ans que le bateau a quitté Plymouth, les malles du jeune naturaliste s'emplissent, de mois en mois, d'un incroyable bric-à-brac. On y trouve des fragments de roche ramassés sous les tropiques, des boîtes à pilules truffées de scarabées, de coléoptères (sa passion), quelques métatarses de cochon d'Inde, une collection faramineuse d'insectes, de graines, de plantes séchées, d'animaux conservés dans l'alcool. Dans les lettres qu'il envoie aux siens, de loin en loin, il parle de son « travail éclectique et touche-à-tout » et se dit résolu à « rassembler aveuglément toutes les sortes de faits susceptibles de se rapporter d'une façon ou d'une autre à ce que sont les espèces ». C'est là qu'il concentre sa réflexion. Ce jeune homme n'est pas seulement collectionneur de faits, d'observations, de spécimens. Il aime aussi, avec obstination, les idées. À bord du *Beagle*, on l'a surnommé « Philo ». Lui ignore encore qu'il va bouleverser la façon de concevoir l'humain. Et que les Galapagos et leurs surprises n'y seront pas pour rien.

À propos de cet archipel, dès le troisième jour, Darwin note dans son journal : « On dirait un petit monde en soi. La plupart des habitants, aussi bien végétaux qu'animaux, ne se trouvent nulle part ailleurs. » Sur ces cailloux de lave et de granit perdus dans l'océan, seuls passent, de temps à autre, quelques boucaniers et baleiniers. La dernière description des îles remonte à... 1684. L'une d'elles abrite deux cents à trois cents personnes, des condamnés bannis de la république d'Équateur. Le reste est peuplé de tortues géantes, de nombreux reptiles et d'une multitude d'oiseaux.

Ce sont eux, dès le mois suivant, qui commencent à intriguer fortement le jeune naturaliste. Car s'ils ressemblent à d'autres espèces connues, ils en diffèrent par un détail, la forme de la queue ou celle du bec. Les pinsons, en particulier, présentent treize espèces pas encore répertoriées, pas moins, qui sont à la fois proches et distinctes. « Il est très remarquable qu'une gradation de structure presque parfaite peut être tracée pour tout ce groupe dans la forme du bec », remarque encore Darwin dans les notes qu'il prend au fur et à mesure.

On ne discerne pas au premier coup d'œil, il faut l'avouer, le rapport qui existe entre la forme du bec des pinsons des îles Galapagos et la place de l'être humain dans la nature. Pour tout dire, Darwin ne le voit pas non plus. En tout cas, pas à ce moment-là. Il va lui falloir de très longues années – près d'un quart de siècle – pour comprendre ce qu'il a observé, puis pour élaborer et formuler sa théorie de l'évolution. Son livre majeur, *L'Origine des espèces*[1], paraît seulement en 1859. C'est un tournant.

En brassant et comparant d'innombrables faits et observations, la science de Darwin a résolu le mystère des pinsons, mais surtout proposé une théorie de toute l'évolution de la vie. Et, du coup, modifié la place même de l'humain. Par ordre, on commencera par les pinsons. L'isolement des Galapagos fait de l'archipel une sorte de laboratoire pour la transformation des espèces. L'idée centrale de Darwin est que les espèces animales ne sont pas fixes, identiques à travers le temps, semblables aujourd'hui à ce qu'elles furent le premier jour – si toutefois ce jour a existé. Sa découverte majeure : la sélection naturelle, qui explique comment des changements qui ne sont d'abord dus qu'au hasard (un bec plus long, ou plus courbé) sont finalement reproduits et amplifiés s'ils constituent un avantage permettant de mieux survivre dans un milieu donné.

Le « bouleversement du monde »

Cette conception est aujourd'hui si répandue qu'on a du mal à imaginer le temps où elle n'existait pas, où l'on croyait que le lapin, le cheval, le lion et tous les autres étaient immuables, se reproduisant à l'identique, sans la moindre variation, depuis que le Créateur les avait conçus, pensait-on, tels que nous les voyons encore. Toutefois, ce n'est pas seulement la représentation « fixiste » des espèces animales que Darwin ébranle. C'est l'idée même d'un dessein intelligent dans l'évolution et d'une singularité absolue de l'espèce humaine qui se trouve radicalement mise en cause.

Cette révolution scientifique du darwinisme, que l'immunologiste Jean Claude Ameisen n'hésite pas à nommer « bouleversement du monde[2] », écarte tout plan préconçu dans l'évolution des espèces. La vie se façonne et se transforme, à l'échelle des millénaires, sur des populations immenses, sans que la moindre intention préside à ces changements. C'est bien une révolution mentale. Elle suppose d'en finir avec les significations fixées une fois pour toutes, le sens apparent de l'évolution, les intentions supposées, pour tout remplacer par le travail aveugle du temps, le hasard des petites variations, infimes mais infinies, le jeu des grands nombres.

Pour mieux comprendre ce changement de perspective, il suffit de songer aux vers de terre. Darwin leur a consacré un de ses premiers articles, et son dernier livre. D'une certaine manière, l'humanité leur doit énormément : ils ont engendré l'humus, la terre cultivable, la possibilité des récoltes, la forme même des paysages ruraux.

Pourtant, la vie des vers est sans gloire comme sans intention : éclosion, ingestion, reptation, déjection, disparition. Aucun vers n'a pour but de modifier le monde. Aucun ne conçoit rien qui puisse ressembler à un projet. Pourtant, leur travail obscur et interminable, minuscule et anonyme, finit par transformer les paysages et rendre le sol fertile. Voilà comment des actions infimes, dépourvues de tout dessein, mais répétées des milliards de fois, sur des durées immenses, produisent des effets considérables, qui pourront sembler, après coup, intentionnels et sensés.

Darwin privilégie donc la force créatrice du hasard aveugle et de la nécessité. Schématiquement, la sélection naturelle résulte de la rencontre permanente entre des forces anonymes : d'une part, des variations innombrables et aléatoires se produisent dans l'anatomie des individus ; d'autre part, ces mutations sont conservées ou éliminées en fonction des avantages qu'elles présentent ou non pour la survie de l'espèce dans son milieu.

Plus que le penseur de la sélection naturelle, de la concurrence et des luttes impitoyables, Darwin est celui qui commence à combler scientifiquement le fossé entre vie animale et vie humaine. « Dès que je fus convaincu, durant l'année 1837 ou 1838, que les espèces pouvaient se modifier, je ne pus éviter l'idée que l'homme devait être soumis à la même loi. » Pourtant, dans *L'Origine des espèces*, il n'est pas question de l'humain. Une seule phrase lui est consacrée, pour dire que, dans le futur, « la lumière sera jetée sur l'origine de l'homme et sur son histoire ».

Il est cependant devenu évident que « l'être humain – le merveilleux être humain », note Darwin dans un carnet dès 1837, « n'est pas une exception ». Son anatomie, sa physiologie, sa biologie sont identiques à celles des grands singes. Rien n'interdit de penser que ses émotions, sa sociabilité, sa solidarité ou même ses exigences morales soient également les résultats d'un long processus évolutif. Il en irait de même pour ses facultés logiques, intellectuelles et techniques. Autrement dit, tout ce qui constitue le propre de l'homme peut être naturalisé, c'est-à-dire étudié comme la manifestation d'un processus naturel, biologique.

En 1871, Darwin précise son analyse : « La différence, en ce qui concerne l'esprit, entre l'homme et les animaux supérieurs, aussi grande soit-elle, est certainement de degré et non de nature. » Son attention s'est déplacée. Au lieu de se focaliser sur la lutte entre les espèces, elle se concentre sur l'empathie, la solidarité, les liens affectifs des individus les uns envers les autres. Mais la leçon primordiale est toujours la même : de l'animal à l'humain, il y a continuité, non rupture.

Une partie de la nature

L'œuvre de Darwin a donc un impact considérable sur la représentation de l'humain, qu'elle transforme en profondeur. Si nous avons voulu nous y arrêter un instant, c'est parce qu'elle constitue un véritable point d'inflexion. On passe d'une vision qui faisait de l'humain une créature à part, une exception, un être pour une part surnaturel, à une conception qui veut en faire un animal comme un autre, une simple partie de la nature. Inutile d'insister, l'enjeu est crucial et s'accompagne d'une kyrielle de conséquences philosophiques et scientifiques, mais aussi sociales, politiques, morales. Cette question des frontières qui délimitent l'humain, nous l'avons déjà entrevue, et longée. Il faut y accoster.

Savoir où commence et où finit l'humain, à quoi on le distingue, où il se situe dans la nature, quelles sont sa place et sa fonction, voilà autant de questions devenues non seulement difficiles à éclairer, mais très difficiles à poser. Car les termes mêmes dans lesquels on les formule sont en pleine mutation.

Dans la conception dominante à l'Âge classique, tout était à sa place : l'homme, créé par Dieu, était au centre de la nature, et destiné à la dominer. Les animaux n'étaient pas simplement inférieurs à l'homme ou différents de lui, ils en étaient radicalement séparés. Ils vivaient dans un autre monde, n'avaient ni la même texture ni la même existence. Une distance infranchissable séparait l'humain et l'animal. Hommes et bêtes ne vivaient pas, si l'on peut dire, au même étage de l'être.

En 1735, exactement un siècle avant l'arrivée de Darwin aux Galapagos, le naturaliste suédois Carl von Linné publiait, à 28 ans, son *Système de la nature* (*Systema Naturae*), proposant une méthode de classification des êtres vivants – végétaux ou animaux – fondée sur leurs rapports réciproques au sein de la grande « harmonie » voulue par le Créateur. Pour Linné, chaque espèce a une essence propre : « Par économie de la nature, écrit-il, on entend la très sage disposition des êtres naturels instaurée par le Souverain créateur, selon laquelle ceux-ci tendent à des fins communes et ont des fonctions réciproques [3]. » Dans ce système, comme plus tard chez le naturaliste et biologiste Buffon, pourtant très critique envers Linné, l'homme occupe, dans la nature, une place centrale et stable.

Chez Linné, tout était encore statique. Chez Darwin, tout est devenu évolutif. Avec lui, pour la première fois, apparaît en pleine lumière l'idée d'une histoire des espèces qui passe graduellement, et d'elle-même, des protozoaires aux mollusques, des reptiles aux vertébrés, des grands singes à l'homme.

Du coup, l'homme n'est plus cet être d'exception un jour créé par Dieu à son image. Cette affirmation ne manque d'ailleurs pas – hier comme aujourd'hui – de susciter la colère de ceux qui prennent à la lettre les récits religieux de la création. L'essentiel, c'est que l'homme n'est plus à part. S'inscrivant dans l'évolution, il se découvre cousin des singes, animal parmi les animaux.

Et cette fois, c'est la science qui le dit. Il ne s'agit plus de spéculations de philosophes, d'affirmations purement théoriques, de changements de regard que rien de concret ne venait étayer, mais de résultats fondés sur des preuves.

Des philosophes, depuis longtemps, avaient commencé à mettre fin à l'extraterritorialité humaine. Spinoza, en particulier, au milieu du XVIIe siècle, insistait sur l'idée que « l'homme est une partie de la nature ». En affirmant aussi que « l'homme n'est pas un empire dans un empire », il soulignait que les lois de la physique s'appliquent à l'humain comme à tout autre élément de l'univers, et que les décisions humaines obéissent donc à des causes, et non à la souveraine liberté de sa volonté. S'il existait, le libre arbitre introduirait dans la nature une exception à proprement parler extraordinaire, et même incompréhensible, un effet sans cause.

Mais c'était là arguments de philosophes, démonstrations formelles. Ce n'étaient pas des observations, expérimentations, affaires de science exacte. Les pinsons des Galapagos, les empreintes de dinosaure, les silex taillés des sites préhistoriques racontent une autre histoire sur la place de l'homme dans la nature, de la continuité du vivant et de la fin de l'exception humaine. Et ce n'est qu'un début…

Le bouleversement inauguré par Darwin va se poursuivre et s'étendre. Darwin se fondait uniquement, pour ses observations, sur l'anatomie comparée des traits morphologiques de chaque espèce. Pour lui, la question essentielle était d'abord d'instaurer l'existence de l'évolution des espèces à travers le mécanisme de la sélection naturelle. Mais il n'était pas en mesure d'aller plus loin. Il reconnaissait dans sa conception de l'évolution une sorte de lacune, ou plutôt d'énigme, car rien ne permettait alors de savoir à quoi étaient dues les variations des traits et comment se faisait leur transmission. À son époque, la génétique n'existait pas encore.

Au même moment, Gregor Mendel (1822-1864), un moine botaniste originaire de Moravie, énonçait les lois de l'hérédité – appelées plus tard « lois de Mendel » – qui complètent sans le savoir les propositions de Darwin, en parvenant à expliquer comment ces traits se transmettent de génération en génération. Même si Mendel, lui, croit toujours à la fixité des espèces, il établit, en s'aidant de calculs probabilistes, les lois mathématiques de l'hérédité. Mais, de son vivant, il ne rencontre aucun écho, ses travaux étant publiés dans le modeste bulletin de la Société botanique de Moravie. Même Darwin n'y porta pas attention. Qui plus est, l'ensemble des archives de Mendel sera brûlé par l'abbé Anselm Rambousek, son successeur au monastère, quelques jours à peine après sa mort.

Il faudra attendre encore trente-cinq ans pour qu'en 1900 trois hommes qui s'occupent des problèmes de la transmission de l'hérédité – le botaniste allemand Carl Correns, le botaniste autrichien Erich von Tschermak et le botaniste néerlandais Hugo De Vries, qui forgera aussi le terme de « mutation » pour qualifier les variations brusques engendrant de nouvelles espèces – redécouvrent, en même temps, Mendel et ses lois de l'hérédité et les confirment. C'est enfin en 1937 que le généticien Theodosius Dobzhansky (1900-1975), professeur au département de zoologie à l'université de Columbia, présentant son travail intitulé *La Génétique et l'origine des espèces*, formule pour la première fois une « théorie synthétique de l'évolution » qui relie les données parallèles issues de la génétique naissante, des découvertes de Darwin et de toutes les disciplines s'intéressant à l'évolution.

Cette première synthèse sera approfondie et complétée par les travaux successifs, en 1942, d'Ernst Mayr [4], alors conservateur adjoint des oiseaux à l'American Museum of Natural History, et, en 1944, du paléontologiste

George Gaylord Simpson, enseignant à l'université de Columbia [5]. Ces travaux successifs permettent d'établir que c'est bien dans les gènes et non dans les traits morphologiques, comme le pensaient Darwin et Mendel, qu'interviennent les variations produisant les différences individuelles sur lesquelles s'exerce la sélection naturelle. C'est ainsi que la théorie de l'évolution et les découvertes de la génétique ont finalement convergé.

À la génération suivante, les travaux du paléontologue américain Stephen Jay Gould (1941-2002) ajouteront à la représentation que se faisait Darwin de l'évolution l'idée de paliers, d'« équilibres ponctués ». Au lieu d'une modification insensible et constante des espèces sur des millions d'années, il faut dorénavant imaginer des rythmes variés d'évolution, opérant par sauts.

Avec la découverte, en 1953, par James Watson et Francis Crick, de la structure en double hélice de l'ADN, qui constitue le support matériel des gènes, une nouvelle étape est réellement franchie dans la mise en cause des frontières qui nous intéresse. Dorénavant, ce n'est plus la seule frontière humain-animal mais bien la frontière, jusque-là intangible, entre vivant et non-vivant qui va être à reconsidérer, avec des conséquences fort différentes, mais non moins profondes.

Du vivant à l'inerte et retour

Ne plus pouvoir discerner clairement entre le vivant et l'inerte, comme on le soutient de plus en plus fréquemment aujourd'hui, pourrait avoir de quoi surprendre. En effet, en 1859, l'année même où Darwin publie *L'Origine des espèces*, une querelle scientifique d'un autre ordre oppose violemment Louis Pasteur et le biologiste Félix-Archimède Pouchet. Pouchet défend avec acharnement la « théorie de la génération spontanée », adoptée depuis l'Antiquité, consistant à affirmer que des organismes vivants peuvent naître directement de la matière. S'il faut une poule pour avoir un œuf, une brebis et un bélier pour avoir un agneau, on a toujours constaté que pour les vers, les moustiques, les infusoires, il en allait autrement : ces formes de vie pouvaient surgir, croyait-on, directement de la viande, de la paille ou des eaux stagnantes dont la décomposition permettait leur naissance.

Pasteur, lui, soutenait la thèse contraire, affirmant que « la vie ne provient que de la vie ». Autrement dit, aucun milieu stérile ne donnera jamais naissance, de lui-même, à des organismes vivants. Il faut nécessairement que soient déjà présents des œufs, larves, germes, bactéries ou autres microbes pour voir apparaître des organismes vivants. Demeure, évidemment, la question de savoir d'où provient la vie. Mais c'est une autre affaire... Ici, du point de vue de la « révolution pastorienne », il existe bien ce que l'on nomme une *brisure de symétrie* qui implique qu'entre le non-vivant et le vivant il n'y a pas d'équivalence ni de point de passage possible.

Mais, curieusement, au XXe siècle, quand la biologie acquiert une dimension totalement nouvelle, cette distinction radicale s'estompe au point d'être comme oubliée. À dater des années 1940, les chercheurs délaissent des questions comme la structure des organismes ou l'évolution des formes vivantes, au profit des molécules et des agencements chimiques. Si l'on ose dire, la vie n'est plus un problème pour les biologistes. Leurs recherches se focalisent désormais sur les gènes, l'ADN et sa double hélice, les questions de codage et de chimie moléculaire. Il ne s'agit plus de savoir en quoi consiste la vie, ni le vivant comme tel. Dans *La Logique du vivant*, le prix Nobel de médecine et de physiologie François

Jacob le confirme : « On n'interroge plus la vie aujourd'hui dans les laboratoires. [...] C'est aux algorithmes du monde vivant que s'intéresse aujourd'hui la biologie [6]. »

En réalité, cette question semble avoir disparu depuis la victoire scientifique, après une longue bataille, du camp des « mécanistes » sur le camp des « vitalistes ». Comme l'explique le biologiste et philosophe Henri Atlan, deux positions antagonistes, irréconciliables, se sont longuement affrontées du XVIIIe au XXe siècle [7]. D'un côté, les *vitalistes* soutenaient que la vie était un domaine à part : les processus du vivant n'étaient pas réductibles aux lois de la physique et de la chimie, mais impliquaient l'existence d'un « principe vital » et de lois différentes [8].

À l'opposé, les *mécanistes* défendaient l'unité du monde matériel, inerte ou vivant, aussi bien dans ses éléments, ses structures, que ses lois de fonctionnement. Pour eux, les phénomènes biologiques ne pouvaient constituer des exceptions, et devaient se trouver explicables à partir des lois habituelles de la physique et de la chimie. Au final, l'histoire leur a donné raison.

L'avancée des connaissances a marqué le triomphe complet du « mécanisme » en biologie, et la défaite, non moins complète, du « vitalisme ». Plus personne ne doute aujourd'hui que les composants des cellules vivantes soient identiques à ceux des matériaux inertes. Il n'y a rien de plus – du seul point de vue physico-chimique – dans un organisme qui se nourrit, grandit, se reproduit, se déplace, s'autorépare en cicatrisant en cas de blessure, que dans les composants inertes qui le constituent.

Rien ? Sauf la vie... précisément. Car l'organisme, évidemment, n'est pas une éprouvette ! En se débarrassant des illusions du vitalisme, peut-être s'est-on cru trop vite affranchi de la question de la spécificité du vivant – et, au sein du vivant, d'une singularité de l'humain. En affirmant l'absence de différence entre inerte et vivant, ne va-t-on pas trop vite en besogne ?

Au cours de notre enquête, nous avons plusieurs fois entendu nos interlocuteurs mettre en avant cet effacement de la frontière entre le vivant et l'inerte, et les perplexités qu'il engendre. Tour à tour, Étienne Klein [9], Douglas Melton [10], George Church [11] l'ont évoqué. Mais aussi Henri Atlan [12], Antonio Damasio [13], Pierre-Marie Lledo [14]. Chacun selon ses termes et ses intonations.

Mais le brouillage de la frontière, sa perturbation, ne saurait en aucun cas signifier que la question est résolue, scientifiquement et philosophiquement. On en est loin. Scientifiquement, personne n'est encore parvenu à créer véritablement du vivant à partir de l'inerte, on l'a vu à propos de la cellule artificielle de Craig Venter [15]. De plus, il est difficile de nier l'existence d'une multitude de propriétés spécifiques, liées à chaque niveau d'élaboration des organismes. Entre vivant et non-vivant, il semble qu'il n'y ait ni barrière absolue ni identité complète, mais plutôt des degrés, des niveaux de complexité et d'organisation distincts. Des emboîtements et des étagements.

Si la réduction de l'humain au non-vivant était directe et totale, on ne comprendrait plus comment peuvent exister le droit, l'éthique, l'exigence du respect d'une dignité, puisqu'à l'évidence les molécules en sont dépourvues, tout autant que les acides aminés. La réponse consiste à faire intervenir les propriétés émergentes propres à chaque niveau de complexité. Un organisme a des qualités que ses cellules n'ont pas, un groupe peut présenter des propriétés que les individus qui le composent sont incapables de manifester. Manière de dire que la distance est de plus en plus grande entre les diverses strates que nos connaissances nous amènent à distinguer. Difficile, par exemple, de relier ce que nous ressentons – sentiments, conscience, pensées, projets, responsabilités – et ce que nous apprend la biologie moléculaire de la composition de notre génome et des séquences chimiques qui le constituent.

Malgré tout, il n'en demeure pas moins un malaise, un trouble qui s'insinue dans des notions que l'on croit familières – « la vie », « l'humain » – lorsqu'on doit constater qu'il n'y a, en fin de compte, que des éléments inertes qui composent chacun des niveaux. On a l'impression de ne plus savoir où, au juste, se situe l'humain.

L'écologie ou l'étude de la maison

Le décentrement de l'humain provoqué par Darwin s'est trouvé encore accru par le développement de cette discipline nouvelle que constitue l'écologie, à la fois comme science et comme prise de conscience. Issue en grande partie de Darwin, en relation étroite avec les données fournies par les diverses disciplines de la biologie sur lesquelles elle se fonde, l'écologie s'est développée comme une science aux implications croissantes [16]. Le terme fut forgé en 1866 par le biologiste et philosophe allemand Ernst Haeckel (1834-1919), celui-là même qui a diffusé les théories de Darwin en Allemagne et développé une théorie des origines de l'homme.

Haeckel définit l'écologie comme « la totalité de la science des relations de l'organisme avec son environnement, comprenant au sens large toutes les conditions de l'existence [17] ». Passant de l'étude des cellules et des organismes à celle des espèces et de leurs milieux, on se mit donc, dans le sillage de Haeckel, à étudier la complexité des systèmes de relation qu'entretiennent, dans un milieu naturel donné, les différentes formes de vie, végétales et animales, qui y coexistent.

Les scientifiques venus de plusieurs disciplines connexes – biologie, sciences naturelles, botanique, zoologie – découvrent progressivement l'interdépendance des différentes espèces, leurs manières d'organiser leurs vies respectives non pas les unes *à côté* des autres, mais les unes *en fonction* des autres. Ainsi, le rapport des proies aux prédateurs, des végétaux aux animaux, tout comme les symbioses, les parasitages, ou encore l'utilisation par les uns des rebuts des autres dessinent des systèmes où les différentes formes de vie se combattent, se renforcent et se complètent tout ensemble.

À son tour, le botaniste britannique sir Arthur George Tansley, pionnier de l'écologie des plantes, un des fondateurs de la Société britannique d'écologie, propose, en 1939, la notion d'« écosystème » pour désigner cet équilibre dynamique qui intègre également l'action de l'homme sur la nature. L'essentiel du changement introduit par la science de l'écologie sera en fin de compte d'adopter sur les phénomènes un point de vue global. Ce qui intéresse l'écologiste scientifique, c'est d'étudier l'ensemble d'un système, et ses interactions multiples.

Le sens même du mot « écologie » y conduit. Étymologiquement, c'est l'« étude de la maison ». Mais *oïkos*, en grec ancien, désigne bien plus qu'une habitation, c'est l'espace familier où se développe l'existence, où l'on grandit, habite et vit. Où l'on entretient avec les autres des relations de coexistence. Nous aurions tendance à dire, dans notre langage contemporain, que c'est le lieu du « vivre-ensemble ». La maison est toujours commune à plusieurs. On peut donc chercher à savoir comment s'y organise la vie commune.

Mais, en observant cette maison commune à tous les vivants, le regard de l'écologiste se déplace et ne considère plus l'humain de la même façon. Son point de vue, qu'on appelle « holiste » – de *holos*, « tout, total » –, implique un décentrement essentiel. En étudiant ce tout, le point de vue de l'écologie n'est plus focalisé sur l'humain. L'humain, ses projets, ses intérêts, ses comportements, leurs conséquences sont seulement des éléments d'une totalité. Ils ne lui sont pas extérieurs et ne sont plus forcément privilégiés.

Plus encore, la place des activités humaines au sein de cette totalité en vient à être interrogée, à son tour. D'un point de vue scientifique, d'abord. D'un point de vue politique, bientôt.

Ennemi ou ami de la nature ?

Dans la seconde partie du XXe siècle s'est imposé le sens courant, dorénavant répandu, du terme « écologie » : non plus seulement l'étude scientifique des systèmes, mais le respect de l'environnement, le souci de combattre la pollution, de préserver les ressources énergétiques, d'éviter la dégradation du climat et les catastrophes qui risquent de s'ensuivre – bref, la volonté de protéger la planète. Chacun entend parler de ces préoccupations du matin au soir, dans toutes les actualités, les activités, les publicités… Du coup, nous risquons de ne plus voir à quel point elles présupposent que la place et la fonction de l'humain soient redéfinies et considérées d'une manière profondément nouvelle, et encore différente.

Car on ne saurait oublier que cheminent, tantôt loin des sciences, tantôt en leur compagnie, toutes sortes de rêveries sur l'unité de la nature, le grand souffle du monde, la palpitation sauvage du cosmos. Le romantisme y a joué un rôle central. Ainsi l'éminent géographe Alexandre von Humboldt (1769-1859), qui parcourt l'Amérique latine, gravit les sommets des Andes pour collectionner près de soixante mille spécimens qu'il décrit dans *Cosmos. Essai d'une description physique du monde*[18], ami de Goethe et de Schiller – qui est aussi un modèle scientifique pour le jeune Darwin et meurt l'année même où ce dernier arrive aux Galapagos –, déclare vouloir « explorer l'unité de la nature ». Il adresse à l'un de ses amis cette profession de foi lyrique : « J'ai toujours eu conscience qu'un seul souffle, d'un pôle à l'autre, insuffle une seule et même vie aux roches, aux plantes, aux animaux et à la poitrine de l'homme[19]. » Pour englober même les roches dans le souffle vital qui traverse notre poitrine, il faut effectivement avoir effacé les frontières – au moins poétiquement…

À l'arrière-plan affectif de l'écologie populaire, on ne saurait ignorer non plus un goût, particulièrement ancré notamment dans la culture américaine, pour la vie sauvage, la *wilderness*, le contact intime avec une terre supposée encore intacte. Dans ce registre, le premier livre de référence demeure *Walden ou la vie dans les bois*, publié en 1854 par Henry David Thoreau, le poète américain et naturaliste amateur, lui aussi influencé par Humboldt. Le livre retrace sa vie en autarcie, pendant près de deux ans, dans une cabane construite sur un terrain que le philosophe Ralph Emerson avait mis à sa disposition, au bord d'un étang. Précédemment, Thoreau avait aussi publié, dès 1849, *La Désobéissance civile*[20], dont s'inspireront par la suite les militants du mouvement écologiste.

Plus proche de nous, mais non moins célèbre aujourd'hui, l'*Almanach d'un comté des sables*[21] (1949) d'Aldo Leopold, écologiste environnementaliste, grand pêcheur et chasseur qui travailla à l'Office américain des forêts et fut responsable de territoires immenses dans le Wisconsin. Son livre est animé d'un même amour pour les cycles de la nature, la diversité des espèces, la beauté des plantes et des animaux, et d'une même tristesse mêlée de colère face au spectacle de leur destruction par les activités humaines.

Les relations – directes ou plus lointaines – que ces textes entretiennent avec la science écologique nous rappellent surtout combien représentations de la nature et représentations de l'humain, soumises à des remaniements parallèles, changent ensemble, et non isolément. Longtemps, on s'est imaginé la nature comme hostile, rude et dangereuse – l'humain fragile, faible et menacé. Seuls son intelligence, ses capacités techniques, ses inventions, son travail lui permettaient d'échapper, par ténacité et par ruse, au sort misérable qui aurait dû être le sien dans un univers aveugle, mais immensément plus puissant.

Le plus souvent, à présent, dans ces formes de sensibilité, tout s'inverse. La nature est jugée fragile, démunie. C'est elle qu'il faut protéger contre les agissements d'une espèce humaine perçue comme destructrice, prédatrice, donc dangereuse. Un pas de plus, et la nature est désormais ressentie comme vulnérable, sinon mortelle. Dès lors, les préoccupations s'inversent. Au lieu de protéger l'humain contre la nature, il faut protéger la nature contre l'humain. Au lieu de poursuivre sur notre lancée, à nous de transformer nos comportements, nos habitudes, nos manières de vivre, de consommer, de travailler.

Pour au moins deux raisons. D'une part, nos activités nocives détruiraient des équilibres naturels, produisant des gaz à effet de serre, provoquant ou intensifiant le réchauffement du climat. D'autre part, elles épuiseraient rapidement des stocks d'énergie qu'on sait désormais être limités.

Plus encore, s'il faut protéger la terre des méfaits des sciences et des techniques, c'est que la nature, elle-même, a des limites. Ce qui, autrefois, n'était pas le cas, tout au moins dans nos représentations. On imaginait la nature capable de fournir, indéfiniment, minerais et combustibles, matériaux de construction et terres arables. Sauf exception, ce qui était naturel n'était pas rare. Dans l'économie classique – notamment pour David Ricardo, l'économiste anglais du XIXe siècle, par exemple –, l'air et l'eau étaient réputés dénués de toute valeur marchande parce qu'ils étaient, par nature, disponibles en quantité infinie. Ce n'est plus vrai.

La nature a changé de nature. Au lieu d'être infinie, source inépuisable, elle apparaît limitée, épuisable – et aussi saccageable. Dans le même temps, l'humain, en miroir, s'imagine lui-même différemment. Devant la nature, il ne se sent plus ni perdu ni frêle, ni reconnaissant envers sa générosité, mais, au contraire, coupable, responsable, terrifié.

À l'échelle de l'histoire, cette idée que l'humain puisse détruire le monde terrestre, et ainsi se détruire lui-même, est une idée très récente. Née au temps de la bombe atomique, elle a cheminé durant la seconde moitié du XXe siècle pour se faire, aujourd'hui, évidence.

Beaucoup en tirent argument pour condamner, pêle-mêle, l'industrie, les sciences et toutes les interventions humaines, jugées responsables de nos malheurs. Notre seul salut résiderait donc dans moins de technique, moins de croissance, moins de consommation, moins d'énergie, moins de CO_2… moins de tout. De la « décroissance » au « bilan carbone neutre », il s'agirait, idéalement, de parvenir à un impact pratiquement nul des activités humaines sur la planète.

D'autres appréhendent les mêmes questions différemment. Si un grand changement de perspective de notre époque est bien l'inclusion de l'humain dans la nature, il faut rendre cette intégration positive, la faire fructifier en inventant de nouvelles solutions et de nouvelles pratiques.

Hambourg. Rencontre avec Michael Braungart

« Nous devons parvenir à être bénéfiques pour la biosphère tout en profitant de la vie avec la technosphère. »

Il a cosigné le texte le plus lu en Chine depuis le Petit Livre rouge du président Mao. Et il a pris l'habitude de dire, en plaisantant, qu'il est le deuxième Allemand que lisent les Chinois, juste après Karl Marx. Mais ce n'est pas qu'une façon de parler. Avec 15 millions d'exemplaires de son livre imprimés dans ce pays, la Chine est bien un des lieux où le travail de Michael Braungart est le mieux accueilli. La construction de quelques millions de maisons conformes à son cahier des charges y est d'ailleurs actuellement à l'étude.

Ce n'est qu'un exemple, car de nombreux pays concrétisent aujourd'hui les idées de cet ingénieur chimiste. Les Pays-Bas lui ont offert une chaire à l'université Érasme de Rotterdam, où il enseigne depuis 2008. Ses écrits sont traduits en une vingtaine de langues et suscitent une multitude d'applications. Bref, ce n'est pas un rêveur, et il s'agit de comprendre ce qu'il propose.

Car c'est une démarche avant tout concrète que développe ce scientifique qui fut dans sa jeunesse l'un des fondateurs du parti des Verts en Allemagne, avant de travailler au sein de Greenpeace. Aujourd'hui, il est devenu un consultant hyperactif, sans doute le plus influent dans le domaine de l'industrie écologique. En 2007, le magazine *Time* l'a fait figurer parmi les héros du sauvetage de la planète. Motif : en 2002, en compagnie de l'architecte américain William McDonough, Michael Braungart a élaboré le projet écologique intitulé *Cradle to Cradle*[22] – mot à mot du « berceau au berceau » –, qui ne propose ni plus ni moins qu'un complet renversement de tous nos schémas mentaux, philosophiques et économiques, de toutes nos conceptions courantes de la production industrielle. Depuis, ses idées ne cessent de gagner du terrain. Le « petit livre vert » a fait des adeptes inattendus : Brad Pitt dit que sa lecture a tout changé pour lui, Arnold Schwarzenegger s'y réfère sans cesse. Plus concrètement encore, des partenaires industriels aussi importants que Ford, Nike ou Gap sont intéressés ou déjà partie prenante. Mais de quoi s'agit-il ?

Dans cette formule lapidaire « *cradle to cradle* » se résume le programme-manifeste de Braungart qui consiste tout simplement à annuler définitivement l'idée de déchets. Autrement dit, repenser de fond en comble notre conception de l'industrie à partir de ce refus total des déchets. En effet, en dehors des humains, aucune espèce sur terre ne génère de déchets qui soient définitivement perdus pour tout le monde. Au contraire, tous les restes sont utiles, les déjections ou les rebuts servent à nourrir d'autres espèces. Donc, il nous faut, nous humains, trouver le moyen d'éviter la case « destruction », de sortir du cycle allant de la naissance à la mort des objets. Pour viser un cycle d'éternelles renaissances.

Le schéma actuel consiste à collecter des matériaux dans la nature, à les transformer en objets de consommation, puis à les détruire en brûlant les déchets. Le schéma alternatif, lui, considère les déchets comme des nourritures constituant de nouveaux points de départ.

Pour retrouver la terminologie imagée de Braungart, il s'agit de s'opposer résolument à l'aspect inéluctable du parcours allant de « *cradle to grave* » : « du berceau à la tombe ». La tombe, en l'occurrence, ce sont les incinérateurs d'ordures, la destruction – souvent toxique – de matériaux qui auraient pu être utilisés autrement. Et dans cette vision globale, une place singulière est réservée à l'humain. C'est une façon nouvelle, active, de mettre en acte la continuité réaffirmée de l'humain et de la nature. En s'insérant dans les cycles naturels, l'humain ne serait plus celui qui pille et salit, mais qui produit intelligemment et de manière durable. Utopique ?

Pour en savoir plus, nous retrouvons Michael Braungart, au cœur de Hambourg, tout près du Trotsbrücke, ce célèbre pont en pierre datant du XVIIIe siècle qui relie le quartier historique et la ville nouvelle. Les bureaux de Cradle to Cradle sont situés dans un immeuble néogothique, kitsch à souhait, abritant au XIXe siècle la Société patriotique de Hambourg, qui se donnait déjà pour but – continuité symbolique – l'amélioration du bien public.

Aujourd'hui, au dernier étage, est installée la fondation de Michael Braungart, lequel partage son temps entre la ville-monde de Hambourg et l'université de Rotterdam, où il forme des étudiants à ses méthodes de pensée et d'expertise.

Chaleureux, souriant, mais aussi pris par le temps, sortant d'une conférence et attendu à une émission de radio, secondé par deux stagiaires attentifs et admiratifs qui prennent des notes, l'homme parle à toute vitesse, pour nous persuader, de toute la force de ses convictions, de la responsabilité décisive des êtres humains sur notre planète : « *Ce qu'il faut d'abord essentiellement comprendre, c'est notre relation à nous-mêmes : comment nous nous considérons nous-mêmes ? Comment nous envisageons le rôle de l'homme sur cette planète ? La question de notre relation à la nature n'arrive qu'en second, elle en dépend.*

N'est-il pas troublant de constater que les gens se veulent bons, attentifs à l'économie, à la société, souhaitent la fraternité, l'égalité pour tous, mais se contentent d'être seulement moins mauvais dès qu'il s'agit d'environnement ? Or on ne devient pas bon en étant seulement moins nocif. Si je bats mes enfants trois fois par semaine au lieu de cinq, je ne suis pas réellement meilleur ! C'est pourtant ce que nous faisons, au mieux, en matière de protection de l'environnement.

En transformant nos manières de penser et nos manières de faire, je suis convaincu que nous pourrions devenir tout aussi bons pour l'environnement que pour l'économie ou la société. *Aucun autre animal, aucune autre planète ne produit, comme nous le faisons, des déchets. Tous produisent des flux matériels toujours bénéfiques aux autres. Pourquoi notre intelligence nous empêcherait-elle d'être au moins aussi intelligents que des fourmis ?* Car même quand nous parlons de "zéro déchet", nous pensons encore déchets ! Quand je vous dis : "Ne pensez pas à un éléphant rose, vous pensez à un éléphant rose !"…

Mais pour parvenir à cet objectif positif, il faut d'abord cesser de se culpabiliser, et ne plus se contenter d'avoir pour seul objectif de produire uniquement moins de nuisances, moins de carbone, moins de déchets. Avoir pour seul idéal le neutre, le zéro, l'abstention, rêver de parvenir à une empreinte humaine inexistante, comme certains y songent, est pour moi sans intérêt. Dans ce cas, mieux vaut ne pas exister du tout !

Tout au contraire, je suis convaincu qu'il faut nous donner comme objectif premier d'améliorer la nature. Un arbre n'est pas neutre du point de vue du carbone, il est positif. Il ne se contente pas d'un niveau d'émission zéro, il produit de l'oxygène ! Nous devons nous aussi parvenir à être bénéfiques pour la biosphère, tout en profitant de la vie avec la technosphère, parce qu'une machine à laver est, indiscutablement, une bonne chose ! »

On le constate, Michael Braungart refuse d'adhérer au rejet systématique de la technique, et plus encore aux condamnations des activités humaines au nom de la nature. Il se tient loin des discours radicaux affirmant que, sur terre, tout irait mieux sans les humains : « *Nous avons un point de vue trop romantique sur la Nature, nous avons tort. Mère Nature n'est pas une bonne mère. Mère Nature n'existe pas, ni la Terre Mère non plus. Les produits chimiques les plus toxiques sont tous des produits naturels… Aucune mère ne voudrait provoquer un cancer à ses enfants… N'oublions pas, non plus, que sans la technique, notre espérance de vie ne serait que d'une vingtaine d'années. En revanche, si elle n'est pas notre mère, la Nature peut être notre professeur, notre coach. Nous avons beaucoup à apprendre des processus naturels qui existent depuis bien plus longtemps que l'espèce humaine, mais nous n'avons en aucun cas à l'idéaliser.*

Je pense même que, si nous sommes si romantiques vis-à-vis de la Nature, si nous la magnifions, c'est, paradoxalement, pour mieux la malmener et la détruire. Parce que nous nous sentons coupables à son égard, nous l'idéalisons, ce qui est évidemment très néfaste. Car plus on l'idéalise sous cette forme maternelle, plus on fait d'erreurs, parce qu'alors on adopte une attitude infantile et non pas responsable. Nous nous devons d'agir en humains, pas en enfants. Mon propos n'est surtout pas de dicter leur conduite aux gens. Je ne souhaite pas leur dire : "Voilà ce qu'il faut faire, ce que vous devriez faire", je les aime comme ils sont. La seule chose qui compte, c'est de changer la conception de l'organisation du système, à partir d'une compréhension simple, élémentaire, du rôle humain sur cette planète. »

Pour cela, l'ingénieur-philosophe se fonde, une fois encore, sur l'idée d'une continuité profonde entre les humains et la nature. De même qu'il n'y a pas de frontière entre les différentes activités vivantes sur terre, il ne devrait pas y en avoir entre activités humaines et milieu naturel. À cette condition, le rôle humain peut se concevoir dans le sens de l'amélioration et non de la destruction.

Braungart y insiste, il ne s'agit pas de repousser seulement de quelques mois ou quelques années la destruction ultime, en recyclant nos bouteilles de plastique en parkas, lesquelles finiront bientôt, à leur tour, dans un incinérateur.

Les projets de C2C (prononcez « ci-tou-ci »), acronyme en usage pour désigner Cradle to Cradle, s'ancrent finalement sur l'idée de la métamorphose, de la migration permanente des objets dans un cycle infini. S'il s'agit de produits décomposables, susceptibles de se transformer en compost, en engrais vert, l'objectif est de les concevoir et de les fabriquer sans éléments toxiques. Ainsi, la firme DIM a mis au point, selon les normes C2C, des collants ne contenant plus de matières plastiques. Une fois usagés, ils peuvent être compostés – les vieux collants décomposés pourront nourrir des cultures, qui à leur tour nourriront animaux ou humains.

Ce qui nous intéresse, dans cette série d'initiatives, c'est surtout l'intrication permanente de questions pratiques et de cette attitude philosophique consistant à estomper les frontières entre monde humain et monde naturel, sans pour autant – c'est là le point essentiel – abandonner cette part décisive d'intervention intelligente et d'activité inventive qui signale notre espèce. Si le principe est simple, ses applications sont parfois déroutantes tant elles sont nombreuses et variées, chacune exigeant une attention vigilante.

Michael Braungart attire ainsi notre attention sur d'innombrables questions dont les consommateurs comme les industriels se soucient encore peu. Le benzène, par exemple, est un produit toxique dont l'usage est contrôlé, et désormais interdit dans la plupart des pays développés. Mais aucun contrôle n'est effectué sur les pièces de caoutchouc fabriquées à bas coût, à l'autre bout du monde. Résultat : sans le savoir, chez soi, en faisant sa gymnastique, on peut inhaler du benzène... contenu dans le tapis de sol.

L'attention de l'ingénieur s'exerce particulièrement sur ce qu'il appelle les objets « Frankenstein », ceux qui contiennent, sans distinction, produits naturels et additifs toxiques. Mais il s'intéresse également à mille produits, matériaux et marchandises – de l'automobile à l'habitat, de l'alimentaire à l'électronique, en passant, par exemple, par le papier : *« Savez-vous qu'il n'y a pas un seul papier courant que l'on puisse aujourd'hui intégrer dans les cycles biologiques ? Ils ne sont pas conçus pour être transformés en compost, ni même pour être brûlés ! Si vous brûlez ces papiers, vous empoisonnez l'environnement, à cause des additifs et des encres qui n'ont jamais été élaborés dans le souci de ne pas nuire. »*

Cradle to Cradle se donne donc pour but de tout repenser, en intégrant dès le départ, dans la conception même des produits, leurs réutilisations futures. Dans le cas de matériaux non décomposables, il faudrait les élaborer dès l'origine pour qu'ils puissent être désassemblés et réutilisés autrement. Ainsi, une entreprise « certifiée C2C » conçoit désormais des meubles de bureau dont toutes les pièces peuvent être récupérées pour d'autres configurations et assemblages.

Pour les matériaux rares, coûteux ou toxiques (ou les trois…), Braungart et les siens préconisent une réutilisation permanente, sous contrôle, au lieu de les jeter, sans retour, comme c'est le cas aujourd'hui : *« Que ce soit dans la biosphère ou dans la technosphère, quand les choses ont été conçues pour ne pas être détruites, elles peuvent perdurer très longtemps. Prenez le cuivre, par exemple. C'est un produit extrêmement dangereux, mais on peut l'utiliser indéfiniment, sans dommage, dans des machines différentes, au lieu de l'extraire du sol et de le détruire.*

Ce qui fait la force de notre projet, ce sont les transformations incessantes. Le simple recyclage d'un produit le laisse identique, mais on sait aussi que personne ne veut avoir le même fauteuil pour les prochaines dix mille années ! Il faut donc concevoir un voyage qui permette aux matériaux de changer de forme : aujourd'hui machine à laver, demain voiture, la fois suivante ordinateur ou téléviseur… C'est pratiquement sans limites. L'intelligence humaine a juste besoin de devenir "un peu plus intelligente" dans les faits. »

Au final, le rêve ultime de Braungart, qui se veut beaucoup plus pragmatique que romantique, est à coup sûr de réconcilier industrie et écologie, santé et prospérité, profit et environnement, d'intégrer l'humain, ses besoins comme ses aspirations, tout en insistant sur la nécessité d'une action ni restrictive ni culpabilisante.

C'est ainsi qu'il distingue, se servant de la langue anglaise, entre l'*efficiency* (l'efficacité qui rend un produit non toxique, moins polluant – le moindre mal) et l'*effectiveness* (l'empreinte positive, l'action bénéfique). Pourtant, il réfute paradoxalement toute dimension éthique de sa démarche : « *Pour moi, l'éthique est une affaire personnelle, non une question collective, car, dans ce cas, on aboutit toujours à une morale double face ou, pire, aux régimes totalitaires. Non, moi, je veux juste parler de qualité. Le produit qui devient déchet, le produit qui provient du travail d'un enfant ou qui est toxique pour les enfants, est juste un produit de mauvaise qualité. Avoir un airbag dans sa voiture est-ce une question éthique ? Non, c'est juste une question de qualité du produit, même si cela peut avoir des conséquences éthiques !* »

C'est donc à un véritable renversement de conception philosophique que veut nous mener l'ingénieur en érigeant la qualité en valeur fondatrice de la planète pensée comme un tout – en échange continu – dans lequel chaque élément, humain ou non humain, est redevable de cette qualité afin que le monde tienne en équilibre. À cette condition, l'équilibre qui en résulterait pourrait, seulement dans un second temps, être qualifié de « juste ». Mettre l'éthique en amont serait, pour Braungart, comme mettre la charrue avant les bœufs. Ici, la morale est de surcroît, peut-être pour être plus sûre, mieux garantie…

Par contre, ce qui demeure bien de l'ordre du collectif, pour Michael Braungart, ce sont tous les droits qui sont objets de son action et de sa réflexion : « *Pouvoir disposer de feuilles de papier biologique, que l'on peut au moins brûler sans toxicité ou composter pour nourrir des plantes, n'est pas un droit individuel. C'est un droit de l'homme*

[diff. Bornes et Limites]

collectif. C'est un besoin fondamental pour la collectivité, pas pour chacun pris à part. De même, la biodiversité, les phosphates qui sont vitalement nécessaires à notre corps et à nos os, toutes les questions de préservation de l'environnement sont des questions de droits collectifs. Je suis convaincu que ces problèmes ne sont jamais simplement techniques. En tant que scientifiques, nous sommes obligés de les considérer d'abord sous l'angle technique, mais cela ne suffit pas. »

À l'évidence, c'est une des questions philosophiques cruciales que soulève l'écologie aujourd'hui. Au-delà des droits des individus, quels sont les droits du groupe, de la collectivité humaine ? Et, si l'on fait un pas de plus, quels sont les droits des formes de vie non humaines, animales, végétales ? Quels sont les droits de la terre ? Ces interrogations touchent au juridique, mais aussi au politique, à l'éthique, voire à la métaphysique. Pour les aborder, nous avons maintenant rendez-vous avec une philosophe passionnée par ce questionnement.

— max

PARIS. RENCONTRE AVEC CORINE PELLUCHON
« *L'important est de trouver la voie d'un humanisme différent.* »

Nous tenons à la rencontrer parce que son travail est novateur. Situé au centre de la question qui nous occupe, il en déplace les lignes. Au cœur des analyses de Corine Pelluchon se trouvent en effet les questions soulevées par l'écologie, par nos relations d'humains à la nature et aux animaux, par notre responsabilité envers la terre et les vivants. Mais, au lieu de se préoccuper seulement de la nature, des manières de la penser, de la préserver, de la respecter, elle cherche plutôt du côté de l'humain à la fois la source des problèmes que nous rencontrons et l'horizon de possibles solutions.

Qui sommes-nous ? Comment nous pensons-nous nous-mêmes, pour en être venus à fragiliser les équilibres naturels et à transformer les animaux en choses ? Et, inversement, comment devrions-nous nous considérer pour pouvoir agir différemment, mettre en œuvre une autre éthique, inventer un monde tissé selon d'autres relations ? Telles sont les questions cruciales que creuse, de livre en livre, cette philosophe.

Née en 1967, sa notoriété de philosophe de la nouvelle génération s'installe dans le cercle des chercheurs, dans l'attente de résonner, à coup sûr, auprès d'un plus large public. On le sait, les philosophes sont une espèce à maturation lente et à floraison tardive.

Parmi les jalons de son itinéraire, une enfance dans le monde rural, avec des parents agriculteurs, qui la rend naturellement sensible à tout ce qui touche à l'environnement, un temps d'enseignement aux États-Unis avec, très tôt, le choix d'une attention résolue aux personnes handicapées, aux situations de dépendance, à nos relations éthiques envers tous les humains dépourvus d'autonomie et, par conséquent, à l'analyse de la mise en œuvre d'une éthique médicale.

Corine Pelluchon partage son temps entre l'université de Poitiers, où elle enseigne, et Paris, où elle nous a donné rendez-vous. Cette jeune femme blonde, très mince, est manifestement habitée d'un enthousiasme pour la pensée et d'un sens vif de la responsabilité des philosophes dans le monde contemporain. D'emblée, elle tient à s'inscrire en faux contre les outrances et les excès de ceux qui rêvent d'annuler toute frontière entre l'humain et les autres espèces, et insiste pour restituer à l'homme une responsabilité à laquelle il ne doit pas se dérober : « *Quand même, ce n'est pas le pigeon qui va pleurer parce qu'une autre espèce disparaît ! C'est évidemment à l'homme de prendre en charge sa responsabilité. Cette spécificité, ce privilège de l'homme demeure indiscutablement. Mais, en même temps, il est vrai que l'éthique de la terre a désigné l'insuffisance de nos catégories classiques qui sont au fondement du droit – comme l'idée d'un sujet moral pris individuellement et qui agirait rationnellement. Cela interpelle vraiment la philosophie.*

C'est ce qui ne va pas dans l'humanisme classique – sur lequel se fondent les droits de l'homme : il ne tient pas compte de la positivité des différences, il ne prend pas en considération chaque espèce, chaque entité, il ne désigne pas les devoirs que l'on a envers elles en fonction de leur identité. Cela nous oblige maintenant à trouver des solutions qui prennent mieux en considération ce que nous faisons à la nature. » Cette « éthique de la terre » qu'évoque Corine Pelluchon s'est imposée dans le champ de la réflexion contemporaine. Elle a trouvé une de ses premières formulations modernes dans l'*Almanach d'un comté des sables*, l'ouvrage de l'écologiste américain Aldo Leopold. Ce livre, lu au fil du temps par des millions de personnes concernées par la protection de la nature, a introduit l'idée de *land ethic* (« éthique de la terre ») et de « communauté biotique » pour inciter à un changement radical de perspective. Pour Aldo Leopold, la situation est claire : « Une action est juste quand elle a pour but de préserver l'intégrité, la stabilité et la beauté de la communauté biotique. Elle est répréhensible quand elle a un autre but [23]. » Donc, au lieu de considérer que seuls ont de la valeur les objectifs humains, et secondairement les éléments naturels qui peuvent servir ses objectifs, il s'agit de reconnaître que les éléments naturels ont une valeur par eux-mêmes, indépendamment de nos intérêts et de nos projets.

Conséquences ? La toute première est évidemment le changement de place de l'humain. Au lieu d'être au centre, seule source des valeurs, l'humain n'est plus qu'une partie du tout, mais une partie qui a la particularité de devenir responsable de la conservation de ce tout, en étant tenue de respecter des existences – vivantes ou non – qui ne valent pas à cause de l'humain, mais par elles-mêmes. À la suite de Leopold, cette idée a été reprise et élaborée dans le registre philosophique par John Baird Callicott, professeur à l'université du Texas du Nord, qui explicite les conséquences d'une éthique de la terre d'un point de vue à la fois holiste, prenant en compte la totalité de la planète, et écocentrique, plaçant au centre la maison commune, et non l'humain [24].

Les mêmes choix sont encore à l'origine du développement de ce qu'on nomme l'« écologie profonde », par opposition à l'« écologie environnementaliste ». Si cette dernière se préoccupe de préserver l'environnement, d'empêcher son saccage, de maintenir ses équilibres, elle le fait principalement pour l'humain, en fonction de lui, dans son intérêt, pour son épanouissement ou, à la limite, pour sa survie. Elle ne remet pas en question de manière radicale la place de l'humain comme le fait au contraire l'écologie profonde.

Cette expression, utilisée pour la première fois en 1973 par le philosophe norvégien Arne Naess [25], distingue dans l'écologie politique contemporaine entre mouvement superficiel et mouvement profond. Profond devient ici synonyme de décentré par rapport à la perspective humano-centrée. Avec pour possibilité d'aboutir à des conclusions de plus en plus antihumaines, comme l'avait souligné il y a déjà longtemps Luc Ferry dans sa critique de ces discours radicaux [26]. En effet, si l'on considère les humains nocifs pour la nature, il faut soit les encadrer, limiter leurs activités et leur pouvoir de nuire, soit envisager de diminuer leur nombre, ou même, comme chez certains extrémistes, souhaiter leur disparition...

Corine Pelluchon, qui ne partage nullement ces positions, reconnaît au moins à l'écologie profonde le mérite de poser des questions dérangeantes : « *Les partisans de l'éthique de la terre nous font prendre conscience des limites de nos discours éthiques et politiques. Mais l'important est plutôt de trouver la voie d'un humanisme différent qui serait un humanisme de la diversité, de l'altérité. Si l'on veut parvenir à sortir des dégâts infligés aux générations futures, aux autres hommes, aux autres pays, aux autres espèces, à la nature elle-même, il faut retravailler l'idée du sujet humain. Qui suis-je ? Quels hommes sommes-nous pour faire cela ? »*

Pour la philosophe, la conception classique de l'individu – caractérisée par son autonomie, sa capacité à décider seul de son sort et de ses choix personnels – est totalement insuffisante pour faire face aux défis actuels. Pis, cet individu autonome, préoccupé avant tout de ses intérêts propres, de ses satisfactions personnelles, de son bonheur individuel, se révèle partie prenante des saccages et des dégradations. Il s'agit donc d'élaborer une autre conception du sujet humain qui puisse permettre de sortir de cette impasse sans pour autant sacrifier au passage ni les libertés individuelles ni les droits de l'homme.

Corine Pelluchon propose donc en remplacement une autre conception de l'individu, caractérisé par ce qu'elle nomme de façon évocatrice une « autonomie brisée [27] ». Un sujet qui ne serait plus clos sur lui-même mais lié aux autres, à ses semblables comme aux autres vivants et au reste du monde. Vulnérable et, parce que vulnérable, également responsable. Cette vulnérabilité désigne alors non seulement le fait d'avoir un corps qui s'use et vieillit, qui est exposé à de possibles souffrances, mais aussi la capacité de s'émouvoir, de compatir à la souffrance des autres corps vivants, humains ou animaux, comme à la destruction des écosystèmes.

Cette compassion conduit vers une nouvelle forme de responsabilité qui n'est plus le simple fait d'être responsable de soi, mais celui d'être aussi responsable envers les autres et pour eux, qu'ils soient doués de raison ou non, qu'ils soient en mesure de l'exercer ou pas. Ce que cherche à élaborer cette philosophe, c'est une véritable

« éthique de la vulnérabilité [28] » avec un humain qui ne soit plus « inaltérable », mais ouvert à l'altérité.

Ce qui rend si intéressante sa recherche philosophique, c'est finalement sa volonté de repenser l'éthique après Darwin. En effet, pour Corine Pelluchon, Darwin a ruiné l'éthique ancienne. En soulignant la continuité de l'animal à l'homme, le naturaliste a ouvert une double crise : celle de l'idée d'un propre de l'homme et celle de l'éthique qui en est la conséquence. La philosophe choisit résolument de retenir la continuité fondamentale de la nature, des animaux et des humains, mais, et ce « mais » est d'importance, en ne perdant pas la spécificité et la responsabilité humaines. Elle s'efforce de ne pas annuler l'humain, de ne pas l'écraser sous le poids de la nature, mais de le repenser dans une singularité renouvelée, sensible aux autres vies.

Dans ce parcours, la question des traitements infligés aux animaux s'impose, inévitable pour celle qui a vécu son enfance auprès d'eux : « *L'élevage industriel est une aberration parce qu'il force l'animal à s'adapter à un modèle calqué sur l'industrie. Le vrai sens de l'élevage devrait consister à exploiter l'animal en suivant ses besoins éthologiques propres. Les choses sont justes quand on commence par se soucier des besoins éthologiques essentiels des animaux et non des impératifs de la production.* »

La question de la frontière entre animal et humain suscite un nombre croissant de débats. Y sont en jeu, évidemment, le statut de l'animal, ou plutôt des animaux – car les espèces sont éminemment dissemblables – et les traitements que les humains peuvent, ou ne devraient pas pouvoir, leur réserver. Comme en miroir, le statut de l'humain est toujours en jeu dans ces débats. Dès 1975, le philosophe australien Peter Singer [29], qui juge contraire à la morale de manger les animaux, est le premier à dénoncer la domination humaine comme « spécisme », terme forgé sur le modèle de « racisme ». Selon lui, la différenciation des espèces joue toujours en faveur de l'espèce humaine, au détriment des autres espèces. Avec *La Libération animale*, il inaugure le nouveau courant d'éthique animale qui propose de conférer aux animaux les droits des humains. Une vision qui, paradoxalement, revient à maintenir toujours l'homme au centre...

En fait, ce courant était apparu dès 1789, avec un petit événement sans rapport avec la Révolution française. Cette année-là, le philosophe anglais Jeremy Bentham, que nous avons déjà entrevu avec son *Panopticon*, affirme à propos des animaux : « La question n'est pas : "Peuvent-ils *raisonner* ?" ni "Peuvent-ils *parler* ?", mais "Peuvent-ils *souffrir* ?" » En déplaçant ainsi la réflexion classique consacrée à la raison des bêtes ou au langage animal vers la sensibilité et l'unité qu'elle instaure entre « eux » et « nous », Bentham inaugure un chambardement qui va aller crescendo jusqu'à nos jours.

L'indice le plus simple de ce bouleversement, c'est justement ce que signifie ce « nous », que le jeune et brillant philosophe Tristan Garcia[30] a voulu décrypter en profondeur. Classiquement, en disant « nous », on désignait les humains, les êtres doués de raison, par opposition à « eux », les animaux, bêtes, brutes, formes de vie différentes et dissemblables. Cette manière de dire s'est déréglée. « Nous » rassemble désormais, dans une communauté infinie et floue, tous les vivants capables de souffrance. Voilà qui signe une mutation profonde de notre sensibilité. Parmi ses causes probables, Tristan Garcia discerne le fait que les humains modernes sont séparés des animaux, devenus soit des jouets de compagnie, soit des aliments préparés, soit des objets d'études scientifiques. Dans cet éloignement, mettre l'accent sur la souffrance partagée devient un moyen d'être encore ensemble, d'une autre façon.

L'animal, devenu frère, cristalliserait aussi en lui toutes les humanités bafouées. Il permettrait ainsi d'exorciser ce que les humains se sont infligé les uns aux autres comme horreurs, dominations, asservissements et humiliations. C'est aussi au moment où le genre humain désire lever ses propres divisions, proclamer l'égalité de tous, effacer les races et les classes, qu'il semble ne plus discerner sa propre identité parmi les espèces vivantes.

Voilà la difficulté nouvelle que soulève cette sensibilité inédite : quand « nous » se met à désigner tous les êtres capables de souffrir, n'y a-t-il pas le risque de ne plus savoir ce que veut dire « humain » ? L'identité humaine devient floue, problématique, apparemment introuvable. Les frontières se brouillent à mesure que s'intensifient la culpabilité des humains et leur solidarité envers toute vie souffrante.

Au final, dans tous ces débats, la question qui revient, sous les formes les plus diverses, demeure encore et toujours, inlassablement, celle de la frontière. Entre animal et humain, y a-t-il continuité ou rupture ? et en quel sens, au juste ? Peut-on dire qu'une différence radicale tient au langage ? Que la culture creuse un écart irréductible ? Que les humains, en construisant leur propre monde, sont effectivement sortis de la nature alors que les formes de vie animales y demeureraient toujours ?

Ce sont des questions en suspens, tout comme est en débat la place que réserve le droit aux animaux par rapport aux humains. S'il est souvent question de reconnaître des droits aux animaux, et si cette exigence semble légitime, elle soulève aussi de multiples problèmes. Car, jusqu'à présent, on ne reconnaît de droits qu'à des « sujets de droit », c'est-à-dire des personnes capables de s'engager par contrat. Or les animaux ne sont toujours pas des personnes. Pour le droit, qui ne reconnaît que deux catégories, les choses ou les personnes, les animaux sont toujours à ranger du côté des choses... Si, dorénavant, la distinction se brouille, alors quelle catégorie inventer ?

PARIS. RENCONTRE AVEC BERNARD EDELMAN
« Quand la biologie introduit un nouveau désordre, c'est au droit de tenter d'en tirer un ordre. »

À l'évidence, l'aide d'un juriste s'impose. Quand les délimitations entre vivant et non-vivant sont remises en question comme le sont les barrières entre animal et humain, quand la brevetabilité du vivant est discutée, quand le caractère « sacré » du vivant est contesté, il devient inéluctable que ces remaniements croisent un jour la sphère du droit et l'interpellent. On voit donc les juristes saisis de perplexités nouvelles, embarrassés de casse-tête inédits.

En voici trois exemples, comme autant de points de départ en forme de devinettes.

Ici, un café français, devenu célèbre parce qu'il fut le premier bistrot libéré de France au moment du Débarquement en 1944. A-t-on le droit de le photographier sans demander l'autorisation de son propriétaire ? Normalement, oui. Mais un arrêt de la Cour de cassation décide que non. Pourquoi ?

Là, un patient américain : ses médecins lui ont prélevé, à son insu, des cellules, et ils ont développé grâce à elles un traitement anticancéreux générant des bénéfices fantastiques. Ce patient intente un procès à ses médecins. Quels sont ses arguments ?

Ailleurs, entre Chine et Europe cette fois, une exposition qui se prétend artistique met en scène, dans diverses postures de la vie quotidienne, des cadavres humains « plastinés ». Ses organisateurs sont poursuivis et condamnés. Pour quels motifs exactement ?

Ces trois histoires insolites n'ont évidemment pas manqué d'attirer l'attention du juriste-philosophe Bernard Edelman, qui a accepté de nous en donner les clés. Car, de même qu'elles ont en commun de montrer comment les partages habituels du droit sont aujourd'hui déjoués, notre interlocuteur aussi, à sa façon, déjoue les frontières. Avocat, il se consacre principalement aux affaires de droits d'auteur et aux conflits éditoriaux. Mais il est à la fois auteur d'ouvrages de philosophie [31] et d'autres essais qui mettent en lumière les paradoxes engendrés par des innovations techniques comme les OGM, les cellules souches, les greffes d'organes, et qui soulignent les incertitudes nouvelles qui s'ensuivent à propos des contours de la notion centrale de personne [32].

En fait, sa double vie d'avocat-philosophe, Bernard Edelman l'organise subtilement. Il ne se contente pas d'être juriste d'un côté et philosophe de l'autre, ce serait trop simple. Il s'amuse bien plus en organisant malicieusement à la fois le lien et la séparation entre ces deux versants. Rien n'intéresse ce juriste aguerri comme les affaires où les magistrats ne savent plus à quel arrêt se vouer, où les catégories habituelles s'appliquent mal, où l'ingéniosité et l'imagination se trouvent requises. Parce que ces cas de figure juridiques font les délices du philosophe, il les collectionne, les dissèque avec une sorte de gourmandise, y trouvant matière à réflexion, à jubilation, parfois à concepts inédits.

Pourtant – sourire narquois en prime –, il ne mélange pas les genres ! Aux questions de droit Bernard Edelman répond en juriste, au cas par cas. Il réserve la philosophie aux questions qui la concernent. Si les deux disciplines se provoquent l'une l'autre, elles ont chacune leur démarche propre, et leur cheminement de pensée. C'est ce qu'il souligne dès le début de notre conversation, dans son bureau mansardé, sous les toits d'un immeuble ancien du Quartier latin, tout près de l'ancienne École polytechnique.

Alors, sans nous faire languir plus longtemps, il nous explique les liens qui unissent nos trois histoires de départ : « *Tout dérive de la distinction entre chose et personne qui, depuis le droit romain, constitue ce qu'on appelait la* summa divisio, *le partage suprême. De tout temps, le monde juridique se fonde sur cette division fondamentale, d'un côté, le monde des choses, de l'autre, celui des personnes. Jusqu'à ces trente dernières d'années, il ne faisait aucun doute pour un juriste qu'on devait clairement distinguer les personnes, d'un côté, avec leurs capacités d'actions juridiques, comme de passer entre elles des contrats, d'avoir des relations de filiation, de mariage, d'adoption, etc., et d'autre part les choses – biens, propriétés, meubles ou immeubles, objets ou valeurs, ou encore animaux.*

Le droit de propriété constituait le pont entre ces deux mondes. Il désignait les hommes comme maîtres des choses. Dans cette configuration, le corps humain n'était pas considéré comme une chose dans la mesure où l'homme, sujet de droit, avait un droit inaliénable sur son propre corps : il ne pouvait en aucun cas le vendre à quiconque. Tout cela était simple, tombait sous le sens et semblait indiscutable. »

Mais voilà que ce grand partage a commencé à se défaire et se brouiller. Ces deux mondes, jusqu'alors distincts, ont empiété l'un sur l'autre. On a vu arriver ce qu'on croyait impensable, des choses assimilées partiellement à des personnes, des personnes ayant en partie le statut de chose.

Et c'est là qu'intervient notre première histoire, celle du café de la Libération. Depuis plusieurs années, l'exploitante du Café Gondrée, à Bénouville, premier bâtiment libéré par les troupes américaines le 5 juin 1944, la veille du Débarquement, se plaignait régulièrement que des fabricants de cartes postales reproduisent l'image du café sans son accord. Elle décida de saisir la justice pour ce qui constituait, selon elle, une atteinte à son droit de propriété : « *C'est alors que l'arrêt de la Cour de cassation du 10 mars 1999 a stupéfié tout le monde, en déclarant en substance : "L'autorisation du propriétaire est nécessaire parce que ce café a une* personnalité *qui est, d'une certaine manière, le prolongement de la personnalité et de l'histoire de son propriétaire." Ainsi, on voyait pour la première fois une chose acquérir certaines caractéristiques d'une personne, c'est-à-dire avoir une image, quasi une vie privée à laquelle on ne pouvait porter atteinte sans l'autorisation de son propriétaire.*

Cet arrêt a marqué le début de la mise en question de la distinction chose-personne. Ce basculement ne s'est pas seulement produit de la chose vers la personne, mais aussi, mais surtout, de la personne vers la chose. Cette transformation de la personne en chose s'est faite essentiellement par le truchement des biotechnologies, quand le corps a commencé à être considéré comme un réservoir d'organes, avec la possibilité d'en tirer profit. Prenez l'exemple de la gestation pour autrui : on considère dorénavant que l'utérus d'une femme peut faire l'objet d'une location. Une femme peut allouer son utérus comme un propriétaire loue son appartement, pour telle somme à verser mensuellement, etc. L'utérus est alors considéré comme une chose... »

C'est là que l'on retrouve l'histoire de John Moore, ce patient américain surnommé « l'homme aux cellules d'or [33] ». Atteint en 1984 d'une leucémie, il avait la particularité de sécréter des anticorps exceptionnellement puissants. Ayant découvert cette singularité, ses médecins ont, à son insu, prélevé ses cellules et les ont mises en culture. Ils ont finalement obtenu et breveté une lignée cellulaire qu'ils ont commercialisée avec succès : « *Ayant eu connaissance de ces manipulations, cet homme a intenté un procès aux médecins en 1988. Ses arguments reposaient sur le fait qu'il revendiquait comme siennes ses cellules et leur descendance dans les cultures en laboratoire. Cela posait au droit une question redoutable : quel rapport entretient une personne avec les* produits *de son propre corps ? En est-elle le propriétaire ou pas ? Si l'on décide que le droit de propriété s'applique aux cellules, cela veut dire qu'on devient propriétaire de son propre corps, ce qui ouvre la porte à d'innombrables difficultés. Car en quel sens une personne serait-elle propriétaire d'elle-même ? Et si l'on admettait cette idée, qui est donc le propriétaire, et de quoi est-il au juste le détenteur ? Même en admettant qu'on soit propriétaire de ses cellules, cela ne peut pas vouloir dire qu'on devienne propriétaire de soi, parce que, dans ce cas, qui serait donc ce soi ? »* Toute la difficulté reposait donc sur cette différence cruciale entre le fait d'avoir un droit de propriété sur les produits de son corps et l'impossibilité de concevoir l'idée d'être propriétaire de sa personne, de soi-même...

Devant notre embarras, Bernard Edelman visiblement jubile. Il tire une large bouffée de sa pipe, regarde la fumée s'envoler, et reprend avec un sourire ironique : *« En fait, la Cour d'appel fédérale de Californie a trouvé, elle aussi, la discussion trop périlleuse. Elle s'est bornée à condamner les médecins, mais sur un autre terrain, pour n'avoir pas respecté le rapport de confiance !... »* Remettant la résolution de cette question à plus tard...

Voilà donc le partage juridique, ancien et fondateur, entre personne et chose ébranlé par les avancées des techniques et de la biologie. Toutefois, si une ultime frontière tient bon, c'est de toute évidence celle de la mort. La vie trouve là sa limite inéluctable, même si l'on s'efforce de la repousser. De cela chacun convient. Pourtant, le cadavre humain n'est pas vraiment une chose, en tout cas pas une chose comme les autres. Parce qu'il est corps sans vie d'un humain, il doit être traité avec dignité.

D'où l'enseignement de la troisième histoire que nous raconte Bernard Edelman. Elle a trait, elle aussi, aux frontières du vivant et aux manières dont les mutations de notre époque les travaillent, mais les perspectives sont encore différentes. La question était de savoir si dix-sept cadavres de condamnés à mort chinois disséqués pouvaient être exhibés, pour des raisons artistiques, dans l'exposition intitulée *Our Body – À corps ouverts* qui se tint en France durant près d'un an. Elle a été finalement interdite par la Cour de cassation, le 16 septembre 2010 : « *Cette affaire a été une véritable saga judiciaire. Quand un pays accepte de vendre ses condamnés à mort, cela signifie que pour lui le vivant n'a pas de valeur : voilà, en deux mots, l'idée centrale. En réalité, ce qu'on reprochait au commissaire de l'exposition était de faire commerce de la mort. Or faire commerce de la mort équivaut à faire commerce du vivant, puisqu'il y a une équivalence en droit entre le respect dû au cadavre et le respect dû au corps vivant. Donc, si l'on faisait du commerce avec le corps mort, on accepterait par là même l'idée d'en faire avec le corps vivant.*

De cela on pourrait tirer une moralité pour aujourd'hui : respectez-moi de mon vivant autant que vous serez obligés de respecter mon cadavre, et je serai heureux ! Le cadavre ne peut pas être exploité, alors que le corps aujourd'hui peut l'être, que le vivant peut l'être. De mon vivant, je peux faire de mon corps un marchandage que je ne peux plus faire avec mon cadavre. Le cadavre deviendrait donc comme une sorte de modèle, de revanche de l'humain, de manière posthume ! » Il deviendrait ainsi, à son tour, garant du respect du vivant…

L'avocat-philosophe savoure ce paradoxe comme une gourmandise. Visiblement, rien ne lui fait autant plaisir que les embarras suscités dans la pensée juridique par les innovations permanentes de la réalité. Pour notre part, nous avons envie de savoir s'il est possible d'imaginer dans quelle direction évoluera le droit, s'il devra forger éventuellement, à l'avenir, une nouvelle définition de l'humain. Questions inadéquates, pour le juriste, car le droit ne peut que se tenir en réserve, prêt à répondre, seulement si on le sollicite : « *La fonction du droit n'est en aucun cas d'être un anticipateur ! Le droit est uniquement là pour répondre aux questions qu'on lui pose. Il ne s'accorde aucun caractère prophétique, mis à part dans le domaine de la déclaration, comme les déclarations des droits de l'homme, où l'on dit à l'avance : voilà quel sera notre idéal. Pour tout le reste, c'est toujours au cas par cas que réfléchit le juriste. Un exemple : dans les années 1880, on a dû se demander si l'on pouvait concevoir un vol d'électricité. Des gens détournaient la ligne, disons qu'ils "évitaient" le compteur ! Or, pour qu'il y ait vol, il faut qu'on ait affaire à une chose, on a donc dû se demander si l'électricité était une chose, et seulement après on a pu répondre ! Ainsi, chaque fois qu'il y a des avancées technologiques, pas seulement biologiques, on demande après coup au droit de les consacrer. Il dit oui ou non, peu importe, mais il est là pour répondre, jamais pour questionner.*

De plus, à la question de savoir ce qu'est l'humain, le droit ne répond jamais que de manière négative. Par exemple, il pourra mettre en avant le concept de dignité, en disant qu'on ne peut pas traiter un homme comme une machine, mais il ne définira pas la dignité elle-même. Évidemment, nous pouvons toujours extrapoler à partir de ces catégories, dire que l'humain consiste dans la protection de ce que nous sommes... mais la question reviendra : que sommes-nous ? Là, le droit ne répondra pas, il ne construira pas un système philosophique. Il n'est pas là pour ça.

Le droit peut réaliser les "rêves" d'un imaginaire collectif, mais à sa manière : la science rêvera l'homme, l'artiste rêvera l'homme, le médecin rêvera l'homme et le droit rêvera l'homme. Chacun dans sa fonction propre. Celle du droit, c'est la construction perpétuelle d'un ordre. C'est la dernière instance, celle qui légitime, qui produit des normes, qui fixe le licite et l'illicite, le permis et l'interdit. Quand la biologie introduit un nouveau désordre, c'est au droit de tenter d'en tirer un ordre, c'est-à-dire des normes sociales vivables et admises par tous. En tenant compte, à l'évidence, d'une possible évolution des mentalités. Et comme le droit ne désigne pas seulement les tribunaux, mais aussi la loi, le législateur, à son tour, est à l'écoute du fonctionnement de la société. »

Pour le juriste, la société existe donc, avec ses normes, ses évolutions, ses règles et leur histoire. Pourtant, même cette affirmation n'est plus partagée unanimement.

Précisons mieux : personne, bien entendu, ne nie l'existence des sociétés humaines, ce qui relèverait simplement du délire. Mais certains, parmi les penseurs contemporains, en viennent aujourd'hui à démonter la frontière autrefois communément admise entre société et nature. Entre nature et culture.

Pour l'anthropologie, cette division était aussi fondatrice que pour le droit celle entre chose et personne. Elle est à présent non seulement ébranlée, mais carrément battue en brèche par le programme audacieux de Philippe Descola, qui occupe au Collège de France la chaire d'anthropologie où se sont illustrés naguère Claude Lévi-Strauss et à sa suite Françoise Héritier. C'est cet effaceur de l'ultime frontière que nous allons maintenant rencontrer.

PARIS. COLLÈGE DE FRANCE.
RENCONTRE AVEC PHILIPPE DESCOLA
« *Une certaine figure de l'individu humain, qui a émergé à la Renaissance, est en voie d'extinction.* »

Le soleil n'est pas encore levé, mais les ténèbres se dissipent déjà, et les gens du village s'éveillent. La première chose qu'ils font, à l'aube, est de se raconter leurs rêves. Une femme, pendant qu'elle dormait, a entendu une plante lui parler, et pas n'importe quelle plante, une igname, ce tubercule voisin de la pomme de terre qui est une des nourritures de base de la tribu. Un homme a rêvé d'un toucan, l'oiseau à bec jaune, à la chair plutôt coriace, et le chasseur se demande si le toucan qu'il a tué et mangé, il y a quelques jours, était vraiment consentant.

Et tous les jours se reproduisent des scènes identiques. Les plantes parlent. Les rochers aussi, d'ailleurs. La plupart des animaux. Tous sont doués d'une vie intérieure, de volontés et d'intentions. Ce sont des personnes autonomes, avec lesquelles les humains entretiennent des relations de voisinage, d'échange ou même d'alliance. Un langage mental, direct, leur permet de faire connaître leurs pensées, qui se communiquent mieux en rêve, mais pas exclusivement. Entre humains et non-humains, pas de fossé ni de rupture radicale. Un *continuum*, au contraire, où les humains font société avec des cailloux, des légumes, des fruits ou des animaux.

Nous sommes en Équateur, dans le haut bassin du Rio Pastana. Dans ce territoire difficile d'accès, dépourvu de routes, immense forêt que de très rares visiteurs rejoignent par de petits avions, vivent les Jivaro Achuar. Ils sont environ cinq mille, à cheval sur les territoires de l'Équateur et du Pérou. Pendant trois ans, de 1976 à 1979, Philippe Descola et son épouse, Anne-Christine Taylor, ont partagé leur vie, écouté leurs récits et tenté de comprendre leurs manières de penser, par-delà le choc que provoquaient leurs propos déconcertants.

Car ces humains ne sont ni fous ni stupides. Et surtout pas insensés au motif qu'ils seraient « primitifs ». Ils ne voient pas le monde comme nous, et rien d'autre. Même si leurs propos paraissent étranges, il faut tenter d'en comprendre la logique interne. En dépassant le mépris et la suffisance de celui qui sait, il peut devenir possible de s'engager dans une autre démarche. Partir de ce que disent les Achuar pour interroger nos propres catégories et découvrir qu'elles ne sont pas si évidentes que nous le pensons spontanément.

Une vingtaine d'années plus tard, en 2001, donnant la leçon inaugurale de sa chaire Anthropologie de la nature au Collège de France, où il succède à Françoise Héritier et à Claude Lévi-Strauss, Philippe Descola parlera en ces termes de ce qu'il sait en anthropologie : « Je le tiens en partie de conversations autour d'un feu dans les aubes brumeuses de la Haute Amazonie, avec des hommes et des femmes dont j'entends encore la voix lorsque je m'efforce de rapporter ce qu'ils m'ont dit [34]. » Il précisera également, ce qui va immédiatement nous être utile : « Ce dont je suis redevable à mes compagnons amérindiens, c'est de m'avoir permis, en bouleversant mes évidences par l'assurance tranquille avec laquelle ils adhéraient aux leurs, de m'interroger en retour sur ce que j'avais tenu jusque-là, plus ou moins consciemment, pour des vérités incontestables. »

De quelles vérités s'agit-il ? Des idées mêmes de nature et de culture, conçues comme deux univers distincts, à la fois opposés et reliés. Le choc initial que fut cette plongée dans un univers animiste conduisit Philippe Descola à interroger notre conception occidentale de la nature et l'amena à soutenir, dans son ouvrage majeur, qu'il était devenu nécessaire de penser et d'agir, « par-delà nature et culture [35] » – tel est le titre de ce livre, dont il faut comprendre la radicalité.

Si les Achuar ne voient pas du tout le monde comme nous, c'est qu'une idée, pour nous évidente, ne les effleure même pas : celle d'une nature neutre, obéissant à ses lois propres, indépendantes de nos sensibilités comme de nos actions. Cette représentation de la nature est nôtre, seulement nôtre. Dans notre schéma mental habituel, il y a en effet deux mondes. Le premier, si l'on peut dire, marche tout seul : la gravitation universelle, le cours des astres, les réactions chimiques, la croissance des plantes, les comportements guidés par l'instinct... – tout cela forme la nature et ses mécanismes objectifs. Aussi subtils, aussi sublimes ou complexes qu'on imagine ces processus naturels, ils demeurent incapables de décisions, dépourvus d'autonomie. C'est cela même, dans notre conception, qui les caractérise.

Sur le fond de ces processus physiques qui constituent pour nous « la nature », un autre monde se découpe. Celui de la culture, qui est le résultat des créations humaines les plus diverses – travail matériel, inventions symboliques et spirituelles. Par opposition à la nature, la culture ne désigne pas les connaissances de l'homme « cultivé » ni la rubrique arts-spectacles-livres de nos magazines. Il s'agit, dans le vocabulaire des anthropologues, de la totalité du monde humain, créé par l'ingéniosité multiple de cette espèce d'êtres parlants pas vraiment comme les autres.

Malgré d'innombrables liens, nature et culture se distinguent radicalement. On pourrait même dire, sans se tromper gravement, que la nature se définit comme le monde sans l'humain et que l'humain se représente comme un monde coupé de la nature – un être de culture façonnant et surmontant la nature en lui-même et, autant que faire se peut, hors de lui. Tel est, schématiquement, le modèle habituel. C'est ce schéma que perturbe Philippe Descola. Selon lui, « la nature n'existe pas comme une sphère de réalités autonomes pour tous les peuples ». Comme le montre le cas des Achuar, et cent autres, et mille autres, il existe de multiples façons différentes d'envisager la nature et de concevoir les relations entre humains et non-humains. En les examinant, l'anthropologue en conclut que « notre singularité par rapport au reste des existants est relative, tout comme est relative aussi la conscience que les hommes s'en font ».

Autrement dit, ce n'est pas partout et toujours, contrairement à ce que nous avons tendance à croire, que l'on imagine nature et humanité séparées. Chez de nombreuses ethnies, les frontières s'organisent très différemment des nôtres : il y a de l'« humanité » – des pensées, des volontés, une intériorité – bien au-delà de l'espèce humaine, chez les ignames ou les toucans, par exemple...

Si on prend au sérieux l'idée que cette coupure entre homme et nature est relative, que notre conception, occidentale et moderne, n'est qu'une parmi d'autres et n'a rien d'universel, que des relations différentes sont concevables entre humains et non-humains, réparties selon d'autres contours, alors les conséquences sont considérables. Sont remises en question, toujours selon l'anthropologue, « les lignes de partage qui distingueraient a priori l'animé de l'inanimé, le solide de l'immatériel, les règnes de la nature des êtres de langage et, parmi ceux-ci, les hommes qui vivent selon les lois de la raison de ceux qui croient au surnaturel [36] ».

Nous souhaitons rencontrer Philippe Descola afin qu'il nous éclaire sur ce qui se passe quand on parvient à ce degré de remise en question de toutes les frontières qui, pour nous, délimitaient l'humain. Dès lors, est-il encore possible de savoir ce qu'est un homme ? *« En fait, la question pertinente n'est pas "Qu'est-ce qu'un homme ?" mais "Qu'est-ce qui fait de l'homme un animal particulier ?" La réponse classique est qu'il aurait quelque chose en plus. Mais ce n'est pas nécessairement la seule, ni la bonne. On peut aussi se demander ce qu'il a en moins, chercher les capacités qui lui manquent. C'est la réponse que proposent les Amazoniens, par exemple.*

Toute la mythologie, en Amazonie, est au fond une histoire de la spéciation, de la différenciation des espèces. Elle s'interroge sur les conditions dans lesquelles des êtres qui avaient de très grandes capacités et des corps polyvalents ont perdu ces capacités et sont devenus, à la suite d'une petite catastrophe, telle espèce animale ou tel groupe humain. La question de savoir ce qu'est l'humain, pour un Amazonien, conduit à chercher ce qui a été retiré à l'humain au moment de cette spéciation mythique et qu'il s'efforce désespérément de récupérer depuis, en faisant notamment des parures, en empruntant des éléments physiques aux corps des animaux pour augmenter ses dispositions. »

Mais le langage ne demeure-t-il pas le propre de l'homme ? La parole n'est-elle pas ce qui fait la différence, ce qui creuse l'écart entre humains et animaux ? *« Je vous répondrai ce que vous répondrait un Indien d'Amazonie : le langage, c'est un outil. De même que le toucan a un bec qui lui permet d'opérer dans le monde d'une certaine façon, de s'en servir pour prendre, nous, nous avons des mots. Tous les existants utilisent le langage, mais il y a des langages particuliers, des outils particuliers, et ce sont des outils biologiques.*

L'idée que l'homme se définit par le langage n'a aucun sens pour une bonne partie de l'humanité. Les populations que j'appelle "animiques" partent du principe que la plupart des existants se voient comme des humains, autrement dit ont un langage. Si l'on peut communiquer avec eux dans les rêves, dans les transes visionnaires, c'est que ce langage est un langage mental, un langage universel de communication. »

Nous nous trouvons dans le bureau qui fut celui de Claude Lévi-Strauss, dans l'aile du Collège de France occupée par le Laboratoire d'anthropologie sociale. Pour y accéder, il faut suivre un dédale d'escaliers et de couloirs et traverser une bibliothèque imposante à souhait afin d'entendre finalement ce savant calme – l'air aussi résolu que tranquille – affirmer sans ambages que la figure de l'humain sur laquelle se sont construites la science moderne et la civilisation industrielle est pratiquement morte : *« Je suis persuadé qu'une certaine figure de l'individu humain, qui a émergé à la Renaissance, est en voie d'extinction. Parce que la distinction entre nature et société – qu'il s'agisse de la nature en nous ou de la nature hors de nous – est devenue beaucoup plus difficile à faire. On peut, désormais, attribuer aussi aux grands singes des capacités qu'on attribuait autrefois exclusivement aux humains. Cela détrône l'humain de sa position !*

C'est une vraie rupture, car même les philosophes des Lumières, comme La Mettrie ou Condillac, tout en étant matérialistes, s'attachaient quand même à maintenir une frontière de l'humain. Au contraire, on trouve chez Montaigne l'idée que partout "c'est une même nature qui roule son cours", idée que l'on trouve aussi dans la pensée médiévale, dans la pensée indienne, et dans bien des corpus... La conception de l'homme séparé de la nature, radicalement distinct d'elle, est vraiment une parenthèse. Je pense qu'elle est en train de se fermer. »

Si tel est le cas, quelle autre conception de l'humain et de la nature nous attend ? Philippe Descola insiste sur la forte continuité de l'animal à l'homme, en particulier l'extrême proximité des grands singes et des humains. Nous savons désormais que le génome de l'humain et celui du chimpanzé sont quasi semblables, que des travaux d'ethnographie des grands singes découvrent actuellement la « continuité comportementale » entre chimpanzés et humains. On observe la transmission locale, au sein de groupes de chimpanzés séparés les uns des autres, de plusieurs dizaines de comportements qui évoquent des traits culturels, comme la manière de chasser, de casser les noix ou de communiquer en tapant sur des troncs d'arbres avec des bâtons.

Faut-il en conclure que l'humanisme est effectivement une conception du monde dépassée ? Sur ce point, Philippe Descola se veut à la fois catégorique et prudent : *« Je pense qu'il faudrait bannir le terme d'"humanisme" car il porte en lui l'idée d'une prééminence de l'humanité que Claude Lévi-Strauss était le premier à dénoncer. L'expression même est très gênante et ambiguë. Ce que j'appelle de mes vœux, c'est une profonde réforme scientifique et morale qui permettrait de se détacher d'un humanisme plus ou moins épuisé. Évidemment, cela n'est pas simple. Parce qu'on n'a pas fini, non plus, de retirer des bénéfices de la révolution humaniste. Les Chinois qui luttent contre le régime de Pékin ou les dissidents iraniens auraient raison de me dire qu'ils ont besoin de se référer aux droits de l'homme, et qu'ils seraient très heureux de les voir respectés...* »

L'anthropologue est bien conscient que les différentes conceptions des relations entre la nature et l'humain conduisent à des politiques distinctes. Convaincu aussi, se référant au philosophe Merleau-Ponty et à ses cours sur la nature [37], que ce sont plutôt les changements autour de l'idée de nature qui provoquent les découvertes scientifiques que l'inverse : « *J'ai essayé de le montrer dans mes propres recherches, en définissant quatre ontologies dont je pense qu'elles sont des matrices de découverte et de modification technique qui permettent d'actualiser des pans du réel.* »

Dans ces quatre façons d'envisager les êtres dans leur relation à l'extérieur, il distingue l'*animisme*, dont les Achuar sont le meilleur exemple, qui considère que toutes les entités naturelles – minéraux, végétaux ou animaux – peuvent avoir une âme, une intériorité comme celle des humains. Et, à l'opposé, le *naturalisme*, dans lequel notre représentation de la nature « objective » exclut que les non-humains puissent avoir une conscience et une volonté semblables aux nôtres.

Entre ces deux modèles antagonistes, Philippe Descola distingue également le *totémisme* – qui, sur le mode de la fusion, regroupe animaux et humains dans une continuité physique et morale, en fonction de traits qu'ils sont supposés avoir en commun avec un ancêtre-fondateur. Enfin, l'*analogisme*, qui élabore une chaîne des êtres dans un ordre hiérarchisé du plus humble au plus évolué, chacun étant séparé par le plus petit écart et se reliant par des correspondances. La chimère, composée d'attributs appartenant à des espèces différentes, en est un exemple. Dans la réalité, ces différents modèles existent conjointement, et parfois entrent en conflit : « *Il s'agit de conflits entre des modèles de représentation des relations entre humains et non-humains. On a d'abord eu tendance à projeter les droits des humains sur les non-humains, en appliquant la théorie de l'individualisme à des machines ou à des animaux. C'est là une période intermédiaire. Même si je crois très dangereux de faire des prédictions dans ce domaine, je pense qu'on va franchir une étape vers autre chose qui ne sera plus du tout fondé sur l'individu humain... Pour moi, c'est une des évolutions passionnantes qui vont advenir dans les temps prochains.*

Je ne pense pas qu'on puisse continuer encore très longtemps sans accorder une voix, une forme de représentation politique, aux non-humains. Des modèles alternatifs sont déjà sous nos yeux, même si ce ne sont encore que des balbutiements. Ainsi, la dernière Constitution de l'Équateur a décidé dans son préambule d'accorder des droits à la nature en tant que telle. La formule utilisée montre d'ailleurs l'embarras du législateur. Il est dit : "À la nature ou à la Pachamama", c'est-à-dire la déesse-Mère, la divinité chtonienne andine. Il me semble que cela va bien au-delà d'une idéologie écologique bien-pensante et générale. Voilà en effet des gens qui ont dû adopter, au XIXe siècle, l'idéologie du libéralisme, les constitutions bolivariennes, etc. Aujourd'hui, ils sont contraints par les faits de réintroduire dans le collectif des éléments que la société andine classique incluait – les montagnes, les sources, des troupeaux de lamas, des volcans, etc. – comme autant de composantes légitimes de ce collectif, dont le bien-être et la collaboration sont absolument nécessaires à l'équilibre de tous.

Je pense qu'on assistera de plus en plus à des phénomènes de ce genre. Des collectifs nouveaux peuvent naître, avec des droits qui ne seront plus liés aux seuls sujets individuels, mais à l'ensemble du collectif. Et cela sans dissocier de façon très nette, à l'intérieur de ce collectif, entre sujets humains et non humains. C'est dans cette direction que nous allons. »

En sortant du laboratoire d'anthropologie sociale, nous éprouvons un trouble comparable à celui ressenti après avoir rendu visite aux transhumanistes, par exemple Ray Kurzweil. À l'évidence, le contexte est radicalement différent, les questions et les enjeux ne sont pas du même ordre. Pourtant, ce qu'il y a de semblable, c'est la conviction de notre interlocuteur qu'une certaine figure de l'humain est désormais en train de s'effacer définitivement. À Los Angeles, on entrevoyait l'effacement de la frontière entre conscience et machine. Ici, on entrevoit la disparition de la séparation entre humain et nature. Chaque fois, on se trouve saisi par le sentiment de ce possible saut dans l'inconnu. De cet éventuel basculement dans un univers pour lequel les repères manquent encore.

La technique et la vie

Toutefois, à la réflexion, sans doute est-il possible d'envisager la question autrement. Nos derniers interlocuteurs ont tous mis l'accent sur la manière dont on avait excessivement séparé l'homme de la nature. En postulant une différence radicale, une rupture complète, on opère immanquablement une essentialisation de l'humain dont les effets se révèlent, à long terme, funestes.

Mais, à l'inverse, en incluant tout à fait l'humain dans la nature, n'est-ce pas à une essentialisation de la nature qu'on aboutit ? Avec comme conséquence, peut-être, de dissoudre l'humain, ou du moins de ne plus percevoir le type particulier de rapport que l'homme entretient avec ce qui l'entoure. L'éventualité de cette confusion, le philosophe des sciences Georges Canguilhem (1904-1995) l'avait très tôt relevée [38]. Il lui semblait utile et urgent, face aux conceptions développées par l'idéologie écologique, de rappeler que l'humain n'est pas installé sur ses terres comme l'animal sur son territoire. Il ne fait pas partie de la nature « au même titre que grenouilles et bœufs, chênes et roseau ».

Non parce qu'il serait d'une essence différente, mais parce que la relation qu'il entretient avec la nature est éminemment singulière. Immédiate pour les autres vivants, elle est toujours « médiate » dès qu'il s'agit des hommes : entre eux et la nature, toujours des intermédiaires, des médiations, des artifices. Canguilhem insiste ainsi sur la médiation capitale des outils et de la technique et sur la médiation constituée par les rapports des humains entre eux. D'où la nécessité, selon lui, de ne pas rabattre l'un sur l'autre deux concepts distincts : le *milieu*, qui relève du registre biophysique, et l'*environnement*, qui est de nature sociologique et historique. En les rendant identiques, on gommerait la dimension spécifique de l'humain.

La qualité première de cette analyse de Georges Canguilhem est de critiquer tout ensemble deux versants du naturalisme. L'un, de type idéologique, rêve du retour à des îlots de nature préservés, oubliant que le travail humain transforme tout son environnement. L'autre, de type scientifique, prétend expliquer les conduites humaines sur le modèle des conduites animales, oubliant que les relations sociales s'interposent toujours, comme médiation, entre l'homme et la nature [39]. Surtout, au lieu d'opposer la technique et la vie, Canguilhem propose de concevoir la technique comme un fait de la vie, son véritable prolongement, sa manière de construire sa relation à ce qui l'entoure, dans un processus dynamique.

Dans cette perspective, qui renvoie dos à dos technophiles et technophobes, une question reste à élucider : pourquoi la technique, au lieu d'être en harmonie avec ce qui l'entoure, est-elle devenue perturbatrice, voire dangereuse ?

Nous aurons à y revenir, bien qu'une réponse satisfaisante semble difficile à trouver. En tout cas, on retiendra que la continuité de la nature et de l'humain doit être tempérée par l'idée que notre relation à la nature demeure toujours médiate. D'autres philosophes, plus catégoriques, refusent purement et simplement d'en finir avec la différence séparant les animaux des humains. Avec des arguments.

PARIS. ÉCOLE NORMALE SUPÉRIEURE.
RENCONTRE 2 AVEC FRANCIS WOLFF
*« La différence radicale entre animaux
et humains est toujours valide. »*

Comme David Chalmers face aux cognitivistes, Francis Wolff, que nous avons déjà rencontré auparavant[40], fait partie de ces philosophes qui « font de la résistance » et refusent d'adopter le modèle de penser dominant. À tous ceux qui travaillent, comme on vient de le voir, à effacer les frontières entre nature et humain, Francis Wolff oppose, avec ténacité, l'argument de l'homme-animal humain doué de parole et de raison, toujours pertinent selon lui, bien qu'il remonte à l'Antiquité : « *Chez Aristote, on trouve déjà sur cette question ce que j'appelle un "grand argument", irréductible : les hommes communiquent avec un type de langage qui implique la rationalité. Cette rationalité est directement impliquée par la structure du langage proprement humain. Je soutiens que cette différence radicale entre animaux et humains est toujours valide.*

Quelle que soit la richesse des langages naturels des animaux, dont on découvre mieux tous les jours la complexité et les procédés sophistiqués, chez les dauphins ou les singes, il reste deux éléments du langage humain qui sont absolument irréductibles. Le premier est sa capacité infinie. On est ébahi en découvrant, dans une communication animale, plusieurs centaines de messages possibles.

Mais dans le langage humain, ce ne sont pas plusieurs centaines, c'est toujours une infinité ! Pour prendre un exemple très simple, la phrase que je suis en train de prononcer ne l'a peut-être jamais été par qui que ce soit, et elle est compréhensible par tout le monde. De même, tout le monde peut inventer à chaque instant une phrase qui n'a jamais été dite et qui sera compréhensible. Ce pouvoir d'inventivité infinie est spécifique à l'homme.

Le deuxième élément singulier, il faut y insister, c'est que le langage humain a pour conséquence la rationalité qui est proprement humaine. Je parle de raison humaine au double sens de capacité d'aller jusqu'à une connaissance de type scientifique et de capacité d'inventer des normes morales universelles.

Quand on nous dit : "Nous devons traiter tous les êtres naturels comme nous traitons les hommes", on se fonde sur l'idée que "la science montre que l'homme est un animal comme les autres". Or il y a là un gros problème !

En effet, la proposition initiale – "la science montre que..." –, si elle est vraie, contredit la proposition que l'on tire comme conséquence – "l'homme est un animal comme un autre". Si l'on dit "la science montre que l'homme est blablabla...", c'est bien que l'on croit l'homme capable d'accéder à ce savoir qu'est la science, savoir radicalement différent de toutes les autres formes de savoir auxquelles peuvent parvenir les autres êtres naturels ! Ce savoir scientifique n'est pas du même ordre que celui que peut construire un dauphin ou un singe, si intelligents qu'ils soient.

En d'autres termes, celui qui dit : "La science montre que l'homme est un animal comme les autres" oublie que cette science... est l'œuvre de l'homme. »

Ainsi, en voulant établir qu'il est un animal comme les autres, l'humain souligne par là même qu'il ne l'est pas... Nulle baleine, mouche ou dromadaire n'a jamais entrepris d'établir son identité avec la nature. En voulant s'inclure dans la pure nature, l'humain confirme qu'il en sort. En effaçant la frontière, il la réinscrit. Il semble bien y avoir là quelque chose d'irréductible. En tout cas un argument dont on ne voit par quel biais le contourner.

Francis Wolff insiste sur le lien entre cette capacité scientifique et le langage humain comme porteur de la rationalité : « *La capacité de contradiction, par exemple, est strictement humaine. Les singes connaissent le refus et la tromperie, qui dénotent un haut degré d'intelligence, mais ils ignorent la négation au sens fort, celle qui permet de parler d'un objet qui n'est pas là, de dire qu'il n'a pas telle propriété, que votre interlocuteur ne le voit pas ou n'a rien compris. Sans cette forme de négation, vous n'accédez pas à la rationalité qui est incluse dans le langage.* »

Ce qui ne protège évidemment pas les humains de la déraison ni de la barbarie. Parce que, conclut Francis Wolff, « *seul un être rationnel peut être irrationnel, et seul un être moral peut être immoral* ». En d'autres termes, c'est bien parce qu'il existe une frontière qu'on pourra dire qu'elle a été transgressée, que ce soit dans le domaine de la logique ou dans celui de la morale.

Une nature d'exception ?

Finalement, la réflexion actuelle semble prise entre deux mouvements contraires, dont la tension s'avive. Du point de vue scientifique, l'homme apparaît définitivement comme une partie de la nature. Plus possible de nier qu'il est un animal, qu'il a émergé, à une époque somme toute récente, au terme d'une évolution extrêmement longue, de la famille des grands singes. Toutefois, ce constat, tout comme les multiples recherches d'explications naturalistes des comportements humains, y compris dans le registre de la culture, laisse irrésolues quelques singularités absolues.

Car si l'humain est un animal, il ne l'est pas du tout comme les autres. Le langage, comme l'a souligné Francis Wolff, lui permet d'évoquer des choses absentes, de convoquer des idées générales, de produire des messages toujours nouveaux. La rationalité, que ce langage unique contient et permet de développer indéfiniment, confère au monde humain des spécificités que ne connaît aucune autre forme de vie animale.

Une autre différence radicale de l'animal humain, plus subtile, d'ordre métaphysique, est à relever, celle de sa conscience de l'infini. Car, quelles que soient les cultures de l'univers humain, l'interrogation sur les limites du monde, du temps, de l'espace existe. On n'en discerne aucun équivalent dans les autres espèces animales. De même, la conscience qu'il existe un monde antérieur à notre existence, postérieur à notre disparition, indépendant de nos volontés et de ce que nous sommes nous différencie. Cette évidence, donnée à tout humain, ne trouve aucune correspondance ailleurs.

Parmi les singularités uniquement humaines, liées à l'existence, pour nous, du langage symbolique, de la rationalité, de l'infini et du monde : ce souci qui est nôtre de connaître la vérité, et la soif sans limites de connaissances. Là encore, il s'agit de traits humains universels, qui peuvent emprunter des visages divers mais ne se rencontrent jamais parmi d'autres espèces.

En résumé, le débat contemporain voit s'opposer deux attitudes principales. L'une travaille à proclamer la « fin de l'exception humaine », comme le souhaite, par exemple, le philosophe français Jean-Claude Schaeffer[41]. Son objectif vise à « naturaliser » intégralement les traits singuliers de l'humain, autrement dit en fournir des explications susceptibles de lever les dernières barrières entre homme, animal et nature.

L'autre attitude veut préserver les différences qui singularisent l'humain, non pour restaurer une infranchissable frontière entre l'homme et la nature, mais pour éviter de manquer ce qui fait le « propre de l'homme ». Il s'agit alors de comprendre par quelles voies l'évolution a produit cet animal en rupture avec les autres. Ainsi le jeune philosophe Étienne Bimbenet, dans une remarquable étude intitulée *L'animal que je ne suis plus*, refuse de choisir entre les deux voies offertes à notre réflexion et pense qu'il faut dorénavant tenir ensemble les éléments incontournables qui vont vers la naturalisation de l'humain et ceux d'un humanisme irréductible. Il suggère pour cela de considérer plutôt l'homme comme un « animal décentré [42] ». Reste bien entendu à mieux cerner les contours neufs de ce décentrement, ses conséquences et les responsabilités qu'il engendre.

Puisque tous ces débats tournent autour du thème des frontières délimitant l'humain – pour constater qu'elles se brouillent, ou pour contribuer à leur disparition ou tenter de les retracer sur de nouvelles bases –, il faut maintenant se demander s'il en existe encore qui soient capables de résister à toute tentative d'effacement.

— Pause 7 —

LA FRONTIÈRE INEFFAÇABLE

Limites, contours, frontières, lignes de partage, bornes, démarcations... Ces notions sont voisines – mais pas équivalentes, encore moins synonymes. Pourtant, autour de la silhouette de l'humain, elles semblent toutes bouger.

En ce cas, c'est moins la réalité qui change que nos représentations. À la limite, il n'existe pas de frontière en dehors de celles que nous nous inventons, que nous imaginons ou que nous cessons un jour de concevoir clairement, à cause des mutations de nos connaissances. Ainsi, on l'a vu, en biologie, le clivage entre vivant et non-vivant devient problématique. Dans le domaine de l'intelligence artificielle, la différence entre machines et consciences se brouille. Dans la filiation, le partage entre les sexes est questionné. Dans le monde numérique, où, par définition, on ignore les frontières, et avec la mondialisation, qui – son nom l'indique – prétend les abolir. Dès lors, renverser les dernières barrières, rapprocher l'homme de l'animal, intégrer la culture dans la nature, ce serait poursuivre le même mouvement, le conduire à son achèvement.

Au bout de cette logique, que trouve-t-on ? Probablement une tendance à vouloir effacer les contours mêmes de l'humain. Une indistinction, une dissolution de sa spécificité. Comme si, au terme de ce mouvement, l'humain n'était plus tout à fait discernable. Dans les schémas anciens, religieux ou philosophiques, tout était clair et bien réparti : homme, nature, animaux avaient des lieux, des fonctions et des attributs précisément définis. Quand, à la Renaissance, avec Pic de la Mirandole notamment, on a pensé l'homme comme une liberté se construisant, un être se fabriquant lui-même, il ne s'agissait nullement de le fondre dans la nature – au contraire : les animaux suivaient leur corps, l'homme inventait ce qu'il voulait devenir. Cette figure, on la retrouve jusque chez Sartre parlant de l'homme comme de cette existence dont la seule nature est de n'avoir pas de nature définie – « condamné à être libre », donc à se choisir. Là, il s'agit toujours de penser l'humain comme une page blanche, et non de le dissoudre.

À présent, on ne sait plus où se trouvent les bords de la page, on se demande même, à la limite, si elle existe réellement. Cette apparente confusion est liée, certes, aux avancées des connaissances scientifiques et au brouillage des anciens repères. Mais pas seulement. Il est probable qu'un autre phénomène s'y ajoute qui se révèle dans une tension de plus en plus affirmée entre l'idée de limites et celle de sans limites, et dans la recherche de résolution de cette tension. Ce qui exige d'être expliqué.

Toujours plus, toujours moins

La tentation de se défaire des limites est partout présente dans ce que nous avons rencontré : on rêve de s'affranchir des limites du corps, du temps, de l'espace, on s'efforce d'augmenter indéfiniment nos capacités, notre durée de vie, notre puissance informatique, nos capacités productives, notre confort de vie. Pourtant, dans le même temps, une conscience aiguë des limites émerge comme l'autre face de notre présent. Chacun sait désormais que la planète est unique, les ressources d'énergie en quantité finie, l'expansion sans mesure impossible. Plus de croissance illimitée sur une Terre limitée.

Une des clés de notre époque tient dans cette tension entre un toujours plus et un toujours moins, la croissance et la décroissance, le désir d'illimité et la conscience des limites. Une manière paradoxale de résoudre cette tension s'exprime dans la tentation d'une fusion de l'humain dans la nature. Telle est l'hypothèse que nous formulons. Nous avons aperçu déjà une illustration possible de cette idée : le remplacement de la dilapidation des ressources naturelles par des cycles imitant ceux de la nature. On y trouve à la fois la conscience des limites terrestres et la perspective d'une réutilisation illimitée des produits.

En suivant la même idée, on envisagerait autrement la volonté d'intégrer l'humain dans la nature, de ne plus le concevoir à part, différent et séparé. Car, s'il perd alors en superbe, en arrogance, en surestime de soi, il récupère par ailleurs une part de la puissance éternelle et infinie de la nature avec laquelle il est désormais censé ne plus faire qu'un.

Ce qui risque de se perdre dans cette indifférenciation, ce n'est pas seulement la possibilité de définir en quoi l'humain consiste, c'est surtout, de manière plus embarrassante, la possibilité même d'être responsable de son destin, de son histoire et de ses actes.

Existe-t-il une issue ? Le problème à résoudre pourrait prendre la forme suivante : déceler une frontière qui, ne pouvant être effacée, permettrait de préserver malgré tout une forme de spécificité humaine. Pas simple, on le voit. Pour nous aider à faire un pas vers une éventuelle solution, un détour par une distinction qu'établit Emmanuel Kant dans *La Critique de la raison pure* s'avère utile.

La borne n'est pas la limite

Il distingue en effet entre les bornes et les limites, qu'on a généralement tendance à confondre. Les *bornes*, pour Kant, sont des limitations simplement relatives. Par exemple, si nous ne savons pas aujourd'hui telle ou telle chose, cette borne présente de notre connaissance peut être reculée, et nous saurons, demain, ce que nous ignorons aujourd'hui. Au contraire, les *limites,* elles, sont absolues. Par exemple, les êtres humains ne savent pas ce qui se passe après la mort, mais ils ne le sauront pas mieux ni plus dans dix ans ou dans dix siècles, car cette connaissance n'est pas à leur portée puisqu'elle se situe en dehors de toute expérience possible.

Relevant des faits, la borne peut se déplacer, c'est une frontière provisoire. La limite, elle, est indépassable, c'est une frontière intrinsèque à notre existence et à notre pensée. Cette distinction est utile pour repérer ce qui pourrait constituer notre frontière ineffaçable. Essayons par exemple de l'appliquer à ce chapitre fameux de l'*Almanach d'un comté des sables* de l'écologiste américain Aldo Leopold, qui s'intitule « Penser comme une montagne ». Ces pages expliquent comment l'auteur, jeune homme, prenait un vif plaisir à tuer les loups. Se réjouissant, par la même occasion, de préserver ainsi la vie des cerfs. Jusqu'au jour, tardif, où il constata que la disparition d'une grande partie des loups prédateurs entraînait la multiplication des cerfs dévorant tous les feuillages, et donc la déforestation de la montagne, rapidement détériorée par l'érosion.

Moralité : le plaisir humain, le point de vue humain immédiat, qui ne prend pas en compte l'intérêt de la montagne et ne le comprend pas spontanément, doit laisser place à une autre manière de penser. Aboutit-on pour autant à « penser comme une montagne » ? Il ne semble pas. Car il ne s'agit pas là d'une *borne* qui aurait empêché, jusqu'alors, de penser comme la montagne, et qui permettrait soudain de le faire parce que cette borne serait reculée. Quelque chose est déplacé, effectivement. L'homme est passé d'un point de vue égoïste à une prise en compte de l'écosystème, mais ce passage a lieu à l'intérieur d'une *limite* indépassable, celle de la pensée humaine.

Car la montagne ne pense pas, du moins nous n'en pouvons rien savoir. C'est l'être humain, et lui seul, qui se met à penser à ce qui protège la montagne. Lui seul va changer de point de vue, décentrer sa réflexion. Tout se passe à l'intérieur de sa propre tête, sans jamais entrer dans celle de la montagne – à supposer que pareille tête existe, ce qu'il faut être animiste pour croire.

Ce point simple, et fort évident, a de nombreuses conséquences. Le point de vue humain sur le non-humain peut certes évoluer, il peut aller de l'instrumentalisation au respect, de l'indifférence à la reconnaissance. Il n'en demeure pas moins le point de vue humain, non la voix des choses ou des autres vivants, montagne, terre, animaux.

Il convient donc de se méfier des abus de langage, qui sont ici monnaie courante. Il ne s'agira jamais de penser comme une montagne, mais comme un humain qui se met à penser à la montagne et non plus seulement à son plaisir de chasseur. Il ne s'agit pas de défendre les droits des espèces animales ou de la nature, mais de reconnaître des droits, au sein des systèmes humains, aux entités non humaines. Car ces droits, il n'y a bien rigoureusement que nous pour les discerner, les formuler et les faire respecter.

C'est uniquement pour des êtres parlants, sujets de droits, que se pose la question du droit des êtres non parlants et non sujets. De même, quand on formule l'idée d'un « contrat naturel », comme le fait le philosophe Michel Serres, on ne saurait oublier que seul l'humain conçoit ce contrat, le rédige et le signe. Il n'y a personne en face pour s'engager de manière réciproque.

Ainsi, le « point de vue de la nature » (ou de la montagne, de l'animal, de telle espèce, etc.) est toujours celui qui se constitue, à son propos, dans les pensées humaines. Si l'on veut affirmer qu'on va ainsi reculer les bornes de la pensée, on ne peut le faire sans illusion qu'à la condition de ne pas oublier cette limite – indépassable – que constitue la pensée elle-même. Dit autrement : on ne sort jamais de sa propre tête.

On peut s'y déplacer, y changer de perspectives, décentrer nombre de ses représentations, chasser des préjugés, transformer sans doute des câblages neuronaux… mais on ne peut s'en évader pour aller se promener, réellement, au-dehors. Ce dehors de la pensée se représente encore au-dedans de la pensée. Le monde profondément change, mais il est toujours tel que les humains le voient.

Finalement, même quand on proclame l'annulation de la spécificité humaine, on affirme par là même une pensée que personne d'autre que les humains ne peut avoir.

À la tentation de la fusion – jusqu'au risque de la confusion – dans l'indifférencié, on pourrait échapper encore, et mieux, par une autre voie, qui serait celle de la *relation*. Dans un jeu permanent avec les éléments, les espèces animales, avec les humains différents comme avec les humains semblables, les idées de seuil, de séparation, de différenciation pourraient être à la fois assumées, éprouvées et surmontées, selon les cas. Le plus étranger se révélerait alors comme ce qui doit être reconnu comme tel, séparé, afin qu'une relation avec lui devienne possible. Entre distance et proximité.

Pour mieux comprendre cette perspective, qui engage une certaine idée de la responsabilité humaine, il nous faut faire un dernier parcours en compagnie de quelques philosophes concernés par le devenir humain et sa responsabilité.

VIII

RETOUR À L'HUMAIN

« *Comprendre le monde, pour un homme,
c'est le réduire à l'humain.* »
Albert Camus, *Le Mythe de Sisyphe*.

De la responsabilité

Dernière étape de notre enquête. Le voyage pourrait être sans fin. Toujours des questions se lèvent, des domaines nouveaux attendent, des réponses, à l'horizon, se profilent... et s'éloignent quand on chemine. Pourtant, le parcours tracé ne l'a pas été en vain. Le grand chantier en cours nous est apparu largement, dans sa diversité, sa complexité et ses tensions. Tout entier ? Certes non, mais quel regard pourrait prétendre tout embrasser ?

Il reste, pour finir, à prendre du recul, à voir le paysage d'un peu haut – en abordant le thème nodal de notre responsabilité. Sur les mutations en cours, quel est notre pouvoir d'agir ? Qu'est-ce qui nous incombe ? Sur quelle image de l'humain, de sa dignité, de ses capacités – mais aussi de ses fragilités, de ses violences – pouvons-nous guider nos choix ? Quelles représentations de la science, de la technique et de l'avenir sous-tendent et mobilisent ces réflexions ?

À partir des éléments rassemblés, il appartient à chacun de poursuivre sa réflexion. Ce qui nous importe ici est d'amorcer et non de clore les débats. Sur ce thème

==de la responsabilité humaine,== ils ne sont, par définition, jamais achevés. Mais ils ont bougé, comme le reste, ces derniers temps. Premières précisions.

L'idée de responsabilité se fonde toujours sur des considérations à la fois juridiques et morales. En droit, elle désigne le fait de répondre de ses actes, en cas de dommage ou de délit. Elle peut aussi s'étendre au-delà de ce qu'on fait soi-même : les parents sont considérés comme responsables des dégâts que provoquent leurs enfants. On peut même être tenu pour responsable de dommages occasionnés par des machines ou des immeubles que l'on possède, sans avoir ni agi ni décidé soi-même d'aucune façon.

Du point de vue moral, la responsabilité suppose de pouvoir décider et choisir librement, mais elle implique aussi, nécessairement, un système de valeurs. Quel monde voulons-nous ? Quel visage de l'humain nous paraît préférable, ou inacceptable ? Voilà les questions en jeu.

Dans ce domaine, les XXe et XXIe siècles marquent un profond tournant. Avec eux, nos représentations des rapports entre science, technique, humain et nature ont été soumises à une grande mutation. Sous des formes successives, cette métamorphose se poursuit et agit profondément, par résonance, sur la question de la responsabilité que nous souhaitons approfondir.

Apprentis ou sorciers ?

Pour comprendre le film, il faut revenir un peu en arrière, nous remettre en mémoire les principaux épisodes précédents. Tout commence avec le coup d'éclat de l'*Encyclopédie* de Diderot et d'Alembert, dont les trente-cinq volumes paraissent de 1751 à 1780. Se manifestent alors, en France comme dans toute l'Europe cultivée, pour la première fois avec cette ampleur, une confiance allègre envers les sciences et les techniques, un soutien des philosophes au pouvoir qu'elles offrent de changer le monde et de libérer l'humanité de ses chaînes. Dès ce moment, la responsabilité majeure des humains se reformule ainsi : faire progresser les savoirs, perfectionner les techniques, transformer la société.

Jusqu'alors, les penseurs ne tenaient vraiment pas la technique en haute estime. Depuis l'Antiquité, son domaine était jugé subalterne, presque veule. Même si quelques-uns, depuis la Renaissance, commencent à proclamer que les sciences peuvent changer notre monde. Le philosophe anglais Francis Bacon annonce cette révolution dans son traité de méthode *Novum Organum* (1620) et le Français René Descartes, dans le *Discours de la méthode* (1637), on l'a vu, pense que les connaissances exactes peuvent nous rendre « comme maîtres et possesseurs de la Nature ».

Mais ces précurseurs insistent sur la méthode et ne peuvent encore prévoir toutes les applications techniques à venir des sciences. Au XVIIIe siècle, au contraire, la révolution industrielle commence. Et Denis Diderot, fils d'un coutelier de Langres, n'a pas pour les outils, les artisans, ni même les machines, le mépris hautain des aristocrates de l'ancien temps. Diderot aime bien le cliquetis des métiers à tisser – tout comme Marx, un siècle plus tard, aura un faible pour les machines à vapeur. Leur conviction commune, en dépit de ce qui les sépare, c'est que les techniques libèrent. Elles donnent les moyens de surmonter les contraintes de la nature, d'édifier un nouveau monde. Parce qu'il fournit des moyens d'agir inédits et libère des servitudes matérielles, ce nouveau monde est plus humain.

Ce progrès dont l'humain devient seul responsable est le maître mot du XIXe siècle. Il cristallise et conjugue autour de lui toutes les espérances. On imagine alors que marchent du même pas, ou presque, les avancées des sciences, les inventions des techniques, les améliorations morales, sociales et politiques de l'humanité. Tout paraît à conquérir d'un même mouvement : les continents, la liberté, le confort et la santé, sans oublier l'éducation pour tous et le bonheur pour chacun. En un mot, soutenues par les sciences, les techniques permettent à l'humanité de gagner sa liberté sur terre.

Mais, au cours du XXe siècle, cette représentation d'espoir s'inverse, terme à terme. La technique devient au contraire ce qui menace l'humanité, ce qui la sépare de la terre, ce qui risque de la détruire après l'avoir asservie... Ce passage du temps de la conquête et de l'espoir au temps de la défiance et de la crainte ne s'est pas fait en un jour, on s'en doute. Graduel, il a fini par devenir total.

Deux guerres mondiales ont prouvé, coup sur coup, que sciences et techniques, loin de rendre les humains meilleurs, pouvaient leur permettre de tuer plus — de plus loin et en plus grand nombre. Dans les images qu'on se fait de la science, 1945 marque un tournant décisif. Avec l'explosion des premières bombes atomiques à Hiroshima et à Nagasaki, on constate pour la première fois que l'humanité a entre ses mains les moyens de sa disparition et la responsabilité de son éventuelle destruction. La connaissance peut aussi contribuer à la mort.

Les massacres de masse du XXe siècle, aussi dissemblables que soient la Shoah et le Goulag, ont en commun de montrer que les progrès des sciences et les raffinements de la culture ne constituent en rien des digues contre la barbarie. Des millions et des millions de cadavres sans sépulture marquent le triomphe de l'inhumain au temps des sciences et des techniques triomphantes.

Dans la vie quotidienne, on découvre aussi, au fur et à mesure, que la multiplication des usines, l'extension sans fin des villes, la prolifération des moteurs, la mécanisation de l'agriculture et des transports, l'industrialisation de l'élevage présentent autant d'inconvénients que d'avantages, sinon plus. Ils peuvent constituer autant de nuisances, de dénaturations, de barrières entre l'humain et le monde naturel, jugé plus authentique.

C'est à partir des années 1920 qu'un penseur allemand qui refuse le titre de philosophe, Martin Heidegger, commence à développer autour de ces thèmes des variations sophistiquées, souvent obscures et exaltées, mais qui rencontrent progressivement une forte audience dans certains milieux intellectuels. Parmi les composantes de sa pensée, on retient une défense de la ruralité contre les villes, une célébration de l'enracinement dans un sol ancestral par opposition au cosmopolitisme sans patrie – ces thèmes classiques de la pensée réactionnaire correspondant bien à l'engagement prouvé de Heidegger dans le mouvement nazi.

Pour Heidegger, la technique moderne parvient en quelque sorte à prendre la nature en otage. La présence du monde se trouve instrumentalisée, réduite à l'état de choses à utiliser – matière première, énergie, moyen de transport. Pour le montrer, il propose de contempler le Rhin : ce fleuve n'est plus une âme qui parle au poète, c'est un débit de mètres cubes par seconde pour l'ingénieur. Hier présence sacrée, aujourd'hui nature murée dans le barrage hydraulique, la centrale électrique, le système de la technique. C'est ce que Heidegger dénomme, dans son vocabulaire, l'« arraisonnement » de la nature par la technique.

Dans la représentation que ce penseur se fait de l'histoire, ce sont les philosophes, penseurs et poètes qui deviennent les agents décisifs des changements sur le long terme. À ses yeux, l'histoire de la technique n'a donc pas commencé avec les découvertes des ingénieurs et les avancées de la révolution industrielle. Elle remonte ni plus ni moins aux Grecs, à la mise en place par Platon et plus encore par Aristote, au Ve siècle avant notre ère, d'une pensée qui considère la réalité comme une chose manipulable, connaissable et transformable. Pour Heidegger, qui soutient que « la science ne pense pas », nous ne sortirons pas de ce monde faussé qu'engendre la technique devenue incontrôlable tant que nous n'aurons pas ce qu'il nomme « une autre pensée ».

Pour lui, la technique n'est pas seulement néfaste au lieu d'être bénéfique, dangereuse au lieu d'être protectrice. Elle est autonome, elle échappe à ses créateurs. Au lieu d'être un outil que nous pourrions prendre ou laisser, elle constitue un monde autoproliférant qui s'est totalement soustrait à notre contrôle. Dès lors, notre responsabilité actuelle se trouve en quelque sorte annulée, notre capacité d'agir s'évanouit. Nous restons responsables de la technique au sens où nous en sommes les déclencheurs, mais il n'est plus en notre pouvoir de l'arrêter. Nous rencontrons ses effets comme s'il s'agissait de processus naturels, extérieurs à nous, indépendants de nous.

Ce thème, repris, travaillé, actualisé par plusieurs philosophes, anciens étudiants de Heidegger, va occuper une place croissante dans la pensée contemporaine. Hannah Arendt, qui fut l'étudiante de Heidegger à Marbourg au milieu des années 1920, développe, dans *La Condition de l'homme moderne* (1958), l'idée que le travail dans la société moderne, conditionné par la technique, transforme profondément le rapport des humains à leur propre vie.

Pour Günther Anders, né en 1902 à Breslau et mort à Vienne en 1992, premier mari d'Hannah Arendt, également étudiant de Heidegger, le monde de la technique moderne vide la réalité de toute épaisseur, déshumanise le quotidien, ravale l'existence au statut de marchandise. Cette transformation générale ne laisse rien de côté : selon Anders, elle dénature l'humain, prive l'histoire de son sens, modifie la science elle-même, car au lieu de chercher à percer les énigmes des choses, la recherche se demande surtout comment exploiter de nouvelles ressources. Désormais, par hypothèse, « il n'y a rien qui ne soit exploitable ».

Le philosophe Hans Jonas est exactement de la même génération. Né en 1903, il meurt en 1993, et fréquenta lui aussi le cours de Heidegger en même temps qu'Arendt et Anders, dans les années 1920. En 1979, il ouvre par cette formule son livre *Le Principe Responsabilité*[1], devenu pour beaucoup un texte de référence : « La promesse de la technique moderne s'est inversée en menace. » Méditant sur cette inversion qui forme le point de départ de sa réflexion, le philosophe développe une nouvelle dimension de la responsabilité. Elle consiste pour lui à transmettre aux générations futures un monde habitable et des conditions de vie intactes. Ce qu'il résume en un précepte : « Agis de façon que les effets de ton action soient compatibles avec la permanence d'une vie authentiquement humaine sur terre. »

Convaincu que nous ne recevons pas la terre de nos ancêtres, mais que nous l'empruntons temporairement à nos descendants, Hans Jonas considère que notre responsabilité consiste aujourd'hui à contrôler le pouvoir de nuire de la technique. Il faut s'assurer qu'elle ne sera pas dévastatrice, sa puissance étant devenue telle qu'une catastrophe pourrait mettre un terme à l'humanité. Cette attitude de vigilance donnera naissance, notamment, au fameux *principe de précaution*, qui consiste à s'abstenir de mettre en œuvre une nouvelle technique dès qu'existe un doute sur son éventuelle nocivité. Cette prudence peut parfois se révéler excessive, paralysant des innovations qui exigent toujours une part de risque. Mais Jonas estime que le risque ne peut être pris quand il s'agit de préserver la vie. Telle est la responsabilité nouvelle qui nous incombe, à l'époque où la technique est devenue puissance démesurée.

Comme on le voit, ces différents penseurs, marqués par l'histoire tragique de leur temps, s'inscrivent tous dans un espace délimité par les mêmes convictions : la technique et la vie sont désormais opposées, l'expansion techno-scientifique se développe de manière autonome, l'humain est menacé, peut-être déjà perdu.

Face à ce catastrophisme, qui rencontre de larges échos et attise la frayeur, d'autres philosophes mettent l'accent sur la continuité de la technique et de la vie plutôt que sur leur opposition. Ainsi, le philosophe Georges Canguilhem choisit d'insister sur le fait que la technique est d'abord un prolongement de la vie, et de l'organisation humaine en particulier, et refuse de l'appréhender comme un milieu étranger et hostile.

On découvre aussi, ces dernières années, l'importance et la fécondité de l'œuvre d'un autre philosophe contemporain, peu connu de son vivant, Gilbert Simondon (1924-1989), qui a élaboré une pensée originale de la technique en s'efforçant de la réhabiliter comme « réalité humaine ». Dans son maître livre, *Du mode d'existence des objets techniques*[2], il l'explique : « La culture s'est constituée en système de défense contre les techniques : or cette défense se présente comme une défense de l'homme, supposant que les objets techniques ne contiennent pas de réalité humaine. » Toute la démarche de Simondon emprunte le chemin inverse. Elle vise à intégrer la technique dans la culture. Pour y parvenir, à nous de cesser de la diaboliser ou de la magnifier pour en saisir l'intelligence interne, les réalités concrètes et spécifiques.

Au lieu de disserter sur les outils en général, Simondon préfère étudier de près, par exemple, cette exigence cruciale qu'est l'emmanchement d'un outil : sans une fixation fiable du manche, rien n'est possible. La diversité et l'ingéniosité des manières de faire tenir l'emmanchement d'un outil en apprennent plus long, selon Simondon, que de vastes développements sur la signification de l'*Homo faber*.

En étudiant les diverses techniques d'emmanchement, on découvre en effet une intelligence inventive capable de s'adapter aux matériaux disponibles selon les régions du monde et les époques : fixation par lanières de cuir, fente dans le bois tendre, virole de métal pour les bois durs, etc. Chaque fois, la technique se révèle comme de l'humain incorporé aux choses.

Ce qui aboutit à un dernier changement de sens de l'idée de responsabilité : dans cette perspective, il ne s'agit plus d'attendre de la technique l'émancipation de l'humanité, pas plus que de craindre sa déshumanisation ou son anéantissement. Nous devenons d'abord et avant tout responsables de notre compréhension de ce que signifie la réalité humaine de la technique.

C'est parce que ces idées demeurent à l'arrière-plan de nos débats contemporains que nous devions les rappeler. Avec, toutefois, un changement de taille : les bombes atomiques et l'anéantissement nucléaire, qui mobilisaient toutes les attentions dans les années 1950-1960, ne sont presque plus mentionnés. Depuis la fin du XXe siècle, c'est autour des biotechnologies que se concentrent les débats. Depuis que sciences et techniques peuvent manipuler le vivant, entrer dans la réorganisation de l'ADN, tout se déplace sur ce terrain. On y retrouve une bonne part des idées, clivages et enjeux que l'on vient d'exposer, mais transposés à ce nouveau domaine.

Une querelle d'idées marquante, juste à la fin du XXᵉ siècle, a cristallisé cette évolution.

La querelle du « parc humain »

Elmau, en Haute-Bavière, connu pour ses lacs, ses forêts et quelques hôtels de luxe, n'était pas destiné à inscrire son nom dans l'histoire des polémiques contemporaines. C'était compter sans le propriétaire du château, qui organise concerts et rencontres intellectuelles à la fin des années 1990. Le 17 juillet 1999, à l'occasion d'une session autour de la pensée de Heidegger, le philosophe allemand Peter Sloterdijk prononce au château d'Elmau une conférence portant sur l'humanisme, sous le titre volontairement singulier de « Règles pour le parc humain [3] ». D'emblée, plusieurs termes employés par Sloterdijk vont choquer : la « domestication de l'humain », son « dressage », sa « sélection » par des « élites » – voilà qui sonne désagréablement, et plus encore à des oreilles allemandes. Comme une traînée de poudre, la conférence va se transformer en objet de scandale européen.

Des journaux allemands n'hésitent pas à juger sa position « à la limite du totalitaire », qualifient sa rhétorique de « fasciste », et en réponse publient très vite la protestation critique du philosophe Jürgen Habermas, grande conscience philosophique de l'Allemagne proeuropéenne et démocratique. Les débats gagnent la France, la Grande-Bretagne, l'Italie, mobilisent intellectuels, journalistes.

Comme souvent dans ce genre de brouhaha, plusieurs registres se mêlent. Derrière les malentendus, des enjeux de pouvoir et de générations se profilent : volontiers provocateur, Sloterdijk, né en 1947, cherchait-il à voler la vedette, et surtout la place de penseur de référence, à

Jürgen Habermas, né en 1929 ? Était-ce aussi le conflit d'une ancienne Allemagne, rendue hypermorale par son passé nazi, et d'une nouvelle, celle de la réunification, de la république de Berlin, qui se veut décomplexée ?

Indépendamment des formules frappantes, que contenait donc d'important cette fameuse conférence ? Rien de vraiment scandaleux, mais des questions qui interpellent plus que jamais notre époque. Peter Sloterdijk y affirme d'entrée de jeu que l'humanisme a échoué. Selon lui, l'ancien modèle d'une éducation fondée sur les humanités, faite d'échanges de lettres, de correspondances littéraires et de fréquentation assidue des grands auteurs, est caduc. Cet idéal périmé laisse place au monde de la télévision, des réseaux et de la génétique – sans que notre époque se soucie vraiment, selon lui, de réfléchir à de nouvelles perspectives.

L'analyse à l'emporte-pièce de Sloterdijk repose sur la superposition de deux sens du mot « humanisme » qu'il semble se refuser à distinguer : d'une part, l'humanisme entendu comme la culture classique des « humanités » ; d'autre part, l'humanisme comme corps des doctrines philosophiques qui confèrent la place centrale à l'humain. Ne distinguant pas ces deux significations, il déduit du déclin de la culture classique que la pensée d'une centralité de l'humain est finie. Ce qui reste à vérifier.

En tout cas, le philosophe constate que les biotechnologies permettent un pouvoir de choix, et donc de sélection, de plus en plus grand. Et que, pour l'instant, rien ne vient clairement réglementer ce choix : « Les prochaines longues périodes seront pour l'humanité celles des décisions politiques concernant l'espèce. » Les principales questions, aux allures prophétiques, que pose cette conférence sont ainsi résumées dans son texte : « Savoir si le développement va conduire à une réforme génétique de l'espèce ; si l'anthropotechnologie du futur ira jusqu'à une planification explicite des caractères génétiques ; si l'humanité dans son entier sera capable de passer du fatalisme de la naissance à la naissance choisie et à la sélection prénatale, ce sont là des questions encore floues et inquiétantes à l'horizon de l'évolution culturelle et technologique. »

Sur ces questions, Jürgen Habermas marquera très vite son désaccord total et argumenté. Considérant que l'avenir de la nature humaine est en jeu, il s'oppose, avec toute la rigueur que lui donne son autorité intellectuelle et morale, à ce qu'il n'hésite pas à taxer d'« eugénisme libéral ». Pour lui, voilà où vont les biotechnologies si on ne leur impose pas de claires limites.

Une grande dizaine d'années après cet affrontement, nous avons souhaité retrouver chacun des deux philosophes, qui restent sur leurs désaccords, pour prolonger leur réflexion sur ces débats. Et mieux appréhender l'état présent des rapports entre pouvoir des techniques et avenir des humains.

KARLSRUHE. RENCONTRE AVEC PETER SLOTERDIJK
« La vie ? C'est la phase à succès d'un système immunitaire ! »

Il est parti faire du vélo. Nous sommes à Karlsruhe, un peu à l'écart du centre-ville, devant un immeuble du XIXe siècle. C'est là qu'habite et travaille Peter Sloterdijk – du moins quand il n'est pas à Vienne, où il enseigne également, ou encore quelque part dans le monde pour un colloque, une conférence ou la traduction d'un de ses ouvrages.

Le vélo, pour lui, c'est une vraie passion. Bien qu'il ait passé la soixantaine – il est né en 1947, dans cette ville de Karlsruhe –, cet homme de forte stature, qui n'a rien contre les cigares et les alcools, parcourt toujours en pédalant à vive allure plusieurs milliers de kilomètres chaque année. En 2006, au moment du Tour de France, il s'est même payé le luxe d'escalader le mont Ventoux, ce qui n'est pas à la portée du premier venu, en particulier chez les philosophes...

Visiblement, l'appel de la route fut irrésistible, et Peter Sloterdijk a simplement oublié notre rendez-vous. Finalement, quand il revient, nous nous rendons compte, au fil de l'entretien, que le cyclisme pourrait être le prototype de sa démarche intellectuelle : Sloterdijk parle d'une manière intarissable, régulière, rythmée, il se faufile entre les idées, grimpe à son rythme, dévale parfois une pente à toute allure, le souffle long, au fil d'un itinéraire souvent inattendu.

Depuis 1983, auteur prolifique à la mode, couvert de prix littéraires, il a publié pas moins d'une trentaine de livres. Curieusement, c'est Jürgen Habermas lui-même qui avait contribué à le faire connaître, en saluant son premier essai, *Critique de la raison cynique*, en des termes très élogieux. Ce livre, bientôt traduit dans le monde entier, a fait circuler le nom de Sloterdijk bien au-delà des cercles universitaires. Volontiers provocateur, le philosophe cycliste est aussi un homme-orchestre, qui présente une émission de télévision, « Quatuor philosophique », sur la chaîne allemande ZDF et préside l'Académie des arts de Karlsruhe, où il continue d'enseigner.

Ce qui nous intéresse, c'est de savoir comment, longtemps après le scandale du « parc humain », Peter Sloterdijk analyse l'évolution contemporaine : « *Ce que j'ai fait à ce moment-là, c'était simplement poser la question de savoir si l'évolution de l'homme et la création de l'humanité civilisée, durant les trois derniers millénaires, n'avaient pas aussi une implication génétique. Je demandais si le processus de civilisation ne contenait pas en lui-même une sorte de sélection vers un certain type d'homme, ce que j'appelais un processus d'autodomestication. Reprenant là une très belle métaphore de Nietzsche, pour qui l'homme est devenu le meilleur animal domestique de l'homme...*

Au fond, on est toujours, aujourd'hui, dans la même situation, même si le théâtre du scandale s'est déplacé. Nous vivons toujours dans un monde théorique où la séparation reste très profonde entre ceux qui veulent ==expliquer l'homme par la biologie et la génétique et ceux qui veulent tout interpréter en termes sociaux et historiques.== Très peu de penseurs sont capables de penser avec ces deux cerveaux que Nietzsche avait exigé pour l'intelligence de l'avenir : un cerveau pour concevoir la science, un autre pour concevoir la non-science ! Pourtant, je suis convaincu que c'est plus que jamais nécessaire.

Quand Nietzsche parlait de domestication, il voulait signifier que les prêtres, les soi-disant bons pasteurs, pratiquent une forme d'élevage de leur troupeau qui conduit à une domestication servile. Mais, depuis Nietzsche, nous sommes sortis du domaine de la métaphore. Dans la décennie qui s'est écoulée depuis cette fameuse affaire du parc humain, je me suis plongé dans l'abîme de ce que j'appelle l'« immunologie générale » : pour comprendre la vie, il faut comprendre et assumer une définition assez provocatrice de la vie. Qu'est-ce que la vie ? Je réponds : c'est la phase à succès d'un système immunitaire ! Voilà une énorme provocation pour la pensée : on peut dorénavant formuler des questions d'ordre moral en termes endocrinologiques ! Ça, c'est nouveau.

On peut tout reformuler dans le nouveau dialecte génétique et dans le langage des sciences cognitives. Les questions de théorie de la connaissance ou toutes celles des rapports entre homme et nature, homme et homme, nation et nation peuvent être reformulées en termes immunologiques. C'est ce qui me fascine le plus ! »

Calé dans un profond fauteuil de cuir, Peter Sloterdijk éclate de rire. Le cycliste arrive à un tournant de son propos, s'accorde une brève pause, prend une petite bouteille d'eau pour accompagner son whisky. Arrêt-buvette de courte durée. Vous avez dit immunologie ? L'explication repart : « *À mon avis, l'événement le plus important pour comprendre l'évolution humaine, c'est la découverte effectuée par quelques savants vers la fin du XIXe siècle, qui débouche sur une nouvelle description du développement de l'être humain et de son système immunitaire. Je trouve ça tout à fait essentiel.* »

Peter Sloterdijk fait alors référence notamment à la théorie de la *néoténie*, proposée au début du XXe siècle par l'anatomiste et biologiste hollandais Louis Bolk. Cette théorie jamais confirmée, qui intéressa aussi Lacan, s'intéresse à la « fœtalisation », c'est-à-dire aux différences des rythmes de croissance entre chimpanzés et humains. Le crâne humain adulte conserve des traits juvéniles du crâne d'un jeune chimpanzé alors que celui-ci changera de forme en grandissant. Il semble donc que la croissance humaine se soit ralentie et complexifiée par rapport au modèle ancestral que représente le chimpanzé, fondant ainsi une exception : « *Je crois que la révolution copernicienne, aujourd'hui, se situe là, parce qu'on peut reconstruire l'exception humaine fondée sur cette description d'une façon beaucoup plus profonde. Les immunologues, les théoriciens du cerveau et les endocrinologues nous racontent pratiquement tous la même histoire : l'être humain est une <u>impossibilité biologique réelle, mais une impossibilité qui existe</u> !*

À mon avis, les techniciens contemporains n'ont pas vraiment compris et pensé l'exception humaine. Ils en sont encore à vouloir créer cette exception en ajoutant quelque chose, en manipulant quelques gènes, alors que cette exception existe déjà ! Si l'on entrait véritablement dans la compréhension de cette grande boucle qu'est l'évolution de l'homme, on arrêterait de vouloir le manipuler. Ne nous resterait que l'issue de la méditation contemplative, parce que devant l'existence d'un être tellement impossible biologiquement, l'étonnement devrait être si grand que l'ingénieur laisserait tomber ses outils... »

En poursuivant la discussion, on comprend vite que ce qui intéresse le philosophe n'est pas d'endosser le maillot de l'équipe des généticiens manipulateurs, pas plus que de celle des défenseurs à tout crin de la nature humaine. Il lui paraît préférable de serpenter entre les lignes, de découvrir des aperçus nouveaux en passant d'une perspective à une autre : « *En réalité, nous sommes entrés dans ce que j'appelle l'âge de la redescription. Voilà le bon concept ! Il indique une nouvelle convivialité théorique : on coexiste avec des savoirs antérieurs auxquels on intègre de nouveaux savoirs, parce qu'on est comme sur la scène d'un théâtre tournant... On regardait seulement de face, dorénavant la naturalisation de quelques problèmes par la science nous permet de gagner une vue latérale, qui ne dévalorise pas les savoirs antérieurs mais permet cette redescription. Les Lumières avaient constitué une forme de savoir polémique qui voulait éliminer bon nombre des savoirs antérieurs, considérés comme des préjugés, des mythologies, des savoirs flous et vagues...*

Aujourd'hui, les mathématiques peuvent s'attaquer à des multiplicités sauvages, des logiques du chaos, des turbulences, des mélanges... Autrefois, il ne fallait surtout pas approcher ces monstruosités ! Maintenant, les nouveaux instruments logiques ne font plus que ça... »

Derrière ces voyages intellectuels et ces ouvertures théoriques, n'entrevoit-on pas aussi, particulièrement dans les biotechnologies, de réelles menaces de déshumanisation ? Ne suffit-il pas de voir comment se conjuguent à présent techniques médicales, marchandisation générale et diffusion numérique pour constater qu'un danger existe ? « *Évidemment, tout cela existe, mais sous la forme d'un risque et non d'une menace. Une menace, c'est un danger pressant, imminent, un face-à-face avec ce qui peut*

RETOUR À L'HUMAIN 625

donner la mort. Un risque, c'est seulement la probabilité d'un échec qu'on peut mesurer de façon mathématique et qu'on peut assumer de courir. Dès que nous bougeons sur le marché mondial des savoirs et des techniques d'amélioration de notre vie, le risque devient inhérent à nos activités.

Pendant très longtemps, la peur a été un instrument de pouvoir et de domination. Le genre humain vient seulement de sortir de l'âge de la phobocratie généralisée, c'est-à-dire de la gestion des peuples par la crainte, et je n'ai aucune envie qu'il y retombe. C'est pourquoi je me méfie des gens qui nous revendent les peurs que nous venons de surmonter ! »

En apparence, la querelle du « parc humain » appartient au passé. Et notre objectif n'est pas de faire une enquête sur la vie intellectuelle allemande des dernières décennies. Pourtant, s'en tenir là serait une vue trop courte. Évidemment, malgré l'ampleur de la polémique, le temps a fait son œuvre et les esprits se sont apaisés. Mais les clivages de fond persistent. Au-delà des questions de générations, de rivalités personnelles, de leadership intellectuel, ce sont en fait des représentations différentes de l'humain, de sa dignité et de sa responsabilité face aux sciences et aux technologies qui se sont affirmées. Et qui continuent, aujourd'hui, de s'opposer profondément.

Car on peut aussi objecter à Peter Sloterdijk, le philosophe-joueur, qu'en sous-estimant les risques des biotechnologies il laisse la porte ouverte à des idées de possibles dérives inhumaines, et qu'il faut au contraire défendre beaucoup plus fermement les principes de l'éthique et ne rien céder sur les notions de nature humaine et de dignité de l'homme. Ce qu'a choisi de faire Jürgen Habermas. Résolument.

Rencontre avec Jürgen Habermas (par écrit)
« L'humanisme classique n'est désarmé en aucune manière. »

Ce philosophe allemand est considéré comme un des grands penseurs contemporains et comme une conscience morale de la gauche non communiste. Habermas se veut l'héritier des analyses critiques de la société contemporaine élaborées depuis les années 1930 par ce qu'on appelle l'école de Francfort, où se sont illustrés notamment les philosophes Theodor Adorno, Max Horkheimer et Herbert Marcuse. En transformant ces analyses, il a élaboré une œuvre originale où se combinent concepts venus du marxisme, de la psychanalyse, de la linguistique et de la sociologie, une œuvre centrée sur l'idée, fondamentale pour lui, du débat public nécessaire pour élaborer une responsabilité authentique. Cette constante préoccupation morale et politique a conduit Habermas à intervenir fréquemment, en publiant de nombreuses tribunes dans la presse sur la construction européenne comme sur les grandes questions éthiques de l'époque.

S'il a violemment réagi, en 1999, aux propos tenus par Peter Sloterdijk, allant jusqu'à dire que ce dernier avait « franchi un seuil tabou pour les intellectuels adultes et responsables », c'est parce qu'il est particulièrement préoccupé par les menaces que les biotechnologies font peser sur la dignité humaine. Selon lui, le risque principal est carrément celui d'un nouvel eugénisme, c'est-à-dire d'une tentative volontaire d'amélioration de l'espèce humaine. Si l'ombre du nazisme pèse sur cet appel à la vigilance, le philosophe distingue toutefois très clairement ce que fut l'eugénisme d'État du régime hitlérien, exterminant les Juifs ou les malades mentaux et rêvant de construire une race « aryenne » purifiée, et le nouvel « eugénisme libéral » que les biotechnologies risquent, à son avis, d'engendrer.

La différence essentielle tient dans l'absence d'idéologie raciale et d'action étatique planifiée. Mais, souligne Habermas, si différent qu'il soit de l'ancien, le nouvel « eugénisme libéral » n'en est pas moins dangereux pour l'identité de l'espèce humaine, dans la mesure où il peut être rendu incontrôlable par l'économie de marché. Comment et pourquoi ?

On croit naïvement qu'il n'y a eugénisme que dans le cadre d'une politique d'amélioration biologique de la « race humaine » ou d'une forme ouverte de sélection des individus. Mais si chaque couple, voire chaque personne, est libre de choisir, moyennant finance, une clinique spécialisée où on lui garantit d'avoir un garçon plutôt qu'une fille, un bébé blond plutôt que brun, aux yeux bleus plutôt que noirs, actif plutôt qu'indolent, etc., c'est bien une nouvelle forme de reconstruction de l'espèce humaine qui est en marche, résultant d'initiatives individuelles, de décisions personnelles. Elle va dépendre de la capacité financière des plus riches à payer, mais n'en aura pas moins pour conséquence de transformer l'humanité.

Le philosophe juge donc que nous sommes durablement confrontés à une véritable crise de notre responsabilité. Pour lui, en intervenant dans la sélection des embryons, voire – à terme – dans le code génétique, les biotechnologies sont désormais en mesure de modifier la nature humaine elle-même. Elles peuvent intervenir dans ce qui était considéré, depuis la nuit des temps, comme donné, intangible, inaccessible à notre emprise. Pour la première fois, les êtres humains se trouvent confrontés à la possibilité d'une transformation biologique de l'humanité décidée par elle-même. D'où cette question cruciale : faut-il laisser faire ou interdire, et au nom de quoi ?

Sur quels critères nous appuyer, dans cette situation inédite où l'humain se trouve responsable de lui-même non plus comme individu mais comme espèce ? Dans une série de textes, études et articles, dont plusieurs ont été regroupés dans un volume intitulé *L'Avenir de la nature humaine*[4], Jürgen Habermas répond en affirmant la nécessité impérieuse de préserver la part de hasard dont chaque individu est issu : quand se combinent les codes génétiques des deux parents, d'innombrables résultats sont possibles, que personne ne peut prévoir.

Le fait que nous sommes tous également issus de cette traversée du hasard est garant de notre autonomie, c'est-à-dire que chacun de nous possède une singularité dont personne n'a décidé, dont nulle décision humaine n'est responsable. Les parents sont bien sûr responsables du fait qu'un enfant existe, mais il est tout aussi évident qu'ils n'ont en rien décidé que ce soit « cet enfant-là » en particulier.

Selon Habermas, c'est précisément là que réside, pour chaque être humain, la possibilité de se forger sa propre responsabilité. Un être humain dont le génome serait dupliqué ou volontairement transformé ne pourrait plus être en mesure de devenir entièrement responsable de lui-même. Il pourrait toujours éprouver le sentiment d'avoir été « fabriqué », dans la mesure où des modifications irréversibles, décidées par d'autres, existeraient dans sa constitution et l'empêcheraient finalement d'accéder à l'autonomie, dans sa propre conscience.

Pour y réfléchir, Jürgen Habermas a choisi l'écrit et la précision d'un texte spécialement rédigé à notre intention[5]. Notre première interrogation porte sur le fait de savoir comment on peut faire le tri entre une technique scientifique constituant un progrès légitime et une technique qui menacerait la nature humaine dans son essence biologique. En d'autres termes, comment préserver la nature humaine ? *« On ne peut parler de la "nature humaine" en ces termes, car celle-ci est culturelle, dès l'origine. Les hommes sont des êtres sociaux qui ne peuvent exister qu'inscrits dans des formes culturelles de vie, et ces formes n'apparaissent qu'au pluriel. Dès le commencement, notre espèce est impliquée dans un processus de développement culturel qui n'a cessé de s'accélérer. Par le biais des progrès techniques, cette "seconde" nature empiète sur notre constitution organique. L'usage d'un simple bâton comme outil pour produire un effet de levier suffit à améliorer la fonction de la main et du bras. La technologie a d'abord servi à améliorer nos organes.*

Dans cette perspective, on peut être tenté de tenir également pour tout à fait "naturelle" la nanopuce qu'il faudra un jour implanter dans le cerveau afin d'améliorer sa fonction de mémoire. En attendant, nous ne faisons pas que "prolonger" les organes individuellement. Nous pénétrons dans l'organisme lui-même au moyen de technologies complexes. Tant que les interventions chirurgicales restaurent une fonction organique endommagée, nous considérons qu'elles sont inoffensives. Toutes les interventions chirurgicales sont des opérations réparatrices de ce genre. Mais, au bout de la chaîne, nous atteignons une zone grise où la limite entre interventions chirurgicales à caractère thérapeutique et interventions chirurgicales visant une amélioration devient floue. »

Mais si cette frontière entre réparer l'humain ou l'améliorer se trouble, ne risque-t-on pas, de proche en proche, d'aboutir à une véritable mutation anthropologique ? *« Parler d'une mutation anthropologique est ambigu. Je ne sais pas jusqu'où va l'imagination des chercheurs qui veulent associer les résultats de la biogénétique, de la nanophysique, des sciences cognitives et de la robotique en vue d'une amélioration des différentes fonctions de l'organisme humain. Il est difficile pour les profanes d'apprécier jusqu'où, au juste, on peut aller dans le développement des technologies permettant une "amélioration" de l'organisme humain. Parce que tout cela a lieu en dehors de toute publicité, au sein d'entreprises privées. Le véritable scandale réside dans la naïveté qui consiste, en accord avec la recherche et l'industrie, à partir du principe que les améliorations eugéniques seraient souhaitables par elles-mêmes.* »

C'est là que s'impose la nécessité de la discussion collective prônée par Jürgen Habermas, autour d'une réflexion préalable sur les « améliorations » et les « augmentations » de l'humain. Avant de se demander comment les répartir, comment éviter qu'elles ne soient accessibles qu'aux riches, il convient de se demander si elles sont réellement souhaitables ou non : « *Dans les départements de philosophie américains, mes collègues se creusent déjà la tête à propos de l'inégalité prévisible de la répartition des technologies eugéniques, en raison du coût élevé des investissements et des prix, car la question ne va pas tarder à se poser. Ils appliquent d'emblée l'ensemble de la théorie politique aux problèmes que posera, à l'avenir, la répartition de ces produits, le jour prochain où ils seront disponibles. Mais ils le font sans s'être demandé sérieusement, au préalable, si cette "augmentation" de l'homme est vraiment souhaitable.*

Nous ne devons pas abandonner les cas les plus évidents d'"augmentation de l'humain", que nous pouvons anticiper aujourd'hui, à la loi du marché. La problématique morale et juridique de ce développement exige une régulation politique. Le véritable défi n'est pas la nouveauté du problème, mais surtout la croissance rapide des développements technologiques commandés par le capital. Ils sont tellement importants qu'une politique volontariste, réactive, doit s'en occuper à temps. Comme d'autres développements à risques, ceux-ci exigent une évaluation morale des suites techniques envisageables, probables. Étant donné que cette estimation ne saurait être abandonnée aux soi-disant experts, c'est finalement une affaire qui relève de la formation de la volonté démocratique – à condition que règne le pluralisme idéologique. »

Sans entrer dans la complexité d'une pensée qui s'est développée sur plus d'un demi-siècle au fil d'une trentaine de livres, il est indispensable de souligner à quel point, pour ce philosophe, la question du débat public importe. Désireux de rénover la pensée des Lumières, de faire échec à cet irrationalisme hostile à la civilisation qui a trop souvent envahi la philosophie du XXe siècle, notamment avec Heidegger, Habermas a été conduit à redéfinir la raison et les manières d'en user.

À l'image d'une raison fermée sur elle-même il a substitué celle d'une raison en dialogue permanent et méthodique avec les autres. Ce qui définit selon lui le lien humain, c'est avant tout la capacité de débattre, de chercher ensemble les solutions, d'argumenter nos points de vue, de cheminer vers des consensus. Ainsi se forgent, dans la discussion, ces normes de l'action que sont la morale et le droit. À la condition que les dés ne soient pas pipés par le jeu des dominations et des pressions des pouvoirs, et que ces débats puissent avoir lieu vraiment. En fait, Habermas plaide pour une démocratie radicale.

De quelle marge de manœuvre dispose l'humanisme classique face aux nouvelles responsabilités que les techniques actuelles nous créent ? « *L'humanisme classique n'est désarmé en aucune manière. Nous avons nos constitutions politiques, dont découle la reconnaissance des droits de l'homme, et des principes démocratiques qui offrent un fondement solide pour l'appréciation morale des innovations techniques sensibles. J'ai attiré l'attention, il y a quelques années, sur la nouvelle situation née avec l'apparition de conceptions "posthumanistes" de l'homme.*

Dans les conceptions abstruses de l'homme de certains "technofreaks" – adeptes fous de la technologie –, les conditions préalables pour une vie en commun ne sont plus satisfaites, je veux dire pour une vie en commun qui pourrait être soumise à une évaluation morale. C'est pour cela que j'ai introduit le concept d'"éthique de l'espèce humaine", qui permet d'évaluer si demeurent réunies les conditions pour un mode de vie en commun, qui soit encore sensible aux questions de justice en général. »

Préserver les conditions d'une vie éthique collective et démocratique, d'une pensée de la dignité de l'humain, d'une résistance à la prolifération des techniques sous la pression du marché, tel est le souci constant du philosophe, convaincu que nous pouvons demeurer responsables des techniques sans être submergés par elles.

Une question s'impose, tout de même : les sciences, de leur côté, sont-elles, dans les faits, accessibles au débat démocratique ? D'autres penseurs s'attachent à souligner, au contraire, leur part de « sauvagerie », de compétition sans frein. Tel Jean-Claude Milner, qui accepte d'y réfléchir avec nous.

PARIS. RENCONTRE AVEC JEAN-CLAUDE MILNER
« Ce qui définit l'homme, c'est qu'il ne se produit pas en série. »

Jean-Claude Milner, difficile à classer, occupe une place à part dans le paysage intellectuel contemporain. Linguiste, proche de Noam Chomsky, avec qui il a travaillé au MIT, mais aussi philosophe, ce penseur né en 1941 ne se laisse pas facilement étiqueter. Cette singularité fait son étrangeté comme son intérêt. Ancien maoïste, engagé un temps dans le mouvement révolutionnaire d'avant et après Mai 68, il pourfend volontiers les convictions de gauche et porte sur ce passé collectif un regard à la fois critique et aiguisé. Proche du mouvement lacanien, il se caractérise par une approche sans concession, volontiers provocatrice et paradoxale, des questions de notre époque.

Accoutumé à lever des lièvres inaperçus par d'autres [6], imperturbable au sein des polémiques qu'il lui arrive de déclencher, il a l'art de manier avec tact des analyses à la fois tranchantes et rigoureuses, paradoxales et cohérentes, qui portent aussi bien sur le devenir de l'idée d'égalité que sur le mérite, le statut de l'école, l'atrophie de la vie intellectuelle, la critique de l'évaluation, et bien d'autres thèmes décisifs pour la société contemporaine. Une chose est sûre, toujours, que l'on soit d'accord ou non avec lui, son intervention stimule la réflexion.

Au bar d'un grand hôtel parisien, côté rive gauche, où nous le retrouvons, il apparaît d'une élégance peu habituelle chez les universitaires, et aussi difficile à classer que ses idées : une sorte d'excentricité retenue, à l'anglaise, qu'on peut trouver, selon la perspective où l'on se place, parfaitement classique ou tout à fait baroque. Ce qui, en fin de compte, lui ressemble assez bien. Car ses idées sont dans le même style, sobres et concises en apparence, inattendues ou même insolites dès qu'on leur prête l'attention qu'elles exigent.

D'entrée de jeu, Jean-Claude Milner, qui s'exprime spontanément sans perdre de sa précision calculée, veut discerner ce qui est réellement en mutation dans les représentations de l'humain : « *Est-on à un moment tel que la représentation de l'homme peut être affectée par des mutations scientifiques ? Je pense que oui, mais en réalité, c'est arrivé plus fréquemment qu'on ne le croit. Du côté des sciences, la grande mutation est sans nul doute celle opérée par la science galiléenne, avec la naissance de la physique mathématisée et de la notion d'univers. Avant Galilée, il y avait vraiment une séparation entre l'homme et la nature, entre un microcosme où l'homme se situait et un macrocosme qu'il contemplait.*

Avec la science galiléenne, il n'y a plus cette séparation. L'homme est traversé par tous les processus naturels, il devient un segment du monde. Là, on est vraiment dans la continuité, avec à la clé l'explosion même de la notion de nature remplacée par celle d'univers. On voit alors Descartes écrire un Traité de l'homme *tout comme il rédige un* Traité du monde : *pour lui, il n'y a pas de discontinuité entre les deux. Spinoza en tire plus nettement encore les conséquences en affirmant que "l'homme est une partie de la Nature", ou encore qu'"il n'est pas un empire dans un empire".*

Pour moi, c'est là que se tient le changement majeur dans la représentation de l'humain. Ce qu'apportent par la suite le darwinisme — c'est-à-dire la représentation qu'on se fait du Darwin de l'évolution des espèces —, puis le freudisme à sa suite, s'inscrit dans ce même paysage. Ce sont des mutations dans les représentations *scientifiques. Elles peuvent affecter tantôt la représentation de la nature, de la place de l'homme dans la nature, ou la représentation qu'on se fait de l'homme lui-même. Quoi qu'il en soit, je ne crois pas qu'il y ait actuellement de mutation radicale dans cette représentation de l'homme comme segment de l'univers.*

Autrement dit, je ne vois pas de différences de nature — peut-être une différence de degré, mais pas de nature — entre la position de Spinoza et la proposition de la génétique contemporaine qui soutient que "l'homme est défini par son génome, qu'on peut séquencer". J'ai le sentiment qu'on assiste, du côté des sciences, à la simple continuation du mouvement amorcé par la mutation galiléenne, avec effectivement une extension, une accentuation de possibilités nouvelles, jusqu'à présent latentes.

En réalité, je distinguerai clairement, d'une part, la manière dont les sciences bouleversent la représentation de l'homme et, d'autre part, la technique, plus précisément encore les conséquences qu'entraînent les mutations technologiques permises par les mutations scientifiques, comme par exemple le clonage reproductif qui est une conséquence technologique des avancées de la génétique. Certes ces mutations sont apparentées, mais elles ne sont pas de même nature selon moi. »

Ainsi, prenant le contre-pied de tous ceux qui considèrent qu'il n'existe plus à présent qu'un seul vaste ensemble fusionnant science et technique dans la technoscience, Jean-Claude Milner entend bien maintenir la distinction. Pour lui, la technique n'est pas la science. Pour une raison essentielle : « *La technique, cela peut devenir de la marchandise, la science, pas nécessairement. Dans l'espace de la science, le principe est que l'échange demeure égal : si l'on finance un programme scientifique, on aura, si cela marche, des résultats à hauteur de l'argent qui a été mis. Là, l'échange est égal. Avec la marchandise, l'échange est toujours inégal. Le capitaliste qui investit fait des bénéfices, obtient une plus-value avec la technique, pas avec la science.* »

Pour le philosophe, c'est donc l'usage capitaliste des techniques, leur rentabilisation immédiate dans la recherche du profit qui favorisent et introduisent ces mutations accélérées : « *Si j'ai raison de penser que la technique moderne commence avec la marchandisation, la marchandisation, par définition, c'est de la série.* Il ne peut pas en être autrement : un exemplaire de la même marchandise en vaut un autre. Toutes les marchandises identiques sont substituables les unes aux autres. C'est ce que signifie la notion même de la marchandise. »

Il y aurait donc d'un côté la science, modifiant continûment les représentations de l'humain mais ne menaçant pas, par elle-même, de bouleverser sa réalité, et de l'autre la technique, rendue dangereuse par sa prolifération marchande incontrôlée : « *Toutes les cultures et toutes les philosophies s'accordent sur le fait que ce qui définit l'homme, c'est qu'il ne se produit pas en série*. On peut produire en série du vivant – dans l'élevage industriel, par exemple, on produit des porcs ou des poulets en série. Mais, quelles que soient les sociétés – archaïques ou évoluées, avec ou sans religion –, ce qui relève de l'homme ne relève pas de la série. *Il y a un noyau humain qui n'est ni sérialisable ni sérialisé. Un individu humain ne peut jamais être un autre, l'un n'est pas substituable à l'autre, c'est cela que* j'appelle l'"absence de série" ! Mais si d'aventure le clonage humain est possible, alors cela introduit la sérialisation, le substituable. »

Donc, et c'est la nouveauté, le risque qui nous guette aujourd'hui, sur lequel le philosophe porte toute son attention, c'est celui de la perte, de la disparition inquiétante de cette singularité, et de l'entrée des humains, à leur tour, dans la mise en série. Plus encore, ce risque de mise en série de l'humain, et de perte de sa singularité essentielle, ne se situe pas seulement au niveau de la technique et du règne de la marchandise. Jean-Claude Milner le perçoit aussi à l'œuvre, parallèlement, dans le monde des scientifiques. Il le repère dans ce mouvement inhérent à la science elle-même qui la rend « sauvage » : « *La science travaille toujours en avance d'elle-même. La véritable découverte scientifique, c'est toujours celle qu'on n'a pas encore faite, la véritable loi scientifique, celle qui n'est pas encore été inventée. Dans une très belle conférence de 1919, le sociologue allemand Max Weber décrit la science comme une espèce de char d'assaut qui avance et qui écrase ce qui l'a rendu possible. Dès que quelque chose a été trouvé, c'est passé, ce n'est déjà plus de la science. De ce point de vue, le monde de la science se rapproche d'un monde, comment dire ? un monde extraordinairement* sauvage.

La science, c'est toujours demain. C'est pourquoi il existe entre les scientifiques une concurrence sauvage, qui est comme d'ordre marchand, une rivalité première, inéluctable, fondamentale. De plus, la démarche scientifique, pour fonctionner, doit sans cesse recevoir des sortes d'injections d'imaginaire. Cette dimension de délire accompagne la science moderne depuis le début, comme une sorte de lest dont le savant a besoin pour supporter cette figure incroyablement primaire qu'est la figure de la science. Il faut avancer, avancer, car si ça s'arrête, on tombe.

Du coup, dans les universités où les sciences se développent, la loi de la sérialité s'installe aussi : tous les savants, en tant que savants, deviennent substituables les uns aux autres ! À chacun de tenter de prouver qu'il ne l'est pas. Mais le mouvement propre qui constitue la science en tant que telle n'a en réalité nul besoin de la singularité du savant. Sa singularité n'a pas de statut. Mis à part une exception par siècle, un savant en vaut un autre, exactement comme un technicien en vaut un autre. Les chercheurs se retrouvent en situation de dépendance, ils pensent que l'on finance leurs fins scientifiques, mais en fait ils deviennent des moyens du seul système marchand. »

Ce que Jean-Claude Milner éclaire, c'est une tension, généralement inaperçue, au sein même de la science moderne entre, d'une part, la singularité de l'individu qu'on ne peut faire entrer dans une série, dans le substituable et, d'autre part, la négation de cette singularité par le mouvement de la démarche intellectuelle scientifique qui produit le caractère substituable des chercheurs. Il ne s'agit évidemment pas de proclamer la science « inhumaine » ou « antihumaine », mais de prendre conscience d'un problème de fond.

Un problème d'autant plus compliqué qu'il existe, somme toute, deux sortes de « mises en série » différentes et parallèles : l'une qu'on pourrait dire « intellectuelle », avec l'organisation de la science qui tend à exiger des chercheurs substituables les uns aux autres, et l'autre qu'on pourrait dire « concrète et pratique », avec la possible production marchande d'êtres vivants identiques ou transformés.

Pour Jean-Claude Milner, l'éventualité d'une marchandisation des biotechnologies devient d'autant plus forte que le règne de la biologie a désormais succédé à celui de la physique : *« Le vivant ne se constitue pas de la même manière que l'univers, ce n'est pas une totalité homogène, close sur elle-même, on n'en connaît pas les limites. Il ne constitue pas une entité qui puisse se dire au singulier comme on dit l'univers. Si l'on pose la question "Qu'est-ce que le vivant ?" on s'aperçoit qu'il n'y a pas de réponse, que cette question n'a pas de sens ! La biologie semble avoir encore tout à inventer. »*

La priorité, pour Jean-Claude Milner, est de pointer les questions vives, pas forcément de formuler des solutions détaillées. Son travail consiste à désigner des nœuds de difficultés plutôt que de les résoudre. Toutefois, en se plaçant dans la perspective qu'il a esquissée, on commence à entrevoir ce que pourrait être notre responsabilité présente envers les sciences et les techniques. Il s'agirait de défendre, de préserver les singularités individuelles, de résister à la mise en série. Cela aussi bien sur le front de la démarche scientifique qui engendre la mise en série des esprits que sur celui de la tendance marchande à la mise en série des corps : « *Il y a une responsabilité générale qui concerne tout le monde, celle de résister à la mise en série par la pression du système marchand, qui est, pour moi, à peu près indistinguable aujourd'hui du système technique. Ils se confondent.* »

Ce qui nous frappe encore, c'est la proximité inattendue des propos de Jean-Claude Milner avec les préoccupations de Jürgen Habermas. Bien qu'ils ne disent pas la même chose, bien que leurs axes de lecture diffèrent profondément, ils aboutissent à des positions très voisines sur ce qu'on doit accepter ou refuser de l'impact des sciences sur l'humain.

Pour avancer dans notre périple sur la responsabilité humaine, un détour nous a paru aussi nécessaire, par contraste. Celui de la rencontre avec une culture qui se présente comme différente, autre, celle de l'Inde.

PARIS. RENCONTRE AVEC SUDHIR KAKAR
« *La science cherche la vérité, les spiritualités aussi…* »

Dans la perspective indienne, que signifie l'idée de la responsabilité humaine ? Est-elle conçue sur le même modèle que le nôtre ? Comment s'y conçoivent les relations actuelles de l'humain, des sciences et des techniques ? Pour nous répondre, Sudhir Kakar, une des figures intellectuelles majeures de l'Inde contemporaine, un des meilleurs passeurs entre l'Inde et l'Occident, capable d'expliquer les Indiens aux Occidentaux et réciproquement. Nous le retrouvons au bar de son hôtel, à Paris, alors qu'il est de passage pour une conférence.

Né en Inde en 1942, Sudhir Kakar a la curieuse particularité d'être ingénieur et psychanalyste tout en étant anthropologue et romancier... Il passe son enfance dans les petites villes du Pendjab où son père est magistrat, entame ensuite des études d'ingénieur au Gujarat, avant de venir en Allemagne, à Mannheim, se former au management, puis de continuer par un doctorat d'économie à Vienne et de suivre finalement une formation psychanalytique à l'Institut Sigmund Freud de Francfort !

Cet intellectuel inclassable fut longtemps le seul psychanalyste praticien à New Delhi, tout en enseignant à Harvard, où il fut autrefois l'assistant du psychanalyste Erik Erikson, aussi bien qu'à Chicago, Vienne ou Princeton – entre autres. Il a consacré l'essentiel de ses recherches à éclairer les différences entre les mondes intérieurs de l'homme occidental et de l'homme indien [7].

Tout en étant très informé des recherches actuelles, notamment dans le domaine des neurosciences, notre interlocuteur n'en partage ni les présupposés ni les conclusions : *« La biologie et les neurosciences – en tout cas la tendance classique des neurosciences – deviennent aujourd'hui très importantes, dans la mesure où, pour elles, sans le corps ou en dehors du corps – ou du cerveau considéré comme la métaphore du corps –, rien ne serait explicable des relations humaines, de Dieu, de l'amour, de tous les sentiments, etc. Rien n'existerait en dehors des processus neuronaux. Je ne le crois pas. Bien entendu, il est important de comprendre les mécanismes de fonctionnement du corps, mais se concentrer seulement sur ce que fait le cerveau, faire comme s'il n'y avait pas de conscience en dehors du cerveau, imaginer qu'il ne peut exister de conscience en dehors du corps, tout cela me paraît faux. La philosophie matérialiste, devenue réellement dominante, empêche de prendre en compte toutes les preuves de l'irréductible existence d'une conscience en dehors du corps.* »

Recueillir son témoignage nous importe particulièrement, car il met en lumière combien la conception occidentale de la responsabilité est loin d'être la seule à devoir être prise en compte. Sudhir Kakar nous explique comment, dans la conception indienne, la responsabilité humaine se situe à un niveau d'ordre cosmique : « *Dans la conception indienne, être né humain est le don suprême qui peut être offert, plus important encore que d'être dieu. Si ce don est accordé aux humains parmi tous les existants, c'est uniquement pour prendre soin de toutes les existences, pas seulement de celles des humains, mais bien de toutes. Nous sommes là pour "tenir la maison", ou l'univers, si vous voulez ! Les humains doivent prendre soin des dieux, de la nature, de tout. C'est effectivement une charge très lourde, mais c'est justement pour cela que nous sommes humains, ou sinon ce soin aurait été conféré à d'autres. L'humain n'est humain qu'à cette condition... Comme vous voyez, c'est tout le contraire de "après moi le déluge" !*

D'ailleurs, dans la conception indienne, puisque je dois renaître encore et encore, je ne peux pas me permettre d'être égoïste et de ne pas me préoccuper du devenir de l'univers. Nous avons à agir de façon préventive dans le présent et non différer notre responsabilité au futur. Les révolutions technologiques et scientifiques n'y changent rien, nous devons conserver la maîtrise de ce que nous mettons en œuvre en tant que responsables de l'univers et de son équilibre. Tant que nous le faisons, que nous restons connectés à tout l'univers pour son maintien, nous pouvons, à cette condition, participer à tous les progrès de la science. »

Rappelons-le, pour un regard occidental, l'idée de responsabilité a pour condition nécessaire l'autonomie de l'individu. Être autonome, comme l'indiquent les racines du terme en grec ancien, c'est être en mesure de se donner à soi-même (*auto*) une règle (*nomos*). Or l'une des premières observations de Sudhir Kakar, à partir de son expérience de thérapeute, a été qu'il n'en va pas de même dans la culture indienne : « *En Inde, il est fréquent que ses parents accompagnent un patient pour son premier rendez-vous chez le psychothérapeute. Le plus souvent, ils se plaignent de son autonomie, qu'ils considèrent comme un symptôme de son mal. C'est encore un exemple d'une différence fondamentale dans les approches de la responsabilité entre l'Inde et l'Occident.*

Pour les Occidentaux, plus on est autonome, plus on est responsable, c'est la marque de l'indépendance, de la capacité de décider et d'agir seul. Au contraire, du point de vue indien, c'est pratiquement l'inverse. Ce qui est primordial, ce sont les relations, les liens entre les individus, qu'il s'agisse d'une famille, d'un groupe, d'une caste. Être responsable, c'est agir en fonction de ces liens, à l'intérieur de ces réseaux de relations. Ce n'est pas de décider séparément. »

Cet exemple du patient qui souffre d'autonomie, si l'on peut dire, révèle un écart entre deux attitudes intellectuelles : l'Europe insiste sur l'individu, sa singularité et son indépendance, l'Inde met l'accent sur les relations, les liens, et sur la totalité plutôt que sur les individus. Ce point de vue « holiste » privilégie toujours les ressemblances plutôt que les différences, la conciliation des points de vue plutôt que leur affrontement.

C'est ainsi que notre interlocuteur ne voit pas de conflit entre les sciences et les spiritualités, mais au contraire une convergence croissante : « *Ce qui change le plus, aujourd'hui, c'est que deux faces de l'esprit humain, qui ont été très longtemps séparées, sont en train de se rapprocher. Entre sciences et spiritualités, on constate des dialogues et des interactions de plus en plus nombreux. Les scientifiques deviennent beaucoup plus ouverts aux capacités de l'esprit humain, aux technologies spirituelles qu'ils ne l'étaient autrefois. La méditation bouddhiste, par exemple, était tenue à l'écart du monde moderne il n'y a pas si longtemps, elle est aujourd'hui de plus en plus intégrée, à la fois en faisant l'objet de recherches de la part des spécialistes du cerveau et en étant pratiquée par les scientifiques eux-mêmes.*

Je suis convaincu qu'à terme la conception de ce qu'on appelle "humain" en sera modifiée. On comprend de mieux en mieux que les êtres humains ne sont pas seulement violents, agressifs, meurtriers. Ce sont aussi des êtres de relations, d'empathie, de compassion. Tout cela transforme évidemment notre conception de la responsabilité des humains les uns envers les autres.

Ce que montre Freud sur la violence et l'égoïsme est exact, mais n'est qu'une partie de la réalité humaine. Je ne crois pas qu'il faille être aussi pessimiste que lui. On répète un peu partout que notre époque est plus individualiste, plus égoïste, guidée uniquement par l'argent et la facilité. Je n'ai pas du tout cette impression. Il y a une autre face de notre époque qui me paraît tout aussi importante, marquée par l'accroissement de l'empathie, du lien humain, de la responsabilité solidaire. »

On peut parfois, à l'aune de l'actualité, douter que le monde se dirige vers plus d'harmonie, plus d'unité et de solidarité, mais Sudhir Kakar, avec un indéfectible optimisme, persiste à penser que les voies en apparence les plus opposées se dirigent dans le même sens. Selon lui, sciences et spiritualités auraient bien, en fin de compte, un seul et même but : « *La science cherche la vérité, et les spiritualités aussi. Leurs méthodes et leurs chemins sont différents. Mais la vérité est une, et toujours la même. C'est pourquoi la science, comme la spiritualité, est aussi une quête romantique. Les deux sont sans fin, et veulent toujours aller plus loin. Dans tous les cas, il s'agit de partir en quête d'une forme de transcendance, et de chercher à devenir plus que ce que nous sommes.*

En Inde, de nombreux textes se réfèrent à la métaphore du lotus. Cette plante pousse dans la boue. Une tige émerge de la boue, et de la tige une fleur. Souvent nous sommes dans la boue, parfois nous sommes dans la tige. Il faut parier que la fleur existe ! »

Sudhir Kakar termine sa phrase avec un sourire éclatant. Il refuse résolument de se représenter le monde comme un ensemble morcelé, fait de pièces disparates et disjointes. Chaque fois que nous nous efforçons de lui soumettre l'image d'un présent fragmenté, on a l'impression qu'il s'emploie aussitôt à recoller les morceaux, à rassembler les pièces en un seul puzzle. Par exemple, la diversité des cultures, leurs différences parfois irréductibles pourraient conduire à l'idée que l'humain doit se penser au pluriel, et qu'il faut renoncer à le considérer comme un. Voilà une idée que Sudhir Kakar n'envisage que pour mieux la retourner : « *Je voudrais effectivement qu'il y ait une unité des êtres humains, mais je crains fort qu'on n'y parvienne jamais, principalement parce que les États, plus encore que les cultures, créent les divisions et les séparations. Évidemment, on peut, d'une culture à l'autre, comparer les expressions différentes des mêmes invariants humains comme l'amour, la haine, le désir, l'ego... tous les êtres humains en font l'expérience.*

Mais il est aussi vrai que, toujours, les attitudes culturelles divergent. Si le sexe est universel, il est considéré presque seulement comme plaisir en Occident, alors qu'en Inde il est aussi important du point de vue de la transcendance. La sexualité n'est pas seulement procréatrice, elle est vue comme le feu créateur du Soi.

Alors, devons-nous renoncer à jamais à toute unité ? Pas du tout. Je me dis au contraire que cette diversité constitue notre unité humaine : tous les pays, toutes les cultures humaines, voilà ce qui fait le tout de l'humain ! »

Voilà comment la pensée indienne pratique la réunion de tous les éléments. Les séparations sont chaque fois réenglobées dans un tout plus vaste. Les éléments en conflit sont rattrapés dans un ensemble où ils ne sont plus que des points de vue relatifs, inclus dans un cercle qui les dépasse.

Et ce changement de perspective modifie à son tour la question de la responsabilité. Au lieu d'être celle d'un individu envers un autre, elle devient celle de tous vis-à-vis du tout. Les réflexions sur la responsabilité humaine concernant les animaux, les plantes, les éléments naturels, mais aussi les groupes humains semblent aux Occidentaux des découvertes récentes. Ce sont, en Inde, de vieilles évidences.

Intermède

« La légende nous dit qu'un jour l'homme s'adressa à Dieu en ces termes :

— Changeons. Sois homme, je serai Dieu. Pour une seconde seulement.

Dieu se mit à sourire doucement et lui demanda :

— Tu n'as pas peur ?

— Non. Et toi ?

— Moi si, dit Dieu.

Cependant Il accéda à son désir. Il se fit homme. Celui-ci prit sa place et usa aussitôt de sa toute-puissance : il refusa de retourner à sa condition antérieure. Aussi ni Dieu ni l'homme n'étaient plus ce qu'ils paraissent être.

Des années passèrent, des siècles, peut-être même des éternités. Et soudain, le drame éclata. Le passé pour l'un, le présent pour l'autre étaient des poids trop lourds.

La libération de l'un étant liée à celle de l'autre, ils reprirent le dialogue dont les échos nous parviennent dans la nuit, chargés de haine, de remords et surtout de nostalgie infinie. »

Cette histoire, c'est Elie Wiesel, écrivain et prix Nobel de la paix, qui nous la raconte. Effectivement, la question que nous posons peut aussi être abordée ainsi. Après la « responsabilité cosmique » évoquée par Sudhir Kakar, cet échange singulier entre l'homme et Dieu qui va jusqu'à leur faire prendre la place l'un de l'autre peut permettre de placer la réflexion à un niveau encore différent.

Car il y a bien une sorte de responsabilité métaphysique de l'humain au temps de la puissance scientifique et technique. Dès lors que les humains détiennent autant de pouvoirs effectifs, susceptibles d'être mis en œuvre, la capacité de détruire toute l'humanité, de perturber radicalement les équilibres terrestres, de métamorphoser les mécanismes du vivant, de fabriquer de nouvelles formes de vie, leur responsabilité acquiert une autre dimension. Elle n'est plus simplement scientifique ou technique. Ni seulement politique et morale. Elle s'inscrit dans un espace plus vaste, où l'humain devient dépositaire de sa survie, de celle des autres espèces et de l'ensemble de la terre.

Pareille responsabilité s'examine généralement dans un horizon de pensée non religieux. Pourtant, quelle que soit la conviction que l'on ait ou le sentiment que l'on éprouve, la référence à une puissance suprême, dans les thèmes que nous abordons ici, n'a rien pour surprendre. Quand l'humain projette de créer la vie, de maîtriser la mort, pour qui se prend-il ? Et quand il envisage d'étendre ses pouvoirs à l'infini, c'est bien pour se surpasser lui-même et devenir ce qu'il n'est pas, divin. Façon de parler ou comparaison réelle ?

Dès qu'on se mêle un tant soit peu de philosophie, on sait pertinemment qu'on peut fort bien parler intellectuellement de Dieu, formuler à son propos toutes sortes de questions, d'hypothèses ou de conclusions sans pour autant croire, une seule seconde, à son existence effective. Pour lire les considérations sur Dieu de philosophes aussi importants – et disparates... – que saint Augustin, saint Thomas, Descartes, Pascal, Spinoza, Leibniz, Kant ou Hegel, nul besoin de foi. Il est possible de considérer le terme « Dieu » comme l'équivalent, dans le domaine des idées philosophiques, du signe « infini » dans le domaine des calculs mathématiques, et de dissocier tous les raisonnements à son sujet de la conviction de sa présence.

Mais l'attitude inverse est également possible. Sur ce papier cousu dans la doublure de ses vêtements en mémoire d'une nuit d'extase mystique, Blaise Pascal opposait au Dieu des philosophes celui d'Abraham, d'Isaac et de Jacob : l'infini qui parle au cœur n'est pas un concept, un simple objet de pensée, mais une présence réelle et bouleversante – voilà ce qu'il entend signifier. Au lieu d'une idée, une réalité – tout à la fois proche et suprême, plus lointaine et plus réelle que toute autre.

La responsabilité humaine face à la puissance technique actuelle n'est pas abordée de la même manière selon qu'on considère que le ciel est vide ou qu'il ne l'est pas. Au premier regard, tout est différent selon que l'humain instaure seul les normes, les valeurs et les règles ou que s'impose une loi, indépendante des choix humains. Sans être fausse, cette opposition, sous une forme si catégorique, est excessivement schématique.

Car il existe bien des cas où ne se distinguent plus clairement ni les places ni les rôles. C'est aussi ce qu'évoque l'histoire que nous raconte, en ouverture, Elie Wiesel. En tout cas, dans cette histoire, la proximité de la transcendance avec l'humain est aussi grande que sa disproportion, et une certaine rivalité n'est pas loin.

Cette histoire nous a paru dire quelque chose à propos de la responsabilité humaine. Et aussi, à sa manière, du temps de la technique.

New York. Rencontre avec Elie Wiesel
« Faisons attention, il s'agit du sort de l'humanité. »

Toujours, la première chose qui frappe, quand on rencontre Elie Wiesel, c'est une qualité de présence très rare, pas facile à décrire : simple, attentive, grave et douce. Rien à voir avec ce qu'on peut imaginer, en ne prêtant attention qu'à la part visible de sa notoriété. Il arrive que sa célébrité finisse par faire oublier qu'il est avant tout écrivain, romancier, à la fois témoin, conteur et penseur, de même – travail qu'il n'abandonnerait pour rien au monde – qu'il est toujours, à 80 ans passés, professeur de littérature à l'université de Boston. Il s'y rend donc régulièrement, depuis son domicile new-yorkais, pour assurer ses cours.

Elie Wiesel est né en 1928 à Sighet, une petite ville au cœur des Carpates, en Transylvanie, qui fut tour à tour hongroise, roumaine, puis de nouveau hongroise, et qui à présent « n'existe plus que dans la mémoire de ceux qu'elle a chassés ». Le 21 mai 1944, il est emmené avec sa famille dans un des derniers convois qui déportèrent ainsi près de douze mille Juifs quotidiennement de la seule région des Carpates, en partance pour Birkenau et Auschwitz, avant d'être transférés à Buchenwald. Survivant de la Shoah, réfugié en France, étudiant à la Sorbonne, journaliste, il décide de témoigner et publie en 1956 *La Nuit*, récit impressionnant de ce qu'ont pu subir un père et son fils dans les camps.

Il devient alors un témoin inlassable, une incarnation de la mémoire, et indissociablement une conscience engagée dans tous les grands combats pour les droits de l'homme et la dignité humaine, que le prix Nobel de la paix, qu'il reçoit en 1986, l'aide à poursuivre avec plus d'éclat encore. Avec sa femme, Marion, il a créé la Fondation pour l'humanité. On lui doit aussi l'Académie universelle des cultures et de nombreuses initiatives humanitaires ou culturelles.

Mais avant tout Elie Wiesel se vit et se veut d'abord écrivain, rédigeant tous ses romans en langue française même s'il est de longue date citoyen américain. En romancier métaphysicien, il ne cesse de confronter ses personnages à la folie des hommes et du monde, à la culpabilité, la mémoire et l'oubli, aux questions insondables du mal, de la force du silence, mais aussi de la parole et de ses pouvoirs, immenses autant qu'incertains.

L'histoire où l'homme et Dieu échangent leurs places termine le troisième roman d'Elie Wiesel, *La Ville de la chance*[8], qui s'ouvre, il faut s'en souvenir, par cette citation de Dostoïevski : « J'ai un projet : devenir fou. » Pour lui, les rêves technologiques actuels qui veulent changer l'humain et même le métamorphoser de fond en comble sont-ils des signes de déraison, d'irresponsabilité, des défis à la puissance divine ou quelque chose d'autre ? *« Une chose est sûre, il y a toujours eu en l'homme ce besoin de se transformer, de vouloir recommencer en entamant une nouvelle histoire. Mais depuis le commencement, Dieu a recommencé. Dieu a été le premier à donner l'exemple à l'homme : après la Genèse, il s'est rendu compte que cela ne marchait pas, il a donc décidé d'effacer le brouillon, avec le Déluge. Pourtant, il a sauvé Noé ! Cela pour dire que la mémoire doit rester, quelqu'un doit se souvenir de ce que Dieu a regretté d'avoir fait... »*

Le conteur esquisse un sourire, puis se tait un instant et reprend, d'une voix toujours ténue, grave et légère à la fois, pour avancer dans sa réponse : « *Alors, puisque Dieu l'a fait, l'homme, créé à l'image de Dieu, est aussi capable de le faire – regardez la tour de Babel –, capable de recommencer, de vouloir agencer un monde différent. Et comme dans l'histoire où ils échangent leurs places pour un temps, l'homme peut à nouveau vouloir redevenir Dieu, en lui disant : "J'ai échoué, mais tu as échoué aussi, alors ne continuons pas ainsi, faisons autre chose, et je vais m'en charger, puisque tu as échoué." Mais, en essayant d'échanger leurs places, tout s'effondre. Pour les hommes, c'est Dieu qui a échoué. Pour Dieu, ce sont les hommes. En fait, les deux ont échoué, et leur échec est là...* »

Constater en ces termes l'échec divin pourrait paraître, aux yeux de certains croyants, irrespectueux. « Ma protestation est à l'intérieur de la foi, elle n'est pas en dehors de la foi », a souvent déclaré Elie Wiesel. À l'intérieur de la tradition qu'il prolonge et exacerbe, la révolte contre Dieu est possible. Lui en a fait une confrontation incessante, une interpellation permanente, vibrante, inlassable, au nom de l'absurdité des souffrances endurées par les victimes. « Pour moi, le problème n'est pas la non-existence de Dieu, mais c'est justement l'existence de Dieu. Je suis parfois pour Dieu, souvent contre Dieu, mais jamais sans lui », confie-t-il souvent pour éclairer sa position paradoxale mais tout sauf indifférente.

Cet échec que signifie Elie Wiesel, c'est évidemment cette « victoire du mal », l'« inévitabilité du mal » au XXe siècle : « *Après cette victoire, même si elle n'a pas été durable, il fallait une réévaluation, il fallait se demander si l'humanité méritait encore qu'on lui fasse confiance, chercher où nous avions échoué, où se trouvait la première faute, le premier écart dont les autres échecs sont issus. En réalité, pour moi, la première faute, le premier écart, le premier échec est de ne pas avoir pris les mots au sérieux.*

Cela doit toujours nous servir d'avertissement. Bien sûr, les métamorphoses que les sciences font entrevoir constituent un appel puissant à l'imaginaire. Bien que les circonstances soient très différentes, je crois pourtant qu'il ne faut jamais perdre la leçon de ce que nous avons constaté. La ligne de partage peut être vite franchie : des choses impossibles deviennent possibles, l'impensable devient pensable. Alors, faisons attention, il s'agit du sort de l'humanité. Le plus grand danger, c'est au fond quand le mal prend le visage du bien.

Notre responsabilité est d'autant plus grande que l'humain est toujours une page blanche. Je ne pense pas qu'on puisse dire, de quoi que ce soit : "C'est cela, l'humain", car on pourra toujours dire aussi l'inverse. J'ai connu le temps où, pour les bourreaux, être inhumain était leur manière d'être humain. La conscience de l'échec est humaine, le devoir de remporter la victoire est humain, la décision de ne rien faire est humaine. »

Ne pas s'y tromper, pourtant. Si l'échec est presque inhérent au projet humain, le désir de toujours recommencer l'aventure, après chaque ébauche avortée, n'en est pas moins fort : « *L'homme est d'une certaine façon très vieux dans son histoire, mais aussi très jeune dans sa capacité à recommencer. Chaque fois, nous sommes dans une situation où tout est possible, du bien comme du mal. Toujours, nous oscillons entre les deux. Comme le disait un grand sage hassidique : "Qu'est-ce que je fais donc sur cette terre ? En fait, je marche d'un abîme à l'autre."* »

À l'issue de cet intermède volontairement décalé, ce que nous enseigne cet écrivain à la lucidité aiguë, voire décuplée, dès qu'il s'agit d'envisager les humains tels qu'ils sont et non tels qu'on les rêve, est bien l'idée d'une responsabilité humaine jamais achevée, toujours déjouée, imparfaite, incertaine, mais, et cela est décisif, toujours remise en jeu, réitérée.

Un « *animal métaphysique* »

En 1818, en Allemagne, le philosophe Arthur Schopenhauer aimait à répéter que l'homme est un « animal métaphysique ». Selon lui, aucun autre vivant n'a cette capacité de s'étonner de sa propre existence et ne met en œuvre sa réflexion pour tenter de résoudre l'énigme de sa présence et de celle du monde. Il en concluait que « de cette réflexion et de cet étonnement naît le besoin métaphysique qui est propre à l'homme seul [9] ».

Remarque toujours pertinente, même si on ne partage pas le reste de sa philosophie. Il semble même que le temps présent, ce grand chantier scientifique et technique dont nous avons parcouru les voies principales, intensifie ce besoin de saisir un sens ultime, de réinscrire la responsabilité humaine dans un cadre général. La puissance vertigineuse des techniques et l'ampleur des métamorphoses éventuelles accroissent cette responsabilité. Elles devraient conduire à revoir les options métaphysiques mises en jeu par l'expansion technique, comme les axes fondateurs d'une éthique possible.

Pareille tâche n'appartient pas à notre enquête, cela va de soi. Mais il est évident que les questions soulevées ouvrent des perspectives que l'on peut, selon les cas, qualifier de cosmiques, théologiques, métaphysiques ou spirituelles. C'est pourquoi nous avons choisi de donner aussi la parole à des penseurs incluant dans leur réflexion ces dimensions métaphysiques et, plus encore, l'idée d'une transcendance. Si leurs options sont différentes, comme nous le verrons, ils ont en commun d'aborder la responsabilité humaine envers le monde technoscientifique en tenant compte de ces dimensions. Que l'on partage ou non leurs présupposés, ils offrent des perspectives différentes de celles rencontrées avec nos interlocuteurs scientifiques, et qu'on ne saurait ignorer.

PARIS. RENCONTRE AVEC CHRISTIAN JAMBET
« Le refus de l'intolérable, c'est notre responsabilité. »

En incluant intégralement l'humain dans la nature, en le prenant pour « un animal comme un autre », en effaçant les frontières, la démarche des sciences peut donner l'impression de saper la responsabilité et les fondements de l'éthique. Peut-on à la fois prendre acte des acquis scientifiques et maintenir fermement l'existence d'une responsabilité humaine ?

Le philosophe Christian Jambet le croit fermement. Car, selon lui, la disparition de l'éthique équivaudrait à une disparition pure et simple de l'humain, de tout ce qui fait le propre de l'homme, lequel ne saurait être défini que par son aptitude à instaurer des normes et non par ses propriétés corporelles, biologiques ou neuronales.

L'itinéraire de Christian Jambet est peu banal. Il peut tenir en quelques lieux symboliques : Alger, où il naît en 1949 et passe une partie de son enfance ; Pékin, où il se retrouve en 1969, invité par les autorités chinoises comme représentant des maoïstes français de la Gauche prolétarienne ; Paris, enfin, où il n'a ensuite cessé de vivre et d'enseigner, longtemps professeur de « khâgne », la célèbre section où se retrouvent les meilleurs élèves de lettres pour préparer le concours d'entrée à Normale sup. À ces lieux de vie qui scandent un parcours allant du militantisme exalté à la rigueur des leçons de philosophie, il faudrait ajouter quelques lieux iraniens – Téhéran ou Ispahan – et de nombreux auteurs arabes et persans.

Car la singularité de Christian Jambet est d'être à la fois un philosophe généraliste, rompu à la lecture et l'explication des classiques, et l'un des plus savants experts en philosophie islamique. Après son agrégation de philosophie, il a en effet appris l'arabe et le persan, travaillé auprès du grand islamologue Henry Corbin, dont il est devenu le principal disciple et aujourd'hui le successeur. Depuis 2011, il occupe à Paris la chaire de philosophie islamique de l'École pratique des hautes études, qui fut autrefois celle de son maître.

Au philosophe généraliste vivement concerné par notre interrogation nous souhaitons d'abord demander ce que peut signifier la responsabilité humaine si, comme le montrent les sciences, l'homme n'est décidément qu'une partie de la nature ou un animal comme un autre : « *Les travaux contemporains ont effectivement mis à mal l'ancienne définition, à la fois biologique, morale et intellectuelle, de la nature humaine. Nous nous trouvons, en fait, devant un dilemme. Soit nous admettons que la notion de nature humaine a définitivement éclaté et que toutes les définitions de l'humain sont partielles, régionales, multiples. Nous pourrons alors, comme le faisait Michel Foucault, parler de la "mort de l'homme", au sens d'une perte de signification de la notion d'homme.*

Soit, c'est l'autre voie possible, on s'intéresse au fait que cette notion de nature humaine peut signifier simplement l'unité d'un certain nombre de normes morales. En effet, malgré la diversité des formes de l'humain et tout ce que la biologie et les sciences nous enseignent, on repère toujours, dans une culture vivante, un principe de partage entre l'humain et l'inhumain. Ce partage suppose toujours que l'on se réfère à un point fixe, lequel peut bien être présenté comme culturel, mais n'en est pas moins nécessaire.

Car si l'humain est dorénavant inclus dans un flux général, plus vaste que l'espèce humaine antérieure, il est nécessaire et urgent de maintenir des partages. S'ils ne prennent plus place, au sens strict, entre l'"humain" et l'"inhumain", alors changeons les mots ! On peut instaurer ces partages entre la "vie" et "ce qui menace la vie", ou encore, si l'on accepte ces métaphores, entre le "démoniaque" et l'"angélique", je veux dire par là : ce qui tue et ce qui fait vivre.

De ce point de vue, il faut donc comprendre la continuité de l'animal à l'humain non pas comme la pure et simple abolition de toute frontière, mais comme un déplacement des frontières. Les droits des animaux constituent un développement de la vie éthique qui permet de concevoir quelque chose d'encore plus noble que la préservation de la vie humaine. Cela suppose, du coup, non pas l'indistinction et l'abaissement de l'humain vers une sorte de bestialité, mais au contraire l'élévation de l'animal hors du bestial. Par contre, le "bestial" lui-même restera une catégorie morale pour désigner un certain nombre de conduites ou de pratiques. »

La singularité humaine résiderait donc dans cette capacité unique à instaurer des normes, à dire ce qui peut être accepté et ce qui doit être banni : « *Aucune forme de raison ou d'expression humaine ne peut exister sans ce partage de l'acceptable et de l'inacceptable. Cela ne présuppose pas une nature humaine au sens classique du terme, mais simplement qu'il y a un principe de partage sans lequel il n'y a pas de vie éthique. Que nous soyons savants ou simples citoyens, le monde a effectivement pris une extension considérable, mais cela n'empêche nullement qu'il y aura toujours, du seul fait que nous sommes des êtres de langage, des partages dont l'enjeu fondamental est un enjeu éthique.* »

Il arrive pourtant qu'on soutienne tout le contraire. L'expansion des applications technologiques, leur prolifération incontrôlable sont invoquées pour annuler cet enjeu éthique, pour éliminer notre responsabilité. Jambet récuse résolument ces perspectives : « *Je ne crois pas au danger de la science. On a tort, selon moi, de tant souhaiter le non-développement et le non-progrès. Le danger est plutôt de s'autoriser des progrès de la science, en informatique ou en biologie par exemple, pour dire : il n'y a plus de normes, le vieux couple "normal" et "pathologique" n'a dorénavant plus aucun sens.*

Au contraire, le refus de l'intolérable est plus que jamais ce qui constitue notre responsabilité. Je ne suis donc pas de ceux qui pensent en termes de critique de la technique pour mieux esquiver cette part fondamentale de responsabilité. Ce qu'a fait Heidegger, par exemple, est intolérable. En proclamant que la nature a été "arraisonnée" par la technique incontrôlable, il décharge de toute responsabilité le développement criminel de l'industrie de guerre hitlérienne. Dire cela, c'est faire porter à la technique la responsabilité éthique du crime et s'en exonérer.

Car, j'y insiste, cette responsabilité est "nôtre". Je peux savoir ce qu'est une conduite inhumaine, indigne de ma responsabilité. Et quand le minéral, l'animal, l'ange, l'ovni ou la machine entrent dans le cadre du "vivant", comme c'est déjà le cas et comme ce sera de plus en plus le cas, cette responsabilité est encore accrue. »

Christian Jambet figure parmi les philosophes, encore trop peu nombreux, qui ont choisi d'explorer d'autres traditions de pensée que celles des Grecs et des Romains. Il a consacré ses travaux savants à l'exploration du devenir des philosophies grecques chez les auteurs arabes et persans, tout en révélant l'apport essentiel des perspectives de pensée différentes qu'introduit l'islam dans la philosophie [10] : « *Ce qui m'intéresse au plus haut point, chez les philosophes de l'islam, ce sont des pensées qui peuvent aussi intéresser nos savants et nos philosophes à propos de cette modification, de cette relativisation de l'ancienne fixité humaine au profit d'une intégration multiple.* »

Plus que tout autre, Mullâ Sadrâ, un des grands auteurs de la tradition islamique auxquels Christian Jambet a consacré plusieurs livres [11], est porteur de cette conception. Ce penseur chiite persan, né à Shiraz aux alentours de 1571 et mort vers 1640 lors de son septième pèlerinage à pied à La Mecque, fut un auteur prolifique, qui a rédigé un monumental ouvrage de neuf volumes intitulé les *Asfar*, touchant à la philosophie comme à la mystique et à l'exégèse des textes sacrés. Son œuvre élabore une synthèse singulière des sources grecques, persanes et de la révélation islamique. Son apport principal repose sur une conception du monde et de l'homme où tout est en mouvement et en transformation. Ce qui peut, d'une certaine manière, se relier aux questions qui nous occupent : « *Chez Mullâ Sadrâ, mon auteur de prédilection, on trouve au plus haut point l'idée que toute essence est variable et possède des degrés infinis d'intensité. Autrement dit, l'homme ne naît pas homme et ne meurt pas homme, mais il est d'abord minéral, puis végétal, puis animal, et enfin il peut devenir une intelligence encore plus développée, c'est-à-dire, pour parler comme Mullâ Sadrâ, un "ange".*

Dans cette perspective, la norme éthique se transforme, elle se formule ainsi : "Sois toujours en train d'intensifier ton acte d'exister." La vie est ce développement... Il n'y a pas d'essence, il n'y a que du mouvement, infini, toujours ouvert, une dynamique de la vie qui entraîne à la fois vers la perfection naturelle et la perfection morale, en évitant tout recours à la loi abstraite.

Cette pensée du mouvement pourrait nous servir pour écarter ce faux dilemme entre une "conception de l'humain" repliée sur son essence, qui est en train de voler en éclats, et la "négation de toute espèce de normes" – la légitimation de tout, ce qui est terrifiant –, sous prétexte qu'il n'y aurait pas d'essence de l'homme.

L'homme est une étape, non pas vers le surhumain, mais vers quelque chose qui est plus intensément lui-même, plus intensément heureux ou joyeux. Comme philosophe, ce qui m'intéresse, c'est que ce mouvement, cette croissance, n'est pas simplement la perfection d'une essence, c'est une perfection qui va au-delà de toutes les essences. »

Cette conception philosophique aurait donc un avantage pour aborder nos préoccupations contemporaines :

n'étant pas arrimée à une conception de la nature humaine fixe, figée, séparée des autres formes d'existence, elle pourrait s'ajuster plus aisément que d'autres à l'effacement des frontières entre les différentes catégories du vivant, sans pour autant perdre de vue le propre de l'homme.

On le voit plus clairement, à chaque étape de ce chapitre, la conception que l'on se fait de la nature humaine engendre à son tour une certaine conception de la responsabilité qui s'y rattache. Pour Christian Jambet, c'est au niveau de ce que l'on pourrait appeler une intensification permanente de l'être que se situe une responsabilité humaine accrue, déployée.

Ce qui n'épuise nullement notre sujet ni notre périple car, déjà, un autre horizon se présente : celui que nous propose à son tour le philosophe Rémi Brague, ancré – nous choisissons ce terme à juste titre – sur ses propres options.

Paris. Rencontre avec Rémi Brague
« Dans le monde grec, la science est une pure contemplation. »

Rémi Brague affiche toujours clairement ses convictions. Il les défend avec calme, sur un ton résolu. Il peut tout à la fois se montrer pince-sans-rire ou être prêt à donner, si besoin est, la référence exacte, à la virgule près, d'une citation savante. Professeur de philosophie arabe et médiévale, il a enseigné aux États-Unis, en Allemagne, en Suisse, en Italie et pratique aussi allègrement le grec ancien que le latin, l'hébreu biblique et l'arabe. Membre de l'Institut, lauréat du Grand Prix de philosophie de l'Académie française, il alterne, dans ses publications, lourds ouvrages savants et brefs essais incisifs, parfois surprenants [12].

À notre première interrogation sur le devenir actuel de l'idée de responsabilité humaine, il soutient que la responsabilité conférée à l'homme se présente plus que jamais comme radicale, parce que le projet de la modernité scientifique, tel qu'il se réalise, lui donne la possibilité nouvelle de prendre en main la totalité de son destin. À un point tel que l'humanité devrait en quelque sorte décider à présent de sa propre légitimité, des raisons qu'elle a de vivre, au sens très concret de donner la vie, ou éventuellement de disparaître.

Pour cadrer son propos, Rémi Brague insiste encore sur la transformation de l'idée même de science depuis l'Antiquité : « *Lorsque l'on parle de science, maintenant, on comprend très spontanément tout ce qui unit, de manière indissoluble, la connaissance et la possibilité d'agir sur la nature. Alors qu'il faut se souvenir que, dans le monde grec, la science est une pure contemplation. Elle consiste à regarder ce qui se passe, éventuellement à décrire, mais certainement pas à intervenir. Même s'il y a parfois, c'est amusant, des rêves météorologiques, comme chez le philosophe Empédocle par exemple – je crois que c'est le fragment 111 –, qui promet à son disciple de pouvoir gouverner les vents !*

C'est nous qui avons inventé, à une époque somme toute très récente, l'intervention dans la nature, notamment dans le corps, avec tous les progrès que cette intervention médicale a permis dans l'allégement des souffrances. Ce que l'on entend maintenant par science, c'est avant tout ce mélange, difficile à décomposer, de connaissance et d'action – au sens de la poïésis *grecque, c'est-à-dire la capacité de fabriquer des choses, de modifier quelque chose. D'ailleurs cette idée d'appliquer la science à l'amélioration de la condition humaine, c'est une idée qui se présente sous des oripeaux chrétiens – c'est le souci de soulager la souffrance.* »

Expert en matière de savoirs antiques, Rémi Brague nous rappelle ainsi que les Grecs possédaient, bien sûr, des techniques – de chasse, d'agriculture, de navigation, d'architecture, etc. –, mais qu'ils les distinguaient totalement des sciences proprement dites. Les techniques étaient de l'ordre du savoir-faire, de l'habileté, elles se trouvaient fréquemment assimilées à des ruses et des stratagèmes, manifestant une intelligence pratique mais nullement une science authentique. Cette dernière était essentiellement conçue comme une contemplation – c'est d'ailleurs ce que signifie, en grec ancien, le terme même de « théorie ». La science, dont l'archétype était la géométrie, se construisait par la contemplation d'idées pures (le cercle, la ligne, le point, etc.) et par les démonstrations rigoureuses de leurs propriétés et de leurs relations.

Quand il s'agissait d'observer des phénomènes visibles pour constituer une science, le cours des astres constituait le modèle, car les corps célestes étaient supposés parfaits, réguliers, à l'opposé des phénomènes observables dans notre monde terrestre, que l'on imaginait toujours approximatifs, plus ou moins irréguliers. Ainsi les sciences s'efforçaient-elles de saisir les agencements du monde, d'en comprendre les fonctionnements sans toutefois prétendre, à partir de leur savoir, intervenir dans ce qu'elles contemplaient pour en modifier le cours.

La science relevait donc de la vie contemplative, qu'Aristote dénommait *théorétikè*, alors que les techniques appartenaient à la vie active, dénommée *praktikè*. Entre les deux, pas de passerelle. Dans cette perspective, la médecine n'était pas une science à proprement parler, mais un art, une forme élaborée de technique, fondée sur des faits observés, des expériences acquises, des accumulations de faits transmis de génération en génération. La rencontre entre sciences exactes, techniques modifiant la nature et pratique médicale est bien une invention moderne.

Jamais un Grec de l'Antiquité n'aurait imaginé une seconde que l'on puisse projeter, grâce à des connaissances scientifiques, d'intervenir, de manipuler, voire de fabriquer une humanité différente. À sa manière, Rémi

Brague n'est pas loin d'en penser autant. Il récuse les rêves des transhumanistes et l'idée qu'on puisse, par la technique, obtenir un homme nouveau, mais pour cela il se fonde sur d'autres raisons : « *L'homme nouveau ne peut pas résulter d'une modification obtenue par la technologie, par un groupe de techniciens en blouse blanche travaillant le matériau humain. Pour moi, l'homme nouveau, c'est celui dont parle l'apôtre Paul, et c'est d'abord le produit d'un travail sur soi, d'un travail de chacun sur soi-même. Ce travail provient d'un principe – appelons-le Dieu, parce que c'est son prénom – qui est conçu comme une bienveillance absolue. Et je ne suis pas sûr que quelque manipulateur humain que ce soit pourrait être une pure bienveillance...* »

Pourtant, ne serait-ce pas, à l'imitation du divin, le projet d'une autocréation de l'humain qui anime, plus ou moins ouvertement, une bonne part des recherches, notamment dans le domaine des biotechnologies ? Pour Rémi Brague, cette éventuelle concurrence entre l'humain technoscientifique et le divin créateur impose d'autres questions : « *Il faudrait déjà comprendre quel modèle on se fait de Dieu pour essayer de l'imiter. La conception que l'on se fait de Dieu, ou du divin, exerce une influence décisive sur la façon dont l'homme lui-même se comprend. Il y a là une liaison directe, et je ne vois pas trop comment une anthropologie pourrait se déployer sans impliquer une théologie... Il faut donc se demander de quel modèle du divin nous nous nourrissons. Vouloir être Zeus, c'est un rêve de toute-puissance infantile, que Freud a bien décrit. Par contre, un dieu qui meurt en croix, c'est beaucoup moins attrayant qu'un Apollon, qui est si beau, qu'un Hermès, qui peut aller où il veut...* »

Selon le philosophe, pas de doute ni d'hésitation : pour établir la responsabilité humaine face aux sciences, et maintenir ou restaurer un humanisme, il ne saurait être question de rester au seul niveau de l'humain, de la vie terrestre et de nos décisions souveraines. Il insiste sur la nécessité, selon lui incontournable, d'un *ancrage* céleste : « *Il faut bien admettre une transcendance qui revendique le rapport à quelque chose ou quelqu'un – je ne sais – qui ne dépend pas de nous. On peut se faire de ce principe, par définition transcendant, les représentations les plus variées. Il n'est pas besoin pour cela de s'appuyer sur une théologie déterminée, il suffit qu'il y ait "du divin" quelque part. Peu importe qu'on le cherche dans la nature, en un style stoïcien ou dans l'enseignement des religions. Le point important, c'est que la science, sous cet angle, nous laisse tomber. Si le ciel est vide, qu'est-ce que voudra dire aimer la vie ? Non pas aimer vivre, mais véritablement aimer* la *vie. Je ne vois pas. Une transcendance est donc nécessaire.*

Mais, chaque fois, de la conception qu'on se fait de la transcendance découle une certaine représentation de l'humain. Un dieu exclusivement volonté, par exemple, n'induit pas en l'homme une représentation de soi-même semblable à celle d'un dieu qui est avant tout liberté, liberté tempérée par une sagesse, chez qui la volonté est réglée par la sagesse.

Dans le verset 15 au chapitre 15 de l'Évangile de Jean, le Christ dit à ses disciples : "Je ne vous appelle plus serviteurs, mais amis." Il y a toute une conception de l'homme derrière cette phrase, celle d'un Dieu qui appelle l'homme à être son collaborateur, son coopérateur, et non plus son esclave. Ce point, pour moi, est extrêmement important. »

Il existe malgré tout, dans l'histoire de la pensée comme dans le paysage contemporain, bien des conceptions de l'humain, de sa dignité, de ses devoirs, qui affirment, haut et fort, se passer de toute idée de Dieu. Qui disent élaborer la responsabilité humaine dans un horizon seulement humain. Qui évacuent la représentation d'une transcendance pour élaborer celle de l'humain : « *Un humanisme sans quelque chose comme une transcendance ne me semble pas sérieux. L'idée d'une transcendance horizontale qui serait notre avenir, que certains soutiennent, me semble une absurdité totale. Si ce n'est pas nous qui sommes accrochés à cet ancrage céleste, à cette infrastructure métaphysique, mais que son existence même dépend de notre décision, je ne vois vraiment pas en quoi cela fait avancer les choses.* »

À cette étape de notre parcours, nous avons donc abordé des perspectives multiples, croisé des points de vue très contrastés. Une possibilité toutefois reste encore inexplorée. Ne pourrait-on concevoir, entre savoir scientifique et transcendance, entre éthique et puissance technique, une autre forme de relation ?

C'est ce à quoi nous invite Georges Hansel, rencontré d'abord à travers la lecture de son étude intitulée *Sciences du quoi et science du qui*[13]. Cela nous a donné envie d'en savoir plus.

Paris. Rencontre avec Georges Hansel
« *Les problèmes éthiques se règlent au coup par coup.* »

Dans les ouvrages qu'il a publiés, des traités sur les langages informatiques voisinent avec des commentaires du Talmud, le livre d'interprétations de la tradition juive. Ces rapprochements et ces proximités sont bien à l'image de Georges Hansel, homme de science et homme de sagesse. Mathématicien, professeur émérite à l'université de Rouen, il est sans nul doute un des meilleurs connaisseurs en France de la tradition talmudique. Ce n'est donc certainement pas un hasard si cet homme d'études a éprouvé le besoin de clarifier ce qui, à la fois, rapprochait et distinguait les domaines respectifs de la science et de la connaissance éthique.

En page d'accueil de son site[14], Georges Hansel a inscrit cette citation du philosophe Emmanuel Levinas, dont il est très proche, qui nous renseigne d'emblée sur sa façon d'envisager le rapport à la science : « Tout ce qui a pu se dire contre la science ne saurait faire oublier que la recherche scientifique reste, dans la dégradation de tant d'ordres humains, l'un des rares domaines où l'homme se contrôle, s'incline devant le raisonnable, est non bavard, non violent et pur [15]. » Voilà qui sonne comme une position claire, fort loin des dénonciations inquiètes d'une science menaçant le devenir de l'humanité. Ici, nul a priori idéologique ou philosophique sur ce que sciences et techniques produiraient dans le monde.

Dans *Sciences du quoi et science du qui*, dont la lecture nous a conduits à lui, Georges Hansel rappelle, pour situer le champ de sa réflexion, qu'« un même mot hébreu, le mot *hakham*, désigne indifféremment celui qui s'adonne aux sciences de la nature, le savant, et celui que l'on a coutume d'appeler le "Sage", celui qui s'adonne à l'étude et à l'approfondissement de la Torah », la Loi juive. À sa façon, Georges Hansel incarne cette analogie, cette unité à double face que par ailleurs il étudie.

Car dans son cadre de pensée, l'opposition habituellement instaurée entre foi et savoir est inconcevable. Il ne saurait exister d'un côté des croyances et de l'autre des connaissances rationnelles. On peut, au contraire, penser ensemble ces deux modalités de connaissance comme deux manières de chercher, et de dévoiler, la vérité qui est leur horizon commun. Georges Hansel explique que le Talmud, par la voix de Rabbi Samuel, considère même le savoir théorique de l'astronomie, science reine de l'époque, comme un prolongement de celui qui est donné par la Torah elle-même.

Cela posé, il faut tout de suite ajouter que si le terme hébreu qui désigne ces modes de connaissance est le même, les savoirs scientifiques et la connaissance spirituelle ne portent pas sur les mêmes contenus et ne sont pas non plus substituables. Selon la distinction que rappelle notre interlocuteur, les savoirs scientifiques – astronomie, physique, biologie, ou sciences sociales, psychologie, psychanalyse – sont qualifiés de « sciences du quoi », qui ont donc pour objet de répondre à la question « quoi ? » et d'établir comment fonctionnent le monde, la réalité, l'homme lui-même dans sa physiologie ou ses mécanismes mentaux. Ces sciences demandent : de *quoi* est fait l'humain ?

Au contraire, la sagesse spirituelle, la Torah, concerne l'éthique et constitue la « science du qui ». Elle demande *qui* est l'homme. Elle se donne donc pour objet premier de définir le comportement humain et se conçoit, écrit Georges Hansel, comme « science de l'homme en tant qu'homme, ce qui pour elle signifie tout à la fois libre, conscient, responsable, soumis à des obligations encadrant le faisceau des liaisons multiples dans lesquelles il est inséré. Toutes les relations que l'homme entretient, relations avec autrui en premier lieu, mais aussi avec la nature, avec soi-même, toutes les aspirations de l'homme à la valeur, à la perfection, à la transcendance, y sont considérées, analysées et jugées... La science du qui se dit également comme science des responsabilités [16] ». Responsabilités plurielles, car l'homme est inclus dans des réseaux de relations qui se tissent à tous les niveaux du vivant.

Comment peuvent s'établir les relations entre ces deux domaines, entre sciences de la nature et science de l'homme en tant qu'homme ? Faut-il songer à canaliser les progrès de la science qui pourraient menacer l'homme en tant que sujet moral ? Georges Hansel, qui nous reçoit chez lui, s'exprime avec réserve et modestie, mais aussi avec une précision où l'on reconnaît, au choix, la rigueur du mathématicien ou celle du talmudiste : « *On ne rencontre dans la tradition juive aucune restriction par rapport à la science qui serait considérée comme incarnant le mal. L'idée qu'il faudrait freiner le progrès scientifique pour telle ou telle ou telle raison n'est pas pertinente. On ne peut évidemment prévoir jusqu'où ira le développement de ce progrès scientifique, mais il n'y a pas lieu de fantasmer. On a les connaissances qu'on a aujourd'hui, en acceptant l'idée qu'elles s'approfondiront, et c'est tout !... »*

Pour fonder ses propos, Georges Hansel se réfère à Moïse Maïmonide (1163-1204), le célèbre médecin, philosophe et exégète qui rédigea notamment le *Guide des égarés* [17] et qui avait entrepris de réfléchir sur les relations entre sciences et révélation : « *Effectivement, ce que je dis là n'a rien d'original, vous pouvez le lire déjà dans Maïmonide, par exemple, qui n'a jamais songé à fixer une limite quelconque au domaine de l'investigation scientifique, ou à celui des applications techniques. Il n'existe aucune limite à la possibilité de connaître scientifiquement. À une condition essentielle, pourtant : que cette connaissance soit démontrable et rationnelle.* »

Ainsi, dit Maïmonide, « pour toute chose dont la raison est évidente et dont la vérité se démontre par des preuves sans défaut, nous nous appuyons sur l'homme qui l'a dite ou enseignée ». La raison, l'expérience tout comme une démonstration scientifique théorique ou expérimentale *sans défaut* peuvent, à bon droit, constituer des sources de dévoilement d'une vérité authentique. Mais, et ce « mais » est important, cet acquiescement à la science demeure « conditionnel » : il faut, pour qu'elle soit validée, que la vérité ne soit ni pervertie, ni entachée de tromperie ou d'une forme quelconque de mystification, ou encore que la science ne participe pas à une « aliénation de l'homme par idéologie ».

Ces conditions concernent la validité de la connaissance, son acceptabilité scientifique. Autre chose est le jugement éthique, qui débouche sur une acceptation ou un refus. Mais dans ce domaine, on ne posera, comme nous l'explique notre interlocuteur, aucun jugement préalable : « *Les problèmes éthiques – savoir, par exemple, jusqu'où aller dans les manipulations génétiques – se règlent au coup par coup. Il existe des principes de départ qu'il faut appliquer au cas par cas. Imaginons qu'on voie s'esquisser une modification de l'espèce humaine, au nom de quoi devrait-on l'empêcher ? On imagine des procédés pour augmenter la mémoire ou les capacités physiques, pourquoi pas ? Du moment qu'on ne porte pas atteinte à la dignité humaine, qu'on ne provoque rien qui conduise à des meurtres...*

Voilà la limite à ne pas dépasser. Le respect de la liberté humaine ou le respect d'autrui, par exemple – ces principes permettent de discerner ce qui est permis et ce qui ne l'est pas, si on analyse la réalité à partir d'eux. Il faut chaque fois analyser de près. Ces principes fournissent le cadre conceptuel qui permet de discuter et de décider à propos de chaque question nouvelle qui se pose. On doit chaque fois s'interroger pour savoir si une nouvelle technique précise peut avoir des conséquences non éthiques, mais il n'existe jamais d'interdit général, ni a priori. »

Pour Georges Hansel, les principes et valeurs de l'éthique demeurent donc clairement indépendants de la connaissance scientifique. Les « sciences du quoi » s'occupent des faits, la « science du qui » demeure celle des valeurs : « *Aucun modèle scientifique ne permet, par lui-même, de décider des valeurs. Le "plan des valeurs" dépasse le plan scientifique. La science ne vous dira jamais ce que vous devez faire ni ce qui est bien. Aucune science ne pourra vous procurer la "justice" ni vous dire de quoi il s'agit.* » C'est pour cela qu'au final les sciences demeurent donc toujours périphériques au regard de ce noyau central qu'est la Loi.

Cette découverte des valeurs qui rend l'humain responsable ne réside pas non plus dans le simple fait que l'être humain soit doué de raison et de parole. Il en allait ainsi dans la pensée grecque, chez Aristote par exemple, où la rationalité humaine, liée au langage, se trouve au fondement de l'éthique. Ici, la perspective est différente et se relie à une autre conception du monde des valeurs : « *La notion de valeurs dépasse la parole. La parole va être au service des valeurs, va les utiliser. Dans la parole, vous restez dans le monde conceptuel que vous pouvez exprimer à autrui. Mais le monde des valeurs transcende ce monde de la parole. Le seul fait de s'adresser à l'autre dépasse ce qui va être dit. De même, la révélation n'est pas un miracle qui s'est produit à un certain moment, c'est quelque chose de continu. C'est surtout le fait que l'homme dépasse la simple connaissance des choses, qu'il ait une intuition et qu'il puisse découvrir des valeurs.* »

Mais là encore, notre interlocuteur balaie toute référence au domaine de la théologie, ou même à l'idée de Dieu, qui pourrait venir à l'esprit, et serait, selon lui, inadéquate. Les affaires humaines doivent demeurer humaines : « *La théologie n'a de sens que traduite en termes de relations humaines. La théologie est un langage pour exprimer certaines expériences humaines, mais cela ne nous enseigne rien sur ce que sont les choses. Dans les chapitres 50 à 60 de la première partie du* Guide des égarés, *Maïmonide nous le rappelle : ne parlons pas de Dieu. Si on en parle, c'est uniquement une façon de fournir un modèle pour l'homme. Que veut dire "Dieu est bon" ? Cela veut seulement dire "Sois bon !". Si on attribue des qualités à Dieu, c'est uniquement pour définir un monde de valeurs humaines, mais parler de Dieu est une fantaisie. La seule chose qu'on puisse faire, c'est se taire.* »

Georges Hansel a consacré plusieurs de ses textes à Emmanuel Levinas, qui a marqué le XXe siècle de son empreinte philosophique. De lui il retient notamment, pour la question qui nous occupe, que les sciences comme les techniques peuvent constituer un soutien majeur pour cette éthique de la relation à autrui qui se trouve au cœur de la responsabilité humaine. Levinas disait ainsi : « La science et les possibilités de la technique sont les premières conditions qui permettent d'assurer dans les faits le respect des droits de l'homme [18]. » Cet aspect concret est donc également réponse à l'exigence éthique. La dignité passe d'abord par la possibilité de se nourrir, d'être soigné, de s'informer, et seules les sciences et techniques peuvent, au final, assurer que sept milliards d'individus puissent voir leurs besoins pris en compte.

En quittant ce penseur discret, savant et sage qui est notre ultime interlocuteur, nous ne sommes pas mécontents, tout bien pesé, que notre périple se termine par cette évocation réjouissante d'une attitude qui se refuse à diaboliser la science ou à la sacraliser, qui ne vit pas immanquablement la connaissance scientifique comme une menace d'apocalypse et de cataclysme, mais qui ne s'interdit pas pour autant de juger ni de refuser – au cas par cas –, selon des principes éthiques, telle ou telle innovation et qui rappelle enfin que la responsabilité demeure nôtre, entièrement.

Ce n'est évidemment pas la seule leçon, loin de là, que nous tirons des échanges que nous venons d'avoir. Nos différents interlocuteurs nous ont fait entrevoir plusieurs facettes de ce que devient, à présent, la responsabilité humaine. En premier lieu, il est évident que cette responsabilité se dit plus que jamais en plusieurs sens, se conçoit de plusieurs manières. Elle se déploie et se décline depuis le risque assumé jusqu'à l'éthique maintenue, depuis la résistance à la marchandisation jusqu'à l'intégration de l'humain dans le cosmos, du recommencement permanent de l'aventure humaine jusqu'au refus de l'intolérable – et ces figures que nous avons croisées ne sont pas les seules possibles. Longtemps secondaire, souvent reléguée dans les marges de la réflexion, notamment chez les philosophes, la question de la responsabilité prend aujourd'hui une ampleur et une densité différentes : elle change de nature en changeant d'objet.

Dans le même mouvement, elle acquiert une dimension plus collective. Autrefois, il appartenait à chacun de décider pour lui-même, d'engager son avenir ou celui de ses proches. À présent, la responsabilité n'engage plus simplement les décisions autonomes d'un individu envers un autre ou quelques autres. Elle déborde l'individu de toutes parts. Au lieu de se conjuguer à la première personne du singulier, elle se pense au pluriel. Parce que nos actes, y compris les plus quotidiens, ne concernent plus seulement notre existence, mais engagent désormais l'avenir des générations futures, voire de la vie sur terre. Du coup, notre responsabilité individuelle doit s'inclure dans un cadre plus vaste et revêt une portée collective qu'elle ne connaissait pas, du moins avec une telle ampleur.

Nous l'entrevoyons, les conclusions à tirer de cette mutation sont loin d'être achevées.

Conclusion

L'ARCHIPEL DES CHANGEMENTS

Le voyage est terminé, au moins pour ce qui concerne ce livre. La suite du périple, à chacun de l'inventer. Pour notre part, il reste à dire les éléments d'enseignement que nous en tirons.

Où sommes-nous allés ? À Stanford, Harvard, New York, Hambourg, Londres, Paris et quelques autres lieux aisément repérables sur les cartes du globe ? Dans des laboratoires, des centres de recherches, des institutions savantes ? Effectivement, mais ce n'est pas ce qui importe.

Essentiellement, nous revenons d'un pays imaginaire et réel tout ensemble. Nous y avons fréquenté des carrefours où l'avenir et le passé se recoupent, des échangeurs où s'entrecroisent faits et fantasmes. Nous avons arpenté des territoires composés d'interrogations, d'idées en mouvement, d'incertitudes, parfois de vertiges, mais aussi de vraies nouveautés et de nombreuses dissonances.

Ce pays que nous avons exploré se nomme l'archipel des changements. Composé d'une multitude d'îlots dispersés et reliés, il dessine aujourd'hui – entre sciences, techniques et fantasmes – les lendemains humains. Discerner ce qui s'y passe n'est pas immédiat. Décider ce qui doit être retenu et ce qu'on peut négliger non plus. Nous nous sommes laissé orienter par les carrefours, les plaques tournantes, les intersections, en évitant autant que possible culs-de-sac et impasses.

Plutôt que les grandes plaines, la terre ferme ou les chaînes montagneuses, nous avons parcouru des chapelets d'îles et, si l'on ose dire, quelques promontoires battus par les rêves. Finalement, ce ne sont pas les avions, trains ou voitures qui nous auront fait voir du pays, mais plutôt ces séries d'interrogations en transit, d'évidences en voie d'effritement, ces horizons irisés parfois d'enthousiasme et parfois d'effroi.

Le livre des mutations

Nous aurions pu aussi intituler cette enquête « Le livre des mutations ». Mais le titre était déjà pris, depuis pas mal de siècles, puisque c'est celui du *Yi King*, le plus ancien traité chinois, rédigé au premier millénaire avant notre ère. Ce manuel de divination est aussi, et surtout, une réflexion de haute volée sur les changements et leurs lois, envisagés comme une série méthodique de combinaisons.

Ce qui intéresse la Chine ancienne, c'est la mécanique des mutations envisagée d'un point de vue formel et géométrique. L'ensemble est grandiose, et ce n'est pas sans motif qu'il a impressionné, en Europe, un mathématicien et philosophe comme Leibniz. Mais c'est un ensemble clos, une combinatoire dont les soixante-quatre cas de figure, repérés et connus d'avance, épuisent le champ des possibilités.

Les mutations qui nous occupent sont d'un tout autre ordre : elles émergent à peine, dans le désordre et l'éphémère, s'inventent aujourd'hui et peuvent s'évanouir demain, s'esquissent de manière aléatoire, n'ont pas de périmètre circonscrit. Délaissant donc les maîtres chinois, cherchant malgré tout quelque noble ancêtre à qui rattacher notre modeste exploration, il nous est arrivé de songer à la tradition européenne des voyages philosophiques.

Ce ne sont pas les voyages, légendaires ou attestés, effectués par les philosophes, même si Pythagore en Inde, Platon en Égypte, Montaigne en Italie ou Kierkegaard en Allemagne apprennent sur le voyage comme sur la philosophie bien des choses utiles. Ce ne sont pas non plus les enseignements, souvent décisifs philosophiquement, des tribulations célèbres des Mandeville, Marco Polo et autres Bougainville que nous pouvons avoir en tête.

Du voyage philosophique

Nous songions plutôt à ces récits singuliers, ces vrais-faux voyages où la narration des contrées entrevues a pour but d'inciter à réfléchir. L'utopie a été grande consommatrice de ce type de récits, tous construits sur une trame semblable. Il y a certes bien des variantes, depuis l'*Utopia* de l'humaniste anglais Thomas More (1516), modèle du genre, jusqu'au *Voyage en Icarie* (1840) du socialiste français Étienne Cabet, en passant par *La Cité du Soleil* du philosophe italien Tommaso Campanella (1623) ou *L'Histoire comique des États et empires de la Lune* (1657) de l'essayiste français Savinien Cyrano de Bergerac.

Mais le dispositif d'ensemble ne varie guère : un ou deux héros se retrouvent dans des contrées inconnues et y découvrent des peuples aux mœurs exemplaires, infiniment plus sages et plus heureux que nous. Ainsi, dans *Les Voyages de Gulliver* (1756), Jonathan Swift finit par conduire son héros chez les Houyhnhnms, peuple de chevaux intelligents, vertueux et francs, incapables de seulement imaginer en quoi consiste la corruption humaine.

Ce n'était certes pas notre objectif. Malgré tout, si éloignés que nous soyons de ces exemples illustres, il nous arrivait de penser que l'idée même de voyage philosophique avait quelque pertinence pour ce que nous tentions. Quelques indices nous le confirmaient : nous abordions les territoires de disciplines nouvelles, rencontrions des interlocuteurs lointains, certains tenaient des propos inhabituels, voire déconcertants.

Finalement, nous avons compris peu à peu que nous faisions fausse route. Tous ces textes décrivent des voyages imaginaires pour critiquer la société réelle. Nous, nous avons fait l'inverse : un voyage réel pour mettre à nu des mutations qui relèvent de l'imaginaire. Au lieu de parcourir des contrées fictives pour dénoncer les travers des lieux réels, nous avons arpenté de vrais pays pour éclairer l'imaginaire au travail, ses évolutions en cours. Avec pour premier résultat une réponse à ce que nous cherchions.

Créateur d'histoires

Nous tentions de cerner ce que devient « le propre de l'homme » au XXIe siècle, alors que tout semble changer. Nous avions le sentiment que l'identité humaine était devenue floue, incertaine, voire insituable. À tout le moins, elle apparaissait en chantier, en plein remaniement. Nous avions parfois l'impression de vivre dans la cacophonie, d'entendre dire tout et son contraire, de lire le même jour des propos si opposés qu'ils ne semblaient parler ni du même monde ni du même siècle. Tout cela, pour une part, s'est confirmé au fil de notre enquête.

Mais pour une part seulement. Car une autre évidence s'est imposée à nous. Dans les laboratoires les plus en pointe, les centres de recherche les plus estimés, auprès des scientifiques les plus rigoureux, nous écoutions attentivement... des histoires de toujours ! Ne plus souffrir, cesser d'être malade, demeurer durablement jeune, ne pas mourir... Ce ne sont pas des inventions scientifiques récentes, mais bien d'anciens rêves, figurant en bonne place parmi les plus vieilles histoires que forgent les imaginations humaines.

Allons-nous en conclure qu'il n'y a rien de nouveau sous le soleil, qu'avec de nouvelles techniques les humains poursuivent, invariablement, les mêmes fantasmes immuables ? Pas si simple, car ces histoires, malgré quelques constantes, ne sont jamais totalement les mêmes. Elles se trouvent remaniées, métamorphosées de mille façons en fonction des connaissances, découvertes et inventions de l'heure.

Parallèlement, nous avons constaté que les termes, si souvent employés, de « révolution » scientifique ou technologique, qui font florès dans les médias, ratent ce qui se trame réellement dans cet univers. Suivant l'analyse passionnante du philosophe et historien des sciences Gérard Jorland, nous avons compris combien, dans ce domaine, les révolutions sont toujours à entendre comme des processus longs, à envisager plus sous forme de sutures entre l'ancien et le nouveau que de ruptures soudaines. Elles n'apparaissent jamais du jour au lendemain et ne produisent leurs effets que sur le long terme, presque insensiblement : « Il faut toujours penser une révolution non pas en termes de mutation soudaine... mais de transformation progressive, non pas dans l'instant mais dans la durée, comme une transition d'état [1]. »

Finalement, qu'on se raconte des histoires de continuité ou de rupture, il s'agit toujours de mesurer à quel point le propre de l'humain, en fin de compte, est de tisser des histoires. Tramer des récits, coudre sans cesse l'interminable patchwork de la fiction, c'est bien ce qui nous distingue de tous les autres vivants. Cet ancrage dans la fiction est essentiel. Inventer des histoires est vital pour ce que nous sommes. Pas d'humain sans mythes, fables, récits, narrations, comme autant de manières d'assembler les événements, de leur donner sens, d'avoir prise sur le monde. C'est vrai au sein des sciences, au cœur même des techniques, comme dans les huttes de feuillage ou les cabanes de pierres sèches.

Nous ne dirons donc pas qu'il existe des rêves autour de la science, comme des fantasmagories ajoutées. Les histoires qu'on se raconte se trouvent en fait, pour une part, dans la science même : une part de rêve s'active au sein de la connaissance. En réponse à ce désir humain constant de construire des récits, y participant avec le langage propre aux sciences, l'imaginaire et ses histoires habitent aussi les laboratoires, qu'ils soient de biologie ou de neurosciences, qu'ils relèvent des nanotechnologies ou du numérique.

L'imagination n'est donc pas la « folle du logis », comme le croyait Pascal. Elle n'est pas, comme le soutiennent ce mathématicien-philosophe et la plupart des penseurs de l'Âge classique, la grande perturbatrice de la rationalité. Il est trop court de vouloir opposer la rigueur de la logique et les chimères de l'imagination. Il faut réviser nos cartes mentales, cesser de ranger l'imaginaire d'un côté et la rationalité scientifique de l'autre, d'une part le fantasme et d'autre part le savoir. En fait, le fantasme se tient aussi au cœur du savoir. Ce ne sont pas des corps étrangers l'un à l'autre.

Les histoires qu'on se raconte ne sont pas, dans la science, des produits d'importation, des éléments venus d'ailleurs, mais des ressorts internes, des éléments constitutifs de la création, y compris dans le domaine scientifique. Le grand partage qu'on a voulu opérer, depuis les Grecs, entre *muthos* (les histoires, fables et mythes) et *logos* (la parole de pure rationalité) n'a jamais été praticable jusqu'au bout.

Découvrir, pour les scientifiques, c'est aussi raconter une histoire. La réalité qu'atteignent les sciences dures est encore pétrie de fiction. Inventer, pour ingénieurs et techniciens, c'est rêver. Sacrés ou profanes, poétiques ou philosophiques, littéraires ou scientifiques, les récits configurent notre expérience du monde et des savoirs. Et l'humain est l'être des récits.

Si un propre de l'homme existe, il revient à construire des histoires – les forger, les raconter, les mémoriser, les transmettre, les enjoliver, les multiplier, les contredire par d'autres histoires encore. Celles d'aujourd'hui ne sont pas non plus identiques à celles d'hier. Que disent-elles de différent, de nouveau ?

Plus vite dans les têtes

Il est entendu que nous sommes dans un monde d'innovations permanentes. Bien sûr, indiscutablement, cent évolutions réelles sont en route, personne ne songe à le nier. Malgré tout, nos vies changent moins radicalement qu'on ne le dit, moins profondément qu'on ne le pense. On se raconte que tout change bien plus qu'on ne le constate froidement. Somme toute, les représentations se transforment plus vite que les humains eux-mêmes.

Regardez autour de vous : vous ne croisez pas de robots assis dans les transports en commun, vous continuez à devoir, chaque jour, vous nourrir, vous laver, dormir et vous soigner comme toutes les générations humaines l'ont fait. Nous pouvons bien évidemment nous soigner plus efficacement, manger d'autres aliments, travailler selon d'autres rythmes. Mais le fait demeure, simple et massif, que nous sommes toujours bien ancrés dans des corps globalement inchangés.

Nous traitons ce corps différemment, nous l'envisageons sous des angles inédits, il est vrai. Mais nous ne l'avons pas quitté ! Les humains ont beau se raconter des tas d'histoires, inventer toutes sortes de machines, de drogues et de nouveautés, ils continuent comme toujours de naître, de grandir, de se reproduire et de mourir. De ce point de vue, nous sommes exactement semblables à nos ancêtres les plus lointains. Ce qui nous distingue d'eux, ce ne sont pas nos voitures ni nos ordinateurs, mais d'abord ce que nous avons en tête.

C'est là, principalement, que s'installent des nouveautés. Exemples : fini le corps fardeau, remplacé, dans la tête, par le corps à construire, à entretenir avec soin, à réparer. Finie l'idée de la matière grise, opaque et mystérieuse, remplacée par l'image d'un cerveau visible en couleurs à l'écran, censé offrir au regard, en toute transparence, la fin de l'énigme de la conscience. Finis les fossés mentaux, autrefois si profonds, séparant les animaux des humains, les humains de la nature, la vie de la non-vie, voici venue l'idée du grand continuum.

Là encore, c'est bien dans les têtes avant tout que le changement a lieu. Car les animaux, globalement, restent les mêmes, et la nature, quoi qu'on dise, ne s'est pas radicalement modifiée. Certes, des espèces disparaissent, d'autres sont menacées, l'eau se transforme, le climat aussi. Mais les métamorphoses adviennent bien plus vite dans nos représentations que dans les océans et les forêts. Reste à voir si nous pouvons esquisser ce qui les rassemble.

La grande tentation

À y regarder de plus près, pratiquement toutes les histoires nouvelles que nous avons rencontrées tentent de se défaire de quelque élément de l'homme ancien. Chacune d'elles, somme toute, aimerait pouvoir dire adieu à une caractéristique de l'ancien monde humain. Dans l'obsession du corps en forme, insensible à l'âge, à la fatigue, aux maladies, il y a plus, en fait, que l'immémorial projet de combattre les méfaits des ans et de moins souffrir. En sous-main, cet effort sans fin semble travaillé, paradoxalement, par la tentation d'en finir avec le corps lui-même.

En un sens, les histoires actuelles sont toutes des scénarios de rupture, des fictions de largage, des récits de dernier épisode. Partout, semble-t-il, on aspire au mot « fin », ou plus encore à un au-delà indéfini. On prétend ainsi en finir bientôt peut-être avec la souffrance, la vieillesse, la mort, mais aussi avec la différence sexuelle, avec la procréation. On proclame la possibilité prochaine d'en finir avec le hasard génétique, les contraintes de la biologie, voire avec les cadres de l'espace et du temps. On espère, dès que possible, parvenir à dire adieu à la part d'ombre, au psychisme, à l'intériorité. On projette même de larguer dans quelque temps la réalité – ses limites, ses contraintes, sa monotonie – pour le virtuel et la liberté sans bornes de l'imaginaire.

Si l'on assemble les pièces du puzzle, la grande tentation qui travaille l'époque serait-elle d'en finir avec l'humain, de le transcender, de passer à autre chose ? Inventer enfin une autre histoire, ouvrir un autre temps, écrire une autre aventure – sans corps, sans mort, sans limite ? Certains en rêvent, sans conteste, et prolongent ainsi, sous des habits neufs, la longue tribulation du mythe de « l'homme nouveau ».

Revivifié grâce aux technologies récentes, ce récit de l'homme nouveau est une histoire que les humains se racontent, de longue date, sous des formes multiples. L'apôtre Paul, au premier siècle de notre ère, en a donné sans doute la formulation la plus nette. L'homme nouveau est pour lui l'homme transfiguré par la venue du Christ : désormais, « il n'y a ni Juif ni Grec, il n'y a ni esclave ni libre, il n'y a ni homme ni femme », écrit-il dans l'Épître aux Galates[2]. Cette histoire raconte donc un effacement de toutes les frontières, qu'elles soient religieuses, entre Juifs et Grecs, politiques, entre hommes libres et esclaves, ou biologiques et sexuelles, entre hommes et femmes. Ainsi, l'homme ancien était divisé, l'homme nouveau est uni. Mais cette unité proclamée doit encore s'inscrire dans les faits, triompher dans l'histoire. L'instrument de cette unification à concrétiser est un pouvoir qui se bâtit : l'Église comme institution.

Un même schéma, *mutatis mutandis*, se retrouve dans la construction des « hommes nouveaux » du monde contemporain, celui du communisme comme celui du nazisme. On ne confondra pas, cela va de soi, Église catholique, parti nazi et Parti communiste. Chaque fois, cependant, il s'agit bien d'en finir radicalement avec l'humain d'un monde ancien, clivé, impur, corrompu, de tout mettre à bas et de tout reconstruire. Chaque fois, la trame de l'histoire consiste à en finir, quel que soit le prix à payer, avec le « vieil homme » de l'ancien monde, afin de bâtir pour toujours l'homme nouveau – qu'il soit neuf d'un point de vue spirituel, génétique, ou social et psychologique.

Sachant que cette histoire d'homme nouveau a aussi provoqué les plus grands amoncellements de cadavres humains, on ne sera jamais trop méfiant quand il en est question.

Il n'en demeure pas moins que, loin de cette radicalité dangereuse, se révèle toujours plus importante, plus réelle, plus active, l'exigence incontournable d'élaborer une pensée renouvelée de l'humain.

D'une représentation à une autre

Pour le formuler autrement, on pourrait proposer l'idée que le grand changement tient au fait que nous sommes passés, pratiquement sans le savoir, d'une représentation de l'homme à une représentation de l'humain. Car les deux termes ne sont pas strictement équivalents. Au-delà du jeu apparent des synonymes se tient là une possible évolution de nos représentations, à relever. Explications.

Les places dans le monde des figures respectives de l'homme et de l'humain ne sont pas les mêmes. Celle de l'homme était clairement définie par la théologie, le discours religieux, la métaphysique humaniste : il occupait le foyer central. Autour de lui gravitaient les espèces, les choses, l'ensemble du cosmos.

La place de l'humain au contraire se vit aujourd'hui comme décentrée. Depuis Copernic et Galilée, nous n'habitons plus le centre du système solaire, depuis Darwin nous sommes les cousins dégénérés des singes, depuis l'écologie nous sommes un élément de l'assemblage terrestre, sans oublier Freud qui nous a également décentrés de notre propre pensée.

Les contours de l'homme étaient nets et précis. On savait exactement qui était homme et qui ne l'était pas, on pouvait tracer de manière claire une délimitation intangible. Au contraire, les contours de l'humain apparaissent flous : il s'inscrit dans un continuum du vivant, de la matière. Il devient frère de toutes les formes de vie capables de souffrir, se sent inclus dans le flux d'ensemble du cosmos.

L'histoire globale et le sens de l'existence ne sont pas non plus semblables pour chacune de ces deux figures. Pour l'homme, le destin était raconté et éclairé par un grand nombre de mythes. Si l'on y adhérait, ils permettaient de lire avec précision le sens de la présence au monde. Ceci ne vaut plus avec la même netteté pour l'humain, qui ne saisit plus de façon immédiate ni univoque le sens de son existence et doit le chercher, voire le construire.

Dans la représentation ancienne, celle de l'homme, chacun avait une intériorité évidente, close sur elle-même, rassemblée en son for intérieur. Au contraire, dans la représentation de l'humain règnent plutôt émiettement, éparpillement, dissolution de la subjectivité individuelle. La silhouette de l'homme était stable : sa nature était donnée pour toujours, fixée à jamais. Nous sommes entrés, au contraire, dans la représentation d'un humain qui se sait et se veut mobile, fluide, « liquide » plutôt que solide, porté par un tourbillon qui modifie ses manières de réfléchir, de travailler, de se lier aux autres et de se détacher d'eux d'un seul clic.

Un humanisme décentré ?

Lié à l'ancienne représentation de l'homme, à sa place centrale, à ses grands pouvoirs, à sa nature, à sa force capable de construire l'histoire et le progrès, l'ancien humanisme est donc défait. Il n'en demeure pas moins que nous est toujours nécessaire une pensée de la spécificité, de la responsabilité et de la place de l'humain.

Que serait donc, au lieu de l'humanisme de l'homme, cet éventuel humanisme décentré de l'humain ? On peut en esquisser quelques traits.

Même dépourvu de l'idée de nature humaine, qui s'estompe inexorablement, lui resterait la capacité de refuser l'intolérable, de dire non, catégoriquement, à ce qui, dans chaque circonstance précise, paraîtrait inacceptable. Ce principe éthique de refus au cas par cas ne formule pas de normes universelles. Même privé de la place centrale du roi de la création, il lui serait possible de mettre l'accent sur les spécificités humaines, sans arrogance, sans que ces différences supposent une quelconque domination ou supériorité oublieuse du reste du monde. Parmi ces spécificités figurent le langage, la capacité d'imaginer ce qui est absent, la faculté de se déprendre de l'immédiat, le fait de considérer un monde qui existe avant nous et existera après nous, un certain rapport à l'infini. Nous avons cette idée de quelque chose qui ne cesse jamais – qu'il s'agisse du monde, du temps, de l'absolu, du caractère interminable de la connaissance.

Deux impasses, une issue

Alors, finalement, que faire ? Envers sciences et techniques aujourd'hui, à notre sens, la confiance aveugle est une erreur, la défiance systématique en est une autre. Seule l'idée d'une responsabilité constamment réendossée s'avère utile.

Il est fréquent que la technoscience fascine, qu'on attribue à sa puissance le pouvoir d'assurer aux humains une existence neuve, plus vaste, plus diverse, plus sûre, éventuellement plus heureuse. Pareille technophilie s'interdit de prendre en compte les risques, les effets pervers, les éventuelles menaces que peut engendrer l'univers technoscientifique.

Il est plus fréquent encore, à présent, qu'on diabolise sciences et techniques, attribuant cette fois à leur expansion un pouvoir incontrôlable de dénaturation et de déshumanisation. Dans cet accablement envers les cataclysmes annoncés, la responsabilité humaine finit par se trouver tout entière annulée : « Seul un dieu peut encore nous sauver », en vient à dire le penseur allemand qui a érigé cette technophobie d'apocalypse à la hauteur d'un dogme [3].

Nous croyons qu'il s'agit là de deux impasses. La technologie n'est pas, dans son essence, radicalement différente des outils les plus simples. Un marteau peut servir à assembler des planches ou à défoncer des crânes – de cela, dans un cas comme dans l'autre, il n'est en rien responsable, seuls le sont ses utilisateurs. Il en va de même, contrairement à ce que disent les prophètes technophobes, des bio ou des nanotechnologies. Ce n'est pas la technique qui est en soi bénéfique ou maléfique, mais les usages qu'on choisit d'en faire.

La complexité des technologies actuelles étant évidemment très supérieure à celle d'un marteau, et leurs usages n'étant pas simplement individuels, il est indiscutable que le choix lui-même se complexifie. Mais il n'a rien d'impossible, si chacun accepte d'endosser, de réendosser, envers toute innovation technologique, son entière responsabilité, son droit de regard, sa liberté d'expression. Ce qui suppose un effort toujours recommencé, une attention toujours en éveil. Mais aussi des moyens accessibles pour s'informer, comprendre les enjeux, et pouvoir en connaissance de cause décider par soi-même.

Sur ce dernier point, nous espérons avoir contribué, à la mesure de nos possibilités, à cette école de liberté. Au-delà, c'est pour chacun affaire d'éthique, de souci de ce qui est bien ou mal en soi, et non simplement en fonction des systèmes de permission et d'interdits inculqués par le dressage éducatif.

« L'humain est au-dessus des forces humaines [4] », écrit le philosophe Emmanuel Levinas. On peut en réalité l'entendre de maintes façons. Soit, par exemple : nous n'y arriverons jamais… si l'humain est au-dessus de nos propres forces, nous ne serons jamais ce que nous voudrions être. Soit, encore : l'humain se situe toujours plus loin, au-delà, comme une incitation à nous rapprocher de nous-mêmes, à ne jamais croire l'aventure achevée.

NOTES

Introduction

1. Lettre du 7 novembre 1764, in *Œuvres complètes* de Christian Huygens publiées par la Société hollandaise des sciences.
2. http://www.lehigh.edu/~inantech/docs/Feynman_plentyofroomatthe%20Bottom.pdf.
3. http://e-drexler.com/p/06/00/EOC_Cover.html.
4. Étienne Klein, *Le Small Bang des nanotechnologies*, Odile Jacob, 2011.
5. http://www.nano.gov/nnistrategicplan211.pdf pour consulter le rapport stratégique 2011 de la National Nanotechnology Initiative.
6. http://www.irsst.qc.ca/-projet-elaboration-d-un-guide-de-bonnes-pratiques-pour-la-manipulation-securitaire-des-nanoparticules-0099-5950.html.
7. http://www.nanonorma.org/ressources/documentation-nanonorma/AFSSET %20- %20nanomateriaux %202008.pdf/view. Voir aussi http://www.nanogenotox.eu, pour coordonner l'action conjointe de douze pays européens afin de développer une méthode efficace d'évaluation des risques sanitaires des nanomatériaux manufacturés.
8. http://ec.europa.eu/nanotechnology/pdf/nanocode-rec_pe0894c_fr.pdf.
9. http://www.etcgroup.org/en/node/609.
10. http://www.piecesetmaindœuvre.com/IMG/pdf/Aujourd_hui_le_nanomonde_16.pdf.
11. M. C. Roco et W. S. Bainbridge, *Converging Technologies for Improving Human Performance : Nanotechnology, Biotechnology, Information technology and cognitive science. Report of The National Science Foundation*, Arlington, 2002.
12. *Ibid.*, p. 13.
13. Pour le débat en France, voir : http://www.debatpublic-nano.org/informer/bilan_debat.html. COMETS, *Enjeux éthiques des*

nanosciences et nanotechnologies, 2006, http://www.cnrs.fr/fr/organisme/ethique/comets/docs/ethique_nanos_061013.pdf. J. C. Ameisen et C. Burlet (rapporteurs), *Questions éthiques posées par les nanosciences, les nanotechnologies et la santé*, Avis 96 du Comité consultatif national d'éthique pour les sciences de la vie et de la santé, Paris, 2007. En Angleterre : Royal Society & Royal Academy of Engineering, *Nanoscience and Nanotechnologies. Opportunities and Uncertainties*, http://www.nanotec.org.uk/finalReport.htm.

I. LA FABRIQUE DU CORPS

1. Sénèque, *Lettres à Lucilius*, lettre XV.

2. Nietzsche, *Ainsi parlait Zarathoustra*, I, « Des contempteurs du corps ».

3. I. Quéval, *S'accomplir ou se dépasser. Essai sur le sport contemporain*, Gallimard, 2004 et *Le Corps aujourd'hui*, Gallimard, 2008.

4. Dr P. Laure, sociologue et médecin-conseil à la Direction de la jeunesse et des sports (RDJSVA) de Lorraine, auteur de *Histoire du dopage est des conduites dopantes : les alchimistes de la performance*, Vuibert, 2004. Parmi les ouvrages de cet auteur, voir aussi : *Les Gélules de la performance*, Ellipses, 1997 ; *Dopage et société*, Ellipses, 2000 ; *L'Éthique du dopage*, Ellipses, 2002 ; *Activités physiques et santé*, Ellipses, 2007.

5. M. Hautefeuille, *Dopage et vie quotidienne*, Payot, 2009.

6. J. Glicenstein, *La Chirurgie esthétique*, Hermann, 1993.

7. G. Vigarello, *Histoire de la beauté. Le corps et l'art d'embellir de la Renaissance à nos jours*, Seuil, 2004.

8. F. Millet-Bartoli, *La Beauté sur mesure. Psychologie et chirurgie esthétique*, Odile Jacob, 2008.

9. Pr B. Devauchelle, L. Badet, Pr B. Lengelé, Pr E. Morelon, Pr S. Testelin, Pr M. Michallet, C. d'Hauthuille, Pr J.-M. Dubernard, « First human face allograft : early report », *The Lancet*, vol. 368, n° 9 531, 15 juillet 2006, p. 203-209.

10. Voir le récit de Noëlle Châtelet, *Le Baiser d'Isabelle*, Seuil, 2007.

11. http://abonnes.lemonde.fr/planete/article/2011/03/03/succes-pour-la-premiere-greffe-d-une-bronche-artificielle_1487553_3244.html.

12. A. Raya-Rivera MD, D. R. Esquiliano, J. J. Yoo, Pr E. Lopez-Bayghen, S. Soker, professeur A. Atala, « Tissue-engineered autologous urethras for patients who need reconstruction : an observational study », *The Lancet*, vol. 377, n° 9 772, 2 avril 2011, p. 1175-1182.

13. Michèle Biétry, journaliste spécialisée en médecine et politique de santé, rédactrice en chef au quotidien *Le Figaro*, consultante en sciences et médecine. Voir : *Guérir avant d'être malade. Les promesses de la nano médecine*, Robert Laffont, 2011.

14. http://cordis.europa.eu/fetch?CALLER=NEWSLINK_FR_C&RCN=32213&ACTION=D.

15. http://www.nsf.gov/awardsearch/showAward.do?AwardNumber=0745000.

16. E. Saeedi, S. Kim, B. A. Parviz, « Self-assembled crystalline semiconductor optoelectronics on glass and plastic », *Journal of Micromechanics and Microengineering*, vol. 18, 075019, 2008, p. 1-7.

17. In *Le Nouvel Observateur*, 26 novembre 2009, p. 136.

18. M. Schena, D. Shalon, R. W. Davis, P. O. Brown, « Quantitative monitoring of gene expression patterns with a complementary DNA microarray », *Science*, vol. 270, n° 5 235, 20 octobre 1995, p. 467-470.

19. http://www.rfreitas.com.

20. In N. Aubert (dir.), *L'Individu hypermoderne*, Érès, 2004, p. 291 sq.

21. J. de Rosnay, en collaboration avec F. Papillon, *Et l'homme créa la vie. La folle aventure des architectes et des bricoleurs du vivant*, Les liens qui libèrent, 2010.

22. http://ung.igem.org.

23. P. Marlière, de Global Bioenergies, entreprise de biotechnologies, cité in *L'Express*, 14 août 2010.

24. Qiao Zhou, D. A. Melton *et al.*, « In vivo reprogramming of adult pancreatic exocrine cells to bold beta cells », *Nature*, 455, 2 octobre 2008, p. 627-632.

25. Kazutoshi Takahashi, Koji Tanabe, Mari Ohnuki, Megumi Narita, Tomoko Ichisaka, Kiichiro Tomoda, Shinya Yamanaka, « Induction of pluripotent stem cells from adult human fibroblasts by defined factors », *Cell*, vol. 131, n° 5, 30 november 2007, p. 861-872.

26. http://www.personalgenomes.org.

27. J. C. Ameisen, *La Sculpture du vivant. Le suicide cellulaire ou la mort créatrice*, Seuil, 1999, rééd. coll. « Points », 2003.

28. J. C. Ameisen, *Dans la lumière et les ombres. Darwin et le bouleversement du monde*, Fayard, 2008.

II. LA MACHINE PENSANTE

1. http://www.extropy.org/proactionaryprinciple.htm.

2. D. Simmons, *Ilium*, Robert Laffont, coll. « Ailleurs et Demain », 2004.

3. G. Moore, « Cramming more components onto integrated circuits », *Electronics*, vol. 38, n° 8, avril 1965 ; voir intel.com.

4. S. Ulam, « Tribute to John von Neumann », *Bulletin de l'American Mathematical Society*, vol. 64, 2, mai 1958, p. 1-49.

5. T. Modis, *Technological Forecasting and Social Change*, vol. 73, n° 2, 2006.

6. I. J. Good, « Speculations concerning the first ultraintelligent machine », *Advances in Computers*, vol. 6, 1965.

7. « Bienvenue à l'école des sorciers », *Courrier international*, n° 1030-1031-1032, 28 juillet 2010 ; art. repris in *New York Times*, A. Vance, « Merely human ? That's so yesterday », 12 juin 2010.

8. R. Kurzweil, *Humanité 2.0 : la bible du changement*, M21 Éditions, 2007 (éd. originale : *The Singularity is Near : When Humans Transcend Biology*, Viking/Penguin Books, 2005). Voir aussi : – R. Kurzweil, T. Grossman, *Fantastic Voyage : Live Long Enough to Live Forever*, M.D., Rodale Books, 2004. – *Are We Spiritual Machines ? Ray Kurzweil versus the Critics of Strong AI*, The Discovery Institute Press, 2002. – *The Age of Spiritual Machines : when Computers Exceed Human Intelligence*, Viking/Penguin Books, 1999. – *The 10 % Solution for a Healthy Life*, Crown Publishers, 1993. – *The Age of Intelligent Machines*, MIT Press, 1990.

9. E. Drexler, *Engins de création*, Vuibert, 1986.

10. http://www.transhuman.org/fm-2030.htm

11. http://www.fhi.ox.ac.uk et http://www.nickbostrom.com.

12. http://www.automatesintelligents.com/interviews/2005/sept/bostrom.html ; et N. Bostrom, « Are you living in a computer simulation ? », *Philosophical Quarterly*, vol. 53, n° 211, 2003, p. 243-255.

13. F. Fukuyama, *La Fin de l'homme. Les conséquences de la révolution biotechnique*, La Table ronde, 2002 ; rééd. *La Fin de l'homme*, Gallimard, coll. « Folio Actuel », 2004. En anglais : *Our Post-human Future : Consequences of the Biotechnology Revolution*, Farrar, Strauss and Giroux, 2002.

14. N. Bostrom, *Transhumanism : The World's Most Dangerous Idea ?*, 2004, http://www.nickbostrom.com/papers/dangerous.html ; et « In defense of post-human dignity », *Bioethics*, vol. 19, n° 3, 2005, p. 202-214.

15. B. Joy, « Pourquoi le futur n'a pas besoin de nous. Les technologies les plus puissantes de XXIe siècle – le génie génétique, la robotique et les nanotechnologies – menacent d'extinction l'espèce humaine », *Wired Magazine*, 8 avril 2000, http://www.wired.com/wired/archive/8.04/joy.html.

16. R. A. Freitas, *Some Limits to Global Ecophagy by Biovorous Nanoreplicators, with Public Policy Recommendations*, avril 2000.

17. Directeur du NASA Goddard Institute for Space Studies de New York.

18. F. J. Dyson, *Le Soleil, le Génome et Internet*, Flammarion, coll. « Nouvelle Bibliothèque scientifique », 2001. Voir aussi F. J. Dyson, *La Vie dans l'univers. Réflexions d'un physicien*, Gallimard, 2009.

19. D. Chalmers, *L'Esprit conscient*, Ithaque, 2010 ; voir notamment p. 23-24.

20. D. Chalmers, « The Matrix as metaphysics », in C. Grau (dir.), *Philosophers Explore the Matrix*, Oxford University Press, 2005 ; repris in T. Gendler, S. Siegel, T. Cahn (dir.), *The Elements of Philosophy*, McGraw-Hill, 2007 ; et in S. Schneider (dir.), *Science Fiction and Philosophy*, Wiley, 2009.

21. D. Chalmers, « The Singularity : A philosophical analysis », *Journal of Consciousness Studies*, vol. 17, n° 9-10, 2010, p. 7-65.

22. Sur toutes ces questions, voir A. Crevier, *À la recherche de l'intelligence artificielle*, Flammarion, 1997.

23. H. Atlan, *Les Étincelles de hasard*, Seuil, 2003.

24. Descartes, *Discours de la méthode*, V.

25. Aristote, *La Politique*, II, § 4.

26. A. Turing, « Computing machinery and intelligence », *Mind*, vol. 59, n° 236, octobre 1950, p. 433-460 ; et *La Machine de Turing*, Seuil, 1995, trad. fr. de deux articles d'A. Turing, « On computable numbers with an application to the Entscheidungsproblem » (1936) et « Computing machinery and intelligence » (1950).

27. http://www.turing.org.uk/sources/vonneumann.html.

28. Voir A. Crevier, *À la recherche de l'intelligence artificielle*, *op. cit.*

29. J. Bigelow, A. Rosenblueth, N. Wiener, « Behavior, purpose and teleology », *Philosophy of Science*, vol. 10, 1943, p. 18-24.

30. N. Wiener, *God & Golem, Inc. A Comment on Certain Points Where Cybernetics Impinges on Religion*, MIT Press, 1964.

31. N. Wiener, *Cybernetics or Control and Communication in the Animal and the Machine*, Hermann/MIT Press/Wiley, 1948 ; 2ᵉ éd. MIT Press, 1961. Voir aussi *The Human Use of Human Beings*, Houghton Mifflin, 1950.

32. N. Wiener, *Cybernétique et société*, Éditions des Deux-Rives, Paris, 1962 ; rééd. Union générale d'éditions, coll. « 10/18 », 1971.

33. M. Minsky, *La Société de l'esprit*, Interéditions, 1988.

34. M. Minsky, H. Harrison, *Le Problème de Turing*, Laffont, 1994.

35. H. Dreyfus, *Intelligence artificielle. Mythes et limites*, Flammarion, 1984. Voir aussi *What Computers Still Can't Do : A Critique of Artificial Reason*, MIT Press, nouv. éd., 1992.

36. J. Searle, « Minds, brains, and programs », *Behavioral and Brain Sciences*, 1980, p. 417-457.

37. Voir J.-C. Heudin : *Les Créatures artificielles. Des automates aux mondes virtuels*, Odile Jacob, 2008 ; *Robots et avatars. Le rêve de Pygmalion*, Odile Jacob, 2009 ; http://jcheudin.blogspot.com.

38. P. Breton, *À l'image de l'homme. Du Golem aux créatures virtuelles*, Seuil, 1996.

39. Finalisé dans sa première version en l'an 2000 par Honda. Il en existe actuellement plus de cent versions.

40. Développé à partir de 2003 par Sony.

41. Conçu par la société Nexi du Media Lab au MIT.

42. S. Tisseron, *L'Empathie au cœur du jeu social*, Albin Michel, 2010, p. 120.

43. J.-M. Besnier, *Demain les post-humains*, Hachette, 2009.

44. J.-M. Truong, *Totalement inhumaine*, Les empêcheurs de penser en rond, 2001.

45. J.-P. Dupuy, *On the Origins of Cognitive Science : The Mechanization of the Mind*, MIT Press, 2009 [*Aux origines des sciences cognitives*, La Découverte, 1994]. Voir aussi *Pour un catastrophisme éclairé. Quand l'impossible est certain*, Seuil, 2004.

46. K. Popper, *L'Univers irrésolu. Plaidoyer pour l'indéterminisme*, Hermann, 1984. Voir aussi *La Quête inachevée*, Calmann-Lévy, 1982, notamment p. 213-214.

47. H. Arendt, *La Condition de l'homme moderne* [*The Human Condition*], Calmann-Lévy, 1958.

48. La traduction de ce passage est de Jean-Pierre Dupuy, *op. cit.*

49. G. Anders, *L'Obsolescence de l'homme. Sur l'âme à l'époque de la deuxième révolution industrielle* [1956], Encyclopédie des nuisances, 2002.

50. *Ibid.*

51. Le symposium Hixon s'est tenu au Caltech en Californie en septembre 1948.

52. Descartes, *Œuvres*, Gallimard, coll. « Bibliothèque de la Pléiade ».

III. LE CERVEAU VISIBLE

1. M. Cerf, I. Fried, C. Koch, A. Kraskov, F. Mormann, R. Quian Quiroga, N. Thiruvengadam, « Voluntary control of human temporal lobe neurons », *Nature*, vol. 467, 28 octobre 2010, p. 1104-1108.

2. Benjamin Libet (1916-2007), chercheur au département de physiologie de l'Université de Californie à San Francisco. Un des

pionniers de la recherche sur la conscience humaine, sur la décision d'agir et le libre arbitre.

3. Pour tous les éléments concernant l'histoire du cerveau, nous sommes redevables notamment à : A. Parent, *Histoire du cerveau. De l'Antiquité aux neurosciences*, Chroniques sociales, 2009 ; J.-D. Vincent, *Voyage extraordinaire à l'intérieur du cerveau*, Odile Jacob, 2009 ; J.-F. Dortier, *Le Cerveau et la Pensée. Le nouvel âge des sciences cognitives*, Sciences humaines, 2011.

4. S. J. Gould, *La Mal-Mesure de l'homme*, Odile Jacob, 1997.

5. N. Chomsky, *Structures syntaxiques*, Seuil, 1979.

6. J. Fodor, *The Language of thought*, Harvard University Press, 1975.

7. J. Fodor, *The Mind Doesn't Work That Way : The Scope and Limits of Computational Psychology*, MIT Press, 2000, chap. V.

8. Entretien de Gerald Edelman avec Roger-Pol Droit, in *La Compagnie des contemporains*, Odile Jacob, 2002, p. 99-103.

9. G. Edelman, *La Biologie de la conscience*, Odile Jacob, 1992.

10. *Ibid.*

11. J.-P. Changeux, *L'Homme neuronal*, Fayard, 1983.

12. Jean-Pierre Changeux, *Épigenèse neuronale du signe linguistique*, in *Communications cellulaires*, cours du Collège de France, 2000. Voir aussi *Du vrai, du beau, du bien, une nouvelle approche neuronale*, Odile Jacob.

13. Voir J.-F. Dortier, *Le Cerveau et la Pensée*, op. cit.

14. Voir notamment A. Damasio : *L'Erreur de Descartes : la raison des émotions*, Odile Jacob, 1995 ; *Le Sentiment même de soi : corps, émotions, conscience*, Odile Jacob, 1999 ; *Spinoza avait raison : joie et tristesse, le cerveau des émotions*, Odile Jacob, 2003 ; *L'Autre Moi-Même. Les nouvelles cartes du cerveau, de la conscience et des émotions*, Odile Jacob, 2010.

15. W. James, *The Principles of Psychology*, 2 vol., Dover Publications, 1950. Voir aussi *La Théorie de l'émotion* (traduction du chap. XXIV des *Principles*), préface de Georges Dumas, L'Harmattan, 2006.

16. A. Alvarez-Buylla, A. Carleton, R. Lansford, P.-M. Lledo, L. T. Petreanu, « Becoming a new neuron in the adult olfactory bulb », *Nature Neuroscience*, vol. 6, mai 2003, p. 507-518.

17. A. de Chevigny, P.-M. Lledo, A. Saghatelyan, M. Schachner, « Tenascin-R mediates activity-dependent recruitment of neuroblasts in the adult mouse forebrain », *Nature Neuroscience*, vol. 7, mars 2004, p. 347-356.

18. P.-M. Lledo, « La flex-stabilité du cerveau humain », mai 2010 ; voir : http://dcalin.fr/publications/lledo.html.

19. Voir S. Dehaene : *Les Neurones de la lecture*, Odile Jacob, 2007 ; *La Bosse des maths*, Odile Jacob, 1997 ; *Le Cerveau en action : l'imagerie cérébrale en psychologie cognitive*, Odile Jacob, 1997.

20. Pour plus de développements, voir : G. T. Huang, « Is this a unified theory of the brain ? », *New Scientist*, n° 2 658, 28 mai 2008, p. 30-33.

21. K. J. Friston, « Learning and inference in the brain », *Neural Networks*, vol. 16, 2003, p. 1325-1352. Voir aussi K. J. Friston, L. Harrison, J. Kilner, « A free energy principle for the brain », *Journal of Physiology*, n° 100, Elsevier, 2006, p. 70-87.

22. http://www.ubordeaux1.fr/exobio07/fichiers_cours/Changeux.pdf.

23. Voir M. Canto-Sperber : *Que peut l'éthique ? Faire face à l'homme qui vient*, Textuel, 2008 ; *Dictionnaire d'éthique et de philosophie morale* (dir.), PUF, 1996 ; *L'Inquiétude morale et la vie humaine*, PUF, 2001.

24. Communiqué IBM, 18 août 2011 ; http://www-03.ibm.com/press/us/en/pressrelease/35251.wss.

25. P. Churchland, *Neurophilosophy : Toward a Unified Science of the Mind-Brain*, MIT Press, 1986. Voir aussi P. Churchland et T. Sejnowski, *The Computational Brain*, MIT Press, 1992.

26. H. Atlan, *Le Vivant postgénomique*, Odile Jacob, 2011.

27. F. Wolff, *Notre humanité. D'Aristote aux neurosciences*, Fayard, 2010.

28. D. Chalmers, *L'Esprit conscient*, *op. cit.*

29. M. Foucault, *Naissance de la clinique. Une archéologie du regard médical*, PUF, 1963.

30. H. Bergson, *Le Cerveau et la Pensée : une illusion philosophique*, PUF, coll. « Quadrige », 2011.

IV. LA PART PSYCHIQUE

1. S. Freud, *Au-delà du principe de plaisir*, Payot, coll. « Petite Bibliothèque Payot », 1920.

2. A. Green, « Un psychanalyste face aux neurosciences » [1990], *La Recherche*, n° 999, mai 2000.

3. *Ibid.*

4. L. Naccache, *Le Nouvel Inconscient. Freud Christophe Colomb des neurosciences*, Odile Jacob, 2006.

5. A. Green, *Du signe au discours*, Ithaque, 2011.

6. F. de Saussure, *Cours de linguistique générale*, Payot, 1913 ; rééd. 1995.

7. *Ibid.*, p. 38.

8. N. Troubetzkoy, *Les Principes de phonologie*, Librairie Klincksieck, 1975.

9. R. Jakobson, *Six Leçons sur le son et le sens*, Éditions de Minuit, 1976.

10. J. Lacan, « Fonction et champ de la parole et du langage en psychanalyse », in *La Psychanalyse*, « Sur la parole et le langage », n° 1, 1956, p. 81-166 ; et in *Écrits*, Seuil, 1966.

11. Entretien avec M. Chapsal dans *L'Express* n° 310 du 31 mai 1957 ; voir aussi M. Chapsal, *Envoyez la petite musique*, Grasset, 1984.

12. Entretien avec G. Lapouge dans *Le Figaro littéraire*, n° 1076, 1er décembre 1966, p. 2.

13. Et si cet inconscient fonctionne selon Freud par condensation ou déplacement, cela équivaut pour lui, par analogie, au fonctionnement du langage qui procède par métaphore ou métonymie.

14. J. Lacan, *Le Séminaire. Livre XVIII. D'un discours qui ne serait pas du semblant*, Seuil, 2006.

15. A. Green, *Le Discours vivant. La conception psychanalytique de l'affect*, PUF, 1973.

16. A. Green, « Le langage de la psychanalyse », in *Langages, IIes Rencontres psychanalytiques d'Aix-en-Provence*, Les Belles Lettres, 1984.

17. A. Green, « Un psychanalyste face aux neurosciences », *op. cit.* Voir aussi « Psychanalyse, neurosciences, cognitivismes », *Revue française de psychanalyse*, PUF, 1994.

18. A. Green, *Illusions et désillusions du travail psychanalytique*, Odile Jacob, 2010.

19. J. Kristeva, *Les Nouvelles Maladies de l'âme*, Fayard, 1993.

20. *Ibid.*

21. *Ibid.*

22. J. Kristeva, *Le Génie féminin. Hannah Arendt, Mélanie Klein, Colette*, Fayard, 1999-2002.

23. Dans cette ligne d'interrogation se sont développés aux États-Unis, et plus récemment en Europe, les « *gender studies* » – des études centrées sur l'analyse des « genres ». Ceux-ci recouvrent l'ensemble des rôles sociaux et des identités sexuelles qui ne sont pas directement biologiques. En schématisant, le sexe serait corporel et biologique, le genre serait social et culturel.

24. R. Frydman, *Convictions*, Bayard, 2011.

25. En dix ans, 1 208 demandes de couples ont été acceptées en France pour une prise en charge en DPI.

26. La première naissance de jumeaux par la technique de vitrification ou congélation rapide a eu lieu en France le 8 août 2011 à la maternité du Raincy-Montfermeil.

27. J. Habermas, *L'Avenir de la nature humaine*, Gallimard, 2002. Voir aussi *infra*, chap. VIII.

28. H. Atlan, *L'Utérus artificiel*, Seuil, 2007.

29. Selon le bulletin épidémiologique hebdomadaire (BEH) du 14 juin 2011, n° 23-24 : 20 136 enfants sont nés en 2008 grâce à la procréation médicale assistée pour 12 1515 traitements pratiqués, soit 2,4 % de la totalité des naissances.

30. F. Héritier, *Masculin-Féminin I. La pensée de la différence*, Odile Jacob, 1996 ; et *Masculin-Féminin II. Dissoudre la hiérarchie*, Odile Jacob, 2002. Voir aussi *Hommes, femmes : la construction de la différence*, Le Pommier, 2010.

31. J. Donne, « No man is an island entire of itself », in *Devotions upon Emergent Occasions*, 1624.

32. J.-P. Vernant, « La fabrique de soi », *Entre mythe et politique*, Seuil, 1996.

33. J.-P. Vernant, *La Mort dans les yeux*, Hachette Littérature, 2008. Ces textes sont aussi cités dans l'étude de Frédérique Ildefonse « Questions pour introduire à une histoire de l'intériorité », in *Le Moi et l'Intériorité*, études réunies par Gwenaëlle Aubry et Frédérique Ildefonse, Vrin, 2008.

34. Saint Augustin, *De Magistro*, Vrin, 2007.

V. LE TEMPS DIGITAL

1. Source : Comscore, *Digital Year Europe*, 2010.

2. Source : Comscore, *Digital Year États-Unis*, 2010.

3. Source : *Le Figaro*, 14 mars 2011.

4. N. Negroponte, *L'Homme numérique*, Laffont, 1995.

5. Voir http://one.laptop.org.

6. Voir F. Levie, *L'homme qui voulait classer le monde. Paul Otlet et le Mundaneum*, Les Impressions nouvelles, 2006.

7. Pour tous ces développements voir : Robert H'obbes'Zakon, *Hobbes'Internet Time Line* ; http://www.zakon.org/robert/internet/timeline.

8. J. Licklider, « Man-computer symbiosis », *IRE Transactions on Human Factors in Electronics*, vol. HFE-1, mars 1960, p. 4-11.

9. J. Licklider, *Intergalactic Computer Network*, 1961.

10. Projet Xanadu ; voir http://xanadu.com.

11. L. Kleinrock, *Information Flow in Large Communication Nets*, thèse MIT, juillet 1961.

12. P. Baran, *On Distributed Communications Networks* [Les réseaux de communication distribués], Rand Corporation Papers, document P-2626.

13. Entretien avec Robert Taylor, *New York Times*, 20 décembre 1999.

14. R. W. Taylor et J. Licklider, « The computer as a communication device », *Science and Technology*, n° 76, avril 1968 ; voir http://memex.org/licklider.pdf.

15. L. Roberts, « Towards a cooperative network of time-shared computer », octobre 1966.

16. V. G. Cerf et Robert E. Kahn, « A protocol for packet network intercommunication », *IEEE Trans on Comms*, vol. Com-22, n° 5, mai 1974.

17. T. Berners-Lee, *HyperText and CERN*, CERN, mars 1989-mai 1990.

18. G. Berry, *Pourquoi et comment le monde devient numérique*, Fayard, coll. « Collège de France », 2008. Voir aussi G. Berry, *Penser, modéliser, maîtriser le calcul informatique*, Fayard, coll. « Collège de France », 2009.

19. G. Moore, « Cramming more components onto integrated circuits », *Electronics*, vol. 38, n° 8, avril 1965 ; voir http://www.intel.com.

20. *Le Figaro*, 10 janvier 2011.

21. D. Cardon, *La Démocratie Internet*, Seuil, 2010.

22. Étude Gene-tic BVA juillet 2010 sur les *Digital Natives*.

23. J. Brockman, *Is the Internet Changing the Way You Think ? The Net's Impact on Our Minds and Future*, Harper Perennial, 2011 ; voir http://edge.org/annual-question/how-is-the-internet-changing-the-way-you-think.

24. Robert Sapolsky, neuroscientifique, professeur à Stanford, dans *The Edge*.

25. Nassim Nicholas Taleb, professeur à l'université de New York, dans *The Edge*.

26. Evgeny Morozov, essayiste de politique étrangère, dans The Edge.

27. Thomas Bass, écrivain américain, dans The Edge.

28. N. Carr, « Is Google making us stupid ? », *The Atlantic*, juillet-août 2008.

29. N. Carr, *The Shallows. What Internet Is Doing To our Brains*, Norton and Company, 2010 ; trad. fr. *Google nous rend-il stupide ?*, Laffont, 2011.

30. M. Hilbert et P. Lopez, « The world's technological capacity to store, communicate, and compute information », *Science*, vol. 332, n° 6 025, 1er avril 2011, p. 60-65.

31. E. Hoog, *Mémoire année zéro*, Seuil, 2009.

32. G. Bell et J. Gemmell, *Total Recall*, Flammarion, 2011.

33. http://eyetap.org.

34. B. Sparrow, « Google effects on memory : cognitive consequences of having information at our fingertips », *Science*, publié en ligne le 14 juillet 2011.

35. Ce cas est analysé dans Viktor Mayer-Schönberger, *Delete. The Virtue of Forgetting in the Digital Age*, Princeton University Press, 2009.

36. E. Hoog, *Mémoire année zéro*, op. cit.

37. *New York Times*, 15 octobre 2010.

38. A. Türk, *La Vie privée en péril*, Odile Jacob, 2011.

39. M. Foucault, *Surveiller et punir. Naissance de la prison*, Gallimard, 1975.

40. J. G. Ganascia, *Voir et pouvoir : qui nous surveille ?*, Le Pommier, 2009.

41. C. Shirky, *Here Comes Everybody. The Power of Organizing Without Organizations*, Penguin Press, 2008.

42. Sur une proposition du député américain Mark Pfeifle.

43. Voir http://neteffect.foreignpolicy.com.

44. E. Morozov, *The Net Delusion*, Public Affairs, 2011.

45. D. Cardon, « Vertus démocratiques de l'Internet », *La Vie des idées*, 10 novembre 2009, PDF en ligne ; http://www.laviedesidees.fr/Vertus-democratiques-de-l-Internet.html.

46. M. Castells, *La Question urbaine*, Maspero, 1972.

47. Entretien avec Manuel Castells in *Sciences humaines*, hors-série n° 29, « Les nouveaux visages du capitalisme », juin 2000.

48. M. Castells, *The Informational City*, Blackwell Publishers Ltd, 1989.

49. G. Pliefger, *Dialogue avec Manuel Castells*, EPFL Press, 2006.

50. M. Castells, *L'Ère de l'information* : vol. 1, *La Société en réseaux*, Fayard, 1998 ; vol. 2, *Le Pouvoir de l'identité*, Fayard, 1999 ; vol. 3, *Fin de millénaire*, Fayard, 1999.

51. M. Castells, *La Société en réseaux*, op. cit.

52. M. Castells, *Communication Power*, Oxford University Press, 2009.

53. Voir *supra*, chap. III, « Rencontre avec Antonio Damasio », p. 235.

54. P. Flichy, *Le Sacre de l'amateur*, Seuil, 2010.

VI. Les hommes et les autres

1. E. Vittorini, *Les Hommes et les Autres*, Gallimard, 1947.
2. L. Carroué, *Géographie de la mondialisation*, Armand Colin, 2007.
3. P. Virilio, *La Dromologie*, Forum interactif.com.
4. P. Virilio, *Le Grand Accélérateur*, Galilée, 2010, p. 22.
5. *Ibid.*
6. P. Virilio, « Progrès à grand spectacle », *Le Monde diplomatique*, août 2001.
7. *Ibid.*
8. P. Virilio, *L'Administration de la peur*, Textuel, 2010.
9. M. Augé, *Pour une anthropologie des mondes contemporains*, Aubier, 1994. Voir aussi M. Augé, *Pour une anthropologie de la mobilité*, Payot & Rivages, 2009.
10. M. Augé, *Non-lieux, introduction à une anthropologie de la surmodernité*, Seuil, 1992.
11. Voir Z. Bauman : *L'Amour liquide. De la fragilité des liens entre les hommes*, Le Rouergue, 2004 ; *La Société assiégée*, Le Rouergue/Chambon, 2005 ; *La Vie liquide*, Le Rouergue/Chambon, 2006 ; *Le Présent liquide. Peurs sociales et obsession sécuritaire*, Seuil, 2007.
12. Z. Bauman, *Vies perdues. La modernité et ses exclus*, Payot, 2009, p. 114.
13. Max Frisch, romancier suisse (1911-1991).
14. A. Sen, « Dix vérités sur la mondialisation », *Le Monde*, 18 juillet 2001.
15. C. Lévi-Strauss, *Race et histoire*, Unesco, 1952.
16. Sur toutes ces questions, voir Régis Bénichi, *Histoire de la mondialisation*, Vuibert, 2008.
17. D. Cohen, *La Mondialisation et ses ennemis*, Grasset, 2004, p. 17.
18. *Op. cit.*, p. 11.
19. E. Orsenna, *Voyage aux pays du coton. Petit précis de mondialisation*, Fayard, 2007.
20. E. Orsenna, *L'Avenir de l'eau. Petit précis de mondialisation II*, Fayard, 2009.
21. E. Arnoult, *Les Mécanismes de la création en économie ouverte*, PUF, 1977.
22. D. Cohen, *La Mondialisation et ses ennemis*, *op. cit.*
23. D. Cohen, *La Prospérité du vice*, Albin Michel, 2009.
24. P. Ghemawat, *World 3.0*, Harvard Business School Press, 2011.

25. D. Cohen, *Trois Leçons sur la société postindustrielle*, Seuil, 2006.

26. R. Sennett, *Ce que sait la main. La culture de l'artisanat*, Albin Michel, 2010, p. 19.

27. R. Sennett, *Le Travail sans qualité. Les conséquences humaines de la flexibilité*, Albin Michel, 2000.

28. http://urbanisme.u-pec.fr/documentation/paroles/richard-sennett-64694.kjsp.

29. Selon l'expression de l'écrivain américaine spécialiste en architecture Ada Louise Huxtable.

30. http://urbanisme.u-pec.fr/documentation/paroles/richard-sennett-64694.kjsp.

31. http://urbanisme.u-pec.fr/documentation/paroles/richard-sennett-64694.kjsp.

32. C. Dejours, *Souffrance en France. La banalisation de l'injustice*, Seuil, 1998.

33. M.-F. Hirigoyen, *Le Harcèlement moral. La violence perverse au quotidien*, La Découverte, 1998.

34. V. de Gaulejac, *Travail. Les raisons de la colère*, Seuil, 2011.

35. A. Ehrenberg, *La Fatigue d'être soi. Dépression et société*, Odile Jacob, 1998.

36. Reconnu par le CNRS et par l'Inserm.

37. F. W. Taylor, *The Principles of Scientific Management*, Harper & Brothers, 1911.

38. A. Ehrenberg, *La Fatigue d'être soi, op. cit.*, p. 235.

39. *Ibid.*, p. 236.

40. A. Ehrenberg, *Le Culte de la performance*, Calmann-Lévy, 1991.

41. A. Ehrenberg, *L'Individu incertain*, Calmann-Lévy, 1995.

42. A. Ehrenberg, *La Fatigue d'être soi, op. cit.*, p. 236.

43. A. Ehrenberg, *La Société du malaise*, Odile Jacob, 2010.

44. R. Sennett, *Les Tyrannies de l'intimité*, Seuil, 1979.

45. C. Lasch, *Le Complexe de Narcisse*, Laffont, 1981, réédité sous le titre *La Culture du narcissisme*, Champs-Flammarion, 2008.

46. En référence à un article de Marcel Mauss de 1921 intitulé « L'expression obligatoire des sentiments ».

47. Entretien de Roger-Pol Droit avec Amartya Sen dans *Le Point* du 31 mai 2007.

48. *Ibid.*

49. Voir A. Sen : *L'Idée de justice*, Flammarion, 2010 ; *La Démocratie des autres : pourquoi la liberté n'est pas une invention de l'Occident*, Payot, 2005 ; *Repenser l'inégalité*, Seuil, 2000 ; *Éthique et économie*, PUF, 1993.

50. A. Sen, *Un nouveau modèle économique. Développement, justice, liberté*, Poches Odile Jacob, 2003, p. 382-386.

51. Développée dans son article « Equality of what ? », Conférence Tanner sur les valeurs humaines, Stanford University, mai 1979.

VII. Vivant sans frontières

1. C. Darwin, *L'Origine des espèces*, GF-Flammarion, 1999.

2. J. C. Ameisen, *Dans la lumière et les ombres. Darwin et le bouleversement du monde*, Fayard/Seuil, 2008.

3. Carl von Linné, *L'Équilibre de la Nature*, Vrin, 1972.

4. E. Mayr, *Systematics and the Origin Of Species*, Harvard University Press, 1999.

5. G. G. Simpson, *Tempo and Mode in Evolution*, Columbia University Press, 1984.

6. F. Jacob, *La Logique du vivant. Une histoire de l'hérédité*, Gallimard, 1970, p. 321.

7. H. Atlan, *La science est-elle inhumaine ?*, Bayard, 2002. Voir aussi E. Mayr, *Histoire de la biologie*, Fayard, 1989.

8. H. Atlan, F. B. M. de Waal, *Les Frontières de l'humain*, Le Pommier, 2007.

9. Voir *supra*, p. 32.

10. Voir *supra*, p. 87.

11. Voir *supra*, p. 93.

12. Voir *supra*, p. 99.

13. Voir *supra*, p. 235.

14. Voir *supra*, p. 244.

15. Voir *supra*, p. 83-84.

16. Pour ces développements, voir notamment Jean-Paul Deléage, *Histoire de l'écologie. Une science de l'homme et de la nature*, La Découverte, 1991.

17. E. Haeckel, *Generelle Morphologie der Organismen*, Reimer, 1866.

18. A. de Humboldt, *Cosmos. Essai d'une description physique du monde*, Utz, 2000.

19. D. Botting, *Humboldt and the Cosmos*, Michael Joseph, 1973.

20. H. D. Thoreau, *La Désobéissance civile*, Mille et une nuits, 1997.

21. A. Leopold, *Almanach d'un comté des sables*, Flammarion, 2000.

22. M. Braungart et W. McDonough, *Cradle to Cradle. Créer et recycler à l'infini*, Éditions Alternatives, 2011.

23. A. Leopold, *Almanach d'un comté des sables*, *op. cit.*, p. 283.
24. J. Baird Callicott, *Éthique de la terre*, Wildproject, 2010.
25. A. Naess, « The shallow and the deep, long range ecology movement : A summary », *Inquiry*, n 16, 1973 ; trad. fr. in Hicham-Stéphane Afeissa (dir.), *Textes clés d'éthique environnementale*, Vrin, 2007.
26. L. Ferry, *Le Nouvel Ordre écologique. L'arbre, l'animal et l'homme*, Grasset, 1992.
27. C. Pelluchon, *L'Autonomie brisée*, PUF, 2009.
28. C. Pelluchon, *Éléments pour une éthique de la vulnérabilité*, PUF, 2011.
29. P. Singer, *La Libération animale*, Grasset, 1993.
30. T. Garcia, *Nous, animaux et humains. Actualité de Jeremy Bentham*, Bourin Éditeur, 2011.
31. B. Edelman, *La Maison de Kant*, Payot, 2001 ; *Nietzsche. Un continent perdu*, PUF, 2000.
32. B. Edelman, *Ni chose ni personne. Le corps humain en question*, Hermann, 2009.
33. *Ibid.*, p. 53-60.
34. P. Descola, Leçon inaugurale, http://www.college-de-france.fr/media/pub_lec/UPL52665_LI_159_Descola.pdf.
35. P. Descola, *Par-delà nature et culture*, Gallimard, 2005.
36. P. Descola, Leçon inaugurale, *op. cit.*
37. M. Merleau-Ponty, *Nature. Notes du cours du Collège de France*, Seuil, 1995.
38. G. Canguilhem, « La question de l'écologie. La technique ou la vie », conférence prononcée à Strasbourg en 1973, publiée dans la revue *Dialogue*, mars 1974, et en annexe de François Dagognet, *Considérations sur l'idée de nature*, Vrin, 2000.
39. C. Larrère, « La question de l'écologie : la querelle des naturalismes », publié en juin 2010 sur le site implications-philosophiques.org.
40. F. Wolff, *Notre humanité. D'Aristote aux neurosciences*, Fayard, 2010 ; voir aussi *supra*, chap. III, p. 275-280.
41. J.-C. Schaeffer, *La Fin de l'exception humaine*, Gallimard, 2007.
42. É. Bimbenet, *L'animal que je ne suis plus*, Gallimard, 2011.

VIII. Retour à l'humain

1. Hans Jonas, *Le Principe Responsabilité. Une éthique pour la civilisation technologique*, Flammarion, 1979.

2. Gilbert Simondon, *Du mode d'existence des objets techniques*, Aubier, 1958.

3. Peter Sloterdijk, *Règles pour le parc humain. Une lettre en réponse à la Lettre sur l'Humanisme de Heidegger* [*Die Zeit*, 1999], trad. fr. Olivier Mannoni, Mille et une nuits, 2000.

4. Jürgen Habermas, *L'Avenir de la nature humaine. Vers un eugénisme libéral ?*, Gallimard, 2002.

5. Le texte a été traduit de l'allemand par Cyril de Pins, et nous avons par endroits légèrement retouché cette traduction.

6. Voir Jean-Claude Milner, *Clartés de tout*, Verdier, 2011 ; *Existe-t-il une vie intellectuelle en France ?*, Verdier, 2002 ; *Le Juif de savoir*, Grasset, 2007 ; *L'Arrogance du présent. Regards sur une décennie, 1965-1975*, Grasset, 2009 ; *La Politique des choses. Court traité politique 1*, Verdier, 2011 ; *Pour une politique des êtres parlants. Court traité politique 2*, Verdier, 2011.

7. Sudhir Kakar, *Fou et divin. Esprit et psychisme dans le monde moderne*, Seuil, 2010 ; Sudhir et Katharina Kakar, *Les Indiens. Portrait d'un peuple*, Seuil, 2007.

8. Elie Wiesel, *La Ville de la chance*, Seuil, 1962.

9. Arthur Schopenhauer, *Le Monde comme volonté et comme représentation*, PUF, 1996, p. 852.

10. Christian Jambet, *Qu'est-ce que la philosophique islamique ?*, Gallimard, 2011.

11. Voir notamment Christian Jambet, *L'Acte d'être*, Fayard, [2002] 2008 ; *Mort et résurrection en islam. L'au-delà selon Mullâ Sadrâ*, Albin Michel, 2008.

12. Rémi Brague, *Les Ancres dans le ciel*, Seuil, 2011.

13. Georges Hansel, « Sciences du quoi et science du qui », in *Explorations talmudiques*, Odile Jacob, 2006. Voir aussi *De la Bible au Talmud*, Odile Jacob, 2008.

14. http://ghansel.free.fr.

15. Emmanuel Levinas, *Le Monde*, 19-20 mars 1978.

16. Georges Hansel, « Sciences du quoi... », *op. cit.*

17. Moïse Maïmonide, *Le Guide des égarés*, Verdier, 2011.

18. « Emmanuel Levinas et la technique », intervention au colloque « Un siècle avec Levinas : Emmanuel Levinas et l'Europe des idées limites », *Passages* et ADAPES, janvier 2006.

Conclusion. L'archipel des changements

1. Gérard Jorland, « La notion de révolution scientifique aujourd'hui », *Revue européenne des sciences sociales*, XL-124, 2002, p. 131-146.

2. Paul, Épître aux Galates, 3, 27-28.
3. Martin Heidegger, Interview au *Spiegel* du 23 septembre 1966, publiée à titre posthume.
4. Emmanuel Levinas, *Du sacré au saint,* Minuit, 1977, p. 20.

BIBLIOGRAPHIE COMPLÉMENTAIRE
(voir p. 12)

Chapitre 1 La fabrique du corps

Évaluation des risques liés aux nanomatériaux. Enjeux et mises à jour des connaissances, rapport d'expertise collective de l'ANSES, Avril 2014

Roger Lenglet, *Nanotechologies et santé publique. Pour ne plus se laisser duper*, Actes Sud, 2014

Chapitre 2 La machine pensante

Jean-François Bouvet, *Mutants : à quoi ressemblerons-nous demain ?*, Flammarion, 2014

Gilbert Hottois, *Généalogies philosophique, politique et imaginaire de la technoscience*, Vrin, 2014

Édouard Kleinpeter, *L'Humain augmenté*, CNRS Éditions, 2013

N. Montserrat, E. Nivet, I. Sancho-Martinez, *Reprogramming of human fibroblasts to pluripotency with lineage specifiers*, Cell Stem Cell, 2013

Israël Nisand, Jean-François Mattéi, *Où va l'humanité ?* Les liens qui libèrent, 2013

Chapitre 3 Le cerveau visible

Yves Agid, *L'Homme subconscient. Le cerveau et ses erreurs*, Robert Laffont, 2013

Alain Berthoz, *La Vicariance, le cerveau créateur des mondes*, Odile Jacob, 2013

Pierre Cassou-Noguès, *Lire le cerveau. Neuro/Science/Fiction*, Seuil, 2012

Jean-François Dortier, *Le Cerveau et la pensée. La révolution des sciences cognitives*, 2ᵉ édition, Éditions Sciences humaines, 2014

Michaël Gazzaniga, *Le Libre arbitre et la science du cerveau*, Odile Jacob, 2013

Douglas Hofstadter, *Je suis une boucle étrange*, Dunod, 2013

Denis Le Bihan, *Le Cerveau de cristal : la nouvelle science de la neuro-imagerie. La pensée sous l'œil de l'IRM*, Odile Jacob, 2012

Benjamin Libet, *L'Esprit au-delà des neurones*, préface d'Axel Kahn, Dervy, 2012

Chapitre 5 Le temps digital

Gilles Babinet, *L'Ère numérique, un nouvel âge de l'humanité : Cinq mutations qui vont bouleverser notre vie*, Le Passeur, 2014

Jean-Michel Besnier, *L'Homme simplifié : le syndrome de la touche étoile*, Fayard, 2012

Gérald Bronner, *La Démocratie des crédules*, PUF, 2013

Manuel Castells, *Communication et pouvoir*, préface d'Alain Touraine, Éditions de la Maison des sciences de l'homme, 2013

Kenneth Cukier et Viktor Mayer-Schonberger, *Big data, la révolution des données est en marche*, Robert Laffont, 2014

David Fayo, *Géopolitique d'Internet. Qui gouverne le monde ?*, Éditions Economica, 2013

Jean-François Fogel, Bruno Patino, *La Condition numérique*, Grasset, 2013

David Lacombled, *Digital Citizen. Manifeste pour une citoyenneté numérique*, Plon, 2013

Éric Sadin, *L'Humanité augmentée : l'administration numérique du monde*, Éditions L'échappée, 2013

Raffaele Simone, *Pris dans la Toile. L'esprit aux temps du web*, Gallimard, 2012

Chapitre 6 Les hommes et les autres

Philippe Aghion, Gilbert Cette, Élie Cohen, *Changer de modèle. De nouvelles idées pour une nouvelle croissance*, Odile Jacob, 2014

Zygmunt Bauman, *Les riches font-ils le bonheur de tous ?* Colin, 2014

Philippe Bihouix, *L'Âge des low-tech. Vers une civilisation techniquement soutenable*, Seuil, 2014

Chapitre 7 Vivant sans frontières

Cynthia Fleury, Anne-Caroline Prevot-Julliard, *L'Exigence de la réconciliation. Biodiversité et société*, Fayard, 2012

Augustin Fragnière, Dominique Bourg, *La Pensée écologique, une anthologie*, PUF, 2014

Aldo Leopold, *La Conscience écologique, le forestier en prophète*, Wildproject, 2013

Aldo Leopold, *Pour la santé de la Terre*, Corti, 2014

Christian Lévêque, *L'écologie est-elle encore scientifique ?*, Quae, 2013

REMERCIEMENTS

Ce livre n'aurait pas existé sans la bienveillance de nos cinquante interlocuteurs, à qui nous tenons à exprimer ici notre vive gratitude pour le temps qu'ils ont bien voulu nous consacrer, et, plus que tout, pour leurs analyses qui nous ont aidés à envisager plus en profondeur les enjeux des possibles mutations contemporaines.

Notre reconnaissance la plus vive va à Gérard Jorland, dont l'attention amicale et constante nous a été plus que précieuse, alors que sa compétence en histoire des sciences nous a permis d'éviter plusieurs erreurs. Ceci n'empêche pas, selon la formule consacrée, que nous assumons seuls le contenu de ce volume et la responsabilité d'éventuelles erreurs.

De même pour Fabrice Chiche qui a offert de son temps pour nous confier, en toute amitié, son premier regard de lecteur non professionnel et ses pertinentes remarques.

Une reconnaissance particulière à Mathieu Mulcey, des éditions Ithaque, qui a favorisé notre rencontre à New York avec le philosophe David Chalmers, et à Malo Girod de l'Ain, cofondateur de M21 Éditions et du Digital Art International, grâce à qui nous avons pu rencontrer Ray Kurzweil à Wellesley, près de Boston.

Nous remercions également pour leur aide Marc Bongiorni, chargé de la documentation au Comité consultatif national d'éthique pour les sciences de la vie et de la santé, et Michèle Bajau, qui a apporté son aide à la dactylographie de certaines parties du manuscrit.

Nous remercions chaleureusement pour leurs avis, conseils et soutiens sans faille nos amis et proches parmi lesquels : Paul et Maria Audi, Emmanuèle Bernheim, Irène Droit, Vanina

Seigneur, Nicole Tiano et aussi Stephan Bonnefoy et Olivier Hinsinger.

Nous tenons enfin à remercier notre éditeur, qui a permis à cette enquête de se réaliser : Teresa Cremisi ainsi que Gilles Haéri nous ont fait confiance dès le premier jour, de même que Sophie Berlin et Maxime Catroux, qui ont accompagné le manuscrit, Clotilde Meyer, qui a supervisé les transcriptions des entretiens, et Francine Brobeil pour les relations avec la presse.

INDEX DES NOMS

ADORNO Theodor, 626
AÏBO, 179
AL KHAWARIZMI (ou AL KHWARIZMI), 152, 401
ALCMÉON, 213
ALEXANDRE LE GRAND, 484
ALICIA, 176
ALLEN Paul, 390
AMANDINE, 333
ANDERS Günther, 187, 196, 615
ANTIPHON D'ATHÈNES, 483
ARENDT Hannah, 40, 186-187, 196, 327, 507, 614-615
ARISTOTE, 18, 50-51, 151, 214-215, 275-276, 300, 357, 439, 483, 596, 614, 659, 667
ARON Raymond, 275
ASIMO, 178
ASIMOV Isaac, 119, 168

BABBAGE Charles, 153-154
BACON Francis, 611
BAINBRIDGE William S., 42, 131
BARAN Paul, 383
BAYES Thomas, 257
BECKETT Samuel, 311
BEHAIM Martin, 486
BELL Gordon, 413
BENFORD Gregory, 168

BENTHAM Jeremy, 423-424, 576
BERGSON Henri, 275, 290, 535
BERNERS-LEE Tim, 390-391
BERNHARDT Sarah, 66
BIÉTRY Michèle, 70
BIMBENET Étienne, 600
BINNIG Gerd, 36
BION Wilfred R., 311
BOBE Jason, 124
BOHR Niels, 141
BOLK Louis, 623
BOOLE George, 153-154
BOSTROM Nick, 119, 132-133
BOUGAINVILLE Louis Antoine (de), 673
BRETON Philippe, 173
BRIN Danny, 168
BRIN Sergey, 118, 391
BROCA Paul, 220-221, 230
BROWN Louise, 333
BRUNO Giordano, 416
BUFFON Georges-Louis, 549
BURCHFIEL Jerry, 387
BURROUGHS William Seaward, 154
BUSH Vannevar, 379

CABET Étienne, 673
CAILLIAU Robert, 390
CALLICOTT John Baird, 573

CAMERON James, 171
CAMPANELLA Tommaso, 673
CAMPBELL John Wood, 168
CAMPBELL Keith, 336
CANGUILHEM Georges, 595, 616
CAPEK Karel, 149
CARACALLA, 485
CARDON Dominique, 405, 428
CARR Nicholas, 410-411
CERF Vinton, 389
CHANGEUX Jean-Pierre, 228-229, 259, 276
CHARNEAU Pierre, 246
CHOMSKY Noam, 224-225, 632
CHURCHLAND Patricia, 271-272
CICÉRON, 415, 485
CLARKE Arthur, 168, 171
CLINTON Bill, 36, 125, 203-205, 211
COHN-BENDIT Daniel, 430
COLETTE, 327
COLOMB Christophe, 309, 486
COMTE Auguste, 182
CONDILLAC Étienne (Bonnot de), 591
COPERNIC Nicolas, 18, 681
CORBIN Henry, 652
CORRENS Carl, 551
CRICK Francis, 552
CROCKER Stephen, 388
CRUSOË Robinson, 361
CTÉSIAS DE CNIDE, 483
CURL Robert, 35
CYRANO Savinien (dit Cyrano de Bergerac), 673

DAMASIO Hanna, 236
DARWIN Charles, 18, 104-105, 107, 142, 227, 543-552, 556, 559, 575, 681
DAVIES Donald, 384
DAVIS Ron, 73
DEJOURS Christophe, 516
DÉMOCRITE, 268
DESCARTES René, 17-18, 50, 52, 150, 184, 194, 197, 216, 217, 236, 267, 276, 300, 359, 611, 633, 646
DE VRIES Hugo, 551
DIAMANDIS Peter, 119, 123
DICK Philip K., 140, 171
DIDEROT Denis, 52, 218, 610-611
DINOIRE Isabelle, 68
DISNEY Walt, 157
DJOSER (Roi), 213
DOBZHANSKY Theodosius, 551
DOCTOR MINNA HOUSE, 177
DOLLY, 89-90, 105, 336
DONNE John, 357
DOUAY Luc, 72
DREXLER Eric, 33, 119, 128, 139-140, 163
DREYFUS Hubert, 169-170
DUBERNARD Jean-Michel, 68
DURKHEIM Émile, 518, 522

EDELMAN Gerald, 227, 310
EDISON Thomas, 125
EDWARDS Robert, 333
EIGLER Donald, 36
EINSTEIN Albert, 141, 157
EISENHOWER Dwight, 155, 380
ELEKTRO, 179
EMERSON Ralph, 559
EMPÉDOCLE, 658
ÉPICTÈTE, 51
ÉPICURE, 51, 103, 268, 542
ERIKSON Erik, 639
ESFANDIARY Fereidoun (FM-2030), 130

INDEX DES NOMS

EVA (*Evolutionnary Virtual Agent*), 176

FECHNER Gustav, 282
FERRY Luc, 573
FEYNMAN Richard, 30-33, 141, 163
FLEISHER Richard, 168
FLOURENS Pierre, 220
FM-2030 (Fereidoun Esfandiary), 131
FODOR Jerry, 225
FORD Henry, 519
FOUCAULT Michel, 424, 653
FOURASTIÉ Jean, 491
FRANKENSTEIN, 85, 149, 174, 567
FREITAS Robert, 74, 140
FREUD Sigmund, 18, 301-303, 305-313, 317, 320-322, 327, 333, 639, 642, 660, 681
FRIED Itzhak, 201, 519
FRIEDMANN Georges, 519
FRISCH Max, 479
FRISTON Karl, 258
FUMIHIKO Maki, 167

GALIEN Claude, 214-215, 338
GALILÉE, 633, 681
GALL Franz Joseph, 219-220, 234
GALVANI Aloisi Luigi, 218
GARCIA Tristan, 576
GATES Bill, 85, 125, 390
GAULEJAC Vincent (de), 517
GEMMELL Jim, 413
GENIBO, 179
GERNSBACK Hugo, 168
GHEMAWAT Pankaj, 502
GIBSON William, 171
GÖDEL Kurt, 157

GOETHE Johann Wolfgang (von), 559
GOLDORAK, 173
GOLEM (Le), 85, 148-149, 160, 174
GOLGI Camillo, 222
GOOD Irving John, 122, 145
GORE Al, 141
GOULD Stephen Jay, 221, 552
GREY Aubrey (de), 118, 126

HAECKEL Ernst, 556
HAL 9000, 171, 176
HEGEL Georg Wilhelm Friedrich, 25, 359, 536, 646
HEIDEGGER Martin, 19, 613-615, 618, 631, 655
HEINLEIN Robert, 168
HELMHOLTZ Hermann (von), 282
HELVÉTIUS, 53
HENDRIX Jimi, 203
HÉRODOTE, 440, 447
HILBERT Martin, 412
HILLIS Danny, 139, 163
HINTON Geoffrey, 258
HIPPOCRATE, 214, 286, 338, 341
HOBBES Thomas, 189
HOLBACH Paul Henri (d'), 53, 218
HOMÈRE, 242
HONGRUI Jiang, 71
HORKHEIMER Max, 626
HUMBOLDT Alexandre (von), 558-559
HUME David, 217, 241
HUSSERL Edmund, 110, 112, 234, 359
HUXLEY Aldous, 130
HUXLEY Julian, 130
HUYGENS Christian, 29

IMHOTEP, 213
IRIS, 334
ISHIGURO Hiroshi, 180

JACKSON Frank, 274-275
JAKOBSON Roman, 315, 317
JAMES William, 231, 238, 241, 282
JONAS Hans, 615
JORLAND Gérard, 675
JOY Bill, 138-140, 143, 163
JURVETSON Steve, 124

KAHN Robert, 389
KÂLIDÂSA, 526
KAMKAR Samy, 421
KANDEL Eric, 309
KANT Emmanuel, 18, 217, 535, 603, 646
KEASLING Jay, 85
KELLY Kevin, 191
KENNEDY Edward, 386, 470
KIERKEGAARD Soren, 673
KLEIN Mélanie, 327
KLEINROCK Leonard, 382, 387
KLINE Charley, 387
KROTO Harold, 35
KUBRICK Stanley, 122, 171

LA BOÉTIE Étienne (de), 404
LACAN Jacques, 278, 310-311, 317-319, 623
LA FONTAINE Jean (de), 27
LA METTRIE Julien Offray (de), 53, 150, 193, 217, 591
LANTIERI Laurent, 68
LAS CASAS Bartolomé (de), 487
LASCH Christopher, 524
LAURE Patrick, 62
LAVATER Johann Caspar, 219
LEARY Timothy, 183-184
LEBORGNE (ou « TAN »), 220

LEEUWENHOEK Antonie (Van), 29, 45
LEFORT Claude, 76
LEIBNIZ Gottfried Wilhelm, 152-153, 217, 646, 672
LEOPOLD Aldo, 559, 572-573, 604
LEVINAS Emmanuel, 234, 359, 362, 662, 667-668, 684
LÉVI-STRAUSS Claude, 278, 317, 347, 482, 518, 585, 587, 590-591
LIBET Benjamin, 208
LICKLIDER Joseph Carl Robnett, 381-382, 385-386
LINCOLN Abraham, 203
LINNÉ Carl (von), 549
LIU Helen Hung Ching, 343
LOCKE John, 217
LOPEZ Priscila, 412
LUCAS George, 171
LUCRÈCE, 103, 268, 452
LULLE Raymond, 152

MAHARAL DE PRAGUE (Le), 148
MAÏMONIDE Moïse, 665, 667
MALEBRANCHE Nicolas, 27
MANDEVILLE Jean (de), 673
MANN Steve, 413-414, 424-425
MARC AURÈLE, 261
MARCUSE Herbert, 626
MARKRAM Henry, 264
MARTINOD Emmanuel, 70
MARX Karl, 359, 475, 534, 537, 562, 611
MAUSS Marcel, 518
MAYR Ernst, 551
MCCARTHY John, 174, 161, 163, 168
MCDONOUGH William, 562
MCLUHAN Herbert Marshall, 381, 462

INDEX DES NOMS

MENDEL Gregor, 551-552
MERLEAU-PONTY Maurice, 111-112, 170, 275, 359, 592
METCALFE Bob, 123
MIA Kader, 525
MIRAMONTES Luis, 332
MONROE Marylin, 203, 205
MONTAIGNE Michel (de), 404, 485, 591, 673
MOORE Gordon, 120, 397-399
MOORE John, 581
MORAVEC Hans, 119
MORE Max, 119
MORE Thomas, 673
MOROZOV Evgeny, 426-427
MULLÂ SADRÂ, 655-656

NACCACHE Lionel, 309
NAESS Arne, 573
NAGEL Thomas, 274, 526
NAO, 179
NELSON Ted, 382
NÉRON, 49, 448-449, 452
NEUMANN John (von), 122, 154, 157-159, 163, 190, 319, 379
NEUWIRTH Lucien, 332
NEWELL Allen, 147, 161, 168
NEXI, 179
NIETZSCHE Friedrich, 19, 53, 196-197, 622

OPPENHEIMER Robert, 157
ORWELL George, 459
OTLET Paul, 379
OUGHTRED William, 153

PAGE Larry, 118, 391
PANKSEPP Jaak, 309
PAPERO, 179
PAPERT Seymour, 162
PAPIERNIK Émile, 331

PARTON Dolly, 336
PARVIZ Babak, 71
PASCAL Blaise, 27-29, 34, 152-153, 646, 676
PASTEUR Louis, 275, 552
PEIRCE Charles Sanders, 320
PEREC Georges, 444
PÉRICLÈS, 214
PESCHANSKI Marc, 72
PIC DE LA MIRANDOLE Jean, 601
PINCUS Gregory Goodwin, 332
PINKER Steven, 408
PITT Brad, 563
PLATON, 50-51, 108, 206, 214, 266-267, 285, 357, 371, 614, 673
PLOTIN, 51
POLO Marco, 673
POPPER Karl, 185
POSTEL Jon, 388
POUCHET Félix-Archimède, 552
PRENSKY Marc, 368
PROUST Marcel, 256
PUTNAM Hilary, 144
PYGMALION, 148, 174
PYTHAGORE, 213, 673

QRIO, 179
QUINE Willard (van Orman), 99
QUINTILIEN, 415

RABBI SAMUEL, 663
RAMBOUSEK Anselm, 551
RAMON Y CAJAL Santiago, 222
RENARD Éric, 72
RICARDO David, 561
RICCI Matteo, 416
RIZZOLATTI Giacomo, 233
ROBERTS Lawrence, 386

ROBIDA Albert, 395
ROBOCOP, 173
ROCO Mihail, 42
ROSENBLATT Frank, 164
ROUSSEAU Jean-Jacques, 230, 487
RUBI, 179
RUSSELL Bertrand, 99

SAHAGÚN Bernardino, 487
SAHEL José-Alain, 71
SAINT AUGUSTIN, 256, 359, 646
SARTRE Jean-Paul, 275, 601
SAUSSURE Ferdinand (de), 313-315, 318
SCHACHNER Melitta, 245
SCHAEFFER Jean-Claude, 599
SCHANK Roger, 408
SCHENA Mark, 73
SCHILLER Friedrich (von), 559
SCHOPENHAUER Arthur, 53, 235, 651
SCHWARZENEGGER Arnold, 563
SCOTT Ridley, 171
SEARLE John, 138-139, 143, 170, 526
SEJNOWSKI Terrence, 258
SÉNÈQUE, 49-50, 52, 452
SERRES Michel, 605
SHANNON Claude, 147, 154, 155, 168
SHELLEY Mary, 149
SHINYA Yamanaka, 90
SHIRKY Clay, 425
SIMMONS Dan, 120
SIMON Herbert, 147, 161, 168
SIMONDON Gilbert, 616-617
SIMPSON George Gaylord, 552
SINGER Peter, 575
SMALLEY Richard, 35
SMITH Adam, 526

SMITH Edwin, 213
SMOOT George, 123
SNYDER Stacy, 418
SOLMS Mark, 309
SPARROW Betsy, 415
SPEARS Britney, 409
SPIELBERG Steven, 171
SPINOZA Baruch, 18, 52, 99, 236, 241, 272, 286, 550, 634, 646
SPURZHEIM Johann Caspar, 219
STIGLITZ Joseph, 528
STONE Linda, 407
SUMIO Lijima, 36
SWIFT Jonathan, 44, 673

TAGORE Rabindranath, 526-527
TANIGUCHI Norio, 33
TANSLEY Arthur George, 557
TAYLOR Anne-Christine, 586
TAYLOR Frederick Winslow, 519
TAYLOR Robert William, 384-386
TERMINATOR, 171, 174
THIEL Peter, 118
THOREAU Henry David, 559
TISSERON Serge, 180
TOMLINSON Ray, 387-388
TOURAINE Alain, 430
TROUBETZKOY Nicolaï, 315-317
TSCHERMAK Erich (von), 551
TURING Alan, 154-158, 163, 167-168, 189
TÜRK Alex, 422
TWENDY-ONE, 179

UL HAQ Mahbub, 528
ULAM Stanislaw, 122

INDEX DES NOMS

UMUT-TALHA, 335

VAUCANSON Jacques, 149
VEIL Simone, 332
VENDREDI, 361
VENTER Craig, 83-85, 95, 105, 124, 555
VERNANT Jean-Pierre, 358, 440
VERNE Jules, 167, 395, 445
VÉSALE André, 215
VESTBERG Hans, 372
VIDAL-NAQUET Pierre, 440
VIGARELLO Georges, 66
VINCI Léonard (de), 215
VINGE Vernor, 119-120, 123, 168
VIRILIO Paul, 463-465
VITA-MORE Natasha, 119
VITTORINI Elio, 458-459
VOLTAIRE, 44-45, 474

WACHOWSKY Andy, 171
WACHOWSKY Lana, 171
WATSON James, 552
WEBER Max, 636
WELLS H.G., 168
WIENER Norbert, 154, 158-159, 163, 168, 188, 232, 381
WIESNER Jerome, 167, 374
WILLIS Thomas, 215
WILMUT Ian, 89, 105, 336
WINNICOTT Donald, 311
WITTGENSTEIN Ludwig, 99
WONDER Stevie, 125
WRIGHT Will, 123

YOSHINORI Kuwabara, 343

ZARIFIAN Édouard, 62
ZUCKERBERG Mark, 391

NOS INTERLOCUTEURS

(Les numéros de pages en gras renvoient aux rencontres, ceux en *italiques* aux autres occurrences.)

Jean Claude AMEISEN
Immunologiste
Université Paris VII Diderot, Inserm. France
104-107, *84, 546*

Henri ATLAN
Biologiste et philosophe
CHU de Hadassah, Jérusalem. France et Israël
99-104, *106, 272-273, 310, 342, 554-555*

Marc AUGÉ
Anthropologue et ethnologue
IRD, EHESS. France
466-473, *512*

Zygmunt BAUMAN
Sociologue
Université de Leeds. Grande-Bretagne
473-481

Gérard BERRY
Informaticien
Collège de France, INRIA Sophia-Antipolis. France
392-403

Jean-Michel BESNIER
Philosophe
Université Paris IV-Sorbonne, CNRS, CREA. France
181-185

Rémi BRAGUE
Philosophe
Université Paris I-Panthéon-Sorbonne, Ludwig-Maximilian (Munich). Allemagne
657-662

Michael BRAUNGART
Ingénieur chimiste
Université Erasmus (Rotterdam). Pays-Bas
562-570

Monique CANTO-SPERBER
Philosophe, directrice de l'École normale supérieure
ENS-Ulm, EHESS (Paris). France
262-266

Manuel CASTELLS
Sociologue
Université de Californie du Sud, USC (États-Unis) et université ouverte de Catalogne (Barcelone, Espagne)
429-439, *446*

Moran CERF
Neuroscientifique
Caltech, UCLA, Université de New York. États-Unis
204-212, *201*

David CHALMERS
Philosophe
Université nationale australienne, Australie. New York University. États-Unis
143-147, 280-284, *259, 269-272, 279-280, 596*

George CHURCH
Généticien
Harvard Medical School, MIT. États-Unis
93-98, *87, 124, 555*

Daniel COHEN
Économiste
ENS-Ulm, université Paris I-Panthéon-Sorbonne. France
499-506, *493*

Antonio DAMASIO
Neuroscientifique
Université de Californie du Sud, USC. États-Unis
235-243, *260, 310, 429, 433, 555*

Stanislas DEHAENE
Neuropsychologue
Collège de France, Inserm. France
251-260, *410*

Philippe DESCOLA
Anthropologue
Collège de France, EHESS. France
585-594, *347*

Jean-Pierre DUPUY
Philosophe
Université de Stanford. États-Unis
185-191, *196*

Freeman DYSON
Physicien
Université de Princeton. États-Unis
141-143, *140-141*

Bernard EDELMAN
Juriste et philosophe
France
578-585

Alain EHRENBERG
Sociologue
CNRS. France
517-524

René FRYDMAN
Médecin obstétricien
Hôpital Antoine-Béclère de Clamart (Paris). France
331-346

NOS INTERLOCUTEURS

Francis FUKUYAMA
Philosophe, politologue
Université de Stanford. États-Unis
134-138, *133-134*

Marcel GAUCHET
Historien et philosophe
EHESS. France
76-80

André GREEN
Psychanalyste
France
306-312, *319-324*

Jürgen HABERMAS
Philosophe
Université de Francfort. Allemagne
626-632, *337, 618-621, 625, 638*

Georges HANSEL
Mathématicien
Université de Rouen. France
662-669, *511*

François HARTOG
Historien
EHESS. France
439-448

Françoise HÉRITIER
Anthropologue
Collège de France. France
346-356, *585-587*

Jean-Claude HEUDIN
Scientifique spécialisé dans l'intelligence artificielle
Université Léonard-de-Vinci-La Défense (Paris). France
172-181, *182*

Christian JAMBET
Philosophe
Directeur d'études à l'EPHE. France
652-657

Sudhir KAKAR
Psychanalyste et écrivain. Inde
638-644, *645*

Étienne KLEIN
Physicien
CEA. France
32-41, *61, 555*

Julia KRISTEVA
Écrivain et psychanalyste
Université Paris VII-Diderot. France
323-331

Ray KURZWEIL
Informaticien
États-Unis
124-130, *123-124, 130-131, 138-139, 144-145, 163, 183, 594*

Pierre-Marie LLEDO
Neurobiologiste
Institut Pasteur. France
244-251, *555*

Douglas MELTON
Biologiste
Harvard Stem Institute. États-Unis
87-93, *86, 555*

Jean-Claude MILNER
Linguiste, philosophe
Université Paris VII-Diderot. France
632-638

Marvin MINSKY
Théoricien de l'intelligence artificielle
MIT. États-Unis
162-169, *147, 162, 169, 282, 374*

Nicholas NEGROPONTE
Essayiste, informaticien
MIT. États-Unis
374-378, *167, 373*

Erik ORSENNA
Écrivain, Académie française.
France
493-499

Corine PELLUCHON
Philosophe
Université de Poitiers. France
570-578

Isabelle QUÉVAL
Philosophe
Paris V-Descartes, CNRS.
France
55-60, *47, 61*

Joël de ROSNAY
Biologiste
Cité des sciences. France
80-87, *94*

Amartya SEN
Économiste
Prix Nobel d'économie
Harvard University. États-Unis
525-533, *481, 524*

Richard SENNETT
Sociologue et historien
London School of Economics, Royaume-Uni. Université de New York. États-Unis
507-515, *506, 524*

Peter SLOTERDIJK
Philosophe
Hochschule für Gestaltung (Karlsruhe), École des beaux-arts (Vienne). Allemagne
620-625, *618-619, 626*

Jean-Didier VINCENT
Neurobiologiste
Académie des sciences, Académie de médecine, CNRS.
France
230-235, *84, 310*

Elie WIESEL
Écrivain
Prix Nobel de la paix. Boston University. États-Unis
647-650, *645-647*

Francis WOLFF
Philosophe
ENS-Ulm. France
275-280, 596-598, *280, 305, 599*

TABLE

Préface à cette nouvelle édition 9
Prologue 13
Introduction 27

I. La fabrique du corps

Hier l'âme, demain le corps.................................... 49
Le « médico-sportif », modèle total........................ 53
  Paris. Université Paris V-Descartes. Rencontre avec Isabelle Quéval, 55
Tous performants, tous dopés.................................. 60
L'apparence que je veux 65
On peut changer toutes les pièces........................... 67
Des nanos pour tout.. 73
  Paris. Rencontre avec Marcel Gauchet, 76
  Paris. Rencontre avec Joël de Rosnay, 80
Réparer, guérir, régénérer 85
  Boston. Rencontre avec Douglas Melton, 87
  Boston. Rencontre avec George Church, 93
Retour sur terre, provisoirement 98
  Jérusalem. Rencontre avec Henri Atlan, 99
  Paris. Rencontre avec Jean Claude Ameisen, 104

Pause 1. **L'éclipse de la chair** 108

II. La machine pensante

Une transfiguration annoncée 117
  Wellesley, Massachusetts. Rencontre avec Ray Kurzweil, 124

La galaxie « trans » et « post » 130
  Stanford. Rencontre avec Francis Fukuyama, 134
Qu'est-ce qu'on risque ? Juste de disparaître 138
  Princeton. Rencontre avec Freeman Dyson, 141
  New York. Rencontre avec David Chalmers, 143
Athènes-Boston 2 300 ans en quelques lignes 147
Pygmalion, le Golem et consorts 148
Du canard à nous 150
La raison est un calcul 151
Des lois de la pensée aux machines à calculer 153
La machine d'Alan Turing 155
La mémoire de von Neumann 157
Le rêve cybernétique de Norbert Wiener 158
L'Âge d'or : « costume-cravate » contre « débraillé » 160
  Media Lab, MIT, Boston. Rencontre avec Marvin Minsky, 162
L'hiver de l'IA 169
  Pôle universitaire Léonard-de-Vinci, Paris-La Défense. Rencontre avec Jean-Claude Heudin, 172
  Paris. Ministère de la Recherche. Rencontre avec Jean-Michel Besnier, 181
  Paris. Rencontre avec Jean-Pierre Dupuy, 185

Pause 2. **Homme mécanique** 192

III. Le cerveau visible

Une expérience spectaculaire 201
  New York. Rencontre avec Moran Cerf, 204
Cerveau, une brève histoire 212
  Paris. Rencontre avec Jean-Didier Vincent, 230
  Los Angeles. Université de Californie du Sud (USC). Rencontre avec Antonio Damasio, 235
  Paris, Institut Pasteur. Rencontre avec Pierre-Marie Lledo, 244
  Neurospin, Saclay. Rencontre avec Stanislas Dehaene, 251
Scientifiques et philosophes 261
  Paris. Rencontre avec Monique Canto-Sperber, 262

TABLE DES MATIÈRES

Soit deux, soit un	266
Mind-body problem	268
Fraises des bois et chauve-souris	271
La chambre de Mary	274

Paris, École normale supérieure. Rencontre avec Francis Wolff, 275
New York, université de New York. Rencontre 2 avec David Chalmers, 280

Pause 3. **Le rêve de tout voir** 284

IV. La part psychique

Un monde qui parle	297
Sexe, langage et société	299
Conflictuel, individuel et psychique	301
Des comprimés ou des mots	303

Paris. Rencontre avec André Green, 306

Le système de la langue	312
« Que des différences »	314
Les structures et l'individu	315
Le psychanalyste est-il un linguiste ?	317
Retour aux affects	319

Paris. Rencontre avec Julia Kristeva, 323
Paris. Rencontre avec René Frydman, 331
Paris. Rencontre avec Françoise Héritier, 346

Pause 4. **L'île ou l'autre** 356

V. Le temps digital

Vivre au clavier	367
La conversion universelle	370
Un monde technique-humain qui se fabrique	372

Rencontre avec Nicholas Negroponte. Par mail, 374

Brève histoire américaine d'Internet	379

Paris. Rencontre avec Gérard Berry, 392

Narcisse solitaire ou participatif ?	403

Vertiges de l'infini	405
Notre façon de penser change-t-elle, oui ou non, avec Internet ?	406
Ce qu'en disent les intellectuels américains	408
Où est passée la mémoire ?	411
Enregistrer tout, intégralement	413
L'oubli de l'oubli	414
Ars memoriae	415
Le présent permanent	417
Qui contrôle qui ?	419
Mouchards éternels	421
L'empire du regard	422
Émancipation politique version Twitter	425

Los Angeles. Rencontre avec Manuel Castells, 429
Paris. Rencontre avec François Hartog, 439

Pause 5. **La machine à effacer le temps** 448

VI. Les hommes et les autres

Le global et ses marges	457
Questions de mots	461
L'espace-temps des villes	463

Paris. Rencontre avec Marc Augé, 466
Leeds. Rencontre avec Zygmunt Bauman, 473

Comment naît l'idée de monde, en bref	481
Humain, romain	484
Mort et grandeur du sauvage	486
Triomphe de la vapeur	487
Le temps des guerres	490
Les paradoxes du présent	491

Paris, Académie française. Rencontre avec Erik Orsenna, 493
Paris, École normale supérieure. Rencontre avec Daniel Cohen, 499
Londres, London School of Economics. Rencontre avec Richard Sennett, 507

TABLE DES MATIÈRES 725

De nouvelles souffrances... 515
   Paris. Université Descartes. Rencontre avec Alain Ehrenberg, 517
   Paris. Rencontre avec Amartya Sen, 525

Pause 6. **Exclu de lui-même**...................................... 533

VII. Vivant sans frontières

15 septembre 1835 543
Le « bouleversement du monde »............................... 545
Une partie de la nature... 548
Du vivant à l'inerte et retour....................................... 552
L'écologie ou l'étude de la maison 556
Ennemi ou ami de la nature ?..................................... 558
   Hambourg. Rencontre avec Michael Braungart, 562
   Paris. Rencontre avec Corine Pelluchon, 570
   Paris. Rencontre avec Bernard Edelman, 578
   Paris. Collège de France. Rencontre avec Philippe Descola, 585
La technique et la vie... 594
   Paris. École normale supérieure. Rencontre 2 avec Francis Wolff, 596
Une nature d'exception ?... 598

Pause 7. **La frontière ineffaçable**............................. 600

VIII. Retour à l'humain

De la responsabilité.. 609
Apprentis ou sorciers ? 610
La querelle du « parc humain » 618
   Karlsruhe. Rencontre avec Peter Sloterdijk, 620
   Rencontre avec Jürgen Habermas (par écrit), 626
   Paris. Rencontre avec Jean-Claude Milner, 632
   Paris. Rencontre avec Sudhir Kakar, 638
Intermède.. 644
   New York. Rencontre avec Elie Wiesel, 647

Un « animal métaphysique » 651
    Paris. Rencontre avec Christian Jambet, 652
    Paris. Rencontre avec Rémi Brague, 657
    Paris. Rencontre avec Georges Hansel, 662

Conclusion 671
Notes 685
Bibliographie complémentaire 703
Remerciements 707
Index des noms 709
Nos interlocuteurs 717

Mise en page par Meta-systems
59100 Roubaix

Achevé d'imprimer
par Dupli-Print à Domont (95)
en avril 2016
N° d'impression : 2016040371

N° d'édition : L.01EHQN000744.B002
Dépôt légal : octobre 2014

Imprimé en France